Die
Blütenpflanzen
Mitteleuropas
2

978 3440 092774 - 2

Band 1   Einführung

**Band 2   Nacktsamer (Nadelhölzer)**
**Magnolienähnliche**
**Hahnenfußähnliche**
**Nelkenähnliche**
**Zaubernußähnliche**
**Rosenähnliche**
**(Stachelbeerengewächse –**
**Schmetterlingsblütengewächse)**

Band 3   Rosenähnliche
(Nachtkerzengewächse – Doldengewächse)
Dillenienähnliche
Lippenblütlerähnliche
(Holundergewächse – Rötegewächse)

Band 4   Lippenblütlerähnliche
(Nachtschattengewächse – Wassersterngewächse)
Korbblütlerähnliche

Band 5   Einkeimblättrige:
Froschlöffelähnliche
Lilienähnliche
Palmenähnliche

Dietmar Aichele · Heinz-Werner Schwegler

# Die Blütenpflanzen Mitteleuropas
## 2

KOSMOS

## IMPRESSUM

648 Farbillustrationen auf 161 Tafeln von Marianne Golte-Bechtle (374), Sigrid Haag (105), Reinhild Hofmann (99), Gerhard Kohnle (66) und Walter Söllner (4)

653 Schwarzweißzeichnungen im Bestimmungsschlüssel von Wolfgang Lang

Umschlaggestaltung von eStudio Calamar, Pau (Spanien)

Bibliografische Information Der Deutschen Bibliothek
Die Deutsche Bibliothek verzeichnet diese Publikation in der Deutschen Nationalbibliografie; detaillierte bibliografische Daten sind im Internet über http://dnb.ddb.de abrufbar.

Bücher · Kalender · Spiele · Experimentierkästen · CDs · Videos
Natur · Garten & Zimmerpflanzen · Heimtiere · Pferde & Reiten · Astronomie · Angeln & Jagd · Eisenbahn & Nutzfahrzeuge · Kinder & Jugend

KOSMOS Postfach 10 60 11
D-70049 Stuttgart
TELEFON +49 (0)711-2191-0
FAX +49 (0)711-2191-422
WEB www.kosmos.de
E-MAIL info@kosmos.de

Informationen senden wir Ihnen gerne zu

Gedruckt auf chlorfrei gebleichtem Papier

Unveränderte Sonderausgabe
der 2. überarbeiteten Auflage 2000
© 1994, 2000, 2004, Franckh-Kosmos Verlags-GmbH & Co., Stuttgart
Alle Rechte vorbehalten
ISBN 3-440-09277-1
Lektorat: Rainer Gerstle, Doris Engelhardt und Anne-Kathrin Janetzky
Herstellung: Siegfried Fischer, Stuttgart
Printed in Czech Republic /
Imprimé en République tchèque

# Die Blütenpflanzen Mitteleuropas

**Einführung** . . . . . . . . . . . . . . . . . . . . 6

Zeichenerklärung . . . . . . . . . . . . . . . . . 7
Pflanzenfamilien in Band 2 . . . . . . . . . . . 7
Bestimmungsschlüssel . . . . . . . . . . . . . 7
Die Pflanzenfamilien von Band 2 . . . . . . . 8

**Gattungsschlüssel** . . . . . . . . . . . . . . . . 10

**Tafelteil** . . . . . . . . . . . . . . . . . . . . . . . 44

Eibengewächse *Taxaceae* . . . . . . . . . . . . 44
Kieferngewächse *Pinaceae* . . . . . . . . . . . 44
Zypressengewächse *Cupressaceae* . . . . . . 53
Fremde Nadelhölzer, forstlich angebaut 56
Osterluzeigewächse *Aristolochiaceae* . . . . 59
Hornblattgewächse *Ceratophyllaceae* . . . 60
Seerosengewächse *Nymphaeaceae* 62
Hahnenfußgewächse *Ranunculaceae* . . . . 65
Berberitzengewächse *Berberidaceae* . . . . 119
Mohngewächse *Papaveraceae* . . . . . . . . . 120
Erdrauchgewächse *Fumariaceae* . . . . . . . 128

Nelkengewächse *Caryophyllaceae* . . . . . . . 137
Portulakgewächse *Portulacaceae* . . . . . . . 218
Kermesbeerengewächse *Phytolaccaceae* . . 220
Gänsefußgewächse *Chenopodiaceae* . . . . . 221
Fuchsschwanzgewächse *Amaranthaceae* . . 251
Knöterichgewächse *Polygonaceae* . . . . . . . 257
Bleiwurzgewächse *Plumbaginaceae* . . . . . . 284
Haselgewächse *Corylaceae* . . . . . . . . . . . . 287
Birkengewächse *Betulaceae* . . . . . . . . . . . 288
Buchengewächse *Fagaceae* . . . . . . . . . . . . 294
Gagelstrauchgewächse *Myricaceae* . . . . . . 304
Brennesselgewächse *Urticaceae* . . . . . . . . 305
Hanfgewächse *Cannabaceae* . . . . . . . . . . . 310
Stachelbeerengewächse *Grossulariaceae* . . 311
Dickblattgewächse *Crassulaceae* . . . . . . . . 317
Steinbrechgewächse *Saxifragaceae* . . . . . . 335
Herzblattgewächse *Parnassiaceae* . . . . . . . 358
Rosengewächse *Rosaceae* . . . . . . . . . . . . 359
Schmetterlingsblütengewächse *Fabaceae* . 434

**Register** . . . . . . . . . . . . . . . . . . . . . . . . 527

# Einführung

Band 2 eröffnet die Reihe der Darstellungen mitteleuropäischer Blütenpflanzen in Bild und Text. Er enthält, ausgerichtet am System nach F. EHRENDORFER (in: STRASBURGER, Lehrbuch der Botanik, 3. Aufl., 1991; Fischer, Stuttgart), neben allen Nadelhölzern (*Gymnospermae*) die meisten Ordnungen der vormals als „Kronenlose" (*Apetalae*) bezeichneten Gruppe der Zweikeimblättrigen Bedecktsamer (*Dicotyledoneae*), also Gagel-, Buchen-, Walnuß-, Brennessel-, Osterluzei-, Knöterich- und Nelkenartige (Weiden- und Sandelartige werden heutzutage in ihrer stammesgeschichtlichen Herkunft anders bewertet und wurden deshalb in den Band 3 aufgenommen). Dazu kommen, von den ehemals „Freikronblättrigen" (*Dialypetalae*), die Ordnungen der Hahnenfuß-, Mohn-, Rosen- und Hülsenfruchtartigen – hier sind allerdings die Familien der Kreuzblüten- und Sonnentaugewächse ausgegliedert und, wie die Pfingstrosen (*Paeonia*), dem 3. Band zugeordnet worden. Dagegen fand die (bei uns artenarme) Ordnung der Bleiwurzartigen (Grasnelke und Strandflieder) aus der früheren Gruppe der „Verwachsenkronblättrigen" (*Sympetalae*) Aufnahme in Band 2. Alle in diesem Band aufgeführten Familien können aus dem Verzeichnis S. 8 f. ersehen werden, das ihre deutschen und wissenschaftlichen Namen in alphabetischer Reihenfolge auflistet.

Zu jeder ganzseitigen Farbtafel, auf der gewöhnlich vier Arten abgebildet sind, gehören zwei Seiten Text. Eine Darstellungseinheit umfaßt also insgesamt drei Seiten. Da ein aufgeschlagenes Buch nur Doppelseiten bietet, mußte der Text so verteilt werden, daß, in regelmäßigem Wechsel, die eine Tafel zwischen ihren zugehörigen Textseiten steht und die nächste an ihre beiden Textseiten anschließt:
| Text 1a-Tafel 1 | Text 1b-Text 2a | Text 2b-Tafel 2 |.
Damit befindet sich jede Tafel auf ihrer Doppelseite rechts; links davon befindet sich ein Teil des zugehörigen Textes. Ein Pfeil am Textseiten-Kopf weist die Richtung, in der der andere Textteil (und, falls nicht aufgeschlagen, auch die passende Tafel) zu finden ist. In der Kopfleiste sind stets die Familiennamen der dargestellten Arten vermerkt.

Die Abbildungen auf den Tafeln wurden zum großen Teil nach wildlebendem Material angefertigt, oder nach Pflanzen, die im Botanischen Garten der Universität Tübingen aus Samen herangezogen worden sind. Wo nicht anders möglich, vor allem bei seltenen oder geschützten Arten, mußte auf Herbarstücke zurückgegriffen werden; die meisten davon stellten in dankenswerter Weise die Botanische Staatssammlung, München, und das Staatliche Museum für Naturkunde, Stuttgart, zur Verfügung.

Zur rascheren Orientierung wurden die Einzeldarstellungen auf den Tafeln mit den deutschen und wissenschaftlichen Namen beschriftet, die auch den jeweiligen Artbeschreibungen im Text vorangestellt sind. Dort wird – außer den Familiennamen – für jede Art nur der wissenschaftliche Name genannt, der, nach unseren Erkenntnissen, derzeit gültig ist. Auf eine Synonymik (Aufzählung weiterer Namen) wurde verzichtet. Eine Übersicht über Namen, die früher häufig gebraucht wurden, wird in Band 5 gegeben. Auch bei den deutschen Namen wird in der Regel nur einer genannt (s. hierzu Vorwort Band. 1, S. 9).

Die Texte sind jeweils gegliedert in:
**Beschreibung:** Hier werden teils allgemeine, vor allem aber kennzeichnende Gestaltmerkmale der Art erwähnt, ausgehend von Blüte und Blütenstand (eventuell auch der Frucht) bis zu Stengel und Blatt. Angaben zur (durchschnittlichen) Größe und (allgemeinen) Blühzeit beschließen diesen Abschnitt. (s. dazu auch Band 1, S. 10).
**Vorkommen:** Dieser Teil enthält Anmerkungen über Standort und Verbreitung der Art, also über ihre Ansprüche an Klima und Boden und das daraus resultierende Auftreten in bestimmten

Biotopen und Landstrichen (näheres darüber s. Band 1, S. 10).

**Wissenswertes:** Mit den üblichen Symbolen (s. u.) wird am Beginn auf die gestalteigentümliche Lebensweise (Kraut; Staude; Baum und Strauch), eine (soweit bekannt) eventuell vorhandene stärkere oder geringere Giftigkeit und auf die Schutzwürdigkeit hingewiesen. Dann folgen, je nach Art, sehr unterschiedliche Hinweise auf Verwandtschaftsbeziehungen (auch Kleinarten), ähnliche Arten, bemerkenswerte Inhaltsstoffe, Verwendung in der Heilkunde, Eigentümlichkeiten im Bau, bei der Bestäubung oder im Vorkommen, wissenschaftshistorische Besonderheiten, dazu oft Erläuterungen zu den Namen, und vieles andere, was uns gerade im speziellen Fall von besonderem Interesse zu sein schien. Meist war hier, wie auch in den anderen Abschnitten, der zur Verfügung stehende Raum das Begrenzungskriterium für weitergehende Aussagen (s. auch Vorwort, Band 1, S. 10 f.).

## Zeichenerklärung:

**(Textteil)**
- ⊙ Kraut; krautige Pflanze, einmal blühend: im selben Jahr, im nächsten Jahr oder, selten, erst nach mehreren Jahren; danach vollständig absterbend
- ♃ Staude; krautige Pflanze, oberirdische Teile sterben im Herbst weitgehend ab; die Pflanze treibt aber jedes Jahr neu aus und blüht
- ♄ Holzgewächs (Baum oder Strauch); die Triebe verholzen, bleiben oberirdisch erhalten und treiben im nächsten Jahr neue Sprosse aus
- ☠ Pflanze (oder Teile von ihr) giftig
- (☠) Pflanze schwach giftig oder giftverdächtig
- ▽ Pflanze schutzwürdig

**(Bestimmungsschlüssel)**
- ⚥ zwittrig
- ♀ weiblich
- ♂ männlich

## Pflanzenfamilien in Band 2

Das alphabetische Verzeichnis der Familiennamen (deutsch und wissenschaftlich) gibt einen Überblick über die in Band 2 aufgenommenen Pflanzenfamilien und soll den Zugriff auf jede einzelne der 41 Familien erleichtern, die über die 34 Seiten des Bestimmungsschlüssels verteilt sind. Es ermöglicht aber auch, durch Nennung der Bildtafelseiten, die oft bevorzugte Identifikationsmethode des „Suchblätterns". Geübte werden meist auf die Vorschlüssel verzichten, wenn eine Pflanze schon eindeutig ihre Familienzugehörigkeit (z. B. Schmetterlingsblütengewächs) zu erkennen gibt. Auch sie kommen dann in der Regel über das Suchblättern rascher zum Ziel, wenn sie schon die berühmte „Ahnung von der Richtung" haben. Falls der Versuch scheitert, bleibt ihnen immer noch der mühsamere lange Marsch durch den Schlüssel.

Im Schlüssel werden allerdings auch noch einige „ausgefallene" Arten vorgestellt, die in Mitteleuropa nur gelegentlich auftreten und somit die echte Einbürgerung also (noch) nicht geschafft haben (s. u.).

Wenn sie Einzelvertreter einer „exotischen" Familie sind, fehlt diese im Tafelteil (trifft in Band 2 auf acht Familien zu). Im Verzeichnis der Pflanzenfamilien sind solche Familien durch das Negativzeichen (–) in der Tafelspalte leicht auszumachen.

## Bestimmungsschlüssel

Der Zugang zu der Artenfülle dieses Bandes soll durch den nachfolgenden Schlüssel erleichtert werden. In ihm sind alle Familien aufgelistet, die in den Vorschlüsseln (Band 1) dem Band 2 zugeordnet wurden. Über das Verzeichnis der **Pflanzenfamilien** gelangt man zur einschlägigen Seite.

Der Schlüssel ist am E<small>HRENDORFERSCHEN</small> System (s. o.) ausgerichtet, die Familien sind unter den entsprechenden Ordnungen eingereiht. Ihre Durchnumerierung hat keinerlei wissenschaftliche Bedeutung, sondern lediglich Buchungscharakter, da nicht alle Gruppen aufgeführt sind, sondern nur die im begrenzten Raum Mitteleuropas vertretenen. Jeder Familie ist eine Kurzbeschreibung beigegeben, die sich hauptsächlich auf die Eigenschaften der bei uns vorkommenden Vertreter bezieht. Falls mehr als eine Gattung in Mitteleuropa zu finden ist, untergliedert ein Schlüssel in die Gattungen. Dieser beginnt, bei jeder Familie neu, mit der Ziffer 1 und ist nach dem in Band 1 (S. 402) erläuterten „multiple-choice-Verfahren" aufgebaut: Bei jeder Ziffer muß von zwei bis mehreren Alternativen (gekennzeichnet durch Kleinbuchstaben: a, b, c usf.) eine ausgewählt werden, die entweder zu einer neuen Ziffer oder einer der Gattungen führt (eventuell auch zu einer Teil- oder einer Sammelgattung). Die dort angegebenen Seitenzahlen verweisen auf die Tafeln, auf denen die Arten abgebildet sind. Großen Gattungen, deren Arten-Abbildungen sich über mehr als vier Tafeln erstrecken, ist noch eine „Grobeinteilung" beigegeben, die unter Großbuchstaben (A, B, C usf.) leicht sichtbare Merkmale aufreiht, die eine Aufteilung in kleinere (nicht systematische!) Gruppen – im allgemeinen – möglich macht.

Sämtliche Sonder- und Bastardformen lassen sich indes nicht trennen. Dies gelingt in keinem Schlüssel, denn immer wieder treten einzelne abstruse Formen auf. Man ist gut beraten, wenn man versucht, sich am Standort ein Gesamtbild aller dort wachsenden Exemplare derselben Art zu verschaffen, denn Einzelpflanzen sind oft sehr stark durch individuelle Abweichungen geprägt.

Wir haben versucht, häufig auftretende Abweichungen zu berücksichtigen. Dazuhin haben wir unsere Erfahrungen aus vielen Pflanzenbestimmungsübungen in der Jugend- und Erwachsenenbildung genutzt, um die Wege im Schlüssel möglichst „sicher" zu machen. Wir wissen, daß der unvoreingenommene Beobachter manches anders sieht als der theoriefeste Fachspezialist. Für ihn haben wir das Leberblümchen (*Hepatica*) unter die Pflanzen ohne Kelchblätter aufgeschlüsselt, für jenen es aber auch zu den Pflanzen mit (dreiblättrigem) Kelch gestellt. Daraus folgt aber, daß der Bestimmungsschlüssel **nicht** als Ersatz für die Artbeschreibungen im Bild/Text-Teil dienen kann. Die „Beschreibungen" im Bestimmungsschlüssel sind eben nicht in jedem Fall an den Erkenntnissen der Gestaltlehre (Morphologie) ausgerichtet, sondern oft an dem, was

ohne intensives vergleichendes Studium „gesehen wird".

Eingestreut im Schlüssel findet man Hinweise auf einige Arten, die in Mitteleuropa nicht heimisch sind, jedoch hie und da eingeschleppt werden oder vorübergehend verwildert auftreten, bzw. bis hart vor die Grenzen (s. Band 1, S. 288) gelangt sind. Meist sind solche lokal gemeldete Vorkommen schon in Jahresfrist, zumindest nach wenigen Jahren, wieder erloschen. Ein erneutes vorübergehendes Auftreten an anderer Stelle ist aber nicht auszuschließen. Mittels der Strichzeichnungen im Schlüssel mag die Identifikation mancher solcher unbeständiger „Irrgäste" gelingen. Botanische Museen und Institute, Naturschutzstellen und vor allem die Regionalstellen für die Pflanzenkartierung sind dankbar für jede Fundmeldung solcher Neuankömmlinge.

## Die Pflanzenfamilien von Band 2

| Nr. | Name (deutsch und wissenschaftlich) | Schlüssel Seite | Tafel(n) Seite |
|---|---|---|---|
| 17 | *Aizoaceae* | 22 | --- |
| 22 | *Amaranthaceae* | 25 | 253–255 |
| 8 | *Aristolochiaceae* | 12 | 61 |
| 12 | *Berberidaceae* | 16 | 121 |
| 12 | Berberitzengewächse | 16 | 121 |
| 27 | *Betulaceae* | 27 | 289–295 |
| 27 | Birkengewächse | 27 | 289–295 |
| 24 | Bleiwurzgewächse | 26 | 285 |
| 34 | Brennesselgewächse | 29 | 307–309 |
| 26 | Buchengewächse | 27 | 295–301 |
| 18 | *Cactaceae* | 22 | --- |
| 40 | *Caesalpiniaceae* | 36 | --- |
| 33 | *Cannabaceae* | 29 | 309 |
| 15 | *Caryophyllaceae* | 17 | 139–217 |
| 10 | *Ceratophyllaceae* | 12 | 61 |
| 21 | *Chenopodiaceae* | 23 | 223–249 |
| 28 | *Corylaceae* | 28 | 289 |
| 36 | *Crassulaceae* | 29 | 319–333 |
| 4 | *Cupressaceae* | 11 | 55–57 |
| 36 | Dickblattgewächse | 29 | 319–333 |
| 5 | Eibengewächse | 11 | 45 |
| 17 | Eiskrautgewächse | 22 | --- |

| Nr. | Name (deutsch und wissenschaftlich) | Schlüssel Seite | Tafel(n) Seite | Nr. | Name (deutsch und wissenschaftlich) | Schlüssel Seite | Tafel(n) Seite |
|---|---|---|---|---|---|---|---|
| 6 | *Ephedraceae* | 11 | --- | 20 | *Nyctaginaceae* | 22 | --- |
| 14 | Erdrauchgewächse | 17 | 129-135 | 9 | *Nymphaeaceae* | 12 | 63 |
| 41 | *Fabaceae* | 36 | 435-525 | 8 | Osterluzeigewächse | 12 | 61 |
| 26 | *Fagaceae* | 27 | 295-301 | 13 | *Papaveraceae* | 16 | 121-127 |
| 22 | Fuchsschwanzgewächse | 25 | 253-255 | 38 | *Parnassiaceae* | 31 | 357 |
| 14 | *Fumariaceae* | 17 | 129-135 | 16 | *Phytolaccaceae* | 21 | 219 |
| 29 | Gagelstrauchgewächse | 28 | 301 | 2 | *Pinaceae* | 10 | 45-57 |
| 21 | Gänsefußgewächse | 23 | 223-249 | 25 | *Platanaceae* | 27 | --- |
| 1 | *Ginkgoaceae* | 10 | --- | 25 | Platanengewächse | 27 | --- |
| 1 | Ginkgogewächse | 10 | --- | 24 | *Plumbaginaceae* | 26 | 285 |
| 35 | *Grossulariaceae* | 29 | 313-315 | 23 | *Polygonaceae* | 25 | 259-283 |
| 11 | Hahnenfußgewächse | 12 | 67-121 | 19 | *Portulacaceae* | 22 | 219 |
| 33 | Hanfgewächse | 29 | 309 | 19 | Portulakgewächse | 22 | 219 |
| 28 | Haselgewächse | 28 | 289 | 11 | *Ranunculaceae* | 12 | 67-121 |
| 38 | Herzblattgewächse | 31 | 357 | 39 | *Rosaceae* | 31 | 361-433 |
| 10 | Hornblattgewächse | 12 | 61 | 39 | Rosengewächse | 31 | 361-433 |
| 40 | Johannisbrotgewächse | 36 | --- | 37 | *Saxifragaceae* | 30 | 337-357 |
| 30 | *Juglandaceae* | 28 | 301 | 41 | Schmetterlingsblütengew. | 36 | 435-525 |
| 18 | Kakteengewächse | 22 | --- | 9 | Seerosengewächse | 12 | 63 |
| 16 | Kermesbeerengewächse | 21 | 219 | 35 | Stachelbeerengewächse | 29 | 313-315 |
| 2 | Kieferngewächse | 10 | 45-57 | 37 | Steinbrechgewächse | 30 | 337-357 |
| 23 | Knöterichgewächse | 25 | 259-283 | 3 | Sumpfzypressengewächse | 10 | 57 |
| 7 | *Magnoliaceae* | 11 | --- | 5 | *Taxaceae* | 11 | 45 |
| 7 | Magnoliengewächse | 11 | --- | 3 | *Taxodiaceae* | 10 | 57 |
| 32 | Maulbeerengewächse | 29 | 303 | 31 | *Ulmaceae* | 28 | 303 |
| 6 | Meerträubelgewächse | 11 | --- | 31 | Ulmengewächse | 28 | 303 |
| 13 | Mohngewächse | 16 | 121-127 | 34 | *Urticaceae* | 29 | 307-309 |
| 32 | *Moraceae* | 29 | 303 | 30 | Walnußgewächse | 28 | 301 |
| 29 | *Myricaceae* | 28 | 301 | 20 | Wunderblumengewächse | 22 | --- |
| 15 | Nelkengewächse | 17 | 139-217 | 4 | Zypressengewächse | 11 | 55-57 |

# Gattungsschlüssel

Abteilung Samenpflanzen *(Spermatophyta)*

Nacktsamer – Gymnospermae
Klasse Gingkobäume, *Ginkgoopsida*
Ordnung Ginkgoartige, *Ginkgoales*

## 1. Familie Ginkgogewächse, *Ginkgoaceae*
Weltweit einzige noch lebende Art:
**Ginkgobaum,** *Ginkgo biloba* L.
Mit unverkennbaren, derben aber sommergrünen, fächernervigen Blättern (vorne meist tief ausgerandet). Samen kirschenähnlich, gelb. Heimat: Ostasien. Bei uns (noch) nicht häufig gepflanzt; Hausgärten, Parkanlagen, selten in Waldstücken

1

Klasse Nadelhölzer, *Pinopsida*
Ordnung Kiefernartige, *Pinales*

## 2. Familie Kieferngewächse, *Pinaceae*
Bäume mit Nadeln und großen (über 1, meist 5–20 cm langen) Zapfen. Nadeln lang, büschelig oder spiralig gestellt, zuweilen zweizeilig gescheitelt

1a Nadeln einzeln, flach, stumpflich . . . . . . . . . . . . . 2
1b Nadeln einzeln, 4kantig, spitz
                                **Fichte,** *Picea* S. 45+57
1c Nadeln zu 2–5 gebüschelt
                                **Kiefer,** *Pinus* S. 51+55
1d Nadeln zu 15–30 gebüschelt . . . . . . . . . . . . . . . . . 3

  2a Nadeln unterseits mit 2 hellen Streifen, ihr Stiel gleichmäßig dick
                             **Hemlocktanne,** *Tsuga* S. 45
  2b Nadeln unterseits mit 2 hellen Streifen, ihr Stiel am Zweig zu einem Scheibchen verbreitert
                                   **Tanne,** *Abies* S. 49
  2c Nadeln unterseits einfarbig (etwas heller grün als oberseits), beim Zerreiben mit Zitronenduft
                            **Douglasie,** *Pseudotsuga* S. 45

  3a Nadeln weich, sommergrün
                                     **Lärche,** *Larix* S. 49
  3b Nadeln derb, starr, wintergrün, dunkelfarben
                                    **Zeder,** *Cedrus*
    In mehreren Arten bei uns fast ausschließlich in Gärten (selten) und Parkanlagen wintermilder Gebiete. Ganz selten und vereinzelt in Forsten – erst in Frankreich größere (gepflanzte) Zedernwäldchen

## 3. Familie Sumpfzypressengewächse, *Taxodiaceae*
Bäume mit spiralig gestellten, nadelartigen, starren Schuppen (Ästchen deshalb rundlich) oder mit 2zeilig gestellten, weichen Nadeln, die im Herbst zusammen mit den ganzen Tragästchen abgeworfen werden (Sumpfzypresse, *Taxodium*). Nur noch wenige (nichteuropäische) Gattungen; bei uns gelegentlich einzeln oder in Beständen forstlich ausgebracht:
                 **Mammutbaum,** *Sequoiadendron* S. 57

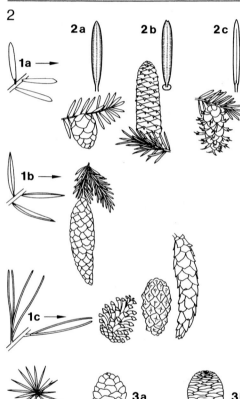

2

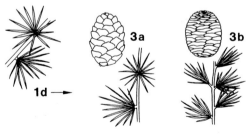

3

## GATTUNGSSCHLÜSSEL

**4. Familie Zypressengewächse, *Cupressaceae***
Holzgewächse mit locker quirlständigen Nadeln oder gegenständigen Schuppen (Ästchen dann flach); Zapfen beerenartig, oder holzig und klein (0,5–1,5 cm lang)

**1a** Blätter schuppenförmig, stumpf; Ästchen abgeflacht; mit kleinen holzigen Zäpfchen . . . . . . . . . . . . . . . 2
**1b** Blätter nadelförmig oder zugespitzt schuppenförmig; trockenfleischige Beerenzäpfchen
                              **Wacholder,** *Juniperus* S. 55+57

**2a** Gipfeltrieb überhängend
                    **Scheinzypresse,** *Chamaecyparis* S. 55
**2b** Gipfeltrieb aufrecht
                      **Lebensbaum,** *Thuja* S. 57

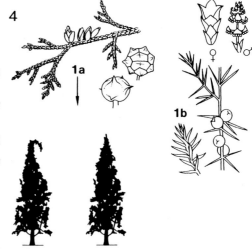

Ordnung Eibenartige, *Taxales*

**5. Familie Eibengewächse, *Taxaceae***
Bäume mit (± weichen) immergrünen Nadeln und roten, beerenartigen Samen. Einzige Gattung:
                    **Eibe,** *Taxus* S. 45

Klasse Hüllsamer, *Gnetopsida*
Ordnung Meerträubelartige, *Ephedrales*

**6. Familie Meerträubelgewächse, *Ephedraceae***
Einzige Gattung:         **Meerträubel,** *Ephedra*
Bei uns selten in Kultur; wild im Wallis – und in Süd- und Westeuropa (Atlantikküste):   *Ephedra distachya* L.
Niedriger Kriechstrauch mit aufrechten, gegliederten, graugrünen Zweigen. Wenige schuppenartige, kaum 2 mm lange Blättchen. Blüten unscheinbar. Samen auffällig: beerenartig, rot, knapp erbsengroß, zahlreich

Bedecktsamer – *Angiospermae*
Klasse Zweikeimblättrige, *Magnoliopsida*
Ordnung Magnolienartige, *Magnoliales*

**7. Familie Magnoliengewächse, *Magnoliaceae***
Kleinere Bäume oder Sträucher mit wechselständigen, einfachen Blättern und großen, strahligen Blüten. Kelchblätter 3, Blütenblätter 6 (zuweilen vermehrt) Staubblätter und Fruchtknoten zahlreich, spiralig an kegelförmig vorgewölbtem Blütenboden

**1a** Blätter länglich-spitz, ganzrandig
                    **Magnolie,** *Magnolia* L.
Sommer- oder wintergrüne Gehölze mit meist weißen oder rötlich überlaufenen Blüten. Heimat: Asien oder Nord- und Mittelamerika. Bei uns meist Zuchtformen. Kaum je verwildert, doch zuweilen in verwahrlosten Burggärten oder aufgelassenen Anlagen
**1b** Blätter breit, mit zugespitzten Seitenlappen, vorn breitwinklig und tief ausgerandet
             **Tulpenbaum,** *Liriodendron tulipifera* L.
Baum aus Nordamerika. Blüten groß, gelblichgrün, tulpenartig. Herbstlaub goldgelb. Selten in Gärten und Parkanlagen, gelegentlich auch in Forsten

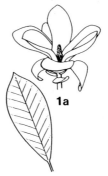 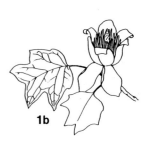

# GATTUNGSSCHLÜSSEL

Ordnung Osterluzeiartige, *Aristolochiales*

**8. Familie Osterluzeigewächse, *Aristolochiaceae***
Stauden oder (windende) Holzgewächse. Blätter ganzrandig, herz- oder nierenförmig, gestielt. Blütenhülle einfach. Blüten ansehnlich, strahlig oder zweiseitig; Fruchtknoten unterständig, Narbe 6zipfelig, Staubblätter 6–12

**1a** Sproß ± kurz, kriechend; Blätter grundständig, langstielig, nierenförmig, wintergrün; Blüte rotbraun, (3)strahlig, sehr kurz gestielt
**Haselwurz**, *Asarum* S. 61
**1b** Sproß aufrecht oder windend; Blätter stengelständig, herzförmig, sommergrün; Blüte 2seitig, mit langer gestreckter oder U-förmig gebogener Röhre
**Osterluzei**, *Aristolochia* S. 61
Dazu auch: **Pfeifenwinde**; *A. durior* HILL, aus Nordamerika; Schlingstrauch; Blätter bis 30 cm lang; Blüten einzeln, lang gestielt, pfeifenkopfartig gebogen; bei uns öfter gepflanzt und zuweilen verwildert

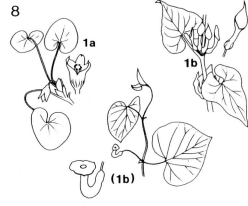

Ordnung Seerosenartige, *Nymphaeales*

**9. Familie Seerosengewächse, *Nymphaeaceae***
Wasserpflanzen mit grundständigen Schwimmblättern; Blattstiele kräftig, Spreiten groß, oval-herzförmig; Blüten schwimmend, zahlreiche Blüten-, Staub- und Fruchtblätter (oft durch Zwischenformen verbunden)

**1a** Grüne Kelchblätter und weiße (zuweilen auch rote oder hellgelbe) Blütenblätter; Nerven am Blattrand weitgabelig verzweigt und miteinander verbunden
**Seerose**, *Nymphaea* S. 63
**1b** Alle Blütenhüllblätter gelb, vorn breit abgerundet; Blattnerven vorn enggabelig verzweigt, ihre Verästelungen berühren sich nicht
**Teichrose**, *Nuphar* S. 63

**10. Familie Hornblattgewächse, *Ceratophyllaceae***
Untergetauchte Wasserpflanzen mit quirlständigen, gablig-schmalzipfligen Blättern. Unterwasser-Blüten, unscheinbar: 1 bis viele knospenartige Hüllblätter, 1 Fruchtknoten, bis zu 20 Staubblätter; nur 1 Gattung:
**Hornblatt**, *Ceratophyllum* S. 61

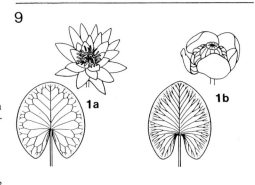

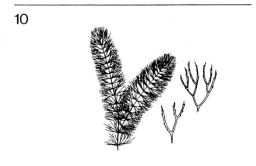

Ordnung Hahnenfußartige, *Ranunculales*

**11. Familie Hahnenfußgewächse, *Ranunculaceae***
Meist Stauden, seltener Kräuter und Holzgewächse. Blüten bunt, sehr vielgestaltig, doch meist mit mehreren Fruchtknoten und vielen Staubblättern, im Grundtyp 5zählig. Laubblätter grund- oder wechselständig, selten gegenständig, oft zerteilt. Früchte einsamige Nüßchen oder mehrsamige (Balg-)Kapseln, selten Beeren

**1a** Blüten gespornt (1–5 Sporne) . . . . . . . . . . . . . . . 2
**1b** Blüten zweiseitig mit helmförmig gewölbter Oberlippe
**Eisenhut**, *Aconitum* S. 79+81

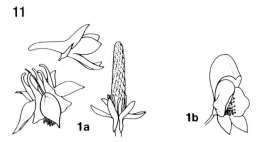

**1c** Blüten durch viele zusammenneigende, gewölbte Hüllblätter kugelig, (meist gelb)
**Trollblume**, *Trollius* S. 69
**1d** Blüten mit kleiner, hinfälliger Hülle und viel längeren, kopfbürstig ausgebreiteten Staubblättern (! nicht hierher Pflanzen mit gegenständigen Laub- und 4, um 1 cm langen Blütenhüllblättern; Staubblätter höchstens so lang wie diese) ............... **3**
**1e** Blüten strahlig, mit großen Hüllblättern, ± offen ausgebreitet ............................. **4**

    **2a** Nur 1 Sporn pro Blüte, ± waagrecht nach hinten gerichtet:
**Rittersporn** (2 Gattungen) S. 73
*Consolida*; Kräuter; Blattzipfel schmal; Sporn dünn, spitz; 1 Fruchtknoten (= 1 Frucht)
*Delphinium*; Stauden; Blattzipfel breit, gesägt; Sporn stumpflich; 3 Fruchtknoten, oben frei
    **2b** Mehrere Sporne pro Blüte, frei; ± nach oben gerichtet (Blüte ± nickend)
**Akelei**, *Aquilegia* S. 75
    **2c** Mehrere Sporne pro Blüte, nach unten gerichtet, eng dem Blütenstiel angelegt, Blüte aufrecht, mit spitzkegelig vorstehendem Blütenboden
**Mäuseschwänzchen**, *Myosurus* S. 67

**3a** Blüten grünlich, gelblich oder lila; Endzipfel der Blätter ganzrandig oder mit wenigen stumpflichen Zähnen; pro Blüte (3–) 5 Fruchtknoten
**Wiesenraute**, *Thalictrum* S. 81+85
**3b** Blüten weiß, Endzipfel der Blätter ringsum scharf gesägt, pro Blüte 1 Fruchtknoten; Frucht eine schwarze Beere
**Christophskraut**, *Actaea* S. 69
Hierher auch:
**Wanzenkraut**, *Cimicifuga europaea* SCHIPCZ.
Ähnlich Christophskraut; noch kräftiger und höher; pro Blüte 4 drüsige Fruchtknoten; osteuropäische Laubwaldpflanze; bei uns wohl nirgendwo wildwachsend, selten gepflanzt

**4a** Blütentragender Sproß blattlos ............ **5**
**4b** Blütentragender Sproß mit einem (einzigen) Quirl aus 3 (selten 4) ± tief zerteilten Blättern; diese frei oder zu einer vielzipfligen Scheibe oder Tüte verwachsen ................................... **6**
**4c** Blütentragender Sproß gegenständig beblättert, aufrecht oder rankend kletternd; Blüten 4strahlig; – hierher nur Landpflanzen
**Waldrebe**, *Clematis* S. 91
**4d** Blütentragender Sproß wechselständig beblättert (auch mit nur 1 Blatt oder unten blattlos und erst im Blütenstand wechselständig beblättert); – hierher auch wechselständig beblätterte Pflanzen mit einem Endquirl unter der Blüte und alle Wasserpflanzen, bei denen nur die Blüten über den Wasserspiegel hinausragen .................. **7**

# Gattungsschlüssel

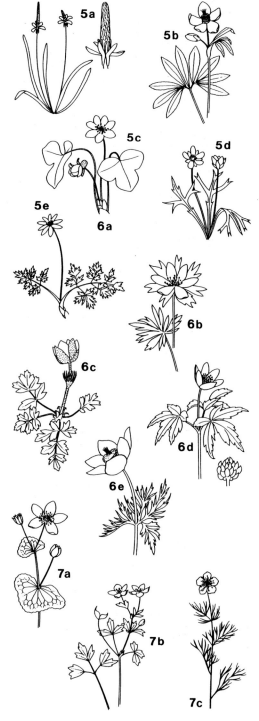

**5a** Grundblätter schmal-lineal, ganzrandig; Blüten grünlichweiß mit kugeligem bis langkegelig hochgewölbtem Blütenboden
        **Mäuseschwänzchen,** *Myosurus* S. 67
**5b** Grundblätter fußförmig geteilt, Blüten weiß, rötlich oder grünlich
        **Nieswurz,** *Helleborus* S. 67
**5c** Grundblätter aus herzförmigem Grund dreilappig, Blüten meist blau, mit 3 grünen „Kelch"-blättchen
        **Leberblümchen,** *Hepatica* S. 99
**5d** Grundblätter dreiteilig mit schmalen, einfachen oder 1-2mal gegabelten Zipfeln; Blüten gelb, klein und wenig auffällig; Früchtchen zugespitzt, in auffälligen, über 1 cm langen, eiförmig-walzlichen (hakend-klettenden) Köpfchen
        **Hornköpfchen,** *Ceratocephala* MOENCH.
In zwei schwer unterscheidbaren Arten aus Süd- und Osteuropa zuweilen eingeschleppt. Sehr selten und eher unbeständig in warmen Lagen
**5e** Grundblätter 2-3fach fiederteilig, zur Blüte oft kaum entfaltet; Blüten weiß oder rötlich
        **Schmuckblume,** *Callianthemum* S. 99

**6a** Quirlblätter klein, ungeteilt, eiförmig, kelchartig, direkt unter der blauen Blüte stehend
        **Leberblümchen,** *Hepatica* S. 99
**6b** Quirlblätter handförmig vielzipflig, rosettig ausgebreitet direkt unter der meist kürzeren, gelben Blüte
        **Winterling,** *Eranthis* S. 69
**6c** Quirlblätter am Grund trichterig verwachsen, das tütenförmige Gebilde mit vielen schmalen, seidig behaarten Zipfeln
        **Küchenschelle,** *Pulsatilla* S. 93
**6d** Quirlblätter bis zum Grund frei, stark fiedrig zerteilt; im Zentrum der Blüte bilden die eiförmigen (zuweilen behaarten) Fruchtknoten ein halbkugeliges (brombeerartiges) Polster
        **Windröschen,** *Anemone* S. 97
**6e** Quirlblätter bis zum Grund frei, stark fiedrig zerteilt; im Zentrum der Blüte bilden die langgriffeligen Fruchtknoten einen pinselartigen Kegel; Früchte mit langem, behaartem Schweif
        **Alpen-Küchenschelle,** *Pulsatilla* S. 91

**7a** Blüten einfach, 5-8 dottergelbe (außen oft grünliche), glänzende, 1-2 cm lange, eiförmige Hüllblätter. Laubblätter rundlich, herz- oder nierenförmig, ganzrandig bis fein gesägt
        **Dotterblume,** *Caltha* S. 73
**7b** Blüten einfach, aus 4-6 weißen, um 1 cm langen, schmal-eiförmigen Hüllblättern; Laubblätter 3zählig gefiedert, am Grund mit 2 muschelartig gewölbten Nebenblättchen
        **Muschelblümchen,** *Isopyrum* S. 87
**7c** Blüten einfach, aus meist 5 (± blaß)blauen bis hellvioletten, um 1-2 cm langen, ei- oder herzförmigen, unten verschmälerten Hüllblättchen; Laubblätter mehrfach gefiedert, schmalzzipfelig
        **Schwarzkümmel,** *Nigella* S. 69

**7d** Blüten einfach, aus 5 weißen oder grünen, manchmal rötlich gerandeten Hüllblättern, entweder weit offen (dann 4–10 cm breit) oder glockig, ± nickend, 1–2 cm lang; Laubblätter fußförmig geteilt, Zipfel länglich-eiförmig, gesägt
**Nieswurz,** *Helleborus* S. 67
**7e** Blüten doppelt (! bei dunkelroten Blüten fallen die Kelchblätter oft früh ab), rot (! nie rosa) oder gelb, 5- bis vielzählig; Landpflanzen mit mehrfach gefiederten, schmalzipfligen Blättern
**Adonisröschen,** *Adonis* S. 87
**7f** Blüten doppelt, mit 5 kürzeren, grünen bis weißlichen Kelch- und 5–15 weißen oder hellrötlichen Blütenblättern; Laubblätter gefiedert, mit breiten, grobzähnigen Zipfeln (Grundblätter manchmal erst nach der Blüte!, Stengelblätter 1–2, das untere grob einfach gefiedert)
**Schmuckblume,** *Callianthemum* S. 99
**7g** Blüten doppelt; 3–6 kürzere, grüne bis gelbliche Kelchblätter; Blütenblätter meist (3–) 5, gelb oder weiß (wenn mehr, stets gelb und die Laubblätter dann ± herzförmig); hierher alle weißblühenden (± flutenden) Wasserpflanzen
**Hahnenfuß,** *Ranunculus* S. 99–121
Artenreiche Gattung mit z. T. häufig und zahlreich auftretenden Sippen. Grobeinteilung:

A Weißblütige Wasserpflanzen mit feinzipflig zerteilten Unterwasserblättern
   Haupt-Gruppe **Wasser-Hahnenfuß**, S. 103
B Weißblütige Wasserpflanzen, alle Blätter herz- bis nierenförmig, schwach 3–5lappig
   **Efeublättriger Wasser-Hahnenfuß**, S. 109
C Weißblütige Landpflanzen, Blüten zuweilen rötlich angehaucht oder am Grund gelbfleckig
   S. 105
D Gelbblütige Pflanzen, Blattrand nicht oder wenig eingeschnitten; Blütenblätter 6 und mehr
   **Scharbockskraut**, S. 99
E Gelbblütige Pflanzen, Blattrand nicht oder wenig eingeschnitten; Blütenblätter 5
   S. 109+111
   (vgl. auch S. 121)
F Gelbblütige Pflanzen, Blattspreite tief zerteilt; Kelchblätter zurückgeschlagen, dem Blütenstiel angelegt
   S. 111+115
G Gelbblütige Pflanzen; Blattspreite tief zerteilt; Kelchblätter abstehend; Blütenstiel mit einer deutlichen Längsrinne
   S. 115+117
H Gelbblütige Pflanzen; Blattspreite tief zerteilt; Kelchblätter abstehend; Blütenstiel rundlich oder höchstens einseitig abgeflacht
   S. 117+121

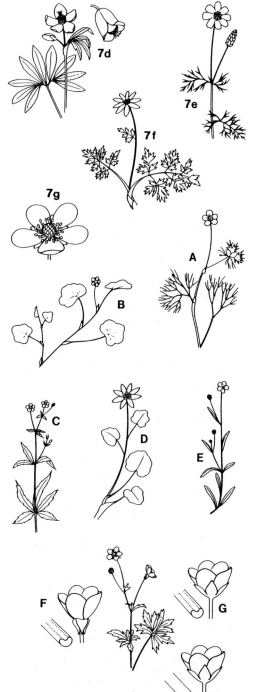

## Gattungsschlüssel

**12. Familie Berberitzengewächse, *Berberidaceae***
Stauden oder Sträucher mit doppelter, 4- oder 6- (selten mehr-)strahliger Hülle. Staubblätter 4 bzw. 6. Nur 1 Fruchtknoten; Frucht eine Beere oder Kapsel

12

1a Sträucher; Blüten 6zählig, in reichen Trauben oder Traubenrispen. Frucht eine Beere ............ 2
1b Niedere Stauden; Blüten 4zählig, Blätter doppelt 3zählig gefiedert, Fiederblättchen herzförmig
**Sockenblume**, *Epimedium* S. 121

  2a Hängende Blütentrauben; Blätter ungeteilt, länglich; Sproß mit verzweigten Dornen; Beere rot
**Berberitze**, *Berberis* S. 121
Außer der einheimischen Art gibt es in Gärten viele eingeführte fremde (zuweilen auch in freier Natur an Straßenrainen oder in Vogelschutzgehölzen) – eine Weiterverbreitung über solche menschbedingte (synanthrope) Vorkommen hinaus findet indes kaum statt
  2b Aufrechte Traubenrispen; Blätter fiedrig geteilt, ledrig derb, wintergrün; Beere blau(schwarz)
**Mahonie**, *Mahonia aquifolium* (PURSCH) NUTT.
Bei uns häufiger Zierstrauch (aus Nordamerika); bedingt winterfest, doch in milderen Lagen gelegentlich (selbständig) verwildernd. In Hecken und an Waldsäumen auf nährstoffreichen, eher kalkarmen, nicht zu trockenen Lockerböden in Halbschattenlage

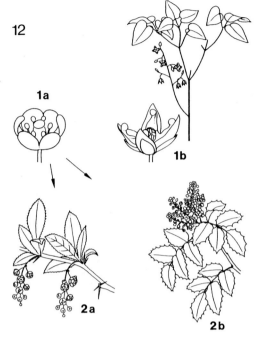

Ordnung Mohnartige, *Papaverales*

13

**13. Familie Mohngewächse, *Papaveraceae***
Oft Milchsaft führende Kräuter oder Stauden mit doppelter, strahliger Blütenhülle; Kelchblätter 2, früh abfallend, Blütenblätter 4; viele Staubblätter, 1 oberständiger Fruchtknoten; Frucht eine vielsamige Kapsel

1a Milchsaft weiß (zuweilen an der Luft allmählich gelb verfärbend) .......................... 2    1a ⟶ 2
1b Milchsaft tief orangefarben (schon beim Austritt)
**Schöllkraut**, *Chelidonium* S. 121
1c „Milch"saft farblos, eher wäßrig
**Kappenmohn**, *Eschscholtzia californica* CHAM.
Kelchblätter verwachsen, als spitzes Mützchen beim Aufblühen abfallend; Blätter bläulichgrün, kahl, mehrfach gefiedert, schmalzipflig. Heimat: Kalifornien; Blüten der Wildform gelb bis orange. Bei uns oft in Gärten (auch als Bienenpflanze gesät), selten und unbeständig verwildert
Vgl. auch: 2 Kelchblätter, klein, hinfällig; 4 gelbe Blütenblätter, davon 2 (gegenständige) 3teilig; armblütige Trugdolden; Laubblätter doppelt fiederteilig, schmalzipflig; Früchte: lange, meist hängende Gliederschoten; Pflanze unter 20 cm hoch
**Gelbäugelchen**, *Hypecoum pendulum* L.
(Oft der folgenden Familie zugeordnet). Bei uns nur selten und unbeständig verwildernde Zierpflanze; Heimat: Südeuropa (dort meist Unkraut in Getreideäckern)

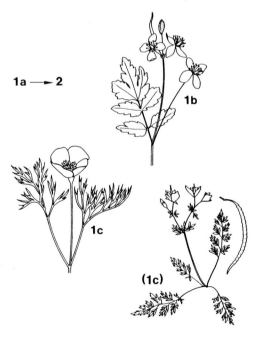

**2a** Blüten auf kurzen Stielen in den Blattachseln, Fruchtknoten (Frucht) schmal, lang; Narbe 2lappig
**Hornmohn,** *Glaucium* S. 123
**2b** Blüten langgestielt, Frucht (und Fruchtknoten) eiförmig-kugelig, oben von der runden Narbenscheibe bedeckt; diese mit 4–18 speichenartigen Streifen
**Mohn,** *Papaver* S. 123+127

### 14. Familie Erdrauchgewächse, *Fumariaceae*

Stauden, seltener Kräuter, mit 2seitigen Blüten (oft mit Sporn oder Höcker versehen). Kelchblätter meist sehr klein, früh abfallend. 6 Staubblätter, 1 Fruchtknoten, der zur länglichen Kapsel oder zu einem kugeligen Nüßchen auswächst. Blätter wechselständig, oft mehrfach fiedrig geteilt, kahl, gern ± bläulichgrün.

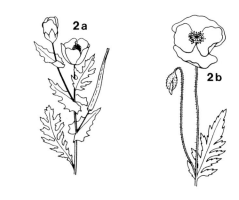

**1a** Blüten herzförmig, hängend; Frucht (und Fruchtknoten) länglich, mehrsamig (Kapsel)
**Tränendes Herz** (Herzblume)
*Dicentra spectabilis* (L.) LEM.
Häufige (alte) Zierstaude aus Ost-Asien. Blüten rot (Herz) und weiß (Träne) an überhängenden Stielen, in Trauben. Blätter langgestielt, mehrfach fiederschnittig, wie der hohle, bis 80 cm hohe Stengel kahl. Selten aus Gartenabfällen unbeständig verwildert
**1b** Blüten zweilippig, oft lang gespornt, 1–3 cm lang, rot, gelb oder weiß, in Trauben, jede mit einem krautigen Tragblatt; Frucht (und Fruchtknoten) länglich, mehrsamig (Kapsel); falls Pflanze klettert: verzweigte Wickelranken aus den Blattspitzen
**Lerchensporn,** *Corydalis* S. 129+133
**1c** Blüten zweilippig, stets mit kurzem höckerartigem Sporn, oft unter 1 cm lang, weiß, rosa oder rot, an der Spitze meist deutlich dunkler, in Trauben, mit kleinen, schuppenartigen Tragblättern; Frucht (und Fruchtknoten) kugelig bis eiförmig, einsamig (Nüßchen); falls Pflanze klettert: die Stiele der Blattzipfel oder der Hauptstengel des Blattes ranken
**Erdrauch,** *Fumaria* S. 133+135

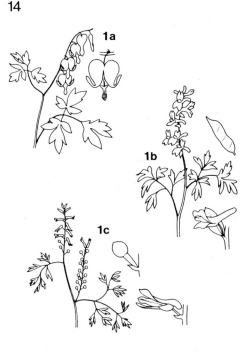

Ordnung Nelkenartige, *Caryophyllales*

### 15. Familie Nelkengewächse, *Caryophyllaceae*

Stauden und Kräuter mit einfachen und meist ganzrandigen, fast stets gegenständigen Blättern. Sproß oft gabelig verzweigt. Blütenhülle meist doppelt, in der Regel 5zählig. Kelch ± frei oder zur Röhre verwachsen. Blütenblätter (selten nur 4) zuweilen tief gespalten. Staubblätter 2–10, meist 5; 1 oberständiger Fruchtknoten mit (selten 1-) 3–5 Griffeln. Frucht zumeist eine mit Zähnen sich öffnende Kapsel, seltener ein Nüßchen oder eine Beere. Artenreiche Familie

**1a** Blüten unscheinbar, etwa stecknadelkopfgroß – oder Blütenhülle einfach: nur grüne oder weißlich gefärbte Kelchblätter; Blüten oft in Knäueln; hierher auch Pflanzen mit wechselständigen Laubblättern .... **2**
**1b** Blüten über 5 mm lang, mit Blütenblättern; Kelch (fast) bis zum Grund geteilt ................ **5**
**1c–1e →**

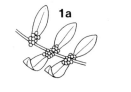

## Gattungsschlüssel

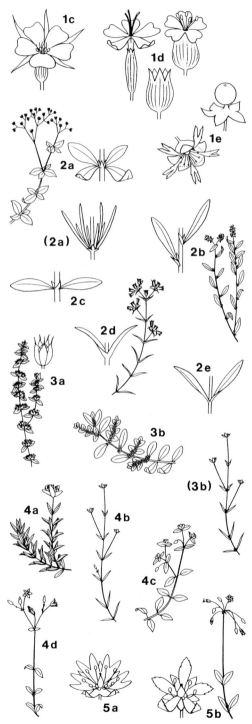

**1c** Blüten über 1 cm lang, mit großen Blütenblättern und weitbauchig verwachsenem Kelch, dessen schmale, 2–5 cm lange Zipfel die Blütenblätter überragen
    **Korn-Rade,** *Agrostemma* S. 139
**1d** Blüten mindestens um 1 cm lang, mit Blütenblättern und einem röhrig oder bauchig (Mündung verengt!) verwachsenen Kelch; dieser am Saum höchstens gezähnt oder kurzzipflig .................. **8**
**1e** Blüten mindestens 1 cm lang, mit tief zweispaltigen Blütenblättern und einem glockig verwachsenen, weit offenen, am Saum breit 5lappigen Kelch (Pflanze niederliegend-emporkletternd; Frucht eine Beere)
    **Taubenkropf,** *Cucubalus* S. 153

**2a** Blätter in Quirlen (je 4, etwas ungleich) am Grund mit kleinen silbrig-weißhäutigen Nebenblättchen
    **Nagelkraut,** *Polycarpon* S. 217
    Wenn Blätter lineal, vgl.: Spark, *Spergula* S. 213
**2b** Blätter wechselständig, am Grund mit kleinen, silbrig-weißhäutigen Nebenblättchen
    **Hirschsprung,** *Corrigiola* S. 213
**2c** Blätter gegenständig (höchstens Tragblätter der Blütenknäuel wechselständig) am Grund mit kleinen, silbrig-weißhäutigen Nebenblättchen ..... **3**
**2d** Blätter gegenständig, ohne Nebenblättchen; Blüten in Knäueln, nur mit grünen, breit weißrandigen Kelchblättern
    **Knäuel,** *Scleranthus* S. 207
**2e** Blätter gegenständig, ohne Nebenblättchen; Blüten gestielt, einzeln oder in lockeren Ständen, nur mit grünen oder gelbgrünen, höchstens schmal hautrandigen Kelchblättern ............... **4**

**3a** Blüten weiß, Kelchblätter knorpelig verdickt
    **Knorpelblume,** *Illecebrum* S. 217
**3b** Blüten (gelb)grün, Tragblätter wechselständig
    **Bruchkraut,** *Herniaria* S. 217
    Wenn Blüten weiß oder rot und Laubblätter lineal, vgl.: Spärkling, *Spergularia* S. 211+213

**4a** Blätter schmal-lineal; Polsterpflanze der Alpen; Blüten einzeln, Stiel kaum länger als die Blüte
    **Miere,** *Minuartia* S. 199
**4b** Blätter schmal-lineal, einjährige Unkraut- oder Salzbodenpflanze; Blüten deutlich gestielt
    **Mastkraut,** *Sagina* S. 189
**4c** Blätter eiförmig, untere gestielt; Stengel niederliegend-aufsteigend, dicht beblättert
    **Sternmiere** (Vogelmiere), *Stellaria* S. 175
**4d** Blätter lang-eiförmig, sitzend; Stengel aufsteigend-aufrecht; ± entfernt beblättert
    **Hornkraut,** *Cerastium* S. 183

**5a** Blütenblätter vorn deutlich ausgerandet bis tief zweilappig .......................... **6**
**5b** Blütenblätter vorn gezähnelt (endständige Dolden, Laubblätter ohne silbrig-weiße Nebenblättchen)
    **Spurre,** *Holosteum* S. 187

**5c** Blütenblätter vorn abgerundet bis zugespitzt; die schmal-linealen Laubblätter am Grund mit silbrigweißen Nebenblattschüppchen; Laubblätter entweder gegenständig
  **Spärkling,** *Spergularia* S. 211+213
oder quirlig-büschelig (durch Achselsprosse)
  **Spark,** *Spergula* S. 213
**5d** Blütenblätter zugespitzt, abgerundet oder ± gestutzt; Laubblätter ohne Nebenblätter . . . . . . . . 7

**6a** Blütenblätter sehr tief gespalten, Griffel 3
  **Sternmiere,** *Stellaria* S. 171+175
  (Hochalpenpflänzchen mit lanzettlichen, kaum 1 cm langen Blättchen: vgl. **Hornkraut,** S. 177)
**6b** Blütenblätter sehr tief gespalten, Griffel 5
  **Wasserdarm,** *Myosoton* S. 177
**6c** Blütenblätter auf ¼ bis ½ der Länge gespalten, Griffel (3–) 5
  **Hornkraut,** *Cerastium* S. 177-187
**6d** Blütenblätter nur deutlich ausgerandet, Griffel 2
  **Blasenmiere,** *Lepyrodiclis*
  *L. holosteoides* (C. A. Mey.) Fenzl ex Fisch.
  Niederliegend-aufgebogene Stengel mit schmallanzettlichen Blättchen, Kelch klebrig behaart. Heimat: Westasien; selten – mit Kleesaat eingeschleppt – auf Äckern von Sachsen bis Rheinland-Pfalz; das einjährige Kraut kann sich aber bei uns nicht halten.
  Vgl. auch: **Knollenmiere,** *Pseudostellaria*
  *P. europaea,* Schaeftlein
  Ausdauernd; der dünne Wurzelstock mit rundlichen Knöllchen, aus denen die aufrechten Blütensprosse entspringen; Blätter kurz gestielt, eiförmig, ganzrandig, zugespitzt, 2-5 cm lang. Kalkfliehende und feuchtigkeitsliebende Waldpflanze des slowenisch-kroatischen Hügellandes – einige Vorposten in den Wärmegebieten der Steiermark und Kärntens

**7:** Mierengruppe (S. 187–207); die sichere Bestimmung gelingt über leicht feststellbare Merkmale nicht immer; sichere Merkmale in ( )!

**7a** Küstenpflanze mit eiförmigen, dickfleischigen, dicht 4zeilig stehenden Blättern (Griffel 3, reife Kapsel 3klappig, Samen groß, 3-4 mm dick)
  **Salzmiere,** *Honkenya* S. 207
**7b** Hochalpine Polsterpflanze mit dicht stehenden, eiförmigen Blättchen; Blüten oft 4zählig; (Griffel 3, reife Kapsel 3spaltig, Samen um 1 mm dick)
  **Miere,** *Minuartia* S. 199
**7c** Lockere Rasen, Blätter um 0,5 cm lang, eiförmig (Griffel 3, reife Kapsel 6zähnig, Samen ohne Anhängsel)
  **Sandkraut,** *Arenaria* S. 193-195
**7d** Blätter eiförmig, oft gestielt, ± 1-2 cm lang (Griffel 2-3, reife Kapsel 4-6spaltig, Samen mit weißlichem Anhängsel = „Nabel")
  **Nabelmiere,** *Moehringia* S. 195

**7e–7h** →

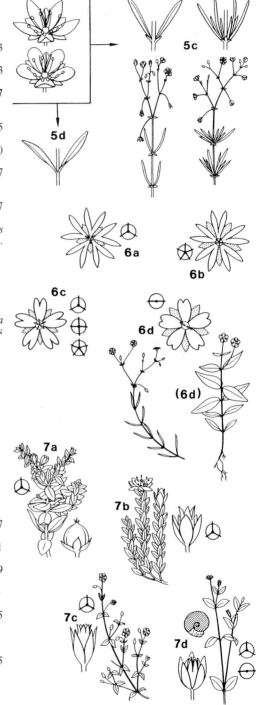

# GATTUNGSSCHLÜSSEL

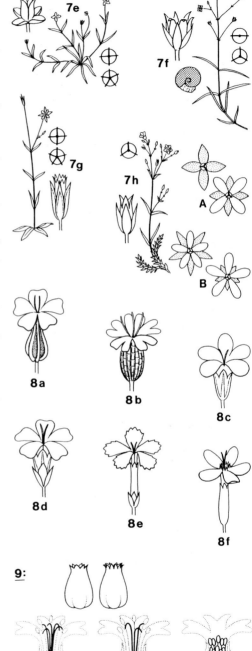

**7e** Blätter schmal-lineal bis fädlich, Kelchblätter grün (wenig hautrandig), stumpflich oder kapuzenförmig zusammengezogen (Griffel 4–5, reife Kapsel 4–5spaltig, Samen ohne Anhängsel)
**Mastkraut**, *Sagina* S. 189+193

**7f** Blätter schmal-lineal bis fädlich, Kelchblätter krautig, zugespitzt, kürzer als die Blütenblätter (Griffel 2–3, reife Kapsel tief 4–6spaltig, Samen mit weißlichem Anhängsel = „Nabel")
**Nabelmiere**, *Moehringia* S. 195+199

**7g** Blätter lanzettlich, zumindest die unteren 2–3 mm breit; Kelch breit weißrandig (häutig), lang zugespitzt (Griffel 4–5, reife Kapsel 8–10zähnig)
**Weißmiere**, *Moenchia* S. 187

**7h** Blätter lanzettlich bis pfriemlich, Kelch knorpelig oder trockenhäutig, oft mit grünem Mittelstreifen (Griffel 3, reife Kapsel 3spaltig)
**Miere**, *Minuartia* S. 199–207

   A Blütenblätter nur zu 4 oder völlig fehlend bzw. verkümmert (fädlich, grün)
S. 199

   B 5 weiße Blütenblätter
S. 201–207

**8a** Kelch mit (5) scharfkantigen Flügeln, am Grund ohne Hüllschuppen (2 Griffel, keine Nebenkrone)
**Kuhkraut**, *Vaccaria* S. 157

**8b** Kelch mit ± erhabenen, oft gefärbten Längsnerven (durch Quernerven verbunden), am Grund ohne Hüllschuppen (3 oder 5 Griffel, z. T. auch Blüte nur mit Staubblättern; Nebenkrone häufig) ...... **9**

**8c** Kelch mit trockenhäutigen Längsstreifen, am Grund ohne Hüllschuppen (Griffel 2, keine Nebenkrone)
**Gipskraut**, *Gypsophila* S. 159

**8d** Kelch mit trockenhäutigen Längsstreifen, am Grund einige freie (oft lange) Hüllschuppen (Griffel 2, keine Nebenkrone)
**Felsennelke**, *Petrorhagia* S. 141

**8e** Kelch grün, glatt (fein- und dünnvrig), am Grund mit trockenhäutigen Hüllschuppen (Griffel 2, keine Nebenkrone)
**Nelke**, *Dianthus* S. 163–169

**8f** Kelch ohne erhabene Längsrippen, kahl oder behaart, am Grund ohne Hüllschuppen; (Blüte mit Nebenkrone, Griffel 2 (selten 3: Alpenpflanze) –
**Seifenkraut**, *Saponaria* S. 157
(! falls 5 Griffel, vgl.:
**Alpen-Pechnelke**, *Lychnis alpina*, S. 139)

**9:** nah verwandte Arten, früher in mindestens 6, heute in 2 Gattungen (unbefriedigend) aufgegliedert: Es zählen
zur Gattung **Pechnelke**, *Lychnis* S. 139 alle Arten, deren reife Fruchtkapseln sich mit 6 Zähnen öffnen (Griffel stets 5) – und
zur Gattung **Leimkraut**, *Silene* S. 141–153: die Arten mit 6- oder 10zähnigen Kapseln (Griffel 3, selten 5; – hierher auch alle Pflanzen mit rein ♂ Blüten: Fruchtknoten 0, 10 Staubblätter)

# Gattungsschlüssel

Unterscheidung nach leicht feststellbaren Merkmalen:
Zur Gattung **Pechnelke** gehören alle Pflanzen
- mit Blütenblättern, die in 4 schmale, lange Zipfel zerteilt sind
- mit um 0,5 cm langem Kelch, dessen 10 Längsnerven nicht durch Seitenadern verbunden sind
- mit schwarzen, klebrigen Leimringen am Stengel, je einer unterhalb der oberen Blattpaare
 (vgl. aber: mit farblosen Leimringen:
 Leimkraut S. 141–153
 und: ganze Pflanze (oben) klebrig behaart:
 Leimkraut, s. unten: Grobeinteilung)
- mit dichter, grau- bis weißfilziger Behaarung =
 (Garten)Formen der Gruppe „Lichtnelke", z. B.

**Kronen-Lichtnelke**, *Lychnis coronaria* (L.) DESR.
mit locker stehenden, großen Blüten (Blütenblätter 2–3,5 cm lang) aus Süd(ost)europa (bis in die südlichen Alpentäler); bei uns häufig angepflanzt und selten verwildert;

**Jupiter-Lichtnelke**, *Lychnis flos-jovis* (L.) DESR.
mit gedrängten, büschelig-endständigen Blüten (Blütenblätter 1,5–2 cm lang) aus den West- und Südalpen (endemisch); bei uns seltener gepflanzt und kaum verwildert.
Weitere ähnliche Arten als Zierstauden im Handel

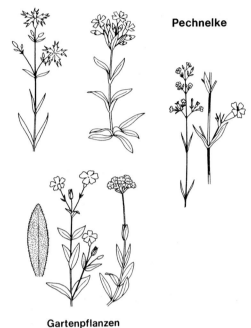

**Pechnelke**

**Gartenpflanzen**

**Leimkraut**, S. 141–153, Grobeinteilung:
A Blütenblätter länglich keilförmig, am breiten Vorderrand 2–6 Zähne; weiß, selten rötlich
 (Strahlensame) S. 141
B Blütenblätter ± gestielt, vorn abgerundet, gestutzt oder seicht gerandet, weiß bis rot
 S. 147+151
C Blütenblätter ± gestielt, vorn deutlich zweilappig, milchweiß, rötlich oder rot
 S. 145–151
D Blütenblätter zungenförmig oder gestielt und vorn zweilappig, grünlich(weiß), schmutzigweiß bis hellgelblich (höchstens – sehr selten! – außen trübrot angelaufen)
 S. 145+153

**Leimkraut**

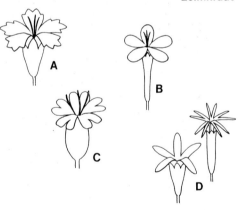

## 16. Familie Kermesbeerengewächse, *Phytolaccaceae*

Stauden mit wechselständigen einfachen und ganzrandigen Blättern. Blütenhülle einfach, 5zählig; Staubblätter 6–10 (oder mehr), Fruchtknoten 6–10, am Grund ± stark miteinander verwachsen; Frucht eine lockere, aus Teilfrüchtchen zusammengesetzte (Schein)Beere
Bei uns nur eine Gattung:
 **Kermesbeere**, *Phytolacca* S. 219
Zu achten ist auf *Phytolacca esculenta* VAN HOUTTE, die **Asiatische Kermesbeere**; – Blätter z. T. über 8 cm breit, Blütenstiele kahl, 8 wenig verwachsene Fruchtknoten, die sich zur Reife einzeln ablösen; wurde in neuerer Zeit selten in Thüringen, Sachsen und, ganz vereinzelt, in Süddeutschland verwildert angetroffen

## Gattungsschlüssel

**17. Familie Eiskrautgewächse, *Aizoaceae***
Meist Stauden; Heimat: Südafrika. Oft mit dickfleischigen, gegen- oder quirlständigen, meist mit glasigen Höckerchen („Eiskörnchen") dicht bedeckten Blättern. Blütenhülle oft doppelt, reichstrahlig; Blütenblätter lang, schmal. Kapselfrüchte. Bei uns (Sammelgattung):
        **Mittagsblümchen,** *Mesembrianthemum* L. s.l.
Einjährige Kräuter in vielen Farbsorten kultiviert. Blätter walzlich bis dickfleischig spatelig; Blüten groß, vielblättrig (über Mittag offen); 1 unterständiger, 5kantiger Fruchtknoten. Pflanze ± klebrig-drüsig. Selten ortsnah verwildert. In Südeuropa Stauden und Halbsträucher der Familie beständig eingebürgert

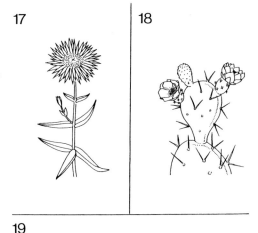

**18. Familie Kakteengewächse, *Cactaceae***
Sträucher mit fleischig-dickem, rundlich-säulenartigem oder eher abgeflachtem und dann gegliedertem Stamm. Blätter meist in Dornen umgewandelt. Vielstrahlige Blüten mit zahlreichen schmalen Blütenhüll- und Staubblättern. 1 unterständiger Fruchtknoten. Frucht eine Beere. Amerikanische Pflanzenfamilie. Bei uns nur:
        **Feigenkaktus,** *Opuntia* M ILL.
Niederliegend bis aufstrebend. Sproßglieder flach, rundlich-eiförmig, oft wenig dornig. Blüte gelb, Beere groß, rot. Öfters in Weinbergen gepflanzt und verwildert. Oft jahrzehntelang beständig, doch ausbreitungsschwach und bei Rebflurumlegungen stark gefährdet. Meist in der Art *Opuntia vulgaris* M ILL. auftretend

**19. Familie Portulakgewächse, *Portulacaceae***
Bei uns nur ein- bis mehrjährige Kräuter. Blätter einfach, etwas fleischig, doch flach, wechsel- oder gegenständig. Blütenhülle (scheinbar) doppelt; Kelchblätter (Tragblätter) 2; Blütenblätter 4–6, Staubblätter 3 bis viele, 1 oberständiger Fruchtknoten; Kapselfrucht

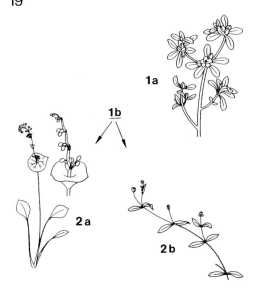

**1a** Blüten gelb, (bei Ziersorten auch weiß oder rot) Blütenblätter länger als 0,5 cm
        **Portulak,** *Portulaca* S. 219
**1b** Blüten weiß bis grünlichweiß, Blütenblätter unter 0,5 cm lang . . . . . . . . . . . . . . . . . . . . . . . . . . 2

    **2a** Lediglich langgestielte Grundblätter; am Stengel nur unter dem Blütenstand ein flacher Trichter aus zwei zusammengewachsenen Hochblättern
        **Claytonie,** *Claytonia* S. 219
    **2b** Stengel gegenständig beblättert, keine auffällige Hochblattverwachsung unter dem Blütenstand
        **Quellkraut,** *Montia* S. 219

**20. Familie Wunderblumengewächse, *Nyctaginaceae***
Krautige und holzige (z.B.: *Bougainvillea*, beliebte Topfpflanze) Gewächse der warmen Zonen Amerikas. Blätter meist gegenständig; Blüten in (Trug-)Dolden, einfach, mit kelch- oder blütenblattartigen Hochblättern; 1 Fruchtknoten, oberständig; 10 Staubblätter; Reste der Blütenblätter bleiben als Außenhülle an der Frucht (Scheinfrucht).
In Gärten (früher häufiger), gelegentlich verwildert:
        **Wunderblume,** *Mirabilis jalapa* L.
Staude mit einfachen, gegenständigen Blättern; Blüte

mit kurzer, grüner Hochblatthülle; 5 große, abstehende Blütenzipfel, unten zur stielartigen Röhre verwachsen. Die Blüten öffnen sich erst gegen Abend. Nicht winterfest. – Neuerdings dringt von Südosten die etwas frosthärtere *Oxybaphus nyctagineus* (MICHX.) SWEET, vor: Blüten kleiner, zu mehreren in der Hochblatthülle

**21. Familie Gänsefußgewächse, *Chenopodiaceae***
Kräuter, Stauden, Halbsträucher. Blätter einfach, öfters fleischig, zuweilen schuppenartig. Blüten oft geknäuelt, unscheinbar, manchmal eingeschlechtig. Blütenhülle einfach, 0-(!) bis 5zählig; 1 oberständiger Fruchtknoten (mit bis zu 5 Narben). Die Kapseln (seltener Nüßchen) bleiben in der Blütenhülle (Scheinfrüchte), die nach der Bestäubung oft zu einer charakteristischen, trocken-derben oder (selten) fleischigen Ummantelung auswächst

1a Blätter (scheinbar) fehlend – zu kleinen häutigen Schuppen reduziert; Sprosse fleischig, gegliedert
   **Queller**, *Salicornia* S. 247
1b Blätter aus häutig verbreitertem Grund stechend dornig zugespitzt, steif, die untersten gegenständig
   **Salzkraut**, *Salsola* S. 247
   (Sehr selten eingeschleppt:
   **Soda-Salzkraut**, *Salsola soda* L.
   Blätter ± weicher, fast alle gegenständig)
1c Blätter walzlich-fleischig, weich, zuweilen mit einer Stachelspitze .................... 2
1d Blätter schmal, pfriemlich zugespitzt oder lineal bis fadenförmig, dünn oder wenig fleischig ........ 3
1e Blätter flächig, zumindest die unteren über 0,5 cm breit, oft alle am Rand gesägt bis buchtig gelappt, zuweilen auch etwas fleischig ............... 4

2a Ganze Pflanze kahl
   **Sode**, *Suaeda* S. 247
2b Zumindest der Stengel rauhhaarig
   **Dornmelde**, *Bassia* S. 247

3a Blüten mit 5teiliger Hülle und 2 Tragblättern, einzeln, selten zu 2 in den Achseln der pfriemlich spitzen Laubblätter sitzend; Stengel feinwarzig-flaumhaarig, seltener ± klebrig behaart
   **Knorpelkraut**, *Polycnemum* S. 235
3b Blüten in verwachsener, 5zipfliger Hülle, je 1–2 (3) in den Achseln schmal-lanzettlicher Blätter, die nach oben zu (gleitend) kleiner werden. Blütenhülle zur Fruchtzeit den Samen bedeckend, mit (meist 5) waagrecht ausgebreiteten trockenhäutigen Flügeln; Pflanze (jung) dicht und lang wollig behaart
   **Radmelde**, *Kochia* S. 249
3c Blüten in glockig verwachsener 4zipfliger Hülle, einzeln in den Achseln von Tragschuppen; endständige Ährchen oberhalb der schmalen Laubblätter; Pflanze kahl oder nur sehr zerstreut behaart
   **Kampferkraut**, *Camphorosma annua* PALL
   Salzsteppenpflanze aus Südosteuropa, mit Vorposten in Österreich (um den Neusiedler See)
3d →

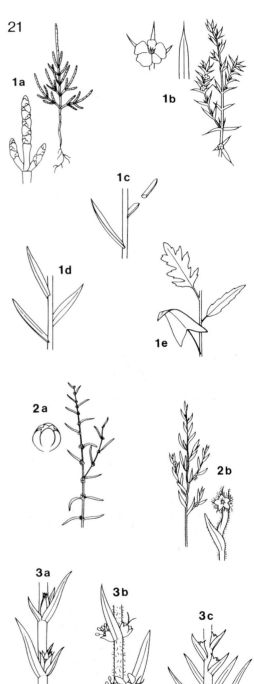

## Gattungsschlüssel

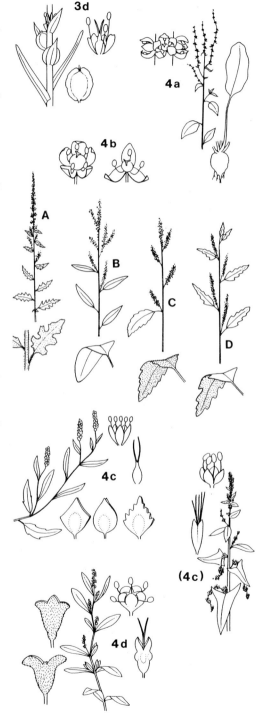

**3d** Blüten nackt oder von 1–3 kleinen ungleich großen Hüllschüppchen lückig umstellt, einzeln in den Achseln langspitziger Tragschuppen, zu Ährchen zusammengefaßt; diese endständig, teilweise auch in den Achseln der lineal-lanzettlichen Laubblätter; Frucht ± eiförmig, einseitig gebuckelt, mit umlaufendem Flügelrand; Pflanze kurz und rauh behaart
    **Wanzensame**, *Corispermum* S. 249

**4a** Krautpflanze mit vielen sehr großen, grobstieligen und kahlen Grundblättern; Wurzeln oft verdickt und ± über den Boden ragend. Blüten klein, grün, tief 5spaltig, fast alle ⚥, einzeln oder zu 2–6 quirlständig; in langer Reihe übereinander an den Enden des reichverzweigten Sprosses
    **Runkelrübe**, Mangold, *Beta* S. 235

**4b** Krautpflanze ohne Grundblattrosette; Blüten klein, fast alle ⚥, einzeln und in Knäueln zu meist unregelmäßig ährigen bis rispigen Blütenständen vereinigt; Blütenhülle 3–5zipflig, strahlig, an der Frucht kugelig oder schwach 3- bis 5kantig; Blätter kahl, auch klebrig-drüsig, oft aber ± stark mehlig überstäubt (leicht abbrechende Blasenhaare – im Alter oft zu schilfrigen Schüppchen verklebend)
    **Gänsefuß**, *Chenopodium* S. 223–235
Viele, oft schwer trennbare Arten;
    Grobeinteilung:

  A Blätter drüsig-klebrig, ± stark wohlduftend
            S. 223
  B (ausgewachsene) Blätter beidseits kahl
            S. 225+231+235
  C (ausgewachsene) Blätter beidseits mehlig
            S. 229+231
  D (ausgewachsene) Blätter oben kahl unten
    mehlig         S. 223+229

**4c** Krautpflanze ohne Grundblattrosette; Blüten klein, fast alle 1geschlechtig; die ♂ in 3–5zipfliger Hülle, ♀ (ohne Hülle) von 2 (rundlich-) ei- bis rautenförmigen, am Rand oft gezähnten Tragblättchen umgeben; diese vergrößern sich zur Reife und schließen die Frucht ein; Pflanze 1häusig; kahl oder oft ± dicht hell-schilfrig
    **Melde**, *Atriplex* S. 237–243
Vergleiche: Blüten 1geschlechtig, Pflanze 2häusig, mit großen spießförmigen, satt dunkelgrünen, kahlen oder schwach bemehlten Blättern
    **Spinat**, *Spinacia oleracea* L.
Häufig in Gärten und Feldern angebaute Gemüsepflanze, nur sehr selten vorübergehend bei Abfallplätzen oder Kompostieranlagen verwildert

**4d** Krautpflanze ohne Grundblattrosette; Blüten klein, fast alle 1geschlechtig; ♂ in 4–5teiliger Hülle, ♀ (ohne Hülle) mit 2 länglichen, vorn 2- oder 3lappigen Tragblättern, die mit der Frucht heranwachsen; Salzbodenpflanze; Blätter ei-spatelförmig, ganzrandig, selten schwach gekerbt, dicht grauschilfrig, zumindest die unteren gegenständig
    **Salzmelde**, *Halimione* S. 237

**4e** Kleiner, bis 1 m hoher Strauch, rauhhaarig, mit ei-lanzettlichen Blättchen; knäuelige Blütenährchen
**Hornmelde,**
*Krascheninnikovia ceratoides* (L.) GUELDENST.
Mittel- bis ostasiatische Lößpflanze, die bis in den Mittelmeerraum ausstrahlt. Bei uns nur in Nordost-Österreich: sehr selten im Weinviertel und auch dort anscheinend im Rückgang

## 22. Familie Fuchsschwanzgewächse, *Amaranthaceae*

Bei uns meist einjährige, oft raschwachsende Kräuter. Blätter einfach, wechselständig. Blüten einfach, 1geschlechtig oder ⚥, klein, 3–5zählig mit 2 größeren Vorblättern; in dichten Knäueln in den Blattachseln oder zu walzlichen Gesamtblütenständen an den Sproßenden vereinigt. Blütenhüllblätter 0–5, grün, weißlich oder tiefrot. In Mitteleuropa nur:
**Fuchsschwanz,** *Amaranthus* S. 253+255
Neben wenigen häufigen und vielen selten und unbeständig eingeschleppten Arten verwildern zuweilen auch Gartenformen. Sie zeichnen sich durch dichte, lange, meist tiefrote (selten hellrote oder gelbe) Blütenstände aus. Beim Garten-Fuchsschwanz, *A. caudatus* L., hängen diese herab, beim Rispen-Fuchsschwanz, *A. cruentus* L., stehen sie aufrecht

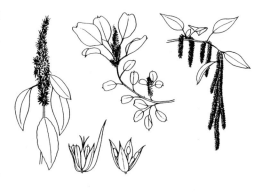

Ordnung Knöterichartige, *Polygonales*

## 23. Familie Knöterichgewächse, *Polygonaceae*

Kräuter und Stauden, (selten) Windesträucher. Blätter einfach, wechselständig, ihr Stielgrund mit häutiger Hülle, die tütenartig den Sproß umgibt. Blüten klein, ⚥ oder 1geschlechtig (1- und 2häusig), einfach, mit 3–6 freien oder verwachsenen Blättchen, Staubblätter 3–9, Griffel 2–3; Nüßchenfrucht, zuweilen von der Blütenhülle eingeschlossen

**1a** Stengel 30 cm bis mehrere Meter lang, niederliegend gewunden kriechend oder an Stützen emporwindend
**Windenknöterich,** *Fallopia* S. 279
**1b** Stengel 1–2 (–3) m hoch, sehr dick, hohl; in einer Rosette lang und dick gestielter Blätter mit ausladender rundlich-herzförmiger oder handförmig gelappter Spreite (Gesamtblattlänge 0,5–1,2 m)
**Rhabarber,** *Rheum* L.
Zier-, Heil- (Wurzel) und Speisepflanze (Blattstiele); häufig kultiviert und gelegentlich (vorübergehend) verwildert. Häufigste Nutzart: Speise-Rhabarber, *Rh. rhabarbarum* L., – Heimat: Ostasien; Blattspreite am Rand stark wellig, Blattstiele unterseits ± glatt; ähnlich: Sibirischer Rhabarber, *Rh. rhaponticum* L., aus Südsibirien; Blattrand kaum gewellt, Blattstiel unterseits längsfurchig; der Handlappige Rhabarber, *Rh. palmatum* L. (Tibet/China) besitzt eine tief gelappte Spreite, beim Südchinesischen Rhabarber, *Rh. officinale* BAILLON (China/Burma), ist sie nur kurz 5lappig (Blütensproß hier 2–3 m hoch)
**1c, 1d →**

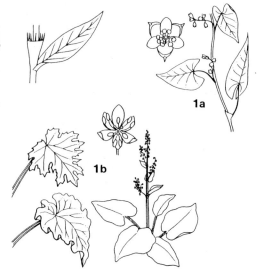

## Gattungsschlüssel

**1c** Kräftige, 1–4 m hohe Sprosse aus langkriechenden (unterirdischen) Ausläufern, gleichmäßig beblättert; Blätter 10–30 cm lang, breit (herz-)eiförmig – die oberen kaum kleiner; viele grünlichweiße oder grüngelbliche, blattachselständige Blütenbüschel
**Staudenknöterich,** *Reynoutria* S. 283

**1d** gestreckt niederliegend-aufsteigende oder aufrechte, kaum über 2 m hohe Pflanze mit oder ohne Grundblätter; wenn Blätter über 10 cm lang, nie mit auffällig dickfleischigen Stielen und die Spreite deutlich länger als breit; Blütenstand meist endständig; Tragblätter und obere Stengelblätter deutlich kleiner als die unteren . . . . . . . . . . . . . . . . . . . . . . . . . . . 2

  **2a** Grundblätter nierenförmig (breiter als lang), vorn gerundet oder leicht eingekerbt; Blüten grün, mit 2 äußeren und 2 längeren inneren Hüllblättchen; Frucht linsenförmig mit breiten roten Flügeln
**Säuerling,** *Oxyria* S. 271

  **2b** Blätter stets länger als breit, Blüten grün, gelbgrün oder satt rot(braun) überlaufen, mit 3 äußeren und 3 größeren inneren Hüllblättchen, die später die 3kantige Frucht umschließen; meist umfangreiche Blütenstände aus ± knäueligen Quirlen
**Ampfer,** *Rumex* S. 259–271

    A Blattgrund pfeilförmig (spitzlappig)
S. 267+271
    B Blattgrund höchstens herzförmig (rundlappig) bis abgerundet oder zum Stiel hin verjüngt
S. 259–265

  **2c** Blätter stets länger als breit; Blüten weiß(grünlich) bis hellrot (selten durch Brutknospen ersetzt (4-) 5 (-6) gleichlange Hüllblättchen stehen ± becherartig im Kreis; dichte Kolben oder lockere Ähren(Trauben), meist an allen Zweigenden
**Knöterich,** *Polygonum* S. 271–279

  **2d** Blätter ± so breit wie lang, herz-pfeilförmig, stets zugespitzt; Blüten grün, weiß oder rosa, mit 5 becherförmig angeordneten, gleichlangen Hüllblättchen; gestielte lockere Trauben oder Doldenrispen, blattachsel- und endständig
**Buchweizen,** *Fagopyrum* S. 283

24

Ordnung Bleiwurzartige, *Plumbaginales*

### 24. Familie Bleiwurzgewächse, *Plumbaginaceae*
Sträucher und krautige Gewächse (bei uns salzliebende Stauden) mit einfachen, meist rosettigen Blättern. Blüten 5strahlig; 5 Staubblätter, 1 oberständiger, 5griffeliger Fruchtknoten; Frucht ein Nüßchen

**1a** Blütenköpfchen auf blattlosem, einfachem Stengel
**Grasnelke,** *Armeria* S. 285
**1b** Einseitswendige Ähren, doldenrispig verzweigt
**Strandflieder,** *Limonium* S. 285

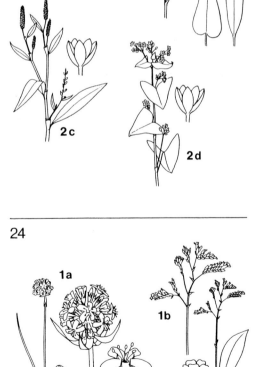

Ordnung Zaubernußartige, *Hamamelidales*

### 25. Familie Platanengewächse, *Platanaceae*
Bäume mit gelappten Blättern; Borke in dünnen Platten abblätternd; Blüten 3- bis 8zählig, 1geschlechtig, in kugeligen hängenden Köpfchen (1–7 untereinander). Nur 1 Gattung; Heimat: Nordhalbkugel. Bei uns angepflanzt, kaum verwildert
**Platane,** *Platanus* L.
Nordamerikanische Platane, *P. occidentalis* L.; Fruchtköpfchen meist einzeln; Blattunterseite behaart; und Morgenländische Platane, *P. orientalis* L. (vom Balkan); (2-) 3–5 (-7) Fruchtköpfchen untereinander an gemeinsamem Stiel; Blätter völlig kahl; sowie beider Bastard, die Ahornblättrige Platane, *P. × hybrida* Brot.; 2 (-3) Fruchtköpfchen, Blätter jung behaart, dann kahl

Ordnung Buchenartige, *Fagales*

### 26. Familie Buchengewächse, *Fagaceae*
Bäume; Blüten unscheinbar, 1geschlechtig, 1häusig: ♂ in Köpfchen oder (±) lockeren, aufrechten oder hängenden Kätzchen; ♀ einzeln oder zu 2–5; Fruchtknoten unterständig; Scheinfrucht: Nüsse, von einem „Fruchtbecher" schalenartig gestützt oder ganz eingeschlossen

**1a** ♂ Blüten in Köpfchen, ♀ Blüten zu 2 (3); Früchte 3kantig, in kurzstacheligem, 4klappigem Fruchtbecher (meist 2); Blätter eiförmig, am Rand schwach wellig bis entfernt seicht gezähnt
**Rotbuche,** *Fagus* S. 295
**1b** ♂ Blüten in aufrechten, ± aufgelockerten Ähren, ♀ Blüten am Ährchengrund; Fruchtbecher langstachelig, meist mit 2 Nüssen; Blätter länglich, spitz und eng gezähnt
**Edelkastanie,** *Castanea* S. 295
**1c** ♂ Blüten in lockeren, hängenden Kätzchen, ♀ Blüten zu 1–5; Früchte kugelig bis walzlich, einzeln in schalenartigem Fruchtbecher, der zumindest die Nuß-Spitze nicht bedeckt; Blätter ± fiederlappig
**Eiche,** *Quercus* S. 297+301

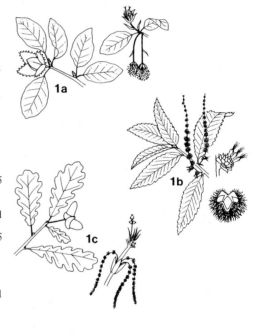

### 27. Familie Birkengewächse, *Betulaceae*
Holzgewächse; 1häusig–1geschlechtige Blüten mit unscheinbarer Hülle; ♂ in meist hängenden, ♀ in ± aufrechten, walzlichen oder eiförmigen Kätzchen. Fruchtknoten unterständig; Frucht ein geflügeltes Nüßchen

**1a** ♂ Kätzchen stäuben vor dem Blattausschlag; ♀ Kätzchen eiförmig, geleert und verholzt überwinternd
**Erle,** *Alnus* S. 291+295
**1b** ♂ Kätzchen stäuben beim Blattausschlag; ♀ Kätzchen langwalzlich; im Herbst in Flügelnüßchen zerfallend
**Birke,** *Betula* S. 289+291

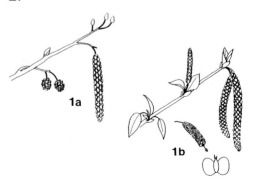

## Gattungsschlüssel

**28. Familie Haselgewächse, *Corylaceae***
Holzgewächse; 1häusig–1geschlechtige Blüten, oft nackt; ♂ in hängenden, ♀ in lockeren, tragblattdurchsetzten oder knospenartigen Kätzchen; Fruchtknoten unterständig; Frucht eine Nuß mit krautig-derber Hülle oder ein Nüßchen mit vergrößertem (Flug-)Tragblatt
**1a** Blüten mit den Blättern; ♀ Kätzchen locker, mit 3lappigen Tragblättchen (spätere Flughilfe); häufig
**Hainbuche,** *Carpinus* S. 289
**1b** Blüten mit den Blättern; ♀ Kätzchen mit eng anliegenden, eiförmigen Tragblättern; nur südliche Alpen
**Hopfenbuche;** *Ostrya* S. 289
**1c** Blüten lange vor den Blättern; ♀ Kätzchen knospenartig; Nuß in einem oben zerschlitzten Laubbecher
**Haselnuß,** *Corylus* S. 289

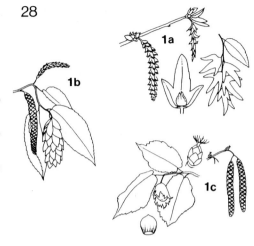

Ordnung Gagelstrauchartige, *Myricales*

**29. Familie Gagelstrauchgewächse, *Myricaceae***
Sträucher; dicht mit aromatisch duftenden Harzdrüsen besetzt. 2häusig; Blüten in kurzen, aufrechten Kätzchen; Blätter wechselständig; nur 1 Gattung (Ordnung mit nur 1 Familie); bei uns 1 Art (von ca. 40)
**Gagelstrauch,** *Myrica* S. 301

Ordnung Walnußartige, *Juglandales*

**30. Familie Walnußgewächse, *Juglandaceae***
Bäume; Blätter wechselständig, unpaarig gefiedert, angenehm duftend. Blüten mit einfacher Hülle, 1geschlechtig, 1häusig; ♂ in hängenden Kätzchen, ♀ zu 2–3, auf kurzem Stiel; Fruchtknoten unterständig, 2narbig; Steinfrucht mit dünner, krautig-derber Schale
**Walnuß,** *Juglans* S. 301

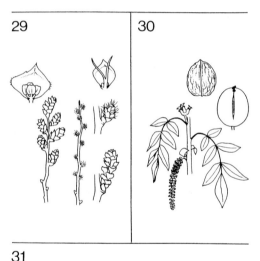

Ordnung Brennesselartige, *Urticales*

**31. Familie Ulmengewächse, *Ulmaceae***
Bäume mit einfachen, meist asymmetrischen, 2seitig gestellten, wechselständigen Blättern. Blüten mit einfacher Hülle, ⚥ oder 1geschlechtig, einzeln oder in kurzen Büscheln. Fruchtknoten oberständig; Frucht ein rundum geflügeltes Nüßchen oder eine Steinfrucht

**1a** Blüten in Büscheln, vor den fiedernervigen Blättern erscheinend; Früchte: rundscheibige Flügelnüßchen
**Ulme,** *Ulmus* S. 303
**1b** (♀) Blüten einzeln, langgestielt, mit den 3nervigen Blättern erscheinend; beerenartige Steinfrüchtchen
**Zürgelbaum,** *Celtis* L.
Südlicher Zürgelbaum, *C. australis* L. aus Südeuropa (bis in die Südalpentäler) – Blätter unten grauflaumig, oben dunkelgrün; Früchtchen reif braunviolett, wohlschmeckend; bei uns nur angepflanzt und selten verwildert (vor der Eiszeit im Gebiet auch wild); Westlicher Zürgelbaum, *C. occidentalis* L. aus Nordamerika – Blätter hellgrün, oben glänzend; Früchtchen fast schwarz, fade. Gepflanzt, kaum verwildert

## 32. Familie Maulbeerengewächse, *Moraceae*

Milchsaftführende Holzgewächse mit meist wechselständigen, einfachen bis gelappten Blättern. Blüten 1geschlechtig, 1- oder 2häusig, Blütenhülle einfach, oft verkümmert; Fruchtknoten oberständig; meist fleischige Sammelfrüchte (aus Steinfrüchtchen oder Nüßchen)

1a Blätter eiförmig, gesägt bis fiederlappig (am Grund)
**Maulbeerbaum,** *Morus* S. 303
1b Blätter ± derb, handförmig-gelappt, Lappen grob gekerbt, nach vorn verbreitert und bogig gerundet
**Echte Feige,** *Ficus carica* L.
Bei uns selten kultiviert; öfters eingeschleppt (bis Westfalen, Thüringen, Sachsen); hält sich dann vereinzelt einige Jahre, erfriert meist vor der Blühreife

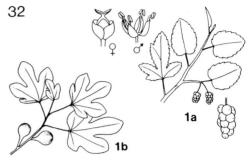

## 33. Familie Hanfgewächse, *Cannabaceae*

Stauden und Kräuter mit handförmig geteilten oder gelappten Blättern. Blüten 1geschlechtig, stets 2häusig; Blütenhülle einfach, unscheinbar; Fruchtknoten oberständig; Nüßchen, manchmal in krautigen Zapfen

1a Sproß aufrecht, um 1,5 m; Blätter handförmig geteilt
**Hanf,** *Cannabis* S. 309
1b Sprosse windend, 2–8 m; Blätter gelappt
**Hopfen,** *Humulus* S. 309

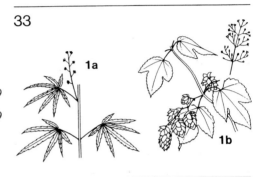

## 34. Familie Brennesselgewächse, *Urticaceae*

Stauden und Kräuter; Blätter einfach, oft gesägt; gegen- oder wechselständig, oft mit Brennhaaren; Blüten unscheinbar, einfach, 4zählig, in Rispen, Ähren oder (± kopfigen) Knäueln, 1geschlechtig, 1- und 2häusig; Fruchtknoten oberständig; Früchte meist Nüßchen

1a Blätter wechselständig, ganzrandig, kurzhaarig
**Glaskraut,** *Parietaria* S. 309
1b Blätter gegenständig, meist gesägt, mit Brennhaaren
**Brennessel,** *Urtica* S. 307

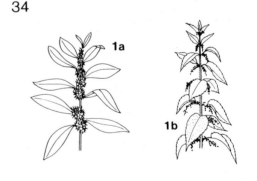

Ordnung Steinbrechartige, *Saxifragales*

## 35. Familie Stachelbeerengewächse, *Grossulariaceae*

Unbewehrte oder stachelige Sträucher mit wechselständigen, gelappten Blättern. Blüten 5zählig, strahlig, Hülle doppelt, Kelchblätter oft größer als die freien Blütenblätter; arm- bis vielblütige Trauben; Fruchtknoten unterständig; Frucht eine Beere; Bei uns nur:
**Johannisbeere**(/Stachelbeere), *Ribes* S. 313+315

## 36. Familie Dickblattgewächse, *Crassulaceae*

Krautige Pflanzen, selten Holzgewächse (nicht bei uns); mit fleischigen Blättern unterschiedlicher Stellung; Blüten doppelt, strahlig, meist 5-, doch auch 3- bis vielzählig; 3 bis viele oberständige Fruchtknoten (oft am Grund miteinander verwachsen); Balgfrüchte

1a Kaum 5 cm langes Pflänzchen, Blüten 3- bis 4zählig, einzeln oder zu 2–4 in den Achseln der gegenständigen, linealen, dicklichen Blättchen sitzend
**Dickblatt,** *Crassula* S. 327

1b–1d →

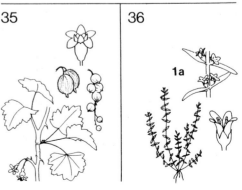

## Gattungsschlüssel

**1b** Pflanze mit vielblättriger und dichter Grundrosette
**Hauswurz**, (2 Gattungen) S. 331+333
*Sempervivum;* 8–30 schmale Blütenblätter pro Blüte
S. 331+333
*Jovibarba;* 6 fransige Blütenblätter pro Blüte
S. 333
**1c** Pflanze ohne auffallende Grundblattrosette; Blüten 5- bis selten 6zählig; sehr selten auch 4zählig, dann aber stets ⚥ (= 8 Staubblätter, 4 Fruchtknoten)
**Fetthenne**, *Sedum* S. 319-331
Artenreiche Gattung   Grobeinteilung:
  A Blätter flach/dickfleischig: deutlich mehr als 3mal so breit wie dick
(Fetthenne) S. 319
  B Blätter walzlich (= rundlich) oder halbwalzlich (= oben ± abgeflacht)
(Mauerpfeffer) S. 321-331
**1d** Pflanze ohne auffallende Grundblattrosette; Blüten 4zählig, mit gelben, oft rötlich überlaufenden Blütenblättern; 1geschlechtig, 2häusig; ♀ Blüten oft nur mit Kelchblättern; dichte Trugdolden; Blätter im Vorderteil meist gesägt; Gebirgspflanze
**Rosenwurz**, *Rhodiola* S. 319

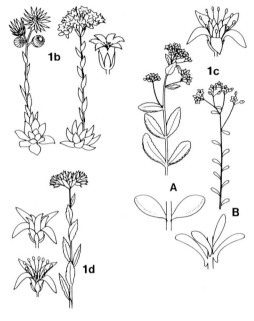

### 37. Familie Steinbrechgewächse, *Saxifragaceae*
Kräuter und Stauden; Blätter meist wechselständig oder rosettig, einfach bis handförmig eingeschnitten; Blüten doppelt, selten einfach (nur Kelchblätter), strahlig, (4- bis) 5zählig. Staubblätter 8–10; 2 (oder 3–5) ober- bis unterständige Fruchtknoten, oft weit verwachsen; Balgfrüchte, Kapseln (je nach Verwachsung)

**1a** Einfache, 4zählige, grünlich-gelbe Blüten in flachen Trugdolden mit breiten Tragblättern
**Milzkraut**, *Chrysosplenium* S. 357
**1b** Doppelte, 5zählige Blüten, selten einzeln (gestielt), meist in Trauben oder Rispen
**Steinbrech**, *Saxifraga* S. 337-357
Artenreiche Gattung   Grobeinteilung:
  A Blätter am Rand mit weißen Kalkschuppen; oft in Rosetten oder dichtblättrigen Polstern
S. 337-343
  B Zumindest die unteren Stengelblätter gegenständig, dichte Polster oder lockere Rasen; Blüten rotviolett bis hellrot, sehr selten weiß
S. 337
  C Zumindest in den unteren Blattachseln Brutknöllchen; Grundblattrosette, Stengel aufrecht, wechselständig beblättert, 10–50 cm hoch
S. 343-345
  D Blütenstengel blattlos (! Blüten mit Tragblättern), Rosetten-, Polster- oder kriechende Rasenpflanzen;
    Blüten grün, auch rot angelaufen   S. 343
    Blüten gelbgrün bis gelb   S. 349+351
    Blüten weiß (± rot/gelb gepünktelt)   S. 349+355
  E Blütenstengel wechselständig beblättert (auch einblättrig) Blätter ganzrandig, höchstens schwach gekerbt, fein gezähnelt oder stachelig gewimpert;
    Blüten sattgelb, orange, rot   S. 339+355
    Blüten weiß, grüngelb, blaßgelb   S. 349+351

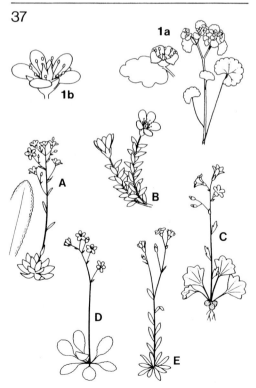

# GATTUNGSSCHLÜSSEL

F Stengel wechselständig beblättert, Bätter im vorderen Teil grob gezähnt, gelappt oder gespalten;
Blätter länglich (keilförmig) S. 345–351
Blätter rundlich, grob gezähnt S. 357
Blätter rundlich, breitlappig S. 343

**38. Familie Herzblattgewächse, *Parnassiaceae***
Stauden mit einfachen Blättern; Blüten 5zählig, strahlig, langstielig; 5 Staubblätter, 5 Nebenstaubblätter – ohne Staubbeutel, drüsig gefranst; 1 oberständiger Fruchtknoten; Frucht eine Kapsel. Einzige Gattung:
**Herzblatt**, *Parnassia* S. 357

Ordnung Rosenartige, *Rosales*

**39. Familie Rosengewächse, *Rosaceae***
Holz- und Krautgewächse, viele (Halb)Rosettenstauden: nur unterhalb der Grundblattrosette verholzt; Blätter wechselständig, vielgestaltig; Blüten meist doppelt, oft mit Außenkelch, 5- bis (selten) 4strahlig; Staubblätter (1–) 5–10 (–20), Fruchtknoten (ober- bis unterständig) 1 bis viele; Balgfrüchte, Nüßchen, Steinfrüchte, oft Schein- und Sammelfrüchte, nie (echte) Beeren

1a Kräuter und Stauden, auch Rosettenstauden, mit fiedrig geteilten oder tief fiederschnittigen Grundblättern; oft leierförmig (Endzipfel stark vergrößert) oder unterbrochen (große Fiederpaare wechseln mit bedeutend kleineren ab) gefiedert ............ 2
1b Kräuter und Stauden, auch Rosettenstauden, mit 3teiligen bis gefingerten oder handförmig-gelappten (Grund-)Blättern ........................ 4
1c Niederliegender Kriechstrauch mit einfachen, ganzrandigen bis gelappten Blättern ............. 6
1d Niederliegender Kriechstrauch mit zusammengesetzten Blättern ........................ 7
1e Bäume und aufrechte Sträucher mit zusammengesetzten Blättern ........................ 8
1f Bäume und aufrechte Sträucher mit einfachen, ganzrandigen bis tief gelappten Blättern – Hierher auch holzige Rosengewächse mit zur Blüte geschlossenen Blattknospen ........................ 9

2a Blüten in dichten, kugeligen Köpfchen; Hülle tiefrot oder grün, einfach, 4zählig
**Wiesenknopf**, *Sanguisorba* S. 411
2b Blüten in ausladenden Doldenrispen; Hülle doppelt; 5–6 Blütenblätter, weiß oder rötlich überlaufen; Laubblätter einfach (unterbrochen) gefiedert
**Mädesüß**, *Filipendula* S. 415
2c Blüten in langen, reichen Traubenrispen; Hülle doppelt; 5 Blütenblätter, weiß bis gelblichweiß; Laubblätter 2–3fach gefiedert (doppelt 3- bis 5zählig)
**Geißbart**, *Aruncus* S. 361
2d Blüten in langen Ährentrauben; Hülle doppelt; Blütenblätter gelb, Kelch mit vielen hakigen Borsten; Laubblätter einfach (unterbrochen) gefiedert
**Odermennig**, *Agrimonia* S. 411
2e Blüten einzeln oder in aufgelockerten, 2- bis 20blütigen (Trauben)Rispen .................. 3

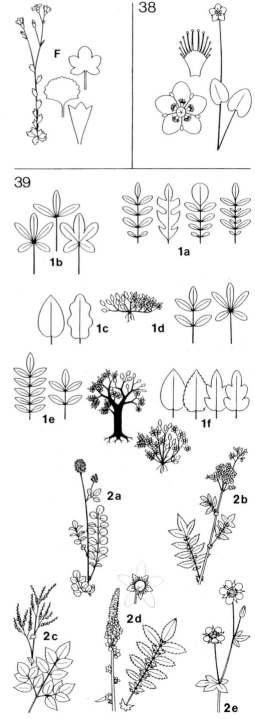

# Gattungsschlüssel

3a Grundblätter nicht unterbrochen gefiedert, 5- bis 7zählig oder schmalzipflig (doppelt) fiederteilig
**Fingerkraut**, *Potentilla* S. 379+381+391

3b Grundblätter unterbrochen gefiedert, 5- bis 9zählig; Blüten mit kegelförmig verwachsenem Kelch in trichteriger Außenhülle (2 Fruchtknoten, im Kelchkegel eingeschlossen, 2 Griffel und die Staubblätter sichtbar)
**Odermennig**, *Aremonia* S. 411

3c Grundblätter unterbrochen gefiedert oder fiederteilig; Kelchboden flach, nur im Zentrum kurzkegelig zum Stiel verjüngt; Blüten einzeln oder zu mehreren am aufrechten, beblätterten Sproß
**Nelkenwurz**, *Geum* S. 409

3d Grundblätter unterbrochen gefiedert, unterseits silbrig seidenhaarig; Kelchboden flach, nur im Zentrum kurzkegelig zum Stiel verjüngt; dieser blattlos, lang, 1blütig, blattachselständig an niederliegend-aufsteigendem Sproß
**Fingerkraut**, *Potentilla* S. 397

4a Blüten unscheinbar, grün(lich), einfach (ohne Blütenblätter, doch meist mit 2reihigem Kelch); wenigblütige Knäuel in den Achseln der 3–5spaltigen Stengelblätter; 1jähriges Kraut
**Ackerfrauenmantel**, *Aphanes* S. 403

4b Blüten unscheinbar, grün bis gelblich, einfach (ohne Blütenblätter, doch mit 2reihigem Kelch); geknäuelt in endständigen Doldenrispen; Stauden; gestielte Grundblätter, gefingert oder handlappig
**Frauenmantel**, *Alchemilla* S. 405

4c Blüten unscheinbar, gelblich, in kurzen, wenigblütigen (Schein)Dolden; Blütenblätter kürzer als der 2reihige Kelch, oft ± verkümmert, Grundblätter gestielt, 3teilig, mit keilförmigen, vorn 3zähnigen Teilblättchen; gebirgsbewohnende Rosettenstaude
**Gelbling**, *Sibbaldia* S. 399

4d Auffällige Blüten mit Kelch- und großen weißen oder sattfarbenen Blütenblättern . . . . . . . . . . . . 5

5a Kelch 5zipflig (ohne Außenkelch), Blätter 3teilig und Stengel dünn bestachelt oder Blätter nur 5- bis 7lappig und Stengel ohne Stacheln
**Brombeere** (Molte- u. Steinbeere), *Rubus* S. 373+375

5b Kelch 10zipflig (mit Außenkelch); Blütenblätter weiß, höchstens rötlich angehaucht, im Aufblühen oft ± gelblich-weiß; Blüten in Trugdolden auf blattlosem Stengel (nur an den Abzweigungen der Blütenstiele kleine Hochblätter); Blätter stets 3teilig; der Blütenboden ist früh halbkugelig emporgewölbt und wächst zu einer roten, ei-kugeligen, saftigfleischigen (Schein)Beere heran
**Erdbeere**, *Fragaria* S. 403

5c Kelch 10zipflig (mit Außenkelch, dessen Zipfel breiter und länger als die inneren und vorn mit 3–5 groben Zähnen); Blüten sattgelb, einzeln in den Blattachseln, gestielt; (Schein)Frucht erdbeerartig, doch schwammig-trocken und fadsüßlich
**Scheinerdbeere**, *Duchesnea* (s. S. 395, Spalte 1)

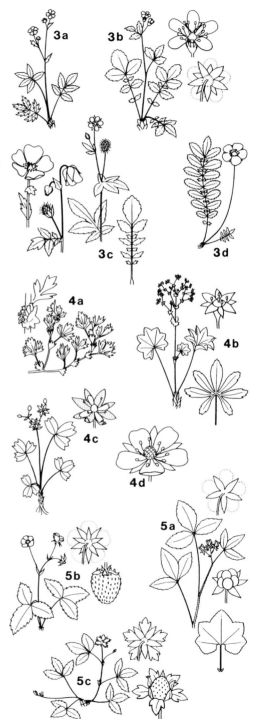

**5d** Kelch 8–12zipflig (mit Außenkelch, dessen Zipfel spitz oder gestutzt, selten 2zipflig gespalten); Blüten gelb, weiß oder rot (auch zusammen mit dem Kelch braun- bis schwarzpurpurn). Blätter 3–7teilig; Blütenboden flach, nur bei dunkelroten Blüten zur Fruchtzeit etwas schwammig gewölbt
  **Fingerkraut,** *Potentilla* S. 379–399
Arten- und formenreiche Gattung;
  Grobeinteilung:
  A Blütenblätter und Innenseite der Kelchblätter tiefrot bis sattrosa
  S. 379+385
  B Blütenblätter weiß bis gelblich-weiß, zuweilen leicht rötlich angehaucht oder am Grund mit rotem Fleck; Kelch grün
  S. 379+381+(391)
  C Blütenblätter gelb, Laubblätter fiederteilig oder gefiedert
  S. 381+391+397
  D Blütenblätter gelb, Krautgewächse, Grundblätter überwiegend 3zählig
  S. 385+387+391
  E Blütenblätter gelb, 0,5–1 m hoher Strauch mit 3–5teiligen Blättern
  S. 399
  F Blütenblätter gelb, Krautgewächse, Grundblätter überwiegend 5–7zählig: Blütenstand auf langem, beblättertem, aufrechtem oder niederliegend-aufsteigendem Stengel
  S. 387+391+393
  G Blütenblätter gelb, Krautgewächse, Grundblätter überwiegend 5- bis 7zählig; Blüten gestielt, zu 1–2 in den oberen Blattachseln oder zu wenigen auf kaum beblättertem, dünnen Stiel, der die meist niedrigen Rasen wenig überragt
  S. 393+397+399

**6a** Blätter ganzrandig, Blüten klein (unter 1 cm im Durchmesser) zu 1–3 in den Blattachseln, kaum gestielt:
  **Zwergmispel,** *Cotoneaster*
Viele ausländische Arten als „Bodendecker" in Gärten, Anlagen und auf Friedhöfen; selten ortsnah und unbeständig verwildert;
*C. horizontalis* DECNE. (aus China), Fächer-Zwergmispel – flach und dicht 2zeilig verästelt, Blätter rundlich-elliptisch, 5–15 mm lang (bei uns häufig gepflanzt), soll in einigen Tälern der (Süd)Westalpen eingebürgert sein s. auch S. 361+363)
**6b** Blätter länglich-elliptisch, gekerbt; Blüten einzeln, auf kahlem Stiel, 7–10blättrig
  **Silberwurz,** *Dryas* S. 405
**6c** Blätter rundlich, gelappt, Blüten einzeln auf beblättertem Stengel, 5blättrig
  **Brombeere** (Moltebeere) *Rubus* S. 373

**7a** Kelch unterhalb der Zipfel bauchig erweitert: Rose, Kriechformen; s. Grobeinteilung, S. 34, 8e
**7b** Kelch ± flach, viele oberständige Fruchtknoten
  **Brombeere,** *Rubus* S. 375

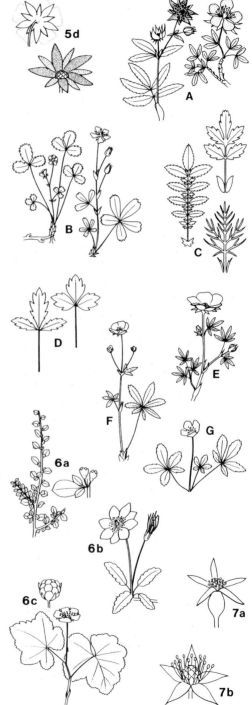

# Gattungsschlüssel

**8a** Unbewehrter, 0,5–1 m hoher Strauch, mit 3- bis 7teiligen Blättern; Teilblättchen 1–3 cm lang, schmal-elliptisch, ganzrandig; Blüten gelb (bei verwandten, selten gepflanzten Arten auch rot)
**Fingerkraut,** *Potentilla* S. 399

**8b** Unbewehrter, 0,3–1 m hoher Strauch mit 7- bis 11teiligen Blättern; Teilblättchen 1–4 cm lang, elliptisch, am Rand doppelt gesägt; Blüten groß (Blütenblätter um 2 cm lang), sattrot (Sonderform)
**Rose,** *Rosa* S. 427

**8c** Unbewehrter Baum oder hoher, mehrstämmiger Strauch mit 9–19teiligen Blättern; Teilblättchen eilanzettlich, am Rand gesägt; Blüten weiß
**Eberesche,** *Sorbus* (2 Arten) S. 367

**8d** Stacheliger Strauch mit oft rutenförmigen Zweigen; Laubblätter 3–5(7)teilig, eher gefingert, mit großen Teilblättchen; Kelchboden flach, Fruchtknoten in kugeligem Polster (gelegentlich rein ♂ Blüten ohne Fruchtknoten); saftige Scheinbeere aus kugeligen Einzelfrüchtchen zusammengesetzt
**Brombeere** (inkl. Himbeere etc.),
*Rubus* S. (373+)375

**8e** Stacheliger, oft reichverzweigter Strauch; Laubblätter (3)5–9(13)teilig, fiedrig; Blattstiel am Grund beidseits weit mit den schmalen Nebenblättchen verwachsen; Kelch nach unten bauchig verlängert, die Fruchtknoten umhüllend; Scheinfrucht eine fleischige, krug- bis tonnenförmige Hagebutte
**Rose,** *Rosa* S. 415–427

Artenreiche Gattung  Grobeinteilung:
 A Griffel, gebüschelt oder zur Säule verwachsen, in der Blütenmitte sichtbar
S. 415+417
 – Die Griffel ragen nicht über den Kelchbecher hinaus, in der Blütenmitte sind nur die Narben als ± flache bis polsterartige Scheibe zu sehen: siehe B–E
 B Alle Kelchblätter ganzrandig, höchstens mit fädlichen Seitenfransen
S. 423+427
 C Einige Kelchblätter mit laubigen Seitenzipfeln
Kleinstrauch mit sehr verschiedenen Stachelsorten nebeneinander: stechende Borsten, gerade, dünne Stacheln und sichelförmige Stacheln
S. 415
 D Einige Kelchblätter mit laubigen Seitenzipfeln
Stacheln der Blütenzweige vom Grund an gleichmäßig zugespitzt, gerade oder gebogen
S. 417
 E Einige Kelchblätter mit laubigen Seitenzipfeln
Stacheln der Blütenzweige aus breitem Grund hakig gekrümmt
S. 421–427
(Blätter fruchtig duftend, Rand drüsig! S. 421)
(Blätter duftlos  S. 421+423+427)

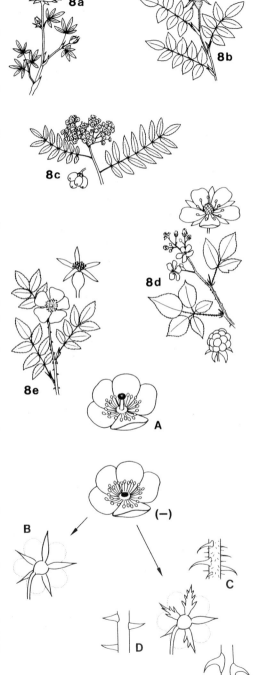

**9a** Blüten einzeln stehend, gelb; Laubblätter länglich-eiförmig, doppelt-gesägt, sehr kurz gestielt
**Kerrie,** *Kerria japonica* (L.) DC.
Beliebter Zierstrauch aus China; als „Goldröschen" oder (mit gefüllten Blüten) „Ranunkelstrauch" häufig gepflanzt; gelegentlich unbeständig verwildert

**9b** Blüten einzeln stehend, weiß; die schmalen Kelchzipfel länger als die (großen) Blütenblätter; Laubblätter lanzettlich, höchstens fein gesägt; Wildpflanzen dornig, Kulturpflanzen meist dornenlos
**Mispel,** *Mespilus* S. 363

**9c** Blüten einzeln stehend, blaßrosa; Laubblätter breiteiförmig bis -elliptisch; (Schein)Frucht gelb, faustgroß oder größer, apfel- oder birnförmig
**Quitte,** *Cydonia oblonga* MILL.
Obstbaum aus dem Hinteren Orient, bei uns oft angebaut, selten (meist strauchig) verwildert, öfters an Wegrainen aufgelassener Streuobstwiesen-Bereiche, doch mit geringer Ausbreitungstendenz

**9d** Blüten zu 2-3 beieinander, oder in größeren Büscheln, Rispen, Dolden bzw. in aufrechten oder hängenden Trauben .................... 10

**10a** Blätter völlig ganzrandig, Blüten rosa, klein, einzeln oder zu 2-6 doldig, kurz gestielt in den oberen Blattachseln
**Zwergmispel,** *Cotoneaster* S. 361+363

**10b** Blätter am Rand zerstreut eingekerbt bis gesägt – hierher auch alle blühenden Pflanzen mit noch unentfalteten Blättern ................. 11

**10c** Blätter vorn grob gezähnt, handförmig oder fiedrig gelappt bis eingeschnitten ........... 12

**11a** Kelch unten becherartig, aber weit offen; nur 1 Fruchtknoten (Griffel); Blüten meist über 1 cm im Durchmesser, zu wenigen, armbüschelig, in Dolden oder in lockeren Trauben
**Pflaume** (Kirsche, Schwarzdorn usw.), *Prunus* S. 429+433

**11b** Kelch unten becherartig, aber weit offen; 5 Fruchtknoten (Griffel); Blüten meist unter 1 cm im Durchmesser, in dichten Döldchen oder in langen, fast kolbigen (Ähren)Rispen
**Spierstrauch,** *Spiraea* S. 361

**11c** Kelchbecher den (verwachsenen) Fruchtknoten eng umschließend, so daß nur die Spitze mit 2-3 Griffeln sichtbar ist; Blüten in flachen Rispendolden, klein; Blütenblätter rundlich-eiförmig, unter 1 cm lang (0,3-0,7 cm)
**Eberesche** (Mehlbeere) S. 369

**11d** Kelchbecher die 5 Fruchtknoten völlig umhüllend, nur 5 Griffel sichtbar; gestielte Blüten in kleineren Büscheln, groß, Blütenblätter (herz-)eiförmig, 1-2,5 cm lang: S. 363
Staubbeutel rot **Birnbaum,** *Pyrus*
Staubbeutel gelb **Apfelbaum,** *Malus*

**11e** Kelchbecher die 5 Fruchtknoten völlig umhüllend, nur 5 Griffel sichtbar; Blüten in Trauben, mittelgroß, Blütenblätter schmal-länglich, um 1 cm lang (0,9-1,5 cm)
**Felsenbirne,** *Amelanchier* S. 373

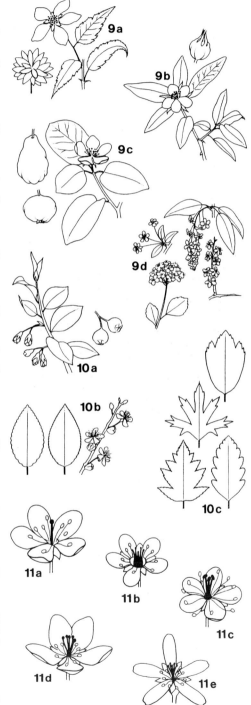

# GATTUNGSSCHLÜSSEL

12a Strauch, selten kleiner Baum, mit Dornen (viele, ca. 1–2 cm lange, spitze Seitenzweige, die u. U. noch Blättchen austreiben können), Blätter seicht gelappt bis tief fiedrig eingeschnitten
**Weißdorn**, *Crataegus* S. 367
12b Unbewehrter, 1–3 m hoher Strauch; Blätter fast handförmig, 3- bis 5lappig. Blüten im Zentrum mit flacher Grube, in der (2–) 4–5 Fruchtknoten sichtbar sind; kugelige Doldentrauben
**Spierstrauch**, *Spiraea* (Gartenformen) S. 361
Oder: **Blasenspire**, *Physocarpus opulifolius* (L.) MAXIM.; Heimat: Nordamerika; am Grund des Blattstiels beidseits je 1 lanzettliches Nebenblättchen, bald abfallend, doch eine deutliche Narbe hinterlassend (Spierstrauch stets ohne Nebenblätter); reife (Balg)Früchte rosa, blasig aufgetrieben. In Gärten gepflanzt, schon öfters verwildert; Einbürgerung noch nicht sicher
12c Unbewehrter Baum oder hoher (meist mehrstämmiger Strauch; Blätter eher fiederlappig (bis fast fiederschnittig); 1 verwachsener Fruchtknoten, fast völlig umschlossen; nur seine Spitze und die 2–5 Griffel sichtbar; Blüten in ± flachen Doldenrispen
**Eberesche** (Els- und Mehlbeere), *Sorbus* S. 369

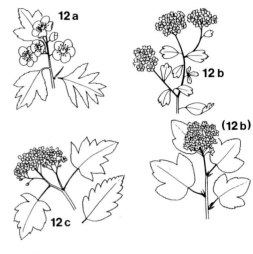

Ordnung Hülsenfrüchtler, *Fabales*

## 40. Familie Johannisbrotgewächse, *Caesalpiniacea*

Holzgewächse; Blätter wechselständig, (oft paarig und doppelt) gefiedert; Blüten 5zählig, ± 2seitig bis ungleich strahlig, 1 oberständiger Fruchtknoten, 3–10 freie Staubblätter; Frucht eine Hülse; Hauptverbreitung: Subtropen und Tropen.
Bei uns (±) selten in Grünanlagen und höchstens ortsnah verwildert:
**Gleditschie**, *Gleditsia triacanthos* L.
Baum mit starken, verzweigten Dornen; Blätter doppelt gefiedert; Blüten klein, grünlich, in dichten, hängenden Trauben; Hülsen 30–50 cm lang, meist schraubig verdreht. Heimat: Nordamerika (dort bis 40 m hoch)

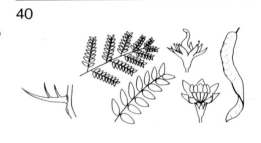

## 41. Familie Schmetterlingsblütengewächse, *Fabaceae*

Holz- und Krautgewächse; Blätter wechselständig, meist zusammengesetzt; Blüten mit Kelch, deutlich 2seitig, „schmetterlingsartig": in der Regel mit Fahne, Flügel (2) und Schiffchen (selten Schiffchen und Flügel verkümmert); 1 oberständiger Fruchtknoten, 10 Staubblätter, davon 9 oder 10 Staubfäden röhrig verwachsen; Frucht eine Hülse, selten einsamig (= Nüßchen)

1a Strauch oder Baum mit gefiederten Blättern (mehr als 4 Teilblättchen pro Blatt) . . . . . . . . . . . . . . . . . 2
1b Zwergstrauch, Strauch oder kleiner Baum mit 3teiligen Blättern . . . . . . . . . . . . . . . . . . . . . . . . . . 5
1c Strauch oder Halbstrauch mit ungeteilten Blättern oder ohne Blätter (Stengel dann grün, zuweilen breit geflügelt) . . . . . . . . . . . . . . . . . . . . . . . . . . 6

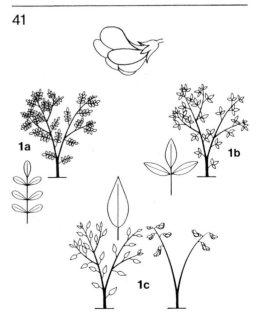

**1d** Strauch mit nadelartigen, stechenden Blättern, auch alle Sproßenden stechend
**Stechginster,** *Ulex* S. 441
**1e** Staude mit gestielten und gefingerten (Grund)Blättern (5–15 schmale, ca. 2–10 cm lange Teilblättchen)
**Lupine,** *Lupinus* S. 435
**1f** Krautige Pflanze, auch Rosettenstaude (nur der Wurzelstock verholzt) mit 3teiligen Blättern (= Kleeblätter, ganz selten 4teilig) . . . . . . . . . . . . . . . . . . . . . **7**
**1g** Krautige Pflanze mit gefiederten Blättern . . . . . . **9**
**1h** Krautige Pflanze mit ungeteilten Blättern (hierher auch Kräuter, deren Blatt völlig zur Ranke umgewandelt ist, die zwischen 2 großen, sitzenden und ungeteilten Nebenblättern entspringt) . . . . . . . **17**

**2a** Großer Strauch, Blüten blauviolett (nur mit Fahne), in langen, dichten, aufrechten Trauben; Blätter mit Endblättchen und 5–12 Fiederpaaren
**Bleibusch,** *Amorpha fruticosa* L.
Heimat: südöstliches Nordamerika; im Mittelmeerraum (bis Südtirol) beständig; bei uns Gartenpflanze, selten verwildert; scheint aber in der elsässischen Rheinaue eingebürgert zu sein
**2b** Großer Strauch, Blüten gelb, einzeln oder zu wenigen auf gemeinsamem Stiel; Blätter ohne Endblätter (paarig gefiedert) mit 2–4 Fiederpaaren
**Erbsenstrauch,** *Caragana arborescens* LAM.
Heimat: Sibirien, Mandschurei; sehr frosthart; da wenig dekorativ, bei uns selten in Gärten und kaum verwildert; vor Jahren aber zeitweilig wegen seiner Robustheit beim Straßenbau zur „Renaturierung" von Böschungen häufig gepflanzt; über eine natürliche Weiterverbreitung ist uns bislang nichts bekanntgeworden
**2c** Baum (Strauch) mit rotbraunen kräftigen, 1–2 cm langen Dornen; Blüten weiß, in dichten, großen erst aufrechten, dann überhängenden Trauben. Blätter unpaar gefiedert mit 4–10 Fiederpaaren (Kultur-Arten auch rotblühend, zuweilen ohne Dornen und mit klebrig-drüsigen Blättern)
**Robinie,** *Robinia* S. 489
**2d** Kleiner, selten über 2 m hoher, stark verzweigter, unbewehrter Strauch; Blüten gelb, nickend, zu 2–8 auf gemeinsamem blattachselständigem Stiel; Blätter unpaar gefiedert mit 2–7 Fiederpaaren . . . . . **3**
**2e** Halbsträucher oder niederliegende Zwergsträucher, nur die liegenden Sprosse verholzt, unbewehrt oder (selten) von den verhärteten, langspießigen Mittelrippen vorjähriger Blätter bedeckt; Blüten in dichten Köpfchen oder Dolden an ± aufrechten, krautigen, diesjährigen Sprossen . . . . . **4**

**3a** Die 2–3 Blütenstiele entspringen aus einem Punkt; Blütenblätter nach hinten stark verschmälert (genagelt); Hülsen lang und schmal-rundlich
**Kronwicke,** *Coronilla* S. 495
**3b** Die 2–6 Blütenstiele stehen etwas getrennt untereinander; Blütenblätter nach hinten zu wenig schmäler; Hülsen auffallend blasig aufgetrieben
**Blasenstrauch,** *Colutea* S. 493

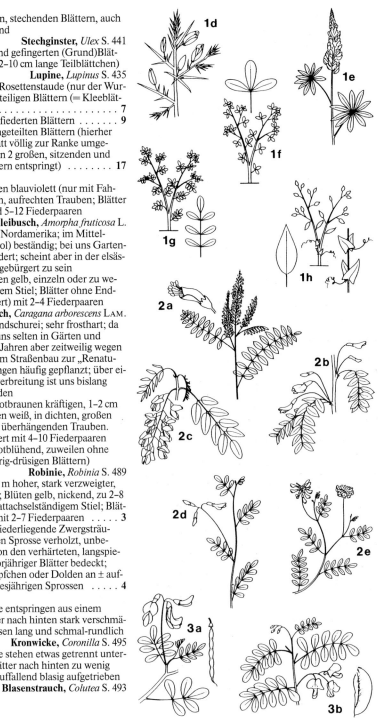

# GATTUNGSSCHLÜSSEL

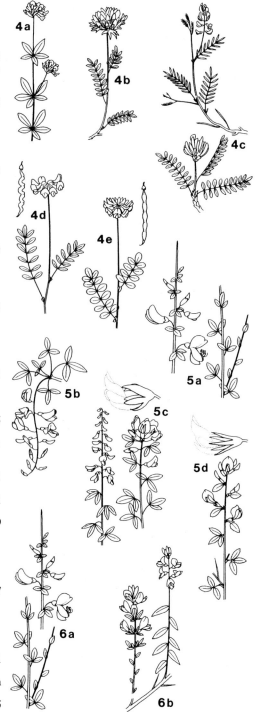

4a Blüten in zusammengezogenen, gestielten Dolden in den Achseln der (oberen) Stengelblätter; alle Stengelblätter ± ungestielt, fast fingerförmig, meist 5 (–7)teilig
**Backenklee**, *Dorycnium* S. 489

4b Blüten in dichten, endständigen Köpfchen, die in den Achseln fingerförmig gelappter Tragblätter sitzen; Stengelblätter unpaarig gefiedert
**Wundklee**, *Anthyllis* S. 475

4c Blüten in kopfigen Trauben (nicht aus demselben Punkt entspringend), diese gestielt und grund- oder blattachselständig, bzw. (fast) ungestielt grundständig; Laubblätter paarig oder unpaarig gefiedert, mit meist 5–10 Fiederpaaren
**Tragant**, *Astragalus* S. 477–483

4d Blüten in Dolden (aus 1 Punkt entspringend); Blätter unpaarig gefiedert, ihr Stiel mindestens halb so lang wie der gesamte Spreitenteil; 9–15 Fiederblättchen, schmal verkehrt-eiförmig; Frucht eine mehrfach kurzbogig geschlängelte Gliederhülse
**Hufeisenklee**, *Hippocrepis* S. 499

4e Blüten in Dolden (aus 1 Punkt entspringend); Blätter unpaarig gefiedert, ihr Stiel nur (±) so lang wie ein Fieder; 5–13 Fiederblättchen, rundlich-eiförmig; Frucht eine ± gerade Gliederhülse
**Kronwicke**, *Coronilla* S. 495

5a Rutenstrauch, Hauptzweige ± dünn, lang, spärlich beblättert; alle Äste grün, längsrillig; Blüten gut 2 cm lang, gelb, selten ausgeblaßt, zu 1–2 an kurzen, übergebogenen Stielchen in den Blattachseln
**Besenginster**, *Cytisus* S. 441

5b 2–7 m hoher Strauch mit großen, langgestielten Blättern; Blüten gelb, um 2 cm lang, zu 10–40 in dichten, bogig überhängenden Trauben
**Goldregen**, *Laburnum* S. 435

5c Niederliegender oder aufrechter, 0,1 bis 2 m hoher Strauch; Blüten gelb (bei Kultur-Arten auch rot) in aufrechten, endständigen oder in kurzen, armblütigen, blattachselständigen Trauben; Kelch 2lippig:
**Geißklee** (2 Gattungen), S. 439+441
*Lembotropis*; Blütentrauben blattlos, endständig über den beblätterten Zweigen S. 441
*Chamaecytisus*; Blütentrauben in den (oberen) Blattachseln; (Kelch länger als breit) S. 439

5d Niederliegend-aufsteigender bis aufrechter, meist nur 10–30 cm hoher Halbstrauch, Blüten rot (z. T. innen weiß) zu 1–3 in den oberen Blattachseln, kurz gestielt; Fahne bedeutend größer als Flügel und Schiffchen; Kelch gleichmäßig 5zipflig
**Hauhechel**, *Ononis* S. 447

6a Blüten gelb (selten weißlich), sehr groß (gut 2 cm lang), einzeln oder zu 2 in den Blattachseln, an kurzen, übergebogenen Stielchen; Kelch 2lippig; aufrechter Strauch, 0,5–2 m hoch, selten höher
**Besenginster**, *Cytisus* S. 441

6b Blüten gelb (selten blaß), um 1,5 cm lang, aufrecht in endständigen, beblätterten Ährentrauben; Kelch 2lippig; Kleinstrauch, selten höher als 10–60 cm
**Ginster**, *Genista* S. 445

**6c** Blüten gelb (selten blaß), um 1 cm lang, in kurzen, endständigen, Ährentrauben; Sprosse grün, flach (breit geflügelt), gegliedert, meist nur 10–30 cm lang; Kelch 2lippig
**Flügel-Ginster,** *Chamaespartium* S. 441
**6d** Blüten rot, manchmal innen weiß, um 1,5 cm lang, zu 2–3 in den oberen Blattachseln; Kelch strahlig 5zipflig; Zwergstrauch, selten höher als 30 cm
**Hauhechel,** *Ononis* S. 447

**7a** Teilblättchen sehr groß, mindestens 5, meist 15–20 cm lang, eiförmig; Gesamtblatt lang gestielt. Blüten in gestielten, ± aufrechten Trauben, die Spitze des Schiffchens verlängert und eingerollt
**Bohne,** *Phaseolus* S. 525
**7b** Blüten einzeln oder zu 2–3 auf sehr kurzen Stielen in den Blattachseln; Blätter kurz gestielt, insgesamt kaum 3 cm lang
**Hauhechel,** *Ononis* S. 447
**7c** Blüten einzeln oder zu 2 auf langen Stielen in den Blattachseln; die 3zähligen Blättchen kurz gestielt, am Stielgrund ein weiteres, kaum kleineres Nebenblattpaar; Frucht eine 4flügelige Hülse
**Spargelbohne,** *Tetragonolobus* S. 477
**7d** Blüten in gestielten, blattachselständigen Dolden; die 3zähligen Blätter kurz gestielt, am Stielgrund ein weiteres, kaum kleineres Nebenblattpaar; Frucht eine schmale, rundlich-walzliche Hülse
**Hornklee,** *Lotus* S. 475
**7e** Blüten in gestielten (selten 1- bis wenigblütigen) Köpfchen, Dolden oder Trauben; Blätter 3zählig, Nebenblättchen, falls vorhanden, bedeutend kleiner und anders gestaltet als die Teilblättchen; diese meist unter 4 cm lang, wenn länger, dann schmal verkehrt-eiförmig bis elliptisch . . . . . . . . . . . . . 8

**8a** Blüten ± nickend, in aufrechten, lockeren, etwas einseitigen Ährentrauben; Endblättchen deutlich länger gestielt als die seitlichen; Pflanze oft schwach süßlich-würzig duftend; Frucht kugelig-eiförmig, länger als der ungleichzähnige Kelch
**Steinklee,** *Melilotus* S. 453+457
**8b** Blüten aufrecht, blattachselständig, einzeln ungestielt oder dicht gedrungene, gestielte Trauben; Endblättchen deutlich länger gestielt als die seitlichen; Pflanze mit intensivem Würzkräutergeruch; Hülse aufrecht, zylindrisch, viel länger als der gleichzähnige Kelch
**Schabziegerklee,** *Trigonella* S. 447
Außer dem Schabziegerklee mit den kopfigen, hellblauen Blütentrauben hat auch der **Griechische Bockshornklee,** *Trigonella foenum-graecum* L., den charakteristischen „Kräuterkäse"-Geruch. Die alte Heil-, Würz- und Gemüsepflanze wurde früher auch bei uns angebaut. Derzeit ist sie nur noch sehr selten und unbeständig (eingeschleppt aus Südeuropa, und dem Orient) anzutreffen. (Blüten gelb, zu 1–2 in den Blattachseln)
**8c, 8d** →

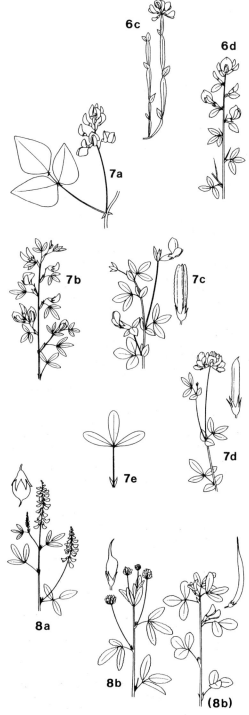

# Gattungsschlüssel

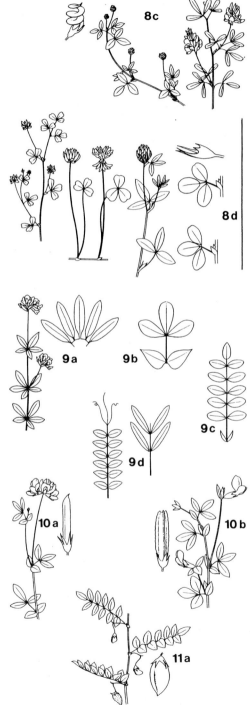

**8c** Blüten ± aufrecht, zu 1–5, oder viele in kopfigen Trauben, blattachselständig; Endblättchen deutlich länger gestielt als die seitlichen; Pflanze ohne besonderen Geruch; Hülsen eingekrümmt bis mehrfach schneckenartig gewunden; länger als der gleichzähnige Kelch
**Schneckenklee,** *Medicago* S. 451+453

**8d** Einige bis viele Blüten in dichten, kopfigen bis walzlichen Trauben; die 3 Teilblättchen sitzend oder gleich kurz gestielt (nur bei wenigen gelbblühenden Arten ist das Endblättchen länger gestielt; dann sind aber die 3 unteren Kelchzähne deutlich länger als die oberen); Pflanze ohne besonderen Geruch; Hülse eiförmig bis dünnwalzlich, meist mit Kelch und den trockenen Blütenblättern abfallend (Flughilfe)
**Klee,** *Trifolium* S. 457–475

Artenreiche Gattung      Grobeinteilung:

  A Blüten gelb, beim Verblühen ausblassend oder dunkelbraun verfärbend
    S. 457+459
  B Blüten weißgelb, weiß oder (hell)rosa
    S. 463–469
    seltene Alpenrassen auch    S. 471
  C Blüten dunkelrot, fleischrot, purpurn oder (hell)rötlichviolett
    S. 469–475

**9a** 5 (selten 7) Fiederblättchen nahe zusammengerückt, fast fingerförmig; Gesamtblatt ungestielt
**Backenklee,** *Dorycnium* S. 489

**9b** 1 Endblättchen und ein Paar Fiederblättchen nahe beieinander, das 2. Paar mit etwas größerem Abstand am Blattstielgrund ................ **10**

**9c** die größeren Stengelblätter (falls nur Grundblätter vorhanden, diese) unpaarig gefiedert, mit Endblättchen und mindestens 3 (oft viel mehr) Fiederpaaren in gleichmäßigem Abstand ............ **11**

**9d** (Stengel)Blätter paarig gefiedert, mit mindestens 1 Fiederpaar (oft viel mehr); anstelle des Endblättchens eine (einfache oder verzweigte) Ranke oder ein kurzes (selten langes) Spitzchen ........ **15**

**10a** Blüten in gestielten Dolden, selten nur zu 1–2; unter 2 cm lang; Hülse langwalzlich, rundlich
**Hornklee,** *Lotus* S. 475

**10b** Blüten einzeln oder zu zweit auf langem Stiel, über 2 cm lang; Hülse 4flügelig, langwalzlich
**Spargelbohne,** *Tetragonolobus* S. 477

**11a** Blüten einzeln in den Blattachseln, lang und dünn gestielt; (7–) 11–13 (–17) Fiederblättchen, grob und scharf gesägt, wie die ganze Pflanze durch kurzgestielte Köpfchendrüsen klebrig
**Kichererbse,** *Cicer arietinum* L.
Alte Kultur- und frühere Heilpflanze aus dem Mittelmeergebiet (Samen wie Erbsen und Linsen zu Speisezwecken); der Anbau bei uns erwies sich als unrentabel; selten und unbeständig eingeschleppt

**11b** Blüten in endständigen Köpfchen mit gefingerten Tragblättern; Grundblätter mit sehr großem End- und 0(!)–6 schmalen Fiederblättchen
**Wundklee,** *Anthyllis* S. 475
**11c** Blüten in gestielten Dolden (alle, selbst kurz gestielt, aus einem Punkt) ................ **12**
**11d** Blüten in lockeren oder dichten, kopfig zusammengezogenen (Ähren)Trauben (selbst eng stehende Blüten nicht auf gleicher Höhe sondern untereinander); hierher auch Rosettenpflanzen mit (fast) grundständigen Blüten ........ **13**

**12a** Blüten weiß bis gelblich oder rosa, oft auch rot geadert, stets unter 1 cm lang, mit abgestumpftem Schiffchen; am Grund der Dolden meist ein kleines, gefiedertes Tragblatt
**Vogelfuß,** *Ornithopus* S. 493
**12b** Blüten sattgelb; Stiel der unteren Stengelblätter bedeutend länger als ein Fiederblättchen; Fahne unten stielförmig verschmälert, dieser Stiel fast doppelt so lang wie der Kelch
**Hufeisenklee,** *Hippocrepis* S. 499
**12c** Blüten gelb, auch rot(violett) bis rosa, dann aber über 1 cm lang; Stiel der unteren Stengelblätter kürzer als die Länge eines Fiederblättchens; Fahne kurzgestielt, der Stiel ragt kaum über den Kelch hinaus
**Kronwicke,** *Coronilla* S. 495

**13a** Langgestielte und lange Ährentrauben aus den obersten Blattachseln des ± aufrechten Stengels; Blüten aufrecht, hellrosa bis rot, mit dunkleren Adern; kurzer Kelchbecher mit 5 etwa doppelt so langen, untereinander gleichgroßen, lanzettlichen Zipfeln; Hülse flach, rundlich-eiförmig, mit gezacktem Flügelsaum
**Esparsette,** *Onobrychis* S. 499
**13b** Langgestielte Trauben aus den oberen Blattachseln des aufrechten, kräftigen Stengels; Blüten ± nickend, weiß und bläulich-violett (Fahne); Kelchbecher schmal mit 5 fast fädlichen Zipfeln, alle etwa so lang wie der Kelchbecher; Hülse langwalzlich, stielrundlich mit schwach angedeuteten Einschnürungen
**Geißraute,** *Galega* S. 493
**13c** 1–2 gestielte, etwas einseitswendige Trauben aus den obersten (oft gegenständigen) Blattachseln des aufrechten, unverzweigten Stengels; Blüten nickend, purpurrot (selten fast weiß); Kelchbecher mit ungleichen Zipfeln, die oberen deutlich länger als die unteren; flache Gliederhülse mit runden Gliedern
**Süßklee,** *Hedysarum* S. 499
**13d** Kopfig verdichtete oder lange, lockere Trauben, meist gestielt, ± grund- oder blattachselständig; Stengel meist schlaff aufsteigend, niederliegend oder sehr kurz, wenn kräftig und aufrecht, dann die Blütenkelche mit zahnartigen Zipfeln (deutlich kürzer als der Kelchbecher); Blüten gelb bis weiß oder blau bis rotviolett (auch gemischt); Hülsen meist aufgedunsen dickwalzlich, oft dicht behaart .... **14**

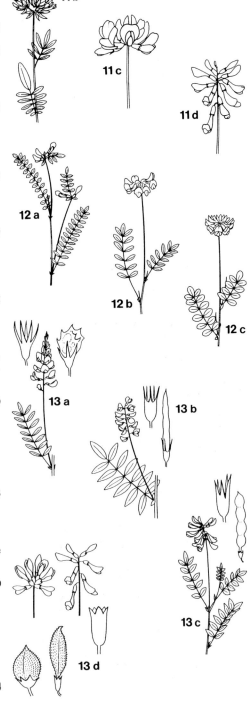

**14a** Schiffchen vorn abgerundet oder gleichmäßig zugespitzt; oft stark verästelte, langstengelige, niederliegend-aufsteigende Pflanzen; vom Tiefland bis in die Alpen
 **Tragant,** *Astragalus* S. 477-483
**14b** Schiffchen vorn gerundet, mit aufgesetztem Spitzchen; Blüten in dichten kopfigen bis kurzwalzlichen Trauben; meist alpine Rosettenstauden (nur 1 Art höherwüchsige Steppenpflanze)
 **Spitzkiel,** *Oxytropis* S. 487+489

**15a** Halbstrauch mit verholzten Kriechsprossen; Blätter mit Dornspitze und 6-10 Fiederpaaren, die früh abfallen; die zurückbleibenden verhärteten, ca. 4-5 cm langen Blattspindeln stehen ± abgespreizt in großer Zahl unterhalb der jüngsten Blattschöpfe an allen Sproßenden
 **Tragant,** *Astragalus* S. 483
**15b** Krautpflanze; Blätter mit Rankenspitze; die am Blattstielgrund sitzenden Nebenblätter deutlich größer als die Fiederblättchen; Blüten um 2-3 cm lang; Kelch ungleichzipflig, Zipfel laubig, die unteren 2-3mal länger als der Kelchbecher; Stengel kantig, doch nicht geflügelt; s. auch 16:, unten
 **Erbse,** *Pisum* S. 525
**15c** Krautpflanze; Blätter mit Rankenspitze; Nebenblätter kleiner als die Fiedern; Blüten unter 1 cm lang; Kelch tief geschlitzt, die schmalen Zipfel mehrmals länger als der Kelchbecher; Stengel scharf schmalkantig, doch nicht geflügelt (Kante durch leichten Fingerdruck nicht walkbar); s. auch 16:, unten
 **Linse,** *Lens* S. 499
**15d** Krautpflanze, Blätter mit Rankenspitze oder nur kurz bespitzt (1-5 mm); Nebenblätter meist kleiner als die Fiedern (wenn größer: Blüten um 1 cm lang, gelb); Kelchzipfel kürzer als der Kelchbecher oder wenig länger (wenn deutlich länger: Stengel breit geflügelt) ........... **16**

**16:** Hierher gehören mit Platterbse und Wicke 2 nah verwandte und bei uns stark vertretene Gattungen, deren einzelne Arten sich nicht immer leicht trennen lassen. Sicheres Kennzeichen ist die Staubfadenröhre, die allerdings vom Schiffchen verhüllt ist.
Ihr Vorderrand (Lupe!) ist bei Platterbse (und Erbse, 15b) gerade (alle Staubfäden sind verwachsen), bei Wicke (und Linse, 15c) schief (oberster Staubfaden frei)
(vgl. Abbildungen 16,1 und 16,2!)

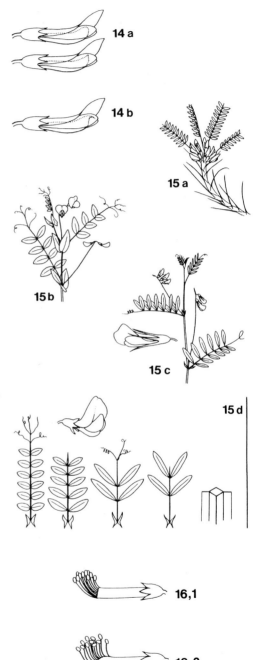

# GATTUNGSSCHLÜSSEL

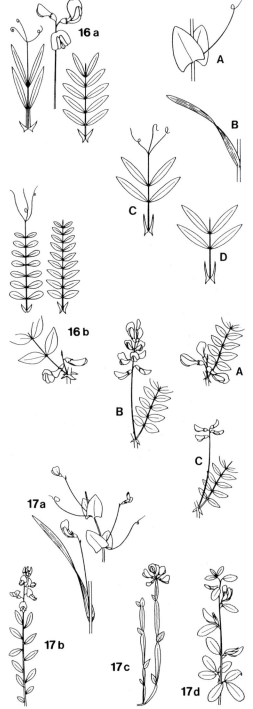

**16a** Blätter mit Ranke und nur 1–2 (3), oft lang-lanzettlichen Fiederpaaren; Sproß oft geflügelt; oder
Blätter mit Spitzchen und 2–6 Fiederpaaren; (!) Blütenstand stets lang gestielt; entweder die einzelnen Blüten, oder die Trauben (mit ± kurz gestielten Blüten)
**Platterbse,** *Lathyrus* S. 513–525
Grobeinteilung:
  A Nur 1 Ranke mit 2 großen, stengelständigen, ungeteilten Nebenblättern (selten die Ranke mit 2–4 winzigen Fiedern)
    S. 513
  B Blätter grasartig, parallelnervig, ungeteilt (Blattstiel! – Spreite fehlt)
    S. 519
  C Blätter mit (verzweigter) Endranke
    S. 517+519
  D Blätter mit kurzem Endspitzchen
    S. 523+525

**16b** Blätter mit Ranke und 4 bis vielen, oft ei-lanzettlichen Fiederpaaren; Sproß nie geflügelt; oder
Blätter mit Spitzchen und 7–12 Fiederpaaren, wenn nur 1–4 Fiederpaare: ± sitzende Einzelblüten oder sehr kurzstielige, wenigblütige Trauben (Stiel viel kürzer als die Traube)
**Wicke,** *Vicia* S. 501–513
Grobeinteilung:
  A Blüten zu 1–3, ± sitzend, oder in wenigblütigen (2–6), sehr kurz gestielten Trauben (Beachte auch Text, S. 521, Spalte 2 „Wissenswertes")
    S. 501+505
  B Blüten groß, 1–2 cm lang, zu (5–) 6–30 in langgestielten Trauben
    S. 507+511
  C Blüten klein, kaum 1 cm lang, zu 1–6 in langgestielten Trauben
    S. 511+513

**17a** Blüten zu 1–2 an langem, dünnem Stiel in den Blattachseln; „Blätter" entweder lang-lanzettlich, grasartig, parallelnervig (nur Blattstiel) oder gegenständig, ei-spießförmig (Nebenblätter), dazwischen eine nebenzweigartige Ranke (eigentliches Blatt)
**Platterbse,** *Lathyrus* S. 513+519
**17b** Blüten zu 1–3, sehr kurz gestielt in den Blattachseln; Blätter rundlich-eiförmig bis länglich-elliptisch, kaum 2 cm lang, am Rand gesägt (! meist 3teilige Blättchen in der unteren Stengelregion)
**Hauhechel,** *Ononis* S. 447
**17c** Blüten in endständigen, kurzen Trauben auf (meist) 3flügeligem Stiel; die übrigen Sprosse stark abgeflacht, breit 2flügelig; Blätter ganzrandig, elliptisch, knapp 1 bis gut 2 cm lang
**Flügel-Ginster,** *Chamaespartium* S. 441
**17d** Vgl. auch: Blüten in endständigen Trauben; Sprosse stielrundlich, die unteren verholzt (!)
**Ginster,** *Genista* S. 445

## Eibengewächse *Taxaceae* ▶

Eibe *Taxus*

## Kieferngewächse *Pinaceae* ▶

Hemlocktanne *Tsuga*
Douglasie *Pseudotsuga*
Fichte *Picea*

## Eibe

*Taxus baccata* L.
Eibengewächse *Taxaceae*

**Beschreibung:** Nadelbaum. Männliche und weibliche Blüten unscheinbar, meist auf verschiedenen Pflanzen, manchmal auch auf demselben Exemplar. Samen mit leuchtend rotem, beerenartigem Mantel. Wuchs oft buschig, da nach Beschädigung des ursprünglichen Haupttriebs häufig Stockausschläge erfolgen. Äste stehen waagrecht oder schräg nach unten ab. Nadeln immergrün, an den aufrecht wachsenden Ästen allseitig abstehend, an den waagrechten nahezu in eine Ebene geregelt. An der Nadelunterseite keine Wachsstreifen. März–April. 6–18 m.

**Vorkommen:** Im Unterholz von Bergwäldern an meist sehr steilen und felsigen, aber humusreichen und sickerfeuchten Hängen. Liebt Schatten. Heute durch Kultivierungsmaßnahmen sehr selten geworden. Wahrscheinlich nur noch an wenigen Stellen der Mittelgebirge und der Alpen (bis etwa 1500 m) urwüchsig, jedoch oft in Gärten und Parkanlagen gepflanzt und vereinzelt von dort verwildert.

**Wissenswertes:** ♄; ☠. Alle Teile der Eibe – außer dem roten Samenmantel – enthalten das giftige Alkaloid Taxin. Im Altertum war die Eibe den Todesgöttern geweiht (Friedhofspflanze!), diente jedoch wegen der Biegsamkeit des Holzes auch zur Herstellung von Schießbögen. Eiben sollen angeblich bis zu 3000 Jahre alt werden. Als Gartenpflanze in vielen Sorten unterschiedlicher Wuchsform gepflanzt. Die Abweichungen beziehen sich auf die Nadellänge, die Kompaktheit des Wuchses und auf die Färbung der Nadeln. „Goldformen" sind von mehreren Kultursorten beschrieben worden. Formen mit überhängenden oder mit niederliegenden Trieben sind ebenso bekannt geworden wie zwergwüchsige Sorten.

## Hemlocktanne

*Tsuga canadensis* (L.) CARR.
Kieferngewächse *Pinaceae*

**Beschreibung:** Nadelbaum mit unscheinbaren Blüten. Die Zapfen werden 1–2 cm lang und 1–1,5 cm breit, sie hängen an den Zweigenden und fallen als Ganzes ab. Gipfel kurz bogig überhängend. Junge Zweige behaart. Nadeln flach, höchstens 1,5 cm lang, vorn stumpf, an der Oberseite glänzend und dunkelgrün, unten mit zwei bläulich-weißen Wachsstreifen. Nadeln an den Zweigen etwa in eine Ebene gedreht. Stamm schlank, oft gegabelt. Rinde zuletzt bräunlich, tief gefurcht. Mai–Juni. 25–30 m.

**Vorkommen:** Liebt mittelgründige, nicht zu felsige und humose Lehmböden mit gutem Nährstoffgehalt, ist indessen nicht an Kalk gebunden. Braucht hohe Luftfeuchtigkeit. Kümmert an trockenen Standorten oder geht sogar ein. Heimat: Östliches Nordamerika. Als Zierbaum recht häufig gepflanzt; forstlich kaum angebaut; meist nur in wenigen Exemplaren.

**Wissenswertes:** ♄. Die Hemlocktanne wird bei uns hauptsächlich in Parkanlagen und in Gärten als Zierbaum gepflanzt. Die Sorten unterscheiden sich in der Wuchsform und in der Nadelfärbung. Besonders eindrucksvoll sind Formen mit hängenden Zweigen. Beliebt sind auch Zwergformen, von denen einige kaum 1–2 m hoch werden. Das Holz der Hemlocktanne ist im Gegensatz zu dem der einheimischen Kieferngewächse harzfrei. Deswegen wird es neuerdings auch bei uns zu Innen- und Außenverkleidungen verarbeitet. Dennoch wird die Hemlocktanne noch recht selten und meist nur auf kleinen Flächen forstlich angepflanzt. Andere, ähnliche Arten aus der Gattung *Tsuga* werden gelegentlich in Parkanlagen eingebracht, spielen indessen als häufigere Zierpflanzen keine Rolle.

Eibengewächse *Taxaceae*
Kieferngewächse *Pinaceae*

## Douglasie
*Pseudotsuga menziesii* (Mirb.) Franco
Kieferngewächse *Pinaceae*

**Beschreibung:** Nadelbaum, dessen Zapfen seitlich abstehen oder hängen. Sie werden bis zu 10 cm lang und erreichen 3–3,5 cm im Durchmesser; sie fallen als Ganzes ab. Auffallend an ihnen sind die 3spitzigen Fruchtschuppen. Die Nadeln sind flach und werden 2–3,5 cm lang. Sie sind nahezu in eine Ebene gedreht, grün und unterseits nur sehr schwach bereift. Stamm aufrecht. Rinde junger Bäume grau mit zahlreichen Harzblasen, die leicht aufgedrückt werden können. Sie enthalten reichlich Harz, das nach Zitrone duftet. Das Holz ist gelblich bis orange, der Splint etwas heller. Die Zweige stehen nicht straff ab, sondern hängen ganz leicht. Mai–Juni. 20–40 m.

**Vorkommen:** Gedeiht am besten auf nährstoffreichen Böden, die jedoch nicht unbedingt kalkreich sein müssen. Sie sollten vor allem lehmig-humos und nicht zu steinig sein. Bevorzugt wintermilde Lagen der unteren Bergstufe. Erträgt als Jungpflanze gut Beschattung. Heimat: Westliches Nordamerika. Dort wichtigstes Nadelholz, das hinsichtlich seiner Wüchsigkeit die Fichte weit übertrifft. In ihrer Heimat kann die Douglasie mehr als 100 m in die Höhe wachsen. Bei uns in Mitteleuropa forstlich nicht allzu selten an geeigneten Stellen in allerdings meist kleineren Beständen oder einzeln zwischen anderen Nadelhölzern ausgepflanzt.

**Wissenswertes:** ♄. Die Douglasie wurde 1827 von J. Douglas nach England gebracht. Nach ihm wurde sie benannt. Auch von dieser Art sind viele Zierformen beschrieben worden. Sie differieren in Wuchsform und Nadelfärbung von der Wildform, haben sich aber kaum Eingang in Parks und Gärten verschafft.

## Gewöhnliche Fichte
*Picea abies* (L.) Karsten
Kieferngewächse *Pinaceae*

**Beschreibung:** Nadelbaum, dessen Zapfen braun sind, 10–15 cm lang werden, an den Zweigen hängen und als Ganzes abfallen. Die Nadeln der Gewöhnlichen Fichte sind meist deutlich 4kantig, dunkelgrün, spitz, 1–2 cm lang. Reife männliche Blüten aufrecht, rotgelb. Reife weibliche Blüten zapfenförmig, aufrecht, rot. Äste meist regelmäßig verzweigt, waagrecht abstehend oder hängend. Nadeln fast allseitig an den Zweigen angeordnet; sie sitzen den Zweigen mit einem verbreiterten „Kissen" auf, an das sich ein kurzer, aber deutlicher Stiel anschließt. Mai–Juni. 30–50 m.

**Vorkommen:** Raschwüchsiges, deshalb sehr häufig gepflanztes, wichtigstes Nutzholz. Die Fichte bildete in Mitteleuropa ursprünglich wohl nur über etwa 800 m geschlossene Wälder. Sie verlangt eher frischen als trockenen Boden, da die meisten Rassen ausgesprochen flach wurzeln. In schneereichen Gebieten haben sich schlankwüchsige Rassen durchgesetzt, wogegen im Flachland häufig stark beastete, breite Formen wachsen, deren Holz weniger geschätzt wird.

**Wissenswertes:** ♄. Die Fichte zeichnet sich durch eine sehr große Zahl von Standortsrassen aus. In niederschlagsreichen Mittelgebirgen (Schwarzwald, Bayerischer Wald) erreicht sie ihre größten Höhen und ihr höchstes Alter (nahezu 400 Jahre). Häufig findet man an der Fichte zapfenartige Gallen, die durch die Fichten-Gallenlaus (*Chermes abietis*) hervorgerufen werden. – Von der Gewöhnlichen Fichte werden zahlreiche Gartenformen angebaut, die sich vor allem im Wuchs voneinander unterscheiden. Beliebt sind nicht zuletzt Zwergformen, die kaum 3 m hoch werden. Selbst als Heckengehölz geeignet.

# Kieferngewächse *Pinaceae*

Tanne *Abies*
Lärche *Larix*

## Weiß-Tanne
*Abies alba* MILL.
Kieferngewächse *Pinaceae*

**Beschreibung:** Nadelbaum mit aufrechten Zapfen, die 10–15 cm lang werden. Von den reifen Zapfen fallen die Schuppen von der Zapfenspindel ab; diese bleibt an den Zweigen stehen. Die reifen männlichen Blüten wachsen „kätzchenförmig" schräg aufwärts. Die reifen weiblichen Blüten bleiben hellgrün; sie wachsen aufrecht und zapfenförmig. Die Nadeln sind flach, 2,5–3 cm lang und stehen scheinbar in einer Ebene an den Zweigen. Unterseits zeigen sie zwei weiße Wachsstreifen. Die Nadeln sitzen auf kurzem Stiel mit verbreiterter Basis den Zweigen auf. Mai–Juni. 30–60 m.
**Vorkommen:** Bevorzugt mittlere Höhenlagen zwischen 400 und 1000 m. Bevorzugt tiefgründigen Boden, in den sie mit ihrer Pfahlwurzel ziemlich tief eindringen kann. Kommt sowohl auf kalkhaltigen wie auch auf kalkarmen Böden ursprünglich vor. Liebt im Sommer Wärme, verbraucht dann aber reichlich Wasser und bevorzugt daher feuchte Böden bzw. Lagen mit hoher Luftfeuchtigkeit. Als Jungbaum auf Beschattung angewiesen. Anfällig gegen Spätfröste. Zeigt als freistehendes Einzelexemplar nur selten gutes Wachstum. Häufig.
**Wissenswertes:** ♄. Die Weiß-Tanne kommt – wie die Fichte – in verschiedenen Standortsrassen vor, erreicht deren Formenmannigfaltigkeit indessen nicht. Gelegentlich wuchern auf Weiß-Tannen „Hexenbesen". Diese werden durch einen Rostpilz hervorgerufen. Die Weiß-Tanne hat als Zierpflanze keine wesentliche Bedeutung erlangt. In den letzten Jahrzehnten sind die Weiß-Tannenbestände örtlich mehr oder weniger stark geschädigt worden. Für diese Schädigungen wurden Umwelteinflüsse verantwortlich gemacht.

## Riesen-Tanne
*Abies grandis* (D. DON) LINDL.
Kieferngewächse *Pinaceae*

**Beschreibung:** Nadelbaum mit aufrechten Zapfen, die nur etwa 10 cm lang werden. Von den reifen Zapfen fallen die Schuppen von der Zapfenspindel ab; diese bleibt an den Zweigen stehen. Die reifen männlichen Blüten wachsen kätzchenförmig waagerecht oder schräg nach unten. Die reifen weiblichen Blüten bleiben grün; sie wachsen meist aufrecht. Die Nadeln sind flach, zumindest die der oberen Äste sind 3 cm lang oder länger und streng in eine Ebene eingeordnet. Unterseits zeigen sie zwei weiße Wachsstreifen, die gelegentlich ziemlich schwach ausgeprägt sind. An der Spitze sind die Nadeln deutlich eingekerbt, an der Basis kurz gestielt. Äste und Zweige stehen fast waagerecht ab. Die Zweige sind auffallend dünn und zart. Die Knospen an den Zweigenden sind klein und kugelig. Mai–Juni. Wird bei uns kaum über 40 m hoch; erreicht in ihrer Heimat oft die doppelte Höhe.
**Vorkommen:** Die Riesen-Tanne wurde aus Nordamerika nach Mitteleuropa eingeführt. Dort kommt sie vor allem in Washington, Oregon, Idaho und Montana vor. Sie liebt gut durchfeuchteten Boden und stellt im übrigen ähnliche Standortansprüche wie die Weiß-Tanne, ist aber frosthärter als diese. Deswegen hat man sie versuchsweise forstlich angepflanzt. Allerdings erreicht das Holz der hier aufgewachsenen Bäume nicht die gute Qualität, die für die Riesen-Tanne in ihrer Heimat kennzeichnend ist.
**Wissenswertes:** ♄. Bis jetzt konnten noch keine Rassen ausgelesen werden, die die heimische Weiß-Tanne in ihren Eigenschaften übertreffen. – Zierrassen, z. B. eine Hängeform, haben bislang kaum in Parks und Gärten Eingang gefunden.

**Kieferngewächse** *Pinaceae*

## Japanische Lärche
*Larix kaempferi* (LAMB.) CARR.
Kieferngewächse *Pinaceae*

**Beschreibung:** Nadelbaum, dessen Zapfen 3,5–6 cm lang und oval-länglich sind. Die Zapfenschuppen sind am Rand zurückgeschlagen. Die reifen männlichen Blüten hängen als kleine, kugelige Blütenstände von 1–1,5 cm Durchmesser an den Zweigen. Die reifen weiblichen Blütenstände wachsen aufrecht und zapfenförmig; sie erreichen fast schon die Größe der reifen Zapfen. Die blaugrünen Nadeln sind sommergrün. Sie stehen in größerer Zahl gebüschelt an Kurztrieben. Der Stamm ist aufrecht, seine Rinde rotbraun. Sie blättert in schmalen Streifen ab. Die Äste hängen nicht, sondern stehen ziemlich waagrecht am Stamm. Die Rinde der Zweige ist – wie die des Stammes – rötlich. April–Mai. 20–30 m.

**Vorkommen:** Die Japanische Lärche wird in ihrer Heimat sowohl als Forstbaum wie auch als Zierpflanze genutzt. Sie liebt hohe Luftfeuchtigkeit, ist aber gegen extreme Temperaturschwankungen zwischen Sommer und Winter empfindlicher als die Europäische Lärche. Im Flachland findet man sie gelegentlich als Zierbaum in Anlagen. Forstliche Bestände wurden vor allem in tiefer gelegenen Gebieten versuchsweise angepflanzt. In Klimaten mit hoher Luft- und Bodenfeuchtigkeit scheint sie der Europäischen Lärche überlegen zu sein.

**Wissenswertes:** ♄. Die Japanische Lärche hat rötliches Holz, das weniger harzreich ist als das der Europäischen Lärche. In Japan findet man sie häufig auch als Bonsai-Bäumchen. – Außer als Forstbaum ist die Japanische Lärche auch da und dort als Ziergehölz eingebracht worden. Mehrere Sorten, die sich in der Nadelfärbung, in der Wuchsform und in der Wuchshöhe unterscheiden, wurden beschrieben.

## Europäische Lärche
*Larix decidua* MILL.
Kieferngewächse *Pinaceae*

**Beschreibung:** Nadelbaum, dessen ovale Zapfen nur 2,5–4 cm lang werden. Die Zapfenschuppen liegen am Rand an, sind also nicht zurückgeschlagen. Die reifen männlichen Blüten hängen in hellgelben, kugeligen Blütenständen, die kaum 1 cm im Durchmesser erreichen. Die weiblichen Blütenstände wachsen zapfenartig aufrecht. Sie sind anfangs rot überlaufen, später hellbraun und fast so groß wie die reifen Zapfen. Die hellgrünen Nadeln sind sommergrün; sie stehen in größerer Zahl gebüschelt an Kurztrieben. Der Stamm ist aufrecht, im Hochgebirge nahe der Baumgrenze oft verkrüppelt und dann meist unregelmäßig dichtastig. Die graue Borke blättert ab, jedoch nicht in auffällig schmalen Streifen. Normalerweise stehen die Äste waagrecht am Stamm, wogegen die Zweige meist deutlich nach unten hängen. April–Mai. 25–35 m.

**Vorkommen:** Ursprünglich wohl nur in den Alpen und in den höheren Mittelgebirgslagen des östlichen Mitteleuropas heimisch. Heute nahezu überall als forstlicher Nutzbaum angepflanzt. Liebt nährstoffreiche, feuchte Böden. Gedeiht in lockeren Beständen in sonnigen Lagen besonders gut, erträgt zeitweilige Trockenheit im Sommer. Steigt in den Alpen bis zur äußersten Waldgrenze (bis über 2300 m). Häufig.

**Wissenswertes:** ♄. Von der Lärche sind im Gegensatz zu den meisten anderen heimischen Nadelhölzern nur wenige Standortsrassen bekannt geworden. An günstigen Stellen kann der Baum ein Alter von etwa 500 Jahren erreichen. – Als Parkbaum hat die Europäische Lärche keine große Bedeutung. Dennoch sind von ihr eine Reihe von Gartensorten beschrieben worden, die vor allem besondere Wuchsformen zeigen.

# Kieferngewächse *Pinaceae*
Kiefer *Pinus*

## Weymouth-Kiefer
*Pinus strobus* L.
Kieferngewächse *Pinaceae*

**Beschreibung:** Nadelbaum, dessen Zapfen 8–20 cm lang und bis 4 cm breit werden und an den Zweigen hängen. Die reifen männlichen Blüten bilden blaßgelbe, kätzchenartige Blütenstände. Die reifen weiblichen Blüten sind oval, zapfenartig, braun und wachsen schräg abwärts. Die Zapfen fallen einige Zeit nach der Samenreife als Ganzes ab. Die Nadeln sind auffallend dünn und weich; sie werden bis zu 10 cm lang und stehen zu 5 in einer gemeinsamen Scheide. Der Stamm steht aufrecht. Seine Rinde ist grau. Die Krone bleibt licht; die Äste stehen ziemlich waagrecht ab. Das Holz ist fahlgelb. Mai–Juni. 20–40 m, in Mitteleuropa meist unter 35 m..

**Vorkommen:** Die Weymouth-Kiefer stammt aus dem östlichen Nordamerika. Sie wurde im 18. Jahrhundert nach Europa gebracht und zunächst als Zierbaum in Parkanlagen gepflanzt. In Mitteleuropa gedeiht sie am besten auf frischen bis feuchten Lehmböden oder auf humosen Sandböden in warmen Lagen. Junge Pflanzen brauchen Schatten. In Wäldern nur vereinzelt ausgepflanzt.

**Wissenswertes:** ♄. Die Weymouth-Kiefer wurde nach Lord WEYMOUTH benannt, in dessen Besitzungen sie zuerst eingehend untersucht worden war. Als Forstbaum wird die Weymouth-Kiefer in Mitteleuropa wenig geschätzt. Ihr Holz steht dem der einheimischen Wald-Kiefer an Güte nach. Überdies sind Reinbestände durch den Befall mit Blasenrost gefährdet. Obschon mehrere Zierformen bekannt geworden sind, hat die Weymouth-Kiefer keine große Bedeutung als Zierpflanze erreicht. Die Zierformen weichen vor allem in der Wuchshöhe und -form von der Wildrasse ab; Farbspielarten sind ebenfalls beschrieben worden, scheinen indessen wenig beständig zu sein.

## Zirbel-Kiefer, Arve
*Pinus cembra* L.
Kieferngewächse *Pinaceae*

**Beschreibung:** Nadelbaum, dessen Zapfen 6–8 cm lang werden und waagrecht von den Zweigen abstehen. Die reifen männlichen Blütenstände sind eiförmig, gelb, orange oder rot gefärbt; sie sitzen auf den Zweigen. Die reifen weiblichen Blütenstände stehen aufrecht auf kurzen Stielen, und zwar meist an den Spitzen junger Triebe; sie sind violett. Die 3kantigen Nadeln werden 6–8 cm lang und stehen zu 5 in einer gemeinsamen Scheide; sie sind ziemlich steif und fühlen sich rauh an, weil sie am Rand sehr fein gesägt sind. Der Stamm wächst meist aufrecht und ist häufig bis zum Boden herab beastet. Arven, die in windausgesetzten Lagen stehen, wachsen oft mehrgipfelig. Juni–Juli. 15–20 m.

**Vorkommen:** Die Zirbel-Kiefer ist ein typischer Hochgebirgsbaum. Sie lebt in den Alpen im Bereich der Waldgrenze (1800–2500 m). Oft kommt sie vereinzelt vor. Größere Bestände trifft man fast nur in den Zentralketten der Alpen an. Die Arve gedeiht auf sauren, feuchten, humosen Steinböden am besten. Winterkälte und Trockenheit erträgt sie ebenso wie starke Sonnenbestrahlung im Sommer. Jungpflanzen gedeihen allerdings auch im Schatten. Selten, oft angepflanzt.

**Wissenswertes:** ♄. Die Arve wird erst im Alter von etwa 60 Jahren blühreif. Sie soll mehrere hundert, ja bis zu tausend Jahre alt werden. Wegen ihrer relativ langsamen Wüchsigkeit ist sie in tieferen Lagen der Konkurrenz der Fichte nicht gewachsen. Die natürlichen Arvenbestände sind in den letzten 2 Jahrhunderten vielfach durch zu starken Einschlag, Weidebetrieb und Samensammeln dezimiert worden. In den letzten Jahrzehnten hat man sie – oft bestandsweise – vielerorts angepflanzt.

Kieferngewächse *Pinaceae*

## Schwarz-Kiefer
*Pinus nigra* ARNOLD
Kieferngewächse *Pinaceae*

**Beschreibung:** Nadelbaum, dessen Zapfen 6–8 cm lang werden und stets waagrecht von den Zweigen abstehen. Reife männliche Blütenstände stehen zu mehreren an der unteren Hälfte der jeweils jüngsten Zweige. Sie sind gelb, wachsen schräg oder senkrecht aufwärts, sind deutlich gestielt und ungefähr 2,5 cm lang. Die weiblichen Blütenstände stehen einzeln oder zu mehreren an der Spitze der jeweils jüngsten Zweige. Sie sind rot gefärbt und kurz gestielt. Die dunkelgrünen Nadeln werden 8–15 cm lang und stehen zu 2 in einer gemeinsamen Scheide. Sie sind ziemlich steif und am Rand etwas rauh. Stamm aufrecht. Rinde schwarzgrau, rissig. Junge Bäume oft mit kegelförmiger, alte häufig mit schirmförmiger Krone. Juni. 20–35 m.

**Vorkommen:** Die Heimat der Schwarz-Kiefer liegt in Südeuropa, in den südöstlichen Alpen und auf dem Balkan. Dort besiedelt sie vorwiegend flachgründige, kalkhaltige, steinige Böden, geht aber auch auf tiefgründige Tonböden. Sie liebt warme Sommer und erträgt Trockenheit. In Mitteleuropa wird sie vornehmlich als Zierbaum gepflanzt. Seltener pflanzt man sie forstlich an: vor allem auf flachgründig-felsigen, trockenen Kalkböden im Alpengebiet, seltener in den Mittelgebirgen oder gar im Tiefland. In den Alpen steigt sie meist nicht über 1500 m.

**Wissenswertes:** ♄. Aus der Schwarz-Kiefer wird gelegentlich – wie auch aus anderen Arten der Gattung – durch Anbohren des Stammes Terpentinöl gewonnen. – Die mitteleuropäischen Wildformen gehören zur ssp. *nigra*; in Südosteuropa kommt die ssp. *pallasiana* (LAMB.) HOLMB. vor, deren Krone dicht und breit eiförmig ist. Zierformen wurden beschrieben.

## Berg-Kiefer
*Pinus mugo* TURRA
Kieferngewächse *Pinaceae*

**Beschreibung:** Nadelbaum oder -busch („Legföhre"). Die Zapfen werden 3–6 cm lang; sie sitzen oder sind undeutlich gestielt; sie stehen unregelmäßig ab, wobei keine Richtung deutlich bevorzugt ist. Die reifen männlichen Blütenstände sind nur 1,5 cm lang und goldgelb. Die reifen weiblichen Blütenstände sitzen an der Spitze der jeweils jüngsten Zweige; sie sind dunkelrot. Die Nadeln werden 2–5 cm lang; sie sind sichelförmig gekrümmt, dunkelgrün und stehen zu 2 in einer gemeinsamen Scheide. Die Wuchsform des Stammes ist sehr mannigfaltig. Baumförmige Berg-Kiefern („Spirken") zeichnen sich durch eine schlanke, pyramidenförmige Krone aus. Bei Legföhren („Latschen") ragt meist kein Hauptstamm hervor. Rinde schwärzlich. Mai–Juni. 1–12 m.

**Vorkommen:** Braucht steinigen, humosen Lehm- oder Tonboden, der neutral oder höchstens schwach sauer reagieren sollte. Besiedelt vor allem den Latschengürtel in den Ostalpen – hier zerstreut und meist in individuenreichen Beständen –, wurde aber auch in einigen Mittelgebirgen forstlich ausgepflanzt.

**Wissenswertes:** ♄. *P. mugo* TURRA s. str. wird mit *P. rotundata* LK. (Haken an den Zapfenschuppenschildern schwach, Schuppenschild breiter als hoch; vor allem auf Hochmooren; formenreich, wohl Bastardschwarm, der schwer abzugrenzen ist; zerstreut) und mit *P. uncinata* MILL. ex MIRB. s. str. (einstämmige, baumförmige Pflanze; Zapfenschuppenschilder stark hakig; südliche Gebiete der westlichen Kalkalpen und südlicher Schweizer Jura, zerstreut) zur Sammelart *P. mugo* agg. zusammengefaßt. – Außer den genannten Kleinarten sind mehrere Ziersorten beschrieben worden, die häufig in Gärten angepflanzt werden.

## Kieferngewächse *Pinaceae* ▶

Kiefer *Pinus*

## Zypressengewächse *Cupressaceae* ▶

Scheinzypresse *Chamaecyparis*
Wacholder *Juniperus*
Sadebaum *Juniperus*

## Wald-Kiefer, Föhre, Forche
*Pinus sylvestris* L.
Kieferngewächse *Pinaceae*

**Beschreibung:** Nadelbaum, dessen Zapfen 4–6 cm lang werden, seitlich abstehen oder hängen, und die deutlich gestielt sind. Reife, männliche Blütenstände 5–8 mm lang, eiförmig, gelb, am unteren Ende der jeweils jüngsten Zweige gehäuft. Weibliche Blütenstände an der Spitze der jeweils jüngsten Zweige, meist einzeln oder zu 2, kugelig und zapfenartig. Nadeln grau- oder blaugrün, 4–7 cm lang, zu 2 in einer gemeinsamen Scheide. Stamm aufrecht. Krone unregelmäßig, oft schirmförmig, aber auch pyramidenförmig. Freistehende Exemplare häufig bis in Bodennähe beastet und mehrgipfelig. Mai. 30–50 m.

**Vorkommen:** Wild käme die Wald-Kiefer bei uns nur auf Standorten durch, auf denen die anspruchsvolleren Laubgehölze kaum Überlebenschancen hätten. Solche natürlichen Standorte sind Sandböden, Felsschutthänge der Mittelgebirge und Moore. Da die Kiefer wegen ihres Holzes als Forstbaum geschätzt wird, wurde sie nahezu überall eingebracht. Weil im 18. und 19. Jahrhundert oft wenig auf die Herkunft des Samens geachtet wurde, umfaßt die Art zahlreiche Rassen und Standortsformen, die sich auch im Nutzwert des Holzes erheblich voneinander unterscheiden. In Forsten wächst die Kiefer auf Lehmböden sehr gut. Frösten widersteht sie. Meist dringen ihre Wurzeln kräftig in die Tiefe. Deshalb erträgt sie Trockenheit gut und gedeiht auf sommerwarmen Standorten; sehr häufig.

**Wissenswertes:** ♄. Die Wald-Kiefer wird bis 500 Jahre alt. Als Nutzholz eignen sich besonders schlankwüchsige, fast astlose, hohe Exemplare, deren Jahresringe eng stehen (z. B. die „Enztalkiefern" aus dem nördlichen Schwarzwald). Auch Gartensorten werden angepflanzt.

## Lawsons Scheinzypresse, Oregonzeder
*Chamaecyparis lawsoniana* (A. MURRAY) PARL.
Zypressengewächse *Cupressaceae*

**Beschreibung:** Nadelbaum mit schuppenförmigen Blättern und überhängendem Gipfeltrieb. Zapfen kaum 1 cm im Durchmesser, kugelig, erst blaugrün, dann braun, 8 Schuppen mit abgeflachten kleinen Höckerchen. Reife männliche Blütenstände kugelig, meist an oder in der Nähe der vorjährigen Zweige. Stamm glatt; Holz hart und harzig, meist rötlich gefärbt. Zweige abgeflacht-zusammengedrückt. Blätter decken sich dachziegelig. April–Mai. 20–40 m.

**Vorkommen:** Lawsons Scheinzypresse stammt, wie der Zweitname „Oregonzeder" andeutet, aus dem westlichen Nordamerika. Sie bevorzugt lehmigen Boden und sommerwarme Standorte. In ihrer Heimat kann sie bis zu 50 m Höhe heranwachsen. In Mitteleuropa wurde sie nur beschränkt forstlich ausgebracht; doch ist sie nicht allzu selten verwildert anzutreffen.

**Wissenswertes:** ♄. Die Oregonzeder ist als Ziergehölz hoch geschätzt. Von ihr sind weit mehr als 150 Rassen und Sorten bekannt geworden. Die Rassen unterscheiden sich sowohl im Wuchs als auch in der Nadelfarbe zum Teil recht stark voneinander und von der Wildform. Dies gilt besonders für Zwerg- und „Trauerformen", deren Zweige mehr oder weniger stark hängen. Vor allem seit dem 2. Weltkrieg haben derartige Zuchtrassen verbreitet Eingang in Zier- und Vorgärten gefunden. Als „Blaue Säulenzypresse" werden sie in der Regel solitär, seltener als Hecke gepflanzt; hierfür eignen sich auch andere Rassen. – Der wissenschaftliche Artname wurde verliehen, um – vermutlich – JOHN LAWSON zu ehren, der in Nordamerika botanisierte und 1709 eine Beschreibung von Carolina veröffentlichte.

**Kieferngewächse** *Pinaceae*
**Zypressengewächse** *Cupressaceae*

## Heide-Wacholder
*Juniperus communis* L.
Zypressengewächse *Cupressaceae*

**Beschreibung:** Aufrechter, säulenförmiger, benadelter Strauch, seltener Baum oder niederliegender Strauch. „Zapfen" beerenartig („Wacholderbeeren"), 0,6–1 cm im Durchmesser. Die reifen männlichen Blütenstände wachsen schräg abwärts, sind gelb, etwa 5 mm lang, oval und sehr kurz gestielt. Die reifen weiblichen Blütenstände sind nur 2–3 mm lang, grün und wachsen nach oben. Nadeln spitz, stechend, 1–2 cm lang, meist graugrün mit einem breiten weißen Streifen. Meist verzweigt sich der Wacholder vom Grunde an, wächst also mehrstämmig. Junge Triebe 3kantig, mit Längsleisten. Nur vereinzelt entwickelt sich ein Hauptstamm. April–Mai. 4–12 m.

**Vorkommen:** Bevorzugt trockene, steinige, mittelgründige Böden. Gedeiht auf Kalkverwitterungsböden besonders gut, kommt aber auch auf kalkfreiem Boden durch, sofern er nicht allzu nährstoffarm ist. Wächst zerstreut auf sonnigen Schafweiden über Kalkgestein in den Mittelgebirgen sowie in den Heiden des Tieflandes. Zerstreut, kommt an seinen Standorten jedoch meist in größeren Beständen vor.

**Wissenswertes:** ♄; (☠). Ssp. *communis* ist die Sippe, die außerhalb der Alpen vorkommt. Ssp. *alpina* (NEILR.) ČELAK.: Wuchs niederliegend, Nadeln 5–8 mm lang; Zwergstrauchgebüsch in den Alpen, vor allem zwischen etwa 1500–2500 m; zerstreut. – Vom Wacholder wurden in den letzten Jahrzehnten Gartenformen gezüchtet, die z. T. in der Wuchsform mit der Wildrasse kaum Gemeinsamkeiten aufweisen. Ausgangspunkt für solche Züchtungen war oft die niederliegende oder kriechende Gebirgsrasse (*J. communis* ssp. *alpina*). Die „Säulenformen" sind leichter kenntlich, auch wenn sie kleinwüchsig bleiben.

## Sadebaum, Stink-Wacholder
*Juniperus sabina* L.
Zypressengewächse *Cupressaceae*

**Beschreibung:** Niederliegender oder schräg aufwärts wachsender Strauch, dessen Blätter (bei Jungpflanzen durchweg) nadelförmig oder (bei älteren Pflanzen vorwiegend) schuppenförmig sind. Reife männliche Blütenstände länglich-eiförmig, 3–4 mm lang, unauffällig. Reife weibliche Blütenstände aufrecht, nach der Befruchtung hakig nach unten wachsend. „Zapfen" beerenartig, hängend. Der Sadebaum ist meist vom Grund an verzweigt und ohne Hauptstamm. Nur in der Kultur wächst er auch baumförmig; dann ist seine Krone reichästig und meist weit herabgezogen. Die Schuppenblätter stehen gekreuzt-gegenständig, sind stachelspitzig und überdecken sich dachziegelartig. Zerreibt man sie, dann bemerkt man den stark unangenehmen Geruch. April–Mai. 0,5–6 m (in der Kultur bis über 10 m).

**Vorkommen:** Liebt flachgründige, eher nährstoffreiche Steinböden. Braucht Sommerwärme und besiedelt daher oft Südhänge. Kommt in Mitteleuropa wild nur in den Alpen vor, und zwar vor allem in den zentralalpinen Ketten. Auch dort ist er fast überall selten. Er gedeiht in Höhen bis etwa 2800 m.

**Wissenswertes:** ♄; ☠. Vom Sadebaum gibt es nur relativ wenige Gartenformen. Ihre Verbreitung ist kaum wünschenswert, da sie gegenüber anderen Zier-Wacholdern keine Vorteile haben, die nur ihnen zukommen. Wie die Wildpflanze sind sie giftig. Das ätherische Öl, das man dem Sadebaum extrahieren kann, erzeugt schon auf der Haut Blasen; eingenommen führt es zu sehr schweren Reizzuständen der Verdauungswege. Auch die Nieren werden geschädigt. Bei innerlicher Anwendung, die früher üblich war, soll es zu tödlichen Vergiftungen gekommen sein.

# Fremde Nadelhölzer, forstlich angebaut ▶

Wacholder *Juniperus*
Lebensbaum *Thuja*
Mammutbaum *Sequoiadendron*
Fichte *Picea*

## Virginischer Wacholder
*Juniperus virginiana* L.
Zypressengewächse *Cupressaceae*

**Beschreibung:** In der Regel ein in der Jugend schlanker, eiförmig-kegelförmiger Baum, der mit zunehmendem Alter waagrecht abstehende oder überhängende Äste bildet. „Zapfen" beerenartig, bis 6 mm im Durchmesser, dunkelblau, glänzend, schon im Jahr der Blüte reifend. Blätter schuppenförmig und dann in 4 Reihen, rhombisch bis lanzettlich, knapp 2 mm lang, kurz oder deutlich zugespitzt; nur an alten Bäumen regelrecht nadelförmig, gegenständig, bis 1 cm lang, stechend zugespitzt, oben rinnig, weiß-streifig, unten grün. Stamm der Wildform (nur im angestammten Verbreitungsgebiet) bis zu 1 m im Durchmesser. Rinde grau- bis rotbraun, sich in langen Streifen ablösend. Sprosse duften zerrieben stark aromatisch. April–Mai. 20–30 m, wird in Mitteleuropa meist nicht höher als 15 m.

**Vorkommen:** Braucht mittelgründigen, mäßig nährsalzreichen, steinig-lockeren Lehm- oder Tonboden. Heimat: Nordamerika östlich der Rocky Mountains. Dort gern gesehener Forstbaum; bei uns forstlich unbedeutend; nur im Raum Nürnberg großflächiger Anbau zur Gewinnung von Holz für Bleistifte.

**Wissenswertes:** ♄; (☠). Vom Virginischen Wacholder sind zahlreiche Sorten als Zierpflanzen gezüchtet worden, die sich in der Wuchsform und in der Färbung z. T. deutlich von der Stammform unterscheiden. Säulen- und kegelförmig wachsende Sorten, oft mit blau- oder graugrünen, seltener mit gelbgrünen Schuppenblättern, werden häufig gepflanzt. – Ähnlich und ebenfalls mit zahlreichen Ziersorten (z. B. „*pfitzeriana*" und „*hetzii*") gepflanzt: Chinesischer Wacholder (*Juniperus chinensis* L.), dessen Nadeln meist zu 3 quirlig an Jungtrieben stehen, wogegen die Schuppenblätter eindeutig stumpflich sind.

## Morgenländischer Lebensbaum
*Thuja orientalis* L.
Zypressengewächse *Cupressaceae*

**Beschreibung:** Aufrechter, oft vom Grund an mehrstämmiger Baum mit reich und fächerartig verästelten Zweigenden, wobei die Fächer senkrecht gestellt sind. Zweige flach, dicht mit kreuzgegenständigen Schuppen von zweierlei Art besetzt: Flachschuppen-Paare wechseln mit gefalteten und sie deckenden Kantenschuppen-Paaren. Einhäusig. Blüten an Kurztrieben: Männliche Blüten einzeln, meist nur einige schuppenartige Staubblätter; weibliche Blüten in Zäpfchen mit 6–8 ledrig-derben Deckschuppen. An den Fruchtzäpfchen 1–3 „leere" Schuppen und 2–5 weitere, die je 2 Samen abdecken. Schuppenspitze mit hakigem Fortsatz. April–Mai. 3–15 m.

**Vorkommen:** Braucht mäßig flachgründigen, nicht zu sauren Lehm- oder Tonboden. Heimat: Ostasien. Bei uns eher seltener Zierbaum, zuweilen auf Friedhöfen als Einzelbaum, sehr zerstreut in Wäldern, selten in größeren Gruppen (z. B. Weinheim/Bergstraße).

**Wissenswertes:** ♄; ☠. Viele, recht unterschiedliche Ziersorten. – Ähnlich, doch meist nur ortsnah verwildert: Amerikanischer Lebensbaum (*T. occidentalis* L.): Zweigfächer waagrecht ausgebreitet; Flachschuppen mit punktförmiger Öldrüse; Zapfenschuppen kurz zugespitzt. Heimat: Westliches Nordamerika. – Riesen-Lebensbaum (*T. plicata* D. Don ex Lamb.): Zweigfächer senkrecht, Blattschuppen unterseits weißlich gestreift, ohne Öldrüse. Heimat: östliches Nordamerika (dort bis 70 m hoch). – Alle Arten enthalten ätherisches Öl mit dem Monoterpen Thujon. Das Öl verursacht auf der Haut oft starke Reizungen. Innerlich führt es zu schweren Vergiftungen mit Krämpfen; schwerwiegende Schädigungen von Nieren, Leber und Magen sind möglich.

**Fremde Nadelhölzer, forstlich angebaut**

## Mammutbaum, Wellingtonie
*Sequoiadendron giganteum* (Lindl.) Buchholz
Sumpfzypressengewächse *Taxodiaceae*

**Beschreibung:** Baum; junge Exemplare bis nahe zum Boden beastet, ältere in der Regel mehrere Meter stammaufwärts astfrei, in seiner Heimat bis zu 50 m Höhe astfrei. Borke schwammig-rissig, hell rotbraun, durch stärkeren Druck mit dem Daumennagel eindellbar; Krone pyramidal. Zapfen endständig an kurzen Zweigen, meist einzeln, seltener zu mehreren, 5–8 cm lang, 3–5 cm dick, rotbraun, jung aufrecht, im 2. Jahr, d. h. unmittelbar vor der Reife, hängend. Nadeln in 3 Längsreihen spiralig angeordnet, schuppenförmig bis lanzettlich, pfriemlich auslaufend und scharf zugespitzt, den Zweigchen mehr oder weniger angepaßt, 3–6 cm lang, vereinzelt bis nahezu doppelt so lang. Junge Zweige blaugrün, dann rotbraun. Mai. In Europa bis 50 m, in Kalifornien bis über 100 m.

**Vorkommen:** Flach- bis mittelgründige, steinige Lehmböden. Heimat: Westliche Hänge der Sierra Nevada in Kalifornien, und zwar vorwiegend in Höhen zwischen etwa 1500–2500 m. Gelegentlich als Parkbaum und vereinzelt als Forstbaum gepflanzt.

**Wissenswertes:** ♄. Dieser Riese unter den Bäumen wurde der Wissenschaft erst 1841 von dem Engländer John Bidwell bekannt gemacht; er hatte ihn auf einer Reise zum Sacramento entdeckt. Bei den gewaltigsten Exemplaren betrug der Stammdurchmesser in Augenhöhe 10–12 m. Davon entfiel allerdings rund 1 m auf die schwammige Borke, die bis zu 50 cm mächtig werden kann. Wann der Baum nach Europa eingeführt worden ist, gilt als noch nicht endgültig geklärt. Um 1855 dürften die ersten Exemplare in England und Schottland gepflanzt worden sein. 1866 wurden Sämlinge in der Wilhelma in Stuttgart gesetzt.

## Stech-Fichte, Blautanne
*Picea pungens* Engelm.
Kieferngewächse *Pinaceae*

**Beschreibung:** Baum, der bei freistehenden Exemplaren oft bis nahe zum Boden beastet ist; Äste in waagrechten Quirlen mehr oder weniger dicht stehend; Krone breit-kegelförmig. Zapfen länglich-zylindrisch, 6–10 cm lang, 2,5–4 cm im Durchmesser, hellbraun, hängend; Schuppen dünn, biegsam, gegen den Rand verschmälert und etwas gewellt oder gezähnt. Zweige hell gelbbraun bis orange-bräunlich, ganz jung etwas bereift. Nadeln 4kantig, starr, 2–3 cm lang, ziemlich allseitig von den Zweigen abstehend, lang zugespitzt und stechend, meist bläulichgrün, seltener grün oder graugrün, auf jeder Seite mit 4–5 hellen Reihen von Spaltöffnungen; die Nadeln sitzen den Zweigen mit einem kleinen „Kissen" auf, an das sich ein kurzes Stielchen anschließt. Mai–Juni. 20–30 m (selten höher).

**Vorkommen:** Gedeiht auf Böden unterschiedlicher Art und ist auch gegen trockene Luft verhältnismäßig unempfindlich. Heimat: Südwesten der USA (z. B. Wyoming, Colorado, Utah, Arizona, Neu Mexico; in den dortigen Gebirgen eingestreut zwischen anderen Baumarten bis nahe 3000 m). Bei uns verbreitet als Ziergehölz und in „Weihnachtsbaum"-Kulturen.

**Wissenswertes:** ♄. Von der Stech-Fichte gibt es zahlreiche Ziersorten. Vor allem blaunadelige und schlankwüchsige Formen sind als schmucke Koniferen bei Gartenfreunden beliebt. Auch Zwergformen werden häufig gezogen. – Ähnlich: Sitka-Fichte (*Picea sitchensis* (Bong.) Carr.): Zapfen 6–10 cm lang, blaß rötlich oder bräunlich; Nadeln steif, zusammengedrückt, 1,5–2,5 cm, oberseits allseitig abstehend, unterseits gescheitelt, glänzend grün; Zier- und Forstbaum in luftfeuchten Lagen. Heimat: westliches Nordamerika.

## Osterluzeigewächse *Aristolochiaceae* ▶

Haselwurz *Asarum*
Osterluzei *Aristolochia*

## Hornblattgewächse *Ceratophyllaceae* ▶

Hornblatt *Ceratophyllum*

### Haselwurz
*Asarum europaeum* L.
Osterluzeigewächse *Aristolochiaceae*

**Beschreibung:** Immergrüne Pflanze mit meist am Boden liegenden oder kaum über ihn erhobenen, ledrigen, nierenförmigen Blättern. Die Blüte der Haselwurz steht einzeln an einem kurzen, „oberirdisch" kriechenden, wenig verzweigten Stengel, der unter Umständen kaum aus dem Erdreich hervorragt oder noch in der Laubstreu steckenbleibt. Die gelegentlich fast geschlossene Blüte ist 4zipflig, um 1,5 cm lang, außen grünlich-braun, innen purpurbraun. Die Blätter entspringen dem Wurzelstock und bilden oft dichte Nester. Oberseits sind sie glänzend dunkelgrün, am Rand und unterseits oft trüb braunpurpurn angelaufen. Die ganze Pflanze riecht beim Zerreiben scharf. März–Mai. 5–10 cm.

**Vorkommen:** Braucht kalkhaltigen, nährstoffreichen und eher feuchten als trockenen Lehm- oder Tonboden mit guter Humusbeimischung und mit einer ausgeprägten Mullauflage. Trägt selbst zur Bodenlockerung bei. Besiedelt Laub- und Mischwälder, geht aber auch in Auenwälder und in Nadelforste. Zerstreut, kommt aber an ihren Standorten oft in ausgedehnten, meist lockeren, aber individuenreichen Beständen vor. Große „Nester" können Quadratmeter bedecken. Steigt in den Alpen bis über 1200 m.

**Wissenswertes:** ♃; ☠. Die Haselwurz enthält das giftige Asaron, das zu den ätherischen Ölen gehört. Es erzeugt auf der Zunge ein scharfes Brennen, ähnlich dem, das man nach dem Genuß von Pfeffer verspürt. In größeren Dosen verschluckt, soll es Erbrechen auslösen. Ob es tödliche Vergiftungen geben kann, ist offen; jedenfalls sind Todesfälle in jüngerer Zeit nicht bekannt geworden. Unklar ist ebenfalls, ob Schnecken die Blüten bestäuben.

### Gewöhnliche Osterluzei
*Aristolochia clematitis* L.
Osterluzeigewächse *Aristolochiaceae*

**Beschreibung:** 2–8 gelbe, röhrig-tütige Blüten, die 3–5 cm lang werden können, stehen in den Achseln der wechselständigen Blätter. Blütenröhre am Grund bauchig erweitert. Der krautige Stengel ist unverzweigt, aufrecht, gelegentlich windet er. Gleich den Blättern ist er gelbgrün. Blätter 6–10 cm lang, 4–7 cm breit, herzförmig ausgerandet, unterseits hell graugrün und hier von auffällig erhabenen Nerven durchzogen. Mai–Juni. 30–60 cm.

**Vorkommen:** Braucht kalkhaltigen, nährstoffreichen, lockeren Lehm- oder Lößboden, der überreich an Nitrat sein sollte. Gedeiht nur in klimatisch begünstigten Gegenden. Heimat: Mittelmeergebiet. Besiedelt in Mitteleuropa alte Weinberge, Wegränder im Weinbaugebiet, seltener Waldränder oder Gebüsche. Erreicht etwa mit der Anbaugrenze von Wein die Nordgrenze ihrer Verbreitung. Selten, kommt aber an ihren Standorten oft in kleineren Beständen vor. Steigt in warmen Alpentälern bis etwa 800 m.

**Wissenswertes:** ♃; ☠. Die Osterluzeiblüte ist eine Fliegen-Kesselfalle. Die Innenseite der tütenartigen Blütenöffnung ist durch einen Wachsüberzug so glatt, daß landende Fliegen abrutschen und dadurch in den Kessel am Blütengrund fallen. Abwärts gerichtete Haare verhindern ein Hinauskriechen. Wenn die Insekten artgleichen Blütenstaub mitbringen, bestäuben sie die Narben am Grund des Kessels. Welkt die Blüte, öffnen sich die Staubgefäße und pudern die Insekten im Kessel mit Blütenstaub ein. Jetzt welken auch die Sperrhaare und geben die Gefangenen frei. – Durch Aristolochiasäure giftig. – Ähnlich: *A. rotunda* L.: Blüten grünlich, mit halbmondförmigen, braunschwarzen Flecken. Tessin; zerstreut.

◀
Osterluzeigewächse *Aristolochiaceae*
Hornblattgewächse *Ceratophyllaceae*

## Rauhes Hornblatt
*Ceratophyllum demersum* L.
Hornblattgewächse *Ceratophyllaceae*

**Beschreibung:** Blüten unscheinbar, 1geschlechtig. Auf derselben Pflanze kommen Blüten beiderlei Geschlechts vor („1häusig"). Blüten untergetaucht, grün, einzeln in den Blattwirteln, 2–4 mm im Durchmesser, 9–12 Blütenhüllblätter. Männliche Blüten mit 10–16 Staubblättern. Weibliche Blüten mit 1 Fruchtknoten, der (an der reifen Frucht) einen 5–8 mm langen Griffel trägt. Stengel sehr lang, reich verzweigt, spröde und zerbrechlich, in der Regel frei im Wasser schwimmend, seltener teilweise im Gewässergrund kriechend, doch wie an den schwimmenden Exemplaren wurzellos. Blätter dunkelgrün, nur bis 2 cm lang, ziemlich starr, zu 4–12 in Wirteln stehend, 1- oder 2mal gabelig geteilt, also 2–4zipfelig. Juli–September. 0,5–3 m.

**Vorkommen:** Braucht nährstoffreiches, sommerwarmes, stehendes Wasser mit ausgeprägtem Schlammboden. Kommt in Seen und Altwassern vor, und zwar vor allem in windgeschützten Buchten, vorwiegend in Bereichen von 0,5–10 m Tiefe. Zerstreut im Tiefland, in den Mittelgebirgen selten und nur in den tieferen und mittleren Lagen; geht nur vereinzelt bis etwa 900 m. Fehlt hier in größeren Gebieten. In den Alpen nur vereinzelt in den wärmeren Gebieten.

**Wissenswertes:** ♃. Die Pollen des Rauhen Hornblatts werden vom Wasser auf die Griffel verfrachtet. Es liegt also der nicht gerade häufige Fall von „Wasserbestäubung" vor. Ebenso werden die Früchte mit Wasserströmungen verschwemmt. Daneben spielt auch der Transport durch Wasservögel eine Rolle; Neubesiedlungen eines Gewässers können oft nur so erfolgen. Vermehrung vor allem vegetativ durch zerbrechende Sproßstücke.

## Zartes Hornblatt
*Ceratophyllum submersum* L.
Hornblattgewächse *Ceratophyllaceae*

**Beschreibung:** Blüten unscheinbar, 1geschlechtig. Auf derselben Pflanze kommen Blüten beiderlei Geschlechts vor („1häusig"). Blüten untergetaucht, grün, einzeln in den Blattwirteln, 2–4 mm im Durchmesser, 9–12 Blütenhüllblätter. Männliche Blüten mit 10–16 Staubblättern. Weibliche Blüten mit 1 Fruchtknoten, der (an der reifen Frucht) einen 3–5 mm langen Griffel trägt. Stengel sehr lang, reich verzweigt, zart, jedoch nicht auffällig spröde und zerbrechlich, in der Regel frei im Wasser schwimmend, seltener teilweise im Gewässergrund kriechend, doch wie an den schwimmenden Exemplaren wurzellos. Blätter hellgrün, oft bis 3 cm lang, schlaff, zu 4–12 in Wirteln stehend, 3–4mal gabelig geteilt, also 8–16zipfelig. Juli. 0,5–2,5 m.

**Vorkommen:** Braucht zumindest mäßig stickstoffsalzreiches, sommerwarmes, stehendes Wasser mit ausgeprägtem Schlammboden. Kommt in Seen und Altwassern vor, und zwar in windgeschützten Buchten oder über flach auslaufendem Seegrund, also vornehmlich in Wassertiefen von weniger als 1,5–2 m. Im Küstenbereich selten, im Binnenland sehr selten und größeren Gebieten fehlend. Kommt etwa südlich der Mainlinie kaum mehr vor. Frühere Vorkommen sind hier entweder als erloschen anzusehen oder beruhten auf Falschbestimmungen. Ebenfalls fraglich sind Angaben aus dem Wallis und dem Alpensüdfuß; in Kärnten selten.

**Wissenswertes:** ♃. Obschon das Zarte Hornblatt sehr wärmeliebend ist, reicht sein Areal bis nach Südskandinavien und bis nach Südsibirien, wo es allerdings nur besonders warme Gewässer bewohnt.

# Seerosengewächse *Nymphaeaceae*

Seerose *Nymphaea*
Teichrose *Nuphar*

## Weiße Seerose
*Nymphaea alba* L.
Seerosengewächse *Nymphaeaceae*

**Beschreibung:** Blüten schwimmend, einzeln auf Stielen, die je nach Wassertiefe bis zu 3 m lang werden können. Blüten weiß, bis zu 15 cm im Durchmesser. 12–30 Blütenblätter, wobei die innersten Blütenblätter als Zwischenformen zwischen Blütenblättern und Staubblättern ausgebildet sind. Zahlreiche Staubblätter. Staubfäden (= Stiel, an dem die Staubbeutel sitzen) der innersten Staubblätter in der Mitte kaum verbreitert, höchstens 1½mal so breit wie die beiden Staubbeutel, ehe sie geplatzt sind. Spärlich verzweigter Wurzelstock, der im Boden des Gewässers kriecht und der fast 10 cm im Durchmesser erreichen kann. Unterwasserblätter nur bei jungen Pflanzen, sonst selten und kurzlebig. Schwimmblätter im Umriß rundlich, 10–30 cm im Durchmesser, oberseits dunkelgrün, am Stielansatz breit- oder eng-herzförmig eingebuchtet oder überlappend. Juni–September. 0,5–3 m.

**Vorkommen:** Braucht nährstoffreiche, langsam fließende oder stehende Gewässer, die vor allem in der Vegetationszeit nicht zu kalt sein sollten. Das Rhizom kriecht im humus- und nährstoffreichen Schlamm. Bildet z.T. größere Bestände, und zwar in Bereichen, in denen das Wasser etwa 1–1,5 m tief ist; an tieferen Stellen – bis etwa 3 m – kommt sie sehr viel seltener vor, ebenso in ausgesprochenem Flachwasser. Zerstreut.

**Wissenswertes:** ♃; ☠; ▽. Die Art ist ziemlich einheitlich. In Südschweden gibt es eine rosarot bis purpurrot blühende Rasse (var. *rosea* HARTM.). Aus ihr sollen die rotblühenden Ziersorten gezüchtet worden sein. Enthält Alkaloide und möglicherweise herzwirksame Glykoside, die noch nicht näher bekannt sind.

## Glänzende Seerose
*Nymphaea candida* K. PRESL
Seerosengewächse *Nymphaeaceae*

**Beschreibung:** Blüten schwimmend, einzeln auf Stielen, die je nach Wassertiefe bis zu 3 m lang werden können. Blüten weiß, meist nur 6–8 cm im Durchmesser (an der geöffneten, aber nicht plattgedrückten Blüte gemessen). 12–30 Blütenblätter, wobei die innersten Blütenblätter als Zwischenformen zwischen Blütenblättern und Staubblättern ausgebildet sind. Zahlreiche Staubblätter. Staubfäden (= Stiel, an dem die Staubbeutel sitzen) der innersten Staubblätter in der Mitte 1,5–3mal so breit wie die beiden Staubbeutel, ehe sie geplatzt sind. Spärlich verzweigter Wurzelstock, der im Boden des Gewässers kriecht und der meist nicht dicker als etwa 6–8 cm wird. Unterwasserblätter nur bei jungen Pflanzen, sonst selten und kurzlebig. Schwimmblätter im Umriß rundlich, 10–30 cm im Durchmesser, oberseits dunkelgrün, am Stielansatz breit oder eng herzförmig eingebuchtet oder überlappend. Juli–September. 0,5–3 m.

**Vorkommen:** Braucht stehende oder sehr langsam fließende Gewässer, die höchstens mäßig nährstoffreich und eher schwach sauer sind. Stellt keine so hohen Ansprüche an die Wärme ihres Wohngewässers wie die Weiße Seerose. Rhizom kriecht meist im moorig-schlammigen Boden. Bildet meist keine reinen Bestände. Kommt vereinzelt in der Altmark und im Frankenwald sowie in Salzburg und in der Steiermark vor.

**Wissenswertes:** ♃; ☠; ▽. Die Glänzende Seerose ist seit dem Zweiten Weltkrieg in ihrem Bestand zurückgegangen, weil viele ihrer Standorte vernichtet worden sind. Der Bastard *N. alba* × *N. candida* wurde als *N. × borealis* CAMUS beschrieben; er ist selten.

**Seerosengewächse** *Nymphaeaceae*

## Gelbe Teichrose, Mummel
*Nuphar lutea* (L.) Sm.
Seerosengewächse *Nymphaeaceae*

**Beschreibung:** Blüten einzeln auf Stielen, meist nicht schwimmend, sondern etwas aus dem Wasser herausgehoben. Blüten gelb, meist 3,5–5 cm im Durchmesser. Meist 5 große „Blütenblätter", denen nach innen 10–13 „Honigblätter" folgen, die viel kleiner und anders geformt als die „Blütenblätter" sind. Narbe des Fruchtknotens ganzrandig, 1–1,5 cm im Durchmesser, mit 15–20 radiären, braunen Streifen. Rhizom 3–8 cm dick, spärlich verzweigt, horizontal im Boden kriechend. Unterwasserblätter stets vorhanden. Schwimmblätter im Umriß breit-oval; Blattspreite 10–30 cm lang und 8–20 cm breit; Rand oft etwas wellig, am Stielansatz breit- oder eng-herzförmig eingebuchtet. Blattstiel unterhalb des Ansatzes stumpf 3kantig. Juni–September. 0,5–2,5 m, selten bis über 5 m.

**Vorkommen:** Braucht nährstoffreiche oder doch nicht allzu nährstoffarme, stehende oder langsam fließende Gewässer mit schlammigem oder sandig-kiesig-humosem Grund. Bildet in solchen Gewässern – oft zusammen mit der Weißen Seerose – größere Schwimmblattpflanzenbestände, kommt aber auch in kühleren Gewässern vor, die für die Weiße Seerose zu nährstoffarm sind. Zerstreut, fehlt vor allem in den Mittelgebirgen und in den Alpen in größeren Gebieten.

**Wissenswertes:** ♃; (☠); ▽. Bei der Gelben Teichrose kommen immer wieder Exemplare vor, die dauernd untergetaucht sind. Untergetauchte „Wasserblätter" sind hellgrün, relativ zart und auffallend gewellt. Auf den ersten Blick erscheinen sie fast „salatartig". Die Gelbe Teichrose enthält Gerbstoffe und Alkaloide. Inwieweit diese Substanzen Vergiftungen bewirken und wie schwer diese sind, ist uns nicht bekanntgeworden.

## Kleine Teichrose
*Nuphar pumila* (Timm) DC.
Seerosengewächse *Nymphaeaceae*

**Beschreibung:** Blüten einzeln auf Stielen, meist nicht schwimmend, sondern etwas aus dem Wasser herausgehoben. Blüten gelb, meist nur 2–3 cm im Durchmesser. 5 Blütenblätter von 1–2 cm Durchmesser, denen nach innen 10–15 viel kleinere und anders geformte „Honigblätter" folgen. Narbe des Fruchtknotens am Rande fein und sternförmig gezähnt (Lupe!), kaum 1 cm im Durchmesser, mit nur 8–10 radiären, braunen Streifen. Rhizom 1–3 cm dick, spärlich verzweigt, horizontal im Boden kriechend. Unterwasserblätter stets vorhanden. Schwimmblätter im Umriß breit oval, Blattspreite 5–10 cm lang und 3–5 cm breit. Blattstiel unter dem Blattspreitenansatz mit 2 Kanten. Juni–September. 0,5–3 m.

**Vorkommen:** Braucht nährstoffarme, kalte, etwas saure stehende Gewässer mit torfig-schlammigem Untergrund. Kommt ausschließlich im Südschwarzwald, im Alpenvorland und im Schweizer Jura, selten in Moorseen oder doch in der Nähe von Mooren vor. Auch dort sehr selten, wenngleich oft in kleineren, doch wenig auffälligen und meist mit anderen Schwimmblattpflanzen untermischten Beständen, und zwar vorwiegend an Stellen, an denen das Wasser zwischen 0,5–1,5 m tief ist.

**Wissenswertes:** ♃; (☠); ▽. *Nuphar pumila* ist ein Eiszeitrelikt. Ihr Verbreitungsgebiet reicht vom nördlichen Skandinavien bis Ostsibirien, wo sie allerdings meist südlich des 60° n. Br. bleibt. Bis zum Zweiten Weltkrieg kam sie auch vereinzelt in Niedersachsen vor. Über ihre Inhaltsstoffe sind uns keine Untersuchungen bekannt geworden. – Der Bastard zwischen *N. lutea* und *N. pumila* ist als *N. intermedia* Ledeb. beschrieben worden.

# Hahnenfußgewächse *Ranunculaceae* ▶

Christrose, Nieswurz *Helleborus*
Mäuseschwänzchen *Myosurus*

## Christrose
*Helleborus niger* L.
Hahnenfußgewächse *Ranunculaceae*

**Beschreibung:** Blüten einzeln am Ende des Stengels oder am Ende des Astes, der in der Achsel des obersten Stengelhochblatts entspringt. Blüten nicht nickend, sondern waagrecht orientiert bzw. offen und leicht nach oben gewendet, 5–10 cm im Durchmesser, weiß oder blaßrosa, gegen Ende der Blütezeit grünlich oder rötlich werdend. Blütenhüllblätter sehr breit oval, sich mit den Rändern überdeckend. Zwischen Blütenhüllblättern und den zahlreichen Staubblättern grünlich-gelbe „Honigblätter". Stengel einfach oder oberwärts mit einem Seitenzweig, fleischig. Am Stengel 1–3 ganzrandige Hochblätter, die kaum 1,5 cm lang werden. 1–3 grundständige, überwinternde Blätter, mit lederartiger, dunkelgrüner Spreite, die breit fußförmig 5–9teilig sind. Blattabschnitte lanzettlich, am Grunde keilförmig, am Rand im oberen Drittel, manchmal bis zur Hälfte gesägt. Dezember–März. 5–25 cm.

**Vorkommen:** Braucht kalkhaltigen, nährstoff- und mullreichen, lockeren, steinigen Lehmboden, der eher frisch als trocken sein sollte. Besiedelt in den Ostketten der nördlichen und südlichen Kalkalpen (westlich bis Vorarlberg und bis ins Aostatal) Buchen- und Kiefernwälder. Sehr selten. Als Zierpflanze angebaut und örtlich unbeständig aus der Kultur verwildert.

**Wissenswertes:** ♃; ☠; ▽. Enthält Bufadienolide, Steroidsaponine, Protoanemonin und Ranunculin. Vor allem Protoanemonin und die Saponine dürften für die Giftwirkung, die als Kratzen in Mund und Rachen sowie Erbrechen und Durchfall beschrieben wird, verantwortlich sein. Pulverisierte Rhizome der Christrose sind Bestandteile von Schnupftabaksorten und Niespulvern.

## Stinkende Nieswurz
*Helleborus foetidus* L.
Hahnenfußgewächse *Ranunculaceae*

**Beschreibung:** Mehrere Blüten stehen in einem locker-rispigen Blütenstand am Ende des Stengels und der Zweige. Blüten nickend bzw. hängend, 1–2 cm (mit ausgebreiteten Blütenhüllblättern bis 3 cm) im Durchmesser. Blütenhüllblätter grün, vorne oft mit rotem oder rotbraunem Rand, sich in der aufgeblühten Blüte seitlich mit den Rändern überdeckend. Stengel verzweigt, kahl oder oberwärts sehr kurz behaart. Stengelblätter wechselständig, obere ganzrandig, oval, 2–5 cm lang; untere Stengelblätter den grundständigen Blättern ähnlich. Grundblätter überwinternd, 5–10 cm lang gestielt, mit breiter, hellgrüner Scheide und 5–9fach fußförmig geteilter, auffallend dunkelgrüner Blattspreite; Blattabschnitte lanzettlich, gezähnt, oft mit braunviolett überlaufenen, kältegeschädigten Teilen. März–Mai. 20–60 cm.

**Vorkommen:** Braucht steinigen, zumindest etwas kalkhaltigen, lockeren, humosen Lehm- oder Lößboden in Gegenden, in denen eher hohe Luftfeuchtigkeit herrscht als Trockenheit, und in der extreme Fröste während des Winterhalbjahres nicht in der Zeit häufig sind, in der kein Schnee liegt. Kommt in der Pfalz, in den tieferen Lagen der Mittelgebirge südlich des Mains, an sonnigen Stellen des Fränkischen, des Schwäbischen und des Schweizer Jura sowie im Wallis und am Alpensüdfuß vor. Auch in diesen Gebieten zum Teil fehlend, sonst zerstreut. Meist in individuenarmen, aber auffallenden Beständen.

**Wissenswertes:** ♃; ☠. Enthält vermutlich Bufadienolide und Ranunculin. Obschon das Kraut früher zum Vertreiben von Läusen verwendet worden sein soll, fehlen detaillierte Angaben über den Giftstoffgehalt.

**Hahnenfußgewächse** *Ranunculaceae*

## Grüne Nieswurz
*Helleborus viridis* L.
Hahnenfußgewächse *Ranunculaceae*

**Beschreibung:** Blüten zu 1–3 am Ende des Stengels bzw. in den Achseln der obersten Stengelblätter, nicht nickend, sondern waagrecht orientiert bzw. leicht nach oben geöffnet; nur fruchtend undeutlich nickend. Blüten grün, 4–6 cm im Durchmesser; Blütenhüllblätter 5, vorne nicht auffällig rot oder rotbraun gesäumt. Stengel spärlich verzweigt, kahl, fleischig, grün, unter der Blüte etwas kantig. Stengelblätter wechselständig, meist geteilt und stets gezähnt; unterste Stengelblätter gleichen den grundständigen Blättern. Meist nur 2 grundständige Blätter vorhanden, die nicht auffällig dunkler gefärbt sind und die nicht überwintern. Grundblätter fußförmig 7–11teilig, äußere Abschnitte oft nochmals – wenn auch meist nicht bis zum Grund – geteilt. Abschnitte lanzettlich, meist doppelt gezähnt. März–April. 20–50 cm.

**Vorkommen:** Braucht kalk- und mullreichen Lehmboden. Besiedelt im nördlichen Teil der Mittelgebirge (bis etwa zur Lahn), im Odenwald, am Ober- und Hochrhein, im Alpenvorland, im Allgäu, im Schweizer Jura, am Alpensüdfuß, im östlichen und nördlichen Österreich lichte Buchenwälder. Sehr selten, doch gelegentlich in individuenarmen Beständen.

**Wissenswertes:** ♃; ☠; ▽. Die Grüne Nieswurz wurde früher als Heilpflanze vielfach in Bauerngärten angebaut, aus denen sie örtlich verwildert ist. Sie enthält möglicherweise herzwirksame Stoffe; außerdem wurde das Saponingemisch „Helleborin" gefunden, das Schleimhäute reizt (Verwendung getrockneter Pflanzenteile als „Niespulver"). Die Grüne Nieswurz hat seit Ende des letzten Krieges viele ihrer Standorte eingebüßt. Ssp. *viridis*: 1–3blütig; ssp. *occidentalis* (REUT.) SCHIFFN.: 3–9blütig; Südwestschweiz; selten.

## Mäuseschwänzchen
*Myosurus minimus* L.
Hahnenfußgewächse *Ranunculaceae*

**Beschreibung:** Blüten einzeln am Ende des Stengels. An den Blüten fällt am meisten die zylindrische Blütenachse auf, die sich gegen Ende der Blütezeit noch stark verlängert und an der bis 50 Fruchtknoten sitzen, die dachziegelig angeordnet sind und dadurch den Eindruck eines „Mäuseschwanzes" erzeugen. Blüten mit 5, gelegentlich mit mehr (bis über 10) Blütenhüllblättern, die 3–4 mm lang werden und hellgrün sind. Sie laufen stengelwärts in einen fast 2 mm langen Sporn aus, der dem Stengel anliegt. Meist nur 6–10 Staubblätter. Aus dem Wurzelstock entspringen meist mehrere kahle, unverzweigte Stengel, die länger als die grundständigen Blätter sind. Grundständige Blätter zahlreich, grasähnlich schräg aufwärts wachsend und meist nur bis 6 cm lang und um 1 mm breit, ganzrandig. April–Juni. 8–15 cm.

**Vorkommen:** Braucht kalkfreien und daher zumindest schwach sauren, verschlämmten Lehm- oder Tonboden, der immer feucht sein sollte und der zeitweise leicht überflutet sein darf. Geht auch auf Rohboden. Besiedelt Ufer, vernäßte Wege und Bodenrinnen auf Ödland und an Ackerrändern, vor allem im Tiefland und in den nördlichen Mittelgebirgen mit kalkfreiem Gestein und lehmigen Böden; hier selten und oft unbeständig; sehr selten im Schweizer Jura, im schweizerischen, deutschen und österreichischen Alpenvorland sowie im Burgenland. Fehlt in den Alpen.

**Wissenswertes:** ☉. Das Mäuseschwänzchen hat seit dem letzten Krieg durch veränderte landwirtschaftliche Anbaumethoden sowie durch die Korrektur von Wasserläufen und die damit verbundene Uferverbauung viele seiner früheren Standorte verloren. Mit einer Neuansiedlung ist kaum zu rechnen.

# Hahnenfußgewächse *Ranunculaceae* ▶

Christophskraut *Actaea*
Schwarzkümmel *Nigella*
Winterling *Eranthis*
Trollblume *Trollius*

## Christophskraut
*Actaea spicata* L.
Hahnenfußgewächse *Ranunculaceae*

**Beschreibung:** Blüten stehen in einer dichten Traube endständig oder in den Achseln der oberen Blätter. Blüten 4–6 mm im Durchmesser. Meist 4, gelegentlich aber bis zu 6 schmal-spatelige Blütenblätter. Kelchblätter meist beim Aufblühen abfallend. Zahlreiche weiße Staubblätter, die in ihrer Gesamtheit die Gestalt der Blüte mehr prägen als die Blütenblätter. Stengel aufrecht, meist spärlich verzweigt. Blätter wechselständig, nur 1–3 am Stengel, mit 10–15 cm langem Stiel, 3teilig. Blattabschnitte unpaarig gefiedert; Fiedern unregelmäßig tief gezähnt-gesägt, 4–7 cm lang und 2–4 cm breit. Früchte tiefschwarze, eiförmig-kugelige Beeren. Mai–Juli. 20–60 cm.

**Vorkommen:** Braucht locker-steinigen Lehmboden, der etwas kalkhaltig sein sollte. Meidet volle Besonnung und tiefen Schatten. Liebt hohe Luftfeuchtigkeit und sommerliche Kühle. Besiedelt Schluchtwälder, Laub- und Laubmischwälder; vor allem Mittelgebirge und Alpen, geht kaum über 1500 m; zerstreut, meist nicht in Beständen. Fehlt im westlichen Tiefland und ist im östlichen Tiefland sehr selten.

**Wissenswertes:** ♃; (☠). Das Christophskraut gilt seit alters als Giftpflanze. Das in Hahnenfußgewächsen oft vorkommende Gift Protoanemonin hat man indessen nicht gefunden, ebensowenig andere, stark wirkende Inhaltsstoffe. Als Giftwirkung wurde – äußerlich aufgetragen – Hautrötung und Blasenbildung, bei innerlicher Zufuhr Erbrechen, Durchfall und Verwirrungszustände genannt. Was diese Vergiftungen hervorruft, ist unbekannt. – Ähnlich: Wanzenkraut *(Cimicifuga europaea* SCHIPCZ.): Keine Beeren, sondern filzig behaarte Kapseln. Niederösterreich; selten.

## Acker-Schwarzkümmel
*Nigella arvensis* L.
Hahnenfußgewächse *Ranunculaceae*

**Beschreibung:** Blüten einzeln am Ende des Stengels, 2–3 cm im Durchmesser, hellblau. Blütenhüllblätter mit deutlichen, grünen Adern. Staubblätter zahlreich; Staubbeutel mit einem fast 1 mm langen Spitzchen. Zwischen Staubblättern und Blütenhüllblättern becherförmige, leicht 2lippige „Honigblätter" (= umgebildete Blütenblätter). Stengel aufrecht, am Grunde verzweigt, kahl. Kein Hochblattquirl unter der Blüte! Stengelblätter wechselständig, 2–3fach fiederteilig, mit Zipfeln, die um 1 mm breit sind und die höchstens undeutlich zugespitzt sind. Juli–September. 10–50 cm.

**Vorkommen:** Braucht kalkreichen, steinigen, doch nährstoffreichen, sommerwarmen Lehmboden. Erträgt zeitweise Trockenheit. Besiedelt Getreideäcker oder Brachen, kommt gelegentlich auch an Wegrändern vor. Durch die chemische Unkrautbekämpfung an den meisten Standorten nach 1945 verschwunden und nur noch sehr selten am Mittelrhein, im Rhein-Main-Gebiet und an der unteren Naab, im Schweizer Jura und am Alpensüdfuß sowie in Niederösterreich.

**Wissenswertes:** ☉; (☠). Enthält das Alkaloid Magnoflorin. Über Giftigkeit oder Vergiftungen durch die Pflanze ist nichts bekannt. – Ähnlich: „Jungfer im Grünen" = „Gretel im Busch" *(Nigella damascena* L.): Unter der Blüte steht ein auffallender Hochblattwirtel, von dessen schmalen Zipfeln die blaue Blüte umgeben wird (Name!). Alle Blätter größer und reicher an Zipfeln. Blattzipfel grannenartig zugespitzt. *Nigella damascena* wird vor allem in Bauerngärten oft als Zierpflanze angebaut und ist örtlich aus ihnen unbeständig verwildert. Die Heimat der „Gretel im Busch" ist das Mittelmeergebiet.

**Hahnenfußgewächse** *Ranunculaceae*

## Winterling
*Eranthis hyemalis* (L.) SALISB.
Hahnenfußgewächse *Ranunculaceae*

**Beschreibung:** Blüten einzeln am Ende der Stengel, 2–2,5 cm im Durchmesser, gelb. Meist 6 Blütenhüllblätter, selten mehr. Staubblätter zahlreich. Stengel aufrecht, kahl, grün oder rotbraun überlaufen. Am Stengel sitzt nahe der Blüte ein Wirtel aus 3 waagrecht abstehenden Hochblättern, die tief und handförmig in lanzettliche bis spatelige Zipfel zerteilt sind. Meist nur 1 grundständiges, ziemlich lang gestieltes Blatt, das erst nach der Blüte erscheint; es ist im Umriß rundlich und bis zum Grunde handförmig 3–7teilig. Blattabschnitte unregelmäßig eingeschnitten oder bis zu einem Drittel der Abschnittslänge in Zipfel aufgeteilt. Januar–März. 5–15 cm.

**Vorkommen:** Braucht nährstoffreichen, lockeren Lehmboden und eher Halbschatten als volles Licht. Heimat: Mittelmeergebiet. Ist örtlich in Weinbergen oder lichten Gebüschen beständig verwildert, z. B. in Thüringen bei Jena, mehrfach in Baden-Württemberg, im Schweizer Jura bei Solothurn; dann auch in größeren Beständen. Sonst gelegentlich unbeständig aus der Kultur ausgebrochen und dann meist nur in der Nähe von Gartenanlagen wenige Pflanzen.

**Wissenswertes:** ♃; (☠). Der Winterling soll kein Protoanemonin enthalten, ebensowenig das Glukosid des Protoanemonins, das oft Ranunculin genannt wird. Ein Giftverdacht ist also kaum begründet. Dies ist insofern von gewisser Bedeutung, als *Eranthis* zu den häufig gepflanzten Frühblühern in Ziergärten gehört, da seine knollig verdickten Rhizome bequem von Versandgärtnereien verschickt werden können. *Eranthis* hält sich allerdings nur im Halbschatten und auf humosen Lehmböden in größerer Zahl und für längere Zeit.

## Trollblume
*Trollius europaeus* L.
Hahnenfußgewächse *Ranunculaceae*

**Beschreibung:** 1–3 Blüten stehen endständig an den Stengeln bzw. in den Achseln der obersten Blätter. Blüten 2–3 cm im Durchmesser, mit kugelig zusammengeneigten Blütenblättern, meist goldgelb, aber auch hellgelb, äußere Blütenblätter zuweilen außen etwas grünlich-bräunlich überlaufen. Zahl der Blütenhüllblätter 4–15. Stengel aufrecht, unverzweigt, kahl. Stengelblätter wechselständig, meist sitzend, untere bis zum Grunde 5teilig, obere 3teilig. Grundständige Blätter lang gestielt und bis zum Grunde 5teilig. Mai–Juni. 15–60 cm.

**Vorkommen:** Braucht wenigstens feuchten, besser nassen, eher kühlen als frühjahrs- und sommerwarmen, gut mit Humus durchsetzten Lehm- oder Tonboden, der nicht allzu reich an Stickstoffsalzen sein sollte und der durchaus kalkarm und schwach sauer sein kann. Besiedelt grundwasserfeuchte, extensiv bewirtschaftete Wiesen und vor allem in den Mittelgebirgen und in den Alpen quellige Stellen in mageren Rasen und Weiden. Fehlt im Tiefland, im Rheintal und auch in den westlichsten Teilen der Mittelgebirge ganz oder gebietsweise. In den Mittelgebirgen südlich der Mainlinie selten, aber oft in kleineren oder größeren Beständen, ebenso in den Alpen, in denen sie über etwa 2300 m steigt.

**Wissenswertes:** ♃; (☠); ▽. Die Kugelform der Blüte schützt Pollen und Narben vor Regen. Neben Bienen und Hummeln bestäuben kleine Käfer und Fliegen. Die Trollblume wird auf Weiden vom Vieh stehen gelassen. Sie soll nur wenig giftiges Protoanemonin enthalten. Neuere Untersuchungen bezweifeln sogar das Vorkommen von Protoanemonin. Als Inhaltsstoffe werden auch Saponine angegeben.

# Hahnenfußgewächse *Ranunculaceae*

Dotterblume *Caltha*
Rittersporn *Consolida, Delphinium*

## Sumpf-Dotterblume
*Caltha palustris* L.
Hahnenfußgewächse *Ranunculaceae*

**Beschreibung:** Blüten stehen einzeln oder zu 2, sehr selten zu mehreren am Ende des Stengels und der Zweige. Blüten groß, 2,5–4 cm im Durchmesser (ausgebreitet gemessen), innen stets tief dottergelb, außen zuweilen grünlich, vor allem gegen den Grund zu und bei eben erblühten Blüten. Keine Blätter der Blütenhülle als Kelchblätter ausgebildet. Zahlreiche Staubblätter. Stengel aufsteigend oder aufrecht, grün, oft etwas rötlich überlaufen, vor allem am Grund, hohl, an den Knoten, die dem Boden aufliegen, zuweilen wurzelnd, spärlich verzweigt. Blätter trüb dunkelgrün, seltener dunkel gelblich-grün, 8–15 cm im Durchmesser, rundlich bis nierenförmig, mit herzförmigem Grund, am Rand unregelmäßig gezähnt und zuweilen rötlich überlaufen, mit einem matten Glanz. März–Mai. 15–60 cm.

**Vorkommen:** Braucht nassen, nährstoffreichen, humosen Lehm- oder Tonboden, der mäßig sauer sein kann. Besiedelt nasse Wiesen und Sümpfe, Gräben, Ufer und Flachmoore ebenso wie Auenwälder und vernäßte Schläge in Wäldern aller Art. Geht in Gebirgen vorwiegend in Quellfluren, aber auch noch an nasse Stellen in der Lägerflur. Steigt in den Alpen bis über 2200 m. Häufig und meist in auffallenden Beständen.

**Wissenswertes:** ⚃; (☠). Entgegen älterer Angaben soll die Sumpf-Dotterblume kein Protoanemonin enthalten. Dafür spricht, daß die Blütenknospen früher als Kapernersatz verwendet worden sind. Andererseits wird berichtet, daß der Verzehr von Blättern als Salat Erbrechen hervorrufe. Eine Giftwirkung wäre durch das Vorkommen von Saponinen und Alkaloiden zu erklären, über die Näheres nicht bekannt ist.

## Acker-Rittersporn
*Consolida regalis* S. F. Gray
Hahnenfußgewächse *Ranunculaceae*

**Beschreibung:** Mehrere, oft zahlreiche Blüten stehen in einem locker-rispigen Blütenstand; Rispenäste nur mit 3–7 Blüten. Blüten 2seitig-symmetrisch, blauviolett, ohne Sporn um 1,5 cm im Durchmesser; Sporn 1,5–2,5 cm lang, waagrecht bis schräg nach oben abstehend. Stengel aufrecht, vor allem an freistehenden Exemplaren stark verzweigt, kurzhaarig. Stengelblätter wechselständig, untere kurz gestielt, obere sitzend, bis zum Grunde mehrfach 3teilig oder gabelig in 1–2 mm breite, lineale Zipfel geteilt. Obere Blätter weniger reich geteilt als untere. Mai–September. 15–40 cm.

**Vorkommen:** Braucht kalkhaltigen, nährstoffreichen, humosen Lehmboden. Besiedelt Getreidefelder, Wegränder, Ödland und Brachen. Nur noch selten in kleineren, individuenreichen Beständen. Zerstreut. Fehlt im Tiefland, in den nordwestlichen Mittelgebirgen, westlich des Rheins, im Schwarzwald und südlich der Donau sowie in den Zentralalpen ganz oder größeren Gebieten. In den nördlichen Kalkalpen selten und nur bis etwa 700 m.

**Wissenswertes:** ☉; ☠. Der Acker-Rittersporn ist durch die Unkrautbekämpfung mit Herbiziden in Getreidefeldern sehr selten geworden. Örtlich kommt er nur noch auf Ödland vor. Er enthält Diterpen- und Nor-Diterpen-Alkaloide, allerdings wohl weniger als Eisenhut-Arten. Er muß als giftig angesehen werden. Gleiches gilt für verwandte Arten, die als Zierpflanzen gelegentlich in Gärten gehalten werden (*C. ajacis* und *Delphinium elatum*, siehe diese Arten). Ssp. *regalis*: mitteleuropäische Sippen; ssp. *paniculata* (Host) Soó: Blüten dunkelblau; Stengel stark verästelt. Südalpenfuß; selten.

**Hahnenfußgewächse** *Ranunculaceae*

## Garten-Rittersporn
*Consolida ajacis* (L.) Schur
Hahnenfußgewächse *Ranunculaceae*

**Beschreibung:** Zahlreiche Blüten sitzen in verlängerten, aufrechten, dichten Trauben am Ende des Stengels und der Äste; sehr selten ist der Blütenstand rispig, wobei die Rispenäste meist aufrecht dem Hauptstengel anliegen. Blüten 2seitig-symmetrisch, blauviolett, ohne Sporn 2–2,5 cm im Durchmesser; Sporn dünn, 1,3–1,8 cm lang, meist schwach aufwärts gekrümmt. Stengel aufrecht, meist einfach, oft auch ästig. Stengelblätter wechselständig, untere lang gestielt, ihre Spreite meist handförmig geteilt, Abschnitte wiederum 1fach oder doppelt gefiedert; obere Stengelblätter sehr kurz gestielt oder sitzend, meist doppelt gefiedert; alle Zipfel schmal-lineal, 1–3,5 cm lang, 1–2 mm breit, beiderseits kurz flaumig. Juni–August. 0,3–1 m.

**Vorkommen:** Braucht kalkhaltigen, mäßig stickstoffsalzreichen, humosen Lehmboden. Besiedelt vorwiegend Wegränder und ortsnahes Ödland. Heimat: Mittelmeergebiet. Bei uns vorwiegend als Zierpflanze in Gärten angepflanzt und aus ihnen örtlich – und meist nur unbeständig – verwildert; seltener mit Saatgut aus dem Mittelmeergebiet eingeschleppt und auf diese Weise an Ackerrändern sporadisch auftretend.

**Wissenswertes:** ☉; ☠. Der Giftstoffgehalt von *C. ajacis* muß als ähnlich angesehen werden wie der des Acker-Rittersporns (s. diesen). Wie bei ihm ist Protoanemonin, das in Hahnenfußgewächsen häufig vorkommt, nicht gefunden worden. – Ähnlich: *C. orientalis* (J. Gray) Schröding.: Blüten rotviolett, Sporn kürzer als 1,2 cm. Vorblätter der Blüten oft noch erreichend; Süd- und Südosteuropa; am Alpensüdfuß und in Südostösterreich vereinzelt und unbeständig eingeschleppt.

## Hoher Rittersporn
*Delphinium elatum* L.
Hahnenfußgewächse *Ranunculaceae*

**Beschreibung:** Zahlreiche Blüten stehen in einer großen, mäßig dichten Traube oder Rispe des Stengels. Blüten 2seitig-symmetrisch, stahlblau-violett, ohne Sporn, 1,8–3,5 cm im Durchmesser (ausgebreitet gemessen); Sporn so lang wie oder länger als das zugehörige „Blütenblatt", an seiner Spitze abwärts gebogen. Stengel aufrecht, kahl oder in der unteren Hälfte mäßig dicht behaart. Stengelblätter wechselständig, untere lang gestielt, im Umriß vieleckig, tief, aber nie bis zum Grunde handförmig geteilt; Abschnitte grob und ungleichmäßig und entfernt 1fach oder doppelt gezähnt. Juni–Juli. 0,5–2 m.

**Vorkommen:** Braucht kalkreichen, kleinsteinigen, durchsickerten Untergrund in Lagen mit hoher Luftfeuchtigkeit. Besiedelt Hochstaudenfluren, geht auch ins Grünerlengebüsch; bevorzugt in Höhen zwischen 1200–2000 m. Fehlt im deutschen Alpengebiet. In den Nordketten der Schweizer Alpen sehr selten, desgleichen in den östlichen Gebieten der Schweizer Zentralalpen; von Vorarlberg ostwärts bis in die Steiermark; Sudeten; zerstreut.

**Wissenswertes:** ♃; ☠. Die Giftigkeit ist ähnlich wie die des Acker-Rittersporns zu beurteilen. Genauere Angaben sind uns nicht bekannt geworden. – Innerhalb der Art werden häufig 3 Unterarten unterschieden. Ssp. *elatum*: unterstes „Blütenblatt" höchstens doppelt so lang wie breit, schmaler als die seitlichen; verbreitete Sippe. – Ssp. *austriacum* Pawl.: oberste Blütenblätter blasser oder gelblich; von der Turracher Höhe bis zum Lungau in Salzburg; selten. – Ssp. *helveticum* Pawl.: untere „Blütenblätter" 3mal so lang wie breit, seitliche ebenso schmal; Schweizer Zentralalpen; sehr selten.

# Hahnenfußgewächse *Ranunculaceae* ▶

Akelei *Aquilegia*

## Kleinblütige Akelei
*Aquilegia einseleana* F. W. SCHULTZ
Hahnenfußgewächse *Ranunculaceae*

**Beschreibung:** 2–3 Blüten – selten nur 1 oder 4–6 – stehen in einem sehr lockeren, traubigen Blütenstand am Ende des Stengels. Blütenstiele wirken zart und werden bis 10 cm lang. Blüten blauviolett, 3–4 cm im Durchmesser, leicht nickend oder fast waagrecht orientiert. Äußere Blütenhüllblätter schmal-eiförmig, innere Blütenhüllblätter breit-eiförmig. Sporn fast gerade oder an der Spitze schwach einwärts gebogen, 0,7–1 cm lang. Staubblätter deutlich kürzer als die inneren Blütenhüllblätter. Stengel aufrecht, eher dünn wirkend, unten kaum, oben oft deutlich behaart, meist unverzweigt. Nur wenige Stengelblätter, wechselständig, sitzend, nach oben rasch kleiner werdend. Grundblätter 3teilig, etwas ledrig, mäßig lang (bis um 10 cm) gestielt, Teilblättchen nochmals bis fast zum Grunde 3spaltig. Juni–Juli. 10–45 cm.

**Vorkommen:** Braucht kalkreiche, lockere Steinschuttböden, die feinerdehaltig oder etwas lehmig sein sollten und denen Sickerwasser nicht dauernd fehlen darf. Scheint auf Dolomitgestein besonders gut zu gedeihen. Besiedelt Felsschutthalden, Gebüsche und lichte Wälder im Ostteil der Nördlichen (bis etwa Berchtesgaden) und Südlichen Kalkalpen (bis ins Tessin). Sehr selten, aber örtlich in lockeren, individuenarmen Beständen.

**Wissenswertes:** ♃; (☠); ▽. Enthält wahrscheinlich die Alkaloide Magnoflorin, Berberin und Aquilegin. Der wissenschaftliche Artname wurde zu Ehren des Arztes Dr. E. EINSELE gegeben, der die Art 1847 in den Berchtesgadener Alpen entdeckte. In den Ostketten der Südlichen Kalkalpen kommt die Kleinblütige Akelei etwas häufiger vor.

## Gewöhnliche Akelei
*Aquilegia vulgaris* L.
Hahnenfußgewächse *Ranunculaceae*

**Beschreibung:** Am Stengelende stehen meist 3–10 Blüten in einem lockeren, traubigen Blütenstand. Blütenstiele wirken kräftig und werden bis 15 cm lang. Blüten blauviolett, 4–5 cm im Durchmesser, ausgeprägt nickend und nur selten schräg abwärts orientiert. Äußere Blütenhüllblätter oval zugespitzt, oft mit auch innen grüner Spitze; innere Blütenhüllblätter vorn fast kreisförmig abgerundet und kapuzenartig in den Sporn auslaufend. Sporn 2,5–3 cm lang, sehr stark nach innen gekrümmt. Staubblätter bei eben entfalteten Blüten nicht oder nur wenig aus der Blüte herausragend. Stengel aufrecht, kräftig, unten kaum, oben meist deutlich behaart, verzweigt. Stengelblätter wechselständig, sitzend, obere 3teilig, untere den Grundblättern ähnlicher. Grundblätter 3teilig, Teilblättchen bis fast zum Grunde 3spaltig oder 3teilig, mit keilig-eiförmigen, stumpfen, unregelmäßig gekerbten Blättchen, nicht ledrig und lang (bis um 15 cm) gestielt. Mai–Juli. 30–80 cm.

**Vorkommen:** Braucht lockeren, mull- oder humusreichen Lehmboden, der schwach sauer sein darf, aber nährstoffreich sein sollte. Besiedelt lichte Wälder, Waldränder, Gebüsche und Bergwiesen. Fehlt im Tiefland und in den Mittelgebirgen mit Sandsteinen ganz und im Alpenvorland größeren Gebieten. Sonst selten, oft in individuenarmen Beständen.

**Wissenswertes:** ♃; (☠); ▽. *A. vulgaris* L. wird mit *A. atrata* KOCH (s. Seite 76) und mit der Dunklen Akelei (*A. nigricans* BAUMG.: Blüten dunkel blauviolett; Staubblätter kaum länger als Blüte; Stengel im Blütenstandsbereich drüsig behaart; Südostösterreich; selten) zur Sammelart *A. vulgaris* agg. zusammengefaßt.

**Hahnenfußgewächse** *Ranunculaceae*

## Schwarzviolette Akelei
*Aquilegia atrata* KOCH
Hahnenfußgewächse *Ranunculaceae*

**Beschreibung:** Am Stengelende stehen meist 3–10 Blüten in einem lockeren, traubigen Blütenstand. Blütenstiele mäßig kräftig, bis 10 cm lang. Blüten braunviolett bis dunkelrot-schwarzviolett, 3,5–4,5 cm im Durchmesser (ausgebreitet gemessen), nickend und nur selten schräg abwärts orientiert. Äußere Blütenblätter eiförmig-zugespitzt, oft mit auch innen gelbgrüner Spitze; innere Blütenblätter vorn fast kreisförmig abgerundet und kapuzenartig in den Sporn auslaufend. Sporn 1,3–2 cm lang, hakenförmig einwärts gebogen. Staubblätter bei eben entfalteten Blüten deutlich (4–8 mm weit) aus der Blüte herausragend. Stengel aufrecht, eher dünn, meist kahl oder nur schütter und kurz im oberen Teil behaart. Stengelblätter wechselständig, sitzend, obere 3teilig, untere den Grundblättern ähnlicher. Grundblätter 3teilig, Teilblättchen bis fast zum Grunde 3teilig, mit keilig-eiförmigen, stumpfen, unregelmäßig gekerbten Blättchen, wobei der Endabschnitt oft gröber gekerbt ist als die seitlichen Abschnitte, nicht ledrig. Juni–Juli. 30–70 cm.

**Vorkommen:** Braucht wechseltrockenen oder trockenen, kalkhaltigen, humus- oder mullreichen Lehm- oder Tonboden in sommerwarmen Lagen. Besiedelt lichte Trockenwälder, Berg-Mischwälder und Flachmoore. Im südwestlichen Schwäbischen Jura, Schweizer Jura, Alpenvorland und in den Alpen zerstreut, östlich der gedachten Linie von Linz nach Klagenfurt selten und am Ostrand der Alpen nur noch vereinzelt. Bevorzugt in Höhen zwischen etwa 700–1500 m.

**Wissenswertes:** ♃; (☠); ▽. Die Art ist ziemlich formenreich. Vor allem Blütengröße und Spornlänge variieren.

## Alpen-Akelei
*Aquilegia alpina* L.
Hahnenfußgewächse *Ranunculaceae*

**Beschreibung:** Am Ende des Stengels steht oft nur 1 Blüte, seltener sind es 2 oder 3 in einem locker traubigen Blütenstand. Blütenstiel wirkt kräftig; er ist sehr fein behaart und wird bis 10 cm lang. Blüten blau, 5–8 cm im Durchmesser, schwach nickend oder fast waagrecht orientiert. Äußere Blütenhüllblätter eiförmig, in eine deutliche, gelblich-grüne Spitze auslaufend. Innere Blütenhüllblätter vorn abgestutzt oder abrupt abgerundet, deutlich kürzer als die äußeren Blütenhüllblätter. Sporn 1,5–2,5 cm lang, nur schwach gekrümmt und am Ende etwas verdickt. Staubblätter kürzer als die inneren Blütenhüllblätter. Stengel aufrecht, unten kahl, oben behaart, meist unverzweigt. Nur 1–3 wechselständige Stengelblätter, die nach oben kleiner werden; die oberen sind weniger geteilt als die unteren. Grundblätter 3teilig, Teilblättchen nochmals bis fast zum Grunde 3spaltig, mit unregelmäßig und ziemlich tief eingekerbten Abschnitten, sehr lang (bis 20 cm) gestielt. Juni–September. 15–50 cm.

**Vorkommen:** Braucht feuchten, etwas kalkhaltigen Lehmboden. Bevorzugt Höhen zwischen 1500 und 2500 m. Besiedelt dort das Grünerlengebüsch an Wasserläufen und an quelligen Stellen, geht auch in Matten mit guter Sickerwasserführung. Kommt vor allem in den zentralen Ketten der westlichen Alpen vor (östlichste Standorte in Vorarlberg), ist aber auch dort sehr selten. Fehlt in den äußersten Ketten der Nördlichen und Südlichen Kalkalpen.

**Wissenswertes:** ♃; (☠); ▽. Enthält wie andere Arten der Gattung wahrscheinlich die Alkaloide Magnoflorin, Berberin und Aquilegin; Untersuchungen hierüber sind uns nicht bekannt.

# Hahnenfußgewächse *Ranunculaceae* ▶

Eisenhut, Giftheil *Aconitum*

## Gelber Eisenhut
*Aconitum vulparia* RCHB.
Hahnenfußgewächse *Ranunculaceae*

**Beschreibung:** 5–25 Blüten stehen in lockeren Trauben am Ende des Stengels und der Äste. Blüten 2seitig-symmetrisch, weißlich, blaßgelb oder gelb; Helm doppelt bis 3mal so hoch wie breit (1,5–2 cm hoch, 5–8 mm breit), an der Spitze etwas ausgesackt, oft von Nektarräubern aufgebissen und schwarzbraun-fleckig. Stengel aufrecht, seltener etwas aufgebogen, unten fast kahl, oben kurzhaarig. Meist nur wenige Stengelblätter vorhanden, diese wechselständig, sitzend, handförmig, 3–5teilig, obere weniger zerteilt als untere. Grundblätter handförmig, 5–7teilig, Blattabschnitte erneut tief fiedrig eingeschnitten. Blattspreiten höchstens um 15 cm im Durchmesser, wenigstens am Rande und unterseits auf den Hauptnerven zerstreut behaart. Juni–Juli. 30–80 cm.

**Vorkommen:** Braucht gut durchsickerten, mull- oder humusreichen Lehm- oder Tonboden, der auch sommers nicht zu sehr erwärmt wird. Gedeiht in Auwäldern, Schluchtwäldern, an feuchten Stellen in lichten Laubwäldern und in Hochstaudenfluren der Alpen und der höheren Mittelgebirge. Fehlt im Tiefland ganz, in den westlichen Mittelgebirgen größeren Gebieten, in den übrigen Mittelgebirgen, im Alpenvorland und in den Alpen kleineren Gebieten. Selten, an seinen Standorten meist in kleineren Beständen.

**Wissenswertes:** ♃; ☠; ▽. Der Gelbe Eisenhut enthält das Nor-Diterpen-Alkaloid Lycaconitin, das sehr giftig ist. Mit Extrakten aus Gelbem Eisenhut hat man früher Wölfe und Füchse vergiftet („Wolfs-Eisenhut"; *„vulparia"* von lat. vulpes = Fuchs). Wird mit *A. lamarckii* RCHB. und *A. platanifolium* DEGEN ex GÁYER zur Sammelart *A. vulparia* agg. vereint.

## Hahnenfußblättriger Eisenhut
*Aconitum lamarckii* RCHB.
Hahnenfußgewächse *Ranunculaceae*

**Beschreibung:** 5–30 Blüten stehen in einem mäßig dichten, traubigen oder – seltener – zusammengesetzt-traubigen Blütenstand. Falls es in dem Blütenstand unten Äste gibt, so tragen diese ihre Blüten wiederum in einem traubigen Blütenstand. Blüten 2seitig-symmetrisch, meist intensiv gelb, nicht blaßgelb oder gar weißlich; Helm doppelt bis 3mal so hoch wie breit, meist deutlich behaart. Stengel aufrecht, steif, unverzweigt. Meist mehr als 3 Stengelblätter vorhanden, diese wechselständig, kurzstielig, im Zuschnitt den Grundblättern gleichend und nur oberste mit weniger Zipfeln als untere. Grundblätter handförmig, 5–7teilig, Blattabschnitte erneut tief-fiedrig zu langen, schmalen Zipfeln eingeschnitten. Blattspreiten der größten Grundblätter 20–35 cm im Durchmesser, beiderseits und am Rand zerstreut behaart. Juli–August. 0,6–1,3 m.

**Vorkommen:** Braucht steinigen, feuchten, lehmigen Boden, dem Mull- oder Humusbeimischung nicht völlig fehlen sollte. Besiedelt Hochstaudenfluren, Grünerlengebüsche und Schluchtwälder in den Südketten der Alpen, seltener im Wallis, soll aber vereinzelt auch in den Nordketten (z. B. am Vierwaldstätter See sowie am Walensee) vorkommen. In seinem Verbreitungsgebiet zerstreut.

**Wissenswertes:** ♃; ☠; ▽. Der Hahnenfußblättrige Eisenhut wird mit dem Gelben oder Wolfs-Eisenhut (*A. vulparia* RCHB.) und dem gelegentlich als Bastard zwischen beiden angesehenen *A. platanifolium* DEGEN ex GÁYER zur Sammelart *A. vulparia* agg. zusammengefaßt. Der Giftgehalt muß gleich dem des Gelben Eisenhuts beurteilt werden.

**Hahnenfußgewächse** *Ranunculaceae*

## Giftheil
*Aconitum anthora* L.
Hahnenfußgewächse *Ranunculaceae*

**Beschreibung:** 5–25 Blüten, zuweilen auch wesentlich mehr, stehen in einem traubigen oder traubig-rispigen Blütenstand am Ende des Stengels. Blüten 2seitig-symmetrisch, blaßgelb bis schwefelgelb; Helm nicht höher als breit und etwas nach vorn gezogen, am Rande in einen Schnabel auslaufend. Stengel aufrecht, meist unverzweigt, leicht blaugrün, unterwärts kahl, oben fein weichhaarig. Stengelblätter zahlreich, wechselständig, kurz-gestielt, handförmig, bis zum Grund 5–7teilig, Blattabschnitte erneut 2–3fach fiederig gespalten in schmal-lineale, nur 1–2 mm breite, zugespitzte Zipfel. Grundblätter langstielig, handförmig, 5–7teilig, Abschnitte fiederig in schmale Zipfel zerteilt. August–September. 0,2–1 m.

**Vorkommen:** Braucht kalkhaltigen, steinigen, oberflächlich trockenen, aber in der Tiefe durchsickerten Lehmboden, der nicht allzu reich an Stickstoffsalzen sein sollte. Besiedelt lockere alpine Gebüsche und Blaugrashalden sowie Halden aus überwachsenem Felsschutt. Kommt nur in den westlichen Ketten der Kalkalpen von den Seealpen bis in den Schweizer Jura sowie in den Südlichen Kalkalpen vom Tessin bis in die Julischen Alpen vor. Selten, aber an seinen Standorten in auffallenden, wenngleich meist kleineren und individuenarmen Beständen.

**Wissenswertes:** ♃; ☠; ▽. Der Giftheil enthält das Alkaloid Atisin, das als weniger giftig angesehen wird als Nor-Diterpen-Alkaloide, die bei anderen Arten der Gattung vorkommen. Andererseits soll er „Pseudoanthorin" enthalten, ein offenbar noch nicht näher bekanntes Alkaloid, das sehr giftig sein soll. Früher Heilpflanze; vom Gebrauch ist abzuraten.

## Rispiger Eisenhut
*Aconitum paniculatum* Lam.
Hahnenfußgewächse *Ranunculaceae*

**Beschreibung:** Meist zahlreiche Blüten stehen in einem einfachen oder zusammengesetzt-traubigen Blütenstand; in zusammengesetzten Blütenständen ist die endständige Traube nicht deutlich größer als die seitenständigen Trauben. Blüten 2seitig-symmetrisch, blau oder blauviolett; Helm etwa so hoch wie breit und etwas nach vorne geneigt. Blütenstiele stets mehr oder weniger deutlich abstehend behaart, oft mit Drüsenhaaren und dann deutlich klebrig. Stengel aufrecht, unten zuweilen rötlich überlaufen, meist verzweigt und mit abstehenden Ästen. Stengelblätter wechselständig, gestielt, obere auch sitzend und weniger geteilt als untere. Grundblätter bis zum Grund handförmig, 3–5teilig (selten 7teilig); Blattabschnitte bis zum Mittelnerv verschmälert. Juli–August. 0,5–2 m.

**Vorkommen:** Braucht gut durchsickerten, nährstoffreichen, lockeren, humushaltigen, aber zuweilen auch steinigen Lehmboden, der nicht unbedingt kalkhaltig sein muß, sondern durchaus schwach sauer sein kann. Besiedelt Hochstaudenfluren, bachbegleitendes Grünerlengebüsch, aber auch lichte Stellen in Schluchtwäldern sowie alte, bewachsene und gut durchsickerte Felsschutthalden. Kommt vor allem in den Kalkalpen vor; fehlt in den Zentralketten mit kristallinem Gestein gebietsweise. Selten, aber oft in auffälligen, wenn auch kleineren Beständen.

**Wissenswertes:** ♃; ☠; ▽. Enthält Diterpen-Alkaloide, die möglicherweise in anderen Mengenanteilen als im Blauen Eisenhut vorkommen. Der Rispige Eisenhut (*A. paniculatum* Lam.) wird mit dem Bunten Eisenhut (*A. variegatum* L.: Helm doppelt so hoch wie breit) zur Sammelart *A. variegatum* agg. zusammengefaßt (s. S. 80).

# Hahnenfußgewächse *Ranunculaceae* ▶

Eisenhut *Aconitum*
Wiesenraute *Thalictrum*

## Bunter Eisenhut
*Aconitum variegatum* L.
Hahnenfußgewächse *Ranunculaceae*

**Beschreibung:** Blütenstand oft aus einer endständigen und mehreren seitenständigen Trauben zusammengesetzt, die jeweils relativ armblütig sind; endständige Traube nicht deutlich länger als die seitenständigen; auch einfach traubige Blütenstände kommen vor. Blüten 2seitig-symmetrisch, hell oder dunkel violett, selten blau, weiß oder gescheckt. Helm etwa 1,5–2,5mal so hoch wie breit und etwas nach vorne geneigt. Blütenstiele kahl, nie klebrig. Stengel aufrecht, oft verbogen und – zumindest unten – rot überlaufen, locker und sparrig verzweigt. Stengelblätter wechselständig, gestielt, obere sitzend, weniger geteilt als untere. Grundblätter bis zum Grund handförmig 3–7teilig; Blattabschnitte meist nicht bis zum Mittelnerv verschmälert. Juli–September. 0,5–2,5 m.

**Vorkommen:** Braucht sickerfeuchten, nährstoffreichen Lehm- oder Tonboden. Besiedelt Auwälder, bachbegleitendes Gestrüpp und Hochstaudenfluren, geht aber häufiger in wechseltrockene, sommerwarme Gebüsche. Kommt im Harz, in der Rhön, im Schwäbisch-Fränkischen Jura, im Bayerischen Wald, im Alpenvorland und in den Ostketten der Alpen (östlich einer Linie von Lindau zum Lago Maggiore) selten, aber meist in kleineren Beständen vor.

**Wissenswertes:** ♃; ☠; ▽. Enthält Aconitin, d. h. Ester von Diterpen-Alkaloiden. Der Bunte Eisenhut (*A. variegatum* L.) wird mit dem Rispigen Eisenhut (*A. paniculatum* LAM.) zur Sammelart *A. variegatum* agg. zusammengefaßt. Innerhalb der Art *A. variegatum* unterscheidet man die Unterarten ssp. *variegatum*, die in Mitteleuropa, und die ssp. *nasutum* (FISCH. ex RCHB.) GÖTZ, die im ehemaligen Jugoslawien und in Italien beheimatet ist.

## Blauer Eisenhut
*Aconitum napellus* L.
Hahnenfußgewächse *Ranunculaceae*

**Beschreibung:** Blütenstand stets vielblütige, mehrfach zusammengesetzte Traube, seltener einfache Traube; in zusammengesetzten Blütenständen ist die endständige Traube stets mehrfach größer als die seitenständigen Trauben. Blüten 2seitig-symmetrisch, dunkel blauviolett, seltener tiefblau, hellblau, rötlich-violett oder blau-weiß-gescheckt. Helm meist breiter als hoch, nie deutlich höher als breit. Blütenblätter meist, Blütenstiele stets behaart, aber nie klebrig. Stengel kräftig, steif aufrecht. Zahlreiche, dicht stehende, wechselständige Stengelblätter, bis weit hinauf gestielt, oberste weniger geteilt als untere. Untere Stengelblätter bis zum Grund tief handförmig, 5–7teilig, Blattabschnitte fiederig in schmale Zipfel zerteilt. Unterste Blätter zur Blütezeit zuweilen abgestorben. Juli–September. 0,5–2 m.

**Vorkommen:** Braucht gut durchsickerten, nährstoffreichen, auch im Sommer kühlen Lehm- oder Tonboden, der etwas sauer sein kann. Besiedelt Hochstauden- und Lägerfluren, Grünerlen- und Weidengebüsch an Gebirgsbächen sowie lichte Stellen in Auwäldern. Kommt nur in den höheren Lagen der Mittelgebirge, im Alpenvorland und in den Alpen vor. Wächst meist in kleineren, individuenarmen, aber auffallenden Beständen. Selten.

**Wissenswertes:** ♃; ☠; ▽. Enthält Diterpen- und Nor-Diterpen-Alkaloide, vor allem Aconitin. Muß als eine der giftigsten Pflanzen der mitteleuropäischen Flora angesehen werden. Innerhalb der Art werden mehrere Unterarten beschrieben und benannt: ssp. *hians*, ssp. *neomontanum*, ssp. *tauricum* und ssp. *vulgare*. Sie sind schwer zu unterscheiden.

Hahnenfußgewächse *Ranunculaceae*

## Akeleiblättrige Wiesenraute
*Thalictrum aquilegiifolium* L.
Hahnenfußgewächse *Ranunculaceae*

**Beschreibung:** Zahlreiche Blüten stehen in einer ziemlich kompakten, aufrechten Rispe. Blütenhüllblätter unscheinbar, gelbgrün, 4–6 mm lang, meist schon beim Aufblühen abfallend. Die Blüten fallen durch die büschelig-kugelig angeordneten, lilafarbenen, gelegentlich fast weißen Staubblätter auf; Staubblattstand 1,5–2,5 cm im Durchmesser. Staubfäden unterhalb der Staubbeutel deutlich verdickt (Lupe!). Stengel aufrecht, verzweigt, glatt, kahl, bis unter den Blütenstand beblättert. Stengelblätter wechselständig, gestielt, 2–3fach gefiedert, blaugrün, am Stielgrund mit kleinen, knorpeligen Nebenblättchen. Grundblätter wie die Stengelblätter akeleiblattähnlich. Mai–Juli. 0,5–1,5 m.

**Vorkommen:** Braucht sickerfeuchten, kalkhaltigen und nährstoffreichen, nicht allzu humusarmen Lehm- oder Tonboden, der zeitweise sogar überschwemmt sein kann. Besiedelt Auwälder, Hochstaudenfluren und bachbegleitendes Gebüsch, vorwiegend in den Mittelgebirgen mit Kalkgestein, im Alpenvorland, im Oberrheintal, in den Alpen besonders in den Ketten mit kalkhaltigem Gestein. Selten, aber an ihren Standorten meist in kleineren, individuenarmen, doch auffallenden Beständen.

**Wissenswertes:** ♃. Enthält cyanogene Glykoside. Obschon die Akeleiblättrige Wiesenraute vorwiegend eine Pflanze der mittleren Gebirgslagen ist, so stellt sie doch einige Ansprüche an das Klima. Es soll für diese Höhenlagen durchaus noch mild sein. Windausgesetzte Standorte meidet die Akeleiblättrige Wiesenraute. Obschon die Akeleiblättrige Wiesenraute eine insektenbestäubte Pollenblume ist, stellt sie eine „Vorstufe" zur Windbestäubung dar.

## Kleine Wiesenraute
*Thalictrum minus* L.
Hahnenfußgewächse *Ranunculaceae*

**Beschreibung:** Zahlreiche Blüten stehen in einer lockeren, aufrechten Rispe. Blüten innerhalb der Rispe aufrecht oder nickend. Blütenhüllblätter 4, unscheinbar, gelblich, 4–5 mm lang, zuweilen auch nach dem Aufblühen vorhanden. Staubblätter zahlreich, hängend, gelblich. Stengel aufrecht, verzweigt, gerillt, ja gefurcht, kahl. Stengelblätter wechselständig, meist über den ganzen Stengel verteilt, selten auch in einer Stengelhälfte gehäuft (ssp. *saxatile* GAUDIN), wie die Grundblätter 2–4fach gefiedert, kahl; Teilblättchen gegen den Grund keilförmig-verschmälert und mit wenigen, stumpfen, kerbigen Zähnen. Blatt meist deutlich blaugrün, seltener graugrün, meist eher derb als dünnlaubig-zart. Mai–August. 0,15–1,5 m.

**Vorkommen:** Braucht kalkreichen, humosen, steinigen Lehm- oder Lößboden, der schon im Frühjahr gut erwärmt werden sollte und der im Sommer etwas austrocknen darf. Besiedelt lichte, warme Gebüsche und Waldränder in Südexposition im Rhein-, Mosel- und Maintal, auf den ostfriesischen Inseln, im Schwäbisch-Fränkischen und im Schweizer Jura, im Alpenvorland und in den Alpen. Selten.

**Wissenswertes:** ♃. Die Kleine Wiesenraute (*T. minus* L.) wird mit der Stinkenden Wiesenraute (*T. foetidum* L.) zur Sammelart *T. minus* agg. zusammengefaßt. Die Stinkende Wiesenraute ist – vor allem am Stengel – deutlich, wenn auch sehr kurz behaart. Sie kommt in den Zentralalpen vor, und zwar etwa östlich einer Linie Bodensee–Lago Maggiore. Innerhalb der Kleinart *T. minus* L. werden von manchen Autoren mehrere Unterarten unterschieden, die jedoch sehr schwer gegeneinander abzugrenzen sind; ihr taxonomischer Rang ist noch immer umstritten.

# Hahnenfußgewächse *Ranunculaceae*

Wiesenraute *Thalictrum*

## Alpen-Wiesenraute
*Thalictrum alpinum* L.
Hahnenfußgewächse *Ranunculaceae*

**Beschreibung:** 5–20 Blüten stehen in einer lockeren, einfachen Traube. Blüten nicken zuerst, sind dann aufrecht, um im Verblühen erneut zu nicken. Meist 4 Blütenhüllblätter, 2–3 mm lang, dunkelrot, waagrecht abstehend. Zahlreiche Staubblätter (meist über 10), hängend, Staubfäden violett, Staubbeutel gelb. Stengel aufrecht, meist einfach, kahl, blattlos. Blätter in grundständiger Rosette, 1–2fach gefiedert. Teilblättchen nur etwa 2–4 mm lang und etwa ebenso breit, gegen den Grund keilförmig-verschmälert, vorn grob und stumpf gezähnt, seltener eingeschnitten, oberseits dunkelgrün, unterseits heller grün. Juli–August. 5–15 cm.

**Vorkommen:** Braucht sommerkühlen, ja sommerkalten Boden, der kalkhaltig oder ziemlich kalkarm und dann schwach sauer sein kann. Besiedelt alpine Rasen und kommt in der Gesellschaft des Nacktrieds (*Elyna myosuroides* (VILL.) FRITSCH) an windausgesetzten Graten und Hochflächen vor; geht auch in Zwischenmoore und auf quellige Stellen. Fehlt im deutschen Alpengebiet. Kommt in den östlichen Zentralketten der Alpen (etwa östlich einer Linie von Lindau zum Comer See) zerstreut und örtlich in individuenreichen, aber wenig auffallenden Beständen vor; in der Schweiz nur im Engadin und im Bernina-Gebiet.

**Wissenswertes:** ♃. Anders als andere Arten der Gattung ist die Alpen-Wiesenraute – zumindest in Mitteleuropa – ziemlich einheitlich. Unterarten wurden von ihr nicht beschrieben. Da die Art zirkumpolar verbreitet ist, also etwa nördlich des 45° n. Br. sowohl in Asien als auch in Nordamerika vorkommt, gibt es außerhalb des mitteleuropäischen Teilareals möglicherweise eigenständige Sippen.

## Einfache Wiesenraute
*Thalictrum simplex* L.
Hahnenfußgewächse *Ranunculaceae*

**Beschreibung:** Blütenstand ist eine relativ armblütige, lockere Rispe. Blüten nicken zuerst, sind dann aber aufrecht, um im Verblühen oft erneut zu nicken. Meist 4 Blütenhüllblätter, 2–3 mm lang, gelblich, waagrecht abstehend, aber meist sehr früh abfallend. Zahlreiche Staubblätter, hängend, grünlich oder – selten – rotviolett, Staubbeutel gelb. Stengel aufrecht, einfach oder oben verzweigt, kantig, gerillt, mäßig dicht beblättert. Stengelblätter wechselständig, sitzend, 2–3fach gefiedert, Fiedern lineal-lanzettlich und keilig-verschmälert. Juni–Juli. 0,3–1 m.

**Vorkommen:** Braucht kalkhaltigen, wechselfeuchten bis wechseltrockenen, stickstoffsalzarmen Lehm-, Löß- oder Torfboden. Besiedelt Kalkmagerrasen, gebüschreiche Halbtrockenrasen mit quelligen Stellen und Flachmoore in den Mittelgebirgen mit Kalkgestein, im Alpenvorland, in der West- und Nordschweiz (z. B. in den Kantonen Wallis und Schaffhausen) sowie in Graubünden; fehlt in Oberösterreich; in Österreich nur in Gebieten mit Kalkgestein. Überall sehr selten.

**Wissenswertes:** ♃. Innerhalb der Arten werden folgende Unterarten unterschieden: Ssp. *simplex*: Fiederblättchen der oberen Blätter länglich-keilförmig, gelappt oder gezähnt. Ssp. *bauhinii* (CR.) TUTIN: Fiederblättchen der obersten Blätter nicht keilförmig, lineal-lanzettlich, nicht gelappt, Fiederblättchen der unteren Blätter gelappt oder gezähnt. Ssp. *galioides* (NESTL.) BORZA: Fiederblättchen der oberen und unteren Blätter ungeteilt schmal-lanzettlich bis fadenförmig, 10–20mal so lang wie breit. Die nur in Frankreich vorkommende ssp. *gallicum* TUTIN hat eine eiförmige, schlaffe Traube als Blütenstand. In Mitteleuropa herrscht ssp. *simplex* vor.

**Hahnenfußgewächse** *Ranunculaceae*

## Glänzende Wiesenraute
*Thalictrum lucidum* L.
Hahnenfußgewächse *Ranunculaceae*

**Beschreibung:** Meist zahlreiche Blüten stehen in einer ziemlich dichten, arm- oder reichästigen Rispe, deren Astenden scheindoldig-ebensträußig angeordnet sein können. Blüten duften. Blüten aufrecht oder waagrecht abstehend, vor dem Aufblühen und nach dem Verblühen nicht ausgesprochen nickend. Meist 4 Blütenhüllblätter, die 4–5 mm lang werden, gelblich sind und die nicht auffallen, selbst wenn sie noch nicht abgefallen sind und dann waagrecht abstehen. Staubblätter stets deutlich länger als die Blütenhüllblätter (oft fast doppelt so lang), weißlich- oder grünlich-gelb, Staubbeutel gelb. Stengel aufrecht, glänzend, kantig, gerillt, unverzweigt, kahl. Stengelblätter wechselständig, sitzend, 2–3fach gefiedert. Juni–August. 0,6–1,2 m.

**Vorkommen:** Braucht wenigstens zeitweise nassen, nährstoff- und humusreichen Lehm- oder Tonboden und Halbschatten. Besiedelt Auwälder, geht aber auch in gebüschreiche Moorwiesen. Kommt in Ostdeutschland und in Österreich zerstreut, sonst nur westlich der Altmark sowie im Alpenvorland im Einzugsbereich des Inns und in den östlichen Südketten der Alpen (westwärts bis etwa Südtirol) vor. Sehr selten.

**Wissenswertes:** ♃. Die mitteleuropäischen Standorte der Glänzenden Wiesenraute markieren die Westgrenze ihres Areals. Es erstreckt sich bis etwa zur Wolga nach Osten, und es erreicht mit nördlichen Vorposten noch Südfinnland; nach Süden reicht es durch ganz Südosteuropa bis nach Griechenland und an die Südküste des Schwarzen Meeres. Sippen von systematischem Wert wurden aus Mitteleuropa von der Glänzenden Wiesenraute nicht bekannt.

## Gelbe Wiesenraute
*Thalictrum flavum* L.
Hahnenfußgewächse *Ranunculaceae*

**Beschreibung:** Blüten stehen in einer mehr oder weniger reichästigen, zuweilen fast traubenähnlich reduzierten Rispe am Ende des Stengels, wobei sie am Ende der Teilauszweigungen meist deutlich gehäuft stehen. Sie sind vor, während und nach der Blüte aufrecht, oder sie stehen waagrecht ab. Blüten duftend, mit 4 lanzettlichen, unscheinbaren, gelblichen, 2–4 mm langen Blütenhüllblättern, die waagrecht abstehen, aber oftmals früh abfallen. Zahlreiche Staubblätter, allseitig abstehend, weißlich- oder grünlich-gelb, Staubbeutel gelb. Stengel nicht glänzend, kahl, kantig, gerillt, unverzweigt. Stengelblätter wechselständig, untere gestielt, obere sitzend, untere 2–3fach fiederteilig, obere 3–5teilig. Teilblättchen der oberen Blätter länglich-lanzettlich, die der unteren Blätter verkehrt-eiförmig und keilig-verschmälert. Juni–August. 0,5–1,2 m.

**Vorkommen:** Braucht wenigstens zeitweise feuchten bis nassen, nährstoffreichen, humus- oder torfhaltigen Lehm- oder Tonboden. Besiedelt den Rand von Schilfröhricht, den Saum bachbegleitender Gebüsche und Moorwiesen, vor allem von Flachmooren. Kommt vor allem im Tiefland und in den Tälern der großen Flüsse und Ströme vor. In den Alpen nur vereinzelt und großen Gebieten fehlend, sonst selten.

**Wissenswertes:** ♃. Ähnlich: Hohe Wiesenraute (*T. morisonii* C. C. GMEL.): Blütenrispe nicht zusammengezogen, sondern ausladend, Stengel glänzend, Fiederblättchen der obersten Stengelblätter nicht länglich-lanzettlich, sondern lineal, also eindeutig schmäler. Gesicherte Vorkommen sind nur vom Alpensüdfuß bekannt. Andere Angaben sind zweifelhaft.

# Hahnenfußgewächse *Ranunculaceae*

Muschelblümchen *Isopyrum*
Adonisröschen *Adonis*

## Muschelblümchen
*Isopyrum thalictroides* L.
Hahnenfußgewächse *Ranunculaceae*

**Beschreibung:** Blüten einzeln in den Blattachseln und am Stengelende. Blütenstiele 2–3 cm lang, dünn. Blüten weiß, 1,5–2 cm im Durchmesser, mit meist 5 Blütenhüllblättern, aufrecht. Stengel zart, schlank, aufrecht, kahl, nur oben spärlich verzweigt, unten blattlos, oben spärlich beblättert. Stengelblätter wechselständig, doppelt-3teilig, Abschnitte der unteren Stengelblätter handförmig, 3teilig. Grundblätter bis zum Grund 3teilig, Abschnitte erneut 3teilig; Teilblättchen gelappt-gezähnt. Alle Blätter blaugrün. Spreite der Grundblätter 4–7 cm im Durchmesser; Blattstiel 3–8 cm lang. April–Mai. 10–30 cm.

**Vorkommen:** Braucht feuchten, humus- oder mullhaltigen Lehmboden, der nicht allzu nährstoffarm sein sollte. Besiedelt lichte Stellen in Auwäldern, Schluchtwäldern, Laubwäldern sowie bachbegleitendes Gestrüpp. Kommt in Savoyen bis zum Südufer des Genfer Sees, in den östlichen Bundesstaaten von Österreich und möglicherweise am Alpensüdfuß vor. Sonst im Französischen Jura, in Mittelfrankreich und in Polen. An seinen Standorten meist in kleineren, z. T. individuenreichen Beständen.

**Wissenswertes:** ♃. Das Muschelblümchen hat ein insoweit merkwürdiges Verbreitungsgebiet, als es im gesamten Mitteleuropa nicht vorkommt, wohl aber in Frankreich, Ost- und Südosteuropa. Man kann vermuten, daß das Areal der Art vor der Eiszeit geschlossen war. Unklar bleibt, warum das Muschelblümchen seit der Wiedererwärmung in Mitteleuropa nicht wieder Fuß gefaßt hat. – Das Muschelblümchen ist mit der Akelei nahe verwandt, obschon der erste Augenschein dies nicht nahelegt.

## Frühlings-Adonisröschen
*Adonis vernalis* L.
Hahnenfußgewächse *Ranunculaceae*

**Beschreibung:** Blüten stehen einzeln am Ende des Stengels. Blüten mit zahlreichen Blütenblättern (bis 20), 4–7 cm im Durchmesser, gelb. Staubblätter zahlreich, gelb. Stengel aufrecht, einfach, sehr selten oberwärts spärlich verzweigt, zur Blütezeit kahl, fein gerillt. Blätter wechselständig sitzend (nicht immer eindeutig zu sehen, da die Blätter sehr dicht am Stengel stehen), mehrfach fiederteilig in Zipfel zerschnitten, die kaum 1 mm breit sind. Durch die dichte Stellung und die feine Aufspaltung der Blätter ergibt sich ein sehr charakteristischer Habitus. April–Mai. 10–30 cm.

**Vorkommen:** Braucht sommerwarmen und vor allem sommertrockenen, nährstoffreichen, humushaltigen Löß- oder Lehmboden, dem Kalk nicht völlig fehlen sollte. Besiedelt Trockenrasen und Trockengebüsche. In Mitteleuropa sehr selten. Brandenburg, Thüringen, Sachsen-Anhalt, Harz, Mainzer Sande, Garchinger Heide (aber nicht mehr nördlich von ihr), Rhön, südliches Elsaß, Wallis. An seinen Standorten meist nur noch in kleineren Beständen.

**Wissenswertes:** ♃; ☠; ▽. Das Frühlings-Adonisröschen hat sein Hauptverbreitungsgebiet im südlichen Osteuropa. Die Vorkommen in Mitteleuropa, ebenso in Westeuropa (Südfrankreich, Pyrenäen) sind isolierte Vorposten, die auf ein ehedem größeres, geschlossenes Areal hindeuten, das durch die Kälteperioden in den Eiszeiten zerstückelt worden sein dürfte. Bedauerlicherweise sind von den ursprünglichen Standorten im 20. Jahrhundert mehrere durch „Kultivierungsmaßnahmen" vernichtet worden. – Enthält herzwirksame Glykoside vom Cardenolidtyp. Diese ähneln in ihrer Wirkung dem Strophantin.

**Hahnenfußgewächse** *Ranunculaceae*

## Flammen-Adonisröschen
*Adonis flammea* JACQ.
Hahnenfußgewächse *Ranunculaceae*

**Beschreibung:** Blüten stehen einzeln am Ende des Stengels oder der spärlichen Äste. Blüten mit 3–8 Blütenblättern, 1,5–3 cm im Durchmesser, meist tiefrot, seltener hellrot oder gelb, im Zentrum der Blüte meist mit schwarzem Fleck. 5 Kelchblätter, höchstens halb so lang wie die Blütenblätter, den Blütenblättern anliegend, kahl. Staubblätter zahlreich, schwarzviolett. Schnabelspitze des Früchtchens schwarz. Reife Früchtchen so locker angeordnet, daß der Blütenboden sichtbar ist. Stengel aufrecht, einfach, selten oberwärts verzweigt; Äste entspringen zum Teil im unteren Drittel des Stengels und erreichen – wenigstens gelegentlich – die Länge des Hauptstengels. Stengel und Äste mit Längsrillen, unten weichhaarig, oben zuweilen kahl. Blätter wechselständig, obere sitzend, mittlere und untere kurz gestielt, mehrfach fiederteilig in Zipfel zerschnitten, die um 1 mm breit sind. Mai–August. 10–50 cm.

**Vorkommen:** Braucht kalkreichen, flachgründig-steinigen, sommerwarmen Lehm-, Löß- oder Tonboden. Besiedelt Getreidefelder, seltener Hackfruchtkulturen oder Ödland. Durch die chemische Unkrautbekämpfung sehr selten geworden. Nur noch vereinzelt und unbeständig in den Kalkgebieten der Mittelgebirge.

**Wissenswertes:** ☉; ☠; ▽. Wie andere selten gewordenen Ackerunkräuter kann man das Flammen-Adonisröschen kaum wirksam schützen; dennoch sollte man es nicht pflücken, wo es noch vorkommt. Die Zahl der Fundorte, an denen diese Art nach dem 2. Weltkrieg noch gefunden wurde, ist drastisch zurückgegangen. Vielleicht wird es manchmal für ein Sommer-Adonisröschen gehalten und so übersehen.

## Sommer-Adonisröschen
*Adonis aestivalis* L.
Hahnenfußgewächse *Ranunculaceae*

**Beschreibung:** Blüten stehen einzeln am Ende des Stengels oder der spärlichen Äste. Blüten mit 5–8 Blütenblättern, 1,5–3 cm im Durchmesser, meist tiefrot, selten hellrot oder gelb, im Zentrum der Blüte meist mit schwarzem Fleck. 5 Kelchblätter, die $\frac{2}{3}$ bis $\frac{3}{4}$ der Blütenblattlänge erreichen, den Blütenblättern anliegend, kahl. Staubblätter zahlreich, schwarzviolett. Schnabelspitze des Früchtchens grün. Reife Früchte so dicht angeordnet, daß der Blütenboden kaum zu sehen ist. Stengel aufrecht, nur oben wenig verzweigt; Äste erreichen fast nie die Länge des Hauptstengels. Stengel und Äste gefurcht, kahl. Blätter wechselständig, obere sitzend, mittlere und untere kurz gestielt, mehrfach fiederteilig in Zipfel zerschnitten, die um 1 mm breit sind. Mai–Juli. 20–50 cm.

**Vorkommen:** Braucht kalkhaltigen, flachgründigen, sommerwarmen Lehm-, Löß- oder Tonboden. Besiedelt Getreidefelder, seltener Hackfruchtkulturen und Ödland. Durch Herbizidanwendung sehr selten geworden. Kaum noch in größeren Beständen, meist einzeln und unbeständig auftretend. In den Gebieten mit Kalkgestein zerstreut, geht bis etwa 1000 m.

**Wissenswertes:** ☉; ☠; ▽. Wie andere selten gewordenen Ackerunkräuter kann man das Sommer-Adonisröschen kaum wirksam schützen; dennoch sollte man es nicht pflücken, wo es noch vorkommt. – Das Sommer-Adonisröschen enthält dieselben Gifte (herzwirksame Glykoside) wie das Frühlings-Adonisröschen, wenn auch wahrscheinlich in etwas geringerer Konzentration. – Ähnlich: Herbst-Adonisröschen (*A. annua* L. emend. HUDS.): Blüten dunkelrot, halb geschlossen; selten und unbeständig eingeschleppt.

# Hahnenfußgewächse *Ranunculaceae*

Waldrebe *Clematis*
Küchenschelle *Pulsatilla*

## Aufrechte Waldrebe
*Clematis recta* L.
Hahnenfußgewächse *Ranunculaceae*

**Beschreibung:** Zahlreiche Blüten stehen im oberen Teil des Stengels in 2–3 Paaren von gegenständigen, aufrechten Rispen und in einer endständigen Rispe. Blüten 2–3 cm im Durchmesser, milchig-weiß, mit 4 Blütenhüllblättern und zahlreichen gelben Staubblättern. Im reifen Fruchtstand stehen zahlreiche Früchtchen, die durch ihren etwa 2 cm langen, fedrig behaarten Griffel auffallen. Stengel aufrecht, nicht kletternd oder windend, krautig, allenfalls unten etwas verholzt, oft hohl, undeutlich gestreift, im oberen Teil meist kurz behaart. Blätter gegenständig, unpaarig gefiedert und dadurch mit meist 7–9 ganzrandigen Teilblättchen, blaugrün, oberseits kahl, unterseits höchstens schütter behaart. Juni–Juli. 1–1,5 m.

**Vorkommen:** Braucht kalk- und nährstoffreichen, trockenen, sommerwarmen Lehm- oder Tonboden. Brandenburg (Elbegebiet), Thüringen, Rhön, Fränkischer Jura, Donautal (etwa zwischen Regensburg und Deggendorf), Berner Oberland und Wallis, sehr selten; Alpensüdfuß, Ober- und Niederösterreich und Burgenland selten; fällt an ihren Standorten meist im fruchtenden Zustand auf.

**Wissenswertes:** ♃; ✱; ▽. Die Aufrechte Waldrebe wurde früher gelegentlich als Heilpflanze in Bauerngärten gepflanzt. Örtlich könnte sie noch heute verwildert aus altem Anbau vorkommen. Sie enthält in frisch gepflückten Stengeln und Blättern Protoanemonin, das – mit Pflanzensaft auf die Haut gebracht – bei dafür empfindlichen Menschen Blasen hervorrufen kann. Früher sollen Bettler Stengel auf der Haut ausgedrückt haben, um durch die entstehenden Blasen Hautkrankheiten und damit Hilfsbedürftigkeit vorzutäuschen.

## Gewöhnliche Waldrebe
*Clematis vitalba* L.
Hahnenfußgewächse *Ranunculaceae*

**Beschreibung:** 7–21 Blüten stehen in rispigen, oft doldig zusammengezogenen Teilblütenständen gegenständig in den Achseln der oberen Blätter oder am Ende der Stengel. Blüten 1,5–2,5 cm im Durchmesser, milchig-weiß, außen zuweilen leicht grünlich, mit 4 Blütenhüllblättern, die meist rasch abfallen, und zahlreichen gelblich- oder grünlich-weißen Staubblättern. Im Fruchtstand stehen zahlreiche Früchtchen, die durch ihren etwa 2–3 cm langen, fedrig behaarten Griffel auffallen und die oft durch den Winter hindurch bis ins Frühjahr an der Pflanze verbleiben. Stengel windend und kletternd, oft 5–10 m hoch an Bäumen, Mauern oder durch das Gebüsch aufsteigend, verholzt, kantig. Blätter gegenständig, langstielig, unpaarig gefiedert, mit 3–5 (selten 7) Teilblättchen, die bis zu 10 cm lang und 2,5–3,5 cm breit werden können und die oft am Rand grob gezähnt-gekerbt sind. Juni–September. 1–10 m.

**Vorkommen:** Braucht etwas feuchten, stickstoffsalzreichen Lehm- oder Tonboden, dem Humusbeimischung nicht gänzlich fehlen sollte. Besiedelt Auwälder, Waldränder, Gebüsche und in Dorfnähe Mauern, kriecht auch gelegentlich auf frischem, nährstoffreichem Schutt. Fehlt im Tiefland größeren Gebieten; sonst zerstreut und meist auch als Einzelpflanze durch die Fruchtstände im Winter auffallend.

**Wissenswertes:** ♄; ✱. Die Gewöhnliche Waldrebe ist mit ihrem verholzenden Kletterstengel eine der wenigen einheimischen Lianen. Sowohl mit den Blattstielen als auch mit den Stielen der Teilblättchen kann sie Zweige – wenigstens teilweise – umwinden und sich abstützen. Die Pflanze enthält Protoanemonin.

**Hahnenfußgewächse** *Ranunculaceae*

## Alpen-Waldrebe
*Clematis alpina* (L.) Mill.
Hahnenfußgewächse *Ranunculaceae*

**Beschreibung:** Blüten stehen einzeln auf langen Stielen in den Achseln der oberen Blätter. Blüten – ausgebreitet gemessen – 6–9 cm im Durchmesser, trübviolett, hellila, tiefviolett, hellblau, selten rosafarben oder weißlich, mit 4 (selten mit 5) Blütenhüllblättern. Zwischen Blütenhüllblättern und Staubblättern stehen 10–20 spatelförmige, weißlich-gelbe Honigblätter, die allerdings nur etwa halb so lang wie die Blütenhüllblätter werden. Im reifen Fruchtstand stehen zahlreiche Früchtchen, die durch ihren etwa 3–4 cm langen, fedrig behaarten Griffel auffallen. Stengel kriechend oder kletternd, verholzt. Blätter gegenständig, mit 3 Teilblättchen, die langstielig und meist nochmals bis zum Grund geteilt sind. Sie sind ringsum grob gezähnt und werden bis 6 cm lang. Mai–Juli. 0,5–3 m.

**Vorkommen:** Braucht mäßig kalkhaltigen, aber sonst nährsalzarmen, steinigen, humushaltigen Lehmboden, geht gelegentlich auch auf versauerte Lehmböden. Wächst im Legföhren- und Rhododendrongebüsch, geht auch auf Schutthalden und in spaltenreiche Felspartien. In den Westalpen bis etwa zu einer Linie vom Bodensee zum Aostatal sehr selten, östlich davon zerstreut, vorzugsweise in Höhenlagen von etwa 1200 bis 2000 m.

**Wissenswertes:** ♄; ☠; ▽. Die Alpen-Waldrebe klettert, indem sie mit den Stielen ihrer Blätter und Teilblättchen Zweige oder Felsvorsprünge ganz oder teilweise umwindet und sich so abstützt. *Clematis alpina* enthält – wie andere Arten der Gattung – Protoanemonin. Im Blattzuschnitt, seltener in Form und Farbe der Blüten wurden Abweichungen beschrieben, denen aber keine taxonomische Bedeutung zukommt.

## Alpen-Küchenschelle
*Pulsatilla alpina* (L.) Delarbre
Hahnenfußgewächse *Ranunculaceae*

**Beschreibung:** Blüten einzeln am Ende des Stengels, d. h. am Ende eines Blütenstiels, der aus einem Hochblattwirtel entspringt. Blüten weiß, 3–6 cm im Durchmesser. Meist 6 Blütenhüllblätter, selten nur 5, gelegentlich mehr als 6. Zahlreiche Staubblätter, die kaum halb so lang wie die Blütenhüllblätter sind. Früchtchen mit fedrig behaartem, 3,5–5 cm langem Griffel. Stengel aufrecht, einfach, zottig, behaart. Hochblattquirl aus meist 3 Hochblättern, die den Grundblättern ähneln. Grundblätter lang-gestielt, 3teilig, mit meist gegenständigen Fiedern, die wiederum fiederig eingeschnitten sind, so daß die Blattspreite sehr stark in Zipfel aufgeteilt ist. Mai–Juli. 20–50 cm.

**Vorkommen:** Braucht kalkhaltigen, nährstoffreichen, aber ungedüngten, etwas humosen und lockeren, oft steinigen Lehm- oder Tonboden. Besiedelt alpine Rasen und Matten, geht aber auch ins Latschengebüsch. Bevorzugt Höhen zwischen etwa 1200 und 3000 m. Selten in den Kalkalpen; an ihren Standorten oft in kleineren, individuenreichen Beständen.

**Wissenswertes:** ♃; ☠; ▽. *Pulsatilla alpina* (L.) Delarbre wird mit der Kleinen Küchenschelle (*P. alba* Rchb.) und der Schwefelgelben Küchenschelle (*P. apiifolia* (Scop.) Schult.) zur Sammelart *P. alpina* agg. zusammengefaßt. *P. alba* hat Blüten, die nur 2–4,5 cm im Durchmesser haben. Sie wird 15–35 cm hoch und kommt in Mitteleuropa nur im Harz, in den Vogesen und im Riesengebirge sehr selten vor. *P. apiifolia* blüht gelb und wächst auf kalkarmen oder kalkfreien Böden. Sie kommt in Mitteleuropa in den Zentralalpen auf kalkfreiem Gestein vor. Die Kleinarten werden auch Weiße, Gelbe und Kleine Alpen-Küchenschelle genannt.

# Hahnenfußgewächse *Ranunculaceae* ▶

Küchenschelle *Pulsatilla*

## Frühlings-Küchenschelle
*Pulsatilla vernalis* (L.) MILL.
Hahnenfußgewächse *Ranunculaceae*

**Beschreibung:** Blüten einzeln am Ende des Stengels, d. h. am Ende eines Blütenstiels, der aus einer Hochblatthülle entspringt. Blüten 4–6 cm im Durchmesser, schüsselartig ausgebreitet bis halbkugelig zusammenneigend, außen hellviolett, rosa oder zart bläulich, innen weiß, seltener gelblich, außen gelblich-zottig behaart. Meist 6 Blütenhüllblätter, sehr selten mehr oder nur 5. Die äußeren 3 Blütenhüllblätter sind meist schmal-eiförmig, die inneren sehr breit-eiförmig. Staubblätter deutlich kürzer als die Blütenhüllblätter. Früchtchen mit fedrig behaartem, 3–4 cm langem Griffel. Hochblatthülle 1–2,5 cm lang, unten verwachsen, zottig behaart. Stengel aufgebogen oder aufrecht, zottig behaart. Grundständige Blätter überwinternd, ledrig, wenig behaart bis kahl, dem Boden meist rosettig anliegend, 1fach gefiedert oder 3teilig, Abschnitte fiederteilig. März–Juli. 5–15 cm.

**Vorkommen:** Braucht ungedüngten Boden, der kalkarm und wenigstens zeitweise etwas feucht sein sollte, im übrigen sandig-lehmig oder lehmig sein kann. Besiedelt lichte Kiefernwälder in Heiden des Tieflandes und der Mittelgebirge sowie Magerrasen in den Gebirgen. Nur noch vereinzelt in Brandenburg und Mecklenburg, in Oberfranken und in der Pfalz; in den Alpen selten auf kalkarmem Gestein, bevorzugt in Höhenlagen zwischen ca. 1000–3000 m.

**Wissenswertes:** ♃; ☠; ▽. Die Frühlings-Küchenschelle ist unter den einheimischen Arten besonders leicht an ihren wintergrünen und ledrigen Blättern zu erkennen; keine andere Art hat ähnliche Blätter. Verglichen mit anderen Arten der Gattung ist die Frühlings-Küchenschelle recht einheitlich. Abweichende Sippen kommen in Ost- und Südwesteuropa vor.

## Wiesen-Küchenschelle
*Pulsatilla pratensis* (L.) MILL.
Hahnenfußgewächse *Ranunculaceae*

**Beschreibung:** Blüten einzeln am Ende des Stengels, d. h. am Ende eines Blütenstiels, der aus einer Hochblatthülle entspringt. Blüten glockig-zylindrisch, meist nickend, 3–4,5 cm im Durchmesser (ausgebreitet gemessen), außen verwaschen violett bis schwarzviolett, innen schmutzig gelblich bis violett bis schwarzviolett. Meist 6 Blütenhüllblätter, sehr selten mehr oder weniger. Äußere Blütenhüllblätter zuweilen deutlich nach außen umgeschlagen. Staubgefäße so lang wie oder wenig kürzer als die Blütenhüllblätter. Früchtchen mit fedrig behaartem, 4–4,5 cm langem Griffel. Hochblatthülle 1,5–4 cm lang, unten verwachsen, behaart. Stengel aufrecht, behaart. Grundblätter nach der Blüte erscheinend, 3–4fach gefiedert, weißzottig-behaart. April–Mai. 8–30 cm.

**Vorkommen:** Braucht sandigen, kalkarmen oder kalkhaltigen, trockenen Boden. Besiedelt im Tiefland an der Unterelbe, in Mecklenburg, Sachsen und Thüringen magere, trockene Rasen und lichte Kiefernwälder. Düngerscheu. Sehr selten.

**Wissenswertes:** ♃; ☠; ▽. Innerhalb der Art unterscheidet man die hellblütige ssp. *pratensis* von der schwarzviolett blühenden ssp. *nigricans* (STÖRCK) ZAM. Die Wiesen-Küchenschelle hat im 20. Jahrhundert fast die Hälfte ihrer vordem bekannten Standorte durch Meliorisierung verloren; nur östlich der Elbe gibt es noch mäßig individuenreiche Bestände. Ähnlich: Berg-Küchenschelle (*P. montana* (HOPPE) RCHB.): Blüten sehr dunkel schwarz-, blau- oder rotviolett. Blütenhüllblätter nur anfangs glockig zusammenneigend. Spitzen der äußeren Blütenhüllblätter nicht nach außen umgeschlagen. Blütenhüllblätter doppelt so lang wie die Staubblätter. Selten in den Kalkketten am Alpensüdrand und im Wallis.

**Hahnenfußgewächse** *Ranunculaceae*

## Gewöhnliche Küchenschelle
*Pulsatilla vulgaris* MILL.
Hahnenfußgewächse *Ranunculaceae*

**Beschreibung:** Blüten einzeln am Ende eines Blütenstiels, der aus einer Hochblatthülle entspringt. Blüten nur anfangs glockig zusammenneigend, sonst aufrecht, schüssel- oder sternförmig ausgebreitet, 5,5–7 cm im Durchmesser (ausgebreitet gemessen), innen und außen gleichfarben blauviolett oder rötlich-violett. Meist 6 Blütenhüllblätter, gelegentlich mehr, selten nur 5. Blütenhüllblätter nie an der Spitze nach außen umgeschlagen. Staubgefäße etwa halb so lang wie die Blütenhüllblätter. Früchtchen mit fedrig behaartem, 3,5–5 cm langem Griffel. Hochblatthülle 2–3 cm lang, unten verwachsen, behaart. Blätter grundständig, nach der Blüte erscheinend, 3–4fach gefiedert (Fiedern meist schmäler als 5 mm), schütter weißhaarig. März–April. 5–15 cm.

**Vorkommen:** Braucht kalkreichen, trockenen, frühjahrswarmen, steinig-lockeren Lehm- oder Lößboden. Besiedelt Trockenrasen und lichte Kiefernwälder, vorwiegend in Südexposition. Düngerscheu. Im Tiefland sehr selten, in den Mittelgebirgen mit Kalkgestein bis etwa 1000 m selten, doch zuweilen in kleineren, individuenarmen, aber zur Blütezeit auffallenden Beständen. Fehlt in den Alpen.

**Wissenswertes:** ♃; ☠; ▽. Enthält – wie vermutlich auch die anderen Arten der Gattung – Protoanemonin. *P. vulgaris* MILL. wird mit *P. grandis* WENDER. zu *P. vulgaris* agg. zusammengefaßt. *P. grandis* hat hellviolette, meist aufrechte Blüten von 5,5–6,5 cm im Durchmesser (ausgebreitet gemessen). Die Blattfiedern sind 4–7 mm breit oder breiter. Die Haare am Stengel und am Hochblattquirl sind oft gelb (östliche Sippe). Nur Garchinger Heide, Ober- und Niederösterreich.

## Finger-Küchenschelle
*Pulsatilla patens* (L.) MILL.
Hahnenfußgewächse *Ranunculaceae*

**Beschreibung:** Blüten einzeln am Ende des Stengels, d. h. am Ende eines Blütenstiels, der aus einer Hochblatthülle entspringt. Blüten meist schüssel- oder sternförmig ausgebreitet, 5,5–7,5 cm im Durchmesser (ausgebreitet gemessen), hell blauviolett, selten hell rötlich-violett. Meist 6 Blütenhüllblätter, sehr selten mehr oder nur 5. Staubblätter kaum halb so lang wie die Blütenhüllblätter. Früchtchen mit fedrig behaartem, 3–4,5 cm langem Griffel. Hochblatthülle 1,5–3 cm lang, unten verwachsen, behaart. Stengel aufrecht, meist ziemlich dicht und meist weiß behaart. Blätter grundständig, nach der Blüte erscheinend, handförmig, 3–5teilig, mit fiederteiligen Abschnitten, jung behaart. März–April. 7–15 cm.

**Vorkommen:** Braucht feinerdearmen, locker-sandigen Boden, der kalkarm sein kann, aber nur mäßig sauer sein darf. Besiedelt Trockenrasen und lichte Kiefernwälder. Vereinzelt in Brandenburg, Mecklenburg, in der Garchinger Heide und an der Donau südwestlich von Kelheim (z. T. nach 1945 erloschen).

**Wissenswertes:** ♃; ☠; ▽. Ähnlich: Hallers Küchenschelle (*P. halleri* (ALL.) WILLD.): Blütendurchmesser (ausgebreitet gemessen) um 6 cm. Länge der Hochblatthülle 2,5–3 cm. Blätter gefiedert. Blühende Pflanze 6–10 cm. Wallis, Aostatal, größere Täler der Cottischen und Grajischen Alpen. Ebenso Steirische Küchenschelle (*P. styriaca* (PRITZEL) SIMK.): Blütendurchmesser (ausgebreitet gemessen) um 7 cm. Länge der Hochblatthülle 3,5–4,5 cm. Blühende Pflanze meist 10–15 cm. Blätter gefiedert. Ostalpen, selten. *P. styriaca* und *P. halleri* werden zur Sammelart *P. halleri* agg. zusammengefaßt.

# Hahnenfußgewächse *Ranunculaceae* ▶

Windröschen, Berghähnlein *Anemone*

## Gelbes Windröschen
*Anemone ranunculoides* L.
Hahnenfußgewächse *Ranunculaceae*

**Beschreibung:** Meist 2 Blüten, seltener 1 oder 3, deren Stiele aus einem Hochblattwirtel entspringen. Blüten gelb, 2–2,5 cm im Durchmesser. 5–7 Blütenhüllblätter, die außen behaart sind. Zahlreiche Staubblätter. Früchtchen ohne verlängerten, fedrig behaarten Griffel. Stengel aufrecht, schütter behaart oder kahl. Blütenstiele meist kurz und kraus behaart. 3 kurz gestielte, oft auch sitzende Hochblätter, die bis zum Grunde 3teilig sind. Blattabschnitte mehrfach länger als breit, unregelmäßig grob gezähnt, gelegentlich auch tief fiederig eingeschnitten. Zur Blütezeit sind in der Regel keine Grundblätter mehr zu sehen. März–Mai. 5–20 cm.

**Vorkommen:** Braucht gut durchsickerten, nährstoffreichen, etwas humus- oder mullhaltigen Lehm- oder Tonboden. Besiedelt Ufer, feuchte Wiesen und lichte, feuchte Gebüsche sowie Auwälder. Fehlt im Tiefland westlich der Elbe weiten Gebieten, desgleichen im Alpenvorland und in den Alpen. Sonst zerstreut. Kommt an seinen Standorten meist in kleineren, gelegentlich auch in größeren, individuenreichen Beständen vor.

**Wissenswertes:** ♃; ☠. Je geeigneter der Standort für das Gelbe Windröschen ist, desto häufiger sind auf ihm Exemplare mit 2 Blüten anzutreffen. Die Zahl der Blüten ist kein Merkmal, anhand dessen man die Art gliedern könnte. Auch die Form der Hochblätter variiert, ohne daß dies eine Abgrenzung innerartlicher Taxa erlaubte. Aus dem östlichen Mitteleuropa wird eine Sippe beschrieben, bei der die Abschnitte der Hochblätter sehr schmal und scharf gesägt sind und deren Blüten nur 1,5–2 cm im Durchmesser erreichen (ssp. *wockeana* (Asch. & Gr.) Ulbr.).

## Berghähnlein
*Anemone narcissiflora* L.
Hahnenfußgewächse *Ranunculaceae*

**Beschreibung:** 3–8 Blüten stehen in einem doldenartigen Blütenstand an oft kurzen Stielen, die einem Hochblattwirtel entspringen. Blüten weiß, 2–3 cm im Durchmesser. Meist 5, gelegentlich auch 6 oder mehr Blütenhüllblätter, die beiderseits kahl und zuweilen von grünlichen Adern durchzogen sind. Zahlreiche grünlich-gelbe Staubblätter. Früchtchen ohne verlängerten und fedrig behaarten Griffel. Blütenstiele meist deutlich behaart. Hochblätter sehr kurz gestielt oder – meist – sitzend, 3teilig, Abschnitte ungleich tief gespalten, vor allem auf den Nerven und am Rande silbrig behaart. Grundblätter lang gestielt, handförmig, 3–5teilig, unterseits, auf den Nerven und am Stiel lang und silbrig-, seltener schmutzig-weiß behaart. Mai–Juli. 15–45 cm.

**Vorkommen:** Braucht kalkhaltigen, ja kalkreichen, von Sickerwasser durchzogenen, lockeren, oft steinigen Lehm- oder Tonboden, der auch sommers eher kühl bleiben sollte. Besiedelt in den Alpen sowie im Schwäbischen und im südlichen Schweizer Jura sowie in den Südvogesen ungedüngte Bergwiesen, lichte Gebüsche und steinige Rasen. Sehr selten, aber an seinen Standorten meist in kleineren, auffallenden, wenngleich auch meist individuenarmen Beständen. Bevorzugt Höhen zwischen etwa 700 (in den Mittelgebirgen und am Alpenrand) und 1800 m.

**Wissenswertes:** ♃; ☠; ▽. Außerhalb der Alpen darf man die Vorkommen des Berghähnleins als Relikte aus den Kaltzeiten der Eiszeit auffassen. Dies gilt sicher für die Standorte im Alpenvorland und im Schwäbischen Jura. Außer Berghähnlein wird auch der Name Narzissenblütiges Windröschen verwendet.

**Hahnenfußgewächse** *Ranunculaceae*

## Busch-Windröschen
*Anemone nemorosa* L.
Hahnenfußgewächse *Ranunculaceae*

**Beschreibung:** Meist 1 Blüte (nur vereinzelt auch 2), deren Stiel aus dem Hochblattwirtel entspringt. Blüten weiß oder innen weiß und außen rot-, seltener blauviolett überlaufen, gelegentlich auch innen schwachviolett, 2,5–4 cm im Durchmesser (ausgebreitet gemessen). Meist 6 Blütenhüllblätter, manchmal nur 5, zuweilen auch mehr als 6. Blütenhüllblätter beidseitig kahl. Zahlreiche Staubblätter. Früchtchen ohne verlängerten und fedrig behaarten Griffel. Stengel aufrecht, schütter behaart oder kahl. Blütenstiel meist kurz und zerstreut behaart. 3 1–2 cm lang gestielte Hochblätter, die handförmig, 3–5teilig sind. Blattabschnitte deutlich länger als breit, meist 2teilig oder etwas fiederig eingeschnitten, grob gezähnt, am Rande und auf den Nerven fein silbrig behaart. Zur Blütezeit sind in der Regel keine Grundblätter mehr zu sehen. März–Mai. 5–25 cm.

**Vorkommen:** Braucht lockeren, humus- oder mullhaltigen, nährstoffreichen Lehmboden, der nicht allzu trocken, aber auch nicht naß sein sollte. Besiedelt vor allem lichte Laub- und Mischwälder, geht gelegentlich auch in lichte Nadelholzbestände und in Hecken, seltener auf schattige Wiesen. Wächst meist in größeren, individuenreichen Beständen. Sehr häufig. Steigt in den Alpen bis über 2000 m.

**Wissenswertes:** ♃; ☠. Das Busch-Windröschen enthält – wie wahrscheinlich die meisten Arten der Gattung *Anemone* – Protoanemonin, das, auf die Haut gebracht, Blasenbildung hervorrufen kann. – Ähnlich: Dreiblättriges Windröschen (*A. trifolia* L.): Hochblätter 3teilig; Teilblättchen ungeteilt, gesägt-gezähnt; südöstliche Alpen (nordwestwärts bis etwa zum Grundlsee); zerstreut.

## Großes Windröschen
*Anemone sylvestris* L.
Hahnenfußgewächse *Ranunculaceae*

**Beschreibung:** Meist 1 Blüte (nur vereinzelt auch 2), deren Stiel aus einem Hochblattwirtel entspringt. Blüten weiß, 4–7 cm im Durchmesser (ausgebreitet gemessen), 5 oder 6 Blütenhüllblätter, außen deutlich weißhaarig. Zahlreiche Staubblätter. Früchtchen ohne verlängerten und fedrig behaarten Griffel. Stengel aufrecht, lang und abstehend behaart. Blütenstiel sehr lang (der Hochblattquirl befindet sich etwa auf halber Höhe des Sprosses oder nur wenig darüber), dicht und lang behaart. 3 1–2 cm lang gestielte Hochblätter, die handförmig, 3–5teilig sind. Abschnitte 2- oder 3teilig, länger als breit, grob gezähnt. Grundständige Blätter zur Blütezeit stets vorhanden; Stiel lang und abstehend behaart; Spreite handförmig, 3–5teilig; Abschnitte 2- oder 3teilig, vorn grob gezähnt. April–Juni. 15–50 cm.

**Vorkommen:** Braucht kalkhaltigen oder kalkreichen, lockeren, sommerwarmen und eher trockenen Lehm- oder Lößboden. Besiedelt in der Bundesrepublik in den Mittelgebirgen mit kalkhaltigem Gestein trockene Gebüsche und die Säume lichter Trockenwälder, geht aber auch in aufgelockerte Kiefernbestände, findet sich an vergleichbaren Standorten in Oberösterreich und in der Steiermark. Geht in Niederösterreich und im Burgenland auch in Trockenrasen. Fehlt in der Schweiz und im gesamten Tiefland nördlich des Harzes. Sehr selten, aber an seinen Standorten oft in kleineren, z. T. individuenreichen Beständen.

**Wissenswertes:** ♃; ☠; ▽. Der Name *Anemone* kommt aus dem Griechischen; „anemos" heißt Wind. Der Name soll gewählt worden sein, weil bei einigen Arten der Gattung die Blütenhüllblätter rasch abfallen.

# Hahnenfußgewächse *Ranunculaceae*

Leberblümchen *Hepatica*
Schmuckblume *Callianthemum*
Scharbockskraut *Ranunculus*

## Leberblümchen
*Hepatica nobilis* SCHREB.
Hahnenfußgewächse *Ranunculaceae*

**Beschreibung:** Stets nur 1 Blüte am Ende des Stengels; mehrere Stengel entspringen dem unterirdischen Wurzelstock. Blüten blau, blauviolett, seltener rotviolett (bei diesen Farben zuweilen außen etwas heller als innen), rosa oder weiß, 2–3,5 cm im Durchmesser (ausgebreitet gemessen). 5–10, häufig 6 oder 7 Blütenhüllblätter, kahl. Zahlreiche Staubblätter, weißlich. Früchtchen ohne verlängerten und fedrig behaarten Griffel. Stengel aufrecht oder aufgebogen, meist schütter oder ungleichmäßig langhaarig. 3 ganzrandige, kleine Hochblätter, die ähnlich wie Kelchblätter unmittelbar unter den Blütenhüllblättern stehen. Alle Blätter grundständig, 3lappig, mit herzförmigem Grund, lang gestielt, überwinternd, ledrig, oberseits grün und durch Frostschäden oft braunfleckig, unterseits oft rotbraun oder violett, behaart oder kahl. Mai–Juni, 5–15 cm.

**Vorkommen:** Braucht kalkhaltigen, nährstoff- und mullreichen, sommerwarmen, nicht allzu trockenen, aber keineswegs feuchten, lehmigen, häufig steinigen Waldboden. Besiedelt vor allem Buchen- und Eichenwälder, geht aber auch gelegentlich in Nadel-Laubmischwälder. Im Tiefland nur östlich der Weser selten, in den Mittelgebirgen mit Kalkböden und im Alpenvorland zerstreut; in den Alpen bis etwa 1500 m; selten. An seinen Standorten meist in größeren, individuenreichen Beständen.

**Wissenswertes:** ♃; ☠; ▽. Vom Leberblümchen sind keine Sippen innerhalb der Art beschrieben worden, denen ein systematischer Wert zukommt. In den Ostalpen herrschen örtlich indessen weißblühende Sippen vor (z. B. um Bad Aussee); auch blaßbläulich blühende Sippen können vorkommen.

## Anemonen-Schmuckblume
*Callianthemum anemonoides* (J. ZAHLBR.) ENDL. ex HEYNH.
Hahnenfußgewächse *Ranunculaceae*

**Beschreibung:** Meist nur 1 Blüte am Ende des Stengels. Blüten weiß, 3–5 cm im Durchmesser (ausgebreitet gemessen). 5 äußere und 5–8 innere Blütenhüllblätter, äußere breit-eiförmig, häutig, weiß; innere 1,5–1,8 cm lang und damit über doppelt so lang wie die äußeren Blütenhüllblätter. Zahlreiche gelbe Staubblätter. Früchtchen ohne verlängerten und fedrig behaarten Griffel. Stengel aufrecht, kahl, unverzweigt. Am Stengel meist nur ein einzelnes Blatt, das ungestielt ansitzt und wesentlich weniger stark aufgeteilt ist als die Grundblätter. Grundblätter mit einem 10–20 cm langen Stiel und 5–10 cm langer Spreite, die unpaarig 3fach gefiedert ist. März–Mai. 5–20 cm.

**Vorkommen:** Braucht kalkhaltigen, ja kalkreichen, eher feuchten als trockenen, lehmigen oder feinerdehaltigen, steinigen Boden. Besiedelt lichte Nadelwälder, schattige, feuchte Felsspalten, ruhenden, lehmigen, feinerdereichen Gesteinsschutt sowie Gerölle an Bächen. Nur östliche Ketten der Nördlichen Kalkalpen, von Oberösterreich bis zum Schneeberg. Sehr selten.

**Wissenswertes:** ♃. In der Anemonen-Schmuckblume konnte Ranunculin (= Glukosid des Protoanemonins) oder Protoanemonin nicht nachgewiesen werden. Das steht im Gegensatz zu den ähnlichen Arten der Gattung *Anemone*. – Ähnlich: Tiroler Windröschen *(Anemone baldensis* L.): 1blütig; Blüte 2,5–4 cm im Durchmesser (ausgebreitet gemessen), weiß; Blütenhüllblätter außen behaart; Früchtchen weiß behaart; Stengel aufrecht, abstehend behaart; Grundblätter handförmig 3teilig; West- und Südalpen; vorzugsweise auf Kalk; selten; Ostalpen (z. B. Wiener Schneeberg) vereinzelt.

**Hahnenfußgewächse** *Ranunculaceae*

## Koriander-Schmuckblume
*Callianthemum coriandrifolium* RCHB.
Hahnenfußgewächse *Ranunculaceae*

**Beschreibung:** Meist nur 1 Blüte am Ende des Stengels (sehr selten sieht man auch Stengel mit 2 oder mit 3 Blüten). Blüten weiß, 1,5–2,5 cm im Durchmesser (ausgebreitet gemessen). 5–8 äußere und 6–12 innere Blütenhüllblätter. Äußere Blütenhüllblätter (= Kelchblätter) weißlich oder grünlich, breit verkehrt-eiförmig, kürzer als die inneren Blütenhüllblätter. Innere Blütenhüllblätter (= Blütenblätter) breit-eiförmig, zuweilen etwas rötlich, am Grunde stets mit einem gelben Fleck. Zahlreiche gelbe Staubblätter. Früchtchen ohne verlängerten und fedrig behaarten Griffel. Stengel aufrecht, kahl. Am Stengel meist 2 sitzende Blätter, die wesentlich weniger stark aufgeteilt sind als die Grundblätter. Grundblätter mit einem 3–12 cm langen Stiel und 3–8 cm langer Spreite, die unpaarig 1–3fach gefiedert ist. April–August. 5–20 cm.

**Vorkommen:** Braucht kalkhaltigen, ständig sickerfeuchten, ja nassen, lehmigen oder feinerdehaltigen, steinigen Boden. Besiedelt ruhenden, lehmigen oder feinerdereichen Gesteinsschutt, Moränen, aber auch quellige Stellen in Matten und im Latschengebüsch, geht auch in Felsspalten. Bevorzugt Höhen zwischen etwa 2000 und 2800 m. Fehlt im deutschen Alpengebiet. Sonst in den Ketten mit Kalkgestein selten, aber oft in kleineren Beständen.

**Wissenswertes:** ♃. Ähnlich: Kerners Schmuckblume (*C. kerneranum* FREYN): Innere Blütenhüllblätter 9–15, sehr schmal eiförmig, ganzrandig oder ungleichmäßig gefranst; Blüte um 3,5 cm im Durchmesser (ausgebreitet gemessen), rötlich. Pflanze 3–6 cm hoch. Grundblätter entwickeln sich schon zur Blütezeit. Gebirge um den Gardasee, vor allem auf dem Monte Baldo.

## Scharbockskraut
*Ranunculus ficaria* L.
Hahnenfußgewächse *Ranunculaceae*

**Beschreibung:** Am Ende des Stengels und der gelegentlich vorhandenen Äste, die aus der Achsel der obersten Blätter entspringen, steht je 1 Blüte. Blüten 2–3 cm im Durchmesser, gelb. Blütenblätter 6–14, schmal-eiförmig bis lanzettlich, glänzend. Kelchblätter 3–6, grün, hinfällig. Stengel niederliegend oder schräg aufsteigend. Alle Blätter gestielt, fleischig, glänzend, dunkel gelbgrün, herzförmig, geschweift-gezähnt bis ganzrandig, kahl. Oft finden sich in den Achseln der Stengelblätter Brutknöllchen. März–Mai. 5–30 cm.

**Vorkommen:** Braucht feuchten, nährstoffreichen, humus- oder mullhaltigen, lockeren Lehmboden. Besiedelt Auwälder, lichte, feuchte Laubwälder, Parks, Hecken und Gebüsche. Geht in den Mittelgebirgen bis über 1000 m und in den Alpen bis über 1400 m. Sehr häufig und oft in großen Beständen.

**Wissenswertes:** ♃; (☠). Der Name Scharbockskraut verweist auf die früher übliche Verwendung der Pflanze als Heilmittel gegen Skorbut, eine Vitamin C-Mangelkrankheit. Die Blätter des Scharbockskrauts gehören nicht nur zum ersten Grün, sie enthalten auch reichlich Vitamin C. Indessen ist ihr Genuß nur unbedenklich, wenn sie vor der Blüte der Pflanze gesammelt werden. Während und nach der Blütezeit sammelt sich in den Blättern Protoanemonin an, das brennend scharf schmeckt und für den Menschen giftig ist. Die Brutknöllchen und der Wurzelstock wurden früher als Mittel gegen („Feig-")Warzen verwendet. Durch den Saft, der auf der Haut Brennen hervorrufen kann, wurde wohl ein Reiz gesetzt, der das Vertreiben der Warzen durch Autosuggestion ermöglichte.

# Hahnenfußgewächse *Ranunculaceae* ▶

Hahnenfuß *Ranunculus*

## Flutender Wasser-Hahnenfuß
*Ranunculus fluitans* LAM.
Hahnenfußgewächse *Ranunculaceae*

**Beschreibung:** Blütenstiele entspringen gegenüber dem Ansatz der Blätter, und zwar nicht nur im obersten Teil des Stengels. Blütenstiele zur Blütezeit 1–5 cm, nach dem Verblühen und mit Fruchtständen 4–10 cm. Blüten weiß, 1,5–3 cm im Durchmesser. Blütenblätter 5–10, verkehrt-eiförmig, nicht leicht abfallend, am Grunde mit einem gelben Fleck, am oberen Rand zuweilen etwas gewellt. Meist 5 Kelchblätter, die kaum halb so lang wie die Blütenblätter werden. Stengel meist im Wasser flutend (Wasserform), bis 6 m lang, mit langen Internodien. Blätter untergetaucht, schlaff, 10–30 cm lang, stets länger als die zugehörigen Stengelinternodien, 2–3fach in lange, schmale Zipfel zerteilt, die kaum 2 mm breit, aber bis 10 cm lang werden. Landform sehr selten, meist blütenlos und kaum 10 cm hoch; Blätter feinzipfelig, kaum 5 cm lang. Juni–August. Wasserform 1–6 m. Landform 3–9 cm.

**Vorkommen:** Braucht kühles, nicht allzu schnell fließendes Wasser in Bächen und Flüssen mit sandig-schlammigem, seltener mit feinkiesigem Grund. Erträgt mäßige Belastung mit Ammoniaksalzen recht gut. Meidet flache Stellen ebenso wie solche, die mehr als 2–3 m tief sind. Im Tiefland selten; fehlt allerdings dort im Westen. In den Mittelgebirgen (bis etwa 700 m) und im Alpenvorland zerstreut, fehlt im Innern der Alpen. Bildet an seinen Standorten meist größere, auffallende Bestände.

**Wissenswertes:** ♃; (☠). Der Flutende Hahnenfuß hat sich insbesondere in Gewässern, die durch landwirtschaftliche Abwässer mäßig belastet und damit etwas gedüngt worden sind, in den letzten Jahrzehnten ausgebreitet.

## Spreizender Wasser-Hahnenfuß
*Ranunculus circinatus* SIBTH.
Hahnenfußgewächse *Ranunculaceae*

**Beschreibung:** Blütenstiele entspringen gegenüber dem Ansatz der Blätter, und zwar nicht nur im obersten Teil des Stengels. Blütenstiele zur Blüte- und Fruchtzeit 2–10 cm lang, stets länger als das Blatt, dem sie gegenüberstehen. Blüten weiß, 1,2–2 cm im Durchmesser. Blütenblätter meist 5, verkehrt-eiförmig, nicht leicht abfallend, am Grunde mit einem gelben Fleck. Meist 5 Kelchblätter, die gut halb so lang wie die Blütenblätter werden. Stengel im Wasser schwimmend. Stengelblätter untergetaucht, im Umriß rund, viel kürzer als die Stengelinternodien, alle sitzend oder nur die untersten kurz gestielt, 2–3fach 3teilig oder gabelig in borstenförmige, spreizende Zipfel geteilt, die auch beim Herausnehmen aus dem Wasser nicht schlaff zusammenfallen. Mai–August. 0,3–1,5 m.

**Vorkommen:** Braucht sommerwarmes, stehendes oder langsam fließendes, kalkreiches Wasser mit nährstoffreichem Schlammboden. Gedeiht hier vorwiegend im Verband mit dem Glänzenden Laichkraut *(Potamogeton lucens)*. In Schleswig-Holstein zerstreut, sonst im Tiefland und in den Mittelgebirgen mit kalkhaltigem Gestein selten; im Alpenvorland zerstreut, fehlt in den Alpen. Kommt meist in kleineren, doch nicht sonderlich auffallenden Beständen vor.

**Wissenswertes:** ♃; (☠). Gelegentlich findet man den Spreizenden Wasser-Hahnenfuß in ziemlich reinen Seen des Alpenvorlandes, die arm an Nährstoffen, vor allem an Stickstoffsalzen sind. Fast immer wächst er dort an der Einmündung solcher Zuflüsse, die ammoniakbelastetes Wasser in den See einspülen; er darf als Zeigerpflanze für Stickstoffsalze gelten.

**Hahnenfußgewächse** *Ranunculaceae*

## Gewöhnlicher Wasser-Hahnenfuß
*Ranunculus aquatilis* L.
Hahnenfußgewächse *Ranunculaceae*

**Beschreibung:** Blütenstiele entspringen gegenüber dem Ansatz der Blätter, und zwar vorwiegend im oberen Teil des Stengels. Blütenstiele zur Blütezeit meist 1–3 cm und zur Fruchtreife nicht über 5 cm lang und damit kürzer als der Stiel des gegenüberstehenden Blattes. Blüten weiß, 0,8–1,8 cm im Durchmesser. Blütenblätter 5, breit-eiförmig, nicht leicht abfallend, am Grunde mit einem gelben Fleck. 5 Kelchblätter, die etwa halb so lang wie die Blütenblätter werden. Stengel im Wasser flutend. Untergetauchte Blätter so lang wie oder länger als die zugehörigen Stengelinternodien, mehrfach 3teilig oder gegabelt in fadenförmige Zipfel zerteilt, die beim Herausnehmen aus dem Wasser schlaff zusammenfallen. Schwimmblätter stets vorhanden, herz- oder nierenförmig, tief 3teilig, oft fast bis zum Grunde gespalten; Blattrand gekerbt-gezähnt; Zähne länger als breit, spitz oder stumpf. Mai–August. 0,5–2 m.

**Vorkommen:** Braucht nährstoffreiche, kalkarme, nicht zu sehr mit Stickstoffsalzen belastete, stehende oder sehr langsam fließende Gewässer mit schlammig-humosem Boden. Im Tiefland häufig, in den Mittelgebirgen mit kalkarmem Gestein zerstreut, südlich der Donau und in den Alpen selten. Kommt an seinen Standorten meist in kleineren Beständen vor.

**Wissenswertes:** ☉-⚄; (☠). *R. aquatilis* L. wird mit *R. baudotii* GODR., *R. ololeucos* LLOYD, *R. peltatus* SCHRANK, *R. penicillatus* (DUM.) BAB., *R. trichophyllus* CHAIX und *R. tripartitus* DC. zur Sammelart *R. aquatilis* agg. zusammengefaßt. Bei *R. baudotii* sind die Blütenstiele mindestens 2,5mal so lang wie das gegenüberstehende Blatt. Nordseeküste; selten (s. auch *R. trichophyllus*).

## Haarblättriger Wasser-Hahnenfuß
*Ranunculus trichophyllus* CHAIX
Hahnenfußgewächse *Ranunculaceae*

**Beschreibung:** Blütenstiele entspringen gegenüber dem Blattansatz, und zwar vorwiegend im oberen Teil des Stengels. Blüten- und Fruchtstiele höchstens 1,5mal so lang wie das gegenüberstehende Blatt. Blüten weiß, 0,8–1,5 cm im Durchmesser. Blütenblätter 5, verkehrt-eiförmig, leicht abfallend, am Grunde mit einem gelben Fleck. Kelchblätter nur $\frac{1}{3}$–$\frac{1}{2}$ so lang wie die Blütenblätter. Stengel im Wasser flutend. Nur untergetauchte Blätter, diese mehrfach 3teilig oder gabelig in fadenförmige Zipfel zerteilt; beim Herausnehmen aus dem Wasser schlaff zusammenfallend. Mai–Juli. 0,5–1 m.

**Vorkommen:** Braucht langsam fließendes, mäßig nährstoffreiches und nur mäßig sommerwarmes Wasser. Besiedelt Gräben und Bäche. In Schleswig-Holstein selten, im übrigen Tiefland sehr selten und weithin fehlend, in den Mittelgebirgen und im Alpenvorland zerstreut; in den Alpen noch bis über 2500 m.

**Wissenswertes:** ☉-⚄; (☠). *R. trichophyllus* CHAIX wird mit mehreren anderen Arten zur Sammelart *R. aquatilis* agg. zusammengefaßt (s. *R. aquatilis* L.). – *R. ololeucos* LLOYD: „Honigblätter" länger als 6 mm. Vereinzelt in Westfalen. – *R. peltatus* SCHRANK: Blüten 2–3 cm im Durchmesser; Fruchtstiel länger als der Stiel des gegenüberstehenden Blattes; Schwimmblätter nicht bis zum Grund eingeschnitten; vor allem im Tiefland zerstreut. – *R. penicillatus* (DUM.) BAB.: Unterwasserblätter 5–25 cm lang, schlaff; Schwimmblätter vorhanden; selten. – *R. tripartitus* DC.: Blüten um 1 cm im Durchmesser; Schwimmblätter tief 3teilig; Unterwasserblätter haarfein in Zipfel gespalten; vereinzelt im Tiefland.

# Hahnenfußgewächse *Ranunculaceae* ▶

Hahnenfuß *Ranunculus*

## Eisenhutblättriger Hahnenfuß
*Ranunculus aconitifolius* L.
Hahnenfußgewächse *Ranunculaceae*

**Beschreibung:** Mehrere Blüten stehen in einem spärlich verzweigten, rispigen Blütenstand am Ende der Stengel und der Zweige. Blüten weiß, 1–2 cm im Durchmesser. Blütenblätter 5, ohne gelben Fleck an der Basis. Kelchblätter breit-eiförmig, kahl, außen oft rötlich oder stahlblau überlaufen. Blütenstiele mindestens im oberen Drittel deutlich, wenn auch sehr kurz behaart, höchstens 3mal so lang wie die Stengelblätter, aus deren Achsel sie entspringen. Stengel aufrecht, spärlich verzweigt, mit aufrechten Ästen. Obere Stengelblätter sitzend, mit schmal-rhombischen Abschnitten, die fast bis zur Spitze gleichmäßig gezähnt sind. Grundständige Blätter lang gestielt, bis fast zum Grunde handförmig, 3–7teilig, mit breit-rhombischen bis schmal-lanzettlichen Abschnitten, deren Rand in der Mitte stets, gegen die Spitze zu nur manchmal gesägt ist. Alle Blätter unterseits schütter behaart. Mai–Juli. 0,3–1 m.

**Vorkommen:** Braucht kalkarmen, feuchten, ja nassen Lehmboden. Besiedelt Auwälder und feuchte Stellen in Laubwäldern, ebenso Hochstaudenfluren. Fehlt im Tiefland; vereinzelt im Sauerland und im Rothaargebirge; im Schwarzwald, im Alpenvorland, im Schweizer Jura und in den Alpen zerstreut, aber nur selten in auffallenden Beständen.

**Wissenswertes:** ♃; ☠. Ähnlich: Platanenblättriger Hahnenfuß (*R. platanifolius* L.): Meist vielblütige Rispe; Blütenstiel samt Blüte kahl, 3–5mal so lang wie das Stengelblatt, aus dessen Achsel er entspringt. Braucht feuchten, steinigen Lehmboden. Besiedelt Schluchtwälder und Hochstaudenfluren. Mittelgebirge, Alpenvorland und Alpen; zerstreut.

## Gletscher-Hahnenfuß
*Ranunculus glacialis* L.
Hahnenfußgewächse *Ranunculaceae*

**Beschreibung:** Einzelblüte am Ende des Stengels oder wenig verzweigter Blütenstand, an dessen Stengel- und Astenden je eine Blüte steht. Blüten weiß oder schwach bräunlich-rosa, gegen Ende der Blütezeit meist deutlich rosa oder rotbraun, 1,5–3 cm im Durchmesser. Blütenblätter 5, fast bis zur Fruchtreife bleibend. 5 Kelchblätter, außen dicht rostbraun behaart, bis zur Fruchtreife bleibend. Stengel aufsteigend oder aufrecht, dicklich, meist kahl, seltener und dann zottig behaart. Stengelblätter sitzend oder kurz gestielt, den Grundblättern ähnlich, aber weniger gegliedert. Grundblätter fleischig, bis zum Grunde 3teilig; Blattabschnitte nochmals tief 2–5teilig, zipfelig-gezähnt. Juli–August. 5–20 cm.

**Vorkommen:** Braucht kalkarmen, steinigen, humusarmen Boden mit guter Sickerwasserführung, der allerdings zeitweise auch trockener sein kann. Besiedelt Moränen, bewegten, feinerdearmen Felsschutt, geht aber auch in Felsspalten. Ist vor allem auf frischen Moränen Pionierpflanze. In den Ketten mit Silikatgestein in den Zentralalpen zerstreut, und zwar in Höhen von etwa 1600 bis über 4000 m.

**Wissenswertes:** ♃; (☠). Obschon der Gletscher-Hahnenfuß zuweilen in der Volksmedizin verwendet worden ist, scheinen ihm Inhaltsstoffe, die dies rechtfertigen, zu fehlen. Auch Protoanemonin ist nicht nachgewiesen; er ist also allenfalls giftverdächtig. Der Gletscher-Hahnenfuß ist die Blütenpflanze, die in den Alpen am höchsten steigt. Am Finsteraarhorn hat man ihn noch in 4275 m Höhe gefunden, am Matterhorn noch bei 4200. Unter 2000 m kommt er selten vor, am Simplon noch bei 1620 m.

**Hahnenfußgewächse** *Ranunculaceae*

## Alpen-Hahnenfuß
*Ranunculus alpestris* L.
Hahnenfußgewächse *Ranunculaceae*

**Beschreibung:** Stengel meist 1blütig, nur sehr selten spärlich verzwegt und dann 1–2 weitere Blüten an Astenden. Blüten rein weiß, 2–2,5 cm im Durchmesser. Blütenblätter 5, vorne deutlich ausgerandet, ja eingekerbt. Kelchblätter schmal-eiförmig, weißlich-grün oder grün, kahl. Fruchtstand ziemlich kugelig. Stengel aufrecht, kahl, gefurcht. Stengelblätter 1fach (oberes) oder gelegentlich 3teilig (das untere), oft zu 2 beisammen. Grundblätter im Umriß rundlich bis nierenförmig, nicht ganz bis zum Grunde handförmig, 3–5teilig; Blattspreiten glänzend. Abschnitte meist ziemlich tief zipfeligezähnt. Mai–August. 5–15 cm.

**Vorkommen:** Braucht grundwasser- oder sickerfeuchten, kalkhaltigen und nicht zu nährstoffarmen, steinigen Lehmboden. Besiedelt Schneetälchen, feuchte Stellen in offenen Rasen und feinschuttige, feuchte Rinnen. In den nördlichen Kalkalpen zerstreut, im Schweizer Jura, in den Zentralketten und in den Südalpen selten. Fehlt in den Südostalpen weitgehend. Bevorzugt Höhen zwischen etwa 1500 und 2800 m.

**Wissenswertes:** ♃; (☠). Der Alpen-Hahnenfuß soll nach älteren Angaben reichlich Protoanemonin enthalten. Neuere Befunde, die das bestätigen, sind uns nicht bekannt geworden.
*R. alpestris* L. wird mit Traunfellners Hahnenfuß (*R. traunfellneri* Hoppe: Fruchtstände oval, Grundblätter bis zum Stielansatz handförmig 3teilig; südöstliche Kalkalpen, selten) zur Sammelart *R. alpestris* agg. zusammengefaßt. – Ähnlich: Gekerbter Hahnenfuß (*R. crenatus* W. & K.): Meist 1–2 Blüten, weiß, 2–2,5 cm im Durchmesser (ausgebreitet gemessen). Grundblätter rundlich-nierenförmig, ungeteilt, gekerbt; östliche Zentralalpen; selten.

## Pyrenäen-Hahnenfuß
*Ranunculus pyrenaeus* L.
Hahnenfußgewächse *Ranunculaceae*

**Beschreibung:** Meist nur eine Einzelblüte am Ende des Stengels, sehr selten Stengel im Blütenstandsbereich spärlich verzwegt und dann mit 2–10 Blüten an Stengel- und Astenden. Blüten rein weiß, 2–2,5 cm im Durchmesser. 5 Blütenblätter, die vorne meist etwas behaart und oft unregelmäßig gekerbt und verkürzt, ja überhaupt unvollkommen ausgebildet sind; nicht selten fehlen einzelne Blütenblätter, zuweilen sogar alle. 5 schmal-eiförmige, kahle Kelchblätter. Stengel und blütentragende Äste (falls vorhanden) gerillt und – zuweilen undeutlich – behaart. Stengelblätter fehlen; wenn eines vorhanden ist, ähnelt es im Schnitt den Grundblättern, ist aber viel kleiner. Grundständige Blätter schmal-lanzettlich und ganzrandig, mit parallel-bogig verlaufenden Nerven (auf den ersten Blick ähneln sie zu breit geratenen Blättern vom Schneeglöckchen oder vom Blaustern), kahl, hell grau- oder blaugrün. Mai–Juli. 5–20 cm.

**Vorkommen:** Braucht kalkarme, ja kalkfreie und daher wenigstens schwach saure, feuchte, humusreiche Böden, die aber etwas stickstoffsalzhaltig sein können. Besiedelt vor allem die Zentralketten der Alpen mit Silikatgesteinen, und zwar von den Seealpen bis etwa zu den Tauern. Geht dort in feuchte Matten und nicht allzusehr gedüngte alpine Weiden, bei genügendem Sickerwasserdurchfluß auch an sonnige Stellen. Selten, aber zuweilen in kleineren, auffallenden Beständen. Bevorzugt Höhen zwischen etwa 1600 und 3000 m.

**Wissenswertes:** ♃; (☠). Protoanemonin wurde nicht nachgewiesen. – Entfernt ähnlich: *R. parnassifolius* L.: Blätter breit lanzettlich-herzförmig, Kelch zottig behaart; Süd- und Westalpen, Vorarlberg; selten.

# Hahnenfußgewächse *Ranunculaceae* ▶

Hahnenfuß *Ranunculus*

## Efeublättriger Wasser-Hahnenfuß
*Ranunculus hederaceus* L.
Hahnenfußgewächse *Ranunculaceae*

**Beschreibung:** Blütenstiele entspringen gegenüber dem Ansatz der Blätter, und zwar vorwiegend im oberen Teil des Stengels. Blütenstiele zur Blütezeit kürzer als (und zur Fruchtzeit etwa so lang wie) der Stiel des gegenüberstehenden Blattes. Blüten weiß, nur 4–7 mm im Durchmesser (ausgebreitet gemessen). Blütenblätter 5, schmal-eiförmig, sich nicht berührend, leicht abfallend, am Grund meist nur undeutlich gelbfleckig. Kelchblätter 5, nur ca. 2 mm lang, abstehend. Stengel im Sand kriechend und meist untergetaucht, verzweigt, hohl, kahl. Blätter wechselständig, zuweilen gegenständig, ungeteilt, Blattspreite im Umriß herz- oder nierenförmig, handförmig auf $\frac{3}{4}$ des Spreitendurchmessers eingekerbt, sehr selten ganzrandig; Blattstiele 2–8 cm lang. Mai–Oktober. 10–50 cm.

**Vorkommen:** Braucht schlammigen, nährstoff- und humusarmen Sandboden in einem kühlen, langsam fließenden, kalkarmen oder kalkfreien Gewässer. Besiedelt Quellfluren und Gräben. Kommt im Tiefland selten und in den nördlichen Mittelgebirgen vereinzelt vor. Fehlt in Österreich und in der Schweiz.

**Wissenswertes:** ♃; (☠). Untersuchungen über Inhaltsstoffe sind uns nicht bekannt geworden. Insbesondere gibt es keine Hinweise auf nachgewiesenes Protoanemonin. Der Efeublättrige Hahnenfuß kann also nur als giftverdächtig angesehen werden. Er hat seit dem Ende des Zweiten Weltkrieges nahezu die Hälfte seiner vordem in Mitteleuropa vorhandenen Standorte verloren, und zwar vor allem durch „Melioration" von Feuchtgebieten und durch Gewässerkorrekturen.

## Zwerg-Hahnenfuß
*Ranunculus pygmaeus* WAHLENB.
Hahnenfußgewächse *Ranunculaceae*

**Beschreibung:** Stets nur eine Einzelblüte am Ende des Stengels. Blüte hellgelb, seltener sattgelb, klein, 0,5–1 cm im Durchmesser. Blütenblätter 5, eiförmig, zuweilen etwas ausgerandet. Kelchblätter 5, grün-gelblich oder grün-bräunlich, schütter behaart oder kahl. Stengel aufgebogen oder aufrecht, schütter langhaarig. Meist nur 1–2 Stengelblätter, die oft 3teilig, seltener 5teilig sind. Grundblätter bis auf $\frac{1}{3}$ der Blattspreite handförmig, 3teilig, die beiden äußeren Abschnitte mit einem stumpf-kerbigen Zahn. Spreite kahl. Juli–August. 1–5 cm.

**Vorkommen:** Braucht feuchten, kühlen, etwas humushaltigen, steinigen, kalkarmen oder kalkfreien Lehmboden. Besiedelt nur die östlichen der zentralen Alpenketten mit Silikatgestein (etwa vom Unterengadin an ostwärts) und geht dort in Schneetälchen und Mulden, die nur kurz schneefrei bleiben. Kommt vorwiegend in Höhen zwischen etwa 1800 und 2700 m vor. Selten und auch in kleineren Beständen an seinen Standorten meist unauffällig.

**Wissenswertes:** ♃; (☠). Untersuchungen über Inhaltsstoffe des Zwerg-Hahnenfußes und damit Nachweise von Protoanemonin sind uns nicht bekannt geworden. Er kann also nur als giftverdächtig gelten. – Der Zwerg-Hahnenfuß ist ein kennzeichnendes Mitglied der blütenpflanzenreichen Schneeböden, wie sie nicht nur in den genannten Alpengebieten, sondern auch in den nördlichsten Gebieten Europas vorkommen. Charakterpflanze dieser Gesellschaft ist die Kraut-Weide *(Salix herbacea)*. Auffallend blühende Pflanzen der Gesellschaft sind *Primula glutinosa* und *Soldanella pusilla*.

**Hahnenfußgewächse** *Ranunculaceae*

## Zungen-Hahnenfuß
*Ranunculus lingua* L.
Hahnenfußgewächse *Ranunculaceae*

**Beschreibung:** 2–12 Blüten stehen am Ende des Stengels in sehr lockerem, traubig-rispigem Blütenstand. Blüten goldgelb, sehr groß, 3–4 cm im Durchmesser. 5 Blütenblätter, breit verkehrt-eiförmig, glänzend. 5 Kelchblätter, breit-eiförmig, gelblich-grün, kahl oder außen spärlich behaart. Blütenstiele nicht gefurcht, kahl oder etwas behaart. Stengel aufrecht, kräftig, hohl, nur im Blütenstandsbereich verzweigt, kahl oder schütter angedrückt behaart. Stengelblätter fast 2zeilig gestellt, in Form und Größe kaum von den Grundblättern verschieden. Grundständige Blätter lanzettlich, ungeteilt, mit starkem Mittelnerv und parallelen Seitennerven, bis über 20 cm lang und bis fast 2 cm breit, ganzrandig oder entfernt gezähnt. Bei Pflanzen, die so tief im Wasser stehen, daß sie Schwimmblätter entwickeln, sind diese oval. Ovale Blätter, und zwar mit herzförmigem Grund, sieht man auch an nichtblühenden Pflanzen. Juni–August. 0,5–1,5 m.

**Vorkommen:** Braucht wenigstens zeitweise überschwemmten, kalkarmen, humusreichen Schlammboden. Wächst im Röhricht stehender oder langsam fließender Gewässer. Im Tiefland zerstreut, aber gebietsweise fehlend, im nördlichen Oberrheintal, im Donaugebiet und im Alpenvorland selten und in den tieferen Lagen der Mittelgebirge vereinzelt.

**Wissenswertes:** ♃; ☠. Im Zungen-Hahnenfuß wurde das Glucosid Ranunculin nachgewiesen, aus dem enzymatisch Protoanemonin abgespalten wird. Er ist giftig. – Der Zungen-Hahnenfuß hat seit dem letzten Weltkrieg durch Trockenlegen von Feuchtgebieten viele seiner zuvor bekannten Standorte verloren.

## Brennender Hahnenfuß
*Ranunculus flammula* L.
Hahnenfußgewächse *Ranunculaceae*

**Beschreibung:** 1–15 Blüten stehen am Ende des Stengels in sehr lockerem, traubig-rispigem Blütenstand. Blüten gelb, 0,8–1,5 cm im Durchmesser. 5 Blütenblätter, verkehrt-eiförmig, vorne zuweilen etwas eingedellt, glänzend. 5 Kelchblätter, eiförmig-rundlich, grünlich-gelb, behaart oder kahl, den Blütenblättern anliegend. Stengel aufrecht oder bogig aufsteigend, manchmal an den untersten Knoten wurzelnd. Stengelblätter wechselständig, schmal-lanzettlich, sitzend oder kurzgestielt. Grundständige Blätter ziemlich lang-gestielt, mit lanzettlicher Spreite, die in den Stiel übergeht, manchmal aber auch etwas von ihm abgesetzt ist. Mai–September. 10–50 cm.

**Vorkommen:** Braucht nassen, humosen, sandig-lehmigen oder tonigen Boden. Besiedelt Sumpfwiesen, Gräben, Quellsäume und Flachmoore. Zerstreut und an seinen Standorten meist in kleineren, auch individuenreichen Beständen, die aber wegen der kleinen, locker stehenden Blüten wenig auffallen.

**Wissenswertes:** ♃; (☠). Protoanemonin scheint nicht sicher nachgewiesen, doch wird angenommen, daß es im Kraut vorkommt. Der Brennende Hahnenfuß muß als giftverdächtig gelten. – *R. flammula* L. wird mit dem Ufer-Hahnenfuß (*R. reptans* L.) zur Sammelart *R. flammula* agg. zusammengefaßt. Der Ufer-Hahnenfuß ist an seinem niederliegenden, dünnen und meist verbogenen Stengel, der in der Regel an allen Knoten wurzelt, gut vom Brennenden Hahnenfuß zu unterscheiden; seine Blätter sind lineal, die Blüte erreicht nur 0,7–1 cm im Durchmesser. Er kommt selten am Bodensee und vereinzelt am Mittelrhein, in der Schweiz und in Vorarlberg vor.

# Hahnenfußgewächse *Ranunculaceae*

Hahnenfuß *Ranunculus*

## Bastard-Hahnenfuß
*Ranunculus hybridus* BIRIA
Hahnenfußgewächse *Ranunculaceae*

**Beschreibung:** Am Ende des Stengels steht meist nur 1 Blüte, selten sind 2–3 oder gar mehr Blüten ausgebildet. Blüten 1,2–1,5 cm im Durchmesser, gelb. Blütenblätter 5, breit verkehrt-eiförmig. Kelchblätter kürzer als die Blütenblätter, grünlich-gelb. Stengel aufrecht, kahl, einfach oder nur wenig im Blütenstandsbereich verzweigt. Stengelblätter wechselständig, die oberen oft lanzettlich und ganzrandig, die tiefer stehenden handförmig, 3–5zähnig mit langen, spitzen Zähnen. Eines oder mehrere grundständige Blätter zur Blütezeit meist vorhanden; Blattspreite im Umriß nierenförmig, in den Blattstiel verschmälert, gegen den Stielansatz hin ganzrandig, an den Seiten fein; gegen die Spitze zu grob gezähnt. Blätter grau- bis blaugrün. Juni–August. 5–20 cm.

**Vorkommen:** Braucht sickerfeuchten, doch sommerwarmen, kalkreichen, steinigen, feinerde- oder lehmhaltigen Boden. Besiedelt in den südöstlichen und nordöstlichen Kalkalpen (östlich des Tessins und von Tirol) Steinschutthalden und steinige Matten, geht aber auch ins Latschengebüsch und in feinerdereiche Felsspalten. Bevorzugt Höhen zwischen 1500 und 2500 m. Zerstreut, kommt örtlich in kleineren, an den Standorten auffallenden Beständen vor.

**Wissenswertes:** ⚃; ☠. Ähnlich: Schildblatt-Hahnenfuß (*R. thora* L.): 1–2 Blüten; Blüten gelb, 1,5–2 cm im Durchmesser. Grundständige Blätter zur Blüte- und Fruchtzeit noch nicht vorhanden. Nur 1 voll ausgebildetes, rundliches, am Grunde herzförmiges Stengelblatt, das knapp über der Stengelmitte sitzt, und dessen Blattrand überwiegend fein-gezähnt ist. Schweizer Jura, Westalpen und Südalpen.

## Illyrischer Hahnenfuß
*Ranunculus illyricus* L.
Hahnenfußgewächse *Ranunculaceae*

**Beschreibung:** Blüten einzeln am Stengelende oder an den Enden der spärlichen Äste (sehr selten bis 5 blütentragende Äste). Blüten schwefelgelb, 1–2,5 cm im Durchmesser. Blütenblätter 5, rundlich bis verkehrt-eiförmig. Kelchblätter 5, schmal-eiförmig, außen silbriggrau und zottig behaart, zurückgeschlagen, kürzer als die Blütenblätter. Stengel aufrecht, schlank, sehr spärlich und nur im Blütenstandsbereich verästelt, angedrückt dicht und zottig mit weißen Haaren bestanden. Stengelblätter wechselständig, lineal-lanzettlich. Grundständige Blätter lang-gestielt, 3teilig in lanzettliche Zipfel aufgespalten, die 3–8 cm lang werden können und die gelegentlich nochmals gespalten sind. Blätter ebenfalls dicht und zottig kurzhaarig. Mai–Juni. 30–45 cm.

**Vorkommen:** Braucht nährstoffreichen, trockenen, meist kalkarmen Sand- oder Sandlehmboden, der durchaus in mäßigen Mengen Stickstoffsalze enthalten kann. Liebt sommerliche Trockenheit und besiedelt fast ausschließlich sandige Trockenrasen und Dämme. Sachsen, Sachsen-Anhalt, Niederösterreich und Burgenland. Sehr selten.

**Wissenswertes:** ⚃; ☠. Untersuchungen über Inhaltsstoffe sind uns bezüglich dieser Art nicht bekannt geworden; doch muß man davon ausgehen, daß der Illyrische Hahnenfuß Protoanemonin bzw. Ranunculin enthalten kann. Er muß deswegen als giftverdächtig angesehen werden. Der Verbreitungsschwerpunkt der Art liegt im Süden Osteuropas und im östlichen Südeuropa; das Areal erstreckt sich etwa vom Kaspischen Meer bis nach Süditalien; im Gebiet der pannonischen Flora buchtet es sich nach Norden aus.

**Hahnenfußgewächse** *Ranunculaceae*

## Knolliger Hahnenfuß
*Ranunculus bulbosus* L.
Hahnenfußgewächse *Ranunculaceae*

**Beschreibung:** Mehrere Blüten stehen in einem lockeren, traubig-rispigen Blütenstand. Blüten gelb, 2–3 cm im Durchmesser. Blütenblätter 5, breit verkehrt-eiförmig bis rundlich. Kelchblätter 5, eiförmig-spitz, grünlich-gelb, außen dicht und etwas zottig behaart. Stengel am Grund knollig verdickt (nur zu sehen, wenn man die Pflanze ausreißt!), aufrecht oder etwas aufgebogen, meist nur im Blütenstandsbereich verzweigt, in der Regel schütter, zuweilen auch ziemlich dicht behaart. Stengelblätter wechselständig, weniger aufgeteilt als die Grundblätter. Grundblätter bis zum Stielansatz handförmig, 3teilig; Abschnitte wiederum mehr oder weniger tief eingeschnitten und unterschiedlich lang gezähnt. Mai–Juli. 10–45 cm.

**Vorkommen:** Braucht kalkhaltigen, trockenen Lehmboden, der nicht allzu viele Stickstoffsalze enthalten sollte. Besiedelt Halbtrockenrasen, trockene, ungedüngte Wiesen, Böschungen, Raine und Dämme. Fehlt im westlichen Tiefland auch größeren Gebieten, in Schleswig-Holstein zerstreut, sonst häufig. Steigt in den Alpen bis etwa 2000 m, ist allerdings in den Zentralalpen mit Silikatgestein selten.

**Wissenswertes:** ♃; ☠. In älteren Veröffentlichungen wird der Protoanemonin- und Anemoningehalt in allen Teilen des Knolligen Hahnenfußes als hoch angegeben. Anemonin ist ein Doppelmolekül des Protoanemonins; ihm fehlt die ätzende Wirkung des Protoanemonins. Der Knollige Hahnenfuß muß also als giftig angesehen werden. – *R. bulbosus* L. wird mit *R. adscendens* Brot. und *R. aleae* Willk., die beide nur in Italien und im ehemaligen Jugoslawien vorkommen, zur Sammelart *R. bulbosus* agg. zusammengefaßt.

## Gift-Hahnenfuß
*Ranunculus sceleratus* L.
Hahnenfußgewächse *Ranunculaceae*

**Beschreibung:** Zahlreiche Blüten stehen in einem ziemlich dichten rispigen Blütenstand. Blüten hellgelb, 0,5–1 cm im Durchmesser (ausgebreitet gemessen). Blütenblätter 5, schmal verkehrt-eiförmig, nur etwa so lang wie die Kelchblätter. Kelchblätter 5, gelblich-grün, eiförmig-abgestumpft, außen nur schütter und kurz behaart oder kahl, schräg abwärts zurückgeschlagen, oft frühzeitig abfallend. Fruchtstand eiförmig bis verkehrt-eiförmig oder kurz zylindrisch. Stengel dick (unten bis über 1 cm im Durchmesser!), hohl, deutlich gefurcht, meist von der Mitte an verzweigt. Obere Stengelblätter sitzend, untere kurz gestielt, alle wechselständig, untere den Grundblättern im Schnitt ähnlich, obere weniger geteilt. Grundblätter lang gestielt; Blattspreite tief, manchmal bis zum Stielansatz handförmig, 3teilig; Abschnitte wiederum handförmig mehr oder weniger tief eingeschnitten und unregelmäßig grob gezähnt. Juni–August. 20–80 cm.

**Vorkommen:** Braucht nassen, schlammigen, zeitweise überschwemmten, nährstoff- und humusreichen Schlammboden. Besiedelt Gräben und Uferröhrichte stehender oder langsam fließender Gewässer, oft in Siedlungsnähe. Selten und meist nur in Einzelexemplaren oder individuenarmen, kleinen Beständen. Im Tiefland zerstreut; in den Mittelgebirgen, im Alpenvorland und in den Alpen selten und größeren Gebieten fehlend.

**Wissenswertes:** ☉; ☠. Der Gift-Hahnenfuß enthält größere Mengen von Protoanemonin und von Anemonin. Er muß deswegen als ziemlich giftig angesehen werden. Der Saft frisch abgebrochener Stengel und Blätter kann auf der Haut zu starken Reizungen führen.

# Hahnenfußgewächse *Ranunculaceae*
Hahnenfuß *Ranunculus*

## Sardischer Hahnenfuß
*Ranunculus sardous* Cr.
Hahnenfußgewächse *Ranunculaceae*

**Beschreibung:** Mehrere Blüten stehen in einem lockeren, traubig-rispigen Blütenstand. Blüten gelb, 1–1,5 cm im Durchmesser. Blütenblätter 5, eiförmig bis verkehrt-eiförmig. Kelchblätter 5, eiförmig-spitz, am Rand langhaarig, schon beim Aufblühen bis zum Blütenstiel zurückgeschlagen und bald abfallend. Stengel am Grund nicht verdickt (wichtiges Kennzeichen gegenüber dem Knolligen Hahnenfuß, mit dem die Art verwechselt werden könnte! Will man die Knolle sehen, muß man die Pflanze allerdings ausreißen!), in der Regel schütter, zuweilen auch dicht behaart. Stengelblätter wechselständig, weniger aufgeteilt als die Grundblätter. Grundblätter meist bis zum Grunde handförmig, 3teilig; Abschnitte meist wenig tief eingeschnitten, aber unterschiedlich lang und grob gezähnt. Mai–September. 10–30 cm.

**Vorkommen:** Braucht zeitweise überschwemmten, nassen, stickstoffsalzreichen, kalkarmen Lehm- oder Tonboden, dem Humusbeimischung weitgehend fehlen kann. Besiedelt Ufer, Gräben, Naßstellen auf Wegen und Brachäckern. An der Nordseeküste nordöstlich der Elbmündung, an der Ostseeküste und am Unterlauf der Elbe selten, sonst im Tiefland nur vereinzelt, in den Mittelgebirgen nördlich des Mains selten und größeren Gebieten fehlend, in der Westschweiz und am Alpensüdfuß vereinzelt, in Niederösterreich und im Burgenland zerstreut.

**Wissenswertes:** ☉; (☠). Untersuchungen über den Protoanemoningehalt sind uns nicht bekannt geworden. Der Sardische Hahnenfuß muß dennoch zumindest als giftverdächtig angesehen werden. Viele seiner Standorte sind in neuerer Zeit erloschen.

## Kriechender Hahnenfuß
*Ranunculus repens* L.
Hahnenfußgewächse *Ranunculaceae*

**Beschreibung:** Mehrere Blüten stehen in einem lockeren, traubig-rispigen Blütenstand. Blüten gelb, 2–3 cm im Durchmesser. Blütenblätter 5, seltener 6, breit verkehrt-eiförmig bis rundlich, glänzend. Kelchblätter meist 5, eiförmig, grünlich-gelb, nur schütter behaart oder kahl, den Blütenblättern mehr oder weniger eng anliegend, bald abfallend. Stengel niederliegend, aufgebogen oder gelegentlich aufrecht, oberwärts verzweigt, kahl oder – seltener – etwas behaart, mit langen, oberirdischen, beblätterten und an den Blattansatzstellen wurzelnden Ausläufern. Stengelblätter wechselständig, den Grundblättern ähnlich, aber weniger aufgeteilt als diese. Grundblätter 1–2fach fiederteilig, wobei der Mittelabschnitt der Blätter stets gestielt ist. Abschnitte wiederum tief geteilt und grob gezähnt. Mai–August. 10–50 cm.

**Vorkommen:** Braucht zumindest zeitweise feuchten, steinigen, humushaltigen oder rohen Lehm- oder Tonboden, der ziemlich reichlich Stickstoffsalze enthalten kann; geht auch auf verdichteten Boden. Besiedelt Ufer, Wiesen, lichte und feuchte Wälder, Wege, Äcker, Brachen und Ödland. Sehr häufig; steigt in den Alpen bis über 2200 m.

**Wissenswertes:** ♃; (☠). Der Kriechende Hahnenfuß soll nur wenig Protoanemonin enthalten; er darf infolgedessen als schwach giftig gelten. – Innerhalb der Art findet man viele Exemplare, die sich im Blattzuschnitt, in der Blütengröße und in der Stärke der Behaarung voneinander unterscheiden. Es ist aber nicht möglich, anhand dieser Merkmale Sippen niederer Rangstufe gegeneinander abzugrenzen oder sie mit bestimmten Standorten zu korrelieren.

**Hahnenfußgewächse** *Ranunculaceae*

## Hain-Hahnenfuß
*Ranunculus polyanthemos* L.
Hahnenfußgewächse *Ranunculaceae*

**Beschreibung:** Mehrere bis viele Blüten stehen in einem lockeren, traubig-rispigen Blütenstand. Blüten gelb, 2–2,5 cm im Durchmesser. Blütenblätter 5, breit-eiförmig, glänzend. Kelchblätter 5, außen behaart, den Blütenblättern anliegend. Früchtchen mit kurzem, nur schwach gebogenem Schnabel (Lupe!). Blütenstiel nur schwach, aber deutlich erkennbar (Lupe!) gefurcht und angedrückt behaart. Stengel aufrecht, ab etwa der Mitte verzweigt, unten – oft sehr schütter! – abstehend behaart, oberwärts anliegend kurz behaart. Untere Stengelblätter ähnlich wie die Grundblätter, mittlere und besonders obere weniger zerteilt, alle wechselständig. Grundständige Blätter handförmig bis zum Stielansatz 3-, seltener 5teilig; Abschnitte wiederum tief mehrfach in ziemlich schmale Zipfel geteilt (nicht nur gezähnt). Alle Blätter zumindest schütter, manchmal auch ziemlich dicht abstehend behaart. Mai–Juli. 20–60 cm.

**Vorkommen:** Braucht kalkarmen, etwas sauren, lehmig-sandigen, stickstoffsalzarmen Boden. Liebt sommerliche Wärme. Besiedelt lichte Trockenwälder, Gebüsche und einmähdige Wiesen. Fehlt im Tiefland weiten Gebieten und möglicherweise auch im gesamten Alpengebiet. In den Mittelgebirgen selten.

**Wissenswertes:** ♃; (☠). Der Hain-Hahnenfuß wird mit dem Wald-Hahnenfuß (*R. nemorosus* DC.; siehe diesen), dem Rain-Hahnenfuß (*R. polyanthemophyllus* W. Koch & Hess) – Südwestsippe –, dem Busch-Hahnenfuß (*R. polyanthemoides* Boreau) – Westsippe –, und dem Wurzelnden Wald-Hahnenfuß (*R. serpens* Schrank) – westliche Bergsippe – zur Sammelart *R. polyanthemos* agg. zusammengefaßt.

## Wald-Hahnenfuß
*Ranunculus nemorosus* DC.
Hahnenfußgewächse *Ranunculaceae*

**Beschreibung:** 3–15 Blüten stehen in einem lockeren, traubig-rispigen Blütenstand. Blüten leuchtend gelb, 2–3 cm im Durchmesser. Blütenblätter 5, breit verkehrt-eiförmig bis rundlich. Kelchblätter 5, außen abstehend behaart, den Blütenblättern anliegend. Früchtchen rundlich, mit etwa 1 mm langem, eingerolltem Schnabel. Blütenstiele stark gefurcht und sehr spitzwinklig abstehend behaart. Stengel schief aufrecht oder aufrecht, etwa ab der Mitte verzweigt, unten schütter und eher angedrückt als abstehend behaart. Untere Stengelblätter ähnlich wie die Grundblätter, obere weniger zerteilt, alle wechselständig. Grundständige Blätter dunkelgrün, handförmig bis fast zum Stielansatz 3teilig; Abschnitte höchstens bis auf $\frac{1}{3}$ 2–3teilig, grob und unregelmäßig gezähnt. Blätter abstehend weichhaarig, vor allem auf der Blattunterseite. Mai–Juli. 20–80 cm.

**Vorkommen:** Braucht kalkhaltigen, nährstoffreichen, stickstoffsalzarmen Lehm- oder Tonboden. Besiedelt lichte Laubwälder, geht aber auch in Trockenrasen und in wärmeliebende Gebüsche sowie in ungedüngte alpine Wiesen und Matten. Fehlt im Tiefland gebietsweise; in den Mittelgebirgen und in den Alpen zerstreut.

**Wissenswertes:** ♃; (☠). Ähnlich: *R. serpens* Schrank: Stengel niederliegend-aufsteigend, dicht behaart; sehr selten in den Mittelgebirgen nördlich des Mains, im Südschwarzwald und in den Alpen. – *R. polyanthemophyllos* W. Koch & Hess: Blätter mit gestielten Abschnitten; Früchtchen mit eingerolltem Schnabel; Alpen; sehr selten. – *R. polyanthemoides* Boreau: Blattabschnitte unten verwachsen; Fruchtschnabel gebogen; Westeuropa, vielleicht Schweizer Jura.

# Hahnenfußgewächse *Ranunculaceae*   ▶

Hahnenfuß *Ranunculus*

## Acker-Hahnenfuß
*Ranunculus arvensis* L.
Hahnenfußgewächse *Ranunculaceae*

**Beschreibung:** Mehrere Blüten stehen in einem lockeren, traubig-rispigen Blütenstand am Ende des Stengels bzw. am Ende von Ästen, die zuweilen im unteren Stengeldrittel entspringen. Blüten hellgelb, 0,7–1,5 cm im Durchmesser (ausgebreitet gemessen). Blütenblätter 5, verkehrt-eiförmig. Kelchblätter 5, gelbgrün, locker den Blütenblättern anliegend, mehr oder weniger abstehend behaart. Früchtchen 5–7 mm lang, auf beiden Flächen mit hakig gekrümmten Stacheln besetzt. Fruchtstände nur mit 4–10 Früchtchen. Stengel aufrecht. Untere Stengelblätter gestielt, obere sitzend, doppelt 3teilig; Abschnitte in lange, schmale Zipfel gespalten. Grundständige Blätter 3teilig gezähnt oder spatelförmig (erste Blätter der jungen Pflanze). Mai–Juli. 10–50 cm.

**Vorkommen:** Braucht nährstoffreiche Lehm- oder Tonböden, die auch stickstoffsalzhaltig sein können und die eher trocken als feucht sein sollten. Kommt hauptsächlich auf Getreideäckern und Brachen, seltener auf Ödland vor. Durch die chemische Unkrautbekämpfung sehr selten geworden. Im Tiefland nur vereinzelt; in den Mittelgebirgen nördlich des Mains, im Alpenvorland und in den Alpen sehr selten; in den Mittelgebirgen mit kalkhaltigem Gestein selten, doch gelegentlich noch in kleineren, unauffälligen Beständen.

**Wissenswertes:** ☉; ☠. Der Acker-Hahnenfuß soll reichlich Protoanemonin enthalten und muß daher als giftig gelten. Bemerkenswerterweise werden seine Früchtchen dank ihrer Stacheln durch Tiere verbreitet, in deren Fell sie sich verhaken. Von den mitteleuropäischen Arten der Gattung kommt diese Art der Verbreitung nur beim Acker-Hahnenfuß vor.

## Gold-Hahnenfuß
*Ranunculus auricomus* L.
Hahnenfußgewächse *Ranunculaceae*

**Beschreibung:** Mehrere Blüten stehen in einem lockeren, traubig-rispigen Blütenstand. Blüten goldgelb, 1,5–2,5 cm im Durchmesser. Blütenblätter 5 (zuweilen sind weniger als 5 ausgebildet oder Blütenblätter fallen frühzeitig ab), rundlich bis verkehrt-eiförmig, glänzend. Kelchblätter 5, eiförmig, den Blütenblättern anliegend, gelb-grünlich, abstehend behaart (wenn die Blütenblätter abgefallen sind, fallen meist auch die Kelchblätter ab). Stengel aufsteigend oder aufrecht. Stengelblätter wechselständig, sitzend. 3–5teilig in schmal-lineale Zipfel zerspalten. Grundblätter im Umriß rundlich-nierenförmig, handförmig 3–5teilig, Abschnitte meist nochmals geteilt und zipfelig gezähnt. April–Mai. 20–40 cm.

**Vorkommen:** Braucht feuchten, kalkhaltigen, humus- oder mullreichen Lehm- oder Tonboden. Besiedelt lichte Laub- und Auenwälder, geht aber auch auf sickerfeuchte Bergwiesen, seltener in frische Park- oder Gartenrasen. Zerstreut und oft in ausgedehnten, aber sehr lockeren Beständen. Fehlt in den Mittelgebirgen mit Silikatgestein, im Alpenvorland und in den Zentralalpen gebietsweise. Sonst häufig.

**Wissenswertes:** ♃; (☠). Untersuchungen über Inhaltsstoffe sind uns für diese Art nicht bekannt geworden; doch muß der Gold-Hahnenfuß als giftverdächtig gelten. – Beim Gold-Hahnenfuß vermehren sich viele Sippen apomiktisch, d. h. durch Samen, die aber nicht durch geschlechtliche Fortpflanzung gebildet worden sind. Deswegen ist die Formenvielfalt innerhalb dieser Art groß. Es ist indessen nicht oder nur sehr schwer möglich, Sippen von systematischem Wert gegeneinander abzugrenzen.

**Hahnenfußgewächse** *Ranunculaceae*

## Berg-Hahnenfuß
*Ranunculus montanus* WILLD.
Hahnenfußgewächse *Ranunculaceae*

**Beschreibung:** Blütenstand 1–3blütig. Blüten gelb, 2–3 cm im Durchmesser. Blütenblätter meist 5, gelegentlich bis 9, verkehrt-eiförmig bis rundlich. Kelchblätter meist 5, anliegend, behaart. Stengel aufsteigend oder aufrecht, meist unverzweigt, oft behaart, zuweilen fleischig. Stengelblätter wechselständig, sitzend, vielgestaltig, 3–7teilig. Grundblätter im Umriß rundlich, bis zum Stielansatz 3teilig, dunkelgrün, glänzend, kahl. April–August. 10–50 cm.

**Vorkommen:** Braucht kalkhaltigen, humosen Lehmboden, der eher feucht als trocken sein sollte. Besiedelt Weiden, Fettwiesen und flachmoornahe Feuchtwiesen ebenso wie lichte Wälder und Schutthalden in den Gebirgen. Im Alpen- und Voralpengebiet ab etwa 600 m Höhe zerstreut, vereinzelt im Hegau.

**Wissenswertes:** ♃; ☠. Der Berg-Hahnenfuß soll reichlich Protoanemonin enthalten und muß daher als giftig angesehen werden. – *R. montanus* WILLD. wird mit folgenden Kleinarten zur Sammelart *R. montanus* agg. vereinigt: Kärntner Hahnenfuß (*R. carinthiacus* HOPPE): Blattzipfel 6–15mal so lang wie breit; kahl; Steinrasen; Alpen zerstreut; Jura, selten. – Greniers Berg-Hahnenfuß (*R. grenieranus* JORD.): Blattzipfel höchstens 7mal so lang wie breit, unten am breitesten; Zentralalpen, von 1400 bis 2800 m; zerstreut. – Vorland-Berg-Hahnenfuß (*R. oreophilus* MB.): Junge, unentfaltete Blätter nach unten geknickt; auf Kalkschutt in den Alpen und im Jura; selten. – Venetischer Berg-Hahnenfuß (*R. venetus* HUTER ex LANDOLF): Blattzipfel der kleineren Stengelblätter lanzettlich, knapp unterhalb der Mitte am breitesten; ausschließlich in den Venetischen Alpen; selten.

## Scharfer Hahnenfuß
*Ranunculus acris* L.
Hahnenfußgewächse *Ranunculaceae*

**Beschreibung:** Mehrere Blüten stehen in einem lockeren, traubig-rispigen Blütenstand. Blüten goldgelb, 2–3 cm im Durchmesser. Blütenblätter 5, verkehrt-eiförmig, glänzend. Kelchblätter 5, den Blütenblättern anliegend, gelblich-grün, anliegend oder abstehend behaart. Blütenstiele rund, nie gefurcht. Stengel aufrecht, reich verzweigt, anliegend, unten auch abstehend behaart oder – in der Regel – kahl oder fast kahl. Stengelblätter wechselständig, sitzend, den Grundblättern in der Aufteilung ähnlich, aber nach oben immer weniger zerteilt. Grundblätter mit langem, etwas scheidigem Stiel, bis zum Ansatz des Blattstiels handförmig, 3–5teilig. Abschnitte mehrfach und tief in schmale Zipfel geteilt. Mai–September. 0,2–1 m.

**Vorkommen:** Braucht nährstoff- und stickstoffsalzreiche Lehmböden, die feucht, aber nicht ausgesprochen naß sein sollten. Besiedelt vor allem Fettwiesen, deren Aussehen sie mit ihren Blüten im Mai prägen kann. Bleibt auf Weiden oft in Inseln stehen. Sehr häufig. Steigt in den Alpen bis über 2500 m.

**Wissenswertes:** ♃; ☠. Enthält im frischen Zustand reichlich Protoanemonin, das die Haut stark reizt, schmeckt deshalb scharf (Name!) und gilt zu Recht als giftig. *R. acris* L. wird mit *R. strigulosus* SCHUR zur Sammelart *R. acris* agg. vereinigt. *R. strigulosus*, der Kelchblätter mit rötlichen Haaren und buchtig eingeschnittene Grundblätter besitzt, kommt nur in Südosteuropa vor. In Mitteleuropa werden die ssp. *acris* (Wurzelstock um 1 cm lang; Blattzipfel schmal, sich überdeckend) und die ssp. *friesianus* (Wurzelstock bis 10 cm lang; Blätter nicht bis zum Stielansatz zerteilt; Zipfel überdecken sich nicht) unterschieden.

## Hahnenfußgewächse *Ranunculaceae* ▶

Hahnenfuß *Ranunculus*

## Berberitzengewächse *Berberidaceae* ▶

Berberitze *Berberis*
Sockenblume *Epimedium*

## Mohngewächse *Papaveraceae* ▶

Schöllkraut *Chelidonium*

## Wolliger Hahnenfuß
*Ranunculus lanuginosus* L.
Hahnenfußgewächse *Ranunculaceae*

**Beschreibung:** Mehrere Blüten stehen in einem lockeren, traubig-rispigen Blütenstand. Blüten tief goldgelb (orangegelb), 2–2,5 cm im Durchmesser. Blütenblätter 5, breit verkehrt-eiförmig, glänzend. Kelchblätter 5, den Blütenblättern locker anliegend oder etwas abstehend (nicht zurückgeschlagen!), lang seidig-glänzend lockerhaarig. Blütenstiele rund, nie gefurcht. Stengel aufrecht, meist reich verzweigt, unten hohl, zumindest in der unteren Hälfte dicht abstehend weichhaarig, oben Behaarung oft deutlich kürzer und auch schütterer. Stengelblätter wechselständig, untere meist kurz gestielt und den Grundblättern in der Aufteilung und Form ähnlich, obere meist 3teilig, sitzend. Grundblätter bis 15 cm breit und ebenso lang, im Umriß 5–7eckig, bis auf $\frac{1}{3}$ des Spreitendurchmessers handförmig, 3teilig. Abschnitte nochmals, aber weniger tief eingeschnitten, grob gezähnt. Blätter meist deutlich gelbgrün (bei Pflanzen an sehr schattigen Standorten meist wenig ausgeprägt). Mai–Juli. 30–90 cm.

**Vorkommen:** Braucht kalkreichen, sickerfeuchten, humushaltigen, steinig-lockeren Lehm- oder Tonboden. Besiedelt vor allem Schluchtwälder und artenreiche Buchenbestände, geht aber auch in Auenwälder. Fehlt im Tiefland westlich der Elbe fast überall, desgleichen in den Mittelgebirgen mit Silikatgesteinen. Sonst – vor allem südlich des Mains, in der Schweiz und in Österreich – zerstreut, wenngleich meist nicht bestandsbildend. Geht in den Alpen auch in Hochstaudenfluren und steigt bis etwa 2000 m.

**Wissenswertes:** ♃; (☠). Über den Protoanemoningehalt ist uns bei *R. lanuginosus* nichts bekannt geworden.

## Gewöhnliche Berberitze
*Berberis vulgaris* L.
Berberitzengewächse *Berberidaceae*

**Beschreibung:** Blüten in einfachen, hängenden, vielblütigen Trauben. Blüten gelb, halbkugelig-glockig, 1–1,5 cm im Durchmesser (ausgebreitet gemessen). Blütenblätter 6 (an der Endblüte der Traube 5), breit-eiförmig. Kelchblätter 6 (an der Endblüte 5), gelb oder etwas grünlich-gelb. 6 Staubblätter (Endblüte 5), die sich beim Berühren ihrer Basis nach innen bewegen. Strauch mit glatter, weißlich-grüner Rinde, an dessen Zweigen anstelle der Blätter einfache oder bis 7teilige Dornen stehen, aus deren Achseln beblätterte Kurztriebe entspringen. Blätter oval, 2–6 cm lang, 1–3 cm breit, derb, sommergrün, fein und spitz gezähnt, kahl, in den Stiel verschmälert. Beeren bis 1 cm lang, scharlachrot, sauer. April–Juni. 1–3 m.

**Vorkommen:** Braucht kalkreichen, etwas humusartigen und ziemlich tiefgründigen Lehm- oder Lößboden, der zwar warm, aber nicht längere Zeit hindurch allzu trocken sein sollte. Besiedelt vor allem Waldränder, Gebüsche und lichte Auen. Fehlt im Tiefland. In den nördlichen Mittelgebirgen sehr selten, in den Mittelgebirgen südlich des Mains, in denen kalkreiches Gestein den Untergrund bildet, selten, desgleichen in der Schweiz und in Österreich. In den Alpen vor allem in den niederschlagsärmeren Gebieten. Steigt bis über 2500 m.

**Wissenswertes:** ♄; (☠). Enthält u. a. das Alkaloid Berberin, und zwar vor allem in der Rinde. In den reifen Beeren wurde es hingegen nicht nachgewiesen. Berberin muß als schwach bis mäßig giftig angesehen werden. – Die Berberitze ist Zwischenwirt des Getreiderostes. Er verursacht im Sommer die rostroten Pusteln auf der Unterseite der Blätter.

Hahnenfußgewächse *Ranunculaceae*
Berberitzengewächse *Berberidaceae*
Mohngewächse *Papaveraceae*

## Alpen-Sockenblume
*Epimedium alpinum* L.
Berberitzengewächse *Berberidaceae*

**Beschreibung:** Mehrere Blüten stehen in einer aufrechten oder auch etwas nickenden, drüsig behaarten Rispe. Blüten gelb-rötlich, kaum 1 cm im Durchmesser (ausgebreitet gemessen). Blütenblätter 4, weißlich-gelb, gespornt. 4–6 grünlich-rote, äußere Kelchblätter und 4 innere, dunkelrote Kelchblätter, die etwa 1½mal länger als die äußeren sind. Stengel aufrecht, mit nur 1 Blatt, das den Blütenstand deutlich überragt. Blatt 3fach 3teilig. Teilblättchen 4–8 cm lang, am Grunde herzförmig, vorne in eine deutliche Spitze auslaufend, am Rand wimperig-grannig gesägt, oben dunkler, unten heller grün und hier mit deutlichem, etwas erhabenem Adernetz. März–Mai. 20–40 cm.

**Vorkommen:** Braucht mullreiche, frische, lehmig-sandige Böden. Besiedelt schattige Laubwälder in Gegenden mit sehr warmen Sommern. Fehlt nördlich der Alpen. Kommt in den Südalpen von Ivrea im Westen über das Südufer des Lago Maggiore und des Luganer Sees nach Osten zunehmend bis zum Balkan vor und geht nördlich bis etwa ins Gailtal. Im Westen sehr selten, im Osten zerstreut. Steigt bis etwa 1200 m.

**Wissenswertes:** ♃. Die Alpen-Sockenblume wird gelegentlich in Ziergärten auch bei uns gepflanzt und ist daraus örtlich, wenngleich meist unbeständig, verwildert. Gleiches gilt für andere Arten der Gattung bzw. für Artbastarde, die gelegentlich kultiviert werden. Verwilderte Sockenblumen besiedeln meist lichte, frische Laubwälder. – Ihrer roten Kelchblätter wegen heißt die Alpen-Sockenblume örtlich auch „Bischofsmütze". Die Kelchblätter übernehmen die Aufgabe, die bestäubenden Insekten anzulocken. Die Blütenblätter speichern in ihrem Sporn den Nektar.

## Schöllkraut
*Chelidonium majus* L.
Mohngewächse *Papaveraceae*

**Beschreibung:** 2–10 Blüten stehen in einer sehr lockeren, ungleichmäßigen Dolde. Blüten gelb, 1,5–2,5 cm im Durchmesser. Blütenblätter 4, breit-eiförmig, zuweilen früh abfallend. Kelchblätter 2, blaßgelb und leicht grünlich überlaufen, locker langhaarig, meist früh abfallend. Stengel aufrecht, verzweigt, zerstreut abstehend behaart. Stengelblätter wechselständig, unregelmäßig fiederteilig bis gefiedert. Blattabschnitte eiförmig, unregelmäßig stumpf gezähnt und durch breite Buchten unregelmäßig gelappt, oberseits hellgrün bis gelbgrün, unterseits graugrün bereift, dort vor allem in der Nähe des Randes zerstreut langhaarig. Grundblätter gleich gestaltet wie die Stengelblätter. Stengel und Blätter führen einen auffallenden, tief orangegelben Milchsaft. Mai–September. 20–80 cm.

**Vorkommen:** Braucht stickstoffsalzreiche, eher feuchte als trockene, steinige, sandige oder tiefgründige reine Lehmböden. Liebt leichte Beschattung. Besiedelt Hecken, Mauern, Waldränder, kommt aber auch auf Ödland und an Wegrändern vor. Häufig. Steigt in den Alpen bis über 1600 m.

**Wissenswertes:** ♃; ☠. Die Pflanze enthält verschiedene Alkaloide, u. a. Chelidonin, Sanguinarin, Chelerythrin und Berberin. In neueren Veröffentlichungen wird dennoch die Giftigkeit der frischen Pflanze als nur mäßig charakterisiert. Entgegen früherer Behauptungen ruft der Milchsaft, auf die Haut gebracht, keine Blasenbildung hervor. Der orangegelbe Milchsaft hat schon früher die Aufmerksamkeit der Menschen erregt. Manche Alchimisten glaubten sogar, in dem merkwürdig gefärbten Milchsaft stecke das Geheimnis, wie man Gold machen könne.

## Mohngewächse *Papaveraceae* ▶

Hornmohn *Glaucium*
Mohn *Papaver*

## Gelber Hornmohn
*Glaucium flavum* Cr.
Mohngewächse *Papaveraceae*

**Beschreibung:** Am Ende des Stengels und seiner Äste steht jeweils nur eine einzelne Blüte. Blüten 6–7 cm im Durchmesser (ausgebreitet gemessen), gelb. Blütenblätter 4, rundlich-eiförmig, am Grunde mit einem dunkleren Fleck. Kelchblätter 2, lang behaart, oft früh abfallend. Frucht (Schote) an der Spitze hakig gekrümmt, warzig. Stengel aufrecht, verzweigt, im unteren Teil zerstreut behaart, sonst kahl. Nur Stengelblätter, diese dicklich, die untersten gestielt und bis über 20 cm lang, die oberen sitzend, die unteren fiederteilig mit unregelmäßig gezähnten Lappen, die oberen fast herzförmig und grob buchtig gezähnt-gelappt. Blätter und Stengel blaugrün bereift. Pflanze mit orangegelbem Milchsaft. Juni–August. 30–80 cm.

**Vorkommen:** Braucht nährstoffreichen, besonders stickstoffsalzhaltigen, sandigen Boden, der auch etwas Kochsalz enthalten kann. Hauptverbreitungsgebiet: Mittelmeergebiet und Küsten Westeuropas. Wird gelegentlich verschleppt und kann sich dann – meist unbeständig – vor allem auf sandigen Ödlandstellen in wintermilden Lagen halten. Im östlichen Harzvorland und im Wiener Becken wohl eingebürgert. Ein Vorkommen am Neuenburger See muß als erloschen angesehen werden. Früher wuchs der Gelbe Hornmohn auch in Spülsaumgesellschaften auf der Insel Helgoland. Möglicherweise handelte es sich hierbei um ein ursprüngliches, d. h. nicht durch menschliche Einwirkung entstandenes Vorkommen.

**Wissenswertes:** ☉: (☠). Über Inhaltsstoffe ist uns nichts bekannt geworden. Da jedoch der nahe verwandte Rote Hornmohn Alkaloide enthält, muß auch der Gelbe Hornmohn als giftverdächtig gelten.

## Roter Hornmohn
*Glaucium corniculatum* (L.) Rudolph
Mohngewächse *Papaveraceae*

**Beschreibung:** Die Blüten stehen einzeln in den Blattachseln und sind nur 1–5 cm lang gestielt. Blüten 3,5–5,5 cm im Durchmesser (ausgebreitet gemessen), scharlachrot oder orangegelb. Blütenblätter 4, rundlich-eiförmig, oft mit einem dunkleren Fleck am Grund. Kelchblätter 2, lang behaart, oft früh abfallend. Frucht (Schote) an der Spitze nicht gekrümmt, sondern gerade. Stengel aufrecht, wenig verzweigt, vor allem im unteren Teil zerstreut, oben meist nur sehr schütter behaart. Nur Stengelblätter, diese dicklich, fiederteilig, mit gerundeten Buchten und ziemlich schmalen, unregelmäßig gezähnten Abschnitten, schütter behaart oder oft auch kahl; untere Blätter kurz-gestielt, obere sitzend und mit spitzen Zipfeln halb stengelumfassend. Juni–August. 15–50 cm.

**Vorkommen:** Braucht nährstoffreiche und wenigstens mäßig stickstoffsalzhaltige Böden in ausgesprochen sommerwarmen Lagen. Hauptverbreitungsgebiet: Mittelmeergebiet. In Mitteleuropa nur eingeschleppt und unbeständig auftretend, vor allem auf Ödland, früher auch in Getreideunkrautbeständen. Möglicherweise im östlichen Harzvorland eingebürgert, jedenfalls dort immer wieder gefunden. Ein früher angegebenes Vorkommen im Wallis scheint erloschen zu sein. Standorte in der Schweiz, an denen die Art über mehrere Jahre hinweg in der letzten Zeit aufgetreten ist, sind uns nicht bekannt geworden. Sie kann jedoch immer wieder eingeschleppt werden.

**Wissenswertes:** ☉; (☠). Als Inhaltsstoffe des Roten Hornmohns werden u. a. die Alkaloide Chelerythrin, Chelidonin, Sanguinarin und Berberin angegeben. Er muß daher als zumindest mäßig giftig angesehen werden.

**Mohngewächse** *Papaveraceae*

## Schlaf-Mohn
*Papaver somniferum* L.
Mohngewächse *Papaveraceae*

**Beschreibung:** Am Ende des Stengels und seiner (meist nur spärlich vorhandenen) Äste steht jeweils nur eine einzelne Blüte. Blüten aufrecht, 8–10 cm im Durchmesser (ausgebreitet gemessen), weiß, violett oder rot. Blütenblätter 4, zuweilen vorn etwas eingeschnitten, häufiger am Vorderrand gewellt oder einfach ganzrandig, am Grunde mit einem dunkleren Fleck. Kelchblätter 2, grün, kahl, früh abfallend. Stengel aufrecht, nur im Blütenstandsbereich spärlich verzweigt, im unteren Teil kahl, oben meist schütter borstig behaart. Blätter eiförmig bis lanzettlich, unregelmäßig 1fach bis tief doppelt gezähnt; höchstens auf den Nerven der Blattunterseite mit einzelnen Haaren, sonst kahl, blaugrün; untere Blätter gestielt, mittlere und obere dem Stengel ansitzend, mit breitem Grund etwas stengelumfassend. Die unvertrocknete Pflanze mit weißem Milchsaft. Juni–August. 0,3–1,5 m.

**Vorkommen:** Braucht nährstoffreichen, zumindest mäßig stickstoffsalzhaltigen, nicht allzu trockenen Lehm- oder Lößboden. Bis nach dem Zweiten Weltkrieg als Ölsaatpflanze oft angebaut. Die Bundesrepublik Deutschland ist durch den International Narcotic Control Board derzeit nicht zum Anbau von Schlaf-Mohn zugelassen. Als Backwarenzusatz und in Vogelfuttermischungen eingeführt; nur selten auf Ödland verwildert anzutreffen.

**Wissenswertes:** ☉; (☠). Die unreifen Kapseln sind besonders reich an giftigem Milchsaft. Sie werden angeritzt, der verharzte Milchsaft eingesammelt. Aus ihm stellt man Roh-Opium her. Der Milchsaft enthält u. a. die Alkaloide Morphin, Codein, Thebain, Papaverin und Narcotin. Die Samen sind alkaloidfrei.

## Salzburger Alpen-Mohn
*Papaver sendtneri* KERN. ex HAYEK.
Mohngewächse *Papaveraceae*

**Beschreibung:** Am Ende des unverzweigten Stengels steht jeweils nur eine Einzelblüte. Blüten 4–5 cm im Durchmesser (ausgebreitet gemessen), weiß, sich beim Trocknen nicht blaugrün verfärbend. Blütenblätter 4, rundlich bis verkehrt-eiförmig, sich meist auch bei geöffneter Blüte mit den Rändern berührend oder sich etwas überdeckend, meist mit dunklerem Fleck am Grunde. Kelchblätter 2, dicht braunhaarig, bald abfallend. Narbenkrone flach, Narbenstrahlen 5, nur etwa $\frac{1}{5}$ der Fruchtknotenlänge herablaufend. Stengel blattlos. Blätter in einer grundständigen Rosette, 1–2fach gefiedert, beiderseits mindestens zerstreut, oft aber dicht behaart. Spät gebildete Blätter jederseits mit 3–5 Fiedern 1. Ordnung, auch die untersten höchstens 3 mm lang gestielt. Blattzipfel nur 3–5mal so lang wie breit, oft ein wenig nach außen gebogen. Juli–August. 5–15 cm.

**Vorkommen:** Besiedelt feinerde- oder lehmhaltigen Kalkgesteinsschutt. Besiedelt auch „junge" Halden, die sich noch bewegen. Nördliche Kalkalpen, vom Vierwaldstätter See (Pilatus) bis nach Niederösterreich. Zerstreut.

**Wissenswertes:** ♃; (☠); ▽. Enthält Alkaloide. Folgende Kleinarten werden u. a. zur Sammelart *P. alpinum* agg. zusammengefaßt: Östlicher Alpenmohn (*P. burseri* CR.): Blüten weiß, Blattzipfel schmal; vom Toten Gebirge ostwärts. Kärntner Alpenmohn (*P. kerneri* HAYEK): Blüten gelb, 3–4 cm im Durchmesser, Blattzipfel schmal; Ostketten der Südlichen Kalkalpen. Rätischer Alpenmohn (*P. rhaeticum* LER. ex GRIMLI): Blüten gelb oder rot, oft mehr als 5 Narbenstrahlen, Blattzipfel bis über 5 mm breit; südliche Kalkalpen, Zentralalpen.

# Mohngewächse *Papaveraceae*

Mohn *Papaver*

## Sand-Mohn
*Papaver argemone* L.
Mohngewächse *Papaveraceae*

**Beschreibung:** Am Ende des Stengels und seiner – meist nur spärlich vorhandenen – Äste steht jeweils nur eine einzelne Blüte. Blüten 2,5–5 cm im Durchmesser (ausgebreitet gemessen), dunkel scharlachrot. Blütenblätter 4, verkehrt-eiförmig, am Grunde mit einem schwarzen Fleck. Kelchblätter 2, grünlich-gelb, zerstreut, ja manchmal ausgesprochen schütter behaart, früh abfallend. Frucht keulenförmig, 1,5–2 cm lang und ca. 5 mm im Durchmesser. Stengel aufrecht oder aufsteigend, einfach oder oberwärts etwas verzweigt, anliegend borstig behaart. Stengelblätter wechselständig, sitzend, fiederteilig, mit spitzen Zipfeln. Grundständige Blätter bis fast auf den Mittelnerv meist doppelt oder 3fach fiederteilig, seltener nur 1fach fiederteilig, mit etwas breiteren Zipfeln, als dies die Stengelblätter haben. Mai–Juli. 15–50 cm.

**Vorkommen:** Braucht zumindest schwach sauren, kalkfreien, etwas lehmigen Sandboden. Besiedelt Getreideäcker, vor allem Roggenbestände, seltener Brachen und Ödland. Bevorzugt sommerwarme Standorte. Seit dem Einsatz von Unkrautbekämpfungsmitteln zurückgegangen. Fehlt im westlichen Teil des Tieflandes, in den Mittelgebirgen mit kalkhaltigen Gesteinen und im Alpenvorland größeren Gebieten, in den Alpen mit Ausnahme des Südfußes ganz. Sonst selten und oft nur unbeständig auftretend, vielleicht örtlich auch übersehen.

**Wissenswertes:** ☉; (☠). Über Inhaltsstoffe ist uns beim Sand-Mohn nichts bekanntgeworden. Indessen wurden mehrere Alkaloide beim verwandten Bastard-Mohn nachgewiesen. Man muß infolgedessen wohl davon ausgehen, daß auch der Sand-Mohn Alkaloide enthält.

## Bastard-Mohn
*Papaver hybridum* L.
Mohngewächse *Papaveraceae*

**Beschreibung:** Am Ende der Stengel und Äste steht jeweils nur eine einzelne Blüte. Blüten 2,5–4,5 cm im Durchmesser (ausgebreitet gemessen), ziegelrot bis weinrot. Blütenblätter 4, rundlich bis verkehrt-eiförmig, am Grunde mit einem schwarzen Fleck. Kelchblätter 2, grüngelb, dicht mit 2–3 mm langen Haaren bestanden, früh abfallend. Frucht eiförmig, 1–1,5 cm lang und 7–8 mm im Durchmesser, am Grunde deutlich behaart. Stengel aufrecht, nur selten aufsteigend, meist verzweigt, abstehend oder angedrückt steifhaarig. Stengelblätter wechselständig, 1fach bis doppelt fiederteilig, mit langen, linealen, meist spitzen Zipfeln, borstig behaart. Grundständige Blätter 2–3fach fiederteilig, mit etwas breiteren Zipfeln, als dies die Stengelblätter haben. Mai–Juli. 15–60 cm.

**Vorkommen:** Braucht nährstoffreichen, wenigstens kalkhaltigen, wenn nicht kalkreichen Lehm- oder Sandlehmboden in Gegenden mit sommertrockenem, mildem Klima. Besiedelt Getreidefelder und – seltener – Wegränder, Brachen und Ödland. Heimat: Mittelmeergebiet. In Mitteleuropa nur in den wärmsten Lagen des Weinbaugebiets und in den klimatisch günstigen Gegenden in Ostdeutschland (z. B. östliches Harzvorland, Thüringer Becken, Mittellauf der Elbe) sowie im Wallis (unsicher) und im Tessin. Überall sehr selten und meist unbeständig.

**Wissenswertes:** ☉; (☠). Für den Bastard-Mohn werden mehrere Alkaloide als Inhaltsstoffe angegeben; doch scheinen sie nur in geringer Konzentration vorzukommen. Der Bastard-Mohn wird möglicherweise da und dort übersehen oder auch nicht erkannt. Die Unbeständigkeit des Vorkommens leistet dem Vorschub.

**Mohngewächse** *Papaveraceae*

## Saat-Mohn
*Papaver dubium* L.
Mohngewächse *Papaveraceae*

**Beschreibung:** Am Ende des Stengels und seiner – meist nur spärlich vorhandenen – Äste steht jeweils nur eine einzelne Blüte. Blüten 2–5 cm im Durchmesser (ausgebreitet gemessen), trübrot bis weinrot. Blütenblätter 4, verkehrt-eiförmig, sich mit den Rändern meist nicht deckend, am Grunde nicht immer mit einem schwarzen Fleck. Kelchblätter 2, grün, abstehend behaart, früh abfallend. Frucht keulenförmig, 1,5–2 cm lang, allmählich in den Stiel verschmälert, meist nur 5–7 mm im Durchmesser. Stengel aufrecht, zumindest unten abstehend oder angedrückt behaart, nur selten verkahlend. Stengelblätter wechselständig, die unteren gestielt, die oberen sitzend, 1fach bis doppelt fiederteilig, mit lineal-lanzettlichen, spitzen Zipfeln, die oft noch 1 oder 2 Zähne tragen, borstlich behaart. Eigentliche Grundblätter fehlen. Milchsaft auch an der Luft praktisch weiß bleibend. Mai–Juni. 30–60 cm.

**Vorkommen:** Braucht eher kalkarmen, aber nährstoffreichen Boden, der sandig, lehmig oder tonig sein kann. Bevorzugt sommerwarme und sommertrockene Gegenden. Fehlt im westlichen Tiefland, in den Mittelgebirgen mit Kalkgestein und im Alpenvorland größeren Gebieten, in den Mittelgebirgen und in den Alpen oberhalb etwa 1000 m ganz. Sonst selten und meist nicht in auffallenden Beständen.

**Wissenswertes:** ⊙; (☠). Alkaloide wurden im Milchsaft nachgewiesen. *P. dubium* L. wird mit *P. lecoqii* LAMOTTE und *P. albiflorum* (BESS.) PACZ. zur Sammelart *P. dubium* agg. vereint. Bei *P. lecoqii* wird der Milchsaft an der Luft nach einiger Zeit dunkelgelb. Er wächst auf Kalkböden. *P. albiflorum* kommt nur in Osteuropa vor.

## Klatsch-Mohn
*Papaver rhoeas* L.
Mohngewächse *Papaveraceae*

**Beschreibung:** Am Ende des Stengels und seiner – nur sehr selten vorhandenen – Äste steht jeweils nur eine einzelne Blüte. Blüten 5–8 cm im Durchmesser (ausgebreitet gemessen), ziegelrot, tief scharlachrot oder purpurrot. Blütenblätter 4, rundlich, am Grund oft mit einem schwarzen, zuweilen auch mit einem weinroten Fleck, selten ungefleckt. Kelchblätter 2, dicht abstehend borstig behaart, früh abfallend. Frucht nicht keulig, an der Basis abgerundet, 1–2 cm lang und 0,5–1 cm breit (Breite = mindestens halbe Länge!). Stengel aufrecht bis aufsteigend, nicht oder nur spärlich verzweigt, abstehend borstig behaart. Stengelblätter wechselständig, die unteren 1–2fach fiederschnittig, seltener fiederspaltig, mit grob gezähnten, am Rand oft etwas welligen Zipfeln, gestielt, die oberen sitzend und zuweilen nur 3teilig, mit grob gesägten Zipfeln. Mai–Juli. 20–90 cm.

**Vorkommen:** Braucht kalkhaltigen, trockenen, nährstoffreichen Lehmboden. Besiedelt hier vor allem Getreidefelder, Brachen, Ödland und Wegränder. Ist durch den Einsatz chemischer Unkrautvernichtungsmittel stark zurückgegangen. Fehlt im Tiefland sowie in den Mittelgebirgen und in den Alpen in Lagen oberhalb von etwa 1000 m. Sonst zerstreut.

**Wissenswertes:** ⊙; (☠). Der Milchsaft enthält Alkaloide. Sippen, die man unterschieden hat, sind im Wert umstritten. Als var. *strigosum* (BOENN.) SCHUR. hat man Formen beschrieben, denen der schwarze Fleck am Grunde der Blütenblätter fehlt. Verbreitet sind Unterschiede in der Blattgestalt und im Blattzuschnitt. Blüten vom Klatsch-Mohn wurden als Grabbeigabe bei der Mumie einer ägyptischen Prinzessin gefunden.

# Erdrauchgewächse *Fumariaceae* ▶

Lerchensporn *Corydalis*

## Hohler Lerchensporn
*Corydalis cava* (L.) Schweigg. & Koerte
Erdrauchgewächse *Fumariaceae*

**Beschreibung:** 10–20 Blüten stehen am Ende des unverzweigten Stengels in einer endständigen Traube, und zwar jeweils in der Achsel eines eiförmigen, gelegentlich auch schmal-eiförmigen, stets ganzrandigen Tragblattes. Blüten 2–3 cm lang, 2seitig-symmetrisch, mit einem langen Sporn, trübrot, lila, bläulich oder – seltener – weiß. 4 Blütenblätter, von denen das außen und oben stehende gesporn ist und eine „Oberlippe" bildet; das untere äußere ist eine „Unterlippe". Sporn an der Spitze abwärts gekrümmt. Die inneren Blütenblätter sind weißlich und vorne miteinander verwachsen. Stengel aufrecht, meist mit 2 Blättern. Blätter gestielt, blaugrün, aus 3 gestielten Teilblättern zusammengesetzt. Teilblätter wiederum 3teilig; Abschnitte gezähnt. In der Erde mit kugeliger, brauner, bald hohl werdender Knolle (Name!). März–Mai. 10–30 cm.

**Vorkommen:** Braucht etwas feuchten, lockeren, mullreichen, humosen und nährstoffreichen Lehmboden. Besiedelt vor allem Auenwälder, Schluchtwälder und krautreiche Laubwälder, geht aber auch bei geeignetem Boden in Obstwiesen und in waldnahe Gebüsche. Fehlt im Tiefland, in den Mittelgebirgen mit kalkarmem Gestein, im Alpenvorland und in den Alpen mit kalkarmem oder kalkfreiem Gestein größeren Gebieten. Kommt an seinen Standorten oft in größeren, sehr individuenreichen Beständen vor. Selten.

**Wissenswertes:** ☉; ☠. Enthält – vor allem in der Knolle – giftige Alkaloide. Die Blüten des Hohlen Lerchensporns werden von Bienen besucht und bestäubt. Der Nektar wird in den Sporn abgeschieden und sammelt sich in ihm an. Die Verbreitung der Samen besorgen Ameisen.

## Gefingerter Lerchensporn
*Corydalis solida* (L.) Clairv.
Erdrauchgewächse *Fumariaceae*

**Beschreibung:** 5–20 Blüten stehen am Ende des unverzweigten Stengels in einer endständigen Traube, und zwar jeweils in der Achsel eines Tragblattes, das vorne fingerförmig eingeschnitten ist (die obersten Tragblätter haben zuweilen nur 2 seitliche „Zähne" und können vereinzelt sogar ganzrandig sein). Blüten 1,5–2 cm lang, 2seitig-symmetrisch, mit einem langen Sporn, trübrot, seltener lila, bläulich oder weiß. 4 Blütenblätter, von denen das außen und oben stehende gesporn ist und eine schmalrandige „Oberlippe" bildet; das untere äußere ist eine fast herzförmig ausgerandete „Unterlippe". Sporn kaum gekrümmt. Innere Blütenblätter weißlich, vorne miteinander verwachsen. Stengel aufrecht, meist mit 2 oder 3 Blättern (wobei sich unter dem untersten eine auffällige, bis 2 cm lange Blattschuppe befindet). Blätter gestielt, blaugrün, aus 3 gestielten Teilblättchen zusammengesetzt. Teilblättchen wiederum 3teilig; Abschnitte gezähnt. In der Erde mit kugeliger, brauner, massiver Knolle (Wissenschaftlicher Name: solidus, lat. = fest, massiv). März–April. 10–20 cm.

**Vorkommen:** Braucht etwas feuchten, lockeren, mullreichen, humosen und nährstoffreichen, aber eher kalkarmen Lehmboden. Besiedelt vor allem Laubmischwälder und Gebüsche in warmen Auen. Fehlt im Tiefland, in den Mittelgebirgen mit Kalkgestein und im östlichen Teil Süddeutschlands großen Gebieten, desgleichen in den Nördlichen Kalkalpen und in den Zentralalpen. Sonst sehr selten, aber an seinen Standorten meist in individuenreichen Beständen.

**Wissenswertes:** ♃; ☠; ▽. Enthält – vor allem in der Knolle – giftige Alkaloide. Samenverbreitung durch Ameisen.

**Erdrauchgewächse** *Fumariaceae*

## Mittlerer Lerchensporn
*Corydalis intermedia* (L.) Mérat
Erdrauchgewächse *Fumariaceae*

**Beschreibung:** 1–8 Blüten stehen am Ende des unverzweigten Stengels in einer Traube, und zwar jeweils in der Achsel eines eiförmigen bis lanzettlichen, ganzrandigen Tragblattes (sehr selten können die untersten Tragblätter eingeschnitten sein). Traube am Ende der Blütezeit etwas vornüber gebogen. Blüten 1–1,5 cm lang, trüb purpurrot, sehr selten weiß oder lila. 4 Blütenblätter, von denen das außen und oben stehende gerade gespornt ist. Ober- und Unterlippe weitbuchtig eingeschnitten. Die inneren Blütenblätter sind weißlich und miteinander verwachsen. Stengel aufrecht, meist mit 2–3 Blättern, wobei sich unter dem untersten Blatt eine auffällige, 0,5–2 cm lange Blattschuppe befindet, aus der gelegentlich noch ein steriler Sproß entspringt. Blätter gestielt, blaugrün, aus 3 gestielten Teilblättern zusammengesetzt. Teilblätter 3teilig; Abschnitte gezähnt. In der Erde mit kugeliger Knolle, die auch im Alter nicht hohl wird. März–Mai. 5–15 cm.

**Vorkommen:** Braucht lockeren, mullhaltigen, nährstoff- und basenreichen, aber eher kalkarmen Boden in Lagen mit hoher Luftfeuchtigkeit. Besiedelt vornehmlich Schluchtwälder, geht aber auch in krautreiche Laubwälder, in Gebüsche und in den Alpen auf Viehläger. Fehlt im Tiefland westlich der Elbe und in den Mittelgebirgen westlich der Weser großen Gebieten, kommt am Oberlauf der Donau im Gebiet der Schwäbischen Alb und vereinzelt im Alpenvorland vor, desgleichen im Schweizer Jura, im Wallis und in Österreich. Überall selten.

**Wissenswertes:** ♃; ☠; ▽. Enthält – vor allem in der Knolle – Alkaloide. Samenverbreitung durch Ameisen.

## Zwerg-Lerchensporn
*Corydalis pumila* (Host) Rchb.
Erdrauchgewächse *Fumariaceae*

**Beschreibung:** 1–8 Blüten stehen am Ende des Stengels in einer dicht gedrängten, meist schon jung überhängenden Traube, und zwar jeweils in der Achsel eines keilförmigen, vorne fingerförmig eingeschnittenen Hochblattes (auch die obersten Tragblätter sind wenigstens fingerförmig eingekerbt, aber nie ganzrandig). Blüten 1,2–1,8 cm lang, trüb purpurrot, sehr selten weiß. 4 Blütenblätter, von denen das außen und oben stehende gerade gespornt ist. Ober- und Unterlippe sind buchtig eingeschnitten, die Unterlippe stets stärker als die Oberlippe. Die Unterlippe ist meist auch etwas heller gefärbt als die Oberlippe. Stengel aufrecht, zart, fast immer mit nur 2 Blättern, wobei sich unter dem untersten Blatt eine auffällige, 0,5–1,5 cm lange Blattschuppe befindet, aus deren Achsel oft noch ein blühender oder steriler Sproß entspringt, der wiederum 2 Blätter trägt. Blätter gestielt, blaugrün, aus 3 gestielten Teilblättern zusammengesetzt. Teilblätter wiederum 3teilig, ihre verkehrt-eiförmigen Abschnitte mit 2–3 Zähnen. In der Erde mit kugeliger Knolle, die auch im Alter nicht hohl wird. März–April. 5–20 cm.

**Vorkommen:** Braucht lockeren, mull- und nährstoffreichen Lehmboden. Besiedelt lichte Laubmischwälder und Auenwälder. Kommt in Jütland, auf Usedom, Rügen und Hiddensee, dann wieder im Gebiet der mittleren Elbe und der unteren Saale und schließlich von Steyr bis Wien, von Wien bis Gloggnitz sowie bei Villach vor. Auch in diesen Teilarealen selten.

**Wissenswertes:** ♃; (☠). *C. pumila* muß als giftverdächtig gelten. Untersuchungen über Alkaloide sind uns bei dieser Art nicht bekanntgeworden.

# Erdrauchgewächse *Fumariaceae*

Lerchensporn *Corydalis*
Erdrauch *Fumaria*

## Gelber Lerchensporn
*Corydalis lutea* (L.) DC.
Erdrauchgewächse *Fumariaceae*

**Beschreibung:** 5–16 Blüten stehen am Ende des Stengels in einer Traube; zwar ist der Stengel meist verzweigt, doch enden die Äste blütenlos; nur selten tragen auch sie eine endständige Blütentraube. Die Blüten stehen in der Achsel eines kleinen, schmal-lanzettlichen und fein gezähnten Tragblattes. Sie sind in den Trauben einseitswendig angeordnet, 1,5–2 cm lang, goldgelb; junge Blüten vorne auf der Oberlippe lange mit einem grünlichen Fleck; Sporn fast gerade und nur am hinteren Ende etwas nach unten gekrümmt. Kelchblätter um 5 mm lang, unscheinbar, gezähnt. Stengel aufrecht, in der Regel verzweigt, zart, kahl. Blätter hellgrün, vor allem auf der Unterseite etwas graugrün, lang-gestielt, 2–3fach gefiedert. Blattzipfel eiförmig, mit einer etwas zusammengezogenen, feinen Spitze. Der Gelbe Lerchensporn besitzt ein verzweigtes Rhizom und keine runde Knolle. Mai-Oktober. 10–30 cm.

**Vorkommen:** Braucht gut durchsickerten, felsig-steinigen Boden, der kalkhaltig, ja kalkreich sein sollte. Bevorzugt Gegenden mit milden Wintern. Kommt wild wohl nur in den Südlichen Kalkalpen, etwa zwischen dem Lago Maggiore und den Dolomiten vor. Besiedelt dort Felsspalten und Schutthalden kalkhaltigen Gesteins. Häufig als Zierpflanze in Steingärten eingebracht und daraus in Gegenden mit wintermildem Klima an Mauern, aber auch in warmen Gebüschen und lichten Wäldern beständig verwildert.

**Wissenswertes:** ♃; ☠. Enthält – vor allem in der Knolle – Alkaloide. Ähnlich: Blaßgelber Lerchensporn, *C. ochroleuca* KOCH: Blüten nur 1–1,5 cm lang, blaßgelb; Bergamasker Alpen, Gebiet um Como; selten.

## Rankender Lerchensporn
*Corydalis claviculata* (L.) DC.
Erdrauchgewächse *Fumariaceae*

**Beschreibung:** 3–12 Blüten stehen in dichten, etwas gedrungenen, den Blättern scheinbar gegenüberstehenden Trauben. Blüten weiß, um 1 cm lang, mit kurzem, stumpfem, sackartigem Sporn. Stengel sehr zart, dünn, 4kantig, kahl, mit langen Abschnitten zwischen den Blättern. Blätter wechselständig, gestielt, unpaarig gefiedert, die Fiedern doppelt-3teilig; anstelle der Endfieder und der obersten Seitenfiedern befinden sich verzweigte Wickelranken, die oft am Ende noch blattartig verbreitert sind; mit ihrer Hilfe klettert die Pflanze durch Buschwerk ans Licht. Juni–September. 0,5–1 m.

**Vorkommen:** Braucht sauren, kalkfreien, humosen, sandigen Lehmboden, geht auch auf humose Sandböden. Besiedelt in Gegenden mit hoher Luftfeuchtigkeit, durchschnittlich hohen Niederschlägen und mäßig hohen Sommertemperaturen Waldränder, vor allem von Eichenbeständen. Fehlt im Tiefland östlich der Elbe und in Schleswig-Holstein fast überall und kommt im Tiefland westlich der Elbe zerstreut vor, ist dort im südlichen Teil ebenso wie in den Niederlanden und in Belgien aber eher selten. Hauptverbreitung: im atlantischen Klimabereich in England, Frankreich und Nordspanien.

**Wissenswertes:** ☉; ☠. Enthält Alkaloide. Der Rankende Lerchensporn ist eine typische Pflanze des atlantischen Florenelements. Im Norddeutschen Tiefland kommt sie fast ausschließlich in feuchten Birken-Eichenwäldern vor, die dort an Gegenden mit einem relativ milden und humiden Klima gebunden sind. Die Bodenreaktion der Standorte, auf denen sie stocken, ist meist ziemlich sauer.

**Erdrauchgewächse** *Fumariaceae*

## Rankender Erdrauch
*Fumaria capreolata* L.
Erdrauchgewächse *Fumariaceae*

**Beschreibung:** 5–20 Blüten stehen in blattachselständigen Trauben, und zwar in den Achseln von schmal-lanzettlichen, ganzrandigen Tragblättern, die aber kaum so lang wie die Fruchtstiele werden. Blüten gelblich-weiß, selten rosa, vorne dunkel purpurrot, 1–1,5 cm lang. Auf den Sporn kommen kaum 25% der Blütenlänge. Kelchblätter 4–6 mm lang und 2–3 mm breit, gezähnt. Stengel aufrecht, niederliegend oder kletternd, spärlich verzweigt oder einfach. Stengelblätter wechselständig, mäßig lang gestielt, wenigstens die unteren deutlich blaugrün bereift, doppelt gefiedert, mit den Stielen der Teilblättchen zuweilen rankend (Name!). Teilblättchen unregelmäßig und tief eingeschnitten geteilt; Zipfel und Zähne fein zugespitzt, meist deutlich länger als breit. Mai–September. 0,3–1 m.

**Vorkommen:** Braucht kalkarmen, nährstoffreichen Lehm- oder Tonboden. Besiedelt als „Unkraut" Gärten, geht auch auf Ödland, Brachen oder Schuttplätze. Wurde in den wärmeren Gegenden des Rhein-, Main- und Donaugebiets gelegentlich unbeständig angetroffen, öfter um den Genfer See und am Südalpenfuß. Hauptverbreitungsgebiet: Mittelmeergebiet, Westeuropa.

**Wissenswertes:** ☉; (☠). Enthält Alkaloide. Außer *F. capreolata* könnten auch andere Arten – vor allem in den wärmeren Gebieten – gelegentlich eingeschleppt werden, z. B. *F. agraria* LAG. (Blüten weißlich-rosa, 1,2–1,5 mm lang, Kelchblätter 3–5 mm lang und 1–2 mm breit), *F. bastardii* BOREAU (Blüten blaßrosa, 0,8–1,2 cm lang, Kelchblätter 2–3 mm lang und 1–2 mm breit) oder *F. flabellata* GASP. (Blüten crèmeweiß oder weißlich-rosa; Kelchblätter 3–5 mm lang und 1–2 mm breit).

## Gewöhnlicher Erdrauch
*Fumaria officinalis* L.
Erdrauchgewächse *Fumariaceae*

**Beschreibung:** 10–50 Blüten stehen am Ende des Stengels und der oberen Äste, und zwar in den Achseln von schmal-lanzettlichen Tragblättern, die mindestens halb so lang wie der Fruchtstiel werden. Blüten 6–9 mm lang, tiefrosa, vorne braunrot oder tief purpurrot, ja schwarzrot. Auf dem „Dach" der Oberlippe vorne grüner, schwielenartiger Fleck (schwächer ausgeprägt auch vorne außen an der Unterlippe). Kelchblätter 2–3 mm lang, eiförmig bis lanzettlich, gezähnt. Stengel aufrecht oder aufsteigend, nur undeutlich gerillt, verzweigt, kahl. Blätter gestielt, wenigstens die unteren etwas blaugrün bereift, doppelt gefiedert, zart. Teilblättchen tief geteilt; Zipfel der Teilblättchen 3–6mal so lang wie breit und zugespitzt (die obersten Blätter sind bei blühenden Pflanzen nicht immer ausgewachsen und erscheinen dann kurzzipfeliger). April–Oktober. 10–40 cm.

**Vorkommen:** Braucht nährstoffreichen, lockeren Lehmboden, der kalkarm sein kann. Unkrautgesellschaften aller Art, besonders in Gärten, auf Hackfruchtäckern und in Weinbergen, aber auch auf Ödland, in Brachen und auf Schuttplätzen. Fehlt im Tiefland und in den höheren Mittelgebirgslagen gebietsweise, in den Alpen etwa oberhalb 1800 m. Sonst häufig.

**Wissenswertes:** ☉; (☠). Der Gewöhnliche Erdrauch enthält u. a. das Alkaloid Fumarin (= Protopin) und Bitterstoffe. Seiner Inhaltsstoffe wegen wurde er früher als Heiltee verwendet. Vergiftungen durch die Pflanze sind uns nicht bekannt geworden. Innerhalb der Art unterscheidet man 2 Unterarten: ssp. *officinalis* (mehr als 20 Blüten) und ssp. *wirtgenii* (KOCH) ARC. (10–20 Blüten; Äste sparrig; Pflanze zart).

# Erdrauchgewächse *Fumariaceae*
Erdrauch *Fumaria*

## Dunkler Erdrauch
*Fumaria schleicheri* SOY.-WILL.
Erdrauchgewächse *Fumariaceae*

**Beschreibung:** 8–20 Blüten stehen am Ende des Stengels und der oberen Äste, und zwar in den Achseln von schmal-lanzettlichen Tragblättern, die nur etwa $\frac{1}{4}$–$\frac{1}{3}$ der Länge des Fruchtstiels erreichen. Blüten 5–6 mm lang, dunkelrosa, vorne braunrot oder tief purpurrot, ja schwarzrot. Auf dem „Dach" der Oberlippe vorne grüner, schwielenartiger Fleck (schwächer ausgeprägt auch vorne außen an der Unterlippe). Kelchblätter höchstens 1 mm lang, lanzettlich bis eiförmig, gezähnt, früh abfallend. Stengel aufrecht oder aufsteigend, nur undeutlich gerillt, verzweigt, kahl. Blätter gestielt, wenigstens die unteren etwas blaugrün bereift, doppelt gefiedert, zart. Teilblättchen tief geteilt, Endzipfel höchstens 1–2 mm breit, 3–6mal so lang wie breit. Mai–Oktober. 15–30 cm.

**Vorkommen:** Braucht kalk- und nährstoffreichen, lockeren Lehm- oder Lößboden in Gegenden mit besonders warmen Sommern. Besiedelt dort als Angehöriger von Unkrautgesellschaften Gärten, Weinberge, Äcker und Brachen, gelegentlich auch Trockengebüsche. Sehr selten und ziemlich unbeständig im Weinbaugebiet der nördlichen Pfalz, am Mittelrhein, am Mittellauf des Mains, im württembergischen Unterland, im Südteil der Fränkischen Alb und am Hochrhein, im Berner Jura, in den Zentralalpen, im Wiener Becken, bei Graz, in den Südalpen vom Gardasee bis zum Aostatal sowie im Wallis.

**Wissenswertes:** ☉; (☠). Über Inhaltsstoffe ist uns nichts bekannt, doch dürfte *F. schleicheri* Alkaloide enthalten. Ähnlich: Mauer-Erdrauch (*F. muralis* SONDER ex KOCH): 5–15 Blüten, 5–7 mm lang, dunkelpurpurn; Kelchblätter 2–3 mm breit; Stengel schlaff niederliegend; unbeständig.

## Blasser Erdrauch
*Fumaria vaillantii* LOISEL.
Erdrauchgewächse *Fumariaceae*

**Beschreibung:** 6–14 Blüten stehen am Ende des Stengels und der oberen Äste, und zwar in den Achseln von Tragblättern, die mindestens die Hälfte der Länge des Fruchtstiels erreichen; zuweilen sind die Tragblätter sogar so lang wie der Fruchtstiel. Blüten 5–6 mm lang, blaßrosa, vorne braunrot oder tief purpurrot. Auf dem „Dach" der Oberlippe vorne grüner, schwielenartiger Fleck, der zuweilen nur undeutlich ausgebildet ist. Kelchblätter höchstens 1 mm lang, früh abfallend. Stengel aufrecht oder aufsteigend, nur undeutlich gerillt, verzweigt, kahl. Blätter gestielt, blaugrün bereift, doppelt gefiedert, zart. Teilblättchen tief geteilt; Zipfel der Teilblättchen 2–4 mal so lang wie breit (1–2 mm breit). Mai–Oktober. 5–25 cm.

**Vorkommen:** Braucht nährstoffreichen, kalkhaltigen, wenn auch nicht ausgesprochen kalkreichen, stickstoffsalzhaltigen, lockeren Lehmboden. Unkrautgesellschaften aller Art, besonders in Getreideäckern, Weinbergen, Brachen und an Wegrändern sowie auf stickstoffbeeinflußten Ödländern. Kommt vor allem in den Mittelgebirgen mit kalkhaltigen Gesteinen und im Alpenvorland vor. In der Schweiz selten, in den sommerwarmen Gegenden Österreichs zerstreut, sonst sehr selten und ziemlich unbeständig.

**Wissenswertes:** ☉; (☠). Enthält ähnliche Alkaloide wie der Gewöhnliche Erdrauch. *F. vaillantii* wird mit dem Kleinblütigen Erdrauch (*F. parviflora* LAM.): Blüten weißlich, Tragblätter mindestens so lang wie der Fruchtstiel; Rhein-Maingebiet) sowie mit Schramms Erdrauch (*F. schrammii* (ASCH.) VELEN.: Blütentraube fast sitzend, länger als ihr Stiel; Blüten blaßlila, Thüringen-Brandenburg) zur Sammelart *F. parviflora* agg. zusammengefaßt.

**Erdrauchgewächse** *Fumariaceae*

## Geschnäbelter Erdrauch
*Fumaria rostellata* Knaf
Erdrauchgewächse *Fumariaceae*

**Beschreibung:** 8–20 Blüten stehen am Ende des Stengels und der oberen Äste, und zwar in der Achsel von schmal-lanzettlichen Tragblättern, die etwa ⅔ so lang wie der Fruchtstiel werden. Blüten um 7 mm lang, rosa bis purpurrot, an der Spitze dunkler. Kelchblätter 3eckig, etwas hinfällig, um 2 mm lang und um 1,5 mm breit, rundlich-eiförmig, ungleich gezähnt, insgesamt etwa halb so lang wie die Blüte, wenn man sie ohne den Sporn in der Länge mißt. Stengel aufsteigend oder aufrecht, ästig, beblättert. Blätter gestielt, doppelt gefiedert, mit wiederum fiederig oder handförmig geteilten Fiedern, deren Zipfel nur 1–2 mm breit, Blätter dadurch insgesamt zart wirkend. Ganze Pflanze blaugrün bereift. Juni–September. 15–50 cm.

**Vorkommen:** Braucht kalkhaltigen, stickstoffsalzreichen, lockeren oder wenigstens nicht zu sehr verdichteten Lehmboden. Besiedelt Hackfruchtäcker, seltener Ödland oder Brachen. Heimat: Osteuropa und gemäßigtes Asien; Westgrenze der Verbreitung etwa an der gedachten Linie Wien–Oder. In Niederösterreich, Thüringen, Sachsen-Anhalt und Sachsen vereinzelt, doch meist nur unbeständig. In den alten Ländern der Bundesrepublik im Zuge der floristischen Kartierungen für den „Atlas der Farn- und Blütenpflanzen" nicht sicher nachgewiesen.

**Wissenswertes:** ☉; (☠). Über Inhaltsstoffe beim Geschnäbelten Erdrauch ist uns nichts bekannt geworden. – Wie andere Arten der Gattung dürfte er geringe Mengen von Alkaloiden enthalten und daher als zumindest giftverdächtig oder als schwach giftig anzusehen sein. Auf mögliches Auftreten im westlichen Mitteleuropa sollte geachtet werden.

## Dichtblütiger Erdrauch
*Fumaria densiflora* DC.
Erdrauchgewächse *Fumariaceae*

**Beschreibung:** 20–25 Blüten stehen am Ende des Stengels und der oberen Äste, und zwar in den Achseln von schmal-lanzettlichen Tragblättern, die meist etwas länger werden, als es die Fruchtstiele sind. Blüten um 6 mm lang, rosa, vorne schwarzrot oder dunkel purpurrot. Kelchblätter um 3 mm lang und nur wenig schmäler, fast ganzrandig oder nahezu wimperig ausgefranst. Stengel aufsteigend bis aufrecht, verzweigt, kahl, wie die Blätter etwas blaugrün bereift. Blätter gestielt, doppelt gefiedert, die Fiedern nochmals geteilt; Zipfel der Teilblättchen mindestens 3mal so lang wie breit, leicht zugespitzt. Mai–Oktober. 10–50 cm.

**Vorkommen:** Heimat: West- und Südeuropa, dort auf Hackfruchtäckern oder auf lückigen, trockenen Rasen bzw. auf Brachen und ortsnahem Ödland. Wird in Mitteleuropa neuerdings immer wieder – wenngleich auch nur unbeständig – beobachtet, und zwar am Alpensüdfuß sowie in warmen Gegenden auf Hackfruchtäckern.

**Wissenswertes:** ☉; (☠). Beim Dichtblütigen Erdrauch hat man Alkaloide gefunden, und zwar bis zu rund 0,25 % des Trockengewichts frischgepflückter Pflanzen. Er muß daher zumindest als schwach giftig gelten. Berichte über Vergiftungen sind uns nicht bekannt geworden; Vergiftungen sind in Mitteleuropa wegen des sporadischen Auftretens der Art auch nicht zu erwarten. – Interessant wäre es zu wissen, wie die Art bei uns eingeschleppt wird. Möglicherweise geschieht dies mit importiertem Saatgut für „Wildgraswiesen" oder Klee, wie es neuerdings üblich geworden ist. Wegen ihres hohen Anspruchs an sommerwarmes Klima ist jedoch nicht damit zu rechnen, daß die Art sich einbürgert.

# Nelkengewächse *Caryophyllaceae* ▶

Rade *Agrostemma*
Pechnelke, Lichtnelke *Lychnis*

## Korn-Rade
*Agrostemma githago* L.
Nelkengewächse *Caryophyllaceae*

**Beschreibung:** Blütenstand mit meist nur 1, seltener mit 2–3 Blüten („Wickel"). Blüten mit 5 Blütenblättern, langstielig, dunkel purpurviolett, 2,5–4 cm im Durchmesser. Kelch im unteren Drittel röhrig verwachsen, mit 5 sehr langen, schmalen Zipfeln und 10 Nerven. Stengel kräftig, aufrecht, meist unverzweigt oder nur am Grund wenigästig, dicht grauzottig. Blätter gegenständig, sitzend, am Grunde miteinander verbunden, lineal-lanzettlich bis lineal, grau behaart. Juni–September. 30–90 cm.

**Vorkommen:** Braucht nährstoffreiche, sandige oder lehmige Böden. Besiedelt dann Getreideäcker. War früher ein verbreitetes Getreideunkraut. Durch die Technik der Saatgutreinigung wurden ihre Samen indessen so vollständig aus dem Saatgut entfernt, daß die Pflanze heute in weiten Gebieten Mitteleuropas als ausgestorben gelten muß. In Rasengesellschaften oder auf Eisenbahnschotter scheint sie in Mitteleuropa nicht konkurrenzfähig zu sein; sie kommt hier allenfalls unbeständig vor. Sehr selten.

**Wissenswertes:** ☉; ☠; ▽. Ursprüngliche Vorkommen der Korn-Rade sind nicht bekannt. Vermutlich war die Art im östlichen Mittelmeergebiet beheimatet, ehe sie zum Getreideunkraut wurde. Samen der Korn-Rade wurden bei Ausgrabungen von Siedlungen aus der frühen Jungsteinzeit gefunden. Allerdings waren sie noch kleiner als die der heutigen Pflanzen. Im Größerwerden der Samen muß man eine Anpassung an die Ausbreitung mit Getreidesaat sehen, ebenso im langen Verbleiben der Samen in der Kapsel; beides wirkte dem „Ausgesiebtwerden" entgegen. Die Korn-Rade enthält – vor allem im Samen – giftige Saponine. Vergiftungen waren früher nicht selten.

## Echte Pechnelke
*Lychnis viscaria* L.
Nelkengewächse *Caryophyllaceae*

**Beschreibung:** Blütenstand eine Rispe, deren Hauptäste gegenständig sind. Blüten purpurrot, 1,5–2,5 cm im Durchmesser. Blütenblätter mit deutlich unterscheidbarem Nagel („Stiel") und flach ausgebreiteter, etwas abgestutzter oder sehr flach ausgerandeter Platte, am Schlundeingang mit einer kaum 3 mm hohen, 2teiligen Schuppe („Nebenkronblatt"). Kelch tütig verwachsen, meist um 1 cm lang, trübrot. Stengel aufrecht, unter den oberen Stengelblättern mit einem schwärzlichen, klebrigen Leimring. Grundblätter rosettig, schmal-lanzettlich, bis über 10 cm lang. Stengelblätter gegenständig, schmal-lanzettlich, am Grunde verwachsen. Mai–Juni. 15–50 cm.

**Vorkommen:** Braucht mäßig nährstoffhaltige und vor allem kalkarme, wenngleich nicht kalkfreie, sandige Lehmböden in Gegenden mit eher warmen und trockenen Sommern. Besiedelt hier unbewirtschaftete Rasen und Heiden (düngerempfindlich), geht auch an Waldränder, in lichte bodensaure Laubwälder und in trockene Gebüsche. Selten, im Südosten zerstreut. Steigt in den Mittelgebirgen und in den Alpen kaum über 1000 m.

**Wissenswertes:** ♃; (☠). Die Echte Pechnelke wird sowohl von Bienen als auch von Schmetterlingen bestäubt. Sie enthält Saponine. Über irgendwelche Vergiftungen, auch von Tieren, ist uns nichts bekannt geworden. Der wissenschaftliche Artname *viscaria* bezieht sich auf die klebrigen „Leimringe" (lat. viscarius = klebrig) unter den Knoten der oberen Blätter. Über eine biologische Bedeutung dieser Leimringe ist nichts bekannt. – Seit dem Zweiten Weltkrieg hat die Art vor allem Rasenstandorte durch Düngung und Nutzungsintensivierung verloren.

**Nelkengewächse** *Caryophyllaceae*

## Alpen-Pechnelke
*Lychnis alpina* L.
Nelkengewächse *Caryophyllaceae*

**Beschreibung:** Blüten meist ziemlich dicht kopfig-ebensträußig am Stengelende angeordnet. Blüten etwa 1–1,5 cm im Durchmesser, purpurrot. Blütenblätter (mit Nagel) etwa 1 cm lang, am Schlundeingang mit einer etwa 1 mm hohen, 2teiligen Schuppe, vorn 1–2 mm tief spitzwinklig eingekerbt. Stengel aufrecht, unverzweigt, nicht klebrig. Gut ausgebildete Blattrosette. Rosettenblätter 1,5–4 cm lang, lineal oder spatelförmig, mit einem kurzen, breiten, am Rande lückig bewimperten Stiel, sonst kahl. 1–3 Paare von lineal-eiförmigen, sitzenden, kahlen Stengelblättern. Juli–August. 5–15 cm.

**Vorkommen:** Braucht trockene, nährstoff- und insbesondere kalkarme oder kalkfreie Böden in alpiner Lage. Kommt daher nur in den Silikatketten der Zentralalpen vor, aber auch hier gebietsweise fehlend. Besiedelt meist ausgiebig besonnte Stellen auf Graten und Schutthalden, geht aber ebenfalls in steinige Matten. Sehr selten.

**Wissenswertes:** ⚳; (☠). Trotz des anderen Erscheinungsbildes ist die Alpen-Pechnelke mit der Echten Pechnelke offensichtlich ziemlich nahe verwandt. Dies zeigt sich darin, daß beide Arten leicht miteinander bastardieren. Vermutlich hat sich die Alpen-Pechnelke im Mittelmeergebiet als eine Sippe der Echten Pechnelke entwickelt, die dem Leben im Hochgebirge angepaßt war. Erst beim Rückzug der Gletscher am Ende der Eiszeit dürfte die Art Skandinavien, die Britischen Inseln, Island, Grönland und Nordamerika erobert haben, wo sie heute ebenfalls, allerdings selten, vorkommt. In ihrem Verbreitungsgebiet innerhalb der Alpen ist die Art nur sehr wenig veränderlich und daher einheitlich.

## Kuckucks-Lichtnelke
*Lychnis flos-cuculi* L.
Nelkengewächse *Caryophyllaceae*

**Beschreibung:** Blüten locker rispenartig am Ende des Stengels. Blütenblätter (mit Nagel) 1,5–2,5 cm lang, rosa, tief in 4 Zipfel zerschlitzt, am Schlundeingang mit einer 2teiligen, etwa 3 mm hohen Schuppe („Nebenkrone"). Kelch auf etwa $\frac{2}{3}$ seiner Länge verwachsen, 10rippig. Stengel aufrecht, unverzweigt, unter den Knoten der oberen Blätter und im obersten Bereich zuweilen etwas klebrig. Grundblätter rosettig, 4–10 cm lang, schmal spatelig, allmählich in einen breiten Stiel verschmälert. 3–5 Paare von Stengelblättern, gegenständig, sitzend, etwas spatelig-lanzettlich, kahl oder am Grund schwach gewimpert. April–Juni. 30–70 cm.

**Vorkommen:** Braucht nassen oder wechselfeuchten, nährstoffreichen, humushaltigen, neutralen bis schwach sauren Lehmboden. Besiedelt bis in mittlere Gebirgslagen (etwa 1300 m) sumpfige Fettwiesen und Naßwiesen, geht auch auf Raine und zeigt dort Sickerwasserführung an. Häufig; zuweilen in größeren, meist lockeren Beständen.

**Wissenswertes:** ⚳; (☠). Die Kuckucks-Lichtnelke enthält Saponin, das angeblich nierenschädigend wirken soll. Über Vergiftungen ist uns indessen nichts bekannt geworden. Der deutsche und der wissenschaftliche Artname beziehen sich auf die Schaumklümpchen („Kuckucksspeichel"), die man häufig im oberen Teil des Stengels findet. Diese Klümpchen werden aus Ausscheidungen der Larve der Schaumzikade (*Aphrophora spumaria* L.) gebildet. Sie lebt im Schutz dieses Schaumklümpchens. Nach einer anderen Deutung soll sich der Name darauf beziehen, daß der Kuckuck zur Blütezeit der Kuckucks-Lichtnelke zu uns aus dem Winterquartier zurückkehrt.

# Nelkengewächse *Caryophyllaceae*

Felsennelke *Petrorhagia*
Strahlensame *Silene*

## Steinbrech-Felsennelke
*Petrorhagia saxifraga* (L.) Lk.
Nelkengewächse *Caryophyllaceae*

**Beschreibung:** Blüten in sehr armblütigen Rispen oder einzeln an den Stengel- und Astenden. Blüten flach ausgebreitet bis schwach trichterig, 0,8–1,2 cm im Durchmesser, hellviolett, lila oder rosa, dunkler geadert, sehr selten auch fast weiß. Kelch engglockig oder weitwalzlich, etwa 6 mm lang, bis zu 4 mm hoch verwachsen und bis zur halben Höhe von 4 trockenhäutigen Schuppen umhüllt. Kelchzähne etwa 2 mm lang. Stengel niederliegend bis aufsteigend, meist vom Grunde an ziemlich stark verzweigt, meist kahl, seltener sehr schütter kurzhaarig. Blätter am Stengel gegenständig, sitzend, untere 0,5–1 cm lang, 0,5–1,5 mm breit, obere kürzer, alle sehr schmal-lanzettlich. Juni–September. 10–25 cm.

**Vorkommen:** Braucht kalkreichen oder doch kalkhaltigen, sehr lockeren Boden, der sandig oder steinig sein kann, feinerdearm sein darf und trocken-warm sein muß. Besiedelt im Fränkischen und im Schweizer Jura, vereinzelt in den Nördlichen Kalkalpen sowie in den zentral- und südalpinen Tälern an Orten mit besonders mildem Klima Trockenwiesen und lückige Rasen auf Felsschutthalden. Bevorzugt Höhen zwischen etwa 500 und 1500 m. Hauptverbreitung: Mittelmeergebiet und Vorderasien. Im Jura sehr selten, in den Alpen selten. In Niederösterreich und im Burgenland zerstreut.

**Wissenswertes:** ♃. Die verhältnismäßig kleinen Blüten bringen reichlich Nektar hervor. Sie werden vor allem von Fliegen und kleinen Bienen, gelegentlich auch von Schmetterlingen besucht. Die Steinbrech-Felsennelke enthält Saponarin. Eine frühere Verwendung in der Volksmedizin ist uns nicht bekanntgeworden.

## Sprossende Felsennelke
*Petrorhagia prolifera* (L.) Ball et Heyw.
Nelkengewächse *Caryophyllaceae*

**Beschreibung:** Blüten stehen meist einzeln, selten auch zu wenigen in einem Köpfchen, das – wie die Einzelblüten – von 6–8 trockenhäutigen schuppenartigen Hochblättern umgeben ist, am Ende des Stengels. Blüten oberhalb des langen Kelchs ausgebreitet, 0,5–1 cm im Durchmesser, hellrosa bis lila. Blütenblätter vorn deutlich, aber flach ausgerandet. Kelch röhrenförmig, unten krugförmig erweitert, 1–1,5 cm lang, kahl, unten sehr hellgrün, nach oben zuerst rötlich, dann bräunlich überlaufen, bis zur Spitze von 2 trockenhäutigen Schuppen eingehüllt. Kelchzähne höchstens 2 mm lang. Stengel aufrecht, am Grunde, zuweilen auch weiter oben wenig verzweigt, oft unverzweigt, kahl. Blätter sitzen gegenständig am Stengel; sie besitzen zuweilen eine violett überlaufene Scheide, sind 2–3 cm lang und 2 mm breit. Juni–Oktober. 10–40 cm.

**Vorkommen:** Braucht nährstoff- und feinerdearmen Boden, der sandig oder steinig sein sollte, geht aber auch auf entkalkten, lockeren Lößlehm. Besiedelt schüttere Rasen auf Sand, Steingrusböden, Bahnschotter und Anbrüche an Wegen im Lößgebiet. Bildet an ihren Standorten meist kleinere, lockere, doch gelegentlich individuenreiche Bestände. Selten. Steigt in den Gebirgen kaum über 700 m.

**Wissenswertes:** ☉. Die Blüten der Sprossenden Felsennelke bestäuben sich in der Regel selbst. Jedenfalls ist Insektenbesuch selten, die Samenbildung indessen reichlich. Spätnachmittags schließen sich die Blüten. Sie sehen dann ausgesprochen unansehnlich aus. Die Sprossende Felsennelke enthält Saponin. Eine Giftwirkung ist uns nicht bekanntgeworden.

Nelkengewächse *Caryophyllaceae*

## Alpen-Strahlensame
*Silene alpestris* Jacq.
Nelkengewächse *Caryophyllaceae*

**Beschreibung:** Blütenstand wenigblütiges Dichasium. Blüten 1–1,5 cm im Durchmesser, weiß, zuweilen zartrosa überhaucht. Blütenblätter vorn 4–6zähnig, am Schlundeingang mit einer kurzen, 2teiligen Schuppe („Nebenkrone"). Kelch etwa 5–8 mm lang, becherartig weit, undeutlich 10nervig, sehr kurzhaarig. Stengel aufsteigend oder aufgebogen-aufrecht, kahl oder zerstreut behaart, oberwärts klebrig. Neben den blühenden Trieben blütenlose, die im wesentlichen aus einer Rosette grundständiger Blätter bestehen, die 3–5 cm lang werden, etwas ledrig wirken und die spatelförmig-lanzettlich allmählich in den Stiel verschmälert sind; sie sind am Grunde meist etwas gewimpert. Stengelblätter gegenständig, unten ziemlich dicht aufeinanderfolgend, oben lockerer stehend, breit oder schmal-lineal. Juni–August. 10–30 cm.

**Vorkommen:** Braucht kalkreichen, feuchten, steinigen Boden in alpinem Klima. Wächst auf Schutthalden, an Felsen, auf Bachgeröll, im Latschengebüsch und an Waldrändern. Endemisch in den östlichsten Teilen der Nördlichen und Südlichen Kalkalpen sowie in einzelnen „Inseln" in den östlichen Zentralalpen, sofern es Kalk als Untergrund gibt. Wächst bevorzugt in Höhenlagen zwischen etwa 1500 und 2500 m. Selten. Vereinzelt herabgeschwemmt auf Geröll im Alpenvorland, z. B. im Flußgebiet der Enns.

**Wissenswertes:** ♃. *Silene alpestris* wurde früher – u. a. zusammen mit dem Echten Strahlensamen (*S. pusilla*, s. dort) – in die Gattung „*Heliospema*" (= Sonnensame) gestellt. Die Namen beziehen sich auf die eingekrümmten Samen dieser Arten; auf deren Rücken sind dornartige Fortsätze strahlig angeordnet.

## Echter Strahlensame
*Silene pusilla* W. et K.
Nelkengewächse *Caryophyllaceae*

**Beschreibung:** Wenigblütiger, rispenartig-dichasialer, lockerer Blütenstand. Blüten 0,8–1,2 cm im Durchmesser, weiß. Blütenblätter vorn ausgerandet oder 4zähnig, am Schlundeingang mit 2teiliger Schuppe („Nebenkrone"), die etwa 1 mm hoch wird. Kelch etwa 5 mm lang, in der verwachsenen unteren Hälfte krugförmig, undeutlich 10nervig, kahl, Kelchzähne bis fast 3 mm lang, meist rötlich überlaufen bis rötlich. Stengel aufsteigend, meist einfach, zuweilen auch einmal oder – seltener – mehrfach gabelig verzweigt, sehr dünn, oberwärts klebrig. Neben den blühenden Stengeln gibt es stets auch nichtblühende Triebe. Blätter gegenständig am Stengel, am Blattgrund sehr locker und unauffällig behaart, 1–3 cm lang und nur 1–3 mm breit, sehr schmal-lanzettlich, die untersten zuweilen etwas spatelig-lanzettlich. Juni–September. 5–20 cm.

**Vorkommen:** Braucht sickernassen, kalkhaltigen, steinigen Boden, der etwas humos sein kann und lehmig sein darf. Besiedelt in den Nördlichen und Südlichen Kalkalpen, im Schweizer Jura und im Alpenvorland, vereinzelt auch auf kalkhaltigem Gestein in den Zentralalpen Quellfluren, Stellen mit austretendem Hangdruckwasser, überrieselte Felsen und Rinnsale in alpinem Felsschutt. In den Kalkalpen zerstreut, sonst sehr selten.

**Wissenswertes:** ♃. *S. pusilla* W. et K. wird heute als Kleinart aufgefaßt und mit *S. veselskyi* (Janka) Bég. zur Sammelart *S. pusilla* agg. vereinigt. *S. veselskyi* zeichnet sich durch starke Behaarung aus. Sie kommt im ehemaligen Jugoslawien, in Italien und im südöstlichen Österreich selten vor. Beide Arten steigen im Gebirge tiefer hinab als der Alpen-Strahlensame.

# Nelkengewächse *Caryophyllaceae* ▶

Lichtnelke, Leimkraut *Silene*

## Weiße Lichtnelke
*Silene alba* (Mill.) E. H. L. Krause
Nelkengewächse *Caryophyllaceae*

**Beschreibung:** Pflanze mit entweder männlichen oder weiblichen Blüten („zweihäusig"). Blütenstand locker-sparrig dichasial, wobei die Blüten ziemlich einseitig gestellt sind. Blüten 1,5–2,5 cm im Durchmesser, rein weiß. Kronblätter am Rand nur 2–5 mm eingekerbt, mit breiten, ovalen Zipfeln, am Schlundeingang eine 2 mm hohe, 2teilige Schuppe, die einen gezähnten Rand besitzt. Kelch bei den männlichen Blüten 1,5–2 cm lang, unten stark bauchig, grün, doch oft rötlich überlaufen, mit 10 grünen, zuweilen auch rötlichen Nerven, bei den weiblichen Blüten 2–3 cm lang, gleichgestaltet und gleichfarbig, aber mit 20 Nerven. Kelche bei beiden Geschlechtern behaart und mit 5–7 mm langen Kelchzähnen. Stengel aufrecht, im oberen Teil oft verzweigt, kurzhaarig. Blätter breitlanzettlich bis oval, 6–8 cm lang und 1–2,5 cm breit. Juni–September. 40–90 cm.

**Vorkommen:** Braucht nährstoffreichen, nicht allzu trockenen, steinigen oder sandigen Lehmboden, der vor allem nicht zu arm an Nitraten sein sollte. Besiedelt Schuttplätze und Wegränder, geht aber auch an den Rand von Gebüschen und an Waldränder. Zerstreut, gelegentlich in kleineren, lockeren, individuenarmen Beständen.

**Wissenswertes:** ☉. Die Blüten der Weißen Lichtnelke entfalten sich erst spät abends. Dann verströmen sie einen starken Duft. Tags sehen sie welk und verblüht aus. Bestäuber sind Nachtschmetterlinge, die mit ihren langen Rüsseln an den tief am Blütengrund verborgenen Nektar heranreichen. Neben dem Duft spielt beim Anlocken der Bestäuber wohl auch die starke UV-Reflexion der Blüten eine Rolle.

## Rote Lichtnelke
*Silene dioica* (L.) Clairv.
Nelkengewächse *Caryophyllaceae*

**Beschreibung:** Pflanze mit entweder männlichen oder weiblichen Blüten („zweihäusig"). Blütenstand locker-sparrig dichasial, wobei die Blüten etwas einseitig und an den Astenden gehäuft und ziemlich dicht gestellt sind. Blüten 1,5–2,5 cm im Durchmesser, hell purpurrot oder rosa (sehr selten auch weiß). Blütenblätter am Rand 3–8 mm eingekerbt, mit breiten, ovalen Zipfeln, am Schlundeingang mit 2teiliger, weißlicher Schuppe („Nebenkrone"), die 1–2 mm hoch wird und deren Rand meist deutlich gezähnt ist. Kelch 1–1,5 cm lang, meist rötlich, langhaarig, bei den männlichen Blüten röhrig und 10nervig, bei den weiblichen Blüten krugförmig aufgeblasen und 20nervig. Stengel aufrecht, im oberen Teil oft verzweigt, nicht klebrig, ziemlich dicht und lang behaart. Grundständige Blätter in einer Rosette, etwas spatelig bis breit-lanzettlich. Stengelblätter gegenständig, oval bis lanzettlich. April–September. 0,3–1 m.

**Vorkommen:** Braucht nährstoffreichen, feuchten Lehm- oder Sandboden, der gut mit Humus versorgt sein sollte. Wächst vor allem in feuchten Wiesen und Wäldern. Häufig. Kommt an ihren Standorten meist in kleinen, oft dichten und individuenreichen Beständen vor. Steigt in den Alpen bis über 2300 m.

**Wissenswertes:** ♃. Die Rote Lichtnelke wurde früher – u. a. zusammen mit *S. alba*, *S. noctiflora* und *S. viscosa* – in eine eigene Gattung „Lichtnelke" *(Melandrium)* gestellt. Der Name war für diese Art sinnvoll, da ihre Blüten im Gegensatz zu denen der Weißen Lichtnelke tags geöffnet sind. Wegen der Weißen Lichtnelke, deren Blüten nachts entfaltet sind, verwendete man auch den Namen „Nachtnelke".

**Nelkengewächse** *Caryophyllaceae*

## Acker-Lichtnelke
*Silene noctiflora* L.
Nelkengewächse *Caryophyllaceae*

**Beschreibung:** Blütenstand dichasial, zuweilen mit nur sehr wenigen Blüten (im Extrem mit nur 1 Blüte!). Blüten 2–2,5 cm im Durchmesser, zwittrig, erst abends und in der Nacht geöffnet, oberseits blaß rötlich (Blütenblätter auf der Unterseite auch cremefarben bis blaßrosa). Blütenblätter am Schlundeingang mit 2teiliger Schuppe, die etwa 1 mm hoch wird, am vorderen Rand 0,5–1 cm tief eingekerbt; Zipfel oval. Kelch 1,5–2,5 cm lang, weißlich-grün, mit 10 auffallend grünen Nerven, auf denen schütter lange Haare stehen. Stengel aufrecht, oben oft verzweigt, ziemlich dicht behaart, oben zumindest schwach klebrig. Blätter grundständig und am Stengel gegenständig, unterste schmal verkehrt-eiförmig, bis 5 cm lang, bis 1,5 cm breit, schütter kurzhaarig. Juni–September. 15–45 cm.

**Vorkommen:** Braucht kalkhaltigen, nährstoffreichen, trockenen, lehmigen Boden und sommerliche Wärme. Leidet unter Spätfrösten. Wächst als Getreideunkraut, geht aber auch an Wege und auf stickstoffbeeinflußte, dorfnahe, trockene Ödlandstellen. Zerstreut, aber meist nicht in Beständen. Steigt in den Gebirgen kaum bis 1000 m.

**Wissenswertes:** ☉. Die Blüten beginnen abends zu duften, ehe sie sich entfalten. Man kann auch nachweisen, daß dann bereits Nektar abgesondert wird. Hauptbestäuber sind Nachtschmetterlinge, die mit ihren langen Rüsseln den Nektar erreichen können. Pollenfressende Bienen, Fliegen und Käfer bestäuben die Blüten ebenfalls recht oft. Sie fliegen besonders in den frühen Abendstunden. Daneben spielt sicher Selbstbestäubung eine größere Rolle, vor allem wenn zur Blütezeit schlechtes Wetter herrscht.

## Klebriges Leimkraut
*Silene viscosa* (L.) Pers.
Nelkengewächse *Caryophyllaceae*

**Beschreibung:** Blüten endständig in einem vielstöckigen Blütenstand aus gegenständigen „Stockwerken", in denen jederseits jeweils nur 1–3, selten mehr Blüten stehen. Blüten sehr kurz-gestielt, 1,5–2 cm im Durchmesser, rein weiß. Blütenblätter tief in 2 lineal-zungenförmige Zipfel geteilt, am Schlundeingang ohne Schuppe („Nebenkrone"). Kelch 1–2 cm lang, walzlich oder schwach aufgetrieben, grün, 10nervig. Stengel aufrecht und in der Regel unverzweigt. Grundblattrosette vorhanden; Grundblätter in einen Stiel verschmälert. Stengelblätter sitzen gegenständig, zu 5–10 Paaren am Stengel, eiförmig-lanzettlich, am Rand auffällig stark buchtig gewellt. Ganze Pflanze dicht drüsigzottig behaart und klebrig. Mai–Juli. 30–70 cm.

**Vorkommen:** Braucht kalkarmen, aber nährstoffreichen Sandboden und ein Klima mit eher trockenen und warmen Sommern. Hauptverbreitung: Osteuropa, Südsibirien, Nordpersien. In Mitteleuropa nur in Dänemark, auf Rügen und Hiddensee (sehr selten in küstennahen Felsen) sowie in Niederösterreich und im Burgenland, hier zerstreut. Besiedelt salzige Steppenwiesen, geht aber auch an Wegränder und Dämme.

**Wissenswertes:** ☉. An den Ostseestandorten wächst das Klebrige Leimkraut küstennah in Felsklippen, die von Zugvögeln als Rastplatz benutzt werden. Es liegt nahe anzunehmen, daß die Samen des Klebrigen Leimkrauts von ziehenden Vögeln verbreitet werden. Diese nördlichen Standorte entsprechen nicht der Norm. Möglicherweise wird das Klebrige Leimkraut an ihnen deswegen konkurrenzfähig, ja überlegen, weil es durch den hochkonzentrierten Vogelmist nicht geschädigt, sondern gedüngt wird.

# Nelkengewächse *Caryophyllaceae* ▶
Leimkraut *Silene*

## Stengelloses Leimkraut
*Silene acaulis* (L.) Jacq.
Nelkengewächse *Caryophyllaceae*

**Beschreibung:** Blüten einzeln am Astende. Blütenstiele bis 3 cm lang. Die Triebe verzweigen sich im Laufe des Alterns, und zwar um so stärker, je weiter oben am „Hauptstamm" sie ansetzen. So bilden sie insgesamt ein flach halbkugeliges, sehr dichtes Polster mit zuweilen sehr dicht stehenden Blüten. Blüten 0,8–1,5 cm Durchmesser, purpurrot. Blütenblätter um 3 mm breit, vorn ausgerandet oder ein wenig eingeschnitten, am Schlundeingang mit kurzer, kaum 1 mm hoher, 2teiliger Schuppe, die indessen auch fehlen kann. Kelch etwa auf $\frac{2}{3}$ der Länge verwachsen, 10nervig, 4–8 mm lang, oft mehr oder weniger stark rot überlaufen, sonst grün, kahl. Stengel dicht mit kurzen Blättern bestanden, die sich fast dachziegelartig decken, nicht klebrig. Blätter sehr schmal-lanzettlich, 0,5–1 cm lang, etwa 1 mm breit und dicklich. Juni–September. 1–5 cm.

**Vorkommen:** Liebt kalkreiche oder zumindest kalkhaltige, steinige, humose, meist etwas lehmige Böden in alpinem Klima. Wurzelt tief. Besiedelt alpine Steinrasen, Grate und Schutthalden. Bevorzugt Höhen zwischen etwa 2000 und 3000 m. In den Nördlichen und Südlichen Kalkalpen häufig, sonst selten.

**Wissenswertes:** ♃; ▽. Die Blüten des Stengellosen Leimkrauts duften stark. Dadurch und durch die zahlreichen Blüten werden viele Bestäuber angelockt, selbst an Standorten in extremer Höhenlage, an denen Insekten rar sind. – Mit *S. acaulis* wird das Stiellose Leimkraut (*S. exscapa* All.) als Kleinart zur Sammelart *S. acaulis* agg. zusammengefaßt. *S. exscapa* hat Blütenstiele von höchstens 0,7 cm Länge. Es kommt in den westlichen Zentralalpen vor.

## Felsen-Leimkraut
*Silene rupestris* L.
Nelkengewächse *Caryophyllaceae*

**Beschreibung:** Wenige Blüten stehen in einem lockeren Dichasium. Die Blütenstiele sind mindestens ebenso lang, meist aber 2–4mal so lang wie der Kelch. Blüten 1–1,5 cm im Durchmesser, weiß oder rosa. Blütenblätter vorn tief ausgerandet, meist ohne Schlundschuppe oder mit nur undeutlicher Schlundschuppe. Kelch um 5 mm lang, grün, kahl. Stengel zart, aufsteigend, seltener aufrecht und dann meist etwas knickig, verzweigt, nicht klebrig. Blätter gegenständig, blaugrün, 0,5–2 cm lang, 2–5 mm breit, lanzettlich. Juni–September. 10–20 cm.

**Vorkommen:** Braucht nährstoff- und kalkarmen, sandigen oder steinigen Boden, der im übrigen etwas lehmig, humos oder humus- bzw. feinerdearm sein kann. Besiedelt als Pionierpflanze Felsspalten, Mauern oder offenen Boden in Lagen zwischen etwa 1500 und 2500 m, geht hier auch in steinige Matten, auf Schutthalden, in Trockenrasen und in lichte Wälder. Kommt in den Silikatketten der Zentralalpen zerstreut, in den höchsten Lagen des südlichen und mittleren Schwarzwaldes und der Vogesen selten vor. Bildet an ihren Standorten meist kleinere, lockere Bestände.

**Wissenswertes:** ♃; ▽. Das Felsen-Leimkraut bildet neben den „normalen" zwittrigen Blüten auch 1geschlechtige aus, und zwar überwiegen unter diesen eindeutig die weiblichen Blüten. Rein männliche sind sehr selten. Fliegen, Falter und Hummeln bestäuben die Blüten. – Die Pflanze fruchtet meist reichlich, so daß eine Pflanze mehr als 1000 Samen zur Reife bringt. Die leichten Samen werden vom Wind verweht. Dadurch und durch ihre große Zahl wird das Überleben unter widrigen Bedingungen gesichert.

◀

**Nelkengewächse** *Caryophyllaceae*

## Walliser Leimkraut
*Silene vallesia* L.
Nelkengewächse *Caryophyllaceae*

**Beschreibung:** Am Stengelende steht meist nur 1 Blüte, gelegentlich sind es 2 oder 3. Blüten 2–3 cm im Durchmesser. Blütenblätter mit langem Nagel und breiter, vorn deutlich (2–4 mm tief) eingekerbter Platte, oberseits hellrosa, unterseits deutlich dunkler gefärbt und mindestens hellrot, am Schlundeingang mit 2teiliger, etwa 2 mm hoher Schuppe („Nebenkrone"). Fruchtknoten mit 3 Griffeln. Kelch 2–2,5 cm lang, weißgrün, zuweilen rötlich überlaufen, mit 10 grünen oder roten Nerven, mit sehr kurzen Drüsenhaaren bestanden (Lupe!). Kelch bis auf die 1–3 mm langen Zähne verwachsen. Stengel aufsteigend, wenig verzweigt, mit sehr kurzen Drüsenhaaren bestanden und daher etwas klebrig. Neben blühenden Stengeln stets blütenlose. Blätter gegenständig, lanzettlich, 1 bis über 4 cm lang, 3–7 mm breit. Juli–August. 8–20 cm.

**Vorkommen:** Braucht kalk- und nährstoffarme, steinige Böden in sommerwarmer Lage, die feinerde- bzw. humusarm sein können. Besiedelt in Mitteleuropa nur die westalpinen Silikatketten, etwa bis zur Südkette des Wallis; hier ist es in den Südketten (z.B. in den Visper Tälern) häufiger als in den Nordketten, in denen es gebietsweise fehlt. Wächst dort vornehmlich auf Schutthalden und in Felsritzen, geht aber auch in steinige, lückige Matten. Bevorzugt eher sommerwarme Lagen; selten.

**Wissenswertes:** ♄-♃. Die Blüten des Walliser Leimkrauts öffnen sich erst spät abends zwischen 20 und 21 Uhr. Bestäuber sind Nachtfalter. – Ähnlich: Steinbrech-Leimkraut (*S. saxifraga* L.): 1–3 Blüten am Stengel; Blätter bis 2,5 cm lang, höchstens 3 mm breit; Wallis, Südalpenfuß, südlicher Schweizer Jura; selten.

## Nelken-Leimkraut
*Silene armeria* L.
Nelkengewächse *Caryophyllaceae*

**Beschreibung:** 7–15 Blüten sitzen in einem ziemlich dichten, scheindoldigen, endständigen Dichasium; allerdings gibt es in den Achseln der obersten Stengelblätter oft noch seitenständige Teilblütenstände, die prinzipiell gleich gebaut, aber armblütiger sind. Blüten 1–1,5 cm im Durchmesser, rosa oder hell purpurrot, vorn gerundet oder leicht ausgerandet, am Schlundeingang mit einer etwa 3 mm hohen, 2teiligen Schuppe („Nebenkrone"). Fruchtknoten mit 3 Griffeln. Kelch 1,5–2 cm lang, oben keulig verbreitert, gelbgrün, oft rötlich überlaufen, kahl, 10nervig. Kelchzähne etwa 1 mm lang. Stengel aufrecht, im oberen Teil verzweigt und unter den Knoten klebrig. Blätter sitzend, fast stengelumfassend, 3–6 cm lang, 1,5–2 cm breit, eiförmig-lanzettlich, meist deutlich bläulich-grün. Juni–September. 10–50 cm.

**Vorkommen:** Braucht kalkarmen, sandigen oder reinen Lehmboden, der aber nicht zu wenige Nährsalze enthalten sollte. Bevorzugt Böden, die nicht allzu trocken, doch keineswegs feucht oder gar naß sind. Besiedelt Felsritzen und Schutthalden, geht aber auch in Gebüsche, an Waldsäume, Wegränder und in Heiden. Heimat: Südeuropa. Gelegentlich als Zierpflanze in Gärten gehalten, selten und unbeständig verwildert; eingebürgert (oder ursprünglich) in sehr milden Gegenden des westlichen und südlichen Mitteleuropa.

**Wissenswertes:** ☉-♃. Das Nelken-Leimkraut wird ausschließlich von Tagschmetterlingen bestäubt, weil nur sie mit ihren langen Rüsseln den tief in der Blüte verborgenen Nektar erreichen können. – Ganz vereinzelt sieht man neben den „normalen" zwittrigen Blüten auch 1geschlechtig weibliche.

# Nelkengewächse *Caryophyllaceae* ▶

Leimkraut *Silene*

## Taubenkropf-Leimkraut
*Silene vulgaris* (MOENCH) GARCKE
Nelkengewächse *Caryophyllaceae*

**Beschreibung:** Blüten in einem lockeren, rispig wirkenden Dichasium. Blüten 1–2 cm im Durchmesser, weiß, selten schwach rosa überhaucht. Blütenblätter bis fast zum Ansatz des Nagels an der Platte tief 2teilig, Lappen der Platte lanzettlich, am Schlundeingang meist ohne Schuppe. Kelch auffällig bauchig aufgeblasen, um 1,5 cm lang, grünlich-weiß, rötlich-bräunlich oder braunviolett überlaufen, in diesen Farbtönen oder trüboliv geadert, 20nervig. Kelchzähne nur 1–3 mm lang. Stengel über dem Boden meist aufgebogen, sonst aufrecht, wenig verzweigt, nicht klebrig. Blätter gegenständig, breit-lanzettlich, bis 5 cm lang (zuweilen noch länger) und 0,3–1 cm breit, oberste wesentlich kleiner und schmal-lanzettlich. Juni–August. 20–50 cm.

**Vorkommen:** Stellt keine besonderen Ansprüche an den Boden, bevorzugt aber trockenen, mäßig nährstoffreichen, steinigen Untergrund. Besiedelt Trockenrasen, Gebüsche, Steinschutt und Wegränder. Häufig, oft in kleineren, lockeren, eher individuenarmen Beständen. Geht in den Alpen bis etwa 2200 m.

**Wissenswertes:** ♃. Der aufgeblasene Kelch hat der Art ihren deutschen Namen verschafft. Innerhalb der Art werden unterschieden: Ssp. *prostrata* (GAUDIN) SCHINZ ist westalpin, erreicht aber z. B. das Wallis nicht mehr; ssp. *glareosa* (JORD.) MARSDEN-JONES & TURRILL ist eine vorwiegend niederliegend-aufsteigend wachsende Gebirgsrasse; ssp. *antelopum* (VEST) HAYEK ist sehr hochwüchsig; sie kommt nur in den Ostalpen vor; ssp. *vulgaris* ist allgemein verbreitet; ssp. *angustifolium* (MILL.) HAYEK kommt wahrscheinlich nur im Mittelmeergebiet vor.

## Kegelfrüchtiges Leimkraut
*Silene conica* L.
Nelkengewächse *Caryophyllaceae*

**Beschreibung:** Blüten stehen in einem armblütigen Dichasium, also oft einzeln, gelegentlich zu 2 oder selten zu 3 am Ende der Äste. Blüten hell purpurrot, 1–1,5 cm im Durchmesser. Blütenblätter vorn 1–3 mm eingekerbt, am Schlundeingang mit deutlicher, jedoch nur stark 1 mm hoher, 2teiliger Schuppe („Nebenkrone"). Kelch 1–1,5 cm lang, nur unten etwas aufgeblasen, oben schlanker, mit sehr kurzen Drüsenhaaren bestanden, grün oder rötlich, 30nervig. Kelchzähne 3–4 mm lang, spitz. Kapseln 0,7–1,2 cm lang. Stengel aufrecht, einfach oder wenig verzweigt, oben durch Drüsenhaare schwach klebrig, unten kurz und dicht drüsenlos behaart. Blätter gegenständig, schmal-lanzettlich, 0,5–2 cm lang, 2–4 mm breit, am Stengelgrund rosettig gehäuft und hier größer und breiter als am Stengel. Mai–Juli. 5–20 cm.

**Vorkommen:** Braucht kalkarmen oder kalkfreien, sandigen, mäßig nährstoff- und humushaltigen Boden. Kommt in sandigen Rasen auf Dünen und in Heiden vor. Ausgesprochen wärmeliebend, daher nur in den mildesten Gegenden im südlichen Mitteleuropa, im Tiefland höchstens unbeständig eingeschleppt. Hauptverbreitung im nördlichen Mittelmeergebiet.

**Wissenswertes:** ☉. Das Kegelfrüchtige Leimkraut braucht neben der Wärme eine gewisse Luftfeuchtigkeit. Die Vorkommen im Oberrheingebiet sowie im Gebiet von Mosel, Nahe und Ahr sind wahrscheinlich ursprünglich. Jedenfalls tritt hier die Pflanze immer wieder auf, obschon sie 1jährig ist. – Ähnlich: Großkegeliges Leimkraut (*S. conoidea* L.): Blätter schütter bis mäßig stark behaart; Kapseln 1,2–1,8 cm lang; Heimat: Südeuropa; sehr selten mit Kleesaat eingeschleppt.

**Nelkengewächse** *Caryophyllaceae*

## Gabelästiges Leimkraut
*Silene dichotoma* EHRH.
Nelkengewächse *Caryophyllaceae*

**Beschreibung:** Blütenstand ein Dichasium, dessen Seitenäste so stark verkürzt sind, daß der Blütenstand als einseitswendige Ähre erscheint. Blüten 1–1,8 cm im Durchmesser, weiß oder ganz zartrosa überhaucht, etwas nickend, vorn tief 2teilig, mit ovalen Zipfeln und angedeuteter, 2teiliger Schuppe am Schlundeingang („Nebenkrone"). Kelch 1–1,5 cm lang, weißlich-grün, mit 10 langhaarigen, grünen Nerven und 2–3 mm langen Kelchzähnen. Stengel aufrecht, im oberen Teil verzweigt, nicht klebrig, dicht kurzhaarig und schütter langhaarig. Blätter lanzettlich, keine eigentlichen Rosettenblätter; Stengelblätter gegenständig; untere etwas spatelig-lanzettlich, mit breitem, zottig behaartem Stiel, obere schmal-lanzettlich, sehr kurz gestielt oder sitzend; untere Blätter bis etwa 4 cm lang und bis zu 1,5 cm breit, in einen zottigen Stiel verschmälert. Juni–Juli. 20–50 cm.

**Vorkommen:** Braucht nährstoffreiche, zumindest kalkhaltige oder gar kalkreiche Lehmböden. Gedeiht nur in Gegenden mit sommerwarmem und eher trockenem Klima. Wächst dort in Unkrautbeständen in Getreideäckern, geht aber auch in Leguminosenfelder, wie z. B. Luzernepflanzungen. Bei uns nur vereinzelt und unbeständig aus dem Hauptverbreitungsgebiet eingeschleppt. Heimat: Südliches Osteuropa.

**Wissenswertes:** ☉. Die Blüten des Gabelästigen Leimkrauts öffnen sich erst am späten Abend. Dann duften sie. Der starke Duft lockt Nachtschmetterlinge an, die die Bestäubung besorgen. Die Art ist vermutlich erst im 19. Jahrhundert aus Osteuropa als Saatgutverunreinigung eingeschleppt worden. Sie hat in klimagünstigen Gegenden rasch Fuß gefaßt.

## Französisches Leimkraut
*Silene gallica* L.
Nelkengewächse *Caryophyllaceae*

**Beschreibung:** Blütenstand mit einem ährenartigen endständigen „Ast" und mit meist 1, seltener mit 2 ebenfalls ährenartigen Seitenästen. Untere Blüten kurz gestielt, obere z. T. sitzend, 1–1,5 cm im Durchmesser. Blütenblätter weiß, rosa oder – selten – mit einem tiefroten Fleck, ganzrandig oder flach ausgerandet, am Schlundeingang mit einer 2teiligen, etwa 1 mm hohen Schuppe („Nebenkrone"). Kelch 0,8–1 cm lang, hellgrün, mit 10 dunkelgrünen Nerven, behaart. Kelchzähne 1–3 mm lang. Stengel aufrecht, nur oben schwach klebrig. Blätter gegenständig, schmal eiförmig-spatelig, untere kurz gestielt, obere sitzend, mit kurzen, gekräuselten Haaren, zwischen denen schütter längere Haare stehen. Juni–Juli. 10–40 cm.

**Vorkommen:** Braucht nährstoffreichen, aber eher kalkarmen, überwiegend trockenen Boden, dem gelegentliche Feuchtigkeit nicht fehlen sollte und der im übrigen lehmig oder tonig sein kann. Liebt sommerliche Wärme. Kommt ausschließlich in klimabegünstigten Gegenden des südlichen Mitteleuropas in Unkrautgesellschaften in Weinbergen oder auf Äckern, seltener auf schuttigen Flächen, selten und unbeständig vor. Hauptverbreitungsgebiet: Mittelmeergebiet.

**Wissenswertes:** ☉. Das Französische Leimkraut war in Mitteleuropa noch nie häufig und möglicherweise nur in der Südschweiz, allenfalls in Südwestdeutschland und in Niederösterreich heimisch. Überall ist es hier durch die modernen Techniken der Unkrautbekämpfung zurückgegangen. – Entfernt ähnlich: *S. cretica* L. und *S. linicola* C. C. GMEL. Beide Arten waren Unkräuter der Flachsäcker und sind mit ihnen aus Mitteleuropa seit Jahrzehnten verschwunden.

# Nelkengewächse *Caryophyllaceae* ▶

Leimkraut *Silene*
Taubenkropf *Cucubalus*

## Ohrlöffel-Leimkraut
*Silene otites* (L.) WIBEL
Nelkengewächse *Caryophyllaceae*

**Beschreibung:** Blüten endständig in einem vielstöckigen Blütenstand aus quirlartigen „Stockwerken". Blüten kurz gestielt, 0,5–1 cm im Durchmesser, grünlich-gelb. Blütenblätter ganzrandig, lineal bis schmal zungenförmig, am Schlundeingang ohne Schuppen. Kelch nur 3–5 mm lang, grün oder rötlich überlaufen, kahl, 10nervig. Kelchzähne kaum 1 mm lang. Stengel aufrecht, einfach oder oben wenig verzweigt und hier klebrig. Grundblätter stehen in einer ausgesprochenen Rosette (neben der es häufig auch nichtblühende Rosetten gibt), wie die untersten Stengelblätter behaart. Stengelblätter gegenständig; desto kleiner, je höher sie am Stengel stehen; mittlere und obere Stengelblätter kahl. Alle Blätter spatelförmig bis lanzettlich. Juni–Juli. 20–50 cm.
**Vorkommen:** Braucht steinige, flachgründige Lehm- oder Sandböden, die humos, locker und eher trocken sein sollten und die ziemlich flachgründig sein dürfen. Wärmebedürftig; kommt deshalb vorwiegend in Gegenden Mitteleuropas vor, in denen die Sommer verhältnismäßig warm und trocken sind. Auch dort sehr selten, und zwar in Trockenrasen, auf trockenen Sandflächen und an steinigen Hängen im Tiefland östlich der Elbe, in den Mittelgebirgen und in den trockeneren Bereichen der Zentralalpentäler.
**Wissenswertes:** ♃. *S. otites* (L.) WIBEL wird zusammen mit *S. borysthenica* (GRUNER) WALTERS, *S. densiflora* (D'URV.) GROSSH. und *S. pseudotites* BESS. ex RCHB. zur Sammelart *S. otites* agg. zusammengefaßt. *S. borysthenica* und *S. densiflora* können allenfalls noch in Tschechien gefunden werden, *S. pseudotites* auch in Österreich, Slowenien und Italien.

## Nickendes Leimkraut
*Silene nutans* L.
Nelkengewächse *Caryophyllaceae*

**Beschreibung:** Blütenstand armästig-rispig, vielblütig, einseitswendig, eindeutig nickend. Blüten 1,2–1,8 cm im Durchmesser, oberseits meist weiß, unterseits auch schwach rötlich, grünlich oder crèmefarben. Blütenblätter tief 2teilig, mit schmalen Zipfeln, die häufig tags nach oben eingerollt sind, am Schlundeingang mit tief 2teiliger, oft bis zu 3 mm langer Schuppe („Nebenkrone"). Kelch 1–1,5 cm lang, grünlich oder rötlich-braunviolett, 10nervig, klebrig. Stengel aufrecht, behaart, im oberen Teil klebrig. Blätter spatelig-lanzettlich, die Grundblätter etwas rosettig und größer als die spärlichen, gegenständig sitzenden Stengelblätter. Juni–August. 30–60 cm.
**Vorkommen:** Braucht eher nährstoffarmen, flachgründigen, steinigen und oft lehmigen, meist ziemlich trockenen Boden, der nicht unbedingt kalkhaltig sein muß, aber sogar kalkreich sein kann. Wächst hier an Felsen, in trockenen Gebüschen oder in Halbtrockenrasen, geht aber auch in die Saumgesellschaften von Laubwäldern in warmen Lagen. Bevorzugt Stellen mit Halbschatten. Zerstreut; kommt an seinen Standorten oft in kleineren Beständen vor.
**Wissenswertes:** ♃. Das Nickende Leimkraut wird von Nachtfaltern besucht. Die Blüten entfalten sich nur wenige Nächte hintereinander, ehe sie welken. In dieser Zeit duften sie abends und nachts. Tags duften die Blüten nicht. – *S. nutans* L. wird mit *S. insubrica* GAUDIN zur Sammelart *S. nutans* agg. zusammengefaßt. *S. insubrica* kommt endemisch in den mittleren Südalpen vor. – Ähnlich: Italienisches Leimkraut (*S. italica* agg.): Blütenstand allseitswendig; selten in warmen Gegenden eingeschleppt.

**Nelkengewächse** *Caryophyllaceae*

## Grünliches Leimkraut
*Silene chlorantha* (WILLD.) EHRH.
Nelkengewächse *Caryophyllaceae*

**Beschreibung:** Blütenstand armästig-rispig, vielblütig, einseitswendig, zumindest während der frühen Blütezeit schwach nickend, später und zur Fruchtzeit wieder straff aufrecht. Blütenstiele 1–2 cm lang. Blüten 1–1,5 cm im Durchmesser, gelblich-grün oder grünlich. Blütenblätter tief 2geteilt, Lappen lineal, am Schlundeingang mit einer kaum 1 mm hohen, 2teiligen Schuppe („Nebenkrone"). Kelch um 1 cm lang, unten etwas bauchig, kahl, 10nervig, mit trockenhäutigen Zipfeln. Stengel meist unverzweigt, kahl, mit nur sehr wenigen und auffallend kleinen Blättern bestanden. Grundblätter in einer gut ausgebildeten Rosette, lanzettlich-spatelförmig, in den ansehnlichen Stiel verschmälert, bis 6 cm lang und kaum 1 cm breit. Stengelblätter gegenständig, kaum 1,5 cm lang, lineal, die obersten fast schuppenartig klein. Juni–August. 30–80 cm.

**Vorkommen:** Braucht eher nährstoffreichen als nährstoffarmen Sandboden. Besiedelt Rasen und lichte Kiefernwälder in Gegenden mit relativ warmen Sommern und kalten Wintern. Kommt nur in den östlichen Grenzgebieten Mitteleuropas gegen Osteuropa vor. Auch dort selten.

**Wissenswertes:** ♃. Das Grünliche Leimkraut ist eine typisch kontinentale Pflanze. Ihr Verbreitungsgebiet erreicht in Brandenburg (etwa in der Gegend um Potsdam) seinen westlichsten Punkt und erstreckt sich von dort bis an den Jenissei. – Entfernt ähnlich: Tataren-Leimkraut (*Silene tatarica* (L.) PERS.): Blütenstand schlank, scheintraubig; Blüten um 2,5 cm im Durchmesser, weiß. Stengel an der Basis verholzt und im unteren Viertel liegend bis aufsteigend; keine sterilen Blattrosetten; Einzugsgebiet der Oder, selten.

## Taubenkropf
*Cucubalus baccifer* L.
Nelkengewächse *Caryophyllaceae*

**Beschreibung:** Blütenstand locker rispenartig, bis unter die obersten Blüten beblättert. Blüten grünlich- oder gelblich-weiß, 1,5–2,5 cm im Durchmesser. Blütenblätter tief 2teilig, mit schmal-ovalen Zipfeln und am Schlundeingang mit einer 2–4teiligen Schuppe („Nebenkrone"), die indessen kaum über 1 mm hoch wird. Kelch im unteren Teil verwachsen und aufgeblasen, mit 5 ungleich langen Zähnen, die zur Fruchtreife zurückgeschlagen sind und die meist länger sind als der Teil des Kelchs, der verwachsen ist. Stengel dünn, locker und etwas sparrig verzweigt, kletternd, nicht klebrig. Keine Grundblattrosette. Stengelblätter breit-lanzettlich, bis 5 cm lang und bis knapp 2 cm breit, in einen kurzen, breiten Stiel verschmälert. Juli–August. 0,5–2,5 m.

**Vorkommen:** Braucht nährstoffreiche, kalkhaltige, humose, schlickige oder lehmige Böden, die zeitweise überflutet sein dürfen und die auf alle Fälle naß sein müssen. Liebt sommerliche Wärme. Besiedelt in den wärmsten Abschnitten großer Flüsse und Ströme lichte Gebüsche, geht auch in den Saum von Auenwäldern. Fehlt aber z. B. am Oberrhein, an Ems und Weser sowie an der Donau oberhalb der Lechmündung weitgehend, ist im östlichen Mitteleuropa eindeutig häufiger. Im zentralen Mitteleuropa sehr selten, im östlichen Mitteleuropa zerstreut.

**Wissenswertes:** ♃. Bemerkenswerterweise hat der Taubenkropf eine beerenartige Frucht: Über einer harten, häutigen Fruchtwand befindet sich eine saftigere, schwarze Schicht. Diese „Beere" öffnet sich nicht, sondern wird von Vögeln gefressen. Die Samen werden unverdaut ausgeschieden.

# Nelkengewächse *Caryophyllaceae* ▶

Kuhkraut *Vaccaria*
Seifenkraut *Saponaria*

## Kuhkraut
*Vaccaria hispanica* (MILL.) RAUSCHERT
Nelkengewächse *Caryophyllaceae*

**Beschreibung:** Blüten in lockeren, rispenartigen Blütenständen, 1,2–1,8 cm im Durchmesser, blaßrosa bis fast weiß, sehr selten rein weiß oder tief rosa. Kelch 1–1,5 cm lang, kahl, hellgrün, oft etwas rötlich überlaufen, mit 5 geflügelten Leisten. Kelchzähne 1–3 mm lang, oft weinrot, zur Fruchtreife zusammenneigend. Kelch an der reifen Frucht aufgeblasen und mit auffallenden, eher noch vergrößerten Leisten. Stengel aufrecht, nur im oberen Teil verzweigt, kahl. Blätter lanzettlich, die unteren am Grunde schwach herzförmig, kahl, bläulich bereift, bis 6 cm lang und 1–2 cm breit. Juni. 20–50 cm.
**Vorkommen:** Braucht sommerwarmen, trokkenen, kalkreichen oder doch zumindest kalkhaltigen, lehmigen oder tonigen, lockeren und daher oft steinigen Boden, der nährstoffreich sein sollte und der mäßig stickstoffreich sein darf. Besiedelt in den klimatisch begünstigten Gebieten Mitteleuropas Getreide- oder Kleeäcker, ist aber – abgesehen von den östlichen Bundesländern in Österreich – meist unbeständig. Heimat: Mittelmeergebiet und südliches Osteuropa bis nach Südsibirien. Sehr selten und meist nur vorübergehend auftretend.
**Wissenswertes:** ☉. Neuerdings kann man das Kuhkraut zuweilen in Klee-Gras-Mischsaaten alternativ wirtschaftender Betriebe antreffen, sofern diese ihr Saatgut aus Südeuropa importieren. – Die Gattung soll zu ihrem Namen gekommen sein, weil Kühe, die das Kuhkraut gefressen haben, angeblich mehr Milch erzeugen. Inhaltsstoffe, die das erklären könnten, sind nicht bekannt. – Bestäuber sind Tagfalter, weil nur sie mit ihren langen Rüsseln den Nektar am Grund der Blütenröhre erreichen.

## Echtes Seifenkraut
*Saponaria officinalis* L.
Nelkengewächse *Caryophyllaceae*

**Beschreibung:** Blüten in den Achseln der oberen Stengelblätter auf kürzeren oder auch etwas längeren Stielen büschelig gehäuft, tief- oder hellrosa, zuweilen rein weiß, 2–2,5 cm im Durchmesser. Blütenblätter an der Spitze etwas ausgerandet, oft aber auch abgerundet, am Schlundeingang stets mit etwa 2 mm hoher Schuppe („Nebenkrone"), die in 2 Spitzen geteilt ist. Kelch 1,5–2,5 cm lang, kahl, gelegentlich auch zerstreut behaart, zum Schluß der Blütezeit an der Basis krugförmig aufgetrieben, oft etwas rötlich überlaufen, mit 1–2 mm langen, ungleichen Zähnen. Stengel aufrecht, gelegentlich auch aufsteigend, meist unverzweigt. Blätter gegenständig, lanzettlich, bis über 10 cm lang und bis etwa 4 cm breit. Juli–September. 30–60 cm.
**Vorkommen:** Braucht lockeren, feuchten Boden, der steinig, sandig oder kiesig-lehmig sein kann. Besiedelt vor allem Flußufer, geht aber auch an Wege und auf Schuttplätze. Bevorzugt warme Täler und steigt kaum über 700 m. Zerstreut, kommt örtlich in kleineren, lockeren, doch zuweilen individuenreichen Beständen vor.
**Wissenswertes:** ♃. Das Echte Seifenkraut enthält in allen Organen reichlich Saponine. Diese erzeugen Schaum, wenn man das Kraut im Wasser zerreibt. Darauf beziehen sich sowohl der deutsche als auch der wissenschaftliche Gattungsname (lat. sapo = Seife). Da Saponine ähnlich wie Detergentien wirken, bringen sie im Experiment rote Blutkörperchen zum Platzen. Indessen sind Vergiftungen durch *Saponaria* – zumindest in der neueren Literatur – nicht beschrieben worden. Da Seifenkraut-Saponine nur schwer resorbiert werden, sind sie wohl kaum zu erwarten.

**Nelkengewächse** *Caryophyllaceae*

## Kleines Seifenkraut
*Saponaria ocymoides* L.
Nelkengewächse *Caryophyllaceae*

**Beschreibung:** Blüten kurz gestielt, am Ende der Zweige büschelig gehäuft, wohlriechend, 0,8–1,3 cm im Durchmesser, meist tiefrosa oder hellrot, sehr selten weißlich. Blütenblätter vorn abgerundet oder ganz schwach ausgerandet, am Schlundeingang mit einer etwa 1 mm hohen Schuppe („Nebenkrone"), die in 2 Spitzen geteilt ist, die meist deutlich intensiver gefärbt sind als die Blütenblätter. Kelch zylindrisch, drüsig behaart, oft rot überlaufen, um 1 cm lang, mit kaum 1 mm langen, ungleichen Zähnen. Stengel niederliegend oder aufsteigend, zuweilen auch überhängend-aufgebogen, verzweigt, am Grunde etwas verholzt. Blätter gegenständig, bis 3 cm lang und bis 1 cm breit, elliptisch oder schwach spatelförmig. April–Oktober. 10–30 cm.

**Vorkommen:** Braucht zumindest zeitweise trockenen, im Sommer warmen, steinigen oder kiesigen Boden, der humusarm sein darf, aber feinerdereich sein sollte und der kalkhaltig sein muß. Besiedelt vorzugsweise zwischen 1500 und 2200 m alpine Rasen und Matten, Felshänge, Geröllhalden, geht aber auch ins Latschengebüsch. In Flußtälern auch in tiefere Lagen verschleppt und dann im Ufergeröll oder auf Kiesbänken. Fehlt im nordöstlichen Alpengebiet. Außerhalb der Alpen vereinzelt im Oberpfälzer Wald und im Schweizer Jura. Auf Kalk zerstreut und örtlich in kleineren Beständen. In den zentralen Ketten meist selten.

**Wissenswertes:** ♃. Vor allem aus dem Wallis sind Formen mit auffallend kleinen Blüten beschrieben worden, deren systematische Stellung noch nicht geklärt ist. Das Taxon wird meist nur als Varietät angesehen.

## Niedriges Seifenkraut
*Saponaria pumila* JANCH. ex HAYEK
Nelkengewächse *Caryophyllaceae*

**Beschreibung:** Blüten einzeln und seitlich im obersten Teil der Stengel, 1–1,5 cm im Durchmesser. Blütenblätter vorn meist ausgerandet, meist rosarot, am Schlundeingang mit einem tief purpurroten-gelblich-bräunlichen Mal, rasch zur Basis hin verschmälert und dadurch ziemlich weit voneinander entfernt gestellt. Schuppe am Schlundeingang in Form von 2 sehr schmalen (etwa 0,2 mm breiten), bis 4 mm langen, haarartigen „Zähnen" ausgebildet. Kelch länglich-glockig, meist braunrot, 1,5–2 cm lang, abstehend behaart. Kelchzähne stumpf. Pflanze wächst in dichten Polstern, die eher flach als emporgewölbt sind. Blätter hellgrün oder olivgrün, lineal, 1–2 mm breit, 1–2,5 cm lang, stumpf oder leicht zugespitzt. Juli–September. 5–10 cm.

**Vorkommen:** Braucht kalkarmen, humusreichen, steinigen, eher feuchten als trockenen Boden. Fehlt in den westlichen Alpen sowie im deutschen Alpengebiet völlig. Kommt nur östlich einer Linie vor, die etwa von Salzburg nach Südtirol führt. Besiedelt vor allem alpine Zwergstrauchheiden und das Latschengebüsch, geht aber auch auf lückige Matten. In den Ketten mit kristallinem Gestein zerstreut und örtlich in kleineren, auffallenden Beständen, vorzugsweise in Höhen zwischen etwa 1500 und 2700 m.

**Wissenswertes:** ♃. Das Niedrige Seifenkraut gedeiht noch auf den sauren Böden (pH-Wert teilweise unter 5), wie sie typischerweise in den Beständen der Krumm-Segge (*Carex curvula* ALL.) vorkommen. Mit ihren niedrigen, flachen Polstern ist sie an das Leben in den rauhen klimatischen Bedingungen des Hochgebirges optimal angepaßt.

# Nelkengewächse *Caryophyllaceae*

Gipskraut, Schleierkraut *Gypsophila*

## Büscheliges Gipskraut
*Gypsophila fastigiata* L.
Nelkengewächse *Caryophyllaceae*

**Beschreibung:** Zahlreiche kleine Blüten, die nur 5–8 mm im Durchmesser aufweisen, stehen in flachem, scheindoldig-schirmförmigem Blütenstand am Ende der Stengel; meist sind die Blüten weiß oder sehr blaß rosa, zuweilen auch deutlich rosa. Blütenblätter vorn abgerundet. Staubblätter länger als die Blütenblätter. Kelch 2–3 mm lang, stumpf gezähnt. Blütenstiele 2–3 mm, wie die übrigen Zweige im Blütenstandsbereich kurz drüsig behaart. Stengel aufrecht, unterhalb des Blütenstandes kahl. Neben blühenden Sprossen sind stets auch nichtblühende Sprosse vorhanden, die meist kurz bleiben und die durch dichtgestellte Blätter auffallen. Blätter gegenständig, schmal-lanzettlich, 2–8 cm lang und nur 1–5 mm breit. Juni–September. 20–50 cm, selten etwas höher.

**Vorkommen:** Braucht kalkhaltigen, sehr lockeren und daher meist sandigen und etwas humosen Boden, der sich im Sommer gut erwärmen kann und dann eher trocken ist. Besiedelt sandige Kiefernwälder, geht aber auch in Magerrasen und in Halbtrockenrasen auf Gipskeuperböden (Gattungsname!). Westlichster Vorposten in den Mainzer Sanden und bei Bingen. Zerstreut östlich einer Linie von Usedom über Angermünde, westlich bis Rathenow und weiter nach Finsterwalde. In Österreich nur vereinzelt.

**Wissenswertes:** ♃; ▽. Diese Gipskraut-Art hat ihre Hauptverbreitung in Osteuropa und dringt von dort bis über den Polarkreis nach Skandinavien, andererseits bis nach dem ehemaligen Jugoslawien vor. *G. fastigiata* L. wird mit *G. papillosa* PORTA zur Sammelart *G. fastigiata* agg. zusammengefaßt. *G. papillosa* kommt am Gardasee vor; sie ist im Blütenstandsbereich kahl.

## Kriechendes Gipskraut
*Gypsophila repens* L.
Nelkengewächse *Caryophyllaceae*

**Beschreibung:** 2–12 Blüten stehen in einem rispenartigen Blütenstand am Ende der Stengel. Sie messen 0,5–1 cm im Durchmesser und sind meist weiß, seltener schwach rosa, hell purpurrot oder zartlila. Die Blütenblätter sind vorn meist leicht ausgerandet, zuweilen auch gerade abgestutzt oder abgerundet. Kelch 2–4 mm lang, kahl. Kelchzähne etwa ebenso lang wie der verwachsene Kelchabschnitt. Stengel aufsteigend, meist einfach, seltener im oberen Teil wenig verzweigt. Aus dem kriechenden Wurzelstock treiben noch zahlreiche nichtblühende Sprosse, die ziemlich dicht beblättert sind. Blätter schmal-lanzettlich, 1–3 cm lang und nur 1–3 mm breit. Ganze Pflanze kahl und bläulich bereift. Mai–September. 10–25 cm.

**Vorkommen:** Braucht sickerfeuchten, kalkreichen oder doch kalkhaltigen, lockeren, steinigen Boden in alpiner Klimalage. Besiedelt junge Moränen, durchrieselte Steinschuttböden, Bachufer und Kiesbänke und wird zuweilen in Flußläufen bis ins Vorland verschwemmt, wo es sich örtlich jahrelang halten kann. Bevorzugt Höhen zwischen etwa 1500 und 2800 m, im Vorland auch in tieferen Lagen. In den Kalkketten der Alpen häufig, sonst selten. Außerhalb der Alpen im südlichen Schweizer Jura (südlich von Le Brassus) zerstreut, im Voralpengebiet selten, bei Karlsruhe, im Vogelsberg und im Südharz vereinzelt.

**Wissenswertes:** ♃. Der Haupttrieb des Kriechenden Gipskrauts wächst oberirdisch, ist also kein echter „Wurzelstock". Obschon er reichlich verholzt, kann man die Pflanze mit ihrem kissenartigen Wuchs nicht strauchig nennen. Denn zum Bild eines Strauches gehören vom Boden abstehende Holztriebe.

**Nelkengewächse** *Caryophyllaceae*

## Schleierkraut
*Gypsophila paniculata* L.
Nelkengewächse *Caryophyllaceae*

**Beschreibung:** Zahlreiche, sehr kleine Blüten stehen in einem reich verzweigten, rispenartigen Blütenstand. Blüten 3–5 mm im Durchmesser, meist weiß, seltener zartrosa. Blütenblätter vorn abgerundet und bei verblühenden Blüten zurückgeschlagen. Kelch 1–2 mm lang, wobei die Kelchzähne etwa ebenso lang wie der verwachsene Teil des Kelches sind. Stengel aufrecht, meist mehrfach verzweigt. Blätter schmal-lanzettlich, 3–8 cm lang und 2–8 mm breit. Ganze Pflanze meist kahl, selten im unteren Teil der Stengel schwach und sehr kurz behaart. Juni–September. 60–90 cm.

**Vorkommen:** Hauptverbreitungsgebiet des Schleierkrautes ist Südosteuropa, Osteuropa, das westliche Sibirien und Zentralasien. Ursprüngliche Vorkommen sind wahrscheinlich nur die Standorte in Niederösterreich. Sonst wird das Schleierkraut in Mitteleuropa als Zierpflanze nicht selten in Gärten und auf Friedhöfen gepflanzt. Örtlich ist es an Dämmen, auf Mauern, in aufgelassenen Sandgruben und in alten Steinbrüchen meist unbeständig verwildert. Einzelne Vorkommen im östlichen Vorpommern, in Brandenburg und vielleicht auch im südlichen Sachsen und im nördlichen Thüringen scheinen hingegen beständiger zu sein.

**Wissenswertes:** ♃. Im Garten hat sich das Schleierkraut vor allem deswegen einen Platz gesichert, weil seine Blütenrispen als Beigabe in Sträuße eingebunden werden. Sorten mit gefüllten Blüten (Blütenblätter vermehrt) werden häufig angeboten. Früher soll es auch wegen seiner saponinreichen, rübenartig verdickten Wurzeln angebaut worden sein, die ähnlich wie Seifenkraut zum Waschen Verwendung fanden.

## Mauer-Gipskraut
*Gypsophila muralis* L.
Nelkengewächse *Caryophyllaceae*

**Beschreibung:** Blüten in mäßig dichten, rispenartigen Blütenständen. Blüten 0,8–1,2 cm im Durchmesser, rosa oder hellrot, dunkelrot geadert. Blütenblätter schwach ausgerandet oder abgerundet. Kelch 2–4 mm lang, wobei nur rund $\frac{1}{3}$ der Länge auf die Kelchzähne entfällt, der verwachsene Kelchteil also doppelt so lang wie die Zähne ist. Keine sterilen Sprosse! Stengel aufrecht oder aufsteigend, meist vom Grund an verzweigt, höchstens unten etwas behaart, sonst kahl. Blätter gegenständig, schmal-lineal, 1–2 cm lang und 0,5–2 mm breit. Juni–September. 5–25 cm.

**Vorkommen:** Braucht nassen, zumindest feuchten oder zeitweise vernäßten, lehmigen oder tonigen Boden, der nicht allzu nährstoffarm sein sollte, aber durchaus kalkarm oder gar kalkfrei sein kann. Erträgt höhere Konzentrationen von Kochsalz. Bevorzugt Gegenden mit mildem Klima. Kommt dort vor allem als früher Besiedler offenen Erdreichs an Ufern, Gräben, seltener an verschlämmten Ackerrändern oder auf nassen Wegen vor. Im Küstengebiet sehr selten, ebenso in den mittleren Lagen der Mittelgebirge. Fehlt oberhalb von etwa 700 m. Selten.

**Wissenswertes:** ☉. Das Mauer-Gipskraut entwickelt eine nur schwache Wurzel. Konkurrenzfähig ist es allein auf lückig bewachsenen oder unbewachsenen Böden. Hier verzweigt es sich optimal. In geschlossener Vegetation hingegen geht es ein oder entwickelt allenfalls einen kümmerlichen Trieb mit einer Einzelblüte am Stengelende. Da offene Böden nur während einer oder höchstens weniger Vegetationsperioden erhalten bleiben, tritt das Mauer-Gipskraut meist nur vorübergehend auf.

# Nelkengewächse *Caryophyllaceae* ▶

Nelke *Dianthus*

## Büschel-Nelke
*Dianthus armeria* L.
Nelkengewächse *Caryophyllaceae*

**Beschreibung:** 2–10 Blüten stehen in einem kopfigen oder büscheligen Blütenstand am Ende der Zweige; jedoch sind in der Regel nur 1–3 Blüten gleichzeitig erblüht. Blüten rot, um 1 cm im Durchmesser. Blütenblätter oberhalb des Kelches flach ausgebreitet, vorn unregelmäßig grob gezähnt, auf der Oberseite – gehäuft im Mittelteil – mit weißen Punkten auf einem dunkler gefärbten Fleck, gegen den Schlund mit einer helleren, gezackten Zeichnung und mit spärlichen, silbrigweißen, langen Haaren. Kelch krugförmig gegen die Spitze verengt, dicht und kurz behaart. Stengel aufrecht, seltener spärlich verzweigt. Stengelblätter gegenständig, 3–10 cm lang, 1–5 mm breit, mit kurzen Scheiden dem Stengel ansitzend. Rosettenblätter spatelförmig. Juni–Juli. 20–50 cm.

**Vorkommen:** Braucht mäßig sauren, etwas sandigen oder humusuntermischten Lehmboden, Sommerwärme und hellen Halbschatten. Wächst an Waldrändern und in lichten Gebüschen, geht gelegentlich auch in Halbtrockenrasen, in aufgelassene Weinberge und an Wegränder. Selten. Kommt an ihren Standorten meist in kleineren, individuenarmen und unauffälligen Beständen vor. Steigt in den Gebirgen kaum bis 1000 m.

**Wissenswertes:** ⊙; ▽. Bei der Büschel-Nelke befruchten sich die Blüten meist selbst. Samen reifen reichlich. Deswegen hält sich die Büschel-Nelke an geeigneten Standorten, obwohl sie nicht ausdauernd, sondern 2jährig ist. Ihre Konkurrenzfähigkeit ist insoweit bemerkenswert, als die Büschel-Nelke erst mit dem Menschen nach Mitteleuropa gekommen ist; denn erst nach der Waldrodung hat sie hier die Bedingungen vorgefunden, die ihr zusagen.

## Karthäuser-Nelke
*Dianthus carthusianorum* L.
Nelkengewächse *Caryophyllaceae*

**Beschreibung:** 5–10 (selten mehr) Blüten stehen in einem endständigen Köpfchen. An dessen Basis stehen einige Hochblätter, die schuppig oder laubblattartig-trockenhäutig und dann lang begrannt sind. Sie sind in der Regel noch dunkler braunrot gefärbt als der Kelch und meist deutlich kürzer als dieser. Blüten purpurrot, dunkler geadert, 1,5–2,5 cm im Durchmesser. Meist sind 2 Blüten gleichzeitig erblüht. Blütenblätter vorn unregelmäßig gezähnt, mit einzelnen, silbrigweißen, langen Haaren. Kelch zylindrisch, kahl, um 1,5 cm lang. Stengel aufrecht, meist unverzweigt. Stengelblätter gegenständig, 2–5 cm lang, 1–5 mm breit, mit 1–2 cm langen Blattscheiden dem Stengel ansitzend. Rosettenblätter gleichen den Stengelblättern. Juni–September. 10–50 cm.

**Vorkommen:** Braucht kalkreichen oder wenigstens kalkhaltigen, lockeren und daher steinigen oder sandigen Lehmboden mit guter Humusbeimischung. Liebt sommerlich warme und trockene Standorte. Wächst daher in Halbtrockenrasen, in trockenen Gebüschen und am Rand lichter Trockenwälder. Zerstreut, im nördlichen Tiefland selten oder fehlend. Steigt in den Alpen bis etwa 1500 m. Kommt an ihren Standorten meist in kleineren, lockeren Beständen vor.

**Wissenswertes:** ♃; ▽. *D. carthusianorum* L. wird mit *D. diutinus* KIT. ex SCHULT., *D. giganteiformis* BORB., *D. giganteus* D'URV. und *D. pontederae* KERN. zur Sammelart *D. carthusianorum* agg. zusammengefaßt. Die 3 ersten der aufgeführten Kleinarten kommen nur in Südosteuropa vor. *D. pontederae* erreicht noch Niederösterreich. Ihre Blüten sind etwa 1 cm breit; ihr Kelch wird 1–1,5 cm lang.

Nelkengewächse *Caryophyllaceae*

## Bart-Nelke
*Dianthus barbatus* L.
Nelkengewächse *Caryophyllaceae*

**Beschreibung:** 3–20 (selten mehr) Blüten stehen büschelig gehäuft am Ende der Stengel; mehrere blühen gleichzeitig. An der Basis des Blütenstandes stehen lanzettliche oder lineale, krautige Hochblätter, die zuweilen auch zurückgeschlagen sein können. Blüten um 1 cm im Durchmesser, hell- oder dunkelrot. Blütenblätter vorn fein und unregelmäßig gezähnt, auf der Oberseite mit auffallend gezackter Querlinie, mit weißen Punkten und schütter stehenden, silbrigweißen Haaren. Am Grund der Kelche befinden sich meist 4 ovale, langgrannige Hochblätter, die nicht selten deutlich länger als der Kelch werden. Kelch 1,5–2 cm lang, kahl. Stengel aufrecht, meist unverzweigt. Blätter bis über 10 cm lang und 1–3 cm breit, mit einer 0,2–1 cm langen Blattscheide dem Stengel gegenständig ansitzend. Meist nur der Hauptnerv deutlich zu erkennen; Seitennerven oft undeutlich. Nur wenige sterile Sprosse. Juni–August. 20–60 cm.

**Vorkommen:** Wild wahrscheinlich nur in den südlichsten Ketten der Ostalpen, sonst nur Zierpflanze. Meist unbeständig verwildert und dann an Waldrändern, in lichten Gebüschen und auf Ödland, vor allem in der Nähe von Gartenanlagen. Sehr selten.

**Wissenswertes:** ♃. Der Name „Bart"-Nelke bezieht sich offensichtlich auf die langgrannigen Hochblätter, die an der Basis der Kelche stehen und die wegen ihrer Länge das Aussehen des Gesamtblütenstandes mitprägen. Die Bart-Nelke war eine der typischen Pflanzen der Bauerngärten. Sie ist in den letzten Jahrzehnten erneut zu einer gewissen Beliebtheit gelangt, vor allem bei Schrebergärtnern. Seitdem wird sie da und dort verwildert angetroffen, vermag sich aber meist nicht lange zu behaupten.

## Busch-Nelke
*Dianthus seguieri* VILL.
Nelkengewächse *Caryophyllaceae*

**Beschreibung:** 2–8 Blüten stehen büschelig am Ende der Stengel, jedoch ist in der Regel nur eine von ihnen erblüht. Blüten 2,5–3,5 cm im Durchmesser, kräftig rosa bis dunkel purpurrot. Blütenblätter vorn ziemlich regelmäßig grob gezähnt, dunkler geadert, am Übergang zum Schlund zuweilen mit sehr dunklen, punktartigen Flecken, die zusammen mit den Flecken der anderen Blütenblätter einen Kreis bilden. Außerhalb dieses Kreises gibt es auch noch kleine weiße Punkte, die aber wenig auffallen, sowie einzelne, silbrigweiße, lange Haare. An der Kelchbasis 4, meist begrannte Schuppen, die jedoch größtenteils kürzer als der Kelch bleiben. Stengel aufrecht oder aufsteigend, im oberen Teil zuweilen verzweigt. Stengelblätter gegenständig, bis 8 cm lang und 1–5 mm breit. Rosettenblätter gleich aussehend. Juni–August. 30–60 cm.

**Vorkommen:** Braucht kalkarmen, humushaltigen, nicht zu nährstoffreichen oder zu trockenen Lehm- oder Tonboden. Besiedelt Halbtrockenrasen, lichte Gebüsche und Waldränder in sommerwarmen Lagen. Sehr selten; fehlt im Tiefland. Bildet an ihren Standorten oft kleinere, lockere, aber individuenreiche Bestände.

**Wissenswertes:** ♃; ▽. Die Busch-Nelke ist wahrscheinlich erst nach der letzten Eiszeit nach Mitteleuropa gelangt. Mahd oder Düngung verdrängen sie. Deswegen ist sie schon seit langem im Rückgang begriffen und nur noch an wenigen Orten in nennenswerten Beständen anzutreffen. Innerhalb der Art werden 2 Unterarten unterschieden, von denen die eine indessen nur in den Südalpen vorkommt. Bei ihr sind die Kelchschuppen so lang wie der Kelch. Beschrieben wurde die mitteleuropäische ssp. *glaber* CELAK.

# Nelkengewächse *Caryophyllaceae*
Nelke *Dianthus*

## Heide-Nelke
*Dianthus deltoides* L.
Nelkengewächse *Caryophyllaceae*

**Beschreibung:** Blüten einzeln oder zu 2–3 am Ende des Stengels bzw. der Zweige. Blüten purpurrot, 1,2–1,8 cm im Durchmesser. Blütenblätter vorn gezähnt, auf der Oberseite mit weißen Punkten und gegen den Schlund mit einzelnen, silbrigweißen Haaren und mit einer unregelmäßigen roten Linie, die zusammen mit den entsprechenden Zeichnungen der anderen Blütenblätter einen Kreis ergibt. Kelch um 1,5 cm lang, zuweilen kurz behaart. Am Grund des Kelches meist 2, selten 4 ovale Hochblätter, die eine kurze Granne tragen und kaum halb so lang wie der Kelch werden. Stengel aufrecht, im oberen Teil meist 1- oder 2mal verzweigt. Stengelblätter gegenständig, schmal-lanzettlich, 1–3 cm lang und 1–3 mm breit, mit sehr kurzer (etwa 1–2 mm langer) Blattscheide dem Stengel ansitzend. Keine eigentliche Rosette vorhanden. Juni–September. 10–35 cm.

**Vorkommen:** Braucht kalkarmen und daher meist schwach sauren, trockenen, lockeren Sand- oder Lehmboden. Besiedelt Heiden, verheidete Ränder von Hochmooren, sandige Böschungen und eher nährstoffarme Halbtrockenrasen auf sandigen Böden. Liebt sommerliche Wärme und übersteigt daher kaum irgendwo 1000 m. Selten, kommt an ihren Standorten meist in kleineren, unauffälligen und lockeren Beständen vor.

**Wissenswertes:** ♃; ▽. Bemerkenswerterweise bildet die Heide-Nelke keine Rosetten; sie überwintert vielmehr mit kurzen, schräg aufsteigenden oder niederliegenden, verzweigten Sprossen, an deren Spitze die Blätter etwas gehäuft stehen. Wo sie Platz hat, verzweigt sich die Heide-Nelke, so daß da und dort regelrechte „Rasen" entstehen können.

## Stein-Nelke
*Dianthus sylvestris* WULF.
Nelkengewächse *Caryophyllaceae*

**Beschreibung:** Blüten stehen einzeln am Ende der Stengel oder Zweige; mehrblütige Teilblütenstände finden sich nur ausnahmsweise. Blüten mehr oder weniger intensiv rosa, 2–2,5 cm im Durchmesser. Blütenblätter vorn nur schwach und unregelmäßig gezähnt, auf der Oberseite ohne Flecken oder sonstige Farbschattierungen, unbehaart. Kelch 1,5–2 cm lang, kahl. An der Basis des Kelchs 2 schuppenartige Hochblätter, die plötzlich in eine kurze Spitze ausgezogen sind, die aber – mit der Spitze gemessen – nur etwa $\frac{1}{4}$ der Kelchlänge erreichen. Stengel aufrecht, einfach oder im oberen Teil verzweigt. Stengelblätter gegenständig, schmal-lineal, 2–4 cm lang und nur 0,5–2 mm breit, trotz der geringen Breite deutlich rinnig gekielt. Rosettenblätter 2–10 cm lang und 1–4 mm breit. Neben den blühenden Sprossen findet man auch sterile Rosetten. Juni–August. 10–30 cm.

**Vorkommen:** Braucht flachgründige, stickstoffarme, aber im übrigen nährstoffreiche, eher trocken-warme Steinböden. Besiedelt Felsspalten, trockene alpine Matten und Steinrasen sowie Halbtrockenrasen in Höhen zwischen etwa 1000 und 2000 m, geht selten tiefer oder höher. Kommt in den Alpen westlich Kufstein–Bozen, desgleichen im Schweizer Jura und im Schweizer Alpenvorland vor. Selten, aber örtlich in kleinen Beständen, die wegen des kissenartigen Wuchses der Stein-Nelke auffallen.

**Wissenswertes:** ♃; ▽. Wo die Stein-Nelke in den Alpen in nennenswerter Anzahl vorkommt, darf sie als Zeigerpflanze für Trockenheit gelten. Die großen, auffallenden Blüten duften nicht. Trotzdem werden sie von Schmetterlingen gerne besucht.

**Nelkengewächse** *Caryophyllaceae*

## Pfingst-Nelke
*Dianthus gratianopolitanus* VILL.
Nelkengewächse *Caryophyllaceae*

**Beschreibung:** Blüten stehen einzeln am Ende der Stengel oder Zweige; mehrblütige Teilblütenstände finden sich nur ausnahmsweise. Blüten hellpurpurn oder rosa, 2–2,5 cm im Durchmesser. Blütenblätter vorn nur schwach und unregelmäßig gezähnt, auf der Oberseite ohne Flecken oder sonstige Farbschattierungen, aber gegen den Schlund stets mit einigen hellen oder dunklen Haaren. Kelch um 1,5 cm lang, kahl. An der Basis des Kelchs 4–6 schuppenartige Hochblätter, die allmählich zugespitzt sind und die mindestens ⅓ der Kelchlänge erreichen. Stengel aufrecht, einfach oder im oberen Teil verzweigt. Stengelblätter schmal-lineal, 2–6 cm lang und etwa 2 mm breit, flach (der deutliche Hauptnerv könnte einen Kiel vortäuschen!). Außer dem Hauptnerv sind 2 randliche Seitennerven gut zu sehen. Rosettenblätter nicht auffällig größer als die Stengelblätter. Mai–Juni. 10–30 cm.

**Vorkommen:** Braucht steinigen, in der Regel wenigstens kalkhaltigen oder doch nährstoffreichen, wenngleich stickstoffarmen, flachgründigen Boden. Besiedelt Felsbänder, Steinschutthalden und lichte Kiefernwälder in Höhenlagen bis etwa 900 m an warmen, vorzugsweise südexponierten Stellen der Mittelgebirge und der westlichen Südalpen. Sehr selten. Fehlt im Tiefland, abgesehen von einzelnen Standorten im Bode- und Selketal sowie im Odertal in Brandenburg.

**Wissenswertes:** ♃; ▽. Der wissenschaftliche Artname „*gratianopolitanus*" ist von „Gratianopolis" abgeleitet, der lateinischen Bezeichnung für die französische Stadt Grenoble. Dies ist insoweit bemerkenswert, als die Pfingst-Nelke in den eigentlichen Westalpen gar nicht vorkommt.

## Montpellier-Nelke
*Dianthus monspessulanus* L.
Nelkengewächse *Caryophyllaceae*

**Beschreibung:** Wenige Blüten stehen in einem rispig verzweigten oder kopfig zusammengezogenen Blütenstand am Ende des Stengels. Blüten 3–3,5 cm im Durchmesser, blaßlila, hellrosa oder fast weißlich, gegen den Schlund mit einem dunkleren, gezackten Kreis und gelblich-weißlicher Zeichnung im eigentlichen Schlund. Vorderrand der Blütenblätter fast bis zur Mitte tief in schmale Zipfel zerschlitzt, die oft leicht aufgebogen sind. Kelch 2–2,5 cm lang, nach oben schwach erweitert. 2 oder 4 Kelchschuppen, die allmählich zugespitzt sind und kaum halb so lang wie der Kelch werden, bei der ssp. *monspessulanus* fast so lang wie der Kelch. Stengel aufrecht. Stengelblätter gegenständig, schmal-lineal, 3–6 cm lang und 1–4 mm breit; mittlere Stengelblätter länger als die zugehörigen Internodien. Rosettenblätter länger, aber nicht breiter. Neben den blühenden Sprossen findet man auch sterile Rosetten. Juni–Juli. 10–50 cm.

**Vorkommen:** Braucht steinigen, nicht zu trockenen Boden und Wärme. Besiedelt lichte Wälder und lichte Gebüsche, die ssp. *waldsteinii* auch Schutthalden in Höhenlagen zwischen etwa 600–1500 m. Nur Südalpen und Schweizer Jura. Selten, aber an ihren Standorten meist in kleineren, auffallenden Beständen.

**Wissenswertes:** ♃; ▽. Innerhalb der Art werden die Unterarten ssp. *monspessulanus* (mittlere Stengelblätter länger als die zugehörigen Stengelabschnitte; Kelchschuppen fast so lang wie der Kelch) und ssp. *waldsteinii* (STERNB.) NYMAN (nur 10–20 cm hoch; Kelchschuppen höchstens halb so lang wie der Kelch) unterschieden. Ssp. *waldsteinii* kommt in den südlichen Kalkalpen nur östlich des Gardasees vor.

# Nelkengewächse *Caryophyllaceae*
Nelke *Dianthus*

## Sand-Nelke
*Dianthus arenarius* L.
Nelkengewächse *Caryophyllaceae*

**Beschreibung:** Wenige Blüten stehen in einem rispig verzweigten Blütenstand oder als Einzelblüte am Ende des Stengels. Blüten 2–2,5 cm im Durchmesser, gegen den Schlund grünlich und dort mit weißen oder roten Haaren. Blütenblätter vorn bis über die Mitte zerschlitzt in zahlreiche lange, oft etwas verbogene Zipfel. Kelch nach oben krugförmig verschmälert, 1,5–2 cm lang. 2–4 eiförmige Kelchschuppen, die kurz zugespitzt sind und die nur etwa $\frac{1}{3}$ der Kelchlänge erreichen. Stengel aufrecht. Stengelblätter gegenständig, lineal, 1–2,5 cm lang. Unterhalb der Blüten meist 1–3 Paare schuppenförmiger Hochblätter; in sehr seltenen Fällen können die Hochblätter an einzelnen Stengeln fehlen, sind aber dann an den Nachbarstengeln oder anderen Pflanzen meist vorhanden. Pflanze wächst in Polstern. Juni–September. 10–30 cm.

**Vorkommen:** Braucht humus- und nährstoffreichen Sandboden, der trocken sein muß und sommerwarm sein sollte. Besiedelt Trockenrasen und lichte Kiefernwälder, geht aber auch an Wegränder, vor allem, wo in frischen Böschungen Sand freigelegt worden war. Erreicht in Mecklenburg und Brandenburg die Westgrenze ihrer Verbreitung. Sehr selten.

**Wissenswertes:** ♃; ▽. Das Verbreitungsgebiet der Sand-Nelke erstreckt sich von Nordskandinavien einerseits bis nach Südosteuropa, andererseits bis in die Steppen des südwestlichen Sibirien. Von den Unterarten, die innerhalb der Art unterschieden werden, kommt in Mitteleuropa nur ssp. *borussicus* VIERH. vor. Auf diese nordostmitteleuropäische Sippe bezieht sich unsere Beschreibung. Ssp. *arenarius* ist in Schweden beheimatet.

## Pracht-Nelke
*Dianthus superbus* L.
Nelkengewächse *Caryophyllaceae*

**Beschreibung:** Blüten stehen in armblütigem, rispigem Blütenstand oder einzeln am Ende der Stengel. Blüten 3–4,5 cm im Durchmesser, gegen den Schlund grünlich und mit schmutzig-oliv gezeichneten Adern, durch Büschel aus purpurroten bis trübvioletten Haaren mehr oder weniger deutlich bärtig. Flach ausgebreiteter Teil der Blütenblätter („Platte") sehr tief (bis etwa $\frac{3}{4}$ ihrer Länge) unregelmäßig fiederig zerschlitzt; Zipfel oft abermals geteilt, wodurch die Blüte etwas „zerfleddert" wirkt. Kelch 2–3 cm lang, kahl. 2 oder 4 Kelchschuppen, die oval und nur kurz zugespitzt sind und die allenfalls $\frac{1}{3}$ der Kelchlänge erreichen. Stengel aufrecht oder aufsteigend, im oberen Teil meist verzweigt. Stengelblätter gegenständig, sehr schmal-lanzettlich, meist nicht über 8 cm lang und über 5 mm breit, mit deutlichem Mittelnerv. Neben den blühenden Trieben zuweilen sterile Rosetten. Juni–Oktober. 25–60 cm.

**Vorkommen:** Braucht humosen, wechselfeuchten, humushaltigen Lehm- oder Tonboden. Besiedelt lichte Eichenwälder, geht aber auch auf Moorwiesen und in alpine Wiesen und Heiden. Zerstreut, aber meist nur in individuenarmen, kleinen Beständen.

**Wissenswertes:** ♃; ▽. Innerhalb der Art werden meist 3 Unterarten unterschieden; die in den Alpen und in den Vogesen vorkommende ssp. *alpestris* KABLÍK ex ČELAK. ist meist 1blütig und damit gut von ssp. *superbus* unterschieden. – Der Pracht-Nelke ähnelt die Feder-Nelke (*Dianthus plumarius* agg.): Pflanze kleiner, Blüte nur etwa 2–3 cm im Durchmesser, weiß oder rosa. Ausschließlich in den Ostalpen sowie örtlich in ihrem Vorland und in den Karpaten; zerstreut.

**Nelkengewächse** *Caryophyllaceae*

## Gletscher-Nelke
*Dianthus glacialis* HAENKE
Nelkengewächse *Caryophyllaceae*

**Beschreibung:** Blüten einzeln am Ende des Stengels (sehr selten sind die Stengel 2- oder 3blütig). Blüten 1,2–2 cm im Durchmesser, rot. Blütenblätter vorn schwach und unregelmäßig gezähnt, am Grund (gegen den Schlund) mit rosaroter oder weißlicher Fleckung und einzelnen, dunkleren Strichen, am Schlund mit einzelnen, weißen Haaren. Kelch 1,2–1,5 cm lang. 2 oder 4 ovale Kelchschuppen, die grannenartig zugespitzt und manchmal oben zurückgeschlagen sind (zuweilen sitzen sie deutlich unterhalb des Kelchs am Blütenstiel). Pflanze wächst polsterartig. Neben blühenden gibt es auch sterile Triebe. Stengel aufrecht, einfach. Stengelblätter bis 2 cm lang und 1–2 mm breit. Grundblätter bis 5 cm lang und 2–3 mm breit. Juli–August. 2–10 cm.

**Vorkommen:** Braucht schwach sauren, kalkarmen oder weitgehend entkalkten, steinigen und nur lückig bewachsenen Boden in alpinem Klima. Besiedelt Moränenschutt, steinige Matten und Rasen sowie windausgesetzte Grate und felsige Hänge. Kommt nur südöstlich einer Linie vor, die etwa von Samnaun über Arosa ins Veltlin führt. Bevorzugt Höhen zwischen etwa 2000 und fast 3000 m. Selten.

**Wissenswertes:** ♃; ▽. Die Gletscher-Nelke ist gut an das Leben im Hochgebirge angepaßt: Mit ihrem tiefreichenden Wurzelsystem trägt sie zur Verfestigung von bewegtem Schutt bei; auch verschafft sie sich an windausgesetzten Stellen Halt. Im geschlossenen Verband mit höherwachsenden Arten vermag sie sich allerdings nicht zu behaupten. – Merkwürdigerweise scheint die Gletscher-Nelke um so eher kalkmeidend zu sein, je weiter östlich sie wächst; im westlichen Teil ihres Areals gedeiht sie auch auf Kalk.

## Alpen-Nelke
*Dianthus alpinus* L.
Nelkengewächse *Caryophyllaceae*

**Beschreibung:** Blüten stehen einzeln am Ende des Stengels (sehr selten werden 2 Blüten ausgebildet). Blüten 2–3 cm im Durchmesser, tiefrosa bis purpurrot. Blütenblätter vorn unregelmäßig tief gezähnt, gegen den Schlund weiß gefleckt und mit einem Streifen dunkel purpurroter Punkte, der von weißen Haaren umstanden wird. Kelch 1,2–1,8 cm lang, oft etwas glockig. 2 oder 4 schmaleiförmige Kelchschuppen, die allmählich zugespitzt sind und die mindestens halb so lang oder fast so lang wie der Kelch werden. Pflanze wächst polsterartig. Neben blühenden Trieben gibt es auch sterile Rosetten. Stengel aufrecht. Stengelblätter gegenständig, 1–2 cm lang und 2–5 mm breit, stumpf, mit deutlichem Hauptnerv. Rosettenblätter bis 3,5 cm lang und 2–5 mm breit. Juni–August. 5–20 cm.

**Vorkommen:** Braucht zumindest kalkhaltigen, ja sogar kalkreichen, steinig-lockeren und nicht zu humusarmen Boden. Besiedelt lückige Wiesen und Matten an felsigen Hängen, geht in Zwergstrauchheiden und ins Legföhrengebüsch; bevorzugt Höhen zwischen etwa 1800 und 2400 m, wächst örtlich aber auch tiefer (bis etwa 700 m). Kommt ausschließlich in den nordöstlichen Alpen vom Toten Gebirge bis zum Semmering vor. Selten.

**Wissenswertes:** ♃; ▽. Die Alpen-Nelke ist in den Nordostalpen endemisch. Angaben aus den westlichen Alpen beruhen offensichtlich auf Verwechslungen mit anderen Arten. Obschon es gelegentlich zum Ablösen einzelner Pflanzen durch Steinschlag und danach zum Verschwemmen bis in tiefere Tällagen oder gar ins Vorland kommt, sind Standorte am Alpenrand oder im Vorland meist nur unbeständig.

# Nelkengewächse *Caryophyllaceae* ▶

Sternmiere *Stellaria*

## Sumpf-Sternmiere
*Stellaria palustris* RETZ.
Nelkengewächse *Caryophyllaceae*

**Beschreibung:** Blütenstand wenigblütig, meist mit nur 2–9 Blüten, spärlich gabelig verzweigt; am Ende des Stengels und der Blütenstandsäste steht jeweils nur 1 Blüte. Blüte 1–1,5 cm im Durchmesser, weiß. Blütenblätter bis fast zum Grunde 2teilig. Kelchblätter höchstens so lang wie die Blütenblätter, meist aber deutlich kürzer. Stengel aufrecht, undeutlich gestreift, kahl. Stengelblätter gegenständig, sitzend, kahl, etwas fleischig, die unteren länglich-eiförmig, die oberen schmal-lanzettlich, sitzend, 2,5–3,5 cm lang und 2–5 mm breit, seegrün. Juni–August. 10–30 cm.

**Vorkommen:** Braucht nassen, kalk- und nährstoffarmen, sauren, torfigen oder moorigen Lehm- oder Tonboden in Gegenden mit durchschnittlich hoher Luftfeuchtigkeit. Besiedelt vor allem im Tiefland Sumpfwiesen, geht aber auch in gestörte, d. h. ziemlich versauerte Flachmoore und an den Rand von Seggenrieden. Zerstreut; in den Mittelgebirgslagen, im Alpenvorland und in den Alpen selten.

**Wissenswertes:** ⚃. Die Sumpf-Sternmiere kommt im Tiefland vor allem in Sumpfwiesen vor. In den höher gelegenen Gebieten Mitteleuropas findet man sie hingegen auch im Schilfgürtel an See- und Flußufern. Obwohl sich die Standorte hinsichtlich des Nährstoffangebots und hinsichtlich der Frostgefährdung – vor allem im Frühjahr – etwas voneinander unterscheiden, haben sich an ihnen keine Sippen herausgebildet, denen taxonomische Bedeutung zuzukommen scheint. Einige von ihnen wurden zwar als Varietäten beschrieben, lassen sich aber nur schwer gegeneinander abgrenzen. Möglicherweise sind es eher Modifikationen, die hier beschrieben worden sind.

## Quell-Sternmiere
*Stellaria alsine* GRIMM
Nelkengewächse *Caryophyllaceae*

**Beschreibung:** Blütenstand wenigblütig, spärlich gabelig verzweigt; am Ende des Stengels und der Blütenstandsäste steht jeweils nur 1 Blüte. Blüten weiß, unscheinbar. Blütenblätter nur um 2 mm lang, kürzer als die Kelchblätter, bis fast zum Grunde 2teilig (sehr selten fehlen sie überhaupt). Kelchblätter knapp 3 mm lang, kahl. Stengel am Grund niederliegend und dann aufsteigend, seltener aufrecht, zuweilen flutend, schlaff wirkend, im unteren Teil (zuweilen undeutlich) 4kantig, im oberen Teil etwas ästig oder einfach, durchweg kahl; im unteren, bodennahen, niederliegenden oder aufsteigenden Bereich oft an den Knoten wurzelnd. Blätter gegenständig, oval, spitz, am Grunde verschmälert, sitzend oder sehr kurz gestielt, bis 2,5 cm lang und ca. 5 mm breit, 1nervig, am Grunde bewimpert, sonst kahl. Mai–Juli. 10–30 cm.

**Vorkommen:** Braucht sickernassen, kalkarmen und eher schwach sauren Lehmboden, der etwas humushaltig sein sollte. Bevorzugt Halbschatten und wächst daher an nassen Waldwegen, in Gräben und in Quellfluren. Zerstreut und oft in kleineren, individuenreichen, fast rasenartigen Beständen. Steigt in den Mittelgebirgen bis fast 1500 m und in den Alpen örtlich bis über 2000 m.

**Wissenswertes:** ⚃. Die Quell-Sternmiere wird an feuchten und schattigen Standorten besonders langstengelig, doch wirkt sie hier ausgesprochen schlaff; oft liegen ihre Stengel nieder. In solch schattigen Waldgräben kann sie einerseits im Wasser fluten, andererseits an den Grabenwänden emporwachsen und ihre Stengel unauffällig zwischen anderen Pflanzen bis über den Grabenrand hinausheben.

**Nelkengewächse** *Caryophyllaceae*

## Dickblättrige Sternmiere
*Stellaria crassifolia* EHRH.
Nelkengewächse *Caryophyllaceae*

**Beschreibung:** Blütenstand wenigblütig, spärlich gabelig verzweigt; am Ende des Stengels und der Blütenstandsäste steht jeweils nur 1 Blüte. Blüten 5–6 mm im Durchmesser, weiß. Blütenblätter 2–3 mm lang, bis zum Grund 2teilig. Kelchblätter 1,5–2 mm lang, deutlich kürzer als die Blütenblätter, undeutlich 3nervig, kahl, lanzettlich. Stengel niederliegend (und dann oft wurzelnd) bis aufsteigend, seltener aufrecht, 4kantig, oben gabelig verzweigt, durchweg glatt und kahl. Stengelblätter gegenständig sitzend, dicklich und fleischig, 0,5–1,5 cm lang und 1–5 mm breit, kahl, frischgrün. Juli–August. 5–15 cm.

**Vorkommen:** Braucht nasse, humose und ziemlich nährstoffarme Böden. Besiedelt Flach- und Zwischenmoore, aber auch etwas verdichteten, offenen Sand an Heideseen. Erreicht in einer Linie, die etwa von Kiel nach Lüneburg geht und dort nach Osten biegt, die Westgrenze ihres Verbreitungsgebiets. Aus dem Fränkischen Jura wird noch ein Standort vom Deusmauer Moos in der Gegend von Neumarkt in der Oberpfalz angegeben. In Mecklenburg-Vorpommern selten, sonst sehr selten.

**Wissenswertes:** ♃. Noch im letzten Jahrhundert waren aus Süddeutschland einige Standorte bekannt, so z. B. vom Federseeried und vom Wurzacher Ried. Sie galten jedoch schon nach dem Zweiten Weltkrieg als erloschen und konnten seitdem nicht mehr bestätigt werden. Örtlich mag die „Melioration" von Sumpfgelände Standorte vernichtet haben; ob man den Rückgang indessen durchweg damit erklären kann, ist fraglich. – Die Art ist nicht einheitlich; eine Unterscheidung von Varietäten hat sich indessen nicht durchgesetzt.

## Gras-Sternmiere
*Stellaria graminea* L.
Nelkengewächse *Caryophyllaceae*

**Beschreibung:** Blütenstand 3–9blütig (selten reichblütiger), gabelig verzweigt; am Ende des Stengels und der Blütenstandsäste steht jeweils nur 1 Blüte. Blüten weiß, 0,7–1 cm im Durchmesser, selten kleiner. Blütenblätter bis fast zum Grunde 2teilig. Kelchblätter 3–5 mm lang, meist kürzer als die Blütenblätter, kahl. Stengel aufsteigend, zuweilen zwischen anderen Pflanzen klimmend, meist einfach, manchmal oberwärts etwas ästig, schlaff, kahl, 4kantig. Stengelblätter gegenständig, sehr schmal-lanzettlich, bis 4 cm lang und bis 5 mm breit, am Grund schwach bewimpert, sonst kahl, grasgrün. Mai–Juli. 10–50 cm.

**Vorkommen:** Braucht kalkarmen, schwach sauren, sandigen und stets frischen bis nassen Lehmboden. Besiedelt magere Wiesen und Weiden, geht aber auch an Weg- und Ackerränder, in die Randbereiche von Ufergebüschen, auf lichte, feuchte Stellen in Wäldern, vor allem auf Windwurfflächen und auf Schläge. Zerstreut und meist in kleineren, individuenreichen Beständen. Steigt in den Alpen bis etwa 2000 m.

**Wissenswertes:** ♃. Wie andere Sternmieren wird auch die Gras-Sternmiere vor allem von Fliegen bestäubt, doch wurden als Blütenbesucher auch schon kleinere Bienen und Käfer beobachtet. Innerhalb der Art wurden mehrere Sippen beschrieben, die sich vor allem in der Größe voneinander unterscheiden sollen; es ist indessen möglich, daß es sich nur um Standortsformen handelt. So haben z. B. Pflanzen, die an Ackerrändern im vollen Tageslicht wachsen, oft Stengel, die nur wenige Zentimeter lang werden, und ihre Blüten bleiben klein. Großwüchsige Formen scheinen hingegen auf Waldstandorten häufiger zu sein.

# Nelkengewächse *Caryophyllaceae*

Sternmiere, Vogelmiere *Stellaria*

## Langblättrige Sternmiere
*Stellaria longifolia* MÜHLENB. ex WILLD.
Nelkengewächse *Caryophyllaceae*

**Beschreibung:** Blütenstand 3–9blütig (selten reichblütiger), gabelig verzweigt; am Ende des Stengels und der Blütenstandsäste steht jeweils nur 1 Blüte. Blüten weiß, 5–8 mm im Durchmesser. Blütenblätter bis fast zum Grunde 2teilig. Kelchblätter 2,5–3,5 mm lang, höchstens so lang wie die Blütenblätter, meist etwas kürzer als diese, kahl. Stengel aufsteigend (und dann an den untersten, liegenden Blattknoten meist wurzelnd) oder klimmend, einfach oder verzweigt, zart, im unteren Teil 4kantig, etwas rauh, schlaff, kahl. Stengelblätter gegenständig, gelbgrün, schmal-lanzettlich, 1–3 cm lang und 2–4 mm breit, am Rande und auf dem Mittelnerv der Unterseite etwas rauh. Juni–August. 10–25 cm.

**Vorkommen:** Braucht sauren und nährstoffarmen, rohhumusreichen und etwas moorigen Waldboden, geht auch auf feuchte Felsbänder und überwachsene Baumstubben. Wächst in feuchten Kiefern- und Fichtenwäldern der östlichen Zentralalpen (nach Westen bis etwa ins Engadin) zwischen etwa 1000 und 1800 m, kommt aber örtlich auch im Alpenvorland, im Bayerischen Wald und östlich davon, in Schlesien und dann wieder in Polen vor. In Mitteleuropa sehr selten.

**Wissenswertes:** ♃. Die Langblättrige Sternmiere ist an ihren mitteleuropäischen Standorten ein Relikt der „Eiszeit". Die Art ist circumpolar verbreitet. Als die „eigentliche" Langblättrige Sternmiere wurde gelegentlich die nordamerikanische Sippe angesehen. Folgerichtig trennten manche Botaniker die mittel- und nordeuropäischen Sippen als Art ab. Die „Unterscheidungsmerkmale" sind aber so unzuverlässig, daß eine Trennung nicht gerechtfertigt erscheint.

## Große Sternmiere
*Stellaria holostea* L.
Nelkengewächse *Caryophyllaceae*

**Beschreibung:** Blütenstand 6–15blütig (selten reichblütiger oder armblütiger), gabelig verzweigt; am Ende des Stengels und der Blütenstandsäste steht jeweils nur 1 Blüte. Blüten weiß, 1,5–2 cm (gelegentlich bis fast 2,5 cm) im Durchmesser. Blütenblätter mindestens 1½mal so lang wie die Kelchblätter, oft deutlich länger, auf etwa die Hälfte ihrer Länge tief 2geteilt. Kelchblätter kahl, 5–8 mm lang. Stengel aufsteigend, seltener aufrecht, einfach oder am Grunde verzweigt, zumindest im unteren Teil deutlich 4kantig, an den Knoten etwas verdickt, kahl oder sehr schütter behaart. Blätter gegenständig, auffallend starr wirkend, schmal-lanzettlich, lang zugespitzt, 3–9 cm lang und 4–8 mm breit, am Rand – und auf der Blattunterseite – auch auf dem Mittelnerv behaart. April–Juni. 10–40 cm.

**Vorkommen:** Braucht kalkarmen oder kalkfreien, sandigen Lehmboden mit guter Humusauflage und zumindest Halbschatten oder Schatten. Wächst in Laubwäldern, seltener in lichten Nadel-Mischwäldern und bildet hier meist größere, dichte und individuenreiche Bestände. Etwas wärmebedürftig und empfindlich gegen Frühjahrsfröste. Kommt im Tiefland (ausgenommen manche Nordsee-Küstengebiete) und in den mittleren Lagen der Mittelgebirge vor, geht selten über etwa 1000 m. Fehlt in den Alpen, dem Alpenvorland und im Jura gebietsweise. Sonst häufig.

**Wissenswertes:** ♃. Die Große Sternmiere kennzeichnet mit ausgedehnten Vorkommen Laubwälder, in denen Eiche, Hainbuche und Rot-Buche die Hauptbaumarten sind. Auf basischen Böden erträgt die Große Sternmiere tieferen Schatten als auf sauren.

**Nelkengewächse** *Caryophyllaceae*

## Wald-Sternmiere
*Stellaria nemorum* L.
Nelkengewächse *Caryophyllaceae*

**Beschreibung:** Blütenstand 3–9blütig, sehr selten nur 1–3blütig, gabelig verzweigt; am Ende des Stengels und der Blütenstandsäste steht jeweils nur 1 Blüte. Blüten weiß, 1,5–2,5 cm im Durchmesser. Blütenblätter bis fast zum Grunde 2teilig. 3 Griffel (wichtiges Unterscheidungsmerkmal gegen den ähnlichen Wasserdarm!). Kelchblätter 4–6 mm lang, an der Basis undeutlich drüsig behaart (Lupe!). Stengel aufsteigend, zuweilen etwas klimmend, rund, schlaff, allseitig mäßig und etwas lückig zottig behaart, einfach oder an der Basis spärlich verzweigt. Blätter kurz gestielt, obere fast sitzend, eiförmig, zugespitzt, am Rand gegen die Blattbasis etwas bewimpert, 2–6 cm lang und 1,5–3,5 cm breit, gelblich-grün. Mai–September. 20–50 cm.

**Vorkommen:** Braucht feuchten, kalkarmen, aber nährstoffreichen, gut mit Humus durchsetzten Lehm- oder Tonboden, der nur mäßig sauer sein sollte. Besiedelt krautreiche Berg- und Schluchtwälder, geht aber auch ins Legföhrengebüsch und in bachbegleitende Grün-Erlenbestände, in Waldverlichtungen und auf Schlagflächen in Bergwäldern. Zerstreut. Fehlt örtlich in den Kalkmittelgebirgen ebenso wie in den besonders klimabegünstigten, warmen Lagen; im Tiefland westlich der Weser in größeren Gebieten. Steigt in den Alpen bis über 2200 m. Zerstreut, oft in lockeren, kleinen, aber individuenreichen Beständen.

**Wissenswertes:** ♃. Innerhalb der Art werden 2 Unterarten unterschieden: Bei der ssp. *nemorum* sitzen die obersten Blätter dem Stengel an, bei der ssp. *glochidisperma* MURB. sind sie gestielt. Die Verbreitung dieser Unterart ist nur ungenügend bekannt. Sie scheint zusammen mit der anderen vorzukommen.

## Vogelmiere
*Stellaria media* (L.) VILL.
Nelkengewächse *Caryophyllaceae*

**Beschreibung:** 3–6blütig (selten reichblütiger), kurz gabelig verzweigt; am Ende des Stengels und der Blütenstandsäste steht jeweils nur 1 Blüte. Blüten weiß, 4–7 mm im Durchmesser. Blütenblätter bis fast zum Grunde 2teilig. 3–5 Staubblätter. Kelchblätter 3–5 mm lang und damit mindestens so lang oder länger als die Blütenblätter, kahl oder schütter mit langen, silbrigen Haaren bestanden. Stengel niederliegend, relativ dünn, rund, an den unteren Blattansatzstellen zuweilen wurzelnd, meist verzweigt, auffällig auf 1 Längslinie (seltener auf 2 Längslinien) behaart (wobei die Haarlinie von Blattansatz zu Blattansatz um rund 90° verschoben ist). Blätter oval, kurz zugespitzt, 1–4 cm lang und 0,8–1,5 cm breit, obere sitzend, untere deutlich gestielt. Januar–Dezember. 5–40 cm.

**Vorkommen:** Bevorzugt lehmigen, stickstoffreichen Boden. Wächst in Unkrautgesellschaften der Hackkulturen: In Gärten, auf Äckern und in Weinbergen, geht aber auch auf stickstoffreiches Ödland, auf ehemalige Dunglegen, an Ufer und selbst auf lichte Stellen in Wälder. Oft in kleinflächigen, aber sehr individuenreichen Beständen. Sehr häufig.

**Wissenswertes:** ⊙. *S. media* (L.) VILL. wird mit der Übersehenen Sternmiere (*S. neglecta* WEIHE) und mit der Blassen Sternmiere (*S. pallida* (DUM.) PIRE) zur Sammelart *S. media* agg. zusammengefaßt. Bei *S. neglecta* sind die Blütenblätter meist länger als die Kelchblätter; die Blüten besitzen 10 Staubblätter. Bei *S. pallida* fehlen die Blütenblätter meist oder sind viel kleiner als die Kelchblätter und wenig heller als diese, gelblichgrün; die Blüten haben nur 1–3 Staubblätter; Pflanze gelbgrün. *S. neglecta* und *S. pallida* kommen an denselben Standorten vor wie *S. media*.

# Nelkengewächse *Caryophyllaceae* ▶

Wasserdarm *Myosoton*
Hornkraut *Cerastium*

## Wasserdarm
*Myosoton aquaticum* (L.) MOENCH
Nelkengewächse *Caryophyllaceae*

**Beschreibung:** Blütenstand 3–9blütig, sehr selten nur 1–3blütig, gabelig verzweigt; am Ende des Stengels und der Blütenstandsäste steht jeweils nur 1 Blüte. Blüten weiß, 1,5–2 cm im Durchmesser, meist schwach glockig. Blütenblätter bis fast zum Grund 2teilig. 5 Griffel (wichtiges Unterscheidungsmerkmal gegen die ähnliche Wald-Sternmiere!). Kelchblätter 5–7 mm lang, deutlich und abstehend zottig-drüsig behaart. Stengel niederliegend, aufsteigend oder klimmend, einfach oder verzweigt, 4kantig, in der oberen Hälfte deutlich drüsig-zottig, nur im unteren Viertel mehr oder weniger kahl. Blätter schmal oval und zugespitzt, mit abgestumpftem oder (häufiger) schwach herzförmigem Grund dem Stengel ansitzend, allenfalls die untersten Blätter sind zuweilen kurz gestielt; Blätter 2–6 cm lang (nur selten etwas länger) und 0,8–3 cm breit, die oberen Blätter drüsig behaart, die untersten zuweilen kahl. Juni–September. 10–40 cm.

**Vorkommen:** Braucht nährstoffreichen, gut mit Stickstoffsalzen versorgten, feuchten, ja nassen Lehm-, Ton- oder Schlammboden. Wächst in Unkrautgesellschaften in Gärten, an Ufern, auf Ödland in Flußauen, in Gräben und auf Waldwegen. Erträgt kurzzeitige Überflutung. Fehlt im Tiefland gebietsweise. Geht in den Mittelgebirgen und in den Alpen kaum über 1250 m. Häufig, aber meist in kleinen, eher individuenarmen, unauffälligen Beständen.

**Wissenswertes:** ☉–♃. Der Name „Wasserdarm" bezieht sich auf die weichen, schlaffen Stengel und auf den Standort der Pflanze, der sich oft – wenn auch nicht immer – durch Feuchtigkeit, ja Nässe auszeichnet.

## Kärntner Hornkraut
*Cerastium carinthiacum* VEST
Nelkengewächse *Caryophyllaceae*

**Beschreibung:** Blütenstand meist 1- bis 3blütig, selten bis 7blütig, gabelig verzweigt; am Ende des Stengels und der Blütenstandsäste steht jeweils nur 1 Blüte. Blüten weiß, 2–2,5 cm im Durchmesser, etwas glockig und trichterig in den Schlund verlaufend. Blütenblätter mit wäßrig-durchsichtigen Längsstreifen, tief herzförmig ausgerandet. Kelchblätter um 5 mm lang, breit hautrandig, kahl oder nur am Grunde schütter flaumhaarig. Stengel liegend bis aufsteigend, an den untersten Knoten oft wurzelnd, kurzhaarig, einfach oder wenig verzweigt. Sterile Triebe vorhanden, aber stets in geringerer Zahl als Blütentriebe. Blätter eiförmig-lanzettlich, nicht zugespitzt, 1–2,5 cm lang und 3–8 mm breit, dunkelgrün, glänzend, meist kahl, doch gelegentlich auch ziemlich dichthaarig. Juni–September. 5–20 cm.

**Vorkommen:** Braucht steinige Kalkböden. Besiedelt in den östlichen Kalkalpen Felsspalten, Felsschutt und steinige Matten, vorzugsweise in Höhen zwischen etwa 1500 und 2200 m; vereinzelt im Bachgeröll ins Vorland herabgeschwemmt. Selten, aber an seinen Standorten auffallend.

**Wissenswertes:** ♃. Innerhalb der Art werden 2 Unterarten unterschieden: Ssp. *carinthiacum* ist fast kahl; Hochblätter im Blütenstand breithautrandig; Nordostalpen (Dachstein bis zur Raxalpe), Kalkgebiete der östlichen Zentralalpen, in den Südalpen von der Brenta bis zu den Karnischen Alpen. – Ssp. *australpinum* (KUNZ) KUNZ: Zumindest Stengel, zuweilen auch oberste Blätter dicht behaart; Hochblätter krautig oder mit nur schmalem Hautrand; östliche Ketten der nördlichen Kalkalpen, in den Südketten der Kalkalpen von den Bergamasker Alpen ostwärts.

**Nelkengewächse** *Caryophyllaceae*

## Dreigriffeliges Hornkraut
*Cerastium cerastoides* (L.) Britton
Nelkengewächse *Caryophyllaceae*

**Beschreibung:** Blütenstand 1–3blütig, gabelig verzweigt oder (seltener) unverzweigt; am Ende des Stengels und der Blütenstandsäste steht jeweils nur 1 Blüte. Blüten weiß, 1–1,8 cm im Durchmesser. Blütenblätter 2–4 mm tief eingekerbt. 3 Griffel (wichtiges Unterscheidungsmerkmal gegen andere Hornkraut-Arten, die 5 Griffel besitzen; allein das Klebrige Hornkraut hat ebenfalls nur 3 Griffel!) Kelchblätter 4–7 mm lang, am Grunde drüsig behaart. Stengel niederliegend oder aufsteigend (nichtblühende Triebe) oder aufrecht (blühende Triebe). Blühende Stengel oben mit 1 Längsleiste aus Haaren, unter der Blüte indessen allseits behaart. Blätter schmal-lanzettlich, gegenständig, kahl, frischgrün, dicklich. Hochblätter im Blütenstandsbereich ohne häutigen Rand. Juli–September. 5–15 cm.

**Vorkommen:** Braucht feuchten bis nassen, etwas sauren und daher kalkarmen, humusreichen, steinigen Lehm- oder Tonboden, der jedoch nicht allzu nährstoffarm sein darf und zumindest reichlich Stickstoffsalze enthalten sollte. Besiedelt vorwiegend Quellhorizonte, feuchte Stellen in Viehlägern und auf vielbefahrenen Weiden sowie Schneetälchen in den Alpen zwischen etwa 1500 und 2500 m. Fast alle Standorte zeichnen sich durch lange Schneebedeckung aus. Wo das Dreigriffelige Hornkraut in den Kalkalpen vorkommt, zeigt es eine oberflächliche Entkalkung an. Zerstreut, in den Kalkalpen selten.

**Wissenswertes:** ♃. Das Dreigriffelige Hornkraut ist in den Zentralketten mit kristallinem Gestein häufiger als in den nördlichen und südlichen Ketten, in denen das Gestein oft Kalk oder Dolomit ist.

## Klebriges Hornkraut
*Cerastium dubium* (Bast.) Guépin
Nelkengewächse *Caryophyllaceae*

**Beschreibung:** Blütenstand 5–15blütig, sehr selten nur 3blütig, gabelig verzweigt; am Ende des Stengels und der Blütenstandsäste steht jeweils nur 1 Blüte. Blüten weiß, 0,6–1 cm im Durchmesser. Blütenblätter bis etwa zur Hälfte oder sogar noch tiefer eingekerbt. 3 Griffel (wichtiges Unterscheidungsmerkmal gegen andere Hornkrautarten, von denen nur das alpine Dreigriffelige Hornkraut ebenfalls 3 Griffel besitzt)! Kelchblätter um 5 mm lang, lanzettlich, stumpf, mit schmalem Hautrand. Stengel meist einfach, nur selten spärlich verzweigt, aufrecht oder aufsteigend, rund, etwas streifig, drüsig behaart. Blätter schmal-lanzettlich bis lineal, 1–2 cm, die unteren etwas spatelig und dadurch zu einem breiten Blattstiel verschmälert, die oberen nicht verschmälert und sitzend. Blätter ganz oder nur am Rande drüsig behaart. Mai–Juni. 5–30 cm.

**Vorkommen:** Braucht nassen, nährstoffreichen, salzhaltigen Schlick- oder Tonboden in sommerwarmem, sommertrockenem Klima. Besiedelt Ödland, Wege, Ufer und Gräben. In Mitteleuropa im nördlichen Oberrheingebiet (etwa von Ludwigshafen bis nördlich von Worms), im östlichen Brandenburg und wahrscheinlich im östlichen Sachsen sowie in den östlichen Bundesländern von Österreich, vor allem im Gebiet des Neusiedler Sees; zuweilen unbeständig; selten.

**Wissenswertes:** ☉. Das Hauptverbreitungsgebiet des Klebrigen Hornkrauts liegt in Südosteuropa. Von dort dürfte die Art in einer nacheiszeitlichen Wärmeperiode weit nach Westen vorgestoßen sein, so daß das Vorkommen am Oberrhein als ein Relikt eines ehedem größeren Verbreitungsgebiets angesehen werden muß.

# Nelkengewächse *Caryophyllaceae* ▶

Hornkraut *Cerastium*

## Viermänniges Hornkraut
*Cerastium diffusum* Pers.
Nelkengewächse *Caryophyllaceae*

**Beschreibung:** Blütenstand 3–9blütig, selten arm- oder reichblütiger, scheinrispig-gabelig zu ziemlich kurzen Blütenstielen verzweigt; am Ende des Stengels und der Blütenstandsäste steht jeweils nur 1 Blüte. Blüten weiß, gegen den Schlund grünlich-weiß, 0,8–1,5 cm im Durchmesser. Blütenblätter 4 oder 5, vorn herzförmig eingekerbt, etwas kürzer als die Kelchblätter. Griffel 4 oder 5. Kelchblätter 4–5, schmal-eiförmig bis lanzettlich, 5–9 mm lang, zur Spitze hin hautrandig, spitz, drüsig behaart, aber ohne Haarbüschel an der Spitze. Stengel aufsteigend oder aufrecht, manchmal rot überlaufen, wie die Blätter dicht und auffallend drüsig behaart. Blätter gegenständig, 5–10 cm lang, zuweilen auch deutlich länger, und bis 2 cm breit, spatelförmig und zum Grund hin stielartig verschmälert. März–Juni. 5–25 cm.

**Vorkommen:** Braucht Sandboden, der kochsalzhaltig sein darf und der nur mäßig nährstoffreich, wenngleich etwas humushaltig sein sollte. Besiedelt an der Nordseeküste, vorwiegend zwischen Ems- und Wesermündung, Spülsäume, Primär- und Weißdünen, geht aber auch in die nährstoffarmen Graudünen. Selten. Kommt in einer anderen Unterart in den östlichen Bundesländern Österreichs vereinzelt vor. Selten.

**Wissenswertes:** ☉. Ssp. *diffusum* ist die Unterart, die an der Nordseeküste vorkommt. Ihre Blüten haben meist 4 Kelch- und 4 Blütenblätter. Die Kelchblätter werden bei ihr meist kaum 7 mm lang. Ssp. *subtetrandrum* (Lange) Murb. ist eine Pflanze des östlichen Mitteleuropa, die in Österreich die Westgrenze ihres Verbreitungsgebiets erreicht. Sie hat 5 Blütenblätter. Ihre Kelchblätter sind 7–9 mm lang.

## Knäuel-Hornkraut
*Cerastium glomeratum* Thuill.
Nelkengewächse *Caryophyllaceae*

**Beschreibung:** Blütenstand 5–15blütig, gelegentlich noch reichblütiger, gabelig in sehr kurze Blütenstiele verzweigt und daher einen knäuelig endständig-sitzenden Blütenstand vortäuschend. Blüten weiß, 0,6–1 cm im Durchmesser. Blütenblätter etwa so lang wie die Kelchblätter, vorne eng herzförmig um $\frac{1}{5}$ bis $\frac{1}{4}$ der Blütenblattlänge eingekerbt. Kelchblätter breit-lanzettlich, nur schmalhautrandig, dicht drüsig behaart und oft mit rostbrauner Spitze. 5 Griffel. Kapsel schmal zylindrisch-walzlich, leicht gekrümmt. Stengel aufsteigend oder aufrecht, meist verzweigt, oberwärts drüsig behaart, am Grund oft kahl oder nur lückig behaart. Blätter gegenständig, 0,5–2,5 cm lang und etwa halb so breit, eiförmig oder umgekehrt-eiförmig, auf der Fläche behaart, am Rande bewimpert, hellgrün oder gelbgrün. April–September. 5–30 cm.

**Vorkommen:** Braucht nährstoffreichen, sandigen Lehmboden, der ziemlich kalkarm sein kann, der aber gut mit Stickstoffsalzen versorgt sein sollte. Besiedelt Ödland, Schuttstellen, Wege, geht aber auch in Rasen und in Unkrautgesellschaften auf Äckern. Zerstreut. Steigt in den Alpen kaum über 1500 m. Fehlt in den sandlosen Bereichen im Tiefland ebenso wie in den höheren Lagen der Mittelgebirge mit kalkhaltigem Gestein gebietsweise. Andererseits steht zu befürchten, daß die wenig auffällige Art übersehen oder mit anderen Arten aus der Gattung verwechselt wird.

**Wissenswertes:** ☉. Obschon das Knäuel-Hornkraut recht unterschiedliche Standorte besiedelt, sind von ihm kaum Sippen bekannt geworden, denen eine taxonomische Bedeutung zukommt.

Nelkengewächse *Caryophyllaceae*

## Bärtiges Hornkraut
*Cerastium brachypetalum* Desp. ex Pers.
Nelkengewächse *Caryophyllaceae*

**Beschreibung:** Blütenstand 5–15blütig, rispig-gabelig in ziemlich lange Blütenstiele verzweigt, dadurch locker wirkend; am Ende des Stengels und der Blütenstandsäste steht jeweils nur 1 Blüte. Blüten weiß, 0,5–1 cm im Durchmesser. Blütenblätter vorn spitzwinklig-herzförmig um etwa $\frac{1}{3}$ der Blütenblattlänge eingekerbt. Kelchblätter meist kürzer, seltener so lang wie oder länger als die Blütenblätter, stets deutlich langhaarig, wobei die Spitze von Haaren überragt wird. Stengel dünn, aufsteigend oder aufrecht, einfach oder verzweigt, entfernt beblättert. Blätter gegenständig, 0,5–2 cm lang, 3–8 mm breit, die unteren spatelig verkehrt-eiförmig, die oberen eiförmig, behaart und am Rand gewimpert. Hochblätter im Blütenstandsbereich krautig, nicht trocken-hautrandig, an der Spitze mit einem Haarbüschel. April–Juni. 10–40 cm.

**Vorkommen:** Braucht nährstoffreichen, kalkhaltigen, etwas humushaltigen Lehm- oder Lößboden, der wenig bewachsen sein sollte. Besiedelt frische Wegböschungen, Erdanrisse und schüttere Trockenrasen in Gegenden mit mildem Klima. Kommt vorwiegend in Weinbaugebieten, vereinzelt auch im Tiefland (Schleswig-Holstein, Brandenburg, Mecklenburg, Odergebiet) vor. Fehlt in den Alpen. Selten, aber meist in kleineren, lockeren Beständen.

**Wissenswertes:** ⊙. *C. brachypetalum* Desp. ex Pers. wird mit Tenores Hornkraut (*C. tenoreanum* Ser.) zur Sammelart *C. brachypetalum* agg. vereinigt. *C. tenoreanum* ist kurzhaariger; Drüsenhaare fehlen stets. Tenores Hornkraut kommt nur im südlichen Oberrheingebiet, am Alpensüdfuß und in der Westschweiz vor. Selten.

## Sand-Hornkraut
*Cerastium semidecandrum* L.
Nelkengewächse *Caryophyllaceae*

**Beschreibung:** Blütenstand 5–15blütig, gabelig-rispig zu ziemlich kurzen Blütenstielen verzweigt. Blüten weiß, 0,5–1 cm im Durchmesser. Blütenblätter höchstens um $\frac{1}{4}$ der Blütenblattlänge eng herzförmig eingekerbt, zuweilen auch gezähnelt oder ungleichmäßig gekerbt. Kelchblätter breit-hautrandig, drüsenhaarig, an der Spitze oft kahl und zuweilen etwas gezähnt, nach der Blüte manchmal zurückgeschlagen. Stengel niederliegend (dann aber nicht wurzelnd!), aufsteigend oder (seltener) aufrecht, dicht kurz und drüsig behaart. Blätter gegenständig, 0,6–1,5 cm lang, 2–5 mm breit, die unteren verkehrt schmal-eiförmig, die oberen eiförmig, stumpf, behaart, wie die Stengel hell gelbgrün. Hochblätter im Blütenstandsbereich mit breitem Hautrand, oberseits kahl, unterseits mit Drüsenhaaren. Spitze deutlich häutig, kahl. März–Juni. 5–20 cm.

**Vorkommen:** Braucht sandigen Boden, der nicht allzu nährstoffreich sein sollte. Besiedelt in Sandgebieten lückige Trockenrasen, Wege und Ackerränder. Kommt vor allem im Tiefland und in tiefgelegenen Sandgebieten des mittleren Mitteleuropas vor. Hier zerstreut. Fehlt in den Mittelgebirgen und in den Alpen gebietsweise; sonst sehr selten.

**Wissenswertes:** ⊙. Dem Sand-Hornkraut gleicht das Niedrige Hornkraut (*C. pumilum* agg.). Es unterscheidet sich von *C. semidecandrum* vor allem durch die nur schmal-hautrandigen Hochblätter. Die in dieser Sammelart zusammengefaßten Kleinarten *C. glutinosum* Fries und *C. pumilum* Curt. sind schwer auseinanderzuhalten. *C. pumilum* soll eine ähnliche Verbreitung wie *C. semidecandrum* haben.

# Nelkengewächse *Caryophyllaceae* ▶

Hornkraut *Cerastium*

## Gewöhnliches Hornkraut
*Cerastium holosteoides* Fries emend. Hyl.
Nelkengewächse *Caryophyllaceae*

**Beschreibung:** Blütenstand 1–9blütig, selten reichblütiger, gabelig-rispig zunächst zu sehr kurzen, gegen Ende der Blütezeit indessen zu deutlich verlängerten Blütenstielen verzweigt; am Ende des Stengels und der Blütenstiele steht jeweils nur 1 Blüte. Blüten weiß, 0,8–1,3 cm im Durchmesser. Blütenblätter vorn höchstens um $\frac{1}{3}$ der Länge herzförmig-spitz eingekerbt. Kelchblätter 3–5 mm lang, meist deutlich kürzer als die Blütenblätter, mäßig dicht kurzhaarig. Stengel aufsteigend, seltener aufrecht oder schwach klimmend, meist einfach oder nur wenig verzweigt, meist etwas schütter und ziemlich kurz behaart. Blätter gegenständig, 1–2,5 cm lang und 0,3–1 cm breit, länglich-eiförmig oder schwach-spatelig, dunkelgrün, dicklich wirkend, kurzhaarig. Hochblätter im Blütenstandsbereich krautig. April–Oktober. 5–40 cm.

**Vorkommen:** Bevorzugt nährstoffreichen, nicht zu trockenen, etwas humushaltigen Lehm- oder Tonboden. Besiedelt hier vor allem Wiesen und Rasen, geht aber auch an Wege und Ackerränder. Sehr häufig und oft in kleineren, doch wenig auffallenden Beständen.

**Wissenswertes:** ☉. *C. holosteoides* Fries emend. Hyl. wird mit dem Quell-Hornkraut (*C. fontanum* Baumg.) und dem Großfrüchtigen Hornkraut (*C. macrocarpum* Schur) zur Sammelart *C. fontanum* agg. zusammengefaßt. Bei *C. fontanum* Baumg. haben die Blüten einen Durchmesser von 1,3–1,8 cm. Die Haare sind etwas länger. Das Quell-Hornkraut kommt zerstreut in den Alpen und selten in den Sudeten vor. Bei *C. macrocarpum* messen die klebrigen Blätter zwischen 2 und 5 cm. Seine Verbreitung ist ungenügend bekannt, scheint sich aber auf die Ostketten der Nördlichen Kalkalpen, den nördlichen Teil der östlichen Zentralalpen und eventuell das österreichische Alpen-Vorland zu beschränken.

## Wald-Hornkraut
*Cerastium sylvaticum* W. et K.
Nelkengewächse *Caryophyllaceae*

**Beschreibung:** Blütenstand sparrig verzweigtes Dichasium, 5–15blütig, gelegentlich noch reichblütiger, gabelig zu ziemlich langen Blütenstielen verzweigt und daher locker-sparrig wirkend. Blüten weiß, 1–1,5 cm im Durchmesser (ausgebreitet gemessen). Blütenblätter bis zur Hälfte ihrer Länge oder tiefer herzförmig eingekerbt. Kelchblätter 3–6 mm lang, am Rande häutig, außen drüsig behaart. Stengel niederliegend-kriechend (und dann wurzelnd) oder schlaff und etwas klimmend aufsteigend, zumindest oben und unter den Blüten kurz abstehend drüsig behaart. Blätter gegenständig, bis 5 cm lang und bis zu 1 cm breit, die untersten spatelförmig, die oberen sitzend und schmaloval; alle ziemlich dunkelgrün, sehr schütter behaart und am Rande etwas bewimpert. Untere Hochblätter laubblattartig, krautig, die oberen lanzettlich und mit einem häutigen Rand, alle behaart. Juni–Juli. 15–70 cm.

**Vorkommen:** Braucht humosen Wald- oder Torfboden, der dauerfeucht sein sollte. Besiedelt im östlichen Europa (von der Ukraine bis ins Baltikum und in den nördlichen Teil der Balkanhalbinsel) Wälder und Gebüsche sowie Ufer und Torfbrüche. Kommt in Oberösterreich selten, in den übrigen österreichischen Bundesländern zerstreut vor. Steigt in den Alpen bis etwa 1000 m.

**Wissenswertes:** ☉–♃. Vom Wald-Hornkraut sind aus Mitteleuropa keine Sippen von taxonomischer Bedeutung beschrieben worden. Interessant ist, daß es südlich der Alpen bis Nord- und Mittelitalien vorstößt. Von seinen klimatischen Ansprüchen her könnte es im zentralen Mitteleuropa durchaus genügend Standorte finden, die ihm zusagen. Warum es diese nicht (oder noch nicht) erobert hat, ist unbekannt. Ausbreitungstendenzen nach Westen sind uns bei dieser Art nicht bekannt geworden.

**Nelkengewächse** *Caryophyllaceae*

## Alpen-Hornkraut
*Cerastium alpinum* L.
Nelkengewächse *Caryophyllaceae*

**Beschreibung:** Blütenstand 1–5blütig; wenn mehr als 1blütig, dann gabelig zu 1–4 cm langen Blütenstielen verzweigt. Blüten weiß, 1,5–2 cm im Durchmesser. Blütenblätter vorn schmal-herzförmig um kaum $\frac{1}{5}$ der Blütenblattlänge eingekerbt. Kelchblätter 7–9 mm lang, abstehend und oft drüsig behaart. Aus dem Wurzelstock und niederliegenden, rosettenartigen Trieben steigen die meist unverzweigten Stengel auf. Sie sind dicht, oft auch drüsig behaart. Blätter gegenständig, 0,5–2 cm lang, 3–6 mm breit, meist stark behaart, so daß die Pflanze graugrün erscheint. Fast kahle Exemplare kommen selten vor. Der Wuchs der Pflanze ist lokkerrasig-polsterförmig. Juli–September. 5–20 cm.

**Vorkommen:** Braucht humose, trockene, kalkarme Böden. Gedeiht noch in Felsspalten, auf windgefegten Graten sowie in steinigen, trockenen Rasen und Matten. Bevorzugt Höhen zwischen etwa 1800 und 2500 m. In den Westalpen sehr selten und gebietsweise fehlend. Sonst selten, aber an seinen Standorten meist auffallend.

**Wissenswertes:** ♃. Innerhalb der Art werden 2 Unterarten unterschieden: Ssp. *alpinum* ist graugrün, behaart, aber nicht zottig-wollig. Abgesehen von Niederösterreich kommt sie im ganzen Alpengebiet vor. Ssp. *lanatum* (LAM.) SIMK. ist grauweiß-wollig; vor allem die jungen Blätter tragen an der Spitze ein Büschel langer, weißer Haare. Sie kommt in den östlichen Zentralalpen zerstreut, in den westlichen selten vor. – Das im ehemaligen Jugoslawien bzw. in Italien vorkommende *C. subtriflorum* (RCHB.) PACH., das höherwüchsig ist und dessen oberste Hochblätter kelchblattartig-hautrandig sind, wird meist als Kleinart mit *C. alpinum* zur Sammelart *C. alpinum* agg. vereint.

## Acker-Hornkraut
*Cerastium arvense* L.
Nelkengewächse *Caryophyllaceae*

**Beschreibung:** Blütenstand 5–15blütig, gabelig-rispig zu ziemlich kurzen Blütenstielen verzweigt; am Ende des Stengels und der Blütenstiele steht jeweils nur 1 Blüte. Blüten weiß, trichterig in den Schlund verlaufend, 1,2–2 cm im Durchmesser. Blütenblätter vorn um etwa $\frac{1}{4}$ der Blattlänge herzförmig eingekerbt. Kelchblätter 6–8 mm lang, hautrandig, außen schütter drüsig behaart. Nichtblühende Stengel niederliegend, blühende aufsteigend oder aufrecht, kurzflaumig, oben auch drüsig behaart. Blätter gegenständig, 1–2,5 cm lang und 1–5 mm breit, beidseits dicht kurzhaarig bis fast kahl. Hochblätter breit-lanzettlich, vorne ziemlich stumpf, deutlich hautrandig, außen und am Rande bis zur Spitze behaart, innen kahl. April–August. 5–30 cm.

**Vorkommen:** Braucht offenen, sommertrokkenen, an Stickstoffsalzen nicht allzu armen Boden, der lehmig oder sandig sein sollte. Geht auch in feinerdereiche Mauerritzen. Besiedelt Erdanrisse, Wegränder, lückige Rasen an siedlungsnahen Böschungen und Dünen. Häufig, meist in individuenreichen, kleinen Beständen.

**Wissenswertes:** ♃. Innerhalb der Art werden mehrere Unterarten unterschieden. Ssp. *arvense* wächst in lockeren Rasen. Ssp. *strictum* (L.) GAUDIN wächst eher polsterartig; Pflanzen dieser Unterart werden kaum höher als 10 cm. Angehörige der ssp. *suffruticosum* (L.) NYMAN, die ebenfalls polsterartig wachsen, werden hingegen 10–30 cm hoch; ihre Blätter sind bis 4 cm lang. Die früher ebenfalls noch unterschiedene ssp. *ciliatum* (W. & K.) auct. wird neuerdings meist nicht mehr aufrechterhalten und in die ssp. *arvense* einbezogen.

# Nelkengewächse *Caryophyllaceae*

Hornkraut *Cerastium*
Spurre *Holosteum*
Weißmiere *Moenchia*

## Filziges Hornkraut
*Cerastium tomentosum* L.
Nelkengewächse *Caryophyllaceae*

**Beschreibung:** Blütenstand 5–15blütig, gabelig-rispig verzweigt; am Ende des Stengels und der Blütenstiele steht jeweils nur 1 Blüte. Blüten weiß, 1,2–1,8 cm im Durchmesser, trichterig in den Schlund verlaufend. Blütenblätter vorn um etwa $\frac{1}{3}$ der Blattlänge herzförmig eingekerbt. Kelchblätter 5–7 mm lang, hautrandig, außen stark behaart. Nichtblühende und blühende Stengel entspringen einem Wurzelstock; sie wachsen aufrecht, seltener aufgebogen und sind meist verzweigt. Alle Stengel sind wie die Blätter dicht weißfilzig. Blätter gegenständig, nicht sehr nahe aufeinander am Stengel folgend, schmal-lanzettlich bis lineal, am Rande etwas umgeschlagen, 1–3 cm lang und 2–5 mm breit, in den Achseln oft mit einem Blattbüschel. Mai–Juli. 10–40 cm.

**Vorkommen:** Das Filzige Hornkraut ist in Mittel- und Süditalien beheimatet. Bei uns verwildert es gelegentlich in der Nähe von Kleingartenanlagen und auf Schuttplätzen. Selten und unbeständig.

**Wissenswertes:** ♃. Das Filzige Hornkraut ist in Mitteleuropa seit dem 16. Jahrhundert als Zierpflanze angebaut worden. Es wurde zum Bepflanzen von Mauernischen, in Steingärten, als Rabattenpflanze und in der Friedhofsgärtnerei verwendet. In gleicher Weise wird neuerdings auch *C. candidissimum* CORRENS angepflanzt, das aus Südgriechenland stammt. Es unterscheidet sich vom Filzigen Hornkraut vor allem durch den dichteren Blütenstand und den Besitz verzweigter Haare (stark vergrößernde Lupe!). Es verwildert selten und dann meist nur unbeständig in Ortsnähe oder in der Nachbarschaft von Gartenanlagen oder Friedhöfen.

## Breitblättriges Hornkraut
*Cerastium latifolium* L.
Nelkengewächse *Caryophyllaceae*

**Beschreibung:** Blütenstand 1–3blütig, sehr selten mehrblütig. Blüten weiß, 2,5–3,5 cm im Durchmesser (ausgebreitet gemessen), weit trichterig in den Schlund verlaufend. Blütenblätter vorn um etwa $\frac{1}{4}$ der Blattlänge weit herzförmig eingekerbt. Kelchblätter 5–7 mm lang, hautrandig, außen drüsig behaart. Nichtblühende Stengel spärlich vorhanden, nicht rosettig beblättert. Blühende Stengel niederliegend-aufsteigend. Stengel nur kurz borstig behaart, niemals zottig. Blätter gegenständig, 1,5–3 cm lang und 0,5–1 cm breit, angedeutet blaugrün, breit-lanzettlich bis eiförmig, unterhalb der Mitte am breitesten, zugespitzt, dicklich, zuweilen filzig-drüsig behaart, manchmal fast kahl. Hochblätter krautig, in Form, Färbung und Behaarung den Stengelblättern gleichend, aber kleiner als diese. Juli–August. 5–10 cm.

**Vorkommen:** Braucht kalkreichen, steinigen Boden in alpinem Klima. Besiedelt Dolomit- und Kalksteinschutthalden mit guter Sickerwasserführung. Bevorzugt Höhen von etwa 1800–3300 m. In den Kalkgebieten der Alpen zerstreut.

**Wissenswertes:** ♃. Dem Breitblättrigen Hornkraut sieht das Einblütige Hornkraut (*Cerastium uniflorum* CLAIRV.) ähnlich. Seine Blätter sind kleiner und zarter, etwas spatelförmig, jedenfalls in der oberen Blatthälfte am breitesten. Sie werden sehr selten länger als 1,5 cm und kaum einmal breiter als 5 mm. Die Blätter sind von etwa 1 mm langen Haaren bestanden und angedeutet gelbgrün. Im Gegensatz zum Breitblättrigen Hornkraut besiedelt *C. uniflorum* meist kalkarme bis kalkfreie Steinschuttböden, vor allem in den Zentralalpen mit kristallinem Gestein. Bevorzugt ebenfalls Höhen von etwa 1800–3300 m. Zerstreut.

**Nelkengewächse** *Caryophyllaceae*

## Spurre
*Holosteum umbellatum* L.
Nelkengewächse *Caryophyllaceae*

**Beschreibung:** 3–12 Blüten stehen am Ende des Stengels in einem doldenartigen Blütenstand; die Blütenstiele sind ungleich lang, beim Aufblühen aufrecht, dann oft verbogen und schlaff hängend, zuletzt wieder mehr oder weniger aufrecht; an der Basis des Blütenstandes befinden sich meist 2 kleine, hautrandige Hochblätter. Blüten weiß oder zartrötlich überlaufen, ausgebreitet 1–1,3 cm im Durchmesser. Blütenblätter vorn unregelmäßig gezähnt. Kelchblätter um 4 mm lang, etwas hautrandig, kahl oder außen behaart. Stengel aufrecht, meist unverzweigt, nur in den beiden oberen Dritteln drüsig behaart, sonst kahl. Am Grunde des Stengels Blattrosette. Am Stengel nur 1–3 Paare gegenständiger Stengelblätter. Rosettenblätter verkehrt-eiförmig, bis 1,5 cm lang. Stengelblätter länglich-eiförmig, sitzend. März–Mai. 5–25 cm.

**Vorkommen:** Braucht nährstoffreichen, doch eher kalkarmen Sandboden, der allerdings etwas lehmig sein sollte. Liebt Sommerwärme. Besiedelt in den Sandgebieten Mitteleuropas sandige, lückige Rasen, Ackerränder und Böschungen; wächst gelegentlich auch auf alten Dächern. Zerstreut. Fehlt im westlichen Tiefland und küstennah gebietsweise, ebenso in den Mittelgebirgen oberhalb von etwa 700 m.

**Wissenswertes:** ☉. Innerhalb der Art werden 2 Unterarten unterschieden: Ssp. *umbellatum* hat Stengel, die bis knapp unter die Mitte drüsig behaart sind. Sie ist die verbreitete Unterart. – Ssp. *glutinosum* (MB.) NYMAN ist auch im unteren Stengeldrittel drüsig behaart und dadurch mehr oder weniger klebrig. Sie kommt nur in Schlesien, Tschechien, in der Slowakei und in Niederösterreich vor.

## Aufrechte Weißmiere
*Moenchia erecta* (L.) G., M. et SCH.
Nelkengewächse *Caryophyllaceae*

**Beschreibung:** Am Stengelende meist nur 1 Blüte, selten 2blütig. Blüten weiß (nicht auffallend, da die Kelchblätter länger als die Blütenblätter sind und diese in der glockigen Blüte ziemlich verdecken), 0,8–1 cm im Durchmesser. Nur 4 Blütenblätter vorhanden, die vorne weder eingekerbt noch gezähnt sind. Kelchblätter 5–7 mm lang. Stengel aufrecht, am Grunde meist verzweigt, seltener einfach. Blätter gegenständig, schmal-lanzettlich, meist nur bis etwa 1 cm lang. April–Mai. 5–10 cm.

**Vorkommen:** Braucht kalkarmen oder kalkfreien Sandboden. Besiedelt von den Vogesen bis zur Lausitz lückige Sandrasen und Brachäcker. Sehr selten und in den letzten Jahrzehnten stark zurückgegangen.

**Wissenswertes:** ☉. Der Name der Gattung wurde zu Ehren von KONRAD MOENCH vergeben, der von 1744 bis 1805 lebte und der zuletzt Professor der Botanik in Marburg war. – Am Alpensüdfuß tritt auch noch die Mantische Weißmiere (*M. mantica* (L.) BARTL.) auf. Sie unterscheidet sich von *M. erecta* durch den Besitz von 5 ganzrandigen Blütenblättern, die mindestens 1,5mal so lang wie die Kelchblätter werden. Die Blüten messen daher ausgebreitet 1,2–1,5 cm im Durchmesser. Die Stengelglieder werden bei dieser Art vom unteren Bereich des Stengels zum oberen deutlich länger, so daß die obersten mehrfach länger als die Blätter sind. *C. mantica* kommt in Fettwiesen vor, also auf eher feuchten Böden. Sie ist selten, wächst aber zuweilen in kleineren, doch unauffälligen und sehr lockeren Beständen. Zwar unterscheidet man innerhalb dieser Art 2 Unterarten, doch tritt am Alpensüdfuß nur ssp. *mantica* auf.

# Nelkengewächse *Caryophyllaceae*
Mastkraut *Sagina*

## Kronblattloses Mastkraut
*Sagina apetala* ARD.
Nelkengewächse *Caryophyllaceae*

**Beschreibung:** Blüten einzeln in den Blattachseln, auf ungleich langen, dünnen, kahlen oder schwach drüsig behaarten, aufrechten, dann kurzzeitig nach unten gebogenen Stielen, 3–5 mm im Durchmesser und äußerst unscheinbar. Nur 4 herzförmig-längliche, weiße Blütenblätter, die allerdings nur 0,5 mm (!) bis 1,5 mm lang werden und die bei älteren Blüten auch abfallen können. 4 länglich-eiförmige, eher zugespitzte Kelchblätter, 1–3 mm lang, mit weißem oder violettem Hautrand, meist kahl. Die Kelchblätter liegen bei fruchtenden Exemplaren der kugeligen Kapsel an. Stengel aufrecht, verzweigt, kahl. Blätter gegenständig, 3–8 mm lang, 0,5–1 mm breit, randlich am Blattgrund bewimpert, sonst kahl. Mai–September. 5–15 cm.

**Vorkommen:** Braucht feuchten, kalkarmen, sandigen Lehmboden, der aber gut mit Stickstoffsalzen versorgt sein sollte. Besiedelt Pflasterfugen, aber auch frische Brachen auf Äckern und Ödland. Kommt vor allem in wärmeren Gegenden mit kalkarmen Gesteinen vor, fehlt aber weiten Gebieten im Tiefland westlich der Elbe sowie in den mittleren und höheren Lagen der Mittelgebirge, der Alpen und im Alpenvorland. Überall selten.

**Wissenswertes:** ☉. Moderne Formen der Ackerbestellung ebenso wie die zunehmende Asphaltierung vor allem der kleineren Dörfer haben dem Kronblattlosen Mastkraut mancherorts die Lebensmöglichkeit entzogen. Deswegen ist es örtlich verschwunden. *S. apetala* ARD. wird mit *S. micropetala* RAUSCHERT zur Sammelart *S. apetala* agg. vereinigt. Bei *S. micropetala* sind die Blütenstiele aufrecht und an den Früchten stehen die Kelchblätter ab.

## Niederliegendes Mastkraut
*Sagina procumbens* L.
Nelkengewächse *Caryophyllaceae*

**Beschreibung:** Blüten einzeln in den Blattachseln, auf 0,5–2 cm langen, dünnen, kahlen, zur Blütezeit aufrechten, dann gekrümmten und zuletzt wieder aufrechten Blütenstielen, 4–7 mm im Durchmesser und äußerst unscheinbar. Nur 4 rundlich-eiförmige Blütenblätter, die kaum 1 mm (!) lang werden und die aus den geöffneten Blüten bald abfallen. 4 eiförmige, kaum hautrandige Kelchblätter, die 1,5–3 mm lang werden. Kelchblätter liegen bei fruchtenden Exemplaren der eiförmigen Kapsel zunächst an, zuletzt stehen sie ab. Stengel niederliegend oder aufsteigend, am Grunde wurzelnd, oft verzweigt, kahl. Blätter gegenständig, 0,5–1,5 cm lang und 0,5–1 mm (!) breit, kahl. Das Niederliegende Mastkraut wächst in kleinen, polsterartigen Rasen. Mai–Oktober. 1–5 cm.

**Vorkommen:** Braucht kalkarmen, sandiglehmigen Boden, der eher feucht als trocken sein sollte und der nicht zu arm an Stickstoffsalzen sein darf. Besiedelt Pflasterfugen, verdichtete sandiglehmige Wege und Quellfluren, geht aber auch auf Äcker und in Gärten. Häufig. Steigt in den Alpen bis über 2000 m.

**Wissenswertes:** ♃. Das Niederliegende Mastkraut ist trotz seiner verschiedenen Standorte recht einheitlich. Innerhalb der Art wurden zwar schon mehrere Sippen beschrieben, doch lassen sie sich kaum gegeneinander abgrenzen, und manche stellen wohl Standortsmodifikationen dar. Örtlich kann es als lästiges Unkraut in Gartenanlagen auftreten, und zwar vor allem auf beschatteten und feuchten Böden. – Entfernt ähnlich: Kahles Mastkraut (*S. glabra* (WILLD.) FENZL.) mit 5 Blütenblättern, die etwa 1½mal so lang wie die Kelchblätter sind; Südwestalpen; selten.

Nelkengewächse *Caryophyllaceae*

## Strand-Mastkraut
*Sagina maritima* G. Don
Nelkengewächse *Caryophyllaceae*

**Beschreibung:** Blüten einzeln in den Blattachseln, auf ungleich langen (1–3 cm), sehr dünnen, stets aufrechten Blütenstielen, 3–5 mm im Durchmesser und äußerst unscheinbar. Nur 4 Blütenblätter, die indessen oft verkümmert sind oder auch in eben geöffneten Blüten fehlen. 4 eiförmige, stumpfe, etwa 2 mm lange Kelchblätter, die an der Spitze etwas zusammengezogen sind und an denen man meist 1 Blattnerv sehen kann (starke Lupe!). Die Kelchblätter stehen meist glockig-aufrecht und liegen der Kapsel mehr oder weniger an. Stengel aufsteigend oder aufrecht, meist mehrfach verzweigt, hellgrün bis olivbraun, meist kahl. Blätter gegenständig, 0,5–1,5 cm lang und um 1 mm breit, schmal-lanzettlich, etwas fleischig, kahl. Mai–August. 5–10 cm.

**Vorkommen:** Braucht schlickig-sandigen, kochsalzhaltigen Boden. Besiedelt an den Küsten von Nord- und Ostsee offene Sandflächen im Außendeichbereich, geht auch in lückige Salzrasen. Zerstreut.

**Wissenswertes:** ☉. Das Strand-Mastkraut stellt außer an den Boden auch Ansprüche an die Luftfeuchtigkeit, die an seinen Standorten hoch sein sollte. Dennoch könnte es auf versalzten Böden in der Umgebung von Salinen oder Salzbergwerken auch im Binnenland leben. So wurde es früher von der Magdeburger Börde gemeldet. Aus neuerer Zeit liegen indessen weder von dort noch von anderen potentiellen Standorten Fundmeldungen vor, so daß man davon ausgehen kann, daß es im Binnenland fehlt. Allerdings ist es nicht ausgeschlossen, daß es – wie andere salzliebenden Arten auch – da und dort im Spritzbereich an häufig gesalzten Straßen auftritt.

## Alpen-Mastkraut
*Sagina saginoides* (L.) Karsten
Nelkengewächse *Caryophyllaceae*

**Beschreibung:** Blüten einzeln oder zu 2 endständig am Stengel. Blütenstiele dünn, kahl, nach der Blütezeit zuerst hakig nach unten gebogen, dann wieder aufrecht. Blüten 3–6 mm im Durchmesser, weiß (aus einiger Entfernung wegen der Kelchblätter gelblich-weiß erscheinend). 5 eiförmige Blütenblätter, die 1,5–3 mm lang und damit etwa so lang wie die Kelchblätter werden. Kelchblätter eiförmig, mit schmalem, weißem Hautrand, an der Blüte glockig nach oben stehend, an der reifen Kapsel anliegend. Stengel einfach, am Grunde zuweilen wurzelnd, kahl. Blätter gegenständig, 0,5–1,5 cm lang, 0,5–1 mm breit, kahl, kurz zugespitzt. Das Alpen-Mastkraut wächst in dichten, polsterartigen kleinen Rasen. Juni–August. 2–10 cm.

**Vorkommen:** Braucht kalkarmen Lehm- oder Tonboden, der auch torfig oder humos sein kann und der feucht und einigermaßen stickstoffreich sein sollte. Besiedelt in alpinem Klima Schneetälchen, magere Rasen, Viehläger, Fettwiesen und Quellfluren. Trittunempfindlich. In den Alpen zerstreut. Im Südschwarzwald und im Bayerischen Wald selten.

**Wissenswertes:** ♃. Vom Alpen-Mastkraut kennt man 2 Unterarten, die sich vor allem in der Größe der reifen Kapsel voneinander unterscheiden sollen. Ihre Verbreitung ist ungenügend bekannt. Erwähnenswert ist der Bastard zwischen *S. procumbens* und *S. saginoides*, der als Normans Mastkraut (*S.* × *nomaniana* Lagerh.) bekannt ist. Normans Mastkraut wird häufig als Rabattenpflanze auf Friedhöfen angesät, weil es mit seinen dichten, moosartigen Polstern das Aufkommen von Unkraut verhindert.

## Nelkengewächse *Caryophyllaceae* ▶

Mastkraut *Sagina*
Sandkraut *Arenaria*

## Knotiges Mastkraut
*Sagina nodosa* (L.) Fenzl
Nelkengewächse *Caryophyllaceae*

**Beschreibung:** Blüten stehen einzeln am Stengelende oder (selten) zu wenigen doldenartig am Stengelende gehäuft auf etwa 1 cm langen Blütenstielen, die auch nach der Blüte und zur Fruchtzeit aufrecht sind. Sie besitzen stets 5 Blütenblätter und erreichen Durchmesser zwischen 0,5–1 cm; sie sind weiß. Blütenblätter eiförmig, ganzrandig, etwa doppelt so lang wie die Kelchblätter. 5 Kelchblätter, 1,5–3 mm lang, schmal-eiförmig, stumpf, kahl oder schütter drüsenhaarig. Stengel niederliegend oder aufsteigend, am Blattansatz verdickt (Name!), einfach, meist kahl oder mit nur einzelnen Drüsenhaaren. Rosettenblätter 0,5–1,5 cm lang und 0,3–1 mm (!) breit, ganz kurz zugespitzt; Stengelblätter gegenständig, kürzer und schmäler. Juni–August. 5–15 cm.
**Vorkommen:** Braucht offenen, feuchten bis nassen, torfigen, aber zugleich kalk- und stickstoffhaltigen Sandboden. Besiedelt Wege und Grabenränder in Sumpfwiesen und in Flachmooren, kann sich aber in letzteren nur an den Stellen halten, an denen der Flachmoorcharakter schon nachhaltig gestört worden ist. Zerstreut im Tiefland, vereinzelt in den kalkarmen Mittelgebirgen sowie selten in den Alpen und im Alpenvorland. Durch Standortsvernichtung an vielen früheren Wuchsorten verschwunden.
**Wissenswertes:** ♃. Der starke Rückgang des Knotigen Mastkrauts kann nur aufgehalten werden, wenn es gelingt, die Pflanzengesellschaften zu erhalten, in denen es gedeihen kann. Bemerkenswerterweise pflanzt es sich an manchen seiner Standorte überwiegend vegetativ fort, wobei Kurztriebe aus den Blattachseln wie Brutknospen fungieren.

## Pfriemen-Mastkraut
*Sagina subulata* (Sw.) K. Presl
Nelkengewächse *Caryophyllaceae*

**Beschreibung:** Blüten einzeln am Stengelende oder – bei 2–3blütigen Exemplaren – auch einzeln in den Blattachseln und dann auf 2–3 cm langen, dünnen Blütenstielen, die erst aufrecht, nach der Blüte stark abwärts gebogen und fruchtend wieder aufrecht sind. Blüten weiß, um 5 mm im Durchmesser. 5 breit-eiförmige, ganzrandige Blütenblätter, die etwa so lang wie die Kelchblätter sind. 5 Kelchblätter, um 2 mm lang, breit-eiförmig, stumpf, mit schmalem, weißem Hautrand, außen stark drüsig behaart. An der Kapsel liegen die Kelchblätter locker an oder sie stehen von ihr ab. Stengel niederliegend oder aufsteigend, dicht beblättert. Blätter in grundständigen Rosetten oder gegenständig am Stengel, 0,3–1 cm lang, ziemlich lang zugespitzt. Das Pfriemen-Mastkraut bildet dichte, kissenartige Polster. Juni–August. 3–10 cm.
**Vorkommen:** Braucht feuchten, etwas verdichteten und stickstoffsalzhaltigen Boden. Gedeiht in Dünen und flußnahen offenen Sandstellen. Sehr selten im Emsland und auf den Nordfriesischen Inseln, vielleicht auch noch in Thüringen, Sachsen-Anhalt und Sachsen. Vielerorts in neuerer Zeit verschwunden.
**Wissenswertes:** ♃. Ursprünglich wachsend ist das Pfriemen-Mastkraut durch Standortvernichtung bedroht. Andererseits wird es häufiger als Friedhofspflanze, seltener in Steingärten oder zur Rabattenbegrünung angepflanzt. Es wird oft unter dem Namen „Sternmoos" angeboten – meist nicht von Normans Mastkraut (*S.* × *normaniana*), dem klein- und armblütigeren Bastard aus *S. procumbens* × *S. saginoides* unterschieden. Aus solchen Anpflanzungen verwildert es zuweilen, kann sich aber nicht lange halten.

Nelkengewächse *Caryophyllaceae*

## Wimper-Sandkraut
*Arenaria ciliata* agg.
Nelkengewächse *Caryophyllaceae*

**Beschreibung:** Blüten endständig, einzeln oder zu 2–8 rispig-doldig gehäuft und dann auf 1–1,5 cm langen, dicht kurzhaarigen Stielen. Blüten weiß, 1,2–2 cm im Durchmesser. Blütenblätter ganzrandig, höchstens doppelt so lang wie die Kelchblätter. Stengel kriechend oder aufrecht, oft verzweigt, mit vielen blütenlosen Kurztrieben, so daß ein dichter, kissenartiger Rasen entsteht. Blätter gegenständig, lanzettlich bis breit-elliptisch, um 5 mm lang, zumindest im unteren Drittel am Rand lang bewimpert. Juni–September. 3–15 cm.

**Vorkommen:** Braucht reichlich feuchten, eher kalkhaltigen, humosen, meist flachgründigen, sandigen oder lehmigen Steinboden. Wächst alpin zwischen etwa 1200 und 3000 m in steinigen Matten, zuweilen auch auf bewegtem Schutt und in Felsspalten; im Norden eher an sandigen Ufern. Schweizer Jura, Alpen und an der Nordgrenze Mitteleuropas (Gotland). Zerstreut.

**Wissenswertes:** ☉-♃. *A. ciliata* agg. wird heute in 3 Kleinarten aufgeteilt: Gotisches Wimper-Sandkraut (*A. gothica* AUCT. HELVET. an FRIES): Kaum blütenlose Kurztriebe, 1–2jährig, sandhold; soll außerhalb seines nordischen Areals auch im Schweizer Jura vorkommen. – Vielstengeliges Wimper-Sandkraut (*A. multicaulis* L.): Meist vielblütig, Blätter knapp halb so breit wie lang, kalkhold. – Gewöhnliches Wimper-Sandkraut (*A. ciliata* L. emend. L.): Meist 2blütig, Blätter etwa $\frac{1}{3}$ so breit wie lang, auf mäßig sauren Böden, ostalpin. – Ähnlich: Zweiblütiges Sandkraut (*A. biflora* L.): Meist 2blütig; Blüten knapp 1 cm im Durchmesser; Blätter rundlich-eiförmig, höchstens an ihrem kurzen Stiel – oft schütter – gewimpert; Zentralalpen, zerstreut; Kalkalpen, selten.

## Quendelblättriges Sandkraut
*Arenaria serpyllifolia* L.
Nelkengewächse *Caryophyllaceae*

**Beschreibung:** Blüten stehen in sehr lockerer Rispe auf dünnen Blütenstielen, die 1–2 cm lang werden und selten etwas kürzer als 1 cm sind. Gelegentlich endet ein Kurztrieb, der aus der Achsel eines Blattes entspringt, aus der auch ein Blütenstiel kommt, mit einer Blüte, die dann sehr kurzstielig bleibt, ja fast ungestielt sein kann. Blüten weiß, 4–7 mm im Durchmesser. 5 Blütenblätter, schmal-eiförmig, ganzrandig. 5 Kelchblätter, breit-lanzettlich, spitz, kurzhaarig, zur Blütezeit sternartig schräg nach oben stehend. 1½mal so lang oder doppelt so lang wie die Blütenblätter. Stengel aufrecht oder niederliegend, vom Grund an meist reich verzweigt, kurz und dicht behaart, selten sehr schütter behaart oder kahl. Blätter gegenständig, 3–8 mm lang, eiförmig, zugespitzt, die oberen sitzend, die unteren in einen kurzen Stiel verschmälert. Mai–September. 5–20 cm.

**Vorkommen:** Braucht nährstoffreichen, lockeren, sandig-steinigen Boden. Besiedelt Wege, Dämme, Bahnsteige, Mauern, geht auch auf Ödland, auf Brachäcker und in lückige Trockenrasen. Sehr häufig. Steigt in den Alpen bis fast 2000 m.

**Wissenswertes:** ☉. *A. serpyllifolia* L. wird mit dem Zarten Sandkraut (*A. leptoclados* (RCHB.) GUSS.), Lloyds Sandkraut (*A. lloydii* JORD.) und Marschlins Sandkraut (*A. marschlinsii* KOCH) zur Sammelart *A. serpyllifolia* agg. zusammengefaßt. Bei *A. leptoclados* erreichen die Blüten kaum 4 mm im Durchmesser, die Kelchblätter werden kaum 3 mm lang. Es wächst auf Mauern und in Trockenrasen. Seine Verbreitung ist ungenügend bekannt. *A. marschlinsii* ist alpin und wächst an Viehlägern. *A. lloydii* kommt wohl nur auf Hiddensee vor. Es wird höchstens 10 cm hoch.

# Nelkengewächse *Caryophyllaceae* ▶

Sandkraut *Arenaria*
Nabelmiere *Moehringia*

## Großblütiges Sandkraut
*Arenaria grandiflora* L.
Nelkengewächse *Caryophyllaceae*

**Beschreibung:** Blüten einzeln am Stengelende oder – häufiger – zu 2–3 auf 1–2 cm langen, aufrechten Stielen, die kurz zottig-drüsig behaart sind, in lockeren, rispigen, armblütigen Blütenbeständen. Blüten um 1,5 cm im Durchmesser, weiß. 5 schmal-ovale, ganzrandige, doch gelegentlich vorn leicht eingekerbte Blütenblätter. Kelchblätter schmal-hautrandig, mit kurzer Stachelspitze, außen drüsig behaart. Stengel am Grund niederliegend, mit aufsteigenden Ästen, oft 2zeilig, seltener ringsum abstehend-drüsig behaart. Blätter gegenständig, sehr schmal lanzettlich, 0,5–1,2 cm lang, 0,5–2 mm breit, mit deutlicher, aber kaum 1 mm langer, grannenartiger Spitze. Mai–Juli. 5–15 cm.

**Vorkommen:** Braucht steinigen, kalkreichen, lehmigen Boden. Besiedelt in den westlichen Kalkalpen, dem Schweizer Jura und den östlichen Kalkalpen steinige Wiesen und Matten, Felsschutt, Geröll und Felsspalten. Bevorzugt Höhen zwischen etwa 1000 und 2500 m. Im Westen selten, aber durch den polsterartigen Wuchs vor allem in Felsspalten und auf Geröllhalden auffallend, Wiener Schneeberg und Raxalpe sehr selten. Angeblich kommt das Großblütige Sandkraut auch in den östlichen Teilen der Zentralalpen vor, doch ist dies unsicher.

**Wissenswertes:** ♃. An den meisten Standorten bildet das Großblütige Sandkraut nur 1–2 Blüten. Im Schweizer Jura beobachtet man hingegen häufiger 3blütige Exemplare. Man hat sie schon als eigene Sippe beschrieben und var. *triflora* (L.) SER. genannt. Indessen ist es mehr als zweifelhaft, daß man mit dem Merkmal der Blütenanzahl allein tatsächlich eine Sippentrennung begründen kann.

## Dreinervige Nabelmiere
*Moehringia trinervia* (L.) CLAIRV.
Nelkengewächse *Caryophyllaceae*

**Beschreibung:** Blüten stehen einzeln in den Blattachseln oder in armblütigen, traubigen, lockeren Blütenständen. Blütenstiele etwa 1½–2mal so lang wie das Blatt, aus dessen Achsel sie entspringen, mehr oder weniger dicht kurzhaarig. Blüten weiß, 0,6–1 cm im Durchmesser. 5 ganzrandige, verkehrt-eiförmige Blütenblätter, die etwa ½ so lang wie die zugehörigen Kelchblätter werden. 5 lanzettliche Kelchblätter, die in eine lange Spitze auslaufen und die – zumindest unten – einen deutlichen, häutigen Rand besitzen. Er und der Mittelnerv sind oft, aber nicht immer, behaart. Stengel niederliegend oder aufsteigend, verzweigt, selten einfach, deutlich und meist dicht kurzhaarig. Blätter gegenständig, meist 3nervig, seltener 5nervig, schmal-eiförmig, etwas spitz zulaufend, 0,8–2,5 cm lang und 0,6–1,5 cm breit, mindestens am Rand, häufig auch auf der Blattfläche kurzhaarig. Mai–Juli. 10–25 cm.

**Vorkommen:** Braucht kalkarmen, aber durchaus stickstoffreichen, humosen und eher frischen als trockenen Lehmboden. Wächst in krautreichen Laub- und Mischwäldern an lichten Stellen und an Wegen. Zerstreut; bildet zuweilen kleinere, individuenarme, unauffällige, lockere Bestände. Steigt in den Mittelgebirgen und in den Alpen bis über 1200 m.

**Wissenswertes:** ☉–♃. Der Gattungsname soll P. H. G. MOEHRING ehren. Er war Arzt, Botaniker und Zoologe und lebte von 1710–1792. Das Artepithet „*trinervia*" bezieht sich auf die Dreinervigkeit der Blätter. – Die Art wird nicht selten übersehen oder mit der Vogelmiere verwechselt. Dabei läßt sich die Vogelmiere leicht an ihren nur einnervigen Blättern erkennen.

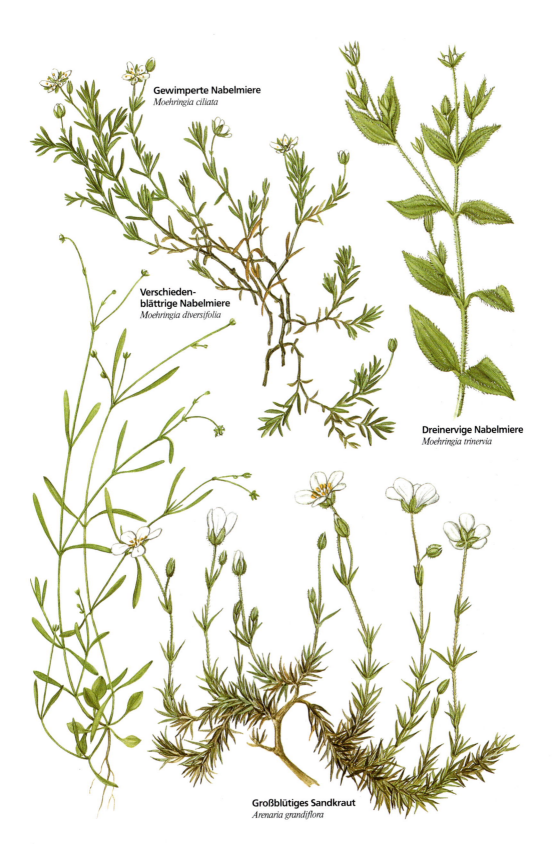

Nelkengewächse *Caryophyllaceae*

## Verschiedenblättrige Nabelmiere
*Moehringia diversifolia* DOLLINER ex KOCH
Nelkengewächse *Caryophyllaceae*

**Beschreibung:** Mehrere Blüten stehen in einem sehr lockeren, sparrig-rispigen Blütenstand. Blüten weiß, unscheinbar, nur 3–5 mm Durchmesser. 5 ganzrandige Blütenblätter, etwa so lang wie die Kelchblätter. 5 Kelchblätter, schmal-eiförmig, stumpf, breit-hautrandig. Stengel mehrfach sparrig verzweigt, dünn, locker und entfernt beblättert. Blätter gegenständig, untere eiförmig, zugespitzt, in einen Stiel verschmälert; mittlere Blätter fast spatelförmig in den Stiel auslaufend; obere Blätter lineal oder lineal-lanzettlich. Alle Blätter kahl und 1nervig. Juni–Juli. 10–30 cm.

**Vorkommen:** Braucht sauren, gut durchsickerten, humosen oder feinerdereichen Boden und zumindest Halbschatten oder Schatten. Besiedelt Schluchtwälder, schattige Geröllhalden, geht auch unter Felsüberhänge. Ausschließlich in den Südostalpen; dort selten.

**Wissenswertes:** ☉-♃. Die Verschiedenblättrige Nabelmiere ist in der Saualpe, den Seetaler Alpen, der Koralpe sowie im Murtal bei Bruck und Leoben endemisch. Auch aus dem ehemaligen Nord- und Mitteljugoslawien wird sie angegeben. Es dürfte sich bei dem Vorkommen um Reste eines ehemals größeren Verbreitungsgebiets handeln, das die Art schon vor der „Eiszeit" eingenommen hat. Es liegt also „konservativer Endemismus" vor, der unter Alpenpflanzen seltener vorkommt als der „progressive Endemismus"; progressive Endemiten sind stammesgeschichtlich jünger. Trotz des vermutlich hohen stammesgeschichtlichen Alters sind offensichtlich keine Sippen entstanden, die sich taxonomisch trennen ließen.

## Gewimperte Nabelmiere
*Moehringia ciliata* (SCOP.) DT.
Nelkengewächse *Caryophyllaceae*

**Beschreibung:** Blüten meist einzeln am Stengelende oder – seltener – zu 2–3 locker-traubig am Stengelende. Blütenstiele 1–1,5 cm lang, fast kahl, zuerst aufrecht, später waagrecht abstehend. Blüten weiß, 0,7–1 cm im Durchmesser. Blütenblätter 5, ganzrandig, sehr schmal eiförmig bis länglich-eiförmig. 5 Kelchblätter, länglich-eiförmig, zugespitzt, nur sehr schmal hautrandig. Stengel kriechend, reich verzweigt, am oberen Ende und an der Spitze der Äste aufgebogen-aufsteigend, zart, kahl oder an der Spitze schütter behaart. Blätter gegenständig, lineal, 0,5–1 cm lang und 0,5–1 mm breit, kahl oder am Stengelansatz bewimpert, oft mit blütenlosen Kurzsprossen in den Blattachseln. Die Gewimperte Nabelmiere bildet durch ihre Art der Verzweigung und der Kurzsproßbildung dichte Rasen oder lockere Polster. Juni–August. 2–10 cm.

**Vorkommen:** Braucht feinerdehaltigen, steinigen, kalkreichen und feuchten Boden in alpinem Klima. Besiedelt Geröllhalden, Felsschutt, geht aber auch in Felsspalten. Über Kalkgestein häufig, gelegentlich mit Hochwässern im Überschwemmungsbereich von Voralpenflüssen in tiefere Lagen oder ins Vorland verschleppt; dort unbeständig. Bevorzugt Höhenlagen zwischen etwa 1500–3000 m.

**Wissenswertes:** ♃. Ähnlich: Etschtaler Nabelmiere (*M. bavarica* (L.) GREN.): Meist 2–5 Blüten am Stengelende; Blütenstiele 1,5–2,5 cm lang; Kelchblätter lanzettlich; Blätter lineal, zumindest obere 1–3 cm lang, dicklich, auch am Stengelansatz stets kahl. Endemisch in den mittleren Südalpen; dort 2 Unterarten (ssp. *bavarica* und ssp. *insubrica* (DEGEN) SAUER) in getrennten Arealen.

# Nelkengewächse *Caryophyllaceae*

Nabelmiere *Moehringia*
Miere *Minuartia*

## Moos-Nabelmiere
*Moehringia muscosa* L.
Nelkengewächse *Caryophyllaceae*

**Beschreibung:** Blüten meist zu 3–6 lockertraubig und etwas sparrig am Stengelende, sehr selten nur 1 Blüte am Stengelende. Blütenstiele 1–4 cm lang, sehr dünn, kahl. Blüten weiß, 5–9 mm im Durchmesser. Blütenblätter 4 (!), länglich-eiförmig, ganzrandig, stumpf. Kelchblätter 4 (!), hautrandig, 1nervig, kurz zugespitzt, kahl. Stengel niederliegend bis aufsteigend, meist reich verzweigt, kahl. Blätter gegenständig, nicht fleischig, sehr schmal lineal bis fast fädlich, 1–3 cm lang und kaum 1 mm (!) breit. Die Moos-Nabelmiere wächst eher in lockeren Rasen als in dichten Polstern. Mai–September. 5–20 cm.

**Vorkommen:** Braucht kalkreichen, feuchten, mit etwas Feinerde versehenen, steinigen Boden. Besiedelt gut durchsickerte Felsspalten, Moränen, Felsschutt, geht auch in steinige Gebüsche und an Mauern; oft mit Hochwässern ins Vorland herabgeschwemmt und dort an schattigen Stellen über mehr oder weniger lange Zeitspannen konkurrenzfähig. Bevorzugt Höhen zwischen etwa 800 und 2300 m. In den Kalkalpen häufig; im Schweizer Jura zerstreut; in den Zentralalpen auf kristallinem, quarzreichem Gestein meist fehlend, auf kalkhaltigen Gesteinen auch dort zerstreut.

**Wissenswertes:** ♃. Ähnlich: Brescianer Nabelmiere (*M. markgrafii* MERXM. ex GUTERM.): Stengel 1blütig, nur ausnahmsweise 2- oder mehrblütig. Blüten um 6 mm im Durchmesser. Eigentlicher Blütenstiel um 1 cm lang und nicht dünner als der Stengel. Stengel spärlich und sparrig verzweigt. Blätter in der vorderen Hälfte am breitesten. Endemisch im Voralpengebiet nördlich von Brescia. Auch dort selten und ausschließlich in steilen, besonnten Felswänden; nur auf Kalk.

## Mannsschild-Miere
*Minuartia cherlerioides* (HOPPE) BECHERER
Nelkengewächse *Caryophyllaceae*

**Beschreibung:** Pflanze wächst in dichten, kissenartigen Polstern. Blüten einzeln auf kurzem Stiel in der Achsel eines der obersten Blätter, weiß, um 5 mm im Durchmesser. 4 (!) Blütenblätter schmal-lanzettlich, nach unten schmäler werdend. 4 Kelchblätter (!), lanzettlich, spitz, kahl, hellgrün. Stengel reich verzweigt und dicht dachziegelartig beblättert; die Pflanze bekommt durch die Art der Stengelverzweigung und die Form der Beblätterung einen dicht polsterartigen Wuchs. Stengel kahl. Blätter nur 1–3 mm lang, kaum 1 mm breit, meist kahl, 3nervig (starke Lupe!). Juli–August. 2–5 cm.

**Vorkommen:** Braucht feinerdehaltigen, steinigen Boden. Kommt in den Nördlichen Kalkalpen von den Berchtesgadener Alpen östlich bis zum Hochschwab vor. Auch in den östlichen Zentralalpen, und zwar in den Mallnitzer und Radstätter Tauern. In den Südlichen Kalkalpen in der Brentagruppe und in den Bergamasker Alpen sowie von den Dolomiten ostwärts bis zu den Julischen Alpen. Bevorzugt Höhen zwischen etwa 2000 und 3000 m. Selten.

**Wissenswertes:** ♃. Innerhalb der Art unterscheidet man 2 Unterarten: Ssp. *cherlerioides* kommt in den Nördlichen Kalkalpen, in den Tauern, in den Dolomiten und östlich davon vor. Sie ist an kalkhaltigen Untergrund gebunden. Ihre Blätter sind völlig kahl. Ssp. *rionii* (GREMLI) FRIEDR. kommt in den westlichsten Teilen des Areals vor; sie wächst auf quarzreichen, kalkfreien Gesteinen. Bei ihr sind die Blätter am Rand spärlich bewimpert (Lupe!). Das Artepithet wurde zu Ehren des Schweizer Botanikers J. H. CHERLER (1570–1610) vergeben.

**Nelkengewächse** *Caryophyllaceae*

## Felsen-Miere
*Minuartia rupestris* (Scop.) Schinz et Thell.
Nelkengewächse *Caryophyllaceae*

**Beschreibung:** Blüten meist einzeln endständig auf etwa 3–7 mm langem Stiel; selten mehr als 1 Blüte am Stengelende. Blüten weiß, 5–8 mm im Durchmesser. 5 Blütenblätter, schmal-eiförmig, am Grund etwas schmaler werdend, deutlich 3nervig. 5 Kelchblätter, lanzettlich-eiförmig, spitz, schmal-hautrandig, um 4 mm lang, hellgrün, meist 5nervig. Stengel kriechend, zuweilen wurzelnd, meist reich verzweigt; Zweige kurz, bogig aufsteigend, unten mit abgestorbenen, oben mit ziemlich dicht stehenden, lebenden Blättern, kahl oder fein behaart. Blätter gegenständig, 2–5 mm lang, um 1 mm breit, spitz, am Rand meist kurz bewimpert, 3–7nervig (starke Lupe!). Die Pflanze wächst in lockeren, seltener in eher dichten Rasen, nicht jedoch in kissenartigen Polstern! Juli–August. 2–5 cm.

**Vorkommen:** Braucht kalk- und feinerdehaltigen, steinigen Untergrund, geht aber auch auf kalkarmen, ja kalkfreien Untergrund, wenn er sonst reich an mineralischen Nährstoffen ist. Besiedelt Felsspalten, seltener Felsschutt in sonnigen Lagen. Bevorzugt Höhen zwischen etwa 2000 und 3000 m. Von den Salzburger und Kärntner Alpen bis zu den Seealpen. Selten und auch größeren Gebieten fehlend.

**Wissenswertes:** ♃. *M. rupestris* (Scop.) Schinz et Thell. wird mit *M. lanceolata* (All.) Mattf. zur Sammelart *M. rupestris* agg. vereinigt. *M. lanceolata* ist in den Cottischen Alpen endemisch und kommt dort in entsprechenden Höhenlagen an vergleichbaren Standorten selten vor. – Beide Kleinarten sind an Standorten konkurrenzfähig, die im Winter schneefrei bleiben oder nur wenig schneebedeckt sind.

## Zwerg-Miere
*Minuartia sedoides* (L.) Hiern
Nelkengewächse *Caryophyllaceae*

**Beschreibung:** Blüten einzeln, endständig, sehr selten 2 endständige Blüten. Blütenstiele 1–3 mm lang. Blüten sehr unscheinbar, 4–6 mm im Durchmesser, grünlich oder gelb. Blütenblätter meist nicht ausgebildet; wenn vorhanden, dann kurz und fädlich, grünlich, sehr selten auch weiß. 5 Kelchblätter, schmal-eiförmig, stumpf, hellgrün, kahl, 3nervig. Stengel kurz, dicht verzweigt, kahl, unten mit abgestorbenen, oben mit lebenden Blättern. Blätter stehen sehr dicht gegenständig-büschelig am Stengel. Sie sind 3–5 mm lang und etwa 1 mm breit, etwas kantig, stumpf, kahl oder am Rand leicht bewimpert. Durch den reich verzweigten, kurzen und gleichzeitig dicht beblätterten Stengel bildet die Zwerg-Miere dichte, kissenartige Polster. Juli–August. 5–8 cm.

**Vorkommen:** Braucht kalkarmen oder kalkfreien, doch keineswegs basenarmen etwas feuchten, humosen, lehmigen oder feinerdereichen steinigen Boden. Besiedelt steinige Rasen und lückige Matten, windverblasene Grate und Hänge sowie frische Moränen und feinerdereichen bzw. lehmigen Gesteinsschutt. Zerstreut; bevorzugt Höhen zwischen etwa 2000 und 3000 m.

**Wissenswertes:** ♃. Auf frischem, lehm- oder feinerdereichem Gesteinsschutt gehört die Zwerg-Miere zu den Pionierpflanzen, die als erste Fuß fassen. Die Erstbesiedler schaffen die Bedingungen für eine mehr oder weniger geschlossene Rasenbildung auf solchen Standorten. Die Zwerg-Miere selbst allerdings ist – trotz ihrer Fähigkeiten, Trockenheit zu überdauern und Stürmen zu trotzen, welche ihr in geschlossenen Beständen nichts nützen – in solchen Rasen nicht konkurrenzfähig und geht ein.

# Nelkengewächse *Caryophyllaceae*
Miere *Minuartia*

## Büschel-Miere
*Minuartia fastigiata* (SM.) RCHB.
Nelkengewächse *Caryophyllaceae*

**Beschreibung:** Mehrere Blüten stehen büschelig am Ende des Stengels und der Zweige, oft etwas einseitswendig. Blütenstiele etwa so lang wie die Hochblätter (= wie die obersten Blätter), die am Rande trockenhäutig sind. Blüten weiß, 0,7–1 cm im Durchmesser. 5 Blütenblätter, die höchstens ½ der Länge der Kelchblätter erreichen. 5 Kelchblätter, 4–6 mm lang, weiß, jederseits vom Mittelnerv mit grünem Streifen, aufrecht abstehend. Stengel unverzweigt oder oben spärlich verzweigt, nur im Blütenstandsbereich reichlich verzweigt, kahl oder etwas flaumig behaart, nach unten oft rostbraun überlaufen. Stengelblätter gegenständig, borstlich, steil aufrecht, 0,5–1 cm lang, ⅓–1 mm breit, spitz. Juli–August. 10–25 cm.

**Vorkommen:** Braucht kalkhaltigen, ja kalkreichen, trockenen, sommerwarmen steinigen und lockeren Boden, der arm an Stickstoffsalzen sein sollte, und im übrigen sandig oder lehmig sein kann. Besiedelt in klimatisch begünstigten Gegenden (Oberrheintal, Weinbaugebiet zwischen Neustadt a. d. Weinstraße und Mainz, Fränkischer Jura bei Regensburg, Oberbayern, Schweizer Jura zwischen Bieler See und Genf, Wallis, Tessin), in Niederösterreich und im Burgenland lückige Trockenrasen und felsige Hänge. Sehr selten. In Niederösterreich zerstreut.

**Wissenswertes:** ☉. Die Büschel-Miere hat ihre Hauptverbreitung in Südosteuropa und im Mittelmeergebiet. Sie gehört damit zu den pannonischen Florenelementen unserer Trockenrasen. Die Vorkommen in Deutschland stellen eher die Nord- als die Westgrenze des Areals dar; denn einige Sippen erreichen sogar noch Südfrankreich und die Pyrenäen.

## Borsten-Miere
*Minuartia setacea* (THUILL.) HAYEK
Nelkengewächse *Caryophyllaceae*

**Beschreibung:** Blüten stehen in einem rispenähnlichen Gesamtblütenstand, d. h. unter einem wenigblütigen, endständigen Teilblütenstand stehen noch blattachselständige Teilblütenstände, die ebenfalls armblütig sind. Blütenstiele dünn, kahl, 0,5–2 cm lang. Blüten weiß, 5–9 mm im Durchmesser. 5 Blütenblätter, schmal verkehrt-eiförmig. Kelchblätter lanzettlich, 2–4 mm lang und damit etwas kürzer als die Blütenblätter, weißhautrandig. Zahlreiche Stengel an jeder Pflanze, meist aufsteigend, seltener aufrecht, meist einfach oder nur wenig verzweigt, oben kahl, unten zuweilen behaart. Blätter gegenständig, steif, borstigpfriemlich, spitz, vorne etwas verkrümmt, an der Basis randlich bewimpert und meist weiß-hautrandig. Die Borsten-Miere wächst in mäßig dichten Rasen, in denen neben blühenden auch nichtblühende Triebe stehen. Mai–Juli. 10–20 cm.

**Vorkommen:** Braucht flachgründigen, steinigen Boden, der kalkhaltig sein sollte, aber sich auch über Basalt und Porphyr befinden kann. Besiedelt dort lückige Trockenrasen, steinige Hänge und Felsbänder. Kommt nur im Fränkischen Jura etwa zwischen Donauwörth und Regensburg vor – hier selten –, vereinzelt auch in Oberösterreich und selten in Niederösterreich. Geht kaum über etwa 400 m Höhe.

**Wissenswertes:** ♃. Das Hauptareal der Borsten-Miere liegt in Südosteuropa und in Südrußland. Die Borsten-Miere gehört zu den pannonischen Florenelementen in unserer Flora. Frühere Funde aus dem Kaiserstuhl konnten neuerdings nicht bestätigt werden. – Ähnlich: *M. mutabilis* (LAPEYR.) SCHINZ & THELL.: Blütenstand büschelig; Engadin; Alpensüdfuß; selten.

**Nelkengewächse** *Caryophyllaceae*

## Lärchenblättrige Miere
*Minuartia laricifolia* (L.) SCHINZ et THELL.
Nelkengewächse *Caryophyllaceae*

**Beschreibung:** Blüten stehen zu 3–5 in einem gabelig-doldigen Blütenstand. Blütenstiele 5–9 mm lang. Blüten weiß, 1,5–2 cm im Durchmesser (auseinandergedrückt auch bis 2,5 cm). 5 Blütenblätter, verkehrt-eiförmig bis keilförmig, an der Spitze abgerundet oder leicht geschwungen eingebuchtet. Kelchblätter 5, 5–7 mm lang, nur sehr schmal hautrandig und hier oft rot überlaufen, 3–5nervig, dicht flaumig behaart. Stengel im unteren Teil kriechend und verzweigt, im oberen Teil aufgebogen oder aufrecht. Blätter gegenständig, 0,5–1,5 cm lang, 0,1–0,5 mm (!) breit, spitz, oft sichelförmig gebogen, nur am Rand mit sehr kurzen Haaren, sonst kahl. Juli–August. 5–20 cm.

**Vorkommen:** Braucht kalkarmen bis kalkfreien, lockeren, steinigen Boden, der im Frühjahr und im Sommer relativ kräftig erwärmt wird. Besiedelt in Höhenlagen zwischen etwa 600–2000 m steinige Hänge, Felsbänder und Felsritzen sowie Felsschutthalden, seltener auch lichte Kiefernwälder. Zentrale Ketten von den Seealpen bis Tirol. Zerstreut.

**Wissenswertes:** ♃. *M. laricifolia* (L.) SCHINZ et THELL. wird mit Kitaibels Miere (*M. kitaibelii* (NYMAN) PAWL.) zur Sammelart *M. laricifolia* agg. zusammengefaßt. Kitaibels Miere hat Blüten mit einem Durchmesser von 2–2,5 cm; ihre Blütenblätter sind breit-keilig und mindestens doppelt so lang wie die Kelchblätter. Kitaibels Miere wächst auf Kalkböden in den niederösterreichischen Alpen (Hochschwab, Steiermark). – Ähnlich: Leinblättrige Miere (*M. capillacea* (ALL.) GRAEBN.): Blüten 2–2,5 cm im Durchmesser. Stengel oberwärts dicht klebrig-flaumhaarig; Schweizer Jura, Alpensüdfuß, selten.

## Österreichische Miere
*Minuartia austriaca* (JACQ.) HAYEK
Nelkengewächse *Caryophyllaceae*

**Beschreibung:** Blüten meist endständig; seltener 2 Blüten am Ende des Stengels. Blütenstiele 2–5 cm lang, steif-aufrecht, kahl oder unmittelbar unter der Blüte etwas behaart. Blüten weiß, 1,8–2,5 cm im Durchmesser. Blütenblätter eiförmig-keilig, vorne abgestutzt oder etwas eingebuchtet. 3 Griffel. Kelchblätter 5–6 mm lang, etwa $\frac{1}{2}$ so lang wie die Blütenblätter, eiförmig, am Grunde mit sehr schmalem Hautrand, sonst krautig, deutlich 3nervig, kahl oder schütter flaumig behaart. Kapseln länger als der Kelch. Blühende und nichtblühende Stengel aufrecht oder am Grund aufgebogen, meist unverzweigt oder nur wenig verzweigt, dünn, steif, kahl. Blätter gegenständig, 1–2 cm lang, 0,5–1 mm (!) breit, spitz. Juni–August. 10–20 cm.

**Vorkommen:** Braucht kalkreichen oder wenigstens kalkhaltigen, lehmigen oder feinerdehaltigen, steinigen Boden. Kommt in Felsspalten, auf Gesteinsschutt und Flußgeröll vorwiegend in Höhen zwischen etwa 1500 und 2500 m in den östlichen Ketten der Nördlichen und Südlichen Kalkalpen vor, ebenso in den östlichen Zentralalpen auf Kalk. Örtlich auch von Flüssen weit herabgeschwemmt. Zerstreut.

**Wissenswertes:** ♃. Die Art erreicht auf einer Linie, die etwa von Garmisch-Partenkirchen nach Brescia verläuft, die Westgrenze ihres Verbreitungsgebiets. – Die Schlaffe Miere (*M. flaccida* (ALL.) SCHINZ et THELL.), die meist 3–7blütig ist, deren Blüten knapp 2 cm im Durchmesser erreichen und deren Kapseln höchstens so lang wie der Kelch werden, vertritt die Art in den Südwestalpen. Sie erreicht in den Savoyer Alpen etwa ihre Nordgrenze, im Aostatal ihre Ostgrenze.

# Nelkengewächse *Caryophyllaceae*
Miere *Minuartia*

## Zarte Miere
*Minuartia hybrida* (VILL.) SCHISCHKIN
Nelkengewächse *Caryophyllaceae*

**Beschreibung:** Blüten meist endständig, seltener auch seitenständig im obersten Abschnitt des Stengels in lockeren, gabelig-doldigen, armblütigen Blütenständen. Blütenstiele sehr dünn, 0,5–2 cm lang, meist kahl. Blüten weiß, unscheinbar, 4–6 mm im Durchmesser. Blütenblätter 5, schmal verkehrt-eiförmig, höchstens ¾ der Kelchblattlänge erreichend. Kelchblätter 5, nur 3–4 mm lang, 3nervig, hellgrün, fein zugespitzt, nur schmal hautrandig, kahl oder kurzhaarig. Stengel meist aufrecht, steif, locker und etwas sparrig verzweigt, entfernt beblättert, oft violett überlaufen, kahl oder schütter behaart, ohne Blattbüschel. Blätter gegenständig, lineal-borstenförmig, bis 1 cm lang und kaum 1 mm (!) breit, meist kahl. Mai–Juli. 5–15 cm.

**Vorkommen:** Braucht kalkhaltigen, trockenen Lehmboden, dem Humusbeimischung weitgehend fehlen kann und der mäßig reich an Stickstoffsalzen sein sollte. Besiedelt lückige Trockenrasen, auch frisch brachliegende Ödflächen an sonnig-trockenen Stellen, so z. B. an Wegen, Böschungen, Rainen, an Ackerrändern und Mauern, gelegentlich auch auf Bahnschotter. In den wärmeren Tälern des Weinbaugebiets, im Fränkischen Jura, der West- und Nordschweiz sowie des Wallis. Selten und oft unbeständig.

**Wissenswertes:** ⊙. Innerhalb der Art werden üblicherweise 2 Unterarten unterschieden: Ssp. *hybrida* ist im Blütenstandsbereich meist drüsig behaart. Ihre Kelchblätter sind lineal-lanzettlich. Sie kommt vorwiegend im südlichen Europa vor. Ssp. *vaillantiana* (DC.) FRIEDR. ist auch im Blütenstandsbereich kahl. Ihre Kelchblätter sind lanzettlich. Sie ist die in Mittel- und Westeuropa verbreitete Unterart.

## Klebrige Miere
*Minuartia viscosa* (SCHREB.) SCHINZ et THELL.
Nelkengewächse *Caryophyllaceae*

**Beschreibung:** Blüten meist endständig, seltener auch seitenständig im obersten Abschnitt des Stengels in lockeren, gabelig-doldigen, armblütigen Blütenständen. Blütenstiele sehr dünn, 0,3–1,5 cm lang, wie die Stengel im Blütenstandsbereich drüsig behaart und daher etwas klebrig. Blüten weiß, sehr unscheinbar, 3–5 mm im Durchmesser. Blütenblätter 5, schmal verkehrt-eiförmig, höchstens ¾ der Kelchblattlänge erreichend. Kelchblätter 5, nur 2–2,5 mm lang, 3nervig, hellgrün, fein zugespitzt, nur schmal hautrandig, dicht drüsig behaart. Stengel meist aufrecht, spärlich und nicht ausgesprochen sparrig verzweigt, oft violett überlaufen, zumindest im oberen Drittel dicht und abstehend drüsig behaart. Blätter gegenständig, pfriemlich-borstig, bis 8 mm lang und um 0,5 mm (!) breit. Mai–Juli. 3–10 cm.

**Vorkommen:** Braucht sandigen, humosen oder humusarmen, stickstoffhaltigen Boden, der auch kalkhaltig sein kann, der aber nicht kalkhaltig sein muß. Gedeiht nur an Standorten mit genügend sommerlicher Wärme. Besiedelt lückige Trockenrasen, geht aber auch auf Ödstellen an Akkerrändern und an Wegen. Sehr selten im Neuwieder Becken, zwischen Darmstadt und Dieburg, vereinzelt in Sachsen, im Wallis, am Alpensüdfuß und in Niederösterreich.

**Wissenswertes:** ⊙. Die Klebrige Miere läßt sich nicht auf den ersten Blick von der Zarten Miere unterscheiden, auch nicht an getrockneten Exemplaren. So wurden gelegentlich Einzelexemplare von *M. viscosa* wegen ihrer kurzen Kelchblätter als *M. hybrida* bestimmt, wenn der Blütenstandsbereich ziemlich kahl war. In der Regel sind die Kelchblätter der Zarten Miere schmäler.

**Nelkengewächse** *Caryophyllaceae*

## Zweiblütige Miere
*Minuartia biflora* (L.) SCHINZ et THELL.
Nelkengewächse *Caryophyllaceae*

**Beschreibung:** Blüten zu 1–3 am Ende der Stengel. Blütenstiele kurz, etwa 5 mm lang, aufrecht, dicht kurzhaarig; zwischen den „einfachen" Haaren stehen vereinzelt auch Drüsenhaare. Blüten weiß, gegen Ende der Blütezeit zuweilen etwas rötlich überlaufen oder sogar rosa, 0,8–1,3 cm im Durchmesser. 5 Blütenblätter, schmal-keilförmig, an der Spitze gestutzt oder fein gezähnelt. 5 Kelchblätter, schmal-eiförmig, stumpf, um 4 mm lang und damit etwa ¾ so lang wie die Blütenblätter, 3nervig, grün, behaart oder kahl. Stengel aus niederliegendem Grund aufsteigend, unten dicht verzweigt und mit Kurztrieben aus büschelig gestellten Blättern, sehr kurzhaarig. Blätter gegenständig, stumpf, 0,5–1 cm lang und 1–2 mm breit, am Rand meist mit sehr kurzen Haaren (Lupe!). Die Zweiblütige Miere wächst dicht rasig, ja fast in lockeren Polstern und gleicht hierin manchen Nabelmieren-Arten. Juni–August. 3–10 cm.

**Vorkommen:** Braucht kalkhaltigen, feuchten, etwas stickstoffsalzhaltigen Boden. Besiedelt Viehläger, geht aber auch in Schneetälchen und nasse Mulden sowie in gut durchrieselte Schutthalden und Moränen, dort vor allem an die feuchteren Stellen; sehr selten auch in Felsspalten und auf Graten. Bevorzugt Höhen zwischen etwa 2000 und 2800 m. In den Alpen sehr vereinzelt und größeren Gebieten fehlend (so z. B. im gesamten deutschen Alpengebiet und im österreichischen Teil der Nördlichen Kalkalpen).

**Wissenswertes:** ♃. Die Zweiblütige Miere hat ihre Hauptverbreitung in den arktischen Gebieten der nördlichen Halbkugel. In den Alpen ist sie ein Relikt aus den Vereisungsperioden der Eiszeit.

## Frühlings-Miere
*Minuartia verna* (L.) HIERN
Nelkengewächse *Caryophyllaceae*

**Beschreibung:** Blüten einzeln endständig oder – seltener – zu wenigen doldig-gabelig am Stengelende oder – Teilblütenstände – in den Achseln der oberen Blätter. Blütenstiele 1–2 cm lang, dünn, oft drüsig behaart, sehr selten kahl. Blüten weiß, 5–8 mm im Durchmesser. Blütenblätter 5, breit-eiförmig, vorn rundlich, gelegentlich herzförmig eingekerbt. 5 Kelchblätter, schmal-eiförmig, 3–4 mm lang, 3nervig, kaum hautrandig. Stengel niederliegend bis aufsteigend, meist einfach oder oben spärlich verzweigt, am Grunde dicht beblättert und kahl, oben oft drüsig behaart. Blätter gegenständig, 0,5–1,5 cm lang, um 0,5 mm breit, flach, gerade, kahl. Die Frühlings-Miere wächst in dichten Rasen bzw. in Polstern. Mai–Juli. 5–15 cm.

**Vorkommen:** Braucht kalkreichen, lehmig-humosen, steinigen Boden, der arm an Stickstoffsalzen sein und der sommers gut erwärmt werden sollte. Besiedelt lückige Trockenrasen im Fränkischen Jura, im Harz, um Aachen und im bayerischen Alpenvorland sowie in Niederösterreich und im südlichen Schweizer Jura. Selten, örtlich in kleineren Beständen.

**Wissenswertes.** ♃. *M. verna* (L.) HIERN wird mit *M. gerardii* (WILLD.) HAYEK zur Sammelart *M. verna* agg. zusammengefaßt. Gerards Miere wächst in dichten Polstern, wird kaum höher als 8 cm, ist armblütiger, doch messen die Blüten bis etwa 1 cm im Durchmesser. Sie wächst nur in den Alpen, und zwar meist über Kalk, bevorzugt in Höhen von 1500–3000 m. Örtlich wird sie ins Vorland herabgeschwemmt, ist dort aber unbeständig. In den Alpen zerstreut. – Ähnlich: *M. stricta* (Sw.) HIERN: Blätter undeutlich 1nervig; Moore; Schweizer Jura; vereinzelt.

# Nelkengewächse *Caryophyllaceae* ▶

Miere *Minuartia*
Salzmiere *Honkenya*
Knäuel *Scleranthus*

## Krummblättrige Miere
*Minuartia recurva* (ALL.) SCHINZ et THELL.
Nelkengewächse *Caryophyllaceae*

**Beschreibung:** Blüten einzeln endständig oder zu 2-3 (selten bis zu 8) in einem lockeren, traubig-doldigen Blütenstand am Stengelende. Blütenstiele 0,8-1,5 cm lang, sehr dünn, drüsig behaart. Blüten weiß, 0,7-1 cm im Durchmesser. 5 Blütenblätter, schmal verkehrt-eiförmig. 5 Kelchblätter, schmal-eiförmig, zugespitzt, um 4 mm lang, 5nervig, selten auch 7nervig, meist fast kahl, aber am Grunde oft mit einzelnen Drüsenhaaren. Stengel aus niederliegendem Grund aufsteigend, nur im untersten Abschnitt und dann wieder im Blütenstandsbereich verzweigt, sonst einfach, im untersten Teil mit zahlreichen Blattbüscheln, hier oft sehr dunkel, fast schwarz, und kahl; im Blütenstandsbereich oft mit sehr kurzen (0,2 mm!) Drüsenhaaren. Stengelblätter gegenständig, 3nervig, sichelförmig gekrümmt, borstlich gerollt, 0,5-1 cm lang und um 0,5 mm (!) breit, am Rande meist drüsig bewimpert. Juli-August. 5-15 cm.

**Vorkommen:** Braucht kalkarmen und daher sauren, steinigen, aber meist recht humosen lehmigen oder einigermaßen feinerdereichen Boden, geht in den südöstlichen Alpen indessen auch auf Kalk oder Dolomit. Besiedelt windverblasene Grate und Bergvorsprünge, Gesteinsschutthalden, lückige und steinige alpine Rasen und Felsbänder. Bevorzugt Höhen zwischen etwa 1800 und 3000 m. Zentral- und Südalpen; fehlt in den Nördlichen Kalkalpen. Selten.

**Wissenswertes:** ♃. Die Krummblättrige Miere gehört zu den wenigen Arten, die noch auf extrem windverblasenen und auch im Winter schneearmen, ja schneelosen Graten und Felsvorsprüngen ausharren können. Sie erträgt Trockenheit relativ gut.

## Salzmiere
*Honkenya peploides* (L.) EHRH.
Nelkengewächse *Caryophyllaceae*

**Beschreibung:** Blüten einzeln auf kaum 5 mm langen Stielen im oberen Bereich des Stengels blattachselständig in traubig-doldigem Blütenstand. Blüten unscheinbar, weißgrünlich oder elfenbeinfarben, 0,6-1 cm im Durchmesser. Neben zwittrigen Blüten kommen auch 1geschlechtige Blüten vor. Blütenblätter 3, weiß, grünlich-weiß oder elfenbeinfarben, verkehrt-eiförmig, ganzrandig. 5 Kelchblätter, eiförmig, fleischig, 1nervig. Stengel aufsteigend, fleischig, 4kantig bis rundlich, kahl, an den Knoten wurzelnd. Stengelblätter kreuzgegenständig und dadurch 4zeilig am Stengel angeordnet, dicklich, fleischig, spitz, kahl, dem Stengel nicht allzudicht anliegend, sondern schräg aufwärts abstehend. Juni-Juli. 5-20 cm.

**Vorkommen:** Braucht feuchten, ja nassen, kochsalzhaltigen Sandboden. Besiedelt Spülsäume im Bereich der Vordüne und befestigt hier den Sand durch ihre zahlreichen und tiefreichenden Wurzeln. An der Nord- und Ostseeküste zerstreut, örtlich in größeren, meist lockeren Beständen. Fehlt im Binnenland.

**Wissenswertes:** ♃. Bei der Salzmiere bilden die Staubgefäße Pollen, ehe die Fruchtknoten derselben Blüte bestäubungsfähig sind. Dies leistet der Fremdbefruchtung Vorschub. Die Blüten werden indessen kaum von Insekten beflogen. Vielmehr wird der Pollen durch Flugsandkörner von Blüte zu Blüte übertragen. Eine derartige „Sandblütigkeit" ist sehr selten. Außer ihr gibt es bei der Salzmiere aber auch Selbstbestäubung. Bei trübem Wetter, wenn sich die Blüten nicht öffnen, ist diese die Regel. – Wird die Pflanze von Sand überdeckt, dann werden die Stengel zu unterirdischen Kriechsprossen.

**Nelkengewächse** *Caryophyllaceae*

## Einjähriger Knäuel
*Scleranthus annuus* L.
Nelkengewächse *Caryophyllaceae*

**Beschreibung:** Blütenstand endständig oder Teilblütenstände am Ende langer Zweige, gabelig-rispig in kurze Blütenstiele verzweigt und daher knäuelig. Blüten grünlich, ausgebreitet gemessen 3–5 mm im Durchmesser. Keine Blütenblätter vorhanden: Blüte wird nur aus den Kelchblättern gebildet. 5 Kelchblätter, die auf becherförmigem Blütenboden inseriert sind, der den Fruchtknoten umgibt, alle gleich lang. Kelchblattzipfel zur Fruchtzeit aufrecht. Stengel aufrecht, sparrig verzweigt; einzelne Zweige niederliegend oder aufsteigend. Stengel rund, oft oliv- oder etwas gelbgrün, im oberen Teil kurz 2zeilig behaart, zuweilen kahl. Blätter lineal-pfriemlich, rundlich-fleischig, 6–8 mm lang, kaum 1 mm breit, oft mit Kurztrieben in den Achseln. März–Oktober. 3–20 cm.

**Vorkommen:** Braucht schwach sauren, etwas lehmigen Sandboden. Geht in Unkrautbestände der Getreidefelder, gelegentlich auch an Wege in Gegenden mit kalkarmen Böden. Zerstreut, durch die chemische Unkrautbekämpfung seltener geworden. Fehlt in den Gegenden mit Kalkgestein auch größeren Gebieten.

**Wissenswertes:** ☉. *S. annuus* L. wird mit dem Triften-Knäuel (*S. polycarpos* L.) und dem Hügel-Knäuel (*S. verticillatus* TAUSCH) zur Sammelart *S. annuus* agg. zusammengefaßt. Der Triften-Knäuel hat Blätter von 4–6 mm Länge; seine Blüten stehen noch dichter zu Knäueln gedrängt als beim Einjährigen Knäuel. Er kommt an Felsen und Sandhalden der Mittelgebirge mit Silikatgestein selten vor. Der Hügel-Knäuel hat ungleich lange Kelchblätter und ist gelbgrün. Er kommt in Sachsen-Anhalt und im östlichen Österreich in sommerwarmen Trockenrasen vereinzelt vor.

## Ausdauernder Knäuel
*Scleranthus perennis* L.
Nelkengewächse *Caryophyllaceae*

**Beschreibung:** Blütenstand endständig oder Teilblütenstände am Ende langer Zweige, gabelig-rispig in sehr kurze Blütenstiele verzweigt und daher knäuelig. Blüten weißlich-grün, sitzend, ausgebreitet gemessen 4–7 mm im Durchmesser. Keine Blütenblätter vorhanden: Blütenhülle wird nur aus den Kelchblättern gebildet. 5 Kelchblätter, die auf becherförmigem Blütenboden inseriert sind, der den Fruchtknoten umgibt, alle gleich lang und etwa so lang wie die Staubblätter, mit deutlichem, fast 0,5 mm breitem weißem Hautrand. Stengel aufsteigend oder aufrecht, steif, sparrig verzweigt. Stengel rund, unten und vor allem an den Knoten zuweilen rötlich überlaufen, wie die Blätter graugrün, meist kahl, zuweilen kurzhaarig. Blätter gegenständig, lineal-pfriemlich, rundlich-fleischig, 0,6–1 cm lang, spitz, kahl. Mai–September. 5–20 cm.

**Vorkommen:** Braucht einen Boden, der arm an Kalk und Stickstoffsalzen ist und der sandig oder grusig sein sollte. Besiedelt Erdanrisse oder vegetationslose Stellen in Dünen, in lückigen Sandrasen und an Felsköpfen. Vor allem in den tieferen Lagen der Silikatmittelgebirge und des Tieflands, warme und niederschlagsarme Täler der Alpen mit Silikatgestein. Selten, aber örtlich in kleineren, wenngleich wenig auffallenden Beständen.

**Wissenswertes:** ♃. Der Ausdauernde Knäuel tritt als Pionierpflanze auf sehr feinerde- bzw. humusarmen Gesteinsschuttböden und auf Sanden auf. Der Konkurrenz in geschlossenen Rasen, unter denen die Böden nährstoffreicher geworden sind, ist er in der Regel nicht mehr gewachsen. Er wird überwachsen und geht schließlich ein.

# Nelkengewächse *Caryophyllaceae* ▶

Spärkling *Spergularia*

## Flügelsamiger Spärkling
*Spergularia media* (L.) K. Presl
Nelkengewächse *Caryophyllaceae*

**Beschreibung:** 3–12 Blüten stehen in einem traubig-rispigen Blütenstand am Ende des Stengels. Blütenstiele nicht auffällig dünn, 1–3 cm lang, stark drüsig behaart, zur Blütezeit gerade oder schräg aufwärts gerichtet, nach dem Verblühen zunächst kräftig nach unten gebogen und zur Fruchtzeit wieder aufrecht. Blüten hellrosa, lila oder (seltener) weiß, 0,8–1,2 cm im Durchmesser. 5 Blütenblätter, eiförmig. Kelchblätter 4–6 mm lang, damit etwa gleich lang wie die Blütenblätter, schmal-eiförmig, mit schmalem, weißem Hautrand, drüsig behaart. Stengel niederliegend oder aufsteigend, spärlich verzweigt, oben meist deutlich drüsig behaart, sonst kahl. Stengelblätter gegenständig, schmal-lineal, rundlich, 1–3 cm lang, etwas fleischig, ohne Stachelspitze. In den Achseln der Blätter stehen zuweilen sterile, etwas büschelige Sprosse. Am Blattgrund kann man die weißhäutigen, 2–5 mm langen Nebenblätter sehen, die meist zerschlitzt sind. Juli–September. 5–40 cm.

**Vorkommen:** Braucht kochsalzhaltigen, offenen, sandigen Boden. Kommt fast ausschließlich in den Salzwiesen an der Küste von Nord- und Ostsee vor, desgleichen auf Salzböden in Niederösterreich im Burgenland (Seewinkel östlich des Neusiedlersees) sowie im südlichen Elsaß auch in der Umgebung der dortigen Kaliminen. Hier zerstreut. Fehlt in der Schweiz.

**Wissenswertes:** ♃. Der Flügelsamige Spärkling ist eine typische Pflanze der Andelwiesen auf den salzhaltigen Böden an den Küsten. Im Binnenland kommt er nur an Salzquellen oder in der Umgebung von Salzbergwerken vor; mögliche Fundorte an vielbefahrenen und winters gesalzten Straßen sind uns nicht bekannt.

## Igelsamiger Spärkling
*Spergularia echinosperma* Čelak.
Nelkengewächse *Caryophyllaceae*

**Beschreibung:** 3–9 Blüten stehen in einem traubigen Blütenstand am Ende des Stengels. Blütenstiele nicht auffallend dünn, meist kürzer als 1 cm, kahl. Blüten 4–6 mm im Durchmesser, unscheinbar, rosa. 5 Blütenblätter, eiförmig. 5 Kelchblätter, bei der Fruchtreife gelblich werdend und mit der Spitze zur Kapsel hin gekrümmt, sonst von ihr abstehend. Stengel aufsteigend, spärlich verzweigt. Stengel oft schon im unteren Viertel verzweigt. Äste auffallend dünn, oft sparrig spreizend. Stengelblätter lineal, 0,7 bis kaum 2 cm lang, etwas fleischig, nur die obersten stachelspitzig, die unteren stumpf. In den Achseln der Blätter stehen zuweilen sterile, etwas büschelige Sprosse. Nebenblätter am Grund der Blätter hinfällig; wenn noch vorhanden, dann sehr klein und 3eckig. Juni–Oktober. 4–10 cm.

**Vorkommen:** Braucht feuchten, nährstoffreichen, schlammigen Boden in eher luftfeuchtem Klima. Besiedelt ausschließlich schlammige Uferstellen an der Elbe; am Unterlauf selten, am Mittel- und Oberlauf sehr selten, desgleichen im Flußgebiet von Moldau und Weichsel.

**Wissenswertes:** ☉. Der Igelsamige Spärkling hat seinen Artnamen nach den feinwarzigen, am Rande mit Stacheln versehenen Samen erhalten. Dieses Merkmal kann man nur mit einer stark vergrößernden Lupe an Exemplaren mit reifen Kapseln untersuchen. Möglicherweise wird der Igelsamige Spärkling da und dort übersehen. So wird er neuerdings aus Frankreich angegeben. Dieses Vorkommen könnte durch Verschleppung von Samen durch Wasservögel entstanden sein. Andererseits sind potentielle Standorte für die Art kaum mehr irgendwo anzutreffen.

**Nelkengewächse** *Caryophyllaceae*

## Roter Spärkling
*Spergularia rubra* (L.) J. et K. Presl
Nelkengewächse *Caryophyllaceae*

**Beschreibung:** 3–12 Blüten stehen in einem lockeren, traubig-doldigen, endständigen Blütenstand. Blütenstiele nicht auffällig dünn, kaum 5 mm lang, erst aufrecht oder schräg aufrecht, nach dem Verblühen herabgeschlagen und zur Fruchtreife wieder aufrecht. Blüten (ausgebreitet) 6–8 mm im Durchmesser, rosa. 5 Blütenblätter, eiförmig, ganzrandig. 5 Kelchblätter, 3–4 mm lang, mit breitem, grünem Mittelstreif und breitem, weißem Hautrand, zumindest schütter, meist aber ziemlich dicht drüsig behaart. Stengel niederliegend bis aufsteigend, verzweigt, im oberen Teil drüsig behaart, sonst kahl. Stengelblätter gegenständig, lineal-pfriemlich, 1–2,5 cm lang, um 0,2 mm (!) breit, kahl, kaum fleischig, mit deutlicher Stachelspitze, die etwa 0,3 mm lang wird. In den Achseln der Blätter stehen meist sterile, etwas büschelige Sprosse. Am Blattgrund sind die 2–5 mm langen, oft zerschlitzten weißhäutigen Nebenblätter auch bei älteren Pflanzen stets vorhanden. Mai–September. 3–25 cm.

**Vorkommen:** Braucht kalkarmen, zumindest schwach sauren, aber stickstoffsalzhaltigen, sandigen Lehm- oder Tonboden, der humusarm sein darf und etwas verdichtet sein sollte. Besiedelt nasse Anger, Wege in Dorfnähe, Schlammbänke an Ufern und lichte, betretene Waldstellen, sofern es dort lückige Bodendeckung, also offene Stellen gibt. Zerstreut. Fehlt in den Gegenden mit kalkigem Untergrund.

**Wissenswertes:** ☉–♃. Der Gattungsname *Spergularia* leitet sich vermutlich von spergere, lat. = ausbreiten ab. Die Stengel liegen dem Boden oft radial an. Die Blüten sind nur vom späten Vormittag bis zum frühen Nachmittag geöffnet.

## Salz-Spärkling
*Spergularia marina* (L.) Griseb.
Nelkengewächse *Caryophyllaceae*

**Beschreibung:** Wenige Blüten stehen in einem lockeren, traubig-doldigen Blütenstand am Ende des Stengels. Blütenstiele nicht auffällig dünn, meist drüsig behaart, um 5 mm lang, nach dem Verblühen der Blüten zunächst abwärts gebogen, später wieder aufrechter. Blüten tiefrosa, seltener weißlich, 6–8 mm im Durchmesser. 5 Blütenblätter, die meist kürzer als die Kelchblätter bleiben. 5 Kelchblätter, eiförmig, 3–4 mm lang, mit breitem, weißem Hautrand, meist außen drüsig behaart. Stengel niederliegend oder aufsteigend, oft dem Boden radial aufliegend, spärlich verzweigt, schwach-kantig bis fast 2flügelig, meist kahl oder nur oben schwach drüsig behaart. Stengelblätter gegenständig, lineal, rundlich, etwas fleischig, ohne Stachelspitze, 1–3 cm lang, gelegentlich noch länger, und 1–2 mm breit. Nebenblätter oft auch nach der Blüte noch vorhanden, weißhäutig, nicht zerschlitzt. Mai–September. 5–20 cm.

**Vorkommen:** Braucht kochsalzhaltigen, verdichteten Lehm- oder Tonboden, der sonst höchstens lückig bewachsen sein darf. Besiedelt etwas ruderal beeinflußte Stellen auf solchen Böden, geht auch auf relativ stark betretene Flächen oder auf Wege. Im Küstengebiet zerstreut, im Binnenland an Salinen oder an versalzten Ufern sehr selten.

**Wissenswertes:** ☉–♃. Bemerkenswerterweise stellt sich der Salz-Spärkling als einer der Erstbesiedler ein, wenn von Andelwiesen Rasensoden zum Begrünen und Befestigen von Deichen abgehoben worden sind. Im Binnenland sind zahlreiche der vordem bekannten Standorte seit dem Zweiten Weltkrieg erloschen. Neufunde an salzbestreuten Straßen sind uns nicht bekannt.

# Nelkengewächse *Caryophyllaceae* ▶

Spärkling *Spergularia*
Spark *Spergula*
Hirschsprung *Corrigiola*

## Saat-Spärkling
*Spergularia segetalis* (L.) G. Don f.
Nelkengewächse *Caryophyllaceae*

**Beschreibung:** Mehrere Blüten stehen in einem sehr lockeren, traubig-doldigen oder rispig-doldigen, endständigen Blütenstand. Blütenstiele sehr dünn, 1–1,5 cm lang, kahl, zur Blütezeit gerade aufrecht, nach dem Verblühen zunächst kräftig nach unten gebogen und zur Fruchtzeit wieder aufrecht. Blüten sehr unscheinbar, weiß, 3–4 mm im Durchmesser. 5 Blütenblätter, die allerdings kaum 1,5 mm lang werden. 5 Kelchblätter, schmal-eiförmig, spitz, 1,5–2 mm lang, mit einem grünen Mittelstreif, sonst hautrandig, kahl. Stengel aufrecht, zart, kahl, spärlich gabelästig verzweigt. Stengelblätter gegenständig, 1–3 cm lang, 0,3–0,8 mm (!) breit, mit deutlicher, wenn auch sehr kurzer Stachelspitze, kahl. In den Achseln der Blätter stehen zuweilen sterile, etwas büschelige Sprosse. Am Blattgrund kann man meist deutlich die weißhäutigen, zerschlitzten Nebenblätter entdecken. Mai–Juli. 3–15 cm.

**Vorkommen:** Braucht kalkarmen, zumindest schwach sauren, humusarmen und nicht allzu nährstoffhaltigen Lehm- oder Tonboden, der allerdings etwas sandig sein darf, sofern er genügend verdichtet ist. Besiedelt feuchte, staunasse, wenig bewachsene Ackerfurchen, geht auch an Wegränder, wenn sie offene Bodenstellen der beschriebenen Art besitzen. Sehr selten im Mündungsgebiet des Mains, im Wiesetal im Südschwarzwald, im südlichen Elsaß und in Thüringen.

**Wissenswertes:** ☉. Der Saat-Spärkling war noch nie häufig, hat aber die meisten seiner mitteleuropäischen Standorte nach dem Zweiten Weltkrieg im Zuge der Änderung der landwirtschaftlichen Bewirtschaftung (Dränage, stärkere Lockerung des Bodens) verloren.

## Acker-Spark
*Spergula arvensis* L.
Nelkengewächse *Caryophyllaceae*

**Beschreibung:** Mehrere Blüten stehen in einem lockeren, endständigen, gabelig-rispigen Blütenstand. Ihre Stiele sind ziemlich dünn und – zumindest leicht – klebrig-drüsig behaart. Blüten weiß, 5–8 mm im Durchmesser. 5 Blütenblätter, verkehrt-eiförmig, ganzrandig, vorn etwas stumpf. 5 Kelchblätter, eiförmig, sehr schmal weiß-hautrandig, zum Grund zu oft dunkel überlaufen, oft drüsig behaart. Stengel niederliegend, aufsteigend oder aufrecht, spärlich vom Grund an verzweigt, rund, in der unteren Hälfte kahl oder schütter behaart, in der oberen Hälfte oft deutlich drüsenhaarig, selten fast kahl. Blätter 1–3 cm lang, auf der Unterseite mit einer Längsfurche, lineal, etwas fleischig und zuweilen deutlich drüsig behaart, aber auch fast kahl, durch Blattbüschel in den Achseln der gegenständigen Stengelblätter quirlartig angeordnet. An jedem Blattpaar finden sich 4 Nebenblätter, die weiß und trockenhäutig sind. Juni–September. 10–50 cm (selten höher).

**Vorkommen:** Braucht kalkarmen und daher zumindest schwach sauren, sandigen oder lehmigen Boden, der aber nicht allzu arm an Stickstoffsalzen sein sollte. Geht in Unkrautgesellschaften vorwiegend von Hackfruchtäckern, aber auch von Getreideäckern, sowie auf ackernahes Brach- oder Ödland, an Wege oder auf stickstoffbeeinflußtes, meist ortsnahes Ödland. Liebt hohe Luftfeuchtigkeit. Steigt in den Alpen und in den Mittelgebirgen bis etwa 1500 m. Zerstreut.

**Wissenswertes:** ☉. Innerhalb der Art werden mehrere Unterarten unterschieden, die aber nicht scharf voneinander getrennt sind. Die Blüten bleiben bei schlechtem Wetter geschlossen und bestäuben sich selbst.

**Nelkengewächse** *Caryophyllaceae*

## Fünfmänniger Spark
*Spergula pentandra* L.
Nelkengewächse *Caryophyllaceae*

**Beschreibung:** Wenige Blüten stehen in einem lockeren, endständigen, gabelig-rispigen Blütenstand. Die Blütenstiele sind ziemlich dünn und in der Regel kahl, höchstens sehr schütter drüsig behaart. Blüten weiß, 5–8 mm im Durchmesser. 5 Blütenblätter, schmal-eiförmig, ganzrandig. 5 Kelchblätter, eiförmig, sehr schmal weiß-hautrandig, am Grunde meist nicht dunkel überlaufen. Stengel ziemlich dünn, meist einfach oder nur wenig verzweigt, rund, meist kahl, zuweilen in der oberen Hälfte schütter drüsenhaarig, etwas blaugrün. Blätter 1–2 cm lang und etwa 1 mm breit, ohne Längsfurche an der Unterseite (!), meist kahl oder nur sehr zerstreut drüsig behaart, durch Blattbüschel in den Achseln der gegenständigen Stengelblätter quirlartig angeordnet. An jedem Blattpaar finden sich 4 Nebenblätter, die weiß und trockenhäutig sind. April–Mai. 5–15 cm.

**Vorkommen:** Braucht rohen, also humus- oder feinerdearmen Steinverwitterungsboden, der grusig oder sandig sein sollte, zumindest schwach sauer sein darf und der sommers gut durchwärmt und trocken sein sollte. Besiedelt lückige Sandrasen, offene Dünen, geht aber auch auf Sandsteinfelsen. In den Sandgebieten des Tieflands und in den tiefgelegenen Tälern der Silikatmittelgebirge zerstreut. Sonst meist fehlend.

**Wissenswertes:** ⊙. *S. pentandra* L. wird mit dem Frühlings-Spark (*S. morisonii* BOREAU) zur Sammelart *S. pentandra* agg. zusammengefaßt. Der Frühlings-Spark hat breitere, leicht spitzliche Blütenblätter, die sich berühren oder überdecken, sowie 10 Staubblätter. Er hat ein ähnliches Verbreitungsgebiet und vergleichbare Standorte wie der Fünfmännige Spark.

## Hirschsprung
*Corrigiola litoralis* L.
Nelkengewächse *Caryophyllaceae*

**Beschreibung:** Mehrere Blüten stehen in endständigen Knäueln, die am Ende des Stengels und in den Achseln der oberen Blätter sitzen. Blüten sehr klein und unscheinbar, nur 1–2 mm im Durchmesser. 5 Blütenblätter (Lupe!), die weiß, zuweilen auch schwach rötlich sind. 5 eiförmige Kelchblätter, ihre bräunliche oder grünliche „Mittelrippe" wird jederseits von einem breiten, weißen Hautrand eingefaßt. Zahlreiche niederliegende, oft radial sich ausbreitende Stengel, die meist nur an den blütentragenden Enden aufgebogen sind; Stengel durchweg kahl. Zumindest untere Stengelblätter wechselständig, obere zuweilen gegenständig, lineal, ganzrandig, blau- oder graugrün. 2 Nebenblätter an jedem Blattansatz, weiß-trockenhäutig, spitz. Juni–September. 5–25 cm.

**Vorkommen:** Braucht kalkarmen, zumindest schwach sauren, humus- und feinerdearmen Lehm- oder Sandboden, der feucht, wenn nicht naß sein sollte. Besiedelt offene Ufersäume oder nasse Flecken auf Brachäckern. Kommt in den Sandflächen des Tieflands und der tiefer gelegenen Täler im Gebiet der Sandstein-Mittelgebirge selten vor.

**Wissenswertes:** ⊙. Der Hirschsprung ist seit dem 2. Weltkrieg an vielen seiner früheren Standorte verschwunden, weil man die Landschaft so umgestaltet bzw. die Landwirtschaft so intensiviert hat, daß er keine Wuchsmöglichkeit mehr gefunden hat. Allerdings trat er auch früher vielerorts nur sporadisch auf. Der wissenschaftliche Gattungsname kommt vom lat. corrigia = Schuhriemen; denn die Stengel des Hirschsprungs liegen – mit Phantasie betrachtet – wie „lose Schuhriemen" auf der Erde.

# Nelkengewächse *Caryophyllaceae*

Knorpelblume *Illecebrum*
Bruchkraut *Herniaria*
Nagelkraut *Polycarpon*

## Knorpelblume
*Illecebrum verticillatum* L.
Nelkengewächse *Caryophyllaceae*

**Beschreibung:** Die Blüten stehen in blattachselständigen Knäueln im oberen Teil des Stengels und an den oberen Zweigen. Sie sind unscheinbar, weißlich und werden nur 2–3 mm lang. 5 verkümmerte, fadenförmige, weiße Blütenblätter, die kaum 2 mm lang werden. 5 Kelchblätter, die kapuzenförmig in eine grannenartige Spitze auslaufen und die 2–3 mm lang werden; sie sind knorpelartig verdickt und weißlich. Stengel niederliegend, oft wurzelnd, einfach oder spärlich verzweigt, schwach 4kantig, kahl. Blätter lanzettlich oder eiförmig, 2–5 mm (!) lang und 1–2 mm breit. An jedem Blattpaar gibt es meist nur 2 Nebenblätter, die trockenhäutig sind, gelegentlich auch fehlen können und die kaum 1 mm lang werden (Lupe!). Juni–September. 5–30 cm.

**Vorkommen:** Braucht feuchten, kalkarmen und daher zumindest schwach sauren, etwas stickstoffsalzhaltigen, humusarmen, sandigen Lehmboden. Besiedelt Erdanrisse an Wegen und Rainen, geht auch auf offene Stellen der Brachen und des Ödlands. Vor allem im Tiefland selten, vereinzelt am Mittellauf des Rheins, am Oberlauf der Mosel, an der Saar und am Unterlauf des Mains; selten in Niederösterreich.

**Wissenswertes:** ☉. Die Knorpelblume hat in der Zeit seit dem Zweiten Weltkrieg durch Standortvernichtung einen großen Teil ihrer früheren Vorkommen verloren. Sie erträgt an ihren Standorten auch Überflutung. Die knorpelig erhärtenden Kelchblätter, die auch an der Frucht bleiben, dürften einen Schwimmapparat darstellen. Gelegentlich blühen auch untergetauchte Exemplare, bei denen Selbstbestäubung in der Knospe erfolgt (Kleistogamie).

## Kahles Bruchkraut
*Herniaria glabra* L.
Nelkengewächse *Caryophyllaceae*

**Beschreibung:** Blüten sitzen zu 6–10 in dichten, blattachselständigen Knäueln längs des Stengels und seiner Zweige. Blüten unscheinbar, 0,3–0,8 mm (!) lang, grünlich. 5 Blütenblätter, die indessen meist verkümmert sind oder fehlen. Unverwachsene Kelchblattzipfel 5, kaum 0,5 mm (!) lang, stumpf, kahl (Lupe! Wichtiges Unterscheidungsmerkmal!). Stengel liegen dem Boden flach an. Sie sind eher dicht verzweigt und breiten sich radial aus. Sie sind nie dicht und abstehend steifhaarig, allenfalls schütter kraus behaart, meist jedoch sind sie kahl. Blätter im unteren Teil des Stengels gegenständig, im oberen Teil jedoch wechselständig, schmal-eiförmig, 3–8 mm lang und 1,5–2,5 mm breit. Die Blätter sind gelbgrün, kahl oder höchstens am Rande spärlich bewimpert. Juli–September. 10–20 cm.

**Vorkommen:** Braucht kalkarmen, zumindest schwach sauren, humusarmen, zuweilen mäßig stickstoffsalzhaltigen, lockeren, steinigen oder kiesigen Boden und im Sommer eher Trockenheit als Niederschläge und reichlich Wärme. Besiedelt Dünen, Vegetationslücken in sandigen Rasen, Erdanrisse an Wegrändern und an Böschungen vorwiegend im Tiefland und in den tieferen Lagen der Mittelgebirge mit Silikatgesteinen. Fehlt in den Alpen. Zerstreut.

**Wissenswertes:** ☉–♃. Das Kahle Bruchkraut enthält in seinen oberirdischen Teilen Saponine sowie in geringer Menge ätherisches Öl und Herniarin, dagegen kein Cumarin, wie man längere Zeit angenommen hat. Es wurde früher als Volksheilmittel gegen Bruchleiden (Name; hernia, lat. = Bruch) benutzt und kam so zu seinem Gattungsnamen.

Nelkengewächse *Caryophyllaceae*

## Behaartes Bruchkraut
*Herniaria hirsuta* L.
Nelkengewächse *Caryophyllaceae*

**Beschreibung:** Blüten sitzen zu 6–10 in dichten, blattachselständigen Knäueln längs des Stengels und seiner Zweige. Blüten unscheinbar, 0,5–2 mm lang, grünlich. 5 Blütenblätter, die indessen meist verkümmert sind oder fehlen. Unverwachsene Kelchblattzipfel 5, etwa 0,5 mm (!) lang, an der Spitze mit einer etwa 0,5 mm langen Borste, kurz, dicht und borstig behaart (Lupe! Wichtiges Unterscheidungsmerkmal!). Stengel dem Boden flach anliegend, dicht verzweigt, stets kurz, aber dicht und abstehend behaart (Haare etwa 0,1–0,3 mm lang!). Blätter im unteren Teil des Stengels gegenständig, im oberen Teil wechselständig, schmaleiförmig, 0,5–1 cm lang, 2–3 mm breit. Blätter gelbgrün, stets am Rande und meist auch auf den Flächen behaart. Juli–September. 10–20 cm.

**Vorkommen:** Braucht kalkarmen, meist schwach sauren, humusarmen, eher verfestigten, steinig-sandigen Boden und im Sommer reichlich Wärme. Besiedelt lückige Sandrasen, sandige Wege, Böschungen und Dünen, vorwiegend im Ober- und Mittelrheingebiet, im Gebiet der Mainmündung, am Fuß des Schweizer Jura, am Genfer See, am Alpensüdfuß sowie in Ober- und Niederösterreich. Selten und meist unbeständig.

**Wissenswertes:** ☉-♃. Enthält Saponine, ätherisches Öl und Herniarin. – Ähnlich: Graues Bruchkraut (*Herniaria incana* LAM.): Kelchblattzipfel 1–1,5 mm lang, Spitze ohne Borste, dicht flächig behaart. Stengel aufsteigend. Blätter 0,3–1,2 cm lang, 1–3 mm breit, dicht behaart (Haare 0,5 mm!). Alpensüdfuß, selten. – Alpen-Bruchkraut (*H. alpina* CHAIX): Kelchblattzipfel 1–1,5 mm lang, Blätter 2–5 mm lang; westliche Zentral- und Südalpen; selten.

## Nagelkraut
*Polycarpon tetraphyllum* (L.) L.
Nelkengewächse *Caryophyllaceae*

**Beschreibung:** Zahlreiche Blüten stehen knäuelig in einem doldig-rispigen, endständigen Blütenstand. Blütenstiele 0,5–3 mm lang. Blüten klein und unscheinbar, weißlich. 5 Blütenblätter, oft schon beim Aufblühen oder kurz danach abfallend, lanzettlich, kaum 1 mm lang. 5 Kelchblätter, eiförmig, mit weißem Hautrand, 1,5–2 mm lang, auf dem Rücken leicht gekielt, kahl. Stengel aufsteigend oder aufrecht, verzweigt, rund, jedoch mit sehr feinen, flügelartigen Kanten, kahl. Blätter 0,5–1,2 cm lang und 3–6 mm breit, eiförmig, mit einer sehr kurzen Stachelspitze, oft zu 4 scheinbar quirlständig am Stengel sitzend. Nebenblätter 1–3 mm lang. Juni–September. 5–15 cm.

**Vorkommen:** Braucht kalkarmen und daher zumindest schwach sauren, aber durchaus stickstoffsalzreichen, feinerde- und humusarmen Sand- oder Kiesboden. Besiedelt Sandbänke an Flußufern und flache, staunasse Mulden auf brachliegenden Äckern oder auf Ödland, geht aber auch in Pflasterfugen auf Wegen und an Mauern. Nur noch vereinzelt in Niedersachsen und in der Pfalz. Wahrscheinlich am Südalpenfuß, vor allem in den warmen Tälern, ursprünglich. Tritt sonst möglicherweise von Zeit zu Zeit unbeständig, aus dem Mittelmeergebiet eingeschleppt, an geeigneten Standorten auf.

**Wissenswertes:** ☉. Die meisten der Standorte, an denen das Nagelkraut noch um die Jahrhundertwende gesehen worden ist, konnten nach dem Zweiten Weltkrieg nicht mehr bestätigt werden. Samen sollen indes mit Südfrüchten gelegentlich eingeschleppt werden. Mit sporadischem Auftreten ist also vor allem in der Nähe von Großmärkten zu rechnen.

## Portulakgewächse *Portulacaceae* ▶

Portulak *Portulaca*
Quellkraut *Montia*
Claytonie *Claytonia*

## Kermesbeerengewächse *Phytolaccaceae* ▶

Kermesbeere *Phytolacca*


### Portulak
*Portulaca oleracea* L.
Portulakgewächse *Portulacaceae*

**Beschreibung:** Blüten sitzen einzeln oder zu 2–3 in den gabeligen Stengelaufzweigungen oder in den Achseln der obersten Blätter. Sie erreichen etwa 8 mm im Durchmesser (bei manchen kultivierten Rassen bis fast 1,2 cm), sind gelb, haben 5 Blütenblätter, die kaum länger als die beiden Kelchblätter werden; sie sind im unteren Teil miteinander verwachsen und fallen bald ab. 7–12 Staubblätter; Griffel meist 5–6teilig. Stengel niederliegend oder etwas aufsteigend, oft rötlich überlaufen, gabelig verzweigt, eine flach dem Boden anliegende „Ast"-Rosette bildend. Blätter oval bis spatelförmig, 1–2 cm lang und 0,3–1 cm breit, auffallend fleischig, wechselständig, sitzend, am Ende der Triebe gehäuft und hier fast gegenständig, meist deutlich größer als weiter unten am Stengel. Juli–September. 10–40 cm.

**Vorkommen:** Braucht zumindest mäßig stickstoffsalzhaltigen, lockeren, humushaltigen Sand- oder Lehmboden in Gegenden, in denen die Sommer überdurchschnittlich warm und trocken sind. Kommt hier in Unkrautgesellschaften in Gärten und Weinbergen vor, geht aber auch an Wege, ja in Pflasterritzen. Nur innerhalb des Weinbaugebiets und auch hier selten und kaum bestandsbildend.

**Wissenswertes:** ☉. Von der ursprünglich wohl hauptsächlich in Südost- und Südeuropa vorkommenden Art wurden Kultursorten gezogen, die gelegentlich als Salatpflanze, Suppenzutat oder Quarkwürze genutzt werden. Man schneidet den oberen Teil der jungen Pflanzen, und zwar etwa 4 Wochen nach der Aussaat. Der Geschmack ist eher fad, etwas stumpf, so daß man über die Qualität als Würze streiten kann.

### Quellkraut
*Montia fontana* L.
Portulakgewächse *Portulacaceae*

**Beschreibung:** 2–5 Blüten stehen jeweils in end- oder seitenständigen, scheinrispigen Blütenständen. Blüten nicken im Knospenstadium. Sie haben nur 2 Kelchblätter, die nach dem Aufblühen nicht abfallen. Blüten mit 3–5 weißen Blütenblättern, die etwa doppelt so lang wie die Kelchblätter werden und die am Grunde miteinander verwachsen sind. 3–5 Staubblätter. Stengel schlaff niederliegend, etwas aufsteigend oder im Wasser flutend, oft stark verzweigt, glasig grün, fast durchscheinend. Blätter spatelförmig, 0,5–3 cm lang, kahl, fleischig. Juni–August. 5–30 cm.

**Vorkommen:** Braucht feuchte, besser nasse und zeitweise überschwemmte Böden, die kalkarm sein müssen und sandig oder lehmig sein können. Besiedelt Ackerrinnen, Gräben und Ufer sowie Quellfluren und überrieselte Stellen an kalkarmen Felsen. Auch in Gebieten mit geeigneten Böden eher selten, doch an seinen Standorten meist in kleineren Beständen. Trat in den letzten Jahren zunehmend in Versandgärtnereien des Tieflands auf und wurde so – wenn auch meist unbeständig – weithin verschleppt.

**Wissenswertes:** ☉–♃. Die Art ist sehr formenreich und wird in mehrere Unterarten aufgeteilt, von denen einige vorwiegend im Tiefland, andere bis in die höchsten Stufen der Mittelgebirge sowie bis in die mittleren Höhenstufen der Alpen (bis über 2200 m Höhe) vorkommen. Das Quellkraut ist über fast ganz Europa verbreitet, allerdings kaum in Osteuropa. Es soll noch im vorigen Jahrhundert als Salat gegessen worden sein. Darauf deuten auch Volksnamen wie „Winzersalat" oder „Brunnenmeyer", die in Bayern örtlich gebraucht werden.

Portulakgewächse *Portulacaceae*
Kermesbeerengewächse *Phytolaccaceae*

## Claytonie
*Claytonia perfoliata* DONN ex WILLD.
Portulakgewächse *Portulacaceae*

**Beschreibung:** 15–30 Blüten (selten mehr oder weniger) sitzen in rispen- oder traubenähnlichen, sich leicht aufbiegenden Blütenständen, die den Achseln der Grundblätter entspringen und die man auf den ersten Blick für einen Stengel mit paarweise verwachsenem Blatt halten könnte. Blüten unscheinbar, 5–8 mm im Durchmesser, mit 2 kelchblattähnlichen Hochblättern (die bis zur Kapselreife erhalten bleiben) und 5 weißen Blütenhüllblättern, die vorne abgerundet oder nur schwach ausgerandet sind. Eigentlicher „Stengel" sehr kurz und gestaucht, rhizomähnlich, im oder kaum über dem Boden. Blätter in einer Rosette, sehr lang (bis über 10 cm) gestielt; Blattspreite eiförmig bis rhombisch-eiförmig, 1–3 cm lang und 0,5–1,5 cm breit, vorne meist deutlich kurz zugespitzt. Unterhalb des Blütenstands befindet sich ein Paar Hochblätter, die miteinander zu einem kreisförmig-tellerartigen „Gesamtblatt" verwachsen sind. Mai–Juni. 5–20 cm.

**Vorkommen:** Braucht sandigen, eher trockenen als feuchten, stickstoffsalzreichen Boden in Gegenden mit mildem Frühjahr und einer überwiegend hohen Luftfeuchtigkeit im Sommer. Heimat: Pazifisches Nordamerika, von Kalifornien im Süden bis Britisch-Kolumbien im Norden. Im Tiefland eingebürgert, im Westen zerstreut, nach Osten seltener werdend, doch überall örtlich in kleineren, individuenreichen Beständen in Gärten, Gärtnereien und auf Friedhöfen; vereinzelt am unteren Neckar und Main, an der Sieg, am nördlichen Mittelrhein und am Niederrhein.

**Wissenswertes:** ☉. Ursprünglich Salatpflanze („Kubaspinat"). Neuerdings als Samen durch Pflanzenversand verschleppt.

## Amerikanische Kermesbeere
*Phytolacca americana* L.
Kermesbeerengewächse *Phytolaccaceae*

**Beschreibung:** Zahlreiche Blüten stehen in dichttraubigen Blütenständen in der oberen Hälfte des Stengels, und zwar gegenüber von Stengelblättern. Blütenstiele um 5 mm lang, zur Fruchtreife sich verlängernd. Blüten 5–8 mm im Durchmesser, mit 5 Blütenhüllblättern, nach dem Aufblühen grünlich oder weißlich, gegen Ende der Blütezeit gleich den Blütenstielen und der Blütenstandsachse sich weinrot verfärbend. Staubblätter 10. Frucht beerenartig, 10rippig, saftig, zunächst dunkelrot, zuletzt glänzend-schwarz. Stengel aufrecht, verzweigt, gefurcht, kahl, grün oder weinrot überlaufen. Blätter wechselständig, ganzrandig, schmal-eiförmig bis breit-lanzettlich, 10–40 cm lang, 4–12 cm breit, am Grund in den kurzen Blattstiel verschmälert, vorn mäßig spitz zulaufend. Juli–Oktober. 1–3 m.

**Vorkommen:** Braucht stickstoffsalzreichen, mittel- bis tiefgründigen Lehmboden, der steinig oder mäßig verfestigt sein kann. Besiedelt Ödland oder Wege in Weinbergen, seltener ortsnahe ruderale Gebüsche. Heimat: Nordamerika. Vereinzelt nördlich der Alpen in Weinbaugebieten verwildert, doch meist unbeständig; am Alpensüdfuß, in Niederösterreich und im Burgenland in warmen Lagen auch eingebürgert und in individuenarmen, wenngleich auffallenden Beständen.

**Wissenswertes:** ♃; ☠. Die Amerikanische Kermesbeere wurde früher angepflanzt, weil man den betacyanreichen Saft der Beeren zum Nachfärben farbschwacher Rotweine benutzte. Auch bei anderen Lebensmitteln hat man Saft zum Färben zugesetzt. Heute ist der Farbstoff bedeutungslos. Alle Teile der Pflanze enthalten Triterpensaponine und sind giftig.

# Gänsefußgewächse *Chenopodiaceae*

Gänsefuß *Chenopodium*

## Klebriger Gänsefuß
*Chenopodium botrys* L.
Gänsefußgewächse *Chenopodiaceae*

**Beschreibung:** Blüten stehen in kleinen, scheinrispigen Blütenständen in den Blattachseln der obersten Blätter oder zahlreich in einer Scheintraube am Ende des Stengels. Die kleinen, unscheinbaren Blüten sind grünlich-weiß. Stengel aufrecht, wenig verzweigt; untere Äste meist etwas größer als die in der Mitte des Stengels abgehenden Zweige. Blätter bis etwa 6 cm lang und bis etwa 2,5 cm breit, schmal-oval, fiederteilig, mit ganzrandigen und grob gezähnten Abschnitten, gelbgrün. Ganze Pflanze mit Drüsenhaaren besetzt; sie fühlt sich daher klebrig an und riecht auffallend aromatisch. Juli–August. 20–60 cm.

**Vorkommen:** Heimat: Mittelmeer, Osteuropa und Zentralasien. In Mitteleuropa eingeschleppt, meist nur wenige Jahre beständig, doch in Berlin eingebürgert und auch in anderen Großstädten z. T. schon seit Jahren anzutreffen. Besiedelt dort Schuttflächen, vor allem im Umkreis von Verkehrsumschlagplätzen. Dringt aus ihrem Areal im Mittelmeergebiet gelegentlich in die nach Süden offenen Alpentäler und wurde vereinzelt auch schon in den Tälern der Zentralalpen angetroffen.

**Wissenswertes:** ☉. Der Klebrige Gänsefuß wird heutzutage bei uns nur noch gelegentlich eingeschleppt. Da er hohe Ansprüche hinsichtlich warmer, trockener und doch lockerer, nährstoffreicher Böden stellt, kann er sich kaum irgendwo längerfristig halten. In früheren Zeiten, ja noch vor wenigen Jahrzehnten, wurde er indessen da und dort in Bauerngärten gepflanzt. Sein süßlich-schwerer Duft ist so intensiv, daß Insekten ihn meiden. Deswegen hat man das Kraut auch als Mottenkraut oder zum Verjagen von Küchenschaben verwendet.

## Wohlriechender Gänsefuß
*Chenopodium ambrosioides* L.
Gänsefußgewächse *Chenopodiaceae*

**Beschreibung:** Wenige Blüten stehen in dichten Knäueln, die kaum 3 mm im Durchmesser erreichen. Knäuel in den Achseln der Blätter. Gesamtblütenstand ist eine pyramidenförmige Rispe. Stengel aufrecht, reich verzweigt. Blätter länglich bis schmal-eiförmig, 2–10 cm lang und bis 5 cm breit. Blätter buchtig gezähnt, zuweilen auch gelappt oder ganzrandig, meist etwas drüsig und daher zumindest leicht klebrig (Blattunterseite prüfen!). Pflanze riecht stark aromatisch! Juni–September. 20–60 cm.

**Vorkommen:** In Mitteleuropa nur eingeschleppt und selten über einige Jahre beständig auf warmen Schuttflächen oder an Ufern in Gegenden mit sommerwarmem Klima. Sehr selten als Arzneipflanze angebaut („Mexikanisches Teekraut", „Jesuiten-Tee"). Heimat: Süd- und Mittelamerika.

**Wissenswertes:** ☉. Der Wohlriechende Gänsefuß ist an seinem aromatischen Geruch und seinen länglich-ovalen, ungefiederten Blättern gut kenntlich. Er wird heute kaum mehr in Gärten oder gar gewerblich in Mitteleuropa angebaut. Ursprünglich soll er aus Mexiko nach Europa gebracht worden sein („Mexikanisches Teekraut"). Es wird berichtet, er sei Mitte des 18. Jahrhunderts in Südfrankreich eingebürgert gewesen. Wahrscheinlich hatten ihn Jesuiten schon im 17. Jahrhundert nach Deutschland gebracht („Jesuiten-Tee"). Die wirksame Substanz ist ein ätherisches Öl, das appetitanregend und wurmtreibend wirken soll. – Ähnlich: Australischer Gänsefuß *(C. pumilio* R. Br.): Blütenknäuel 3–5 mm im Durchmesser; Stengel vom Grunde an verzweigt, unterste Äste z. T. niederliegend, Blätter buchtig gezähnt, wenig aromatisch; Ödland, Ufer; vereinzelt (z. B. bei Köln).

**Gänsefußgewächse** *Chenopodiaceae*

## Bastard-Gänsefuß
*Chenopodium hybridum* L.
Gänsefußgewächse *Chenopodiaceae*

**Beschreibung:** Die grünen, unscheinbaren Blüten stehen in kleinen Knäueln in einem sparrigen, rispenartig, z. T. gabelartig aufgebauten Blütenstand am Ende des Stengels. Stengel aufrecht, im oberen Bereich eher spärlich verzweigt, scharfkantig gefurcht. Blätter 7–9eckig, zugespitzt, Seitenzähne nach vorne gerichtet, bis 15 cm lang, die größten Stengelblätter am Grund ausgerandet oder herzförmig, jung wenigstens auf der Unterseite etwas mehlig. Die Pflanze riecht widerlich und ist schon daran meist eindeutig kenntlich! Mai–August. 0,3–1 m.

**Vorkommen:** Braucht lockere und nährstoffreiche Böden in Gegenden mit mildem Klima. Besiedelt vor allem Kompostlagerstätten und Schuttplätze, seltener wächst er in Unkrautgesellschaften auf Hackfruchtäckern, in Gärten und in Weinbergen. Geht in den Gebirgen gelegentlich auch auf Felsschutt oder unter überhängende Felspartien, wenn unter ihnen lockere, nährstoffreiche Feinerde angesammelt ist. Selten und meist vereinzelt, kaum irgendwo in kleineren, wenngleich individuenarmen Beständen.

**Wissenswertes:** ☉. Zuweilen hat man die Art auch „Unechter Gänsefuß" genannt; doch ist dieser Name irreführend. Der wissenschaftliche Name bedeutet eindeutig „Bastard-Gänsefuß". LINNÉ als Namengeber hielt die Art nämlich für einen Bastard aus Stechapfel und Weißem Gänsefuß. Diese uns heutzutage unmöglich erscheinende Kombination der Eltern nahm LINNÉ an, weil der Bastard-Gänsefuß ähnlich unangenehm riecht wie die Blätter und Stengel des Stechapfels, wohingegen Blüten und Wuchsform eindeutig die eines Gänsefußes sind.

## Graugrüner Gänsefuß
*Chenopodium glaucum* L.
Gänsefußgewächse *Chenopodiaceae*

**Beschreibung:** Die grünen, unscheinbaren Blüten stehen in ährenartig schlanken Rispen in den Blattachseln und endständig, wobei der endständige Blütenstand mit Blättern durchsetzt ist, die um so kleiner werden, je höher im Blütenstand sie stehen. Stengel oft niederliegend bis aufsteigend oder doch mit niederliegenden Ästen. Blätter schmal-oval, 2–7 cm lang und 0,5–2 cm breit, ganzrandig, etwas geschweift-gebuchtet oder wenig gezähnt, oberseits grün, unterseits blaugrün und dicht mehlig bestäubt (im Gegensatz hierzu ist der Blütenstand nie mehlig bestäubt! Sollte dies doch der Fall sein, dann vergleichen Sie *Ch. murale*, Seite 227). Juli–September. 0,1–1 m.

**Vorkommen:** Braucht ammoniakreichen oder doch gut mit anderen Stickstoffsalzen versehenen Boden, der etwas feucht sein sollte. Bevorzugt alte Dunglegen als Standort, geht aber auch auf kochsalzhaltige Böden an den Meeresküsten oder an Salzquellen im Binnenland bzw. auf „salpeternde" Mauerreste. Selten, aber an seinen Standorten gelegentlich in kleineren, individuenarmen, doch dichten Beständen, so vor allem im Tiefland östlich der Elbe.

**Wissenswertes:** ☉. Der Graugrüne Gänsefuß hat den größten Konkurrenzvorteil auf ammoniakalischen Dunglegen, auf denen andere Pflanzen oft gar nicht mehr oder nur eingeschränkt wachsen können. Hier tritt er gelegentlich truppweise auf; sobald die Ammoniakverbindungen ausgewaschen sind, verschwindet er wieder und macht anderen Arten Platz. Andererseits wird er mit dem Ausbringen des Düngers immer wieder verschleppt. Auf küstennahen Standorten verschafft ihm seine Salztoleranz Konkurrenzvorteile.

# Gänsefußgewächse *Chenopodiaceae*

Gänsefuß, Erdbeerspinat *Chenopodium*

## Straßen-Gänsefuß
*Chenopodium urbicum* L.
Gänsefußgewächse *Chenopodiaceae*

**Beschreibung:** Die grünen, unscheinbaren Blüten stehen in Knäueln in ziemlich schmalen, tragblattlosen Rispen in den Achseln der Blätter; Rispen meist dem Stengel angenähert und ziemlich aufrecht; auch am Stengelende befindet sich eine meist etwas ausladendere Rispe. Stengel steif aufrecht, meist nur unten spärlich verzweigt. Äste bogig aufsteigend, kaum mehlig bestäubt. Blätter im Umriß rhombisch oder 3eckig, 3–10 cm lang und an der breitesten Stelle etwa ebenso breit, unregelmäßig und grob gesägt. Blätter an der Unterseite nicht mehlig bestäubt. Juli–September. 0,5–1 m.

**Vorkommen:** Braucht nährstoffreichen, lokkeren Boden in Gegenden mit mildem, vor allem sommerwarmem Klima. Wächst dort vor allem auf Schuttplätzen. In Mitteleuropa sehr selten und meist nur unbeständig. Verbreitungsschwerpunkt der Art: Osteuropa und Asien.

**Wissenswertes:** ☉. Aus früheren Jahrzehnten liegen von verschiedenen Orten Mitteleuropas Fundbelege und Meldungen über sporadische Ansiedlungen vor. Solche Fundmeldungen sind seit 1950 kaum mehr bekannt geworden. Das mag damit zusammenhängen, daß Samen des Straßen-Gänsefußes vor allem mit Wolle aus Osteuropa eingeschleppt worden waren. Aus verschiedenen Gründen spielen derartige Wollimporte heutzutage keine Rolle mehr. Im östlichen Österreich soll der Straßen-Gänsefuß beständig auftreten und dort möglicherweise schon immer heimisch gewesen sein. – Man hat gelegentlich innerhalb der Art Varietäten unterschieden, die indessen nicht scharf gegeneinander abgrenzbar sind; eine derartige Gliederung hat man daher aufgegeben.

## Roter Gänsefuß
*Chenopodium rubrum* L.
Gänsefußgewächse *Chenopodiaceae*

**Beschreibung:** Die grünen, unscheinbaren Blüten stehen in Knäueln in ährenartig schlanken Rispen in den Blattachseln und endständig, wobei der endständige Blütenstand mit Tragblättern durchsetzt ist, die nach oben zu kleiner werden. Stengel samt den Ästen niederliegend, Hauptsproß zuweilen aufsteigend, manchmal auch alle Äste bogig aufsteigend. Blätter im Umriß rhombisch, 2–8 cm lang und 1–5 cm breit, mit meist 2 großen und mehreren kleinen Zähnen, beidseits gleichartig grün und unterseits nicht mehlig bestäubt. Häufig sind Blätter und Stengel rötlich überlaufen; dann ist der Rote Gänsefuß schon auf den ersten blick kenntlich. Juli–Oktober. 0,1–1 m.

**Vorkommen:** Liebt feuchte, nährstoffreiche, ammoniakhaltige Böden. Besiedelt meist ehemalige Dunglegen, seltener mäßig befestigte Hofeinfahrten, Schuttplätze oder Ufer. Erträgt Kochsalz und ist daher an der Küste verhältnismäßig häufiger als im Binnenland. Selten.

**Wissenswertes:** ☉. Der Rote Gänsefuß hat Standorte verloren, seit die Dunglegen mit Beton eingefaßt werden. Er tritt meist unbeständig auf. Üblicherweise wird *Ch. rubrum* mit dem Dickblättrigen Gänsefuß (*Ch. botryodes* Sm.) zur Sammelart *Ch. rubrum* agg. zusammengefaßt. *Ch. botryodes* hat Blätter, die meist ganzrandig oder nur wenig tief und klein gezähnt sind. Exemplare des Dickblättrigen Gänsefußes sind nicht rot überlaufen. *Ch. botryodes* kommt vor allem an den Küsten von Nord- und Ostsee, im Binnenland vor allem an Salzquellen oder in der Nähe von Salzbergwerken vor, so z. B. an den Kaligruben im Elsaß. Neue Standorte der Art an den Rändern salzbestreuter Straßen hat man unseres Wissens nicht beobachtet.

Gänsefußgewächse *Chenopodiaceae*

## Ähriger Erdbeerspinat
*Chenopodium capitatum* (L.) Asch.
Gänsefußgewächse *Chenopodiaceae*

**Beschreibung:** Die Blüten stehen in Knäueln beisammen. Sie sind erst grünlich, werden aber bei der Fruchtreife fleischig rot. Die knäueligen Fruchtstände erlangen dadurch ein erdbeerähnliches Aussehen. Solche erdbeerähnlichen Knäuel sitzen dem Stengel in den Blattachseln dicht an. Da der Stengel an der Spitze unbeblättert ist, bilden die Fruchtknäuel dort eine unterbrochene Scheinähre. Die Fruchtknäuel haben Durchmesser von 1,3–2 cm. Der Stengel wächst aufsteigend oder aufrecht und ist unverzweigt oder nur wenig verzweigt. Untere Blätter spießförmig, mittlere im Umriß breit-3eckig mit auswärts gerichteten Spießecken, sonst ganzrandig oder unregelmäßig buchtig gezähnt. Blätter beidseitig grün, nicht mehlig bestäubt. Juni–Juli. 30–70 cm.

**Vorkommen:** Braucht nährstoffreiche Lehmböden. Ursprünglich selten in Mitteleuropa kultiviert; vereinzelt und stets siedlungsnah auf offen gehaltenen Böden (z. B. in Gärten oder an Verladeplätzen) unbeständig verwildert. Heimat: Vermutlich Nordamerika.

**Wissenswertes:** ⊙. *Ch. capitatum* wurde früher als Spinatpflanze oder Zierpflanze in Gärten gehalten. Als Zierpflanze wird er gelegentlich auch heute noch angetroffen. – Woher der Ährige Erdbeerspinat nach Mitteleuropa gekommen ist, gilt noch nicht als eindeutig geklärt. Jedenfalls hat man ihn weder in Europa noch in Asien an Standorten gefunden, an denen er natürlicherweise heimisch sein könnte. Andererseits kennt man aus den Rocky Mountains Sippen, die *Ch. capitatum* mindestens sehr nahe stehen, sofern sie nicht mit ihm identisch sind, die dort offensichtlich an Ufern wachsen.

## Echter Erdbeerspinat
*Chenopodium foliosum* Asch.
Gänsefußgewächse *Chenopodiaceae*

**Beschreibung:** Die Blüten stehen in Knäueln beisammen. Sie sind erst grünlich, werden aber bei der Fruchtreife fleischig rot. Die knäueligen Fruchtstände erlangen dadurch ein erdbeerähnliches Aussehen. Solche erdbeerähnlichen Knäuel sitzen dem Stengel in den Blattachseln dicht an. Die Fruchtknäuel haben Durchmesser von 1–1,5 cm. Stengel aufrecht, unverzweigt oder wenig verzweigt. Zweige aufrecht abstehend. Blätter im Umriß 3eckig, 2–6 cm lang und bis 4 cm breit, mit mehreren unregelmäßigen und senkrecht abstehenden Zähnen. Blätter beidseitig grün, nicht mehlig bestäubt. Juni–September. 20–90 cm.

**Vorkommen:** Liebt stickstoffreiche, warme, etwas feuchte Böden. Mittelgebirge und Alpen; dort gelegentlich in der Lägerflur oder in Unkrautgesellschaften auf nitratreichem Schutt oder alten Dungstätten. Sehr selten, aber zuweilen in kleineren, individuenarmen Beständen. Außerhalb der Alpen nur sehr vereinzelt aus alten Kulturen verwildert.

**Wissenswertes:** ⊙. Der Echte Erdbeerspinat hat unter einheimischen Arten keinen Doppelgänger; er ist an seinen Früchten leicht kenntlich. Den Echten Erdbeerspinat hat man gelegentlich für den Ährigen Erdbeerspinat (*Ch. capitatum* (L.) Asch.) gehalten, der bei uns früher als Spinatpflanze kultiviert worden war und nur ganz vereinzelt verwildert ist. Der *Ch. capitatum* ist oben unbeblättert, wohingegen der Echte Erdbeerspinat bis zur Stengelspitze beblättert ist. Der Echte Erdbeerspinat wurde früher als Gemüse gepflanzt. Aus solchen Kulturen stammen wohl die wenigen Fundorte außerhalb der Alpen, die bekannt geworden sind.

# Gänsefußgewächse *Chenopodiaceae*

Gänsefuß *Chenopodium*

## Mauer-Gänsefuß
*Chenopodium murale* L.
Gänsefußgewächse *Chenopodiaceae*

**Beschreibung:** Die Blüten stehen in Knäueln beisammen. Sie sind grünlich. Die Knäuel sind ährig-rispig angeordnet und stehen als Teilblütenstände in den Blattachseln oder – etwas ausladend – am Stengelende. Die Region des Blütenstandes ist meist deutlich mehlig bestäubt. Stengel aufrecht, wenig verzweigt, die untersten Äste oft niederliegend. Blätter im Umriß rhombisch, 2–8 cm lang und an der breitesten Stelle nicht ganz so breit, mit unregelmäßig grob gezähntem Rand, wobei die Zähne meist nach vorn gerichtet sind. Blätter beidseitig dunkelgrün, etwas glänzend, höchstens auf der Unterseite undeutlich mehlig bestäubt. Juni–Oktober. 20–90 cm, sehr selten noch höher.

**Vorkommen:** Liebt nährstoffreichen Boden, der zumindest etwas ammoniakhaltig sein sollte und der auch reichlich Nitrate enthalten darf. Braucht Wärme. Besiedelt Kompostlagerstätten und Dunglegen (sofern sie nicht zu feucht sind), vor allem auch Stellen, an denen Hühnerkot gelagert wird, und zwar ausschließlich in Gebieten Mitteleuropas, die klimatisch begünstigt sind. Auch dort selten, doch an seinen Standorten meist in kleineren Beständen.

**Wissenswertes:** ☉. Verbreitungsschwerpunkt des Mauer-Gänsefußes ist das Mittelmeergebiet. Von dort ist er in alle klimatisch günstigen Gebiete, also auch an seine mitteleuropäischen Standorte, verschleppt worden. Bei der Verbreitung hat die Eisenbahn eine Rolle gespielt, doch dürften die Samen auch mit ungenügend gereinigter Getreidesaat oder mit Südfrüchten verfrachtet worden sein. Der Mauer-Gänsefuß ist heute in der warmgemäßigten Zone aller Erdteile anzutreffen.

## Bocks-Gänsefuß
*Chenopodium hircinum* SCHRADER
Gänsefußgewächse *Chenopodiaceae*

**Beschreibung:** Die Blüten stehen in Knäueln beisammen. Sie sind hellgrünlich. Die Knäuel befinden sich – rispig zusammengezogen – vorwiegend am Ende des Stengels. Der Blütenstandsbereich ist mehlig bestäubt. Der Stengel wächst aufrecht. Er ist meist nur wenig verzweigt und kantig. Die Astwinkel tragen meist deutliche, rote Flecken. Die Blätter sind im Umriß breit-rhombisch, 1–5 cm lang und 1–4 cm breit, im Zuschnitt etwa 3lappig. Ihr Rand ist schwach buchtig gezähnt. Die Blätter sind an der Oberseite meist kahl, an der Unterseite hingegen mehlig bestäubt. August–Oktober. 0,5–1,5 m.

**Vorkommen:** Heimat: Südamerika. Von dort wird der Bocks-Gänsefuß nur vereinzelt und unbeständig nach Mitteleuropa eingeschleppt, und zwar vor allem mit Wolle. Deswegen kommt er fast ausschließlich an einschlägigen Verladeplätzen vor, an denen es lockeren, sandigen oder steinigen, aber nährstoffreichen Untergrund gibt. Er gedeiht nur in warmen Sommern und hält sich nur selten mehrere Jahre hindurch an seinen Standorten.

**Wissenswertes:** ☉. Der Bocks-Gänsefuß – darauf weist auch der Name hin – stinkt ausgesprochen. Daran und an der meist beachtlichen Größe ist er recht gut kenntlich. Die Art ist in Südamerika häufig; es werden in ihr mehrere Unterarten unterschieden, die sich z. T. gestaltlich deutlich unterscheiden. Der mehr oder weniger lästige Geruch ist indessen für alle typisch. Der Bocks-Gänsefuß bildet in Mitteleuropa meist keine keimfähigen Samen. Das gilt auch für die Gebiete am Alpensüdfuß, im Wallis oder im Gebiet des Genfer Sees, obschon er in Südamerika in ähnlichen Klimaten Samen bildet.

Gänsefußgewächse *Chenopodiaceae*

## Feigenblättriger Gänsefuß
*Chenopodium ficifolium* Sm.
Gänsefußgewächse *Chenopodiaceae*

**Beschreibung:** Die Blüten stehen in Knäueln beisammen. Sie sind gelbgrünlich. Die Knäuel sind rispenartig zusammengezogen. Rispige Teilblütenstände stehen sowohl in den Achseln der oberen Blätter als auch endständig. Der Stengel wächst aufrecht und ist wenig verzweigt; die Äste stehen meist aufrecht ab. Die Blattwinkel sind meist deutlich rot bis violett gefleckt. Die Blätter werden 2–6 cm lang und sind im Umriß meist deutlich 3teilig: Von einem zungenförmigen Mittellappen geht im unteren Blattdrittel seitlich je ein breiter Blattlappen ab, dessen Rand schwach buchtig gezähnt ist. Ganze Pflanze zumindest etwas mehlig bestäubt und dadurch graugrün. August–Oktober. 0,2–1 m.

**Vorkommen:** Liebt mäßig sandigen, nährstoffreichen Lehmboden. Gedeiht nur in Gegenden mit warmem Klima. Kommt dort sehr selten in Unkrautbeständen vor, sofern diese auf feuchtem Untergrund wachsen. Sehr selten. In Mitteleuropa nur eingeschleppt. Heimat: Asien und Südeuropa.

**Wissenswertes:** ⊙. Heimat und Verbreitungsschwerpunkt des Feigenblättrigen Gänsefußes sind der Nahe Osten und das Mittelmeergebiet. – Von dem ebenfalls hochwüchsigen Bocks-Gänsefuß, der auch rote oder violette Flecken in den Blattachseln aufweist, kann man den Feigenblättrigen Gänsefuß dadurch leicht und meist eindeutig unterscheiden, daß er nicht wirklich stinkt, sondern allenfalls schwach widerlich riecht, wie dies auch andere Arten der Gattung tun. Der Feigenblättrige Gänsefuß wird zuweilen mit Verpakkungsmaterialien vor allem aus dem Mittelmeergebiet zu uns verfrachtet.

## Schneeballblättriger Gänsefuß
*Chenopodium opulifolium* Schrader
ex Koch et Ziz
Gänsefußgewächse *Chenopodiaceae*

**Beschreibung:** Die Blüten stehen in Knäueln beisammen. Sie sind hellgrünlich. Die Knäuel sind rispig angeordnet und stehen in den Blattachseln und – locker pyramidenförmig – am Ende des Stengels. Der Blütenstandsbereich ist mehlig bestäubt, allerdings weniger deutlich, als dies beim Weißen Gänsefuß *(Ch. album)* der Fall ist. Der Stengel wächst aufrecht. Er ist wenig verzweigt; die Äste steigen bogig auf und werden verhältnismäßig lang. Die Blätter sind im Umriß breit-oval bis rhombisch, bis 10 cm lang und an der breitesten Stelle fast ebenso breit wie lang. Die Blätter des Schneeballblättrigen Gänsefußes sind im Durchschnitt breiter als die des Weißen Gänsefußes. Sie sind unregelmäßig gezähnt oder buchtig, selten teilweise ganzrandig. Die Blätter sind vor allem auf der Unterseite deutlich mehlig bestäubt. Sie wirken etwas dicklich. Juni–September. 30–80 cm.

**Vorkommen:** Braucht nährstoff- und besonders stickstoffreiche Böden in klimatisch begünstigten Gegenden. Besiedelt dort Schuttplätze und Kompostlagerstätten. Sehr selten.

**Wissenswertes:** ⊙. Der Verbreitungsschwerpunkt des Schneeballblättrigen Gänsefußes in Europa liegt im Mittelmeergebiet. Hier und in Asien ist er beheimatet. Von seiner Heimat aus ist er weltweit verschleppt worden; allerdings vermag er sich in Mitteleuropa nur gelegentlich mehrere Jahre zu halten. – Der Schneeballblättrige Gänsefuß wird heutzutage als Kleinart des Weißen Gänsefußes aufgefaßt und mit ihm und anderen Kleinarten zur Sammelart *Ch. album* agg. zusammengefaßt.

# Gänsefußgewächse *Chenopodiaceae*

Gänsefuß, Guter Heinrich *Chenopodium*

## Weißer Gänsefuß
*Chenopodium album* L.
Gänsefußgewächse *Chenopodiaceae*

**Beschreibung:** Die Blüten stehen in Knäueln beisammen. Sie sind hellgrünlich. Die Knäuel sind rispenartig zusammengezogen. Rispige Teilblütenstände stehen sowohl in den Achseln der oberen Blätter als auch endständig. Der Stengel wächst aufrecht, seltener steigt er bogig auf oder liegt dem Boden an. Er ist spärlich verzweigt. Die Blattwinkel sind oft deutlich rotviolett gefleckt. Die Blätter werden 2–12 cm lang und 1,5–10 cm breit. Ihr Umriß ist oval-rhombisch, ihr Rand ist buchtig gezähnt oder fast ganzrandig. Nie hat er große, lappige Zähne. Meist ist die ganze Pflanze zumindest leicht mehlig bestäubt. Juli–September. 0,1–2 m.

**Vorkommen:** Gedeiht auf allen ausreichend nährstoffreichen Böden. Kommt in Unkrautbeständen auf Äckern, in Gärten und an Wegen sowie in Waldschlägen vor. Sehr häufig.

**Wissenswertes:** ⊙. *Ch. album* L. wird mit dem Gestreiften Gänsefuß (*Ch. strictum* ROTH), dem Schneeballblättrigen Gänsefuß (*Ch. opulifolium* SCHRAD. ex KOCH et ZIZ) und dem Grünen Gänsefuß (*Ch. suecicum* J. MURR.) zur Sammelart *Ch. album* agg. zusammengefaßt. *Ch. opulifolium* und *Ch. strictum* werden auf S. 228 bzw. nebenstehend ausführlich beschrieben. *Ch. suecicum* unterscheidet sich von den anderen Kleinarten wie folgt: Blütenstand locker, beblättert; Blätter kaum mehlig bestäubt, graugrün. Blattzähne scharf geschnitten; deutlich nach vorne gerichtet. Hauptverbreitungsgebiet: Osteuropa, Nordeuropa und Asien. Sehr selten im Rhein-Main-Gebiet und im Nordosten des Gebiets (z. B. Kurische Nehrung). In Indien wird örtlich aus den Früchten noch stärkehaltiges Mehl gewonnen.

## Gestreifter Gänsefuß
*Chenopodium strictum* ROTH
Gänsefußgewächse *Chenopodiaceae*

**Beschreibung:** Die Blüten stehen in Knäueln beisammen. Sie sind olivgrün oder schmutziggrün. Die Knäuel stehen locker und bemerkenswert regelmäßig endständig oder in den Achseln der obersten Blätter. Der Stengel wächst aufrecht und ist nur wenig verzweigt. Stengel und Äste sind gelblich gestreift und oft rötlich-fleckig. Blätter 1–6 cm lang und etwa halb so breit, im Umriß oval bis länglich, meist ganzrandig, dunkelgrün, etwas dicklich, gelegentlich – wie die Stengel – mehr oder weniger rot, vor allem auf der Unterseite; die Blätter sind – ebenso wie die Blütenstandsregion – kaum mehlig bestäubt. August–Oktober. 0,2–1 m.

**Vorkommen:** Braucht locker-steinige, nährstoffreiche Böden in Gegenden mit warmem Klima. Gedeiht vor allem auf nährstoffreichem Gesteinsschutt. Selten, aber an seinen Standorten meist in kleineren Beständen.

**Wissenswertes:** ⊙. Die Heimat des Gestreiften Gänsefußes liegt vermutlich im südwestlichen Asien. Nach dem 2. Weltkrieg trat er z. T. massenweise auf den Trümmerhalden in den zerbombten Städten Süddeutschlands auf. Heute ist er ausgesprochen selten. *Ch. strictum* wird heute als Kleinart aufgefaßt und mit anderen Kleinarten zur Sammelart *Ch. album* agg. zusammengefaßt. – Entfernt ähnlich: *Ch. pratericola* RYDBERG: Blütenstand endständig, gedrungen rispen- bis ährenartig pyramidenförmig; Stengel aufrecht, von der Mitte an verästelt; Äste aufrecht, an den jungen Trieben grau bestäubt, später verkahlend; Spreite der Blätter bis 7 cm lang, bis 2,5 cm breit, schmal rhombisch-lanzettlich, unterhalb der Mitte mit einem Zahn. Heimat: Nordamerika; vereinzelt eingeschleppt.

**Gänsefußgewächse** *Chenopodiaceae*

## Guter Heinrich
*Chenopodium bonus-henricus* L.
Gänsefußgewächse *Chenopodiaceae*

**Beschreibung:** Die Blüten stehen in Knäueln beisammen. Sie sind gelbgrün. Die Knäuel stehen meist in einem endständigen, kaum verzweigten, rispigen Blütenstand am Ende des Stengels. Der Stengel wächst meist aufrecht, seltener steigt er bogig auf. Äste fehlen ihm meist. Die Blätter werden 2–12 cm lang und an der breitesten Stelle etwa ebenso breit. Im Umriß sind sie 3eckig bis spießförmig, ganzrandig, unregelmäßig buchtig gezähnt, auf der Unterseite derb-aderig. Stengel und Blattunterseite sind deutlich locker mehlig bestäubt, desgleichen der Blütenstand. Mai–August. 10–50 cm.

**Vorkommen:** Braucht nährstoffreichen, etwas ammoniakhaltigen Boden. Besiedelt daher vorwiegend Dunglegen, Kompostlagerstätten oder Wegränder in Bauerndörfern; in den Alpen in der Umgebung von Sennhütten und Viehlägern. Zerstreut, örtlich selten. Meist nur in kleinen, individuenarmen Beständen. Geht durch die „Verstädterung" der Dörfer zurück.

**Wissenswertes:** ♃. Der Gute Heinrich wurde früher vielfach als „Spinatpflanze" angebaut. Möglicherweise ist dies die Ursache dafür, daß er fast überall verbreitet ist. Seit „Wildgemüse" wieder in Mode gekommen sind, wurde er da und dort als „Wildspinat" gesammelt. Er schmeckt indessen angeblich rauh und soll ein nur wäßriges Gemüse liefern. Er enthält in geringer Menge Saponine. Literaturhinweise, die deswegen seine Bekömmlichkeit einschränken, sind uns nicht bekannt geworden. – „Heinrich" soll auf eine Art Naturgeist verweisen, als dessen Kennzeichen ein Gänsefuß gilt. Das entfernt gänsefußähnliche Blatt und die Brauchbarkeit als Gemüse bilden die Grundlage für die deutsche Benennung.

## Stinkender Gänsefuß
*Chenopodium vulvaria* L.
Gänsefußgewächse *Chenopodiaceae*

**Beschreibung:** Die Blüten stehen in Knäueln zusammen. Sie sind hellgrünlich. Die Knäuel stehen meist in kurzen, gedrungenen Rispen in den Achseln der Blätter oder endständig am Stengel. Der Stengel ist wenig verzweigt. Seine untersten Äste liegen zuweilen dem Boden an. Die Stengel und Äste sind auffällig und in dicker Schicht mehlig bestäubt; sie sehen deswegen graugrün aus. Blätter 1–2 cm lang und halb so breit, schmal eiförmig-rhombisch, ganzrandig. Ganze Pflanze, vor allem aber der Stengel, stinkt! Juli–September. 10–40 cm.

**Vorkommen:** Braucht nährstoffreichen, ammoniakhaltigen, lockeren und eher trockenen Boden in Gegenden mit warmem Klima. Kommt im Dorfbereich auf Schutt vor. Nur in den klimatisch begünstigten Gebieten Mitteleuropas. Heimat: Mittelmeergebiet, heute fast weltweit verschleppt. Nördlich der Alpen sehr selten; am Südalpenfuß in den wärmeren Gebieten selten, vor allem in den weniger modernisierten, vom Fremdenverkehr kaum beeinflußten Dörfern.

**Wissenswertes:** ☉; (☠). Der üble Geruch der Pflanze kommt von Trimethylamin, das in der Pflanze reichlich produziert wird. Dem Trimethylamin wird eine curareartige Wirkung zugeschrieben. Indessen ist über eine Giftigkeit im eigentlichen Wortsinn bei *Ch. vulvaria* nichts bekannt geworden. Nach Literaturangaben dürfte es „höchstens eine gewisse Reizwirkung auf den Magen-Darm-Kanal, dagegen keine resorptive Wirkung haben" (GESSNER/ORZECHOWSKI, Gift- und Arzneipflanzen von Mitteleuropa, S. 7, 1974). – Der Stinkende Gänsefuß war in Mitteleuropa nie häufig, doch wird er durch die „Verstädterung" der Dörfer seiner wenigen Wuchsorte beraubt.

# Gänsefußgewächse *Chenopodiaceae* ▶

Gänsefuß *Chenopodium*
Mangold *Beta*
Knorpelkraut *Polycnemum*

## Vielsamiger Gänsefuß
*Chenopodium polyspermum* L.
Gänsefußgewächse *Chenopodiaceae*

**Beschreibung:** Die hellgrünlichen Blüten stehen in Knäueln zusammen. Die Knäuel sind klein und wirken ausgesprochen zierlich. Sie stehen in lockeren, ährenartigen Teilblütenständen in den Achseln der Blätter und am Ende des Stengels. Stengel wenig verzweigt, aufrecht oder aufgebogen, nie dem Boden anliegend, nicht mehlig bestäubt. Blätter 1–5 cm lang, länglich-eiförmig oder leicht rhombisch, ganzrandig. Pflanze stinkt nicht. Juli–September. 10–50 cm.

**Vorkommen:** Braucht feuchten Lehmboden, der nicht zu nährstoffarm sein sollte; geht ebenso häufig auf nicht zu nassen Schlamm, kommt andererseits gelegentlich auch in Weinbergen und an anderen, überwiegend trockenen Orten vor; wurzelt hier sehr tief und erreicht meist sickerndes „Hangdruckwasser". Bevorzugt warme Standorte. Besiedelt Hackfruchtäcker, Gemüsebeete, Ufer, Schuttplätze. Zerstreut. Steigt in den Gebirgen kaum bis 1000 m.

**Wissenswertes:** ⊙. Der Vielsamige Gänsefuß wurde früher (und wird gelegentlich noch heute) als „Fischlockmittel" gepriesen: Man legt die ganze Pflanze in Teiche und angelt an den folgenden Tagen an der Auslegestelle. Warum dadurch Fische angelockt werden sollen, ist unbekannt. Als „wirksam" werden „Geschmacksstoffe" angegeben, für die indessen keinerlei chemische Charakterisierung vorliegt. Die Empfehlung muß als obsolet und als „Anglerlatein" angesehen werden. – Früher soll der Vielsamige Gänsefuß auch als Gemüsepflanze gesammelt worden sein. Derzeit wird er nach unserer Kenntnis als Wildgemüse nicht genutzt. – Unterschiede im Habitus scheinen eine taxonomisch sinnvolle Untergliederung nicht zu rechtfertigen.

## Mangold, Runkelrübe
*Beta vulgaris* L.
Gänsefußgewächse *Chenopodiaceae*

**Beschreibung:** Die unscheinbaren, grünlichen, zwittrigen Blüten sitzen meist zu 2–3, selten zu mehreren, in den Achseln der oberen Blätter und endständig. Die Blütenstände sind ährig. Der Stengel wächst aufrecht und ist ästig, kahl und kantig. Die Blätter stehen überwiegend in einer grundständigen Rosette. Sie können länger als 50 cm werden, sind lang gestielt, am Grund herzförmig, gestutzt oder in den Stiel verschmälert. Ihr Rand ist meist deutlich wellig. Kulturpflanze, nur selten verwildert. Juli–August. 0,5–1 m.

**Vorkommen:** Braucht nährstoffreiche, nicht zu trockene Lehmböden. Sehr selten verwildert. An den Küsten Westeuropas – auch noch in Helgoland – kommt die ssp. *maritima*, eine Wildform des Mangold, vor, die besser „Wilde Runkelrübe" hieße.

**Wissenswertes:** ⊙. Formenreiche Art. Als Wildpflanze mehrjährig. Als Blattgemüse (Mangold) seit dem Altertum aus Griechenland bekannt. Die ältesten Funde auf deutschem Boden werden aus dem römischen Militärlager Novaesium in Neuß am Rhein angegeben; sie wurden von K. H. KNÖRZER anhand von Fruchtknäueln identifiziert. Als Rübe erst Gemüsepflanze (Rote Rübe), seit dem 18. Jahrhundert auch Acker-Rüben (Viehfutter). Seit Ende des 18. Jahrhunderts gezielte „Zuckerrüben-Zucht" (F. G. ACHARD, seit 1786); 1802 erste Zuckerfabrik in Schlesien. Die damaligen Rüben enthielten kaum 10% Zucker, wohingegen heutige Sorgen um 20% Zucker enthalten. Runkelrüben stecken wenig tief im Boden, wogegen Zuckerrüben kaum aus ihm hervorragen. Die „Rote Beete" (Rote Rübe) ist seit dem 16. Jahrhundert als Gemüsepflanze bekannt und wird in zahlreichen Sorten angebaut.

**Gänsefußgewächse** *Chenopodiaceae*

## Acker-Knorpelkraut
*Polycnemum arvense* L.
Gänsefußgewächse *Chenopodiaceae*

**Beschreibung:** Blüten zwittrig, einzeln oder zu 2 in den Achseln der Blätter, klein, kaum 1 mm lang, grünlich oder rötlich. Unmittelbar unter jeder Blüte sitzt ein Vorblatt, das etwa so lang wie die Blüte ist. Es darf nicht verwechselt werden mit dem Tragblatt des Blütenstands, das doppelt bis 4mal so lang wie die Blüten wird. Stengel verhältnismäßig kräftig, vor allem am Grund reichlich verzweigt. Äste liegen meist dem Boden an und sind dünner als der Hauptstengel. Blätter fast nadelartig zugespitzt, kaum 1 cm lang. Ganze Pflanze oft rötlich überlaufen. Juli–September. 5–25 cm.
**Vorkommen:** Liebt nährstoffreiche Tonböden in Gegenden mit sommerwarmem Klima. Wächst dann überwiegend als Getreideunkraut. Kommt westlich der Elbe nur vereinzelt in Niedersachsen und im Hessischen Bergland vor; als selten wird es aus Ober- und Niederösterreich sowie dem Burgenland angegeben. Auch östlich der Elbe sehr selten.
**Wissenswertes:** ☉. Mit *P. arvense* werden neuerdings *P. heuffelii* A. F. Láng und *P. verrucosum* A. F. Láng zur Sammelart *P. arvense* agg. vereint. *P. verrucosum* ist zart; sein Stengel ist im Blütenstandsbereich meist geschlängelt. Früher vereinzelt aus Franken, Niederösterreich und dem Burgenland angegeben, heute zumindest in Franken wahrscheinlich erloschen. *P. heuffelii* wächst aufrecht und hat Tragblätter, die 6–10mal länger als die Blüten werden. Es kommt wohl nur in Osteuropa vor. Vorkommen in der Nieder- und Oberlausitz erscheinen als möglich, doch sind sie unseres Wissens in neuerer Zeit nicht bestätigt worden, bei Angaben ist zu überprüfen, ob Verwechslungen mit *P. arvense* vorliegen.

## Großes Knorpelkraut
*Polycnemum majus* A. Br.
Gänsefußgewächse *Chenopodiaceae*

**Beschreibung:** Blüten zwittrig einzeln in den Blattachseln, klein, um 2 mm lang, grünlich oder rötlich. Unmittelbar unter jeder Blüte sitzt ein Vorblatt, das 3–5 mm lang und damit bedeutend länger als die Blüten ist. Dieses Vorblatt darf nicht verwechselt werden mit dem Tragblatt des Blütenstands, das 2–8mal so lang wie die Blütenhüllblätter, also 0,5–1,5 cm lang werden kann. Stengel meist verhältnismäßig kräftig, niederliegend oder bogig-aufsteigend, meist schon am Grunde verzweigt, flaumig behaart oder kahl. Blätter meist wechselständig, im unteren Stengelabschnitt auch gegenständig, nadelförmig, ca. 1 cm lang und 1 mm dick, unterseits abgerundet, oberseits mit Rillen, mit deutlicher, feinstacheliger, gelber Spitze. Juli–September. 10–20 cm.
**Vorkommen:** Braucht kalkhaltigen oder wenigstens basenreichen, zumindest mäßig stickstoffsalzreichen, sandig-lehmigen, seltener sandig-tonigen oder kiesig-steinigen, mittel- oder tiefgründigen Boden in sommerwarmen und sommertrockenen Lagen, geht auch auf Löß. Besiedelt Getreideäcker, Weinberge, Bahngelände, Ödland und Brachen. Vereinzelt in der Pfalz, am unteren Neckar, am unteren und mittleren Main, am südlichen Oberrhein, am Mindelsee und in den Weinbaugebieten der Schweiz; in der Magdeburger Börde und in Trockengebieten von Sachsen-Anhalt und Thüringen selten, im östlichen Österreich zerstreut.
**Wissenswertes:** ☉. Die Art scheint sich gegenwärtig noch auszubreiten. Sie faßte in den letzten Jahrzehnten vor allem an Bahnarealen, auf Brachen und Ödland Fuß. Das könnte auf andauernde Einschleppung hinweisen.

# Gänsefußgewächse *Chenopodiaceae*

Salzmelde *Halimione*
Melde *Atriplex*

## Stielfrüchtige Salzmelde
*Halimione pedunculata* (L.) Aellen
Gänsefußgewächse *Chenopodiaceae*

**Beschreibung:** Blüten klein, unscheinbar, kaum ausgebildete Blütenblätter, 1geschlechtig. Männliche und weibliche Blüten stehen zusammen in kleinen Knäueln. Die Knäuel sind locker in einem ährig-rispigen Blütenstand angeordnet, der am Ende des Stengels steht. Stengel aufsteigend oder aufrecht, unten nicht verholzt, kantiggeflügelt, wenig verzweigt, wie die spärlichen Äste schwach geschlängelt bzw. hin- und hergebogen. Blätter 2–4 cm lang und bis 1 cm breit, schmaloval, ganzrandig, zumindest die unteren gegenständig. Die ganze Pflanze ist weißschilfrig überzogen und wirkt daher silbrig oder grau. Juli–Oktober. 10–30 cm.

**Vorkommen:** Braucht schlickig-tonigen, kochsalzhaltigen Boden. Kommt daher vorwiegend an den Meeresküsten vor. Wächst hier auf trockengefallenen, salzigen Böden, oft in Gesellschaft des Quellers, geht aber auch an höhergelegenen Stellen im Außendeichbereich in die Andelwiese. Kommt im Binnenland nur vereinzelt an Salzquellen vor. An den Küsten zerstreut und oft in kleineren Beständen.

**Wissenswertes:** ☉. Im Binnenland ist die Stielfrüchtige Salzmelde seit langem aus den Salzgebieten von Thüringen und Sachsen-Anhalt bekannt. Merkwürdigerweise scheint sie hingegen um Mühlhausen im Elsaß ebenso zu fehlen wie südlich von Fulda in Hessen, obschon in beiden Gegenden Abraumhalden des Kalisalzabbaues aufgehäuft sind. Auch im Gebiet der salzliebenden pannonischen Flora, die bis ins Burgenland und nach Niederösterreich reicht, ist sie nicht heimisch oder verschleppt aufgetreten. Im Gegensatz zum Salzschwaden ist sie bisher an salzgestreuten Straßen im Binnenland noch nicht gesehen worden.

## Strand-Salzmelde
*Halimione portulacoides* (L.) Aellen
Gänsefußgewächse *Chenopodiaceae*

**Beschreibung:** Blüten klein, unscheinbar, kaum ausgebildete Blütenblätter, 1geschlechtig. Männliche und weibliche Blüten stehen zusammen in kleinen Knäueln. Die Knäuel sind sehr locker in einem ährig-rispigen Blütenstand angeordnet, der am Ende des Stengels steht. Auch in den Achseln der oberen Blätter finden sich oft Teilblütenstände. Stengel am Grunde stets verholzt, reich verzweigt, aufsteigend oder niederliegend, kantig, gerillt. Blätter 2–6 cm lang und 0,5–1,5 cm breit, etwas ledrig wirkend, sehr schmal oval, meist ganzrandig, gelegentlich mit 1 oder 2 seitlichen Zähnen, zumindest unten büschelig gestellt und nur oben gegenständig. Die ganze Pflanze ist grün- bis grauschilfrig überzogen. Juli–September. 20–80 cm.

**Vorkommen:** Braucht schlickigen, kochsalzhaltigen Boden. Kommt nur im Außendeichgebiet vor, und zwar in dem Bereich, der noch gelegentlich überflutet wird. Dauerndes Trockenliegen scheint der Strand-Salzmelde ebensowenig zu behagen wie regelmäßige Überflutung. Fehlt offensichtlich am Strand der Ostsee. Kommt nur an der Nordseeküste, der Atlantik- und Mittelmeerküste vor. Hier zerstreut. Bildet zuweilen größere, ausgedehnte Bestände.

**Wissenswertes:** ♃. Die Samen der Strand-Salzmelde sind schwimmfähig. Sie werden in großen Mengen verflutet und vom auflaufenden Wasser verteilt. Bei der Vermehrung der Strand-Salzmelde spielt auch eine Rolle, daß die niederliegenden Äste zuweilen wurzeln. Die entstandenen „Ableger" lösen sich ab und werden zu selbständigen Pflanzen. Dadurch können individuenreiche, wenngleich meist nur kleinere, doch ziemlich reine Bestände entstehen.

Gänsefußgewächse *Chenopodiaceae*

## Glanz-Melde
*Atriplex acuminata* W. et K.
Gänsefußgewächse *Chenopodiaceae*

**Beschreibung:** Blüten zahlreich in einem rispig-traubigen Blütenstand. Männliche Blüten unscheinbar. Weibliche Blüten entweder mit 5 unscheinbaren Blütenblättern und später mit abgeflachten, vorblattlosen Früchtchen oder ohne Blütenblätter und statt dessen mit 2 großen, 0,5–1 cm langen, spitzen Vorblättern, die fast ebenso breit werden und die auch noch an den aufrechten, gestielten Früchtchen vorhanden sind. Stengel und Seitenäste steif aufrecht. Blätter meist wechselständig, im Umriß 3eckig, 5–8 cm lang und 4–6 cm breit. Blattrand leicht geschweift und oft grob gezähnt. Junge – und in der Regel auch noch ältere – Blätter unterseits weißgrau beschilfert. Juli–September. 0,5–1,5 m.
**Vorkommen:** Braucht nährstoffreichen, aber nicht ausgesprochen stickstoffreichen, lockeren und daher meist sandigen oder steinigen Lehmboden in Gegenden mit sommerwarmem Klima. Besiedelt dort Schuttplätze, Wegränder und Ufer. Selten, vor allem in den östlichen Teilen Mitteleuropas.
**Wissenswertes:** ☉. Nach dem 2. Weltkrieg drang die Glanz-Melde in die Trümmerlandschaft der Städte im Einzugsgebiet des Rheins vor, in dem sie vordem gefehlt hatte. Ob sie sich – nachdem die Trümmer seit Jahrzehnten geräumt sind – in diesem kaum kontinentalen Klima örtlich halten kann, muß sich zeigen. In Südwestdeutschland, wo sie auch damals nur selten aufgetreten war, scheint sie wieder verschwunden zu sein. – Ähnlich: *A. heterospema* BUNGE: Früchtchen zwischen den Vorblättern fast sitzend; Pflanze sparrig verzweigt, vereinzelt eingeschleppt. – *A. hortensis* L.: Vorblätter rundlich, Blätter 3eckig, jung mehlig. Alte Gemüsepflanze; selten verwildert.

## Strand-Melde
*Atriplex littoralis* L.
Gänsefußgewächse *Chenopodiaceae*

**Beschreibung:** Pflanze im Blütenstandsbereich langästig-rispig verzweigt. Blüten in Knäueln, die kaum 1 cm Durchmesser erreichen, unscheinbar. Vorblätter etwa 5 mm lang und fast ebenso breit, im Umriß 3eckig oder rhombisch, am Grund mit mehreren Zähnen. Stengel aufrecht oder aufsteigend, mit zahlreichen, aufrechten Ästen. Blätter wechselständig (untere zuweilen auch gegenständig), 5–8 cm lang (selten länger) und 1–1,5 cm breit, am Grund meist in den sehr kurzen Stiel verschmälert, aber auch abgerundet, ganzrandig oder etwas buchtig. Junge Pflanzen sind schwach grauschilfrig überzogen; ältere Pflanzen verkahlen. Juli–August. 30–80 cm.
**Vorkommen:** Liebt stickstoffhaltigen und kochsalzreichen, schlammigen Boden. Kommt fast ausschließlich im Spülsaum der Nord- und Ostsee vor, besonders an Stellen, an denen reichlich Algen antreiben und verwesen. Dort selten; im Binnenland nur vereinzelt auf salzhaltigen Böden; meist nur kurzzeitig beobachtet. Beständig, wenn auch sehr selten, wohl nur auf salzhaltigen Böden im Burgenland.
**Wissenswertes:** ☉. Gelegentlich wurde die Strand-Melde in früheren Jahrzehnten in Unkrautbeständen unweit von Verladeeinrichtungen oder Großmärkten gefunden, wohin sie mit Verpackungsmaterial gelangt sein soll. Herkunftsgebiete sollen hauptsächlich Küstengebiete des Mittelmeeres gewesen sein, an denen die Art ebenfalls vorkommt und von wo sie mit Südfrüchtegebinden verfrachtet worden sein soll. Neuere Funde von solchen Standorten sind indessen nicht bekannt geworden. Möglicherweise liegt dies an einer anderen Art der Verpackung. Sporadisch auftretende Exemplare werden indessen wohl übersehen.

# Gänsefußgewächse *Chenopodiaceae*
Melde *Atriplex*

## Langblättrige Melde
*Atriplex oblongifolia* W. et K.
Gänsefußgewächse *Chenopodiaceae*

**Beschreibung:** Pflanze im Blütenstandsbereich langästig-rispig verzweigt. Die schlank wirkenden Seitenäste im Blütenstand sind lockere Ähren aus kleinen Blütenknäueln. Weibliche Blüten stets ohne Blütenblätter und statt dessen mit 2 Vorblättern. Diese werden 0,5–1 cm lang und 3–7 mm breit. Sie sind im Umriß 3eckig-herzförmig und ganzrandig; sie tragen allenfalls am Grunde einen schwach und undeutlich ausgebildeten Zahn. Stengel aufrecht, vom Grund an reich verzweigt, mit aufrechten Seitenästen. Blätter meist wechselständig, untere 5–7 cm lang, 2–5 cm breit, im Umriß meist rhombisch, grob gezähnt, am Grund spießförmig. Obere Blätter lanzettlich und ganzrandig. Junge Blätter grauschilfrig, alte kahl. Juli–September. 0,5–1 m.

**Vorkommen:** Braucht nährstoffreichen, sandigen Boden, der trocken und untertags gut erwärmt sein sollte. Im Einzugsgebiet von Elbe und Oder nur in klimabegünstigten Lagen auf Sandböden. Wächst hier auf Schuttplätzen, an Wegen in Dorfnähe, geht auch auf Eisenbahnschotter an aufgelassenen Bahnlinien; zerstreut. Im Oberrheingebiet von Mannheim bis etwa Bingen und im Elsaß; selten.

**Wissenswertes:** ☉. Das Hauptverbreitungsgebiet der Langblättrigen Melde liegt in Ost- und Südosteuropa. Von hier strahlt sie nach Mitteleuropa aus. Die Vorkommen im Mainzer Trockengebiet sind altbekannt und nicht etwa erst – wie bei der Glanz-Melde – nach dem 2. Weltkrieg über Trümmergesellschaften in den Städten entstanden. Neuerdings scheint die Art in Baden-Württemberg wieder etwas öfter aufzutreten, wird aber möglicherweise auch übersehen oder mit der Spreizenden Melde verwechselt.

## Spreizende Melde
*Atriplex patula* L.
Gänsefußgewächse *Chenopodiaceae*

**Beschreibung:** Pflanze im Blütenstandsbereich langästig-rispig verzweigt. Die schlank wirkenden Seitenäste sind lockere Ähren aus kleinen Blütenknäueln. Alle weiblichen Blüten sind blütenblattlos und besitzen statt dessen 2 Vorblätter, die allerdings nur 3–7 mm lang und nur 2–4 mm breit werden. Sie sind im Umriß 3eckig-spießförmig und besitzen seitlich 2 Zähne (Lupe! Trotz der Kleinheit der Vorblätter und erst recht der Zähne ist dies ein eindeutiges Merkmal für die Unterscheidung von *A. oblongifolia*! Exemplare mit zahnlosen Vorblättern sind selten; dann ist meist die Form der Vorblätter und ihre Kleinheit ausreichend, um solche Individuen gegen *A. oblongifolia* zu unterscheiden). Stengel aufrecht, vom Grund an sparrig verzweigt. Blätter meist wechselständig, gelegentlich die unteren auch gegenständig, 3–10 cm lang und 1–5 cm breit, lanzettlich, oval, rhombisch, ganzrandig oder buchtig gezähnt. Blätter kahl oder schwach schilfrig. Juli–September. 0,3–1,5 m.

**Vorkommen:** Liebt nährstoffreiche, lehmige Böden. Besiedelt vor allem Wegränder und Schuttplätze, geht aber auch auf Äcker oder in Gärten. Häufig.

**Wissenswertes:** ☉. Die Art ist sehr formenreich und wird üblicherweise in mehrere Unterarten aufgeteilt, die aber sehr schwer voneinander zu unterscheiden sind. Manche Autoren haben die nordosteuropäischen „Arten" *A. lapponica* POJARK und *A. kuzenevae* N. SEMEN. in POJARK als Kleinarten von *A. patula* angesehen; indessen stellt man heute üblicherweise diese Sippen zu der nordeuropäischen *A. longipes*, einer Kleinart von *A. hastata* agg., wobei die taxonomische Einstufung noch durchaus offen ist.

Gänsefußgewächse *Chenopodiaceae*

## Spieß-Melde
*Atriplex hastata* agg.
Gänsefußgewächse *Chenopodiaceae*

**Beschreibung:** Pflanze im Blütenbereich kurzästig-rispig verzweigt. Die schlank wirkenden Seitenäste im Blütenstand sind Ähren aus kleinen Blütenknäueln. Die Vorblätter sind unscheinbar und werden höchstens 5 mm lang und etwa halb so breit. Sie sind ganzrandig, gelegentlich angedeutet gezähnt oder mit Spießecken versehen; ihr Umriß ist 3eckig. Stengel aufrecht und vom Grunde an reich verzweigt. Blätter meist überall gegenständig, 6–10 cm lang und 4–6 cm breit, im unteren Teil des Stengels 3eckig-spießförmig, die oberen lanzettlich. Spießecken der unteren Blätter rechtwinklig oder stumpfwinklig abstehend, die der mittleren Blätter spitzwinklig (also nach vorne) abstehend. Blätter hellgrün; jung beschilfert, alt kahl, ganzrandig oder sehr ungleichmäßig gezähnt. Juli–September. 30–60 cm.

**Vorkommen:** Braucht nährstoffreichen, lehmig-tonigen oder schlammigen Boden, der zumindest feucht sein sollte. Besiedelt feuchte Stellen auf Auffüllplätzen, an Ufern und in Gräben. Im Frühsommer kälteempfindlich, daher meist nur in spätfrostarmen Tieflagen anzutreffen. Dort zerstreut; sonst selten.

**Wissenswertes:** ☉. *A. hastata* L. wird heute – in einige Kleinarten zerlegt – mit weiteren Kleinarten zu *A. hastata* agg. zusammengefaßt: *A. calotheca* (RAFN) FRIES, *A. deltoidea* (BAB.) WESTERL., *A. glabriuscula* EDMONDST., *A. latifolia* WAHLENB., *A. longipes* DREJ., *A. prostrata* BOUCH. und *A. triangularis* WILLD. Sie sind zum Teil nur gegenseitig abzugrenzen. Wir haben deshalb nur *A. calotheca* (RAFN) FRIES und *A. glabriuscula* EDMONDST. gesondert abgebildet. *A. latifolia* entspricht etwa der *A. hastata* LINNÉS. Sie wurde hier beschrieben.

## Pfeilblättrige Spieß-Melde
*Atriplex calotheca* (RAFN) FRIES
Gänsefußgewächse *Chenopodiaceae*

**Beschreibung:** Pflanze im Blütenstandsbereich kurzästig-rispig verzweigt. Die gedrungen wirkenden Seitenäste im Blütenstand sind Ähren aus kleinen Blütenknäueln. Blüten unscheinbar, aber mit auffällig großen, bis etwa 2 cm langen Vorblättern, die spießförmig oder herzförmig 3eckig und zugespitzt sind und deren Rand mit zahlreichen feinen, oft roten Zähnen bestanden ist, so daß er regelrecht zerfranst wirkt. Stengel aufrecht oder aufsteigend. Stengel und Äste nicht beschilfert. Blätter 8–12 cm lang, im Umriß 3eckig, mit spieß- oder pfeilförmigem Grund. Blätter werden zur Stengelspitze hin kleiner und schmäler, die obersten sind fast lanzettlich und ganzrandig; Zähne der unteren und mittleren Blätter ungleich, oft ziemlich spitz, zuweilen gebogen. Blätter nicht beschilfert. Juni–September. 0,3–1 m.

**Vorkommen:** Liebt stickstoffhaltigen und kochsalzreichen, sandigen Boden. Kommt fast ausschließlich im Spülsaum der Ostsee vor. Scheint an der Nordseeküste zu fehlen oder nur vereinzelt und unbeständig aufzutreten. Gedeiht vor allem an Stellen, an denen reichlich Algen angetrieben worden sind, die dann verwesen, wodurch der Boden eine gewisse Anreicherung mit Stickstoffsalzen erfährt. Selten. Wurde vereinzelt auch im Binnenland an Verladeeinrichtungen gefunden; hier nur unbeständig.

**Wissenswertes:** ☉. Die Pfeilblättrige Spieß-Melde ist hauptsächlich an den Ostseeküsten der skandinavischen Länder verbreitet. An der polnischen Ostseeküste kommt sie gleichfalls vor. Die Art wird neuerdings als Kleinart aufgefaßt und zusammen mit anderen Sippen in der Art *A. hastata* agg. (siehe nebenan) zusammengefaßt.

# Gänsefußgewächse *Chenopodiaceae*
Melde *Atriplex*

## Kahle Spieß-Melde
*Atriplex glabriuscula* EDMONDST.
Gänsefußgewächse *Chenopodiaceae*

**Beschreibung:** Pflanze im Blütenstandsbereich kurzästig-rispig verzweigt. Die spreizenden Seitenäste sind Ähren aus kleinen Blütenknäueln. Die Knäuel enthalten nur wenige Blüten. Die weiblichen Blüten haben nie Blütenblätter, statt dessen 2 Vorblätter, die 3–6 mm lang und etwa ebenso breit werden. Sie sind im Zuschnitt rhombisch-3eckig. Ihr Rand ist kurz, aber reich gezähnt; armzähnige oder gar ganzrandige Exemplare sind selten. Die Blütenstände sind in der Regel schilfrig bestäubt. Stengel niederliegend, aufsteigend oder (nur sehr selten) aufrecht. Äste ebenfalls niederliegend oder aufsteigend. Fast alle Blätter gegenständig, lang-gestielt, 3–8 cm lang und fast ebenso breit, die unteren 3eckig-spießförmig, ungleich buchtig gezähnt, die oberen aus spießförmigem Grund lanzettlich zugespitzt und meist ganzrandig. Blätter jung grau-schilfrig, im Alter an der Oberseite verkahlend. Ganze Pflanze oft rötlich überlaufen. August–September. 10–20 cm.

**Vorkommen:** Braucht nährstoffreichen, sandigen Boden, der feucht, kochsalzhaltig und zumindest mäßig nitratreich sein sollte. Kommt ausschließlich im Spülsaum der Ostsee vor. Auch hier selten.

**Wissenswertes:** ☉. Angebliche Funde der Art an der deutschen Nordseeküste sind zweifelhaft, obschon die Art aus Belgien und Großbritannien angegeben wird. Auch von den niederländischen Küsten liegen eindeutige Fundortnachweise nicht vor. – *A. glabriuscula* EDMONDST. wird heute als Kleinart von *A. hastata* agg. angesehen. Sie ist gegen die Gewöhnliche Spieß-Melde (*A. latifolia*) oft nur schwer abzugrenzen, am ehesten noch durch ihre durchweg geringere Höhe.

## Gelappte Melde
*Atriplex sabulosa* ROUY
Gänsefußgewächse *Chenopodiaceae*

**Beschreibung:** Männliche Blüten in endständigen, kurzen, ährenartigen Blütenständen. Weibliche Blüten in kurzen, ährenartig verlängerten, blattachselständigen Knäueln. Weibliche Blüten ohne Blütenblätter, statt dessen mit 2 Vorblättern, die etwa 1 cm lang und ebenso breit werden. Im Umriß sind sie rhombisch, am Grunde gezähnt und glänzen schilfrig. Stengel niederliegend, oft rötlich überlaufen, am Grunde reich verzweigt. Blätter 1–2 cm lang, im Umriß rhombisch, mit ovalem bis lanzettlichem Mittellappen, der am Rand buchtig gezähnt oder ganzrandig ist. Die Blätter und Stengel sind schilfrig überzogen und glänzen auffallend. Juli–September. 10–30 cm.

**Vorkommen:** Braucht salzhaltigen Boden, der sandig oder schlickig sein kann, der aber reich an Stickstoffsalzen sein muß. Besiedelt den Spülsaum der Nordsee, vor allem an Stellen, an denen Algen aufgehäuft werden und anschließend verwesen, sowie gedüngte Salzwiesen. Örtlich in kleineren, meist individuenarmen Beständen. Sehr selten. Fehlt an der Ostseesüdküste, wird aber aus Schweden angegeben.

**Wissenswertes:** ☉. Die Gelappte Melde hat den Schwerpunkt ihres Verbreitungsgebiets an den europäischen Atlantikküsten. Vorkommen im Binnenland sind – zumindest aus den letzten Jahrzehnten – nicht bekannt geworden. Frühere Fundmeldungen beruhten z. T. auf Falschbestimmungen. Doch scheint wenigstens ein Fund aus dem Jahre 1922 für das Hafengebiet von Krefeld zuzutreffen. Auf ruderalem Ödland im Umfeld von Binnenhäfen ist infolgedessen am ehesten mit einem – wenngleich sicher nur sporadischen – „Neufund" im Landesinnern zu rechnen.

**Gänsefußgewächse** *Chenopodiaceae*

## Tataren-Melde
*Atriplex tatarica* L.
Gänsefußgewächse *Chenopodiaceae*

**Beschreibung:** Pflanze im Blütenstandsbereich kurzästig-rispig verzweigt. Die aufrecht abstehenden Seitenäste sind Ähren aus kleinen Blütenknäueln, die verhältnismäßig dicht stehen. Weibliche Blüten sitzen z. T. auch in den Achseln der oberen Blätter. Alle weiblichen Blüten ohne Blütenblätter, statt dessen mit 2 Vorblättern, die 4–7 mm lang und etwa ebenso breit werden; die Vorblätter sind im Umriß rundlich oder rhombisch, netzadrig und am Rande mit je 1 oder auch mit mehreren Zähnen. Stengel niederliegend, aufsteigend oder (in der Regel) aufrecht, reich verzweigt. Blätter 8–10 cm lang und fast ebenso breit, 3eckig-rhombisch bis spießförmig-lanzettlich, buchtig gelappt, jung meist stark grauschilfrig, alt fast kahl. Juli–September. 0,3–1,5 m.

**Vorkommen:** Braucht nährstoffreichen, lockeren und daher meist sandigen oder steinigen Boden in einer Lage, in der das Klima nicht allzu rauh sein sollte. Kommt vor allem im östlichen Mitteleuropa, an der Ostseeküste, im Einzugsgebiet der mittleren Elbe, der Oder und der Donau (bis Oberösterreich) in Unkrautbeständen an Verladeanlagen oder auf Rohbodenauffüllplätzen vor. Selten.

**Wissenswertes:** ⊙. Die Tataren-Melde erreicht in Mitteleuropa die Westgrenze ihres Verbreitungsgebiets, dessen Schwerpunkt im südlichen Westasien und in Südosteuropa liegt. Von örtlichen Ausbuchtungen abgesehen verläuft diese Grenze etwa von Krems an der Donau über Bad Schandau zur Magdeburger Börde und von dort über die Altmark zur Uckermark. Innerhalb der Art wurden mehrere Sippen beschrieben, deren taxonomischer Rang noch unbestimmt ist.

## Rosen-Melde
*Atriplex rosea* L.
Gänsefußgewächse *Chenopodiaceae*

**Beschreibung:** Mehrere Blüten stehen in blattachselständigen Knäueln oder gedrängt am Ende des Stengels sowie an den Enden der Äste beisammen. Die weiblichen Blüten haben keine Blütenblätter, statt dessen 2 Vorblätter. Diese werden etwa 5 mm lang und ebenso breit; sehr selten sind sie größer und bis 1,2 cm lang und etwa ebenso breit. Sie sind rhombisch-3eckig, am Rande lappig-unregelmäßig gezähnt. Stengel aufsteigend, seltener steil oder straff aufrecht, vom Grund an reich und sparrig verzweigt. Blätter wechselständig, 4–6 cm lang und 2–4 cm breit, im Umriß rhombisch-oval, am Rande jederseits mit mehreren, unregelmäßig ausgebildeten, eher scharfen als stumpflichen Zähnen, unterseits mit deutlichen Nerven. Blätter und Stengel jung und meist auch noch im Alter deutlich weiß- bis silbrigschilfrig überzogen. Juli–September. 30–80 cm.

**Vorkommen:** Braucht nährstoffreichen, lockeren und daher meist sandigen oder steinigen Boden in Gegenden, in denen die Sommer durchschnittlich ziemlich warm sind. Kommt vor allem im östlichen Mitteleuropa vor (nur vereinzelt und meist unbeständig östlich einer Linie, die etwa von Schleswig-Holstein über Thüringen zu den Alpen führt). Bevorzugt sandige Schuttplätze. Auch in ihrem Verbreitungsgebiet selten.

**Wissenswertes:** ⊙. Die Rosen-Melde wurde in Osteuropa früher als Wildgemüse genutzt. Auch wurden die ganz jungen Sprosse als Kapernersatz gesammelt und entsprechend verwendet. – Vor allem unmittelbar nach dem Zweiten Weltkrieg war die Rosen-Melde hin und wieder in den Trümmerlandschaften der Städte aufgetreten, hat sich aber anscheinend kaum irgendwo bleibend eingenistet.

# Gänsefußgewächse *Chenopodiaceae* ▶

Dornmelde *Bassia*
Queller *Salicornia*
Salzkraut *Salsola*
Sode *Suaeda*

## Dornmelde
*Bassia hirsuta* (L.) Asch.
Gänsefußgewächse *Chenopodiaceae*

**Beschreibung:** Blütenstand scheinährig mit bogig gekrümmten Gliedern. Blüten klein und unscheinbar, grünlich. Blütenblätter vorhanden, krugförmig verwachsen, kaum 3 mm lang, meist 5-, seltener 3zipfelig, meist deutlich behaart, auf der Außenseite mit einem etwa 1 mm langen, behaarten „Dorn", der allerdings weich ist und nicht sticht. Stengel niederliegend oder aufsteigend, vom Grund an verzweigt, meist rauhhaarig, seltener spärlich behaart oder fast kahl. Äste oft zumindest leicht gebogen-geschlängelt. Blätter 1–1,5 cm lang und um 2–3 mm breit, fleischig, halbstielrund, lineal, zumindest jung behaart, untere stumpf, obere etwas zugespitzt. Juni–September. 10–50 cm.

**Vorkommen:** Braucht sandig-schlammigen, kochsalzhaltigen, nicht zu feuchten Boden. Gedeiht vorwiegend in Dünentälern, die etwas ruderal beeinflußt sind, also an Stellen mit zumindest mäßigem Nitratgehalt. Kommt in Mitteleuropa ausschließlich an den Küsten der Nord- und der Ostsee vor; hier selten und kaum irgendwo in nennenswerten Beständen. Hauptverbreitungsgebiet: Küsten des Mittelmeeres, des Schwarzen Meeres und des Kaspisees.

**Wissenswertes:** ☉. In Südosteuropa und in Südrußland wächst die Dornmelde auch im Binnenland, und zwar in den versalzten Steppen. – Die Gattung wurde nach Ferdinando Bassi (geb. 1710; gest. 1774) benannt. Er war Arzt und Direktor des botanischen Gartens in Bologna. – In Tschechien und in der Slowakei tritt selten *B. sedoides* (Pall.) Asch. auf. Bei Exemplaren dieser Art sind die krugförmig verwachsenen Blütenblätter und ihr Dorn – zumindest oberwärts – kahl, der Stengel in der oberen Hälfte aufrecht.

## Queller
*Salicornia europaea* agg.
Gänsefußgewächse *Chenopodiaceae*

**Beschreibung:** Die Blüten des Quellers sind äußerst unscheinbar; sie stehen versenkt hinter kleinen Schuppen an keulig verdickten Zweigeenden. Der Stengel und die meist reichlich vorhandenen Seitenäste sind dickfleischig-glasig, blattlos (wenn man von den oben erwähnten Schuppen absieht), knotig gegliedert, grün, grüngelb oder schmutzig-rötlich überlaufen. Durch diesen Habitus und den charakteristischen Standort ist der Queller leicht eindeutig anzusprechen. August–September. 5–40 cm.

**Vorkommen:** Bevorzugt zumeist schlickigen, erträgt aber auch salzigen Sandboden, dessen Gehalt an Kochsalz mehrere Prozent betragen kann. Erträgt Meerwasserüberflutung und tritt deswegen auf den genannten Böden in der Regel als Erstbesiedler auf. Kommt insbesondere auf Schlickwatt in Massenbeständen vor. Solche Bestände fallen vor allem an flachen Küsten auf. Häufig.

**Wissenswertes:** ☉. Der Queller wird vielfach auch zum Auffangen von Schlick und damit als Verlandungsförderer großflächig angepflanzt („Quellerbeete"). Er ist eine ausgesprochene Salzpflanze. Gegen das offene Wasser dringt er oft so weit vor, daß er mit den letzten Tangen zusammen vorkommt. Andererseits kann er auch sehr trocken stehen und stundenlange, starke Sonnenbestrahlung ertragen. In Westeuropa und neuerdings auch in Mitteleuropa als Wildgemüse bzw. Delikatesse genutzt. – Innerhalb der Sammelart werden mehrere Kleinarten, innerhalb der Gattung sogar noch eine weitere Sammelart unterschieden. Sie lassen sich indessen an getrockneten Exemplaren gar nicht und an frischen nur mühsam und oft nicht eindeutig identifizieren.

**Gänsefußgewächse** *Chenopodiaceae*

## Kali-Salzkraut
*Salsola kali* L.
Gänsefußgewächse *Chenopodiaceae*

**Beschreibung:** Die grünlichen Blüten sind unscheinbar. Sie sitzen einzeln oder zu wenigen in den Achseln der Blätter. 5 schmal- bis breit-lanzettliche, kaum 1,5 mm lange Blütenblätter. Unter den Blüten 2 Vorblätter, die rundlich-3eckig und lang bespitzt sind. Stengel niederliegend bis aufsteigend, seltener (und dann meist etwas verbogen) aufrecht, meist reich und etwas sparrig verästelt, graugrün und gelegentlich etwas rötlich überlaufen. Blätter lineal, flach oder (meist) stielartig rundlich, dornig-stachelspitzig, an der Basis verbreitert und hautrandig, die unteren gegenständig. Juli–September. 20–80 cm.

**Vorkommen:** Braucht offene, eher nährstoffreiche als nährstoffarme, nasse, schlammige oder (seltener) reine Sandböden mit hohem Salzgehalt. Im Binnenland gelegentlich auf salzarmen, dann indessen stickstoffreichen, zeitweise austrocknenden Sandböden. An den Küsten von Nord- und Ostsee zerstreut, im Binnenland nur vereinzelt.

**Wissenswertes:** ☉. Die Art ist sehr formenreich. Dies wird verständlich, wenn man an ihr Verbreitungsgebiet denkt. Außer an den Küsten kommt sie in den südosteuropäischen und osteuropäischen Steppen mit salzhaltigen Böden vor. Diese binnenländischen Pflanzen gehören zur Unterart ssp. *ruthenica* (ILJIN) SOÓ (Blätter walzlich, weichspitzig). Da diese sich an den elsäßischen Kaliminen eingebürgert hat, wäre es lohnend zu prüfen, ob sie sich irgendwo an Straßensäumen einfindet, die regelmäßig mit Salz gestreut werden. Andererseits gelten Pflanzen der ssp. *ruthenica* als weniger salztolerant. Ein Salzgehalt von 2% wird für sie schon als Obergrenze dessen angesehen, was sie ertragen.

## Sode
*Suaeda maritima* (L.) DUM.
Gänsefußgewächse *Chenopodiaceae*

**Beschreibung:** Die kleinen, unscheinbaren, grünlichen, zuweilen auch rötlich überlaufenen Blüten sitzen – meist zu 3 – geknäuelt in den Achseln der Blätter. 5 Blütenblätter, die am Grunde miteinander verwachsen sind und deren Zipfel kaum 1 mm lang werden. Stengel verzweigt, niedrigliegend oder aufsteigend, nur selten aufrecht. Blätter ungestielt, länglich-lineal, blaugrün, oft rötlich überlaufen und dann schmutziggrün oder olivgrün in der Grundfarbe, kahl, 1–4 cm lang, die unteren oft gegenständig, die oberen immer wechselständig. Juli–September. 10–50 cm, selten bis 80 cm.

**Vorkommen:** Braucht offene, nährstoffhaltige bis nährstoffreiche, nasse, sandige oder schlickige Schlammböden mit hohem Gehalt an Kochsalz. Im Spülsaum der Küsten Mitteleuropas zerstreut, an der Ostseeküste eher selten, gelegentlich in kleineren Beständen. Im Binnenland vereinzelt in der Umgebung von Salzquellen.

**Wissenswertes:** ☉. Die Sode gehört zu den Pionierpflanzen im Spülsaum der Meere. *S. maritima* (L.) DUM. wird heute meist mit *S. pannonica* BECK zur Sammelart *S. maritima* agg. zusammengefaßt. *S. pannonica* kommt ausschließlich in Ost- und Südosteuropa vor, erreicht im Umfeld des Neusiedler Sees indessen noch das Burgenland und Niederösterreich. Sie ist viel zierlicher, kaum 30 cm hoch, und besitzt sichelförmig gebogene Blätter. – *S. maritima* selbst ist recht formenreich. Dennoch haben Versuche, innerhalb der Art Sippen auf Unterartstufe abzugrenzen, keinen bleibenden Erfolg gehabt, nicht zuletzt, weil zwischen diesen Sippen Übergangsformen nicht allzu selten sind.

# Gänsefußgewächse *Chenopodiaceae* ▶

Wanzensame *Corispermum*
Radmelde *Kochia*

## Grauer Wanzensame
*Corispermum marschallii* STEV.
Gänsefußgewächse *Chenopodiaceae*

**Beschreibung:** Die unscheinbaren, blütenblattlosen Blüten befinden sich in kleinen, ährigen Knäueln am Ende der Zweige oder in den Achseln der Blätter. Frucht flach kreisförmig, mit einem Hautrand, der am Griffelansatz spitzwinklig eingeschnitten ist. Stengel aufsteigend oder aufrecht, vom Grund an in wenige, aber lange Äste verzweigt, jung dicht behaart, alt oft kahl geworden. Blätter z. T. fast gegenständig, halbstielrund-fleischig, auf der Oberseite zuweilen schwach rinnig, lineal-lanzettlich, mit kurzer, aber deutlicher Spitze. Juli–September. 20–60 cm.

**Vorkommen:** Braucht nährstoff- und stickstoffhaltigen, offenen Sandboden in Gegenden mit sommerwarmem Klima. Kommt in Mitteleuropa beständig nur im Gebiet der Schwetzinger und der Mainzer Sande sehr selten vor. Vielleicht vereinzelt in den Sandgebieten von Mecklenburg und Vorpommern.

**Wissenswertes:** ☉. Die Heimat des Grauen Wanzensamens ist das mittlere und südliche Rußland und das südliche Sibirien. Das isolierte Vorkommen in den Sandgebieten des nördlichen Oberrheins erklärt man häufig damit, daß russische Truppen, die 1814 dort lagerten, die Samen eingeschleppt und damit die Standorte begründet hätten. Anderen Berichten zufolge sollen es österreichische Truppen gewesen sein, die den Samen unabsichtlich verbreiteten. Wahrscheinlicher ist indessen eine weniger „romantische" Standortsbegründung: Im Garten des Schwetzinger Schlosses wurden – ausweislich eines 1818 erschienenen Katalogs – 6 *Corispermum*-Arten gehalten, darunter *C. marschallii*. Wahrscheinlich sind Pflanzen aus dieser Kultur verwildert.

## Ysopblättriger Wanzensame
*Corispermum hyssopifolium* agg.
Gänsefußgewächse *Chenopodiaceae*

**Beschreibung:** Die unscheinbaren Blüten sind blütenblattlos oder besitzen nur 1, oft rudimentär ausgebildetes, Blütenblatt. Sie sitzen in kleinen, ährigen Knäueln am Ende der Zweige oder in den Achseln der Blätter. Stengel aufsteigend oder aufrecht, vom Grunde an reich verzweigt; Äste etwas sparrig abstehend, meist aufgebogen wachsend, mit nur wenigen Seitenzweigen. Auch junge Äste meist kahl oder nur sehr schütter behaart; alte Äste durchweg kahl. Blätter wechselständig, lineal-lanzettlich, flach, allmählich in eine kurze Stachelspitze auslaufend. Juni–September. 10–50 cm.

**Vorkommen:** Braucht nährstoffreichen, aber humusarmen, rohen Sand- oder Kiesboden. Liebt sommerliche Wärme und Trockenheit. Kommt nur in Gegenden mit warmen, überdurchschnittlich trockenen Sommern vor, und zwar in Unkrautgesellschaften im Schwetzinger und Mainzer Sandgebiet. Vereinzelt in Nordrheinwestfalen an Verladeeinrichtungen und in den Sandgebieten des Tieflands; örtlich auf Bahngeländen. Sehr selten.

**Wissenswertes:** ☉. Die Herkunft des Ysopblättrigen Wanzensamens ist unklar. Vor Mitte des 19. Jahrhunderts wurde er im Oberrheingebiet nicht beobachtet. Angeblich wurden die ersten Exemplare in der Nähe des botanischen Gartens von Darmstadt gefunden. Er dürfte dort aus der Kultur verwildert sein und sich auf geeigneten Standorten eingebürgert haben. Das Hauptverbreitungsgebiet der Art liegt im Südwesten Europas. Zu ihr werden üblicherweise die Kleinarten Schmalfrüchtiger Wanzensame (*C. leptopterum* (ASCH.) ILJIN) und Dünen-Wanzensame (*C. intermedium* SCHWEIGG.) zusammengefaßt.

**Gänsefußgewächse** *Chenopodiaceae*

## Sand-Radmelde
*Kochia laniflora* (S. G. GMEL.) BORB.
Gänsefußgewächse *Chenopodiaceae*

**Beschreibung:** Blüten klein, unscheinbar, einzeln oder zu 2 in den Achseln der Blätter, um 5 mm im Durchmesser, rötlich. Stengel meist nur am Grund verzweigt, niederliegend oder aufsteigend, zumindest jung kraus behaart. Blätter 1–2 cm lang und nur etwa 1 mm (!) breit, hellgrün, im Querschnitt rundlich, insgesamt also fadenförmig, meist haarig. August–Oktober. 10–30 cm.

**Vorkommen:** Kommt ausschließlich auf offenem Sandboden, der aber nicht zu nährstoffarm sein darf, in sommerwarmen Lagen vor. In Mitteleuropa nur in den Sandgebieten von Mainz, Mannheim und Schwetzingen. Besiedelt hier offene Sandflächen an Wegrändern und Böschungen sowie brachliegende Weinberge oder Spargeläcker. Das geschlossene Verbreitungsgebiet der Art beginnt erst in Tschechien und im östlichen Österreich.

**Wissenswertes:** ☉. Die Sand-Radmelde hat ihren Verbreitungsschwerpunkt in Südosteuropa und im südlichen Rußland. Dort ist sie in den sandigen Steppen zu Hause. – Die Gattung erhielt ihren Namen zu Ehren des Erlanger Botanikprofessors W. D. KOCH, der von 1771 bis 1849 lebte. Er war in seiner Zeit als Verfasser von Bestimmungsbüchern bekannt. – Die Art zeigt im Westen ihres Areals nur wenige Abweichungen von der Norm. Man hat versucht, aufgrund der abweichenden Merkmale Sippen auf Varietätsstufe zu beschreiben. Verkahlende, oft rot überlaufene Exemplare hat man zu einer var. *flavescens* LAG. gerechnet, spärlich behaarte Formen zu einer var. *virescens* FENZL und filzig behaarte zu einer var. *canescens* MOQ. Weil es Übergangsformen gibt, erscheint die Auftrennung als unzweckmäßig.

## Besen-Radmelde
*Kochia scoparia* (L.) SCHRAD.
Gänsefußgewächse *Chenopodiaceae*

**Beschreibung:** Blüten klein, unscheinbar, einzeln oder zu 2 in den Achseln der mittleren und oberen Blätter sitzend, um 4 mm im Durchmesser; Blütenhüllblätter kahl oder nur an den Rändern bewimpert, grünlich. Stengel aufrecht, meist vom Grund an ästig, Äste starr aufrecht abstehend, mindestens an den jungen Trieben mehr oder weniger dicht wollig behaart. Blätter wechselständig, 2–5 cm lang, 2–4 mm breit, lineal-lanzettlich, am Grund keilförmig verschmälert, vorne spitz zulaufend, oberseits kahl oder sehr schütter behaart, unterseits stärker haarig, am Rand meist dicht bewimpert. Kommt in 2 Formen vor: Die eine bleibt im Herbst grün, die andere verfärbt sich auffallend weinrot. Juli–Oktober. 0,2–1,5 m.

**Vorkommen:** Braucht stickstoffsalzhaltigen, locker-humosen Lehm- oder Tonboden. Heimat: Gemäßigtes Asien; bei uns als Zierpflanze zur Garteneinfassung gelegentlich gepflanzt, von dort selten auf ortsnahem Ödland, seltener an Wegen verwildert.

**Wissenswertes:** ☉. Innerhalb der Art werden mehrere Unterarten unterschieden, die indessen in Mitteleuropa nicht vorkommen, da hier nur die gärtnerisch etwas „veredelte" ssp. *scoparia* verwildert ist und Fuß gefaßt hat. – Der Name „Besen-Radmelde" bezieht sich auf die Verwendung der verdorrten, fast parallel-wüchsigen Äste und des Stengels zum Herstellen von Besen. – Entfernt ähnlich: Niederliegende Radmelde (*K. prostrata* (L.) SCHRAD.): Pflanze ausdauernd. Blüten einzeln oder in wenigblütigen Knäueln in den Achseln kleiner, eiförmig-lanzettlicher Tragblätter, die etwa so lang wie die Blüten werden. Sandig-salzige Böden; Niederösterreich; selten.

# Fuchsschwanzgewächse *Amaranthaceae* ▶

Fuchsschwanz *Amaranthus*

## Zurückgekrümmter Fuchsschwanz
*Amaranthus retroflexus* L.
Fuchsschwanzgewächse *Amaranthaceae*

**Beschreibung:** Teilblütenstände ährenartig-voluminös, reichblütig, oft verzweigt, endständig und in den Achseln der obersten Blätter. Blüten unscheinbar, hellgrün. Blüten mit 5 Blütenhüllblättern, die der weiblichen Blüten mit gestutzter Spitze und austretendem Mittelnerv (Lupe!), um 3 mm lang, die der männlichen Blüten eiförmig. Unter der Blüte ein begranntes Vorblatt, das 1½mal oder doppelt so lang wie die Blütenhüllblätter wird. Stengel aufrecht, bleichgrün, in der ganzen Länge flaumig behaart. Blätter rhombisch, bis 12 cm lang und 3–5 cm breit, nur auf der Unterseite auf den Nerven behaart; Blattstiel etwa halb so lang wie die Spreite. Juli–September. 0,2–1,5 m.

**Vorkommen:** Braucht lockeren, meist sandigen, sehr nährstoff- und vor allem nitratreichen, aber nicht unbedingt humusreichen Boden in Gegenden mit warmen Sommern. Besiedelt als Pionier Müllplätze, alte Kompostlagerstätten, Wegränder, Äcker und Brachen an nicht allzu trockenen Stellen, geht aber auch auf Eisenbahnschotter, vor allem im Umfeld von Güterbahnhöfen. Erträgt mäßigen Salzgehalt recht gut. Wurzelt sehr tief. Heimat: Warmgemäßigte Gebiete von Nordamerika. Bei uns in klimabegünstigten Gegenden eingebürgert. Hier zerstreut, sonst – vor allem im nördlichen Tiefland – selten.

**Wissenswertes:** ☉. Obschon der Zurückgekrümmte Fuchsschwanz in den wärmeren Gegenden Mitteleuropas weit verbreitet ist, tritt er fast nirgends bestandsbildend auf. Sein Vorkommen ist sehr sporadisch und geht vielerorts auf Neuansiedlung zurück. Die Art ist vermutlich um 1750 nach Europa gebracht worden.

## Weißer Fuchsschwanz
*Amaranthus albus* L.
Fuchsschwanzgewächse *Amaranthaceae*

**Beschreibung:** Teilblütenstände knäuelig, nie endständig, sondern nur in den Blattachseln, armblütig. Blüten unscheinbar, hellgrün. Blüten mit nur 3, ziemlich schmal lanzettlichen Blütenhüllblättern, die der weiblichen Blüten oft ungleich lang und stumpflich, die der männlichen Blüten zugespitzt (Lupe!). Vorblatt unter der Blüte etwa doppelt so lang wie die Blütenhüllblätter, allmählich in eine stechende Spitze auslaufend. Stengel niederliegend, aufgebogen oder (seltener) aufrecht, hellgrün, meist kahl, reich und sparrig verzweigt. Blätter abgestumpft-rhombisch, ja oval, kaum bis 3 cm lang und bis etwa 1,2 cm breit, mit knorpelig-welligem Rand. Mittelnerv der Blätter tritt als Stachelspitze aus. Blätter an den Seitenästen zuweilen sitzend, sonst nur wenige Millimeter lang gestielt. Juli–Oktober. 10–50 cm.

**Vorkommen:** Braucht lockeren, etwas lehmigen oder sandigen, nährstoff- und vor allem nitratreichen Boden, der ziemlich trocken sein sollte und der sich im Sommer stark erwärmen muß. Besiedelt als Pionier in den klimabegünstigten Gegenden Mitteleuropas offene Sandflächen in der Nähe von Ortschaften, an Wegen, auf Müllplätzen oder alten Kompostlegen, geht auch auf Eisenbahnschotter. Sehr selten und meist unbeständig auftretend. Heimat: Wärmere Landschaften in Nordamerika; heute von dort fast weltweit verschleppt.

**Wissenswertes:** ☉. Der Weiße Fuchsschwanz soll mit Getreide nach Mitteleuropa eingeschleppt worden sein. Dafür spricht sein Auftreten im Umkreis von Verladeeinrichtungen in Häfen oder auf Güterbahnhöfen. 1723 wurde er erstmals aus der Toskana angegeben.

**Fuchsschwanzgewächse** *Amaranthaceae*

## Griechischer Fuchsschwanz
*Amaranthus graecizans* L.
Fuchsschwanzgewächse *Amaranthaceae*

**Beschreibung:** Teilblütenstände knäuelig, nie endständig, sondern nur in den Blattachseln. Knäuel armblütig. Blüten unscheinbar, hellgrün. Blüten mit nur 3 Blütenhüllblättern, kaum 2 mm lang, weißlich-häutig, die der männlichen Blüten mit austretendem Mittelnerv, die der weiblichen Blüten oft undeutlich zugespitzt (Lupe!). Unter der Blüte ein Vorblatt, das noch kürzer als die Blütenhüllblätter ist und dessen kurze Stachelspitze nicht immer deutlich zu erkennen ist (Lupe!). Stengel aufrecht oder aufgebogen, reichästig, kahl, oft rötlich überlaufen. Laubblätter eiförmig-rhombisch, gestielt 5–6 cm lang (Spreite 2–4 cm lang, Blattstiel 1,5–2,5 cm lang), in eine stumpfe Spitze auslaufend. Juni–Oktober. 10–60 cm.

**Vorkommen:** Braucht lockeren Sand- oder Lehmboden, der reich an Nährstoffen, besonders an Nitraten, ist. Geht nicht auf rohe Böden, sondern vorzugsweise in Unkrautgesellschaften auf Hackfruchtkulturen in Gärten und in Weinbergen, seltener auf Äckern. Bevorzugt Böden, die zumindest in der Tiefe nicht allzu trocken, sondern eher feucht sind. Kommt nur in Gegenden mit sommerwarmem Klima vor. Auch dort sehr selten und meist unbeständig. Herkunft unklar; möglicherweise ist die Pflanze ursprünglich nur im Mittelmeergebiet beheimatet gewesen und wurde von dort verschleppt.

**Wissenswertes:** ⊙. Der wissenschaftliche Artname bedeutet, sehr frei übersetzt: „sich als Grieche aufführen". Möglicherweise wollte Linné damit auf die Herkunft des Griechischen Fuchsschwanzes aus dem Mittelmeerraum hinweisen. Es ist nicht bekannt, wann die Art erstmals in Mitteleuropa aufgetreten ist. Standorte am Alpensüdfuß könnten ursprünglich sein.

## Aufsteigender Fuchsschwanz
*Amaranthus lividus* L.
Fuchsschwanzgewächse *Amaranthaceae*

**Beschreibung:** Teilblütenstände knäuelig, teilweise endständig, überwiegend jedoch in den Blattachseln. Knäuel wenigblütig. Blüten unscheinbar, hellgrün. Blüten mit nur 3 Blütenblättern, die kaum 2 mm lang werden. Blütenhüllblätter der männlichen Blüten spitz, die der weiblichen Blüten stumpf, nur selten undeutlich stachelspitzig. Stengel meist aufrecht, seltener niederliegend oder aufgebogen, stets kahl, grünlich, weißlich oder rötlich. Blätter auffallend langstielig. Stiel meist so lang wie die Spreite oder sogar länger als diese. Spreite 1,5–4 cm lang, an der Spitze stumpf oder ausgerandet und mit kurzer Stachelspitze versehen, unterseits mit sehr hellen Nerven, oberseits grün, manchmal rötlich angelaufen und gelegentlich mit einem sehr hellen bzw. auffällig dunklen Fleck, am Rand zuweilen wellig. Juni–Oktober. 20–70 cm.

**Vorkommen:** Braucht sandigen Lehmboden, der reich an Nährstoffen sein sollte, aber arm an Kalk sein kann. Geht nicht auf rohe Böden, sondern vorzugsweise in Unkrautgesellschaften in Hackfruchtkulturen in Weinbergen, Gärten und auf Äckern. Gedeiht nur in Gegenden mit überdurchschnittlich warmen, trockenen Sommern. Auch dort selten und meist unbeständig. Heimat: Östliches Mittelmeergebiet.

**Wissenswertes:** ⊙. Die Art ist formenreich. Die oft als Varietäten beschriebenen Sippen lassen sich nur schwer gegeneinander abgrenzen. Sie spielen in Mitteleuropa indessen keine Rolle, weil die Art hier ziemlich einheitlich auftritt. Einige Sippen scheinen vor der Nutzung von Spinat im 17. Jahrhundert als Gemüse angebaut und gegessen worden zu sein. Offensichtlich waren sie diesem geschmacklich unterlegen.

# Fuchsschwanzgewächse *Amaranthaceae* ▶

Fuchsschwanz *Amaranthus*

## Westamerikanischer Fuchsschwanz
*Amaranthus blitoides* S. Watson
Fuchsschwanzgewächse *Amaranthaceae*

**Beschreibung:** Teilblütenstände knäuelig, nie endständig, sondern nur in den Blattachseln, grünlich oder leicht rötlich überlaufen. Männliche Blüten meist mit 4, weibliche Blüten mit 4 oder 5 Blütenhüllblättern; Blütenhüllblätter schmal-eiförmig bis lanzettlich, verschieden lang, im Durchschnitt um 2 mm. Vorblatt unter den männlichen Blüten lanzettlich-pfriemlich, kaum kürzer als die Blütenhüllblätter; Vorblatt unter den weiblichen Blüten lanzettlich, deutlich kürzer als die Blütenhüllblätter; alle Vorblätter mit sehr kurzer Stachelspitze. Stengel weißlich, kahl oder oben leicht flaumig, meist niederliegend, ziemlich stark verästelt; Äste ausgebreitet, an den Spitzen oft aufgebogen; Stengel und Äste dicht beblättert. Blätter wechselständig, 1,5–3 cm lang, 0,5–1 cm breit, gestielt, Blattstiel 0,7–1,5 cm lang; Spreite länglich-spatelig, vorne abgestumpft, seltener mit etwa 1 mm langem, dünnem Grannenspitzchen, flach, mit deutlich hellhäutigem, wenngleich schmalem Blattrand und unterseits mit erhabenen, weißlichen Nerven. Juli–Oktober. 15–50 cm.

**Vorkommen:** Braucht stickstoffsalzreichen, steinig-sandigen, lockeren Boden. Heimat: Westliches Nordamerika, von Mexiko im Süden bis Washington im Norden. In Europa eingeschleppt und vor allem im Mittelmeergebiet auf sandigem Ödland eingebürgert. Nach Mitteleuropa sowohl mit Getreide aus den USA als auch – seltener – etwa durch Eisenbahnwagen immer wieder eingeschleppt und im Bereich von Hafen- oder Bahnanlagen unbeständig auftretend.

**Wissenswertes:** ☉. Auch in seiner Heimat wenig formenreich.

## Krauser Fuchsschwanz
*Amaranthus crispus* (Lesp. & Thév.) Terracc.
Fuchsschwanzgewächse *Amaranthaceae*

**Beschreibung:** Teilblütenstände knäuelig, nie endständig, sondern nur in den Blattachseln, grünlich oder leicht rötlich überlaufen. Männliche und weibliche Blüten mit 5 Blütenhüllblättern, diese kaum 1,5 mm lang, weißlich-häutig, mit grünem Mittelnerv (Lupe!), stachelig-spitz; Blütenhüllblätter der weiblichen Blüten meist geringfügig kleiner als die der männlichen Blüten. Vorblätter eiförmig, spitz, etwa halb so lang wie die Blütenhüllblätter, häutig, mit schmalem Mittelnerv und feiner Spitze. Stengel niederliegend oder etwas aufsteigend, grün oder rötlich, schütter bis dicht kurzhaarig, reichästig, Äste niederliegend und an der Spitze meist aufgebogen; Stengel und Äste dicht beblättert. Blätter wechselständig, 0,5–1,5 cm lang, eiförmig-rhombisch bis lanzettlich-rhombisch, stumpflich, am Rand ausgesprochen wellig-kraus, oft rötlich überlaufen, oberseits meist kahl, unterseits heller als auf der Oberseite, kurzhaarig, mit vorspringenden Nerven. Juli–Oktober. 10–40 cm.

**Vorkommen:** Braucht stickstoffsalzhaltigen, sandig-steinigen Boden. Heimat: Südliches Südamerika (z. B. Argentinien). Von dort nach Europa eingeschleppt und in Südeuropa eingebürgert.

**Wissenswertes:** ☉. Die Art scheint mit Ölsaaten, Getreide oder an Wolle haftend um 1860 aus Argentinien nach Europa eingeschleppt worden zu sein. – *A. crispus* (Lesp. & Thév.) Terracc. wird mit Standleys Fuchsschwanz (*A. standleyanus* Parodi ex Covas: Blütenhüllblätter um 2 mm lang, etwas gebogen, ausgesprochen spatelig; Vorblätter oft nur halb so lang wie die Blütenhüllblätter) zur Sammelart *A. crispus* agg. zusammengefaßt. *A. standleyanus* stammt aus Argentinien und ist in Spanien eingebürgert.

**Fuchsschwanzgewächse** *Amaranthaceae*

## Liegender Fuchsschwanz
*Amaranthus deflexus* L.
Fuchsschwanzgewächse *Amaranthaceae*

**Beschreibung:** Knäuelige Teilblütenstände zu einer endständigen, dichten, kegelförmigen, verzweigten und daher lappigen Scheinähre vereinigt oder – weniger auffallend – knäuelig-scheinährig in den Achseln von einigen der oberen Blätter. Männliche Blüten mit nur 2–3, weibliche Blüten mit meist nur 2, selten mit 3 Blütenhüllblättern; Blütenhüllblätter durchweg knapp 1,5 mm lang, mit grünem Mittelnerv (Lupe!), stumpf oder nur angedeutet bespitzt. Vorblätter häutig, eiförmig, kaum halb so lang wie die Blütenhüllblätter. Stengel niederliegend, in der oberen Hälfte aufgebogen, grün oder rötlich, oberwärts dicht flaumig behaart, reichlich verästelt, Äste ausgebreitet niederliegend-aufgebogen. Blätter wechselständig, 3–5 cm lang, 1,5–2,5 cm breit, gestielt, Stiele kaum halb so lang wie die Spreite; Spreite eiförmig-rhombisch, an der Spitze stumpflich und oft etwas ausgerandet, am Rande leicht gekräuselt oder fein gesägt, dunkelgrün, oft leicht braunfleckig, seltener rötlich und heller gefleckt, unterseits mit hervortretenden, weißlichen und oft behaarten Nerven. Juli–Oktober. 20–40 cm.

**Vorkommen:** Braucht stickstoffsalzreichen, frischen Lehm- oder Tonboden, der ziemlich verdichtet sein kann. Besiedelt ortsnahes Ödland, das z. T. reichlich betreten wird, und verfestigte Ufer. Heimat: Südamerika (z. B. Argentinien, Chile, Peru, Uruguay), von dort nach Europa eingeschleppt und im Mittelmeergebiet eingebürgert.

**Wissenswertes:** ☉-♃. Der Liegende Fuchsschwanz wird nach Mitteleuropa wohl in erster Linie aus dem Mittelmeergebiet eingeschleppt, und zwar vor allem entlang der Eisenbahnlinien, an denen er gelegentlich unbeständig auftritt.

## Grünähriger Fuchsschwanz
*Amaranthus hybridus* L. s. str.
Fuchsschwanzgewächse *Amaranthaceae*

**Beschreibung:** Teilblütenstände scheinährig; endständige Scheinähre meist schlank, unbeblättert, am Grund oft rispig verzweigt, oliv- bis hellgrün, seltener leicht rötlich überlaufen, locker; meist stehen unterhalb der endständigen Scheinähre einige kleinere, ebenfalls schlanke Scheinähren in den Achseln der oberen Blätter. Männliche und weibliche Blüten meist mit 5 Blütenhüllblättern, ausgenommen männliche Blüten in den obersten Knäueln, die oft nur 3–4 Blütenhüllblätter besitzen; gelegentlich kommen auch einzelne weibliche Blüten mit reduzierter Zahl von Blütenhüllblättern vor; Blütenhüllblätter 2–3 mm lang, eiförmig-spatelig, spitz oder abgestumpft. Vorblätter der weiblichen Blüten (mit Granne) 3–7 mm lang, mit einer Grannenspitze, die rund $\frac{1}{3}$–$\frac{1}{2}$ der Länge des Vorblatts erreicht. Stengel aufrecht, grün oder rötlich, meist stark verzweigt, oberwärts mehr oder weniger deutlich flaumig behaart. Blätter wechselständig, langstielig, eiförmig-rhombisch, grün, etwas glänzend. Juli–September. 20–80 cm.

**Vorkommen:** Braucht stickstoffsalzreichen, trockenen Lehmboden; kochsalztolerant. Besiedelt Ödland, Wege und Brachen in sommerwarmen Lagen. Heimat: Nordamerika, bei uns in den wärmeren Tälern – vorwiegend unterhalb von etwa 300 m – eingebürgert; selten.

**Wissenswertes:** ☉. *A. hybridus* L. s. str. wird mit *A. cruëntus* L. s. str. (Blütenstand rot bis gelb, Vorblätter 2–3 mm lang; Zierpflanze), *A. hypochondriacus* L. (Vorblätter um 5 mm lang; selten) und *A. powellii* S. Watson (Vorblätter 5–8 mm lang, derb; vereinzelt) zur Sammelart *A. hybridus* agg. vereint. Nach dem Krieg traten bestimmte Sippen in den Trümmern zerbombter Städte auf.

# Knöterichgewächse *Polygonaceae*

Ampfer *Rumex*

## Schöner Ampfer
*Rumex pulcher* L.
Knöterichgewächse *Polygonaceae*

**Beschreibung:** Blütenstand endständige Rispe. Blüten stehen in ziemlich weit voneinander entfernten Knäueln in der Achsel von Tragblättern, die gegen die Rispenspitze zu immer kleiner werden; an den obersten Knäueln können die Tragblätter auch fehlen. Blüten zwittrig. Blütenblätter mit Schwielen, innere fransig gezähnt. Stengel oft einzeln und schon in der unteren Hälfte sparrig verzweigt, fruchttragende Äste oft geschlängelt, zuweilen zurückgebogen. Blätter länglich-geigenförmig, d. h. in der unteren Hälfte beidseits flach eingebuchtet, mit herzförmigem Grund, unterseits oft etwas flaumig; Blattrand meist deutlich gewellt. Die Grundblätter sind – verglichen mit der Größe der Pflanze – ziemlich klein, nämlich samt Stiel oft nur 10 cm, zuweilen bis 15 cm lang. Mai–Juli. 20–80 cm.

**Vorkommen:** Braucht nährstoffreichen, eher lockeren Boden in Gegenden mit warmem Klima. Besiedelt dort vorwiegend Abstellgleise, Verladeplätze oder nahegelegene Raine. Heimat: Mittelmeergebiet. Nach Mitteleuropa gelegentlich eingeschleppt und an manchen Standorten über Jahre hinweg beobachtet, so z. B. im Bereich des südlichen Oberrheintals. Sehr selten.

**Wissenswertes:** ⊙. Vor allem im Mittelmeergebiet werden innerhalb der Art wenigstens 4 Unterarten unterschieden. Kennzeichnende Merkmale sind meist nur Größe und Form der Blütenblätter; die Unterarten sind also schwer gegeneinander abzugrenzen. In Mitteleuropa wurden unseres Wissens bisher nur die Unterarten ssp. *pulcher* und ssp. *divaricatus* (L.) Arc. (fruchtende Äste bogig abstehend; vereinzelt in der Schweiz) beobachtet.

## Stumpfblättriger Ampfer
*Rumex obtusifolius* L.
Knöterichgewächse *Polygonaceae*

**Beschreibung:** Blütenstand endständige Rispe. Blüten stehen in Knäueln, die unteren ziemlich weit voneinander entfernt und in der Achsel eines Tragblatts, die oberen recht nahe aneinander gerückt und meist ohne Tragblatt. Blüten zwittrig. Blütenblätter mit Schwielen, innere fransig gezähnt. Fruchtstände auffallend braunrot oder dunkelrot. Stengel aufrecht, meist nur in der oberen Hälfte verzweigt. Grundständige Blätter länglich, nicht geigenförmig, im Verhältnis zur Größe der Pflanze groß (mit Stiel bis etwa 30 cm lang), am Grund herzförmig, unterseits nicht flaumig; Spreite bis 20 cm lang und bis 8 cm breit; obere Stengelblätter zuweilen sehr schmal lineal, sonst breitlineal oder schmal-eiförmig. Juli–August. 0,6–1,2 m.

**Vorkommen:** Braucht stickstoffsalzreichen Lehmboden, der eher feucht als trocken sein sollte; steht gern in vollem Licht. Besiedelt Schuttplätze, Dorfanger, die Umgebung von Bauerngehöften und Aussiedlerhöfen, Gräben, geht aber auch auf Waldlichtungen, auf vernäßte Äcker und auf Weiden im Bereich des Überschwemmungsgebiets von Flüssen. Häufig. Steigt in den Alpen bis über 1800 m.

**Wissenswertes:** ♃. Innerhalb der Art werden mehrere Unterarten unterschieden: Ssp. *obtusifolius* hat 3eckige innere Hüllblätter von etwa 5 mm Länge und Blätter, die unterseits behaart sind; ssp. *sylvestris* (Wallr.) Čelak. hat fast fransenlose innere Hüllblätter, die 3–4 mm lang werden; ssp. *transiens* (Simk.) Rch. f. unterscheidet sich von ssp. *obtusifolius* vor allem durch die unterseits kahlen Blätter. – Der Stumpfblättrige Ampfer bildet mit anderen Ampfer-Arten Bastarde.

**Knöterichgewächse** *Polygonaceae*

## Ufer-Ampfer
*Rumex maritimus* L.
Knöterichgewächse *Polygonaceae*

**Beschreibung:** Blütenstand endständige Rispe. Blüten stehen in Knäueln, die ziemlich weit voneinander entfernt sind und die bis fast zur Rispenspitze in der Achsel eines Tragblatts stehen. Blüten zwittrig. Blütenblätter mit Schwielen, gelbbraun, mit auffallend langen, wimperigen Zähnen. Stengel erst etwa von der Mitte an und dann ausgesprochen spärlich verzweigt. Grundblätter zur Blütezeit stets verwelkt, spitz, höchstens 4–5 cm breit und bis 20 cm lang, nie mit herzförmigem Grund. Der Ufer-Ampfer fällt durch seinen strohgelben Fruchtstand schon von weitem auf und ist dadurch leicht von den Fruchtständen etwa des Stumpfblättrigen Ampfers zu unterscheiden, auch wenn die Grundblätter fehlen. Juli–September. 10–60 cm.

**Vorkommen:** Braucht Schlammboden, der jedoch zumindest „halbreif", also einigermaßen fest sein sollte. Besiedelt vor allem Ufer stehender Gewässer und Gräben mit nährstoffreichem Untergrund. Erträgt kochsalzhaltigen Boden und siedelt sich daher auch im Küstenbereich an. Selten, aber an seinen Standorten meist in kleineren und oft individuenreichen Beständen.

**Wissenswertes:** ⊙. Der Ufer-Ampfer tritt meist unbeständig auf. Seine Früchte werden sowohl durch Wasser verschwemmt als auch durch Tiere verbreitet. Inwieweit Klettverbreitung an Wasservögeln eine Rolle spielt, ist unbekannt; möglicherweise erklären sich so gelegentliche Überraschungsfunde. Andererseits sind potentielle Standorte für den Ufer-Ampfer in den letzten Jahrzehnten eher seltener geworden. – Der deutsche Name „Strand-Ampfer" erscheint weniger treffend als „Ufer-Ampfer".

## Sumpf-Ampfer
*Rumex palustris* Sm.
Knöterichgewächse *Polygonaceae*

**Beschreibung:** Blütenstand endständige Rispe. Blüten stehen in Knäueln, die ziemlich dicht aufeinander folgen und die allenfalls an der Basis des Blütenstandes etwas lockerer stehen. Alle Knäuel stehen in der Achsel eines gut ausgebildeten Tragblatts. Blüten zwittrig. Blütenblätter mit Schwielen, rotbraun, nie gelbbraun. Stengel nur im oberen Drittel verzweigt. Grundblätter bei der Reife oft noch vorhanden und dann bräunlich oder rötlich, nie goldgelb, 4–5 cm breit und 10–20 cm lang, nie mit herzförmigem Grund. Juli–September. 0,2–1 m.

**Vorkommen:** Braucht Schlammboden. Besiedelt vor allem Ufer stehender Gewässer und Gräben mit nährstoffreichem Untergrund. Erträgt kurzzeitige Überschwemmung und als Folge davon die mäßig starke Bedeckung mit „unreifem", d. h. ziemlich flüssigem Schlamm. Im Tiefland selten und nur an den größeren Strömen; vom nördlichen Oberrhein bis ins Rheindelta zerstreut, ebenso in den fränkischen Teichgebieten; hat vor allem dort in neuerer Zeit viele Standorte verloren. Fehlt in der Schweiz völlig; in Österreich nur in Niederösterreich und im Burgenland selten.

**Wissenswertes:** ⊙. Der Sumpf-Ampfer kann – wenn der Fruchtstand nicht ausgefärbt ist – leicht mit dem Ufer-Ampfer verwechselt werden. Die Unterschiede sind sehr schwer in meßbaren Größen zu erfassen. Sieht man beide Arten nebeneinander, dann wirkt der Sumpf-Ampfer kräftiger. Der Sumpf-Ampfer ist von beiden Arten die seltenere. Seine Verbreitung ist ungenügend bekannt, da er früher nicht vom Ufer-Ampfer unterschieden, sondern als eine Sippe von ihm angesehen worden ist.

# Knöterichgewächse *Polygonaceae*

Ampfer *Rumex*

## Knäuelblütiger Ampfer
*Rumex conglomeratus* MURRAY
Knöterichgewächse *Polygonaceae*

**Beschreibung:** Blütenstand endständige Rispe. Blüten stehen in Knäueln, die in der Spitzenregion der Rispenäste dicht beieinanderstehen und die durchweg ein mehr oder weniger gut ausgebildetes Tragblatt besitzen. Blüten zwittrig. Wenigstens die inneren Blütenblätter mit Schwielen, äußere zuweilen schwielenlos. Innere Blütenblätter ungezähnt. Stengel meist schon in der unteren Hälfte verzweigt. Grundblätter 10–15 cm lang und 3–5 cm breit, dunkelgrün, am Grund schwach herzförmig oder stumpf. Juli–September. 30–80 cm.

**Vorkommen:** Braucht stickstoffreichen Lehm- oder Tonboden. Besiedelt vorzugsweise frisch aufgerissenen Boden, Gräben, Ufer, Schuttplätze, Dorfanger, geht aber auch auf Kahlschläge. Geht kaum über etwa 750 m, fehlt deshalb in den Alpen weitgehend, meidet auch rauhere Tieflandslagen. Zerstreut. Kommt an seinen Standorten oft in individuenarmen Beständen vor.

**Wissenswertes:** ♃. Für den Knäuelblütigen Ampfer sind seine abstehenden Äste typisch. Vom Stumpfblättrigen Ampfer unterscheidet er sich vor allem durch seine ungezähnten inneren Blütenblätter (beim Stumpfblättrigen Ampfer sind sie gezähnt), vom Hain-Ampfer durch die Tragblätter im Blütenstand. Der Knäuelblütige Ampfer ist erheblich seltener als die beiden anderen Arten, mit denen er bei oberflächlicher Betrachtung leicht verwechselt werden kann. Der Knäuelblütige Ampfer bildet mit anderen Ampfer-Arten gelegentlich Bastarde; da sie meist ebenfalls sparrige Äste besitzen, die für den Knäuelblütigen Ampfer kennzeichnend sind, sonst aber nicht alle seine Merkmale zeigen, machen sie beim Bestimmen beträchtliche Schwierigkeiten.

## Hain-Ampfer
*Rumex sanguineus* L.
Knöterichgewächse *Polygonaceae*

**Beschreibung:** Blütenstand endständige Rispe. Blüten stehen in Knäueln, die ziemlich voneinander entfernt sind und von denen nur die untersten ein gut ausgebildetes Tragblatt besitzen, das bei den oberen stets fehlt. Blüten zwittrig. Nur ein inneres Blütenblatt; es besitzt eine deutliche Schwiele; die äußeren Blütenblätter sind schwielenlos, allen fehlen Fransen oder sie haben nur eine Andeutung von Fransen. Stengel meist nur im oberen Teil verzweigt. Äste dünn, meist unverzweigt. Grundblätter 10–15 cm lang und 4–6 cm breit, am Grunde abgerundet oder keilförmig. Juli–August. 30–60 cm.

**Vorkommen:** Braucht nassen, nährstoffreichen, aber schwach sauren Boden und reichlich Schatten. Besiedelt daher vor allem Auenwälder und Eschenbrücher, geht aber auch in das Ufergebüsch. Zerstreut; kommt an seinen Standorten meist in kleineren, zuweilen auch größeren, lockeren, doch nicht selten individuenreichen Beständen vor.

**Wissenswertes:** ♃. Auf den ersten Blick gleicht der Hain-Ampfer dem Knäuelblütigen Ampfer, ist aber vor allem von zierlicherem Wuchs. – Gelegentlich wird die Art auch mit dem deutschen Namen „Blut-Ampfer" belegt, der einer Übersetzung des wissenschaftlichen Artnamens entspricht. Dieser Name weist darauf hin, daß manche Exemplare im Blüten- bzw. Fruchtstand blutrot überlaufen sind. Dies ist indessen keineswegs die Regel; vielfach kommen an einem Standort nur Exemplare vor, die im Bereich des Blütenstands hellgrün gefärbt sind. Wovon die Färbung abhängt, ist noch nicht genau bekannt. Vieles spricht dafür, daß sie auf erblicher Grundlage – gesteuert von Außeneinflüssen – auftritt.

**Knöterichgewächse** *Polygonaceae*

## Krauser Ampfer
*Rumex crispus* L.
Knöterichgewächse *Polygonaceae*

**Beschreibung:** Blütenstand endständige Rispe, deren Seitenäste ziemlich wenig verzweigt sind. Blüten stehen in Knäueln, von denen mindestens diejenigen im oberen Teil der Rispe dicht beieinander und großenteils auch in der Achsel eines Tragblattes stehen. Blüten zwittrig. Eines der inneren Blütenblätter mit deutlicher, 2 mit nur undeutlicher Schwiele, alle ohne Fransen oder nur gekerbt. Stengel nur im oberen Drittel verzweigt, wie die Äste meist braun überlaufen. Blätter am Rand wellig-kraus, 10–30 cm lang und 6–8 cm breit; Seitennerven gehen in einem Winkel von etwa 45° von der Mittelrippe ab. Juli–August. 0,3–1,2 m.

**Vorkommen:** Braucht staunassen, nährstoffreichen und dichten Lehm- oder Tonboden. Besiedelt als lästiges Unkraut Gärten, Äcker, Wiesen, Weiden; eine der ersten Arten auf rohem Boden. Steigt in den Alpen bis über 1200 m. Häufig.

**Wissenswertes:** ♃. Der Krause Ampfer ist vielgestaltig, aber an seinen vor der Blütezeit lederzähen Blättern im allgemeinen gut kenntlich. Die einzelnen Formen sind sehr schwer gegeneinander abzugrenzen; die Unterschiede betreffen u. a. die Form der Äste und vor allem die Ausbildung der Schwielen. Schwierigkeiten beim Bestimmen machen auch Bastarde, die der Krause Ampfer nicht selten mit einer ganzen Reihe anderer Ampfer-Arten bildet. – Ähnlich ist der Gezähntfrüchtige Ampfer (*R. stenophyllus* LEDEB.), der selten eingeschleppt vorkommt. Der ebenfalls sehr selten eingeschleppte Weidenblatt-Ampfer (*R. triangulivalvis* (DANS.) RECH. f.) ist durch fehlende Grundblätter ausgezeichnet. Bei ihm sind die Blütenblätter herzförmig.

## Fluß-Ampfer
*Rumex hydrolapathum* HUDS.
Knöterichgewächse *Polygonaceae*

**Beschreibung:** Blütenstand endständige Rispe, deren Seitenäste reichlich verzweigt sind. Blüten stehen in Knäueln, von denen die meisten nicht in der Achsel von Tragblättern sitzen; der Blütenstand ist also weitgehend blattlos. Blüten zwittrig. Alle inneren Blütenblätter mit Schwielen. Stengel mit aufrechten, kräftigen Ästen, braunrot, kantig. Blätter am Rand meist flach, selten wellig. Seitennerven zweigen in annähernd rechtem Winkel von der Mittelrippe ab. Grundständige Blätter sehr groß, mindestens 30–50 cm, häufig bis 70 cm und gelegentlich sogar bis zu 1 m lang. Juli–August. 0,8–2 m.

**Vorkommen:** Braucht Schlammboden an langsam fließenden oder stehenden Gewässern, der einen hohen Gehalt an Nährstoffen aufweist. Frostempfindlich. Erträgt zeitweilige Trockenheit. Besiedelt Röhrichte und Gräben. Fehlt in den Alpen und ist in den Mittelgebirgen sehr selten, sonst selten.

**Wissenswertes:** ♃. Gut ausgebildete Exemplare des Fluß-Ampfers fallen an ihren Standorten gegenüber anderen Arten der Gattung schon durch ihre Größe auf. Im Gegensatz zu anderen Arten der Gattung sind vom Fluß-Ampfer kaum Sippen innerhalb der Art beschrieben worden; die Art scheint vielmehr außerordentlich einheitlich zu sein. Ebenso sind relativ wenig Bastarde bekannt geworden, am ehesten aus dem Tiefland, kaum indessen aus den Mittelgebirgen, wo der Fluß-Ampfer allerdings sehr selten ist. Die Melioration von Sumpfgebieten hat potentielle Standorte der Art vernichtet. Inwieweit die Pflege oder Neuanlage von Feuchtgebieten hier ausgleichen kann, muß abgewartet werden.

# Knöterichgewächse *Polygonaceae*

Ampfer *Rumex*

## Gemüse-Ampfer
*Rumex longifolius* DC.
Knöterichgewächse *Polygonaceae*

**Beschreibung:** Blütenstand endständige Rispe. Blüten stehen in Knäueln, von denen höchstens einzelne den Achseln von Tragblättern entspringen. Der eigentliche Blütenstand ist infolgedessen praktisch blattlos. Überdies ist er auffällig dicht. Blüten zwittrig. Innere Blütenblätter ohne Schwielen und leicht gekerbt, 6–8 mm breit, aber nur 5–6 mm lang, also deutlich breiter als lang. Stengel mit aufrechten, kräftigen Ästen, grün oder braun, gerillt. Blätter am Rand meist wellig, selten glatt; grundständige Blätter meist nur 20–35 cm lang und 3–6 cm breit, oberseits kahl, unterseits auf den Nerven behaart, in den Stiel verschmälert oder abgerundet, nie herzförmig oder auch nur am Grunde am breitesten; Seitennerven zweigen in einem Winkel zwischen 45° und 60° von der Mittelrippe ab. Juli–August. 0,6–1,2 m.

**Vorkommen:** Braucht stickstoffsalzreichen, eher etwas dichten Lehm- oder Tonboden, der nicht zu trocken werden sollte. Heimat: Nordeuropa und Sibirien. In Mitteleuropa nur vereinzelt eingeschleppt und unbeständig, vor allem in Schleswig-Holstein und in Mecklenburg, vereinzelt in Sachsen, Sachsen-Anhalt und in Thüringen.

**Wissenswertes:** ♃. Die Art erreicht in Schleswig-Holstein und im Gebiet der Elbmündung die Südwestgrenze ihrer natürlichen Verbreitung, ist aber auch hier sehr zurückgegangen. Standorte an der Unterweser gelten seit Jahrzehnten als erloschen. Verschleppt kommt der Gemüse-Ampfer allerdings auch noch an den Küsten von Frankreich und Spanien vor. Ansiedlungen in der Schweiz (Umgebung von Zürich, unteres Alpenrheintal) sind durch Einschleppen entstanden und wahrscheinlich nicht beständig.

## Alpen-Ampfer
*Rumex alpinus* L.
Knöterichgewächse *Polygonaceae*

**Beschreibung:** Blütenstand endständige Rispe. Blüten stehen in Knäueln, von denen fast alle aus der Achsel eines Tragblatts entspringen. Der Blütenstand wirkt außerordentlich kompakt. Dieser Eindruck wird nicht nur durch die dicht stehenden Knäuel hervorgerufen, sondern auch noch dadurch verstärkt, daß die Seitenzweige im Blütenstand aufrecht stehen und der Hauptachse oft fast anliegen. Blüten zwittrig, gelegentlich untere rein weiblich. Innere Blütenblätter ohne Schwielen, um 5 mm lang, aber nur um 3–4 mm breit, also stets deutlich länger als breit. Stengel tief und grob gerillt. Grundständige Blätter 30–50 cm lang und 18–35 cm breit, im Umriß rundlich-oval, am Rande meist wellig, am Grunde tief herzförmig eingebuchtet. Juli–August. 0,5–2 m.

**Vorkommen:** Braucht feuchten, nährstoffreichen, besonders stickstoffsalzreichen, humushaltigen Lehm- oder Tonboden in alpiner Klimalage. Besiedelt in den Alpen, seltener in den Hochlagen der Mittelgebirge, Viehweiden, Dorfränder, Plätze an Stallungen oder an Sennhütten, seltener Schlammbänke im höher gelegenen Überschwemmungsbereich alpiner Flüsse. Bevorzugt Höhenlagen zwischen etwa 1000 und 2000 m. In den Alpen zerstreut, im Alpenvorland, im Südschwarzwald und im Bayerischen Wald selten, aber an seinen Standorten oft in größeren, individuenreichen und auffallenden Beständen.

**Wissenswertes:** ♃. Der Alpen-Ampfer erträgt und braucht Stickstoff in Form von Ammoniumsalzen. Rinder weiden ihn meist nicht ab und tragen damit dazu bei, daß sich der Alpen-Ampfer auf Kosten anderer Gewächse in nahezu reinen Beständen ausbreiten kann.

**Knöterichgewächse** *Polygonaceae*

## Wasser-Ampfer
*Rumex aquaticus* L.
Knöterichgewächse *Polygonaceae*

**Beschreibung:** Blütenstand endständige Rispe. Blüten stehen in Knäueln, die fast nie der Achsel eines Tragblatts entspringen; Blütenstand also praktisch blattlos; Knäuel stehen zumindest im unteren Teil des Blütenstandes recht locker, im oberen hingegen ziemlich dicht. Äste im Blütenstandsbereich schräg aufwärts abstehend, wodurch der Blütenstand zwar insgesamt reich, aber weder kolbenartig zusammengezogen noch breit ausladend erscheint. Blüten zwittrig. Innere Blütenblätter ganzrandig, stets ohne Schwielen. Stengel kräftig, tief und grob gerillt, erst in der oberen Hälfte verzweigt, braunrot. Die grundständigen Blätter sind 25–40 cm lang und 10–20 cm breit, am Grunde abgestutzt oder schwach herzförmig, am Rand meist wellig; Blätter oft an der Basis am breitesten und etwas unterhalb der Mitte ganz flach eingebuchtet, dadurch im Umriß schwach „geigenförmig". Juni–Juli. 0,8–2 m.

**Vorkommen:** Braucht nassen, zeitweise überfluteten, nährstoffreichen Boden, der zumindest kalkhaltig, wenn nicht kalkreich sein sollte. Kommt entweder im Überschwemmungsgebiet unverbauter Flüsse oder aber auf der unteren „Hochwassersohle" korrigierter Wasserläufe vor, auf denen der Fluß bei mäßigen Hochwässern Sand aufschüttet. Selten, aber an seinen Standorten oft in größeren, individuenreichen, aber meist lockeren Beständen.

**Wissenswertes:** ♃. Der Wasser-Ampfer erreicht etwa am Nordrand der Alpen die Südgrenze seiner natürlichen Verbreitung. In den Alpen selbst ist er im östlichen Teil ursprünglich. In der Schweiz fehlt er außerhalb des Jura, in den österreichischen Alpen kommt er hingegen in den Flußtälern zerstreut vor.

## Garten-Ampfer
*Rumex patientia* L.
Knöterichgewächse *Polygonaceae*

**Beschreibung:** Blütenstand endständige Rispe. Blüten stehen in Knäueln, die höchstens unten im Blütenstand der Achsel eines Tragblattes entspringen; Blütenstand also weitgehend blattlos. Knäuel stehen sehr dicht. Blüten zwittrig. Mindestens eines der inneren Blütenblätter mit deutlicher Schwiele. Stengel kräftig, gerillt, meist rot überlaufen; oft nicht nur 1 Stengel, sondern mehrere aus einer Blattrosette. Grundständige Blätter 20–30 cm lang und um 6–8 cm breit, im Umriß schlank-oval, mit meist abgestutztem, seltener mit schwach herzförmigem Grund am Blattstiel ansitzend, am Rand etwas wellig oder flach. Seitennerven gehen in Winkeln zwischen 45° und 80° von der Mittelrippe ab, aber nie im rechten Winkel. Mai–Juli. 1–2 m.

**Vorkommen:** Früher selten angebaut und nur gelegentlich verwildert. Auf nährstoffreichem Boden an Waldrändern und auf Schuttplätzen, seltener im äußeren Röhricht. Heimat: Südosteuropa und Westasien.

**Wissenswertes:** ♃. Der Garten-Ampfer kann mit dem Krausen Ampfer verwechselt werden, mit dem er auch Bastarde bildet. Im typischen Fall gilt: Der Krause Ampfer hat Blattstiele, die oberseits flach sind, wogegen die Blattstiele des Garten-Ampfers oberseits eine meist sehr deutlich ausgeprägte Rinne besitzen. – Der Garten-Ampfer wurde früher als „Englischer" oder „Ewiger Spinat" gegessen. In Gegenden mit mildem Klima können Blätter auch im Winter geerntet werden. Der Geschmack wird als rauh und zugleich wäßrig beschrieben. – *R. cristatus* DC. und *R. kerneri* BORB. sec. RECH. f., die in Südosteuropa vorkommen, werden üblicherweise mit *R. patientia* L. zur Sammelart *R. patientia* agg. zusammengefaßt.

# Knöterichgewächse *Polygonaceae*

Sauerampfer *Rumex*

## Kleiner Sauerampfer
*Rumex acetosella* L.
Knöterichgewächse *Polygonaceae*

**Beschreibung:** Blütenstand eine endständige Rispe. Männliche und weibliche Blüten stehen auf verschiedenen Pflanzen. Blüten in Knäueln angeordnet, die sehr locker stehen und in der Regel nicht der Achsel eines Tragblattes entspringen. Innere Blütenblätter alle ohne Schwiele. Stengel aufrecht, in der unteren Hälfte unverzweigt, oft rötlich überlaufen. Die Blätter schmecken bitterlich. Grundblätter oft mit deutlich spießförmiger Basis, deutlich länger als breit; die „Spießecken" können, sofern sie überhaupt vorhanden sind, auch fast rechtwinklig nach außen oder gar nach vorne abstehen; innere Rosettenblätter und Stengelblätter häufig mit abgestutztem Blattgrund. An den Blättern mit spießförmigem Grund ist die Spitze immer lanzettlich und oft spitz, keinesfalls ist sie länglich-eiförmig. Mai–August. 5–20 cm.

**Vorkommen:** Braucht nährstoffarmen, meist etwas sauren Boden, der eher locker als fest sein sollte. Besiedelt Heiden, sandige Wiesen, Schotterflächen, rohen Boden, saure Matten, saure Äcker, Mauerritzen, Raine. Häufig und meist in lockeren, individuenarmen, aber auf Sandböden gelegentlich in ausgedehnten Beständen. Steigt in den Alpen bis etwa 1500 m.

**Wissenswertes:** ♃; (☠). Der Kleine Sauerampfer enthält reichlich Oxalsäure. Macht er im Grünfutter einen bedeutenden Anteil aus, verursacht er beim Vieh Durchfälle. *R. acetosella* L. wird üblicherweise mit *R. tenuifolius* (WALLR.) A. LÖVE und *R. angiocarpus* (MURB.) A. LÖVE zur Sammelart *R. acetosella* agg. zusammengefaßt. Die Kleinarten lassen sich fast nur durch die unterschiedlichen Fruchtgrößen voneinander trennen und sind schwer unterscheidbar.

## Wiesen-Sauerampfer
*Rumex acetosa* L.
Knöterichgewächse *Polygonaceae*

**Beschreibung:** Blütenstand eine endständige Rispe. Männliche und weibliche Blüten stehen auf verschiedenen Pflanzen. Blüten in Knäueln angeordnet, die sehr locker sind und die in der Regel nicht der Achsel eines Tragblattes entspringen. Innere Blütenblätter mit nur undeutlicher Schwiele. Stengel aufrecht, in der unteren Hälfte unverzweigt, gelegentlich rötlich überlaufen. Blätter schmecken säuerlich. Unterste Blätter eiförmig-länglich, Spießecken – wenn vorhanden – abwärts gerichtet (meist besitzen mindestens 1–2 der unteren Blätter einen deutlich spießförmigen Blattgrund). Oberste Stengelblätter nie gestielt, immer sitzend. Mai–August. 0,3–1 m.

**Vorkommen:** Besiedelt unterschiedlich nährstoffreiche Lehm-, Ton-, seltener Kies- oder Sandböden. Bevorzugt Fettwiesen, geht aber auch an Ufer und Wege, auf Dämme und Ödland. Sehr häufig und meist in größeren, lockeren und eher individuenarmen Beständen. Steigt in den Alpen bis über 1500 m.

**Wissenswertes:** ♃; (☠). Der Wiesen-Sauerampfer ist eine vielgestaltige Art. Auf den ersten Blick gibt die Größe der Pflanzen den deutlichsten Unterschied zum Kleinen Sauerampfer, vor allem, wenn man mehrere Exemplare sieht: Der Wiesen-Sauerampfer wächst auch auf Standorten, die für ihn ungünstig sind, mindestens bis zu einer Höhe von 35 cm und ist damit schon um rund 50% größer als der Kleine Sauerampfer. Sauerampfer enthält verhältnismäßig viel Oxalsäure. Beim Genuß von größeren Mengen (also nicht schon durch einen Teller Suppe oder durch Salatwürze) können daher Vergiftungen (Durchfälle mit Erbrechen) auftreten.

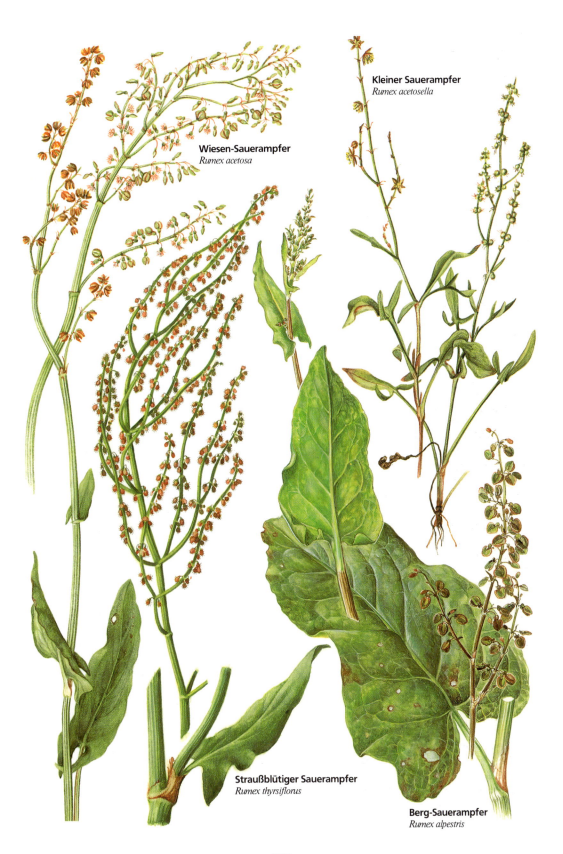

Knöterichgewächse *Polygonaceae*

## Straußblütiger Sauerampfer
*Rumex thyrsiflorus* FINGERH.
Knöterichgewächse *Polygonaceae*

**Beschreibung:** Blütenstand eine endständige Rispe. Männliche und weibliche Blüten stehen auf verschiedenen Pflanzen. Blüten in Knäueln angeordnet, die sehr dicht stehen und die in der Regel nicht der Achsel eines Tragblattes entspringen. Innere Blütenblätter mit nur undeutlicher Schwiele. Blütenblätter am Rand kräftig, innen oft blaßrot, seltener blaßgrün. Stengel aufrecht, in der unteren Hälfte unverzweigt, oft rot überlaufen. Blätter schmecken säuerlich. Blätter schmal-eiförmig bis länglich, am Rand etwas gewellt. Juni–September. 0,5–1,2 m.

**Vorkommen:** Braucht nährstoffreichen, lockeren Boden in Gegenden mit sommerwarmem Klima. Besiedelt dort Halbtrockenrasen, Trockenwiesen, geht aber auch auf Bahndämme, in Fettwiesen und auf Schuttplätze. Selten, aber an seinen Standorten zuweilen in kleineren Beständen.

**Wissenswertes:** ♃ (☠). Der Straußblütige Sauerampfer läßt sich vom Wiesen-Sauerampfer auf den ersten Blick durch den kräftigeren Wuchs und den dicht und ausgesprochen rot wirkenden Blütenstand unterscheiden. Diese Wirkung kommt nicht allein durch die Färbung der Blütenblätter zustande, sondern auch durch die dichte Stellung der Knäuel und die verzweigten Hauptäste der Blütenrispe. Durch die verzweigten Rispenäste ist er sicher vom Wiesen-Sauerampfer unterscheidbar. – Seit einigen Jahrzehnten beobachtet man, daß sich der Straußblütige Sauerampfer – von Osten kommend – entlang der Bahnlinien, in Flußtälern und am Alpenfuß nach Westen ausbreitet. Er hat den Rhein überschritten. In der Schweiz scheint er vom Alpen- und vom Hochrhein aus bis in den Südwesten vorzudringen.

## Berg-Sauerampfer
*Rumex alpestris* JACQ.
Knöterichgewächse *Polygonaceae*

**Beschreibung:** Blütenstand eine endständige Rispe, die meist nur aus wenigen Hauptrispenästen besteht, von denen nur die unteren verzweigt sind. Männliche und weibliche Blüten stehen auf verschiedenen Pflanzen. Blüten in Knäueln angeordnet, die nie der Achsel eines Tragblattes entspringen, die armblütig sind und sehr locker stehen. Innere Blütenblätter mit nur undeutlicher Schwiele. Blütenblätter nur am Rande blaßrot, sonst grün. Stengel aufrecht, wenig verzweigt oder unverzweigt. Grundständige Blätter und unterste Stengelblätter fast 3eckig, höchstens doppelt so lang wie die Blattbasis breit ist. Juni–September. 0,3–1 m.

**Vorkommen:** Braucht nährstoff- und humusreichen, lockeren Boden in alpinem Klima. Besiedelt Bergwiesen und Lägerfluren, geht aber auch in Bergwälder. Bevorzugt Höhen zwischen etwa 1000 und 2000 m, geht örtlich indessen erheblich höher. In den Alpen selten, aber meist in kleineren Beständen; in den höheren Lagen der Mittelgebirge (z. B. südlicher Bayerischer Wald, Südschwarzwald, Thüringer Wald, Erzgebirge und Riesengebirge, Vogesen, Schweizer Jura) sehr selten, aber örtlich in individuenarmen Beständen.

**Wissenswertes:** ♃; (☠). Der Berg-Sauerampfer ist durch seinen Standort vom ähnlichen Wiesen-Sauerampfer unterscheidbar, dessen Blätter überdies mindestens 4mal länger als breit sind. Dennoch werden beide Arten wohl öfter verwechselt. Vor allem die Fundortangaben, nach denen der Berg-Sauerampfer in den Mittelgebirgen vorkommt, sind unsicher. Örtlich sollen Bastarde vorkommen, die nicht eindeutig einer der beiden Arten zuzuordnen sind.

# Knöterichgewächse *Polygonaceae* ▶

Ampfer *Rumex*
Säuerling *Oxyria*
Knöterich *Polygonum*

## Schnee-Ampfer
*Rumex nivalis* HEGETSCHW.
Knöterichgewächse *Polygonaceae*

**Beschreibung:** Blütenstand endständige Traube oder Rispe. Männliche und weibliche Blüten stehen auf verschiedenen Pflanzen. Blüten in Knäueln angeordnet, die in der Regel nicht der Achsel eines Tragblattes entspringen, die eher arm- als reichblütig sind und die verhältnismäßig dicht stehen. Innere Blütenblätter mit einer kurzen Schwiele, meist rot gefärbt. Meist mehrere bis viele Stengel aus einer Grundblattrosette. Stengel aufsteigend oder aufrecht, unbeblättert. Grundblätter dicklich, äußere rundlich-nierenförmig, ohne Nerven (wenn mit Nerven, diese undeutlich! vgl. Säuerling *(Oxyria digyna)*, nächste Seite), innere undeutlich spießförmig, mit meist breit gerundeter Spitze. Nur 1–2 Stengelblätter oder Stengel unbeblättert. Juli–August. 5–20 cm.
**Vorkommen:** Braucht kalk- und nährstoffreichen, feuchten und lange von Schnee bedeckten Boden in alpinem Klima. Besiedelt Schneetälchen und Moränen, vor allem in Höhenlagen zwischen etwa 1500 und 2500 m in den Alpen. In den östlichen Alpen selten, aber meist in kleineren, individuenreichen Beständen; im deutschen Alpengebiet nur in den Allgäuer Alpen; in Österreich in den nördlichen Kalkalpen östlich des Dachsteins, in den österreichischen Zentralalpen sehr selten von der Silvretta ostwärts; in den westlichen Alpen nur bis in die Berner Alpen und ins Oberwallis, überall sehr selten.
**Wissenswertes:** ♃. Innerhalb der Gattung stellt die Art eine nach Gestalt und Vorkommen scharf abgegrenzte Sippe dar, von der es kaum gestaltliche Übergänge zu anderen Arten gibt, obschon sie eindeutig in die engere Verwandtschaft der Sauerampfer gehört.

## Schild-Ampfer
*Rumex scutatus* L.
Knöterichgewächse *Polygonaceae*

**Beschreibung:** Blütenstand endständige Rispe. Männliche und weibliche Blüten stehen auf verschiedenen Pflanzen. Blüten in Knäueln, die nie der Achsel eines Tragblattes entspringen, die armblütig sind und sehr locker stehen. Innere Blütenblätter schwielenlos. Stengel aufsteigend und ziemlich zerbrechlich, allerdings meist unmittelbar über dem Boden verholzt, oft ziemlich stark verzweigt, etwas stumpf grün. Grundblätter mehr oder weniger rundlich, 2–5 cm lang und 2,5–6 cm breit, an der Basis mit einem Spießeck, blaugrün. Der Schild-Ampfer treibt meist unterirdische Ausläufer. Mai–August. 20–40 cm.
**Vorkommen:** Braucht lockere Steinschuttböden mit ziemlich geringem Feinerdegehalt. Liebt volle Besonnung. Bevorzugt Höhenlagen zwischen etwa 800 und 2500 m, geht aber in den südlichen Mittelgebirgen von Mitteleuropa und im Alpenvorland auch tiefer. Selten, aber an seinen Standorten meist in kleineren, individuenreichen Beständen.
**Wissenswertes:** ♃. Der Schild-Ampfer wurde bis in unser Jahrhundert hinein vereinzelt als Gemüse unter dem Namen „Französischer" bzw. „Römischer Spinat" angebaut. Der Schild-Ampfer enthält möglicherweise ebenfalls geringe Mengen von Oxalaten. Ausführliche Untersuchungen hierzu sind uns nicht bekannt. Seine Bekömmlichkeit ist aber wohl nicht schlechter zu beurteilen als die des Wiesen-Sauerampfers, selbst wenn man berücksichtigt, daß durch die Zubereitung als Gemüse mehr Pflanzenmaterial pro Person aufgenommen wird, als wenn man Wiesen-Sauerampfer als Einlage in einer Suppe oder als Würze an einem Salat verwendet.

**Knöterichgewächse** *Polygonaceae*

## Säuerling
*Oxyria digyna* (L.) Hill
Knöterichgewächse *Polygonaceae*

**Beschreibung:** Blütenstand endständige Rispe. Blüten stehen in armblütigen Knäueln, die nie der Achsel eines Tragblattes entspringen und die an den Rispenästen sehr locker angeordnet sind. Blüten zwittrig. Nur 4 grüne Blütenblätter, die paarweise zusammenliegen. Am Fruchtknoten 2 Griffel (Lupe! Auf dieses nur mit einiger Mühe erkennbare Merkmal bezieht sich der wissenschaftliche Artname: *digyna*, griech. = „zwei Frauen", also 2 Griffel). Frucht geflügelt, rot. Stengel unverzweigt, blattlos oder nur mit 1 oder 2 tiefsitzenden Blättern. Grundblätter nierenförmig, meist doppelt so breit wie lang (größter Durchmesser etwa 4 cm). Nerven speichenartig, d. h. radial verlaufend, verzweigt. Blattrand glatt oder leicht wellig. Blattstiel auffällig lang (oft 10–15 cm, selten noch länger). Juli–August. 5–20 cm.

**Vorkommen:** Braucht lockeren, kalkarmen Gesteinsschuttboden mit Ton- oder Lehmbeimischung. Besiedelt Lawinenrunsen, schuttige Schneetälchen und Moränen. Bevorzugt Höhenlagen zwischen etwa 1800 und 2800 m. Selten, aber an seinen Standorten gelegentlich in kleineren, mäßig individuenreichen, wenn auch meist lockeren Beständen.

**Wissenswertes:** ♃. Der Säuerling gehört zu den Pionierpflanzen auf frischen Moränen. Er kann sie schon im ersten oder zweiten Jahr nach dem Rückzug des Eises besiedeln. Man findet den Säuerling auf solchen Moränen meist an den Stellen mit relativ feinkörnigem Material. Auf gröberem Schutt ist er seltener. Der Säuerling ist an derartigen Standorten u. a. deswegen konkurrenzfähig, weil er noch bei ziemlich tiefen Temperaturen Nettogewinn aus der Photosynthese zieht. Die Art ist trotz Apomixis recht einheitlich.

## Alpen-Knöterich
*Polygonum alpinum* All.
Knöterichgewächse *Polygonaceae*

**Beschreibung:** Blütenstand endständige, seltener darunter auch seitenständige Rispen. Blüten klein, rötlich, einzeln oder nur zu 2 oder 3 auf einem „Stockwerk" an den Rispenästen nebeneinander. Stengel aufrecht, verzweigt oder unverzweigt, kantig gestreift. Blätter breit- oder schmallanzettlich, am Rande und auf der Unterseite gewimpert, oberseits dunkelgrün, unterseits heller. Blattscheiden der Nebenblätter dem Stengel nur sehr locker anliegend, fast abstehend, meist zerschlitzt und schütter behaart. Wurzelstock (= Rhizom) kriecht unterirdisch. Juni–September. 30–50 cm.

**Vorkommen:** Braucht kalkfreien oder kalkarmen, gut mit saurem Humus durchsetzten Boden in alpinem Klima. Gedeiht dort vor allem im bachbegleitenden Gebüsch und zwischen Rostblättriger Alpenrose *(Rhododendron ferrugineum)*; in tieferen Lagen vor allem in intensiv genutzten Wiesen, dort zuweilen in lockeren, mäßig individuenreichen, aber durchaus auffallenden Beständen. Selten. Bevorzugt Höhen zwischen etwa 1000 und 1800 m. In Mitteleuropa fast ausschließlich in der Schweiz und in den Südwestalpen. In Österreich nur bei Pernegg in der Steiermark, und zwar auf Serpentin.

**Wissenswertes:** ♃. Der Alpen-Knöterich kommt – anders, als sein Name es andeutet – auch außerhalb der Alpen vor, und zwar sowohl in den Gebirgen des Balkans als auch in den Pyrenäen. Dies legt nahe, daß es sich bei den Standorten in der Steiermark um Relikte eines Areals handelt, das ursprünglich größer und vor allem geschlossener war, als es heute ist. Es reichte nicht nur von den Pyrenäen bis zu den Alpen, sondern weiter bis zum Balkan.

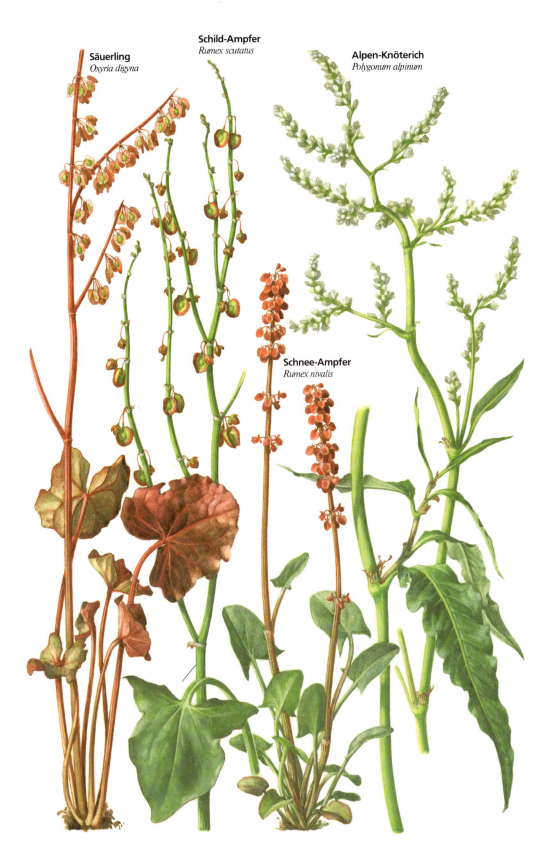

# Knöterichgewächse *Polygonaceae*

Knöterich *Polygonum*

## Vogel-Knöterich
*Polygonum aviculare* L.
Knöterichgewächse *Polygonaceae*

**Beschreibung:** Blüten stehen zu 1–3 in den Blattachseln. Sie werden nur 2–4 mm lang und sind grünlich oder rosa, sehr selten weißlich. Die Blütenblätter sind höchstens an der Basis etwa 1 mm hoch miteinander verwachsen. Junge Stengel aufrecht oder aufsteigend; ausgewachsene Stengel liegen dem Boden meist deutlich an, seltener steigen sie bogig auf oder wachsen gar aufrecht. Stengel meist reichlich verzweigt. Blätter sitzend oder kurz gestielt, schmal-oval, 4–6mal länger als breit, bis über 3 cm lang, am Hauptstengel oft deutlich größer als an den Ästen. Nebenblattscheiden häutig, silbrig-glänzend. Juni–Oktober. 10–50 cm.

**Vorkommen:** Bevorzugt stickstoffreiche Sandböden oder rohe Böden. Erträgt Tritt und kommt daher häufig in Pflasterritzen, an Wegrändern, auf Wegen, in Gärten und auf Äckern vor. Häufig. Meist in kleinen, dichten und individuenreichen Beständen. Kommt in den Alpen in Siedlungen bis etwa 1800 m Höhe vor.

**Wissenswertes:** ☉. Mit *P. aviculare* L. (Gewöhnlicher Vogel-Knöterich) werden – je nach Autor – 3–7 Kleinarten zur Sammelart *P. aviculare* agg. vereinigt, so z. B. Gleichblättriger Vogel-Knöterich (*P. arenastrum* BOREAU): Blütenblätter auf mindestens 2 mm Länge verwachsen, Blätter nur bis 2 cm lang. – Übersehener Vogel-Knöterich (*P. neglectum* BESS.): Stengel niederliegend; wohl nur Nordosteuropa. – Unbeständiger Vogel-Knöterich (*P. rurivagum* JORD. ex BOREAU): Blätter bis 3,5 cm lang, nur 1–4 mm breit, armblütig. – Von sämtlichen Kleinarten ist die Verbreitung nur ungenügend bekannt, da sie früher oft nicht unterschieden worden waren. Ihr taxonomischer Wert ist umstritten.

## Strand-Knöterich
*Polygonum oxyspermum* MEY et BUNGE ex LEDEB.
Knöterichgewächse *Polygonaceae*

**Beschreibung:** Blüten stehen zu 2–6 in den Blattachseln. Sie werden um 3 mm lang. Ihre Farbe ist weißlich, grünlich oder rosa; sie sind am Rand meist deutlich rötlich. Stengel niederliegend, meist locker verzweigt, am Grunde zuweilen verholzt. Blätter lückig am Stengel verteilt: Die „Stengelglieder" zwischen den Blattansätzen sind meist 2–4 cm lang und damit länger als die Blätter selbst. Diese werden nur 1–3 cm lang und kaum 5 mm breit. Nebenblattscheiden sehr kurz, häutig, aber nicht auffallend silbrigglänzend oder durchscheinend, im Alter oft etwas zerschlitzt. Juli–September. 0,2–1 m.

**Vorkommen:** Kommt in Mitteleuropa ausschließlich auf Sandstrand an den Küsten von Nord- und Ostsee vor. Hauptverbreitung: Küsten von Ostsee und Nordsee, europäische Atlantikküste sowie westliche bzw. nördliche Mittelmeerküste. In Mitteleuropa sehr selten.

**Wissenswertes:** ☉. Innerhalb der Art werden 2 Unterarten unterschieden: Ssp. *raii* ((BAB.) WEBB et CHATER) besiedelt alle genannten Küsten außer denen der mittleren und östlichen Ostsee; ssp. *oxyspermum* kommt nur an den Ostseestränden vor. Von ssp. *oxyspermum* sind sichere Funde aus dem deutschen Küstengebiet nicht bekannt geworden. Am ehesten könnte die Art auf Rügen auftreten, doch sind uns neuere Bestätigungen älterer Fundmeldungen (auch von Hiddensee) nicht bekannt geworden. – Entfernt ähnlich: Kitaibels Knöterich (*P. patulum* MB.): Blüten meist nur zu 3–5 in den Blattachseln, selten zu 2 oder einzeln; Stengel meist aufrecht; Nebenblattscheiden häutig, fast durchsichtig; Heimat: Mittelmeergebiet, bei uns nur eingeschleppt, vor allem im östlichen Österreich.

**Knöterichgewächse** *Polygonaceae*

## Milder Knöterich
*Polygonum mite* SCHRANK
Knöterichgewächse *Polygonaceae*

**Beschreibung:** 3–10 Blüten sitzen in sehr lockeren, blattachsel- bzw. endständigen Ähren. Sie sind meist heller oder dunkler rosa. Der Stengel kann aufrecht wachsen, aufsteigen oder niederliegen, einfach oder verzweigt sein. Die Blätter werden 3–8 cm lang und sind 4–6mal länger als breit, meist spitz und sitzend; von der Blattmitte aus verjüngen sie sich nach beiden Seiten gleichmäßig. Die Nebenblattscheiden sind locker mit einzelnen anliegenden Haaren bestanden (Achtung: Dies ist ein wichtiges Unterscheidungsmerkmal gegenüber dem ähnlichen Wasserpfeffer, bei dem die Nebenblattscheiden nie auf der Fläche, sondern höchstens am Rand behaart sind!). Am Rand dieser Scheiden sind einzelne, oft über 5 mm lange, borstige Haare. Juli–September. 15–50 cm.

**Vorkommen:** Besiedelt Ufer und feuchte Waldwege, sofern sie nährstoffreich und nicht zu kalt sind. Bevorzugt Lehm- und Tonböden, geht aber auch auf Schlammboden. Steigt wegen seiner Wärmebedürftigkeit nur in besonders warmen Alpentälern bis etwa 1000 m. Im Tiefland z. T. selten, sonst zerstreut. Fehlt in den rauheren Lagen sowohl im Tiefland als auch in den Mittelgebirgen, wo er 700 m kaum überschreitet. Seit Beginn des 20. Jahrhunderts im Rückgang.

**Wissenswertes:** ☉. Der deutsche und der wissenschaftliche Artname beziehen sich darauf, daß die Blätter der Pflanze beim Kauen nicht scharf schmecken, wie dies beim Wasserpfeffer der Fall ist (*mite*, lat. = mild). Der Milde Knöterich enthält also nicht das scharf schmeckende, schwach giftige ätherische Öl, das dem ähnlichen Wasserpfeffer seinen Namen verliehen hat.

## Kleiner Knöterich
*Polygonum minus* HUDS.
Knöterichgewächse *Polygonaceae*

**Beschreibung:** 4–12 Blüten sitzen in sehr lockeren, blattachsel- bzw. endständigen Ähren. Sie sind meist heller oder dunkler rosa. Der ziemlich dünne, eher schlaffe Stengel liegt meist dem Boden auf oder wächst etwas aufgebogen. Er ist oft unverzweigt oder nur spärlich ästig. Die Blätter werden 3–8 cm lang, aber nur 3–5 mm breit. Im Mittelteil des Blattes verlaufen die Blattränder fast parallel. Am Grunde sind die Blätter oft abgerundet oder laufen rasch zusammen. Sie sitzen dem Stengel an. Die Nebenblattscheiden sind auf der Fläche anliegend behaart; am Rande stehen einzelne lange Haare. (Obwohl die Behaarung der Nebenblattscheiden gleich wie beim Milden Knöterich ist, kommen Verwechslungen mit Exemplaren dieser Art wegen der ganz anders geschnittenen und viel schmäleren Blätter kaum vor!) Juli–Oktober. 15–30 cm.

**Vorkommen:** Bevorzugt Schlammböden, geht aber auch auf humose, sandige Lehm- und Tonböden. Gedeiht besonders gut, wenn der Boden, auf dem er wächst, wenigstens mäßig stickstoffsalzreich ist. Kommt andererseits auf sehr stickstoffsalzarmen Torfböden durch. Besiedelt Ufer und feuchte Waldwege. Zerstreut, in den Alpen bis etwa 1000 m.

**Wissenswertes:** ☉. Ob es innerhalb der Art eine meist aufrecht wachsende Sippe gibt, deren Angehörige dann in allen Teilen kräftiger ausgebildet wären, oder ob entsprechend gewachsene Exemplare einfach besonders günstige Bedingungen gefunden hatten, ist umstritten. Eine strenge Zuordnung entsprechender Funde zu bestimmten Standorten oder zu abgrenzbaren Gebieten im Areal konnte bisher nicht festgestellt werden.

# Knöterichgewächse *Polygonaceae*

Knöterich, Wasserpfeffer *Polygonum*

## Wasser-Knöterich
*Polygonum amphibium* L.
Knöterichgewächse *Polygonaceae*

**Beschreibung:** Zahlreiche Blüten sitzen in einer dichten, endständigen Ähre. Die Blüten sind kaum 5 mm lang und rosa. Sie können zwittrig oder 1geschlechtig sein. Sind sie entweder männlich oder weiblich, können sie auf ein und derselben Pflanze vorkommen oder aber auf verschiedenen Individuen stehen. Stengel schwimmend, bogig aufsteigend oder aufrecht. Stengel am Blattansatz mit ausgeprägten Nebenblattscheiden. Die Stiele der Blätter gehen oberhalb der Mitte dieser Scheiden ab. Blattstiele kaum 1 cm lang (an Schwimmblättern bis 10 cm lang); Blätter zuweilen fast sitzend, 5–15 cm lang, schmal-oval, spitz, am Grund stets abgerundet oder herzförmig. Juni–September. 30–80 cm (schwimmend bis 3 m).

**Vorkommen:** Besiedelt kalkarme, nasse Lehmböden oder schwach saure, eher nährstoffarme, stehende Gewässer. Kommt schwimmend im Seerosengürtel vor, steht aber auch am Ufer im Röhricht und geht sogar noch in nasse Wiesen, auf Äcker und auf Schuttplätze, sofern sie zumindest in der Tiefe genügend naß sind; gilt auf Äckern geradezu als Anzeiger für Tiefenfeuchtigkeit, ja Nässe. Zerstreut an seinen Standorten meist in lockeren, eher individuenarmen Beständen.

**Wissenswertes:** ♃. Die Früchte des Wasser-Knöterichs sind schwimmfähig und werden durch das Wasser verschwemmt. Neben dieser geschlechtlichen Vermehrung spielt – zumindest bei Wasserformen – auch die vegetative Vermehrung durch abgebrochene Stengelstücke eine wesentliche Rolle. – Fallen Teiche – etwa nach dem Ablassen zum Reinigen und Entfernen von Schlamm – längere Zeit trocken, so überdauert der Wasser-Knöterich ohne Schaden als „Landform".

## Floh-Knöterich
*Polygonum persicaria* L.
Knöterichgewächse *Polygonaceae*

**Beschreibung:** Zahlreiche Blüten sitzen in mäßig dichten, blattachsel- oder endständigen Ähren. Die Blüten sind kaum 3 mm lang, rot, rosa, grünlich oder weiß. Der Stengel liegt nieder, steigt auf oder wächst aufrecht. Oft ist er schon im untersten Abschnitt verzweigt. Die Blätter sitzen am Grunde der Nebenblattscheiden dem Stengel an. Die Nebenblattscheiden sind auf der Fläche kurz behaart; am oberen Rand tragen sie stets einige lange, borstenartige Haare. (Sicherstes Unterscheidungsmerkmal gegenüber dem ähnlichen Ampfer-Knöterich (*P. lapathifolium*). Man sieht die Haare bei genauer Betrachtung auch ohne Lupe. Sie sind meist 2–3 mm lang!) Die Blätter sind am Grund in den Stiel verschmälert; oberseits wie unterseits sind sie grün. Juli–Oktober. 10–70 cm.

**Vorkommen:** Braucht nährstoffreiche Sand-, Lehm- oder Tonböden, die zumindest in der Tiefe gut mit Feuchtigkeit versorgt sein müssen (wurzelt 30 cm tief!). Wächst in Unkrautbeständen in Gärten und auf Äckern, an Gräben und Ufern, geht auch auf Schuttplätze, auf frisch bloßgelegten Boden und selbst auf Eisenbahnschotter. Häufig. Steigt im Gebirge bis über 1000 m.

**Wissenswertes:** ☉, (☠). Innerhalb der Art sind mehrere Formen beschrieben worden, die jedoch nur schwer gegeneinander abzugrenzen sind; ihr systematischer Wert ist zweifelhaft. Örtlich findet man Exemplare, deren Blätter oberseits dunkelviolett oder dunkel rotbraun gefleckt sind. Die Fleckung scheint erblich bedingt zu sein. *P. persicaria* schmeckt scharf, weil er u. a. ätherisches Öl enthält. Früher benutzte man ihn zum Vertreiben von Flöhen. – Vergiftungen sind uns nicht bekanntgeworden.

**Knöterichgewächse** *Polygonaceae*

## Ampfer-Knöterich
*Polygonum lapathifolium* L.
Knöterichgewächse *Polygonaceae*

**Beschreibung:** Zahlreiche Blüten sitzen in dichten, blattachsel- und endständigen Ähren. Die Büten sind kaum 3 mm lang, rot, rosa, grünlich oder weiß. Der Stengel liegt nieder, steigt auf oder wächst aufrecht. Er ist meist 3–5 mm dick, kann aber fast doppelt so dick werden, wenn das Exemplar üppig entwickelt ist. Die Blätter sitzen am Grund der Nebenblattscheiden dem Stengel an. Die Nebenblattscheiden sind auf der Fläche kahl und tragen am Rand niemals lange Wimpern; man kann mit der Lupe allenfalls kurze, kaum 0,5 mm lange, feine Härchen erkennen (sicherstes Merkmal gegenüber dem ähnlichen Floh-Knöterich (*P. persicaria*, s. S. 275), bei dem am Rand der Nebenblattscheiden stets einige 2–3 mm lange, borstenartige Haare stehen). Blätter im untersten Drittel am breitesten und in den Stiel verschmälert. Juli–Oktober. 20–90 cm.

**Vorkommen:** Braucht nährstoffreiche Sand-, Lehm-, Ton- oder Schlammböden, die zumindest in der Tiefe feucht sein sollten (wurzelt über 50 cm tief). Gärten, Äcker, Ufer und Schuttplätze. Häufig. Bildet oft lockere, individuenarme Bestände. Steigt im Gebirge kaum bis 1000 m.

**Wissenswertes:** ☉. Der Ampfer-Knöterich ähnelt dem Floh-Knöterich; meist ist er am selben Standort in allen Teilen kräftiger. Die Art ist formenreich. Üblicherweise werden folgende Unterarten unterschieden: Ssp. *danubiale* (KERN.) DANS.: Stengel meist niederliegend, Blätter unterseits filzig behaart, oberseits braunfleckig. Ssp. *incanum* (F. W. SCHMIDT) SCHÜBL. & MART.: Blüten weiß, Stengel aufrecht, Blätter unterseits filzig behaart, ganze Pflanze leicht graugrün. Ssp. *lapathifolium* entspricht der obigen Artbeschreibung.

## Wasserpfeffer
*Polygonum hydropiper* L.
Knöterichgewächse *Polygonaceae*

**Beschreibung:** 10–30 Blüten sitzen in sehr lockeren, dünnen, end- und seitenständigen Ähren. Blüten kaum 3 mm lang, grünlich, rosa oder weiß, durch gelbe Drüsen auffällig punktiert (Lupe!). Stengel niederliegend (und dann an den untersten Knoten oft wurzelnd), aufsteigend oder aufrecht. Nebenblattscheiden etwas aufgeblasen, auf der Fläche kahl, am Rande mit einigen 1–2 mm langen Wimpern bestanden. Blätter lanzettlich bis schmal-eiförmig, in der Mitte oder unterhalb der Mitte am breitesten, kurz gestielt oder sitzend. Blätter schmecken beim Kauen scharf pfefferartig. (Nicht schlucken! Der Wasserpfeffer muß als schwach giftig angesehen werden! Der scharfe Geschmack ist ein wertvolles Bestimmungsmerkmal; an ihm kann man Exemplare eindeutig als Wasserpfeffer erkennen! Allerdings läßt sich die Probe nur in etwa halbstündigem Abstand sicher wiederholen!) Juli–September. 20–70 cm.

**Vorkommen:** Braucht nährstoffreichen, vor allem stickstoffreichen, etwas sauren, aber humosen Ton- oder Schlammboden. Wächst in Unkrautbeständen in Gräben, an Ufern (erträgt hier auch kurzzeitige Überflutung), geht aber auch auf Waldwege und in siedlungsnahes, schuttiges Ödland. Wo er bestandsbildend auftritt, zeigt er sowohl hohen Stickstoffgehalt als auch ausgeprägte Bodenfeuchte an, wobei man allerdings berücksichtigen muß, daß er seine Wurzeln bis etwa 1 m in die Tiefe treiben kann. Zerstreut, oft in kleineren, individuenreichen Beständen. Steigt im Gebirge bis über 1000 m.

**Wissenswertes:** ☉; (☠). Der scharfe Geschmack wird durch ätherisches Öl verursacht. Vergiftungen von Tieren sind bekanntgeworden.

# Knöterichgewächse *Polygonaceae*

Knöterich *Polygonum*
Windenknöterich *Fallopia*

## Schlangen-Knöterich
*Polygonum bistorta* L.
Knöterichgewächse *Polygonaceae*

**Beschreibung:** Blütenstand endständige, dichte und lang walzliche Ähre, die 1–2 cm dick werden kann. Blüten 4–5 mm lang, hell- oder dunkelrosa. Stengel aufrecht, unverzweigt. Grundblätter oval, gestielt, mit gestutztem oder schwach herzförmigem Blattgrund, bis 20 cm lang. Stengelblätter kürzer, untere und mittlere kurz-gestielt, obere sitzend und deutlich schmäler. Zumindest die Stengelblätter haben einen meist deutlich welligen Rand. Blattunterseite bläulich-grün. Kahl oder nur sehr schütter und kurz behaart. Scheiden der Nebenblätter lang und spitz, ohne Fransen oder auffällige Haare. Mai–August. 0,3–1,2 m.

**Vorkommen:** Liebt grundwasserfeuchten oder gut durchsickerten, kalkarmen, doch nährstoffreichen Boden in nicht zu schattiger Lage. Kommt vor allem in feuchten Wiesen, auf alpinen Matten, an Bach- und Grabenufern sowie an feuchten Stellen in lichten Laub- und Auwäldern vor. Oft in kleineren, dichten Nestern, aber auch in ausgedehnten, lockeren oder dichten und meist individuenreichen Beständen. Häufig. Geht in den Alpen bis etwa 2000 m.

**Wissenswertes:** ♃. Der Schlangen-Knöterich verdankt seinen deutschen wie seinen wissenschaftlichen Artnamen seinem Wurzelstock, der S-förmig oder doppelt S-förmig, also „schlangenartig" gewunden bzw. „verdreht" ist („bis" = lat. zweimal; „torta" = gedreht). Aus ihm sprießen unterirdische Ausläufer, die ziemlich weit kriechen können. Sie ermöglichen erst das Wachstum in geschlossenen „Inseln" oder „Nestern". Der Schlangen-Knöterich enthält in nicht unbeträchtlicher Menge Gerbstoffe. Merkwürdigerweise wird er von weidendem Vieh stehen gelassen, aber als (gemähtes) Grünfutter gefressen.

## Knöllchen-Knöterich
*Polygonum viviparum* L.
Knöterichgewächse *Polygonaceae*

**Beschreibung:** Blütenstand endständige, lockere Ähre, die nur 5 mm dick wird und die im unteren Teil fast stets Brutknospen enthält (Vereinzelt werden Exemplare gefunden, in deren Ähren entweder nur Blüten oder nur Brutknospen vorkommen). Zuweilen treiben die Brutknospen schon auf der „Mutterpflanze" aus. Blüten weiß bis rosa, 2–3 mm lang. Stengel aufrecht, unverzweigt. Grundblätter schmal-oval bis länglich, 2–10 cm lang. Blattrand meist nach unten umgebogen. Stengelblätter kleiner, untere gestielt, obere sitzend. Blattgrund bei gestielten Blättern abgerundet. Blätter oberseits dunkelgrün, unterseits bläulich-grün. Scheiden der Nebenblätter lang und oben abgestutzt. Wurzelstock ähnlich wie beim Schlangen-Knöterich S-förmig gewunden. Juni–August. 5–20 cm.

**Vorkommen:** Liebt eher trockenen als feuchten, meist versauerten, nährstoffarmen, doch humusreichen Boden in alpinem Klima. Besiedelt in erster Linie magere alpine Rasen und Weiden, geht gelegentlich in Flachmoore und in alpine Gehölze. In den Alpen zerstreut, örtlich häufig und vor allem zwischen etwa 1800 und 2500 m. Im Alpenvorland selten.

**Wissenswertes:** ♃. Die Blüten des Knöllchen-Knöterichs können zwittrig oder 1geschlechtig sein, und zwar können auf ein und derselben Pflanze beide Geschlechter oder nur eines oder nur zwittrige Blüten vorkommen. Die Vermehrung durch Samen spielt gegenüber der Vermehrung durch Brutknospen offensichtlich eine untergeordnete Rolle. Die Brutknospen werden vom Winde verweht. – Neuerdings werden Formen als Steingartenpflanzen in Gärten gepflanzt; die Pflanze gedeiht auch im Tiefland gut.

**Knöterichgewächse** *Polygonaceae*

## Hecken-Windenknöterich
*Fallopia dumetorum* (L.) Holub
Knöterichgewächse *Polygonaceae*

**Beschreibung:** Blüten einzeln oder zu 2–5 in den Achseln der Blätter oder in kleinen, lockeren Ähren am Ende der Stengel. Blüten grünlich; äußere Blütenblätter auf dem Rücken breit geflügelt (vor allem an verblühten und fruchtenden Exemplaren deutlich zu sehen). Frucht braun, glänzend. Stengel relativ dünn, rund oder stumpfkantig, rechts- oder linkswindend, kletternd, fein gestreift. Blätter spieß- oder pfeilförmig, 3–10 cm lang, an der Basis bis 5 cm breit. Juli–August. 1–3 m.
**Vorkommen:** Bevorzugt lichte Gehölze, Waldränder, Hecken und vor allem Ufergebüsche auf nährstoffreichen, nicht zu schweren, lehmigen Böden, die weder zu trocken noch zu feucht sein sollten. Im Tiefland zerstreut, in den Mittelgebirgen, im Alpenvorland und in den Alpen selten. Überschreitet auch in warmen Alpentälern kaum 1000 m.
**Wissenswertes:** ☉. Der Hecken-Windenknöterich ist vom Acker-Windenknöterich nicht auf den ersten Blick zu unterscheiden. Sicheres Merkmal sind die Flügel der gealterten Blütenblätter. Der Acker-Windenknöterich hat nie solche Flügel. Außerdem sind seine Blütenstiele oberhalb der Mitte gegliedert (s. Abb.). Schließlich wird der Acker-Windenknöterich selten länger als 1,5 m, eine Stengellänge, die beim Hecken-Windenknöterich öfter überschritten wird. Da der Hecken-Windenknöterich nie als Ackerunkraut auftritt, können die Arten – wenn auch nicht zweifelsfrei – schon aufgrund des unterschiedlichen Standorts erkannt werden. – Entfernt ähnlich: Silberregen (*F. aubertii* (L. Henry) Holub): Beliebte, schling-kletternde Zierpflanze aus China; selten ortsnah verwildert.

## Acker-Windenknöterich
*Fallopia convolvulus* (L.) A. Löve
Knöterichgewächse *Polygonaceae*

**Beschreibung:** Blüten einzeln oder zu 2–5 in den Achseln der Blätter oder in kleinen, lockeren Ähren am Ende der Stengel. Stengel verhältnismäßig dünn, kantig und meist deutlich gefurcht, rechts- oder linkswindend, kletternd. Blätter spieß- oder pfeilförmig, 3–8 cm lang, am Grunde bis etwa 4 cm breit. Blütenblätter verblühter Blüten nie geflügelt, allenfalls mit einer kaum $\frac{1}{3}$ mm hohen Leiste (s. Detailzeichnung). Frucht braun, matt. Juli–Oktober. 0,2–1 m.
**Vorkommen:** Unkraut auf Getreideäckern, seltener auf Hackfruchtäckern oder in Gärten. Bevorzugt nährstoff- und stickstoffreiche Böden, die sandig-lehmig oder lehmig und eher locker als verfestigt sein sollten. Wurzelt ziemlich tief. Scheut Schatten und bevorzugt Halbschatten oder volle Besonnung; geht daher fast nie in Buschwerk in der Ackerflur (vgl. bei diesem Fundort Hecken-Windenknöterich, siehe links). Zerstreut, aber kaum irgendwo in „Nestern" oder in abgrenzbaren Beständen. Steigt in den Alpentälern bis etwa zur Grenze des Ackerbaues.
**Wissenswertes:** ☉. Durch die Unkrautbekämpfung mit Herbiziden ist der Acker-Windenknöterich in den Getreidefeldern, in denen er zuvor die meisten seiner Standorte gefunden hatte, seltener geworden. Auf Hackfruchtäckern war er noch nie häufig; dennoch findet man ihn heutzutage hauptsächlich hier, desgleichen in den Grassäumen, die da und dort Ackerland umgeben. – Daß manche Exemplare rechts-, andere linkswinden, ist im Pflanzenreich eher selten. Meist liegt nämlich die Winderichtung erblich fest. Selbst an ein und demselben Exemplar wurde ein Wechsel der Winderichtung beobachtet.

# Knöterichgewächse *Polygonaceae*

Staudenknöterich *Reynoutria*
Buchweizen *Fagopyrum*

## Sachalin-Staudenknöterich

*Reynoutria sachalinensis* (Schmidt Petrop.) Nakai
Knöterichgewächse *Polygonaceae*

**Beschreibung:** Zahlreiche grün-gelbliche Blüten stehen in einem lockeren, rispig-traubigen Bütenstand. Verblüht bzw. mit Früchten werden sie etwa 5 mm lang. Die 3 äußeren Blütenblätter sind auf dem Rücken geflügelt. Stengel aufrecht, gestreift, ausladend verzweigt. Blätter gestielt, auffallend groß, d. h. bis 30 cm lang und bis 15 cm breit. Die untersten Blätter sind am Grunde herzförmig oder abgestutzt, die oberen sind abgestutzt. Die Blätter sind am Stengel nicht auffällig 2zeilig angeordnet. Die ganze Pflanze täuscht von weitem oftmals einen breit ausladenden Strauch vor. Juli–September. 2–4 m.

**Vorkommen:** Im Ufergebüsch und im Röhricht von Flüssen auf nährstoffreichen, schlammigen und meist kalkarmen Böden. Selten beständig verwildert; eingebürgert vor allem im mittleren Tiefland, so an der Unterelbe, aber auch in Berlin und in seinem unmittelbaren Umland, ebenso im Einzugsgebiet des Rheins von der Neckarmündung bis ins Rheindelta; an seinen Standorten gelegentlich in kleinen, individuenarmen, aber dennoch auffallenden Beständen. Da der Sachalin-Staudenknöterich immer noch zur Begrünung von Pergolen und Zäunen gepflanzt wird, ist auch mit neuen Auswilderungen zu rechnen.

**Wissenswertes:** ♃. Der Sachalin-Staudenknöterich stammt – wie der Name andeutet – aus Südsachalin. Er wurde um 1870 als Zierpflanze nach Europa eingeführt. Auch soll er früher als Viehfutter genutzt worden sein. Zunächst war er unbeständig verwildert, scheint sich aber seit etwa 1960 langsam, doch beständig auszubreiten. Örtlich besiedelt er zusammen mit dem Japan-Staudenknöterich Röhrichte an Flüssen.

## Japan-Staudenknöterich

*Reynoutria japonica* Houtt.
Knöterichgewächse *Polygonaceae*

**Beschreibung:** Zahlreiche Blüten stehen in einem lockeren, ährenartigen Blütenstand. Die Blütenstände stehen einzeln oder zu mehreren in den Blattachseln oder am Stengelende. Die Blüten sind grünlich-weiß, verblüht bzw. im Fruchtzustand etwa 4 mm lang. Die 3 äußeren Blütenblätter sind (an verblühten Blüten) auf dem Rücken breit geflügelt (Flügel etwa 1–2 mm breit). Stengel aufrecht, buschig verzweigt, manchmal auffallend dunkelrot. Blätter gestielt, 7–15 cm lang und etwa 10 cm breit. Auch die unteren Blätter sind am Grund abgerundet oder abgestutzt, keinesfalls jedoch herzförmig eingebuchtet (falls dies so ist: siehe links: Sachalin-Staudenknöterich). Blattstellung mehr oder weniger deutlich 2zeilig. Juli–September. 1–3 m.

**Vorkommen:** Braucht nährstoffreichen, doch eher kalkarmen, sandig-lehmigen Boden, geht aber auch auf sandhaltige Schotter- oder Kiesböden. Braucht feuchten Untergrund, erträgt Überflutung. Besiedelt das Röhricht von Flüssen, geht aber auch ins Erlengebüsch und in die Strauchsäume von Voralpen- und Mittelgebirgsflüssen, seltener in etwas schuttige, grundwasserfeuchte Saumgesellschaften an Waldrändern. Zerstreut, aber an seinen Standorten meist in kleineren, zuweilen individuenreichen und auffallenden Beständen.

**Wissenswertes:** ♃. Der Japan-Staudenknöterich stammt aus Ostasien. Er wurde um 1825 als Zierpflanze nach Europa gebracht. Er ist seit der ersten Hälfte des 20. Jahrhunderts an mehreren Stellen beständig verwildert und breitet sich seit etwa 1950 ständig weiter aus. Örtlich hat er Schilf und Rohrglanzgras als blickprägende Pflanzen aus dem Röhrichtsaum völlig verdrängt.

**Knöterichgewächse** *Polygonaceae*

## Echter Buchweizen
*Fagopyrum esculentum* MOENCH
Knöterichgewächse *Polygonaceae*

**Beschreibung:** 5–15 Blüten stehen in einer endständigen Trugdolde und in traubigen, kurzen Blütenständen in den Achseln der Blätter. Die Blüten werden um 3 mm lang und sind meist weißlich oder rötlich, Stengel aufrecht und wenig verzweigt, zur Fruchtzeit oft rot. Blätter meist deutlich länger als breit, herz- bis pfeilförmig, bis 8 cm lang, die untersten deutlich gestielt, die oberen fast sitzend. Juli–Oktober. 20–60 cm.

**Vorkommen:** Meist angebaut und im Anbaugebiet in Unkrautgesellschaften an Wegen verwildert. Braucht nur mäßig nährstoffreiche, kalkarme Sandböden in Gegenden mit sommerwarmem Klima. Sehr selten; seit etwa 1980 durch das Aufkommen „alternativer Ernährung" örtlich wieder gepflanzt und seitdem in diesen Gebieten mit der Tendenz zur Ausbreitung.

**Wissenswertes:** ☉. Der merkwürdige Name „Buchweizen" soll gebildet worden sein, weil die Früchte dieser Pflanze mit ihrer 3eckigen Form an Bucheckern erinnern; da sie wie Weizenkörner schmecken und wie diese zu Mehl vermahlen werden können, soll man sie „Weizen" genannt haben. Der Name ist in gewisser Weise irreführend; denn anders als Weizen ist *Fagopyrum* kein Gras, damit auch kein Getreide. Der Buchweizen stammt aus Zentralasien. Dort wurde er erstmals in Kultur genommen. Durch die Kriegszüge der Mongolen gelangte er Ende des Mittelalters erst nach Osteuropa, von dort nach Mitteleuropa. Hier wurde er in den armen Heidegebieten im Tiefland angebaut. Frisch gemahlenes Mehl enthält rund 72% Kohlenhydrate und etwa 10% Eiweiße. Buchweizen gilt – bestandsweise angebaut – auch als gute „Bienenweide"; neuerdings gelegentlich auf Waldwiesen als Wildfutter ausgebracht.

## Falscher Buchweizen
*Fagopyrum tataricum* (L.) GAERTN.
Knöterichgewächse *Polygonaceae*

**Beschreibung:** 5–15 Blüten stehen in mittellangen, trauben- bis ährenartigen Blütenständen. Den Blattachseln entspringt meist nur ein Blütenstand. Die Teilblütenstände sind auch am Stengelende nicht scheindoldig gehäuft. Blüten um 3 mm lang, meist grünlich. Stengel aufrecht, wenig verzweigt, auch zur Fruchtzeit noch grün. Blätter meist deutlich breiter als lang, herz- bis pfeilförmig, bis 10 cm lang, die untersten deutlich gestielt, die obersten fast sitzend. Juli–Oktober. 30–80 cm.

**Vorkommen:** Tritt bei uns meist nur als Unkraut in Buchweizenfeldern auf, aus denen er nur selten verwildert. Braucht nährstoffreiche, kalkarme Sandböden. Ist weniger frostempfindlich als Echter Buchweizen und hält sich deswegen verwildert meist länger als dieser. Trotzdem hat er nördlich der Alpen nirgends Fuß gefaßt. Sehr selten.

**Wissenswertes:** ☉. Der Falsche oder Tatarische Buchweizen ist zwar widerstandsfähiger als Echter Buchweizen, liefert aber geringere Erträge und erlangte daher keine Bedeutung als Kulturpflanze. Geschmackliche Vorteile bietet er ebenfalls nicht. Nach Mitteleuropa gelangte die in Zentralasien beheimatete Art mit dem Buchweizenanbau. Offensichtlich war das Saatgut mit Samen des Falschen Buchweizens vermischt. Da seine Standortansprüche gleich und seine Früchte kaum kleiner sind, konnte er aus den Äckern nicht entfernt werden. Wo er in Beständen des Echten Buchweizens als Unkraut auftritt, läßt er sich zur Fruchtzeit leicht schon von weitem an den grünen Stengeln erkennen, weil die Stengel des Echten Buchweizens zur Fruchtzeit rot oder braunrot überlaufen sind. Beide Buchweizen-Arten gelten als ungiftig, doch soll Vieh, das das frische Kraut gefressen hat, dadurch photosensibilisiert werden.

# Bleiwurzgewächse *Plumbaginaceae* ▶

Strandflieder *Limonium*
Grasnelke *Ameria*

## Gewöhnlicher Strandflieder
*Limonium vulgare* MILL.
Bleiwurzgewächse *Plumbaginaceae*

**Beschreibung:** Blütenstand 1seitig rispigsträußig, aus vielen knäueligen Teilblütenständen zusammengesetzt, mit zahlreichen, ziemlich unscheinbaren Einzelblüten. Blüten sitzend, 3–8 mm lang, blauviolett. Blütenblätter 5, spatelig, an der Basis verwachsen. Kelchblätter 5, miteinander verwachsen, trichterig, mit häutigem, weißlich-bläulichem Saum. Stiele der Teilblütenstände mit farblosen oder hellbräunlichen, am Rande trockenhäutigen, kleinen Hochblättern. Meist nur 1 Stengel pro Grundblattrosette. Blätter grundständig, immergrün, ledrig, am Rand etwas knorpelig, trübgrün, 5–20 cm lang, 1,5–4 cm breit, spatelig, allmählich in den am Grunde scheidig erweiterten Stiel verschmälert. Juli–September. 20–50 cm.

**Vorkommen:** Braucht sandig-tonigen, kochsalzhaltigen oder schlickigen Boden, der bei Flut überspült werden sollte, geht aber auch auf steinig-kiesigen, eher flachen Untergrund. Besiedelt das Schlickwatt und überspülte Strandrasen; an der Nordseeküste zerstreut, oft in auffallenden, individuenreichen, lockeren Beständen; an der Ostseeküste seltener.

**Wissenswertes:** ♃. Innerhalb der Art werden üblicherweise 2 Unterarten unterschieden, von denen indessen nur die Unterart ssp. *vulgare* in Mitteleuropa vorkommt. Die im Mittelmeergebiet beheimatete ssp. *serotinum* (REICHENB.) GAMS besitzt einen länger verzweigten, ausladenderen Blütenstand, dessen Äste häufig gebogen sind. – Ähnlich ist der Niedrige Strandflieder (*L. humile* MILL.). Bei ihm sind die Rispenäste 3–5 cm lang, die Blätter höchstens 2 cm breit; Dänemark; sehr selten. Im Mittelmeergebiet kommen weitere, ähnliche Arten vor.

## Wegerich-Grasnelke
*Ameria alliacea* (CAV.) HFFGG. & LK.
Bleiwurzgewächse *Plumbaginaceae*

**Beschreibung:** Blüten stehen in einem kopfigen, aus 3blütigen Teilblütenständen zusammengesetzten, endständigen Blütenstand. An seiner Basis befinden sich trockenhäutige Hüllblätter, die den Stengel unterhalb des Blütenköpfchens auf eine kurze Strecke (etwa 2–4 cm) umhüllen. Blütenköpfchen 1,5–3 cm im Durchmesser. Blüten um 4 mm im Durchmesser (ausgebreitet gemessen), rosa. Blütenblätter 5, an ihrer Basis verwachsen, vorn ausgerandet. Kelchröhre 10nervig, auf den Nerven behaart (Lupe!). Nur 1 Stengel pro Grundblattrosette, aufrecht, um 2 mm dick, kahl. Grundblätter zahlreich, 5–12 cm lang und 3–8 mm breit, bleichgrün, im obersten Drittel am breitesten, kahl, mit 3–7 flachbogig von der Basis zur Spitze verlaufenden Nerven und dadurch den Blättern des Spitz-Wegerichs ähnelnd (Name!). Juni–Juli. 10–50 cm.

**Vorkommen:** Braucht kalkarmen, aber basenreichen, trockenen, sandigen Boden. Besiedelt Wegränder und sandig-lückige Trockenrasen. Wallis, Alpensüdseite (z. B. Aostatal) ostwärts bis ins Tessin; sehr selten und über weite Strecken fehlend.

**Wissenswertes:** ♃. Die Wegerich-Grasnelke war noch in der 1. Hälfte des 20. Jahrhunderts in den Mainzer Sanden anzutreffen. Dort wuchs sie zusammen mit Trockenpflanzen, deren Hauptverbreitungsgebiet in den Trockengebieten Südosteuropas liegt. Anders als diese Arten erträgt, ja braucht sie eine gewisse Luftfeuchtigkeit. Schließlich liegt ihr Hauptverbreitungsgebiet in Mittel- und Südfrankreich und auf der Iberischen Halbinsel. Dort ist sie örtlich häufig und wächst in größeren, individuenreichen Beständen.

**Bleiwurzgewächse** *Plumbaginaceae*

## Gewöhnliche Grasnelke
*Ameria maritima* (MILL.) WILLD.
Bleiwurzgewächse *Plumbaginaceae*

**Beschreibung:** Blüten in kopfig zusammengezogener Doldenrispe am Ende eines blattlosen Stengels, der unterhalb des Blütenstandes von herabgeschlagenen, trocken-häutigen Hochblättern scheidig umhüllt ist. Länge der Hochblatthülle etwa 0,6–2 cm. Blütenköpfchen 1,5–2 cm im Durchmesser. Blüten um 5 mm im Durchmesser (ausgebreitet gemessen), um 1 cm lang, rosa. Blütenblätter 5, an ihrer Basis verwachsen, vorn abgerundet, seicht ausgerandet oder leicht zugespitzt. Kelchröhre 10nervig, auf den Nerven oder auch zwischen ihnen behaart (Lupe!). 1–2 Stengel pro Grundblattrosette, aufrecht oder am Grund aufgebogen, rund, glatt, blaugrün, kahl. Grundblätter zahlreich, 5–12 cm lang und 1,5–3 mm breit, rinnig, dicklich, meist 1nervig, bleichgrün. Mai–September. 15–40 cm.

**Vorkommen:** Braucht kalkarmen, basenreichen, trockenen, sandigen oder salzig-schlickigen Boden. Besiedelt Wattwiesen an Nord- und Ostseeküste. Zerstreut.

**Wissenswertes:** ♃. *A. maritima* (MILL.) WILLD. wird mit folgenden Kleinarten zur Sammelart *A. maritima* agg. vereint: Alpen-Grasnelke (*A. alpina* WILLD.: Köpfchen 2–3 cm breit; Blüten purpurrot; Hülle braun, 0,8–1,3 cm lang; Kalkalpen, selten); Sand-Grasnelke (*A. elongata* (HOFFM.) KOCH: Köpfchen 1,8–2,5 cm breit; Blüten rosa; Hülle bleich, 2–2,5 cm lang; trockene Sandrasen, Kiefernwälder; Nord- und Mitteldeutschland, selten); Galmei-Grasnelke (*A. halleri* WALLR.: Köpfchen 1–1,5 cm breit; Blüten rot; Hülle bleich, 5–8 mm lang; vereinzelt auf schwermetallhaltigen Böden; von Aachen bis Halle); Purpur-Grasnelke (*A. purpurea* KOCH: Köpfchen bis 2 cm breit; Blüten purpurn; Hülle braun, bis 2 cm lang; nasse Kiesböden, nur am Bodensee, wohl ausgestorben).

## Garten-Grasnelke
*Ameria juniperifolia* (VAHL) HOFFMANNS. & LINK
Bleiwurzgewächse *Plumbaginaceae*

**Beschreibung:** Blüten stehen in kopfigen, endständigen Blütenständen, die 1–1,5 cm im Durchmesser erreichen. An ihrer Basis befinden sich trockenhäutige Hüllblätter, die den Stengel unterhalb des Blütenköpfchens auf eine kurze Strecke umhüllen und von denen die äußeren kürzer als die inneren sind; die äußeren sind zugespitzt bis stachelspitzig und haben schmale, trockenhäutige Ränder; die inneren sind meist stachelspitzig und besitzen etwas breitere häutige Ränder als die äußeren. Blüten 4–8 mm im Durchmesser (ausgebreitet gemessen), rosa oder hell purpurrot. Blütenblätter 5, an ihrer Basis verwachsen, vorn etwas ausgerandet. Kelchröhre um 6 mm lang, auf den Nerven behaart (Lupe!), die einzelnen Zipfel in eine Granne auslaufend, die um 1 mm lang wird. Stengel am Grund verholzt, Pflanze daher eigentlich ein Zwergstrauch mit zahlreichen, kaum 1 cm langen Ästen. Blätter 1–2 cm lang, kaum 1 mm breit, lineal, in eine weiße, stachelartige Spitze auslaufend, am Rand bewimpert und auf der Mittelrippe behaart, oberseits flach, aber nach unten kielig verbreitert und daher im Querschnitt mehr oder minder deutlich 3eckig. Mai–Juli. 5–10 cm.

**Vorkommen:** Braucht trockenen, felsigen Untergrund. Besiedelt lückige Trockenrasen, felsige Hänge und Felsspalten. Heimat: Spanien. Bei uns vereinzelt als Steingartenpflanze angebaut und nur vereinzelt und unbeständig an ortsnahen Mauern verwildert.

**Wissenswertes:** ♃ -♄. Als Steingartenpflanzen bedeutender sind die Zuchtrassen der Gewöhnlichen Grasnelke, von denen es mehrere Farbspielarten gibt und die geringere Ansprüche an Klima und Boden stellen. Außerdem haben sie meist intensiver gefärbte Blätter.

## Haselgewächse *Corylaceae* ▶

Haselnuß *Corylus*
Hainbuche *Carpinus*
Hopfenbuche *Ostrya*

## Birkengewächse *Betulaceae* ▶

Birke *Betula*

## Haselnuß
*Corylus avellana* L.
Haselgewächse *Corylaceae*

**Beschreibung:** Mittelhoher, knorriger Strauch, selten kleiner Baum. Männliche und weibliche Blütenstände auf derselben Pflanze. Männliche Blütenstände hängende Kätzchen, 4–8 cm lang. Weibliche Blütenstände gleichen einer Knospe, aus deren Spitze ein Büschel roter Narben herausragt. Fruchtbecher nur am Rande grob zerschlitzt, nicht vor der Frucht tütig verengt. Frucht eine erst gelbliche, zur Reifezeit braune, fast kugelige, hartschalige Nuß. Rinde der Zweige graubraun mit graubraunen Korkwarzen. Blätter wechselständig, rundlich und oft mit schwach herzförmigem Grund, meist unsymmetrisch zugespitzt, stark doppelt gesägt, 6–12 cm lang und 5–10 cm breit, beiderseits behaart. Februar–April. 2–5 m, als Baum bis 6 m.

**Vorkommen:** Braucht nährstoffreiche, lehmige Böden und viel Licht. Besiedelt Waldränder und Schläge, bildet aber auch Hecken in ungenutztem Gelände; geht sowohl in das Ufergebüsch wie in das alpine Gebüsch auf Schutthalden. Häufig. Steigt in den Alpen bis etwa 1800 m.

**Wissenswertes:** ♄. Der Fruchtansatz bei der Haselnuß ist von Jahr zu Jahr unterschiedlich, in Mitteleuropa meist schwach. Die Ausbreitung wird nicht zuletzt durch Eichhörnchen gefördert, die Nüsse verstecken und viele davon nicht mehr finden. – Von mehreren „Ziersorten" ist die Korkenzieher-Hasel wohl am bekanntesten. Haselnüsse wurden schon in vorgeschichtlicher Zeit gesammelt und vermutlich auch angebaut. Noch heute kommt ihr außerhalb Mitteleuropas Bedeutung als Nutzpflanze zu. Nüsse liefern dort ebenfalls die Lambertsnuß (*C. maxima* MILL.) und die Baum-Hasel (*C. colurna* L.). *C. maxima* hat einen Fruchtbecher, der oben eingeschnürt ist; bei der Baum-Hasel ist er tief zerschlitzt.

## Hainbuche, Weißbuche
*Carpinus betulus* L.
Haselgewächse *Corylaceae*

**Beschreibung:** Hoher Baum, seltener mittelhoher Strauch. Männliche Kätzchen 4–6 cm lang und um 4 mm dick. Weibliche Kätzchen stehen an den Zweigenden; sie sind um 2 cm lang und um 4 mm dick. Frucht eine 5–8 mm lange Nuß, die an der Basis eines 3lappigen „Flugblattes" (Vorblatt) sitzt. Stamm mit glatter, grauer Rinde, oft mit gedrehten Rindenwülsten. Blätter stehen in 2 Reihen wechselständig an den Zweigen. Sie sind 5–8 cm lang und 2,5–4 cm breit, etwas asymmetrisch, scharf doppelt gesägt, fast kahl, faltig und in der Farbe jung eher hell- oder grasgrün, alt oben dunkelgrün. April-Mai. 5–25 m.

**Vorkommen:** Gedeiht am besten auf etwas feuchten Lehmböden und bildet dort oft ausgedehnte Bestände. Steigt im Gebirge bis etwa 1000 m. Sehr häufig.

**Wissenswertes:** ♄. Hainbuchen werden 120–150 Jahre alt. Das Holz gut gewachsener Exemplare wird zu Werkzeugstielen verarbeitet. Obwohl es schlecht spaltbar ist, war es als Brennholz geschätzt. Hainbuchen haben sich einen Platz in Grünanlagen und Gärten erobert, vor allem, weil sie auch strauchartig wachsen und Schnitt gut ertragen, ja unter ihm besonders dicht werden. Sie können infolgedessen als robuste, allerdings nur sommergrüne Hecke gepflanzt werden. In Grünanlagen fallen sie vor allem im Winter auf; denn die Früchte hängen auch in dieser Jahreszeit meist noch in langen Fruchtständen (bis über 10 cm lang) an den Ästen. Das Flugorgan der Frucht besteht aus den beiden verwachsenen Vorblättern und dem Tragblatt der Blüte. Ausgesprochene Zierformen sind bei dieser Art seltener. Gelegentlich sieht man Exemplare mit weißfleckigen Blättern, andere mit länglichen, rundlicheren oder kleineren Blättern oder Säulenformen.

◀

**Haselgewächse** *Corylaceae*
**Birkengewächse** *Betulaceae*

## Hopfenbuche
*Ostrya carpinifolia* SCOP.
Haselgewächse *Corylaceae*

**Beschreibung:** Mittelhoher Baum oder Strauch. Männliche und weibliche Blütenstände auf derselben Pflanze. Männliche Kätzchen 8–12 cm lang und um 6 mm dick. Weibliche Kätzchen zuletzt hopfenartig, 3–6 mm lang und 1,5–3 cm dick. Kätzchen erscheinen mit den Blättern. Junge Bäume mit hellgrauer Rinde, alte mit rissiger dunkelgrauer Borke. Blätter stehen in 2 Reihen wechselständig an den Zweigen. Sie sind scharf doppelt gesägt, jung an den Nerven behaart, oberseits dunkelgrün, unterseits hellgrün. Die Früchte der Hopfenbuche haben kein 3zipfeliges Flugorgan. April–Juni. 5–15 m.

**Vorkommen:** Braucht lockeren und oft steinigen Boden in ausgesprochen warmem Klima mit hoher Luftfeuchtigkeit. Heimat: Östliches Mittelmeergebiet. Dringt in die nach Südosten und Süden offenen Alpentäler ein und bildet dort bis in Höhen um 1200 m oft größere Bestände. Außerhalb dieses Gebiets nur vereinzelt angepflanzt, bei Innsbruck indessen möglicherweise auch natürlich, d. h. möglicherweise in geschichtlicher Zeit durch Föhn aus Gebieten eingeweht, die südlich des Brenners liegen.

**Wissenswertes:** ♄. Die Hopfenbuche wird selten wesentlich älter als ungefähr 100 Jahre. Ihr Hauptareal liegt im östlichen Mittelmeergebiet und erstreckt sich bis nach Kleinasien. Ihren nordwestlichsten Vorposten hat sie in den Seealpen, wo sie im Roya- und Bévératal noch reine Bestände von mehreren 100 ha Größe bildet. – Die Nutzbarkeit als Forstbaum gleicht der der Hainbuche; das Holz steht derzeit nicht allzu hoch im Kurs. Früher war das anders. Zumindest örtlich sind die Bestände oft zu rücksichtslos abgeholzt worden.

## Hänge-Birke
*Betula pendula* ROTH
Birkengewächse *Betulaceae*

**Beschreibung:** Meist hoher Baum, sehr selten Strauch. Männliche und weibliche Blütenstände auf derselben Pflanze. Männliche Kätzchen 3–8 cm lang und 6 8 mm dick. Weibliche Kätzchen 2–4 cm lang und um 1 cm dick. Rinde junger Bäume weiß, sich in weißen Striemen ablösend. Vor allem an der Stammbasis nach dem ersten Lebensjahrzehnt meist kräftige, schwarze, rissige Borke, die bei alten Bäumen bis fast zum Kronenansatz reicht. Viele Exemplare zeigen ausgesprochen hängende, dünne Zweige; aufgrund dieses Merkmals hat die Art ihren Namen bekommen. Blätter kahl, aus keilförmigem Grunde 3eckig. Vom Mittelnerv zweigen beiderseits 5–7 Seitennerven ab. Blätter mit meist langer Spitze, insgesamt 4–7 cm lang und 2–4 cm breit, oberseits grasgrün, unterseits heller. Blattrand scharf doppelt gesägt. April–Mai. 10–30 m.

**Vorkommen:** Liebt lockeren, sandigen Boden, geht aber auch in Bruchwälder, Auwälder, auf Moore, auf Gesteinsschutt und in Heiden. Gedeiht bei hoher Luftfeuchtigkeit besser als in extrem lufttrockenem Klima. Steigt in den Alpen bis über 1800 m. Häufig.

**Wissenswertes:** ♄. Die Hänge-Birke bildet mit der Moor-Birke (*B. pubescens* EHRH.) leicht Bastarde. Wo beide Arten vorkommen, überwiegen oft hybride Formen. Da *B. pendula* diploid, *B. pubescens* aber tetraploid ist, sind „normale" Bastarde triploid und damit steril. Man glaubt indessen, beweisen zu können, daß auch in die diploide *B. pendula* bzw. in die tetraploide *B. pubescens* einzelne Gene der jeweils anderen Art „eingedrungen" seien („introgressive Hybridisation"). Solche Bastard-Sippen gelten als besonders vital.

# Birkengewächse *Betulaceae* ▶

Birke *Betula*
Erle *Alnus*

## Moor-Birke
*Betula pubescens* EHRH.
Birkengewächse *Betulaceae*

**Beschreibung:** Hoher Baum oder hoher Strauch. Männliche und weibliche Blütenstände auf derselben Pflanze. Männliche Kätzchen 3-7 cm lang und 6-8 mm dick. Weibliche Kätzchen 2-4 cm lang und 0,5-1 cm dick. Rinde bleibt mehrere Jahrzehnte weiß oder gelblich; frühestens nach dem 2. Lebensjahrzehnt bildet sich am Fuß einiger Exemplare eine schwarze, rauhe Borke, die erst an sehr alten Stämmen häufig auftritt. Zweige nie hängend, sondern straff und besenartig nach oben gerichtet. Blätter mindestens jung unterseits behaart, erst im Spätsommer auch hier kahl. Blätter aus keilförmigem Grund 3eckig. Vom Mittelnerv zweigen beiderseits 5-7 Seitennerven ab. Blätter mit kurzer Spitze, insgesamt 3-5 cm lang und 1,5-3,5 cm breit, oberseits dunkelgrün, unterseits heller. Blattrand doppelt gesägt. April–Mai. 5–25 m.

**Vorkommen:** Braucht nassen, nicht besonders nährstoffreichen Boden, der eher sauer als neutral oder basisch reagieren sollte. Besiedelt vor allem Moore und Heiden, geht aber in den Alpen auch in den Latschengürtel, ja ist hier sogar häufiger und offensichtlich konkurrenzfähiger als die Hänge-Birke. Zerstreut. Kommt an ihren Standorten oft in kleineren oder größeren, meist lockeren Beständen vor. Steigt in den Alpen bis über 2000 m.

**Wissenswertes:** ♄. Innerhalb der Art hat man Sippen auf verschiedenen Rangstufen voneinander unterschieden, die indessen nur schwer gegeneinander abzugrenzen sind, zumal einige der namentlich hervorgehobenen (z.B. *B. carpatica* W. et K. oder *B. murithii* GAUDIN) hybridogen sein können. Von der Moor-Birke gibt es einige Gartenformen.

## Strauch-Birke
*Betula humilis* SCHRANK
Birkengewächse *Betulaceae*

**Beschreibung:** Niedriger, ziemlich stark und sparrig verzweigter Strauch. Männliche und weibliche Blütenstände auf derselben Pflanze. Männliche Kätzchen 1-1,5 cm lang und um 6 mm dick. Weibliche Kätzchen 1-1,5 cm lang und um 7 mm dick. Rinde braun. Sehr junge Zweige mäßig dicht und keinesfalls flaumig behaart, mit Harzdrüsen (Lupe). Blätter eiförmig, immer länger als breit, am Grunde oft herzförmig. Vom Mittelnerv zweigen beiderseits 4-5 Seitennerven ab. Blätter eiförmig oder rundlich-eiförmig, meist kurz zugespitzt, insgesamt 1-4 cm lang und 0,8-3 cm breit. Blattrand gekerbt-gezähnt; Zähne spitz zulaufend. April–Mai. 0,5-2 m.

**Vorkommen:** Braucht nassen, sauren und eher nährstoffarmen als nährstoffreichen Boden. Besiedelt Hoch- und Zwischenmoore. Fehlt im Tiefland westlich der Elbe; östlich von ihr zunächst sehr selten, wird nach Osten hin etwas häufiger; im Hegau und im Alpenvorland selten, im eigentlichen Alpengebiet nur vereinzelt (z.B. bei Oberammergau und Garmisch-Partenkirchen, bei Salzburg, im Lungau); kommt aber an ihren Standorten meist in kleineren Beständen vor. Steigt im Gebirge bis etwa 800 m.

**Wissenswertes:** ♄. Das Areal der Strauch-Birke erstreckt sich von Nordosteuropa durch Sibirien bis etwa zum Jenissei. Dort kommt sie teilweise in großen Beständen vor. In Mitteleuropa sind die Bestände indessen dezimiert worden, und altbekannte Standorte sind z.T. erloschen, weil man Moore „meliorisiert" und in Kultur genommen oder abgebaut hat. Die mitteleuropäischen Standorte müssen als Überbleibsel aus der letzten Vereisungsperiode angesehen werden.

**Moor-Birke**
*Betula pubescens*

**Zwerg-Birke**
*Betula nana*

**Strauch-Birke**
*Betula humilis*

**Grün-Erle**
*Alnus viridis*

**Birkengewächse** *Betulaceae*

## Zwerg-Birke
*Betula nana* L.
Birkengewächse *Betulaceae*

**Beschreibung:** Kriechender oder niedriger Strauch. Männliche und weibliche Blütenstände befinden sich auf derselben Pflanze. Männliche Kätzchen 0,5–1,5 cm lang und um 4 mm dick. Weibliche Kätzchen 0,7–1 cm lang und um 5 mm dick. Rinde braun oder dunkelgrau. Ganz junge Zweige dicht flaumig behaart, aber stets ohne Harzdrüsen. Blätter rundlich, eher breiter als lang, 0,4–1,2 cm lang und 0,5–1,5 cm breit. Blattrand gekerbt-gezähnt; Zähne stets stumpf zulaufend, also kerbig gerundet. April–Mai. 0,1–1 m.

**Vorkommen:** Braucht sauren und nährstoffarmen Torfboden. Gedeiht daher nur in Hochmooren, geht kaum einmal in Zwischenmoore bzw. in Gebüsche, die unmittelbar an solche Moore angrenzen. Im Tiefland vereinzelt südlich von Uelzen, desgleichen im Harz, im südlichen Alpenvorland bzw. am Alpennordfuß; sehr selten in den Mooren des Schweizer und des Französischen Jura. Steigt in den Alpen bis etwa 1500 m und ist hier ebenfalls sehr selten.

**Wissenswertes:** ♄. Die Zwerg-Birke ist in Mitteleuropa ein Überbleibsel aus der letzten Vereisungsperiode. Sie kam hier schon immer sehr vereinzelt vor. Eine gewisse Ausnahme bildet der Schweizer Jura, aus dem bemerkenswert viele Standorte bekanntgeworden waren. – Die Zwerg-Birke hat besonders viele ihrer noch vor rund 150 Jahren bekannten Standorte verloren, weil man Moore abgetorft oder „meliorisiert" hat. In den Alpen selbst hat möglicherweise auch der Rückgang der Gletscher, der seit Jahrzehnten zu beobachten ist, zu einem Standortverlust geführt; denn dort kommt sie an Gletscherwassertümpeln unweit der Endmoräne vor.

## Grün-Erle
*Alnus viridis* (CHAIX) DC.
Birkengewächse *Betulaceae*

**Beschreibung:** Niedriger, ziemlich stark verzweigter Strauch. Männliche und weibliche Blütenstände befinden sich auf derselben Pflanze. Männliche Kätzchen 4–6 cm lang und 1–1,5 cm dick. Weibliche Kätzchen zapfenartig, 0,8–1 cm lang und um 5 mm dick. Kätzchen erscheinen mit den Blättern. Junge Zweige behaart, schwach kantig, olivgrün oder bräunlich; ältere Äste mit glatter, graubrauner Rinde. Knospen sitzend. Blätter mit 5–7 Paaren von Seitennerven, oberseits dunkelgrün, unterseits hellgrün, eiförmig, 4–8 cm lang und etwas schmäler, kurz zugespitzt, scharf doppelt gesägt. Blattzähne länger als breit. April–Mai. 0,5–3 m.

**Vorkommen:** Braucht lehmigen, eher sauren als neutralen oder basischen rohhumus- oder humushaltigen, feuchten, ja nassen Boden. Besiedelt in den Mittelgebirgen und in den Alpen Bachufer, Schneetälchen, Lawinenrunsen, Schutthalden mit Sickerwasser und Waldränder. Zerstreut. Steigt in den Alpen bis etwa 2000 m. Kommt an ihren Standorten in kleineren, gelegentlich auch in großen Beständen vor.

**Wissenswertes:** ♄. Baumartiger Wuchs ist bei der Grün-Erle sehr selten. Vor allem in Lawinenrunsen baut man sie da und dort an, weil sie nicht nur Schutt festigt, sondern im Winter auch den Schnee festhält. – Die Grün-Erle verdunstet sehr viel Wasser. Sie braucht zum guten Gedeihen Strahlenpilze (Actinomyceten) als Symbionten. Diese können Luftstickstoff binden und verbessern dadurch die Stickstoffversorgung der Grün-Erle. Letztlich reichern Grün-Erlen durch die Stickstoffbindung ihrer Symbionten den Boden, auf dem sie stehen, mit Stickstoffsalzen an.

## Birkengewächse *Betulaceae* ▶

Erle *Alnus*

## Buchengewächse *Fagaceae* ▶

Rotbuche *Fagus*
Edelkastanie *Castanea*

## Schwarz-Erle
*Alnus glutinosa* (L.) GAERTN.
Birkengewächse *Betulaceae*

**Beschreibung:** Mittelhoher Baum mit schlankem, bis fast in den Wipfel reichendem und sich gleichmäßig verjüngendem Stamm, seltener Strauch. Männliche und weibliche Blütenstände befinden sich auf derselben Pflanze. Männliche Kätzchen 4–10 cm lang und 0,8–1 cm dick. Weibliche Kätzchen zapfenartig, 1–2 cm lang und 0,5–1 cm dick. Kätzchen sind schon in der vorhergehenden Vegetationsperiode ausgebildet worden und erblühen, ehe die Blätter erscheinen. Junge Zweige kahl. Stamm mit dunkelgrauer, rissiger Borke. Junge Blätter (wie die Knospen) klebrig. (Auf dieses Merkmal bezieht sich der wissenschaftliche Artname „glutinosa", lat. = klebrig.) Ausgewachsene Blätter stumpf oder eingebuchtet, 4–8 cm lang und 3–6 cm breit, am Rand 1fach gezähnt, oberseits dunkelgrün, unterseits frischgrün, höchstens in den Winkeln der Blattnerven rostgelb behaart. März–April. 10–25 m.

**Vorkommen:** Bevorzugt kalkarmen oder kalkfreien, jedoch nährstoffreichen, nassen Boden, kommt aber auch auf Böden mit neutraler Reaktion noch durch. Besiedelt Au- und Bruchwälder. Ist hier und im Ufergehölz der Tieflandflüsse der wichtigste Baum. Häufig. Forstbaum. Meist in Beständen. Steigt im Gebirge bis etwa 1200 m.

**Wissenswertes:** ♄. Die Schwarz-Erle besitzt einen Strahlenpilz *(Frankia alni,* Familie *Actinomycetaceae)* als Symbionten. Er dringt in die Wurzeln ein und verursacht dort die Bildung von Wurzelknöllchen, die zwar nur millimetergroß werden, aber häufig so dicht beieinander sitzen, daß ein tennisballgroßes Gebilde entsteht. *Frankia alni* kann Luftstickstoff binden und für die Erle nutzbar machen.

## Grau-Erle
*Alnus incana* (L.) MOENCH
Birkengewächse *Betulaceae*

**Beschreibung:** Hoher Strauch mit relativ wenigen Haupttrieben, der in dieser Wuchsform meist aus Stockausschlägen herauswächst, oder mittelhoher Baum. Männliche und weibliche Blütenstände befinden sich auf derselben Pflanze. Männliche Kätzchen 7–9 cm lang und um 8 mm dick. Weibliche Kätzchen zapfenartig, 1–2 cm lang und um 1 cm dick. Junge Zweige flaumig behaart. Rinde des Stammes glatt, nicht rissig, grau oder hellgrau. Junge Blätter nie klebrig. Ausgewachsene Blätter deutlich zugespitzt, 4–8 cm lang und 3–7 cm breit, kahl, unterseits graugrün, zunächst dicht grauhaarig, später (bis in den Herbst) mindestens auf den Nerven noch grauhaarig; keine rostroten Haarbüschel in den Nervenwinkeln! März–April. 5–20 m.

**Vorkommen:** Braucht nassen, nährstoffreichen, kiesig-sandigen Lehm- oder Tonboden, der zumindest etwas kalkhaltig sein sollte. Erträgt zeitweilige Überflutung und mäßig strömendes Wasser. Geht vor allem in den Mittelgebirgen und in den Alpentälern in Auwälder, in das Ufergebüsch und in die Gehölze auf Flußschottern. Forstbaum, vor allem zur Verbesserung des Bodens gepflanzt. Meist in kleineren Beständen. Zerstreut. Steigt im Gebirge bis etwa 1200 m.

**Wissenswertes:** ♄. Die Grau-Erle bildet ein reiches und dicht verzweigtes Wurzelwerk; sie eignet sich daher gut zur Befestigung von Ufern. Wie ihre Verwandten geht auch sie eine Symbiose mit einem Strahlenpilz *(Frankia alni)* ein. Dieser bindet Luftstickstoff und macht ihn dadurch letztlich für die Erle nutzbar. Fällt man Grau-Erlen, verbessern ihre Wurzeln durch Zersetzung den Waldboden. Dies kann ein Ziel forstlicher Pflanzungen sein.

**Birkengewächse** *Betulaceae*
**Buchengewächse** *Fagaceae*

## Rotbuche
*Fagus sylvatica* L.
Buchengewächse *Fagaceae*

**Beschreibung:** Hoher Baum, in freiem Stand mit breiter und ausladender Krone, seltener Strauch. Männliche und weibliche Blütenstände befinden sich auf derselben Pflanze. Männliche Scheindolden fast kugelig, an langen Stielen hängend. Blütenstandsstiel zottig behaart. Weibliche Blütenstände stets näher an den Astspitzen als die männlichen Blütenstände, mit nur 2 Blüten, auf zuweilen aufrechtem, nie ausgesprochen hängendem Stiel. Rinde des Stammes hellgrau, glatt, niemals wulstig gedreht. Blätter stehen mehr oder weniger deutlich in nur 2 Reihen an den Zweigen. Sie sind eiförmig, 4–10 cm lang und 3–7 cm breit; der Rand ist meist etwas wellig. Die Oberseite ist nie gefaltet, dunkelgrün; die Unterseite ist etwas heller. Junge Blätter sind fein seidig behaart. April–Mai. 10–40 m.

**Vorkommen:** Braucht Lehmboden mit guter Humusdurchsetzung und guter Luft- und Wasserführung. Sehr häufig und bestandsbildend. Forstbaum. Steigt in den Alpen bis etwa 1500 m.

**Wissenswertes:** ♄. Rotbuchen mit 120 bis 150 Jahren sind schon alt, 300jährige bilden seltene Ausnahmen. Das Holz der Rotbuche eignet sich zur Herstellung von Furnieren und von Sperrholz, doch zählt es nicht zur Spitzenklasse der Gebrauchshölzer. Als Brennholz war es sehr geschätzt. Waldbaulich ist die Rotbuche von hohem Wert; zwar verwest Rotbuchenlaub langsamer als Eichenlaub oder Laub der Hainbuche, aber die Verwesungsprodukte reichern den Boden mit mildem Humus an. Durch die tiefreichenden Wurzeln wird gerade Lehmboden gut gelockert. Junge Buchen wachsen auch in tiefem Schatten; dadurch wird die Verjüngung erleichtert.

## Edelkastanie
*Castanea sativa* MILL.
Buchengewächse *Fagaceae*

**Beschreibung:** Hoher Baum, sehr selten Strauch. Männliche und weibliche Blütenstände befinden sich auf derselben Pflanze. Männliche Blüten stehen büschelig in aufrechten Kätzchen, die 10–20 cm lang werden. Weibliche Blüten sind sehr unscheinbar und in einer 2–3blütigen Scheinähre angeordnet. Nicht selten stehen die Blüten auch einzeln, selten zu mehr als 3 in 1 Blütenstand. Die Frucht der Edelkastanie ist ein in 4 Klappen aufspringender, weichstacheliger „Becher", der in der Regel nur 1 Samen, eben die „Kastanie" enthält. Rinde junger Bäume glatt und braungrün, bei älteren Bäumen dunkelgraue, längsrissige Borke. Blätter 8–20 cm lang und 3–5 cm breit, lanzettlich, am Rand spitz gezähnt, oberseits glänzend grün, unterseits etwas heller, nur sehr jung filzig behaart. Juni. 10–30 m.

**Vorkommen:** Braucht lockeren, eher sauren Lehmboden in mildem Klima. Nordgrenze etwa im Spessart. Gelegentlich bestandsbildend, sonst vereinzelt. Selten. Steigt im Gebirge bis über 700 m.

**Wissenswertes:** ♄. Ob die Edelkastanie in Mitteleuropa wild vorkommt oder aber von den Römern aus dem Mittelmeergebiet mitgebracht wurde, ist bis heute nicht eindeutig geklärt. Unter günstigsten Bedingungen wird sie bis zu 500 Jahre alt. Unmittelbar nach dem Aufblühen der männlichen Blüten ist der Pollen von einem klebrigen Kitt überzogen und wird dann von Insekten gesammelt. Später trocknet er aus und wird vom Wind verweht. Dies nimmt man als „Reminiszenz" daran, daß die Vorfahren der Edelkastanie durch Insekten bestäubt wurden; die Windbestäubung ist also „sekundär".

# Buchengewächse *Fagaceae*
Eiche *Quercus*

## Zerr-Eiche
*Quercus cerris* L.
Buchengewächse *Fagaceae*

**Beschreibung:** Hoher Baum mit verhältnismäßig lichter Krone, sehr selten Strauch. Männliche und weibliche Blütenstände befinden sich auf derselben Pflanze. Männliche Kätzchen 6–8 cm lang, hängend. Achse des Bütenstandes filzig behaart. Weibliche Blüten zu 2–4, seltener einzeln an einem – bis zu 1 cm langen – Stiel ansitzend. Fruchthülle aus mehr oder weniger pfriemlichen Schuppen, die zum Teil nach außen gekrümmt sind und die in ihrer Gesamtheit fast an den weichstacheligen Becher um den Samen einer Edelkastanie erinnern. Rinde schon ziemlich junger Bäume mit brauner, längs- und querrissiger, innen rötlicher Borke. Blätter etwas unterbrochen fiederlappig gebuchtet, sommergrün, 8–15 cm lang und 7–10 cm breit. Blattgrund abgerundet oder schwach herzförmig. Lappen der Blätter kurz zugespitzt. April. 20–35 m.

**Vorkommen:** Braucht kalk- und humushaltigen, lockeren Lehmboden in außerordentlich mildem Klima. Kommt in Mitteleuropa – mit Ausnahme des Alpensüdfußes, wo sie als ursprünglich gilt – nur angepflanzt als Park- und Zierbaum vor. Sehr selten und meist nur unbeständig verwildert (früher angeblich am Kaiserstuhl; das Vorkommen scheint erloschen zu sein).

**Wissenswertes:** ♄. Die Heimat der Zerr-Eiche ist das östliche Mittelmeergebiet. Im Gegensatz zu den einheimischen Eichenarten reift bei der Zerr-Eiche die Frucht erst im 2. Jahr nach der Befruchtung aus. Im ersten Jahr ist sie klein und fällt dem oberflächlichen Betrachter kaum auf. – Die Herkunft des wissenschaftlichen (und eingedeutscht auch des deutschen) Artnamens ist unklar. Eine verbreitete Deutung leitet ihn von arab. „querrus" = immergrüne Eiche ab.

## Flaum-Eiche
*Quercus pubescens* WILLD.
Buchengewächse *Fagaceae*

**Beschreibung:** Mittelhoher Baum oder starkästiger, sparrig wirkender Strauch. Männliche und weibliche Blütenstände befinden sich auf derselben Pflanze. Männliche Kätzchen locker und 4–6 cm lang, hängend. Weibliche Blüten zu 2–4, seltener einzeln an kurzem Stiel von etwa 1 cm Länge oder sitzend. Junge Zweige und Blätter eindeutig flaumig behaart, Zweige auch im Hochsommer noch mit Flaumresten. Stämme schon früh mit quer- und längsrissiger Borke. Blätter 5–8 cm lang und 4–6 cm breit, am Grunde abgerundet oder schwach herzförmig. Blätter fiederlappig gebuchtet; Lappen stumpf. Blätter im Frühjahr unterseits durch die Behaarung graugrün, auch im Hochsommer noch mit Flaumresten. April–Mai. 5–20 m.

**Vorkommen:** Braucht nährstoff- und kalkreichen, lockeren Lehmboden mit guter Humusführung. Gedeiht nur in milden und sommerwarmen Lagen. Geht dort auch auf ziemlich trockene Standorte. Selten. Erreicht zwischen Mittelrhein und Thüringen die Nordgrenze ihrer Verbreitung. Selten. Kommt an ihren Standorten meist in kleineren Beständen vor, die wegen ihres Niederwaldcharakters auffallen. Steigt in den Gebirgen kaum bis 800 m.

**Wissenswertes:** ♄. Die Flaum-Eiche kann angeblich bis etwa 500 Jahre alt werden. Da sie aber meist nicht hoch wächst und im Holz nicht zu sehr geschätzt wird, zudem ihr Hauptwachstum mit etwa 100 Jahren abgeschlossen hat, schlägt man sie meist früh. – *Qu. pubescens* WILLD. wird meist mit der nur im Mittelmeergebiet vorkommenden *Qu. virgiliana* (TEN.) TEN. (Blütenstandsstiel 1,5–2,5 cm lang) zur Sammelart *Qu. pubescens* agg. zusammengefaßt.

**Buchengewächse** *Fagaceae*

## Trauben-Eiche
*Quercus petraea* (MATT.) LIEBL.
Buchengewächse *Fagaceae*

**Beschreibung:** Meist hoher Baum, dessen Stamm sich bis in die Krone fortsetzt und dessen Hauptäste in der Krone schräg nach oben gerichtet sind; im freien Stand können die Äste indessen auch recht sparrig vom Stamm abgehen, die Krone kann also breit ausladend werden. Männliche und weibliche Blütenstände befinden sich auf derselben Pflanze. Männliche Kätzchen 3–6 cm lang. Weibliche Blüten zu 2–3, seltener einzeln oder zu mehr als 3, kurz-gestielt oder sitzend. Reife Frucht höchstens 1,5 cm lang gestielt. Stamm meist ziemlich hochwüchsig. Junge Zweige und Blätter stets kahl, nie flaumig. Stämme schon früh mit quer- und längsrissiger Borke. Blätter 7–12 cm lang und 5–7 cm breit. Blätter fiederlappig gebuchtet. Lappen stumpf. Blätter meist in den Blattstiel verschmälert, nie mit Öhrchen am Blattgrund. April–Mai. 15–40 m.

**Vorkommen:** Braucht Lehmböden, die jedoch nicht staunaß sein sollten, geht aber auch auf anderen Untergrund. Häufig und bestandsbildend. Forstbaum. Steigt im Gebirge bis über 1000 m.

**Wissenswertes:** ♄. Die Trauben-Eiche gedeiht in mildem, luftfeuchtem Klima und auf lockeren, nährstoffreichen Böden am besten. 800jährige Bäume gehören zu den Seltenheiten. Die absolute Altersgrenze der Art liegt wahrscheinlich etwa doppelt so hoch. Die Trauben-Eiche liefert erstklassiges Nutzholz, das etwas weicher als das der Stiel-Eiche ist, und das sich daher leichter bearbeiten läßt; es gilt als nicht so dauerhaft. Als Faßholz ist es dem Stiel-Eichenholz möglicherweise unterlegen, hingegen eignet es sich für die Herstellung von Furnieren besser. Früher wichtiger Gerbstofflieferant.

## Stiel-Eiche
*Quercus robur* L.
Buchengewächse *Fagaceae*

**Beschreibung:** Hoher Baum, dessen Stamm sich bis in die Krone hinein fortsetzt und dort meist hin- und hergebogen verläuft. Bei freistehenden Exemplaren kann der Stamm unterhalb der Krone sehr kurz sein; die Krone wird dann von mehreren Hauptästen gebildet. Äste knorrig und weit ausladend. Krone daher locker. Männliche und weibliche Blütenstände befinden sich auf ein und derselben Pflanze. Männliche Kätzchen locker, 2–4 cm lang. Weibliche Blüten sitzen ährig auf langem Stiel, meist zu 2–4. Stiel der reifen Früchte 3–8 cm lang. Junge Zweige und Blätter stets kahl, nie flaumig. Stämme schon früh mit quer- und längsrissiger Borke. Blätter 7–15 cm lang und 3–10 cm breit. Blätter fiederlappig gebuchtet. Lappen stumpf. Blätter am Grund meist abgestumpft, herzförmig oder geöhrt, nur jung schütter behaart. April–Mai. 20–50 m.

**Vorkommen:** Braucht Lehmböden, die auch naß sein dürfen, geht aber auch auf anderen Untergrund. Häufig und bestandsbildend. Forstbaum. Steigt im Gebirge bis über 1000 m.

**Wissenswertes:** ♄. Die Stiel-Eiche bildet mit der Trauben-Eiche *(Qu. petraea)* Bastarde, die gebietsweise nicht selten sind. Sie sind – besonders aufgrund der Blattform – weder der Trauben- noch der Stiel-Eiche eindeutig zuzuordnen. – Die Stiel-Eiche gehört zu den Bäumen, die bei uns das höchste Alter erreichen können. Einzelne Exemplare sollen in Mitteleuropa in geschichtlicher Zeit ein Alter von rund 1300 Jahren erlangt haben. Möglicherweise stellt dies noch nicht das Höchstalter der Art dar. Die Stiel-Eiche liefert erstklassiges Nutzholz. Eichenrinde ist Rohstoff für Gerbstoffgewinnung.

## Buchengewächse *Fagaceae* ▶
Eiche *Quercus*

## Gagelstrauchgewächse *Myricaceae* ▶
Gagelstrauch *Myrica*

## Walnußgewächse *Juglandaceae* ▶
Walnuß *Juglans*

## Rot-Eiche
*Quercus rubra* L.
Buchengewächse *Fagaceae*

**Beschreibung:** Hoher Baum mit schlankem Stamm, aber dennoch breiter, ja ausladender Krone, die besonders ausgeprägt ist, wenn der Baum frei steht. Männliche und weibliche Blütenstände befinden sich auf derselben Pflanze. Männliche Kätzchen um 2 cm lang. Weibliche Blüten zu 2 oder einzeln an einem kurzen Stiel sitzend. Stiel der reifen Früchte kaum 1 cm lang. Junge Zweige behaart. Stamm bei jüngeren Bäumen (bis etwa zum 50. Lebensjahr) mit glatter, braungrauer Rinde, danach mit schwach rissiger, braungrauer Borke. Blätter 10–20 cm lang und 9–12 cm breit, jederseits mit 4–6 Lappen, die fein und ausgesprochen langspitzig sind. Mai. 20–30 m.

**Vorkommen:** Braucht lockeren, lehmigen oder sandigen, kalkarmen Boden und feuchtmildes Klima. Forstbaum. Heimat: Östliches Nordamerika. In Mitteleuropa selten, aber meist in kleineren, oft lockeren, doch individuenreichen Beständen gepflanzt. Steigt in den Gebirgen kaum bis 800 m.

**Wissenswertes:** ♄. Die Rot-Eiche wird seit etwa 200 Jahren in Europa gepflanzt. Ursprünglich war sie wohl eher Zier- als Forstbaum; denn ihre Blätter zeigen im Herbst eine leuchtend rote Blattverfärbung. – Obschon die Rot-Eiche sich da und dort zunächst verjüngt, scheinen sich ihre Jungpflanzen kaum gegen die Konkurrenz anderer Arten durchzusetzen. Man kann sie daher nicht eingebürgert nennen. – Die sehr selten als Zierbaum bei uns gepflanzte Sumpf-Eiche (*Quercus palustris* MUENCHH.) unterscheidet sich von der Rot-Eiche durch die Zahl der Seitenlappen: Die Sumpf-Eiche hat nur 2–4 Lappen auf jeder Seite ihrer Blätter, die im Durchschnitt nur etwa 10 cm lang werden. Heimat: Nordamerika.

## Gagelstrauch
*Myrica gale* L.
Gagelstrauchgewächse *Myricaceae*

**Beschreibung:** Stark verästelter, würzig duftender Strauch. Männliche Pflanzen tragen etwa 1 cm lange, kurz-walzliche, braune Kätzchen, weibliche solche, die um 5 mm lang werden und die fast kugelig sind. Die Blüten sind unscheinbar. Die 4 Staubblätter der männlichen Blüten sind praktisch ungestielt (Lupe!). Rinde der Äste dunkelbraun, deutlich mit dunkelgelben Harzdrüsen besetzt. Blätter wechselständig, sommergrün, 2–5 cm lang und 1–2 cm breit, allmählich in den Stiel verschmälert, etwas ledrig, oberseits dunkelgrün, unterseits heller und nervig sowie zumindest schwach flaumhaarig, von einzelnen Harzdrüsen besetzt, vorne gekerbt. Der Gagelstrauch blüht, ehe seine Blätter ausschlagen. April–Mai. 0,5–1,5 m.

**Vorkommen:** Braucht torfigen, aber nicht zu nassen Boden in Gegenden mit hoher Luftfeuchtigkeit, erträgt aber vor allem im Winter auch längerfristige Überflutung. Besiedelt im Tiefland küstennahe Moore, Ränder von Bruchwäldern und ungenutzte Streuwiesen. Zerstreut, kommt aber an seinen Standorten gelegentlich in kleineren, individuenarmen Beständen vor.

**Wissenswertes:** ♄; (☠); ▽. Dem Öl, das man aus dem Gagelstrauch gewinnen kann, wurde von einzelnen Untersuchern Giftigkeit zugeschrieben. Eine Substanz, die das eindeutig erklären könnte, wurde nicht gefunden. Früher setzte man Gagelstrauchextrakte dem Bier zu, um dessen berauschende Wirkung zu erhöhen. An Inhaltsstoffen wurden ätherische Öle und Flavonglykoside gefunden. – Die Früchte sind schwimmfähig. Bei sehr flachem Wasserstand können sie sich mit ihren Spitzen im Boden verankern.

Buchengewächse *Fagaceae*
Gagelstrauchgewächse *Myricaceae*
Walnußgewächse *Juglandaceae*

## Echte Walnuß
*Juglans regia* L.
Walnußgewächse *Juglandaceae*

**Beschreibung:** Mittelhoher oder hoher, meist breitkroniger Baum. Männliche und weibliche Blütenstände befinden sich auf derselben Pflanze. Männliche Kätzchen 10–15 cm lang, hängend. Weibliche Blütenstände in aufrechten Ähren mit 2–5, selten mit nur 1 oder mit mehr als 5 Blüten. Frucht kugelig oder eiförmig-kugelig, mit glatter, zunächst grüner, später brauner, zähfleischiger äußerer Schale und einer mit Naht versehenen braunen, narbig vertieften inneren, „stein"harten Schale. Rinde schon ziemlich junger Bäume tiefrissige, dunkelgraue Borke. Blätter langstielig. Blattstiel meist 15–30 cm lang. Blätter gefiedert. 1–5 Paare von Fiederblättchen. Blattfiedern 5–10 cm lang und 3–5 cm breit, sehr kurz gestielt (Ausnahme: Endblättchen), eiförmig, ganzrandig. Blätter riechen beim Zerreiben würzig. April–Mai. 10–25 m.

**Vorkommen:** Braucht nährstoff- und kalkreichen Lehmboden. Sehr empfindlich gegen Spätfröste. In Mitteleuropa angepflanzt und gelegentlich in milden Lagen verwildert – verschleppt von Häher oder Eichhörnchen.

**Wissenswertes:** ♄. Die Echte Walnuß wurde spätestens von den Römern, wahrscheinlich aber schon in der Jungsteinzeit nach Mitteleuropa gebracht. Ihre Heimat dürfte im östlichen Mittelmeergebiet und im daran anschließenden Asien liegen. Die Echte Walnuß wird wegen ihrer Früchte (Weltjahresernte 1980 ca. ½ Million Tonnen), aber auch als Lieferantin von Furnier- und Möbelholz geschätzt. Allerdings schwindet das Holz verhältnismäßig stark. Andererseits ist es leicht spaltbar. Aus dem Samen wird Öl gepreßt, das für Künstler-Ölfarben Verwendung findet.

## Schwarze Walnuß
*Juglans nigra* L.
Walnußgewächse *Juglandaceae*

**Beschreibung:** Hoher Baum mit schlankem Stamm und ovaler Krone. Männliche und weibliche Blütenstände befinden sich auf derselben Pflanze. Männliche Kätzchen 10–15 cm lang, hängend. Weibliche Blütenstände meist 3–5blütige Ähren. Rinde schon ziemlich junger Bäume mit fast schwarzer, tief-längsrissiger Borke. Blätter langstielig. Blattstiel meist um 10 cm lang. Blätter gefiedert. Meist 10 Paare von Fiederblättchen. Blattfiedern 5–10 cm lang und 2–5 cm breit, im Umriß breit-lanzettlich oder schmal-oval, am Rand gesägt. Blätter riechen beim Zerreiben nicht auffallend. Mai. 30–50 m.

**Vorkommen:** Braucht grundwasserfeuchten, etwas sandigen, aber durchaus nährstoffreichen Boden in mildem Klima. Bei uns nur vereinzelt als Forst- oder Zierbaum angepflanzt. Heimat: Nordamerika. Sehr selten.

**Wissenswertes:** ♄. Die Früchte der Schwarzen Walnuß werden etwa pfirsichgroß. Die Steinschalen sind wesentlich tiefer gefurcht und auch dicker als bei der Echten Walnuß; sie lassen sich mit normalen Nußknackern nicht öffnen; in den USA wurden spezielle Nußknacker für die Schwarze Walnuß entwickelt. Der Kern der Schwarzen Walnuß schmeckt deutlich süß. Er wird meist zur Herstellung von Konditorwaren und von Speiseeis verwendet. – Das Holz von *Juglans nigra* ist härter als das der Echten Walnuß; auch schwindet es nicht so stark. Daher und wegen seiner feinen Maserung wird es als Möbelholz noch weit mehr geschätzt. Obschon der Baum in milden Lagen Europas zu beachtlicher Größe heranwächst und auch in der Holzqualität nicht schlechter als in Nordamerika ist, wird er wenig gepflanzt.

## Ulmengewächse *Ulmaceae*
Ulme *Ulmus*

## Maulbeerengewächse *Moraceae*
Maulbeerbaum *Morus*

### Flatter-Ulme
*Ulmus laevis* PALL.
Ulmengewächse *Ulmaceae*

**Beschreibung:** Mittelhoher oder hoher Baum mit schlanker, aber nach oben sich verbreiternder und daher ausladender Krone. Blüten in Büscheln, jede mit einem 0,8–2 cm langen Stiel. Flugfrüchte 1–1,5 cm lang, rundlich oder eiförmig, am Rand mit ausgeprägten Wimpern. Der Samen liegt mitten in der Flügelfrucht, seltener etwas unterhalb der Mitte. Junge Zweige behaart, graubraun. Blätter stark asymmetrisch, 5–15 cm lang und 2,5–8 cm breit, jederseits mit 12–19 Seitennerven. Längere Blatthälfte in den Blattstiel verschmälert. Blattstiel meist um 0,5 bis höchstens 1 cm lang. März–April. 10–35 m.

**Vorkommen:** Braucht nassen, nährstoffreichen Boden, der sandig, lehmig oder tonig sein kann. Liebt Sommerwärme. Kommt wild in Auwäldern vor, wird aber auch in Parks und an Straßen gepflanzt. Sehr selten, kommt aber an ihren Standorten meist in lockeren, kleinen Beständen vor. Steigt kaum irgendwo höher als 500 m (höchstens als angepflanzter Baum).

**Wissenswertes:** ♄. Die Flatter-Ulme soll über 250 Jahre alt werden können. – Wie die anderen Ulmen-Arten wird auch die Flatter-Ulme vom „Ulmensterben" befallen. Es handelt sich bei dieser Erkrankung um den Befall durch den Schlauchpilz *Ceratostomella ulmi* (SCHWARZ) BUISM., der sich vor allem in den Gefäßen ansiedelt und sie schließlich verstopft. Ein erstes Anzeichen der Erkrankung sind Welken und Absterben der Zweigspitzen, vor allem in der Gipfelregion. Die erkrankten Äste werfen das Laub ab und vertrocknen schließlich. Die Erkrankung endet meist mit dem Tod des Baumes. Überträger der Krankheit sind möglicherweise Ulmen-Splintkäfer.

### Feld-Ulme
*Ulmus minor* MILL.
Ulmengewächse *Ulmaceae*

**Beschreibung:** Hoher Baum, der bis in die Krone hinein gleichmäßig beastet ist und der deswegen schlank wirkt. Sehr selten kann die Feld-Ulme auch als hoher Strauch wachsen. Blüten in Büscheln, ungestielt oder mit höchstens 1–3 mm langen Stielen. Flugfrüchte verkehrt-eiförmig oder herzförmig. Samen sitzt deutlich in der oberen Hälfte der Flügelfrucht. Rand der Flügelfrucht ohne Haare oder Wimpern. Junge Zweige leicht behaart, rotrindig. Rinde des Stamms graubraun, Borke durch Längs-, Schräg- und Querrisse gefeldert. Blätter asymmetrisch, 5–10 cm lang und 1,5–5 cm breit. Blattrand der breiteren Blatthälfte sitzt fast rechtwinklig am Blattstiel an; Blattrand der schmäleren Blatthälfte bildet mit dem Mittelnerv im Blatt einen spitzen Winkel. Blattstiel 1–1,5 cm lang. März–April. Als Strauch 5–8 m; als Baum 15–40 m.

**Vorkommen:** Braucht feuchten oder nassen, nährstoff- und kalkreichen Boden. Besiedelt Auwälder, geht aber auch in Hang- und Schluchtwälder mit guter Sickerwasserführung. Zerstreut. Kommt an ihren Standorten meist in kleineren Beständen vor. Steigt im Gebirge bis etwa 1200 m.

**Wissenswertes:** ♄. Die Feld-Ulme wird als wertvolles Furnier- und Möbelholz geschätzt („Rüster"). Sie wird 150–200 Jahre alt. – Aus Südosteuropa wird eine nahestehende Art, *U. procera* SALISB., beschrieben. Sie soll kreisförmigere Flugfrüchte haben; die Stengel sind auch im Alter noch behaart, die Blätter bei gleicher Länge breiter; der Blattgrund der längeren Seite ist gegen den Blattstiel abgerundet. Diese Art wird mit *U. minor* MILL. zur Sammelart *U. minor* agg. zusammengefaßt.

Ulmengewächse *Ulmaceae*
Maulbeerengewächse *Moraceae*

## Berg-Ulme
*Ulmus glabra* Huds.
Ulmengewächse *Ulmaceae*

**Beschreibung:** Hoher Baum, der sich oft schon wenige Meter über dem Boden in mehrere, fast gleich starke und dann schlank in die Höhe wachsende „Stämme" verzweigt. Blüten in Büscheln, ungestielt oder höchstens mit 1–2 mm langem Stiel. Flugfrüchte rund oder verkehrt-eiförmig. Samen sitzt deutlich in oder etwas unterhalb der Mitte der Flügelfrucht. Rand der Flügelfrucht ohne Haare oder Wimpern. Junge Zweige dicht behaart, grünbraun oder rostbraun. Borke am Stamm fast ausschließlich mit Längsrissen. Blätter asymmetrisch, im oberen Drittel am breitesten, jederseits mit 12–20 Seitennerven. Längere Blatthälfte sitzt recht- bis spitzwinklig am Blattstiel, kürzere sehr spitzwinklig. Blattstiel vom Ansatz der längeren Hälfte an gemessen nur 1–2 mm lang, höchstens 5 mm lang. Blätter mehrspitzig oder rasch in die Spitze verschmälert. März–April. 10–35 m.

**Vorkommen:** Braucht feuchten, lockeren Lehm- oder Tonboden, der zuweilen stark mit Felsschutt durchsetzt ist und der zügig durchsickert wird. Bevorzugt Schluchten und steile Hänge an Standorten mit hoher Luftfeuchtigkeit. Steigt im Gebirge bis etwa 1200 m. Selten, kommt aber an ihren Standorten manchmal in kleinen, lockeren und nicht sehr individuenreichen Beständen vor.

**Wissenswertes:** ♄. Die Berg-Ulme wird von allen einheimischen Ulmen-Arten am ältesten. Angeblich sollen schon Exemplare mit einem Alter um 400 Jahre bekannt geworden sein. Beachtenswert ist bei ihr vor allem ihr Stehvermögen auf bewegtem Hangschutt. Sie trägt infolgedessen zur Befestigung des Bodens in Hangwäldern wesentlich bei.

## Weißer Maulbeerbaum
*Morus alba* L.
Maulbeerengewächse *Moraceae*

**Beschreibung:** Niederer Baum oder hoher Strauch. Männliche und weibliche Blütenstände befinden sich sowohl auf denselben wie auf verschiedenen Individuen. Männliche Kätzchen 1–2 cm lang und meist über 5 mm breit. Weibliche Blütenstände nur 0,5–1 cm lang. Fruchtstände himbeerartig, 1–2,5 cm lang und weiß, rosa oder tiefrot, im Geschmack fad. Äste lange Zeit hellrindig; Stamm älterer Exemplare mit graubrauner, längsrissiger Borke. Blätter einfach, wechselständig, 1–2 cm lang gestielt, ziemlich breit, eiförmig oder gelappt, 6–15 cm lang und 4–12 cm breit, oberseits kahl. Mai. 2–12 m.

**Vorkommen:** Der Weiße Maulbeerbaum stellt an den Boden weniger große Ansprüche als an das Klima. Empfindlich ist er vor allem gegen Frost, und zwar sowohl im Winter als auch gegen Spätfröste im Frühjahr. Vereinzelt als Zierbaum gebaut; kaum irgendwo bleibend verwildert.

**Wissenswertes:** ♄. Der Weiße Maulbeerbaum ist vermutlich schon vor mehr als 4500 Jahren in Asien in Kultur genommen worden. Seine Blätter dienten (und dienen noch heute) den Seidenraupen als Futter. Da Seide früher nur unter hohen Kosten eingeführt werden konnte, versuchte man die Maulbeerbaumzucht und damit auch die Zucht von Seidenraupen in Europa. Im Mittelmeergebiet war dies schon zu Beginn des 15. Jahrhunderts der Fall. Der Anbau nördlich der Alpen – immer frostgefährdet – lohnt seit langem nicht mehr. – Noch seltener ist bei uns der Schwarze Maulbeerbaum (*Morus nigra* L.) anzutreffen, dessen Blätter am Grunde tief herzförmig und oben rauh sind. Seine Früchte sind schwarz, schmecken süß und können gegessen werden.

# Brennesselgewächse *Urticaceae*

Brennessel *Urtica*

## Pillen-Brennessel
*Urtica pilulifera* L.
Brennesselgewächse *Urticaceae*

**Beschreibung:** Männliche und weibliche Blütenstände sitzen auf derselben Pflanze. Die männlichen Blütenstände stehen mehr oder weniger schräg oder aufrecht ab und tragen die Blüten in mehreren kleinen Büscheln, die meist weniger als 5 mm Durchmesser haben. Die weiblichen Blüten sitzen am Ende eines 1–5 cm langen Stiels in einem kugelförmigen Büschel, das 0,5–1 cm im Durchmesser messen kann. Stengel aufrecht, verzweigt und 4kantig, wie die Blätter mit Brennhaaren besetzt. Blätter länglich-eiförmig, deutlich zugespitzt, am Rande tief, aber 1fach gesägt. April–Juni. 30–50 cm.

**Vorkommen:** Braucht stickstoffsalzreichen Boden. Gedeiht nur in sehr warmem Klima. In Mitteleuropa nur sehr selten eingeschleppt und meist schon nach dem 1. Jahr des Auftauchens wieder verschwindend.

**Wissenswertes:** ☉; (☠). Die Pillen-Brennnessel ist an den weiblichen Blütenständen leicht von den übrigen Arten der Gattung zu unterscheiden. Auf diese Blütenstände bezieht sich auch der deutsche und der wissenschaftliche Artname. Die Heimat der Pillen-Brennessel liegt im Mittelmeergebiet. Dort kommt sie hauptsächlich auf etwas feuchteren Müllplätzen und an entsprechenden Rändern von Dunglegen, aber auch an Wegrändern im Bereich intensiv genutzten Landes vor. In Mitteleuropa wurde die Pillen-Brennessel als „Römische Nessel" zuweilen wegen ihrer schleimig-öligen Samen gezogen. Aus solchen Kräutergärten soll es – vor allem in Thüringen und Sachsen-Anhalt – länger bestehende Verwilderungen geben; ob indessen wirkliche „Einbürgerung" vorliegt, muß bezweifelt werden.

## Kleine Brennessel
*Urtica urens* L.
Brennesselgewächse *Urticaceae*

**Beschreibung:** Blütenstände mit männlichen und weiblichen Blüten, gelegentlich auch nur mit weiblichen Blüten; mehr oder weniger waagrecht abstehende oder hängende, 1–3 cm lange Rispen. Stengel meist unverzweigt, 4kantig, ausschließlich mit Brennhaaren bestanden. Blätter eiförmig, stumpf, 1–5 cm lang und 1–4 cm breit, am Rande 1fach, aber tief gesägt; Blattgrund fast rechtwinklig abgestutzt oder etwas keilförmig in den Stiel verschmälert, nie herzförmig oder auch nur abgerundet. Juni–Oktober. 10–50 cm.

**Vorkommen:** Braucht stickstoffsalzreichen Boden mit hohen Nitratkonzentrationen, erträgt aber auch Ammoniumsalze in höherer Konzentration. Besiedelt vor allem Ränder von Dunglegen, Misthaufen und Jauchegruben. Da in der modernen Landwirtschaft Mist kaum mehr im Freien gestapelt wird und Jauchegruben aus Gründen des Gewässerschutzes dicht sein müssen, sind die Standorte für die Kleine Brennessel in den letzten Jahrzehnten merklich seltener geworden. Sie ist etwas wärmeliebend und steigt in den Alpen nur in warmen Südlagen bis etwa 2000 m. Zerstreut; kommt an ihren Standorten meist in kleineren, individuenreichen Beständen vor.

**Wissenswertes:** ☉; (☠). Das Hauptverbreitungsgebiet der Kleinen Brennessel liegt im südlichen Osteuropa und im Mittelmeergebiet. Von dort ist die Art jedoch in alle Welt verschleppt worden. Sie vermag sich – günstige Standortbedingungen vorausgesetzt – indessen nur in sommerwarmen Gegenden dauernd zu halten. Sie soll schon bei verhältnismäßig niedrigen Ozonkonzentrationen in der Luft mit Fleckenbildung auf den Blättern reagieren.

**Brennnesselgewächse** *Urticaceae*

## Große Brennnessel
*Urtica dioica* L.
Brennnesselgewächse *Urticaceae*

**Beschreibung:** Männliche und weibliche Blütenstände kommen auf verschiedenen Individuen vor. Männliche Blütenstände schräg aufwärts gerichtete Rispen. Weibliche Blütenstände nach der Befruchtung 3–8 cm lange, hängende Rispen. Stengel meist unverzweigt, 4kantig, außer mit Brennhaaren auch mit anderen Haaren besetzt. Blätter gegenständig, lang eiförmig, deutlich und lang zugespitzt, 5–15 cm lang und 2–8 cm breit, am Rande tief, aber meist 1fach gesägt. Juni–Oktober. 0,3–2,5 m.

**Vorkommen:** Braucht stickstoffsalzreichen Boden, der nicht zu schattig sein sollte. Stellt im übrigen keine besonderen Anforderungen an den Boden oder das Klima. Sehr häufig. Kommt vor allem an Waldrändern in der Umgebung von Dörfern oder Gehöften und entlang von Flußläufen vor. Bildet oft große und dicht geschlossene Bestände, häufiger jedoch kleinere Bestände, die ebenfalls individuenreich und dicht sind. Steigt in den Alpen bis fast 3000 m.

**Wissenswertes:** ♃; (☠). Die Brennhaare sind wenigstens im oberen Teil durch Mineraleinlagerungen versteift, nicht jedoch das „Köpfchen", das ihnen aufsitzt. Dieses bricht bei Berührung ab, und die harten, jetzt scharfen Haare durchdringen die Haut wie eine Injektionsnadel. Dabei entleert sich ihr Inhalt zumindest teilweise in die Einstichwunde oder auf die Haut. Dort ruft schon weniger als 1 Millionstel Gramm „Nesselgift" die typische „Quaddel" hervor. Der wirksame Giftstoff ist noch unbekannt, sicher jedoch nicht Ameisensäure, die – obwohl im Brennhaar enthalten – bestenfalls den Schmerz verstärkt. Am „Nesseln" ist auch Histamin beteiligt, das ebenfalls im Brennhaar gefunden worden ist.

## Sumpf-Brennnessel
*Urtica kioviensis* Rogow.
Brennnesselgewächse *Urticaceae*

**Beschreibung:** Männliche und weibliche Blütenstände auf derselben Pflanze. In der Stengelmitte nicht selten Blütenstände, die sowohl männliche als auch weibliche Blüten tragen. Männliche Blütenstände im unteren Stengeldrittel, weibliche im oberen. Männliche Blütenstände meist 3–6 cm lang, weibliche Blütenstände nach der Befruchtung 3–8 cm lange, hängende Rispen. Stengel meist niederliegend (und dann an den Knoten wurzelnd) oder aufsteigend, unverzweigt oder nur unten verzweigt, fast rund. Blätter 10–15 cm lang, 5–7 cm breit, eiförmig, kurz zugespitzt, am Rande tief 1fach gesägt. Nur wenige Brennhaare. Juli–August. 0,6–2,5 m.

**Vorkommen:** Braucht nährstoffreiche, nasse, schlammige und mit Humus durchsetzte Böden, in denen Stickstoffsalze nicht in unausgewogen hoher Konzentration vorliegen sollte. Besiedelt daher nie Schuttplätze oder andere, stark von ammoniakalischen oder anderen Stickstoffverbindungen geprägte Standorte, sondern ausschließlich Auenwälder oder Röhrichte an Wasserläufen, die nicht mit Abwässern überladen sind. Heimat: Osteuropa. Erreicht an der Elbe und im Spreewald die Westgrenze ihres Areals. Auch dort selten, aber an ihren Standorten meist in dichten, teppichartigen Beständen.

**Wissenswertes:** ♃; (☠). Die Sumpf-Brennnessel bildet im Röhricht gelegentlich „Nester". Die hochaufschießenden, aber nicht allzu standfesten Stengel werden von Regen und Wind niedergedrückt, schlagen Wurzeln und drücken dann – ohne zu winden – ähnlich wie die Gewöhnliche Zaunwinde selbst dicht im Bestand stehende Schilfhalme auseinander, wodurch für sie Licht und neuer Lebensraum entsteht.

## Brennesselgewächse *Urticaceae* ▶

Glaskraut *Parietaria*

## Hanfgewächse *Cannabaceae* ▶

Hanf *Cannabis*
Hopfen *Humulus*

## Aufrechtes Glaskraut
*Parietaria officinalis* L.
Brennesselgewächse *Urticaceae*

**Beschreibung:** Blüten sitzen in kugeligen Büscheln im oberen Teil des Stengels. Blüten unscheinbar, mit 4 Blütenblättern, die nur um 1 mm lang werden. Stengel rund, aufrecht. Blätter wechselständig, gestielt, ganzrandig, durchscheinend punktiert, kahl oder schwach mit gewöhnlichen Haaren besetzt, „glasig". Das Aufrechte Glaskraut besitzt einen kurzwalzlichen Wurzelstock. Juni–September. 30–80 cm.

**Vorkommen:** Braucht eher feuchten, nährstoffreichen Boden in warmen Lagen. Besiedelt Auwälder, Felsen und Mauerritzen. Sehr selten im Tiefland (vor allem nördlich und östlich der Elbe) und in den Tälern größerer Flüsse und Ströme, z. B. des Mittelrheins, am mittleren Neckar, am unteren Main, an der Weser, an Lech und Donau; kommt an seinen Standorten gelegentlich in kleineren, meist individuenreichen Beständen vor. Steigt im Gebirge kaum über 700 m, da es ziemlich frostempfindlich ist.

**Wissenswertes:** ⒕ Das Hauptverbreitungsgebiet des Aufrechten Glaskrauts liegt im Mittelmeergebiet. Bemerkenswerterweise gedeiht die Pflanze bei voller Besonnung schlecht. Sie zieht schattige Standorte vor, die gleichwohl warm sein müssen. Im Mittelmeergebiet findet man sie deshalb häufig an der Nordseite von Mauern oder in schattigen Mauerwinkeln. Nach Mitteleuropa soll das Aufrechte Glaskraut durch die Römer gekommen sein. Von den römischen Kastellen aus soll es sich ausgebreitet und in deren Umgebung an geeigneten Standorten eingebürgert haben. Im Mittelalter wurde es zu Heilzwecken gepflanzt. Es ist wahrscheinlicher, daß es hauptsächlich damals aus der Kultur verwildert ist. Seine Samen werden durch Ameisen verbreitet.

## Mauer-Glaskraut
*Parietaria judaica* L.
Brennesselgewächse *Urticaceae*

**Beschreibung:** Blüten sitzen in kugeligen Büscheln im oberen Teil des Stengels. Blüten unscheinbar, mit 4 Blütenblättern, die nur um 1 mm lang werden. Stengel rund, niederliegend oder in der oberen Hälfte aufsteigend. Blätter wechselständig, gestielt, ganzrandig, eiförmig, 2–3, selten bis zu 5 cm lang und etwa halb so breit, zugespitzt, nur am Rand mit gewöhnlichen Haaren besetzt, keine Brennhaare, nicht durchscheinend punktiert, nicht „glasig". Das Mauer-Glaskraut besitzt einen kriechenden Wurzelstock. Mai–Oktober. 10–40 cm.

**Vorkommen:** Braucht zumindest mäßig stickstoffsalzreichen, feuchten und humosen Boden, der recht steinig sein kann. Besiedelt Mauerfüße und -spalten sowie Ödland, das mit Gebäudeschutt aufgefüllt worden ist. Gedeiht nur in warmen Lagen mit relativ hoher Luftfeuchtigkeit in Gegenden, die arm an oder frei von Frühjahrsfrösten sind. Heimat: Mittelmeergebiet und Westeuropa; vom mittleren Neckar bis zu seiner Mündung in den Rhein, am Rhein von der Neckarmündung bis ins Delta, an der mittleren und unteren Mosel sowie im westlichsten Tiefland und am Alpensüdfuß zerstreut; an der unteren Weser, im südlichen Ruhrgebiet, an der Sieg und an der Donau bei Passau sowie in der Steiermark vereinzelt.

**Wissenswertes:** ⒕ Ähnlich: *P. pensylvanica* MÜHLENB. ex WILLD.: Blütenstand locker; reife Samen braun (bei *P. judaica* und *P. officinalis* sind die reifen Samen schwarz); Stengel aufrecht; Pflanze 1jährig; Mai–November; 20–80 cm. Heimat: Östliches Nordamerika. Seit dem 2. Weltkrieg in Berlin eingebürgert, zunächst auf Friedhöfen, dann in der Trümmerflora, heute Unkraut in Gärten und an Wegen.

**Brennesselgewächse** *Urticaceae*
**Hanfgewächse** *Cannabaceae*

## Hanf
*Cannabis sativa* L.
Hanfgewächse *Cannabaceae*

**Beschreibung:** Männliche und weibliche Blütenstände befinden sich auf verschiedenen Pflanzen. Männliche Blütenstände locker-rispig, nur im obersten Teil des Stengels in den Blattachseln und an der Stengelspitze. Weibliche Blüten sitzen je zu 2 zusammen auf gleicher Höhe an der Achse von „mehrstöckigen" Ähren, die in den Achseln der obersten Laubblätter sitzen. Stengel verästelt, rauhhaarig. Blätter meist 5–9fingerig. Teilblättchen lanzettlich, grob gesägt. Mittleres Teilblättchen der mittleren Stengelblätter 15–20 cm lang; äußere Teilblättchen um so kleiner, je näher sie am Blattstiel sitzen. Juli-August. 0,5–3,5 m.

**Vorkommen:** Kulturpflanze; Heimat: Osteuropa und Asien. In Mitteleuropa kaum mehr angebaut; Anbau derzeit hier verboten. Samt gelegentlich in Gegenden mit warmem Klima auf Schuttplätzen oder auf nassen und nährstoffreichen Böden siedlungsnah aus Vogelwinterfutter aus. Sehr selten und unbeständig.

**Wissenswertes:** ☉; (☠). Vom Hanf sind zahlreiche Kultursorten bekannt. Unter bestimmten Klimabedingungen enthält vor allem der „Indische Hanf" im Harz der weiblichen Pflanzen neben anderen ätherischen Ölen Tetrahydrocannabinol, das die wesentliche Komponente der aus Hanf gewonnenen Drogen Haschisch und Marihuana darstellt. – Von höherem systematischen Rang scheint eine Sippe zu sein, die in Südosteuropa, der GUS und in Asien auftritt und als Schutt-Hanf (*C. ruderalis* Janisch) beschrieben worden ist. Sie soll in allen Teilen kleiner sein; ihre Samen sollen eine rauhe Oberfläche besitzen. *C. ruderalis* wird mit *C. sativa* L. zur Sammelart *C. sativa* agg. zusammengefaßt.

## Hopfen
*Humulus lupulus* L.
Hanfgewächse *Cannabaceae*

**Beschreibung:** Männliche und weibliche Blütenstände befinden sich auf verschiedenen Pflanzen. Männliche Blüten stehen in 5–10 cm langen Rispen in den Achseln der Blätter. Weibliche Blütenstände lockerblättrige oder dichtblättrige Ähre, die 2–3 cm lang und 1,5–2,5 cm dick werden kann. Stengel rechtswindend. Blätter gegenständig, tief 3–7spaltig; oberste Blätter der weiblichen Pflanzen ungeteilt. Der Hopfen treibt aus einem Wurzelstock alljährlich neue oberirdische Stengel, die bei Wildhopfen selten länger als 6 m werden, bei Kultursorten jedoch 10 m oder sogar noch mehr messen können. Mai. 3–6 (–12) m.

**Vorkommen:** Braucht tiefgründigen, nährstoff- und vor allem stickstoffsalzreichen Boden in warmem Klima. Besiedelt wild Auenwälder, Gebüsche an feuchtwarmen Hängen, seltener Ufergebüsch und Erlenbrüche. Selten; kommt an seinen Standorten oft in lockeren, ausgedehnten, aber individuenarmen Beständen vor. Steigt in warmen Alpentälern etwas höher als 1500 m.

**Wissenswertes:** ♃. Der Hopfen ist eine der wenigen mitteleuropäischen Lianen; so nennt man „Schlingpflanzen", die durch Windebewegungen ihrer Stengel Höhe gewinnen und sich so „ins rechte Licht" bringen. Die „Fruchtstände" enthalten ätherische Öle (z. B. Humulen) und Hopfenbittersäuren; beide haben eine mäßig dämpfende Wirkung. Von „Fruchtständen" kann man nicht uneingeschränkt sprechen, weil stets nur weibliche Pflanzen angebaut werden; eine Bestäubung und eine ihr folgende Fruchtbildung kann also gar nicht eintreten. Dem Bier wird Hopfen seit dem 9. Jahrhundert zugesetzt. Junge Sprosse werden zuweilen wie Spargel als Gemüse verwendet.

# Stachelbeerengewächse *Grossulariaceae* ▶

Stachelbeere, Johannisbeere *Ribes*

## Stachelbeere
*Ribes uva-crispa* L. emend. LAM.
Stachelbeerengewächse *Grossulariaceae*

**Beschreibung:** Buschiger, mittelhoher Strauch. Blüten stehen zu 1–3 in den Blattachseln. Blüten 0,8–1,5 cm im Durchmesser (ausgebreitet gemessen!), gelblich-grün bis rötlich. Blütenblätter 5, gelblich-weiß bis grünlich-gelb, sehr selten nur 4, kaum so lang wie die Staubblätter, aufrecht im Blütenbecher stehend, keilförmig, vorne abgerundet, abgestutzt oder beidseitig flach eingebuchtet-geschwungen. Kelchblätter 5, sehr selten nur 4, 2–3mal so lang wie die Blütenblätter, braunrot oder grün und rötlich überlaufen, bei voll aufgeblühten Blüten zurückgeschlagen, außen meist dicht und abstehend weiß behaart. Äste graubraun, mit einfachen, gelegentlich auch mit 2–3teiligen Stacheln; junge Zweige kurz und flaumig behaart. Blätter im Umriß rundlich bis 5eckig, bis 3 cm im Durchmesser, beiderseits dicht mit sehr kurzen Härchen bestanden. Rand 3–5lappig, zuweilen bis auf $\frac{1}{3}$ des Spreitendurchmessers geteilt. April–Mai. 0,5–1,5 m.

**Vorkommen:** Braucht nährstoffreichen, lockeren, steinigen oder sandigen, nicht allzu trockenen und etwas kalkhaltigen Lehmboden. Besiedelt Gebüsche, Waldränder, Steinriegel, Ruinen und Felsspalten. Fehlt im Tiefland westlich der Weser größeren, in den Mittelgebirgen mit Silikatgestein und im Alpenvorland kleineren Gebieten; sonst zerstreut. Steigt in den Alpen bis fast 1500 m.

**Wissenswertes:** ♄. Die Stachelbeere wird wahrscheinlich seit dem 14. oder 15. Jahrhundert kultiviert; im 19. Jahrhundert soll es schon fast 1000 Sorten gegeben haben. In die Kultursorten sind z. T. nordamerikanische Arten eingekreuzt worden. Stachelbeeren enthalten rund 35 mg Vitamin C in 100 g Beeren.

## Spanische Stachelbeere
*Ribes uva-crispa* L. ssp. *reclinatum* (L.) GAUD. ex MONN.
Stachelbeerengewächse *Grossulariaceae*

**Beschreibung:** Buschiger, mittelhoher Strauch. Blüten stehen zu 1–3 in den Blattachseln. Blüten 0,6–1,3 cm im Durchmesser (ausgebreitet gemessen), gelblich-grün bis rötlich. Blütenblätter 5, gelblich-weiß bis grünlich-weiß, sehr selten nur 4, kaum so lang wie die Staubblätter, aufrecht im Blütenbecher stehend, keilförmig, vorne abgerundet, abgestutzt oder beidseitig flach eingebuchtet-geschwungen. Kelchblätter 5, sehr selten nur 4, mindestens doppelt so lang wie die Blütenblätter, braunrot oder grün und rötlich überlaufen, bei voll aufgeblühten Blüten zurückgeschlagen, außen in der Regel kahl oder nur sehr schütter kurz behaart. Beere dunkelrot und meist kahl, seltener gelblich. Äste graubraun, mehr oder weniger bogig gekrümmt, mit nur wenigen einfachen, sehr selten auch mit 2–3teiligen Stacheln; junge Zweige kurz und flaumig behaart. Blätter im Umriß rundlich bis 5eckig, bis 3 cm im Durchmesser, beiderseits kahl oder nur am Rand sehr schütter wimperig behaart; Rand 3–5lappig, zuweilen bis auf $\frac{1}{3}$ des Spreitendurchmessers geteilt. März–April. 0,5–1,5 m.

**Vorkommen:** Braucht basenreichen, kalkhaltigen, lockeren, steinig-sandigen, nicht allzu trockenen Lehmboden. Besiedelt Gebüsche, Waldränder und Steinriegel, Ruinen und Felsspalten. Wild wohl nur in Spanien; bei uns allenfalls verwilderte Zuchtsorten.

**Wissenswertes:** ♄. Diese armstachelige Unterart der Stachelbeere ist wahrscheinlich Stammform bei allen rotfrüchtigen Kultursorten und z. T. auch bei jenen Sorten, deren Beeren wenigborstig oder kahl sind.

**Stachelbeerengewächse** *Grossulariaceae*

## Berg-Johannisbeere
*Ribes alpinum* L.
Stachelbeerengewächse *Grossulariaceae*

**Beschreibung:** Buschiger, mittelhoher Strauch. Blüten in aufrechten, blattachselständigen Trauben. Pflanzen meist entweder weiblich oder männlich, wobei die Blütenorgane des jeweils anderen Geschlechts rudimentär vorhanden sind, so daß beim Aufblühen gelegentlich Zwittrigkeit vorgetäuscht wird. Sehr selten kommt sie tatsächlich vor. Männliche Trauben 10–30blütig; weibliche Blütenstände 2–5blütig. Blüten 5–9 mm im Durchmesser (ausgebreitet gemessen!), hell grünlichgelb. Blütenblätter 5 oder 4, kaum so lang wie die Staubblätter. Kelchblätter 5 oder 4, eiförmig bis spatelig, nicht zurückgeschlagen, vorn abgerundet oder eingebuchtet geschwungen. Äste hellrindig, kahl, unbestachelt. Blätter im Umriß rhombisch oder 5eckig, bis 3 cm im Durchmesser, beiderseits sehr schütter drüsenhaarig, etwa bis zur Hälfte des Spreitendurchmessers 3–5lappig; Lappen spitz oder stumpflich, ziemlich tief und grob kerbig gezähnt; Zähne kurz zugespitzt. Blattstiel meist nur etwa halb so lang wie die Blattspreite, drüsenhaarig. April–Juni. 0,5–2 m.

**Vorkommen:** Braucht nährstoffreichen, lockeren, steinigen, kalkhaltigen und feuchten Lehmboden, der gut mit Mull untermischt sein sollte. Bevorzugt halbschattige Standorte. Besiedelt vorwiegend Schluchtwälder, geht aber auch in felsige Gebüsche. Fehlt im Tiefland, in den niedrigen Mittelgebirgen und in den Mittelgebirgen mit Silikatgestein fast ganz, im Alpenvorland gebietsweise und ist sonst außerhalb der Alpen selten; im Schweizer Jura und in den Alpen zerstreut. Steigt bis etwa 2000 m.

**Wissenswertes:** ♄. Beeren schmecken fade; als Heckenpflanze in Gärten vielfach angepflanzt; erträgt Schnitt.

## Felsen-Johannisbeere
*Ribes petraeum* WULF.
Stachelbeerengewächse *Grossulariaceae*

**Beschreibung:** Steifbuschiger, mittelhoher Strauch. Blüten in hängenden, mäßig reichblütigen Trauben. Blüten 4–9 mm im Durchmesser (ausgebreitet gemessen), grünlich. Blütenblätter meist 5, nur etwa halb so lang wie die Kelchblätter, länglich. Kelchblätter meist 5, ziemlich aufrecht gestellt, so daß die Blüte insgesamt glockig wirkt, vorn in der Regel nicht zurückgeschlagen, sondern nach vorn gerichtet, nur am Rande bewimpert, nicht auf der Außenfläche behaart, ohne sitzende Drüsen auf der Unterseite. Beeren rot, kugelig. Junge Äste meist kahl, nicht mit auffallend widerlichem Geruch. Blätter 3–5lappig, Durchmesser bis 10 cm, am Grunde angedeutet herzförmig, oberseits kahl oder schütter behaart, unterseits ohne sitzende Drüsen, auf den Nerven kurz behaart; Blattrand gezähnt. Blattstiel etwa so lang wie die Spreite, wie die Blattnerven behaart. Mai–Juni. 1–2,5 m.

**Vorkommen:** Braucht sickerfeuchten, nährstoffreichen aber eher kalkarmen und schwach sauren Lehmboden, der locker-humos sein sollte und steinig sein kann. Besiedelt vor allem Schluchtwälder mit Blockhalden und Hochstaudenfluren. Südschwarzwald und Kalkalpen, sehr selten, hier gebietsweise fehlend; Vogesen, Sudeten, südlicher und mittlerer Schweizer Jura und Zentralalpen selten. Bevorzugt Höhen zwischen etwa 1000 und 2000 m, steigt aber im Oberengadin bis fast 2500 m.

**Wissenswertes:** ♄. Die Felsen-Johannisbeere ist ein Eiszeitrelikt; ihr Verbreitungsgebiet erstreckt sich vom Atlas bis Ostsibirien. – Die Früchte sind eßbar. Deswegen hat man schon Kultursorten gezüchtet, die auch in rauhen Lagen angepflanzt werden können.

# Stachelbeerengewächse *Grossulariaceae* ▶

Johannisbeere *Ribes*

## Rote Johannisbeere
*Ribes rubrum* L.
Stachelbeerengewächse *Grossulariaceae*

**Beschreibung:** Mittelhoher Strauch, Blüten in hängenden, mäßig reichblütigen Trauben. Blüten 4–9 mm im Durchmesser (ausgebreitet gemessen), grünlich. Blütenblätter meist 5, nur etwa $\frac{1}{3}$ so lang wie die Kelchblätter. Kelchblätter meist 5, ziemlich aufrecht gestellt, so daß die Blüte insgesamt glockig wirkt, vorne etwas zurückgeschlagen, eiförmig, kahl und ohne sitzende Drüsen. Beeren rot (bei Gartensorten auch gelblich oder weißlich). Blütenboden flach, mit 5eckigem Ringwall. Blütenansatz an den Beeren eckig, groß. Junge Äste schütter behaart, ohne widerlichen Geruch. Blätter 3–5lappig, Durchmesser bis 10 cm, bei Wildformen stark netzrunzelig, am Grunde angedeutet herzförmig, oberseits meist kahl, unterseits höchstens auf den Nerven behaart, stets drüsenlos; Blattrand gezähnt. Blattstiel etwa so lang wie die Spreite. Bei der Wildform entwickeln sich neben den aufrechten Ästen Kriechsprosse; auch sind ihre Blätter stark netzrunzelig. April–Mai. 1–2 m.

**Vorkommen:** Braucht feuchte, nährstoffreiche, tonige Lehmböden. Kommt wild selten in Auenwäldern vor. Fehlt im westlichen Teil des Tieflands, im Hessischen Bergland, in den linksrheinischen Mittelgebirgen, im Schwarzwald, im Jura und im Alpenvorland gebietsweise; öfters aus der Kultur verwildert.

**Wissenswertes:** ♄. *R. rubrum* L. wird mit *R. spicatum* Robs. (s. nebenan) zur Sammelart *R. rubrum* agg. zusammengefaßt. – Die Rote Johannisbeere ist wohl seit Ende des 15. Jahrhunderts Kulturpflanze. Sie wird heute in zahlreichen Sorten angebaut. Die Beeren enthalten über 30 mg Vitamin C/100 g Beeren. Auch ihr Mineralsalzgehalt ist mit rund 0,5 g/100 g Frucht ziemlich hoch; der Zuckergehalt ist eher niedrig.

## Ährige Johannisbeere
*Ribes spicatum* Robs.
Stachelbeerengewächse *Grossulariaceae*

**Beschreibung:** Mittelhoher Strauch. Blüten in hängenden, mäßig reichblütigen Trauben. Blüten um 7 mm im Durchmesser (ausgebreitet gemessen), hellgrün, aber meist braunrot überlaufen. Blütenblätter meist 5, nur etwa $\frac{1}{3}$ so lang wie die Kelchblätter. Kelchblätter meist 5, ziemlich aufrecht gestellt, so daß die Blüte insgesamt becherförmig wirkt, vorne etwas zurückgeschlagen, eiförmig, kahl und ohne sitzende Drüsen. Blütenstandsachse und Blütenstiele zumindest schütter kurzhaarig und mit locker eingestreuten, feinen Drüsen (starke Lupe!). Beeren rot, glasig durchscheinend. Blütenboden flach, rundlich (kein 5eckiger Ringwall um die Griffelbasis). Blütenansatz an den Beeren kreisförmig, klein. Junge Triebe meist kahl, ohne widerlichen Geruch. Blätter 3–5lappig, Durchmesser bis 10 cm, bei Wildformen stark netzrunzelig, am Grunde gestutzt oder schwach herzförmig und dann stets mit sehr weiter Bucht, oberseits kahl, unterseits meist schütter, seltener mäßig dicht behaart oder praktisch kahl. April–Mai. 1–2 m.

**Vorkommen:** Braucht feuchte, mäßig stickstoffsalzhaltige, tonige Lehmböden in Gegenden mit eher spätem und kühlem Frühjahr und mäßig warmen Sommern. Besiedelt sehr selten Auenwälder. Wild nur im nördlichen Teil des mitteleuropäischen Tieflands, in Nordeuropa und im nördlichen gemäßigten Asien.

**Wissenswertes:** ♄. Die Ährige Johannisbeere wird mit der Roten Johannisbeere zur Sammelart *R. rubrum* agg. zusammengefaßt. Ihre Verbreitung in Mitteleuropa ist nur ungenügend bekannt, da sie oftmals nicht von *R. rubrum* L. unterschieden worden ist. Sie wurde in einige (wenige) Kultursorten eingekreuzt.

**Stachelbeerengewächse** *Grossulariaceae*

## Schwarze Johannisbeere
*Ribes nigrum* L.
Stachelbeerengewächse *Grossulariaceae*

**Beschreibung:** Steifbuschiger, mittelhoher Strauch. Blüten in hängenden, mäßig reichblütigen Trauben. Blüten 4–9 mm im Durchmesser (ausgebreitet gemessen), grünlich. Blütenblätter meist 5, nur etwa halb so lang wie die Kelchblätter, länglich. Kelchblätter meist 5, ziemlich aufrecht gestellt, so daß die Blüte insgesamt glockig wirkt, vorne etwas zurückgeschlagen, eiförmig, außen behaart, mit sitzenden Drüsen. Beeren schwarz, drüsig punktiert. Junge Äste kurz behaart. Äste riechen widerlich, vor allem, nachdem man sie gequetscht oder abgeschnitten hat. Blätter 3–5lappig, Durchmesser bis 10 cm, am Grunde angedeutet herzförmig, oberseits kahl oder sehr schütter behaart, unterseits mit regelmäßig verteilten, sitzenden, gelben Drüsen, auf den Nerven kurz behaart; Blattrand gezähnt. Blattstiel etwa so lang wie die Spreite, gleich den Blattnerven behaart. April–Mai. 1–2 m.

**Vorkommen:** Braucht feuchten bis nassen, humushaltigen Ton- oder Lehmboden, der auch zeitweise überflutet sein darf. Besiedelt Bruchwälder und Auenwälder. Im Tiefland zerstreut, im Alpenvorland selten und gebietsweise fehlend, am Mittelrhein und seinen Nebenflüssen selten. Verbreitete Nutzpflanze; aus solchen Kulturen zuweilen verwildert, doch meist unbeständig.

**Wissenswertes:** ♄. Die Schwarze Johannisbeere wird seit dem 16. Jahrhundert als Nutzpflanze vor allem in Gärten angebaut. Als Obst erfreute sie sich keiner ungeteilten Wertschätzung. Ihr Geschmack wird von vielen Leuten als „wanzenartig" empfunden. Sie enthält indessen rund 130 mg Vitamin C/100 g Früchte. Als saftlieferndes Obst ist sie sehr wertvoll.

## Blut-Johannisbeere
*Ribes sanguineum* PURSH
Stachelbeerengewächse *Grossulariaceae*

**Beschreibung:** Zahlreiche Blüten stehen in zunächst schräg aufwärts wachsenden, später hängenden Trauben, die 4–8 cm lang werden und drüsig behaart sind. Blüten 0,8–1,5 cm im Durchmesser (Kelchzipfel ausgebreitet gemessen; s. unten), tief purpurrot bis trüb weinrot, im Schlund zuweilen weißlich, außen drüsig behaart; Kelch röhrig, die freien Zipfel trichterig geöffnet, etwa doppelt so lang wie die Blütenblätter; Blütenblätter weiß oder rötlich, spatelig, aufrecht; Tragblätter im Blütenstand wie Kelchröhre und Kelchzipfel gefärbt und behaart. Beeren schwarz, dick blauweiß bereift, bis zu etwa 1 cm im Durchmesser, leicht drüsig-borstig bis kahl. Zweige zerrieben aromatisch duftend, rotbraun, weich behaart, mit eingestreuten Drüsenhaaren. Blätter wechselständig, rundlich, 3–5lappig, Spreite 5–10 cm im Durchmesser, an der Basis herzförmig, oberseits dunkelgrün, unterseits weißlich-filzig; Blattstiel höchstens so lang wie die Spreite, drüsig behaart. April–Mai. 1,5–3,5 m.

**Vorkommen:** Braucht mittel- bis tiefgründigen, zumindest mäßig stickstoffsalzreichen, sandig-kiesigen oder tonigen Lehmboden. Zierstrauch aus dem westlichen Nordamerika (Kalifornien), der seiner üppigen Blüten wegen häufig gepflanzt wird und gelegentlich auf Ödland verwildert, wenn auf ihm Gartenabfälle gelagert werden.

**Wissenswertes:** ♄. Die Blut-Johannisbeere wurde wahrscheinlich 1826 als Zierpflanze nach Europa gebracht. Heutzutage werden Kulturassen angeboten, die sich in der Blütenfarbe und in der Wuchsform voneinander unterscheiden. – Ähnlich: Gold-Johannisbeere (*R. aureum* PURSH): wie Blut-Johannisbeere, aber gelbblühend. Seit 1812 Zierpflanze in Europa; selten gepflanzt.

# Dickblattgewächse *Crassulaceae* ▶

Rosenwurz *Rhodiola*
Fetthenne *Sedum*

## Rosenwurz
*Rhodiola rosea* L.
Dickblattgewächse *Crassulaceae*

**Beschreibung:** Blüten stehen in einer sehr dichten Trugdolde am Ende des Stengels. Auf einer Pflanze stehen entweder nur männliche oder nur weibliche Blüten (bei genauem Betrachten kann man freilich noch unvollkommen ausgebildete Organe entdecken, die für das jeweils andere Geschlecht typisch sind). Blüten 4–6 mm im Durchmesser, gelb, an der Spitze zuweilen rot. Blütenblätter 4, an den weiblichen Blüten oft fehlend, lineal. Kelchblätter 4, schmal-eiförmig, kurz. Stengel aufrecht, unverzweigt, kahl. Nichtblühende Stengel fehlen. Blätter sehr dicht am Stengel, wechselständig mit breitem Grund dem Stengel ansitzend, flach, lanzettlich, fleischig, blaugrün, an der Spitze gelegentlich etwas rötlich angelaufen, meist ganzrandig oder undeutlich und entfernt gezähnt, die größten – im Mittelteil des Stengels – 4–6 cm lang und 1–1,5 cm breit. Mai–August. 10–35 cm.

**Vorkommen:** Braucht feuchten, kalkarmen oder kalkfreien Untergrund. Besiedelt beschattete, sickerfeuchte Felsspalten, seltener sickerfeuchte Blockhalden, Quellfluren oder schmelzwasserdurchrieselte Stellen in alpinen Matten. Bevorzugt Höhen zwischen etwa 1000 und 3000 m. Belchen im Südschwarzwald, Vogesen, Zentralalpen mit kristallinem Gestein; selten; sehr selten in den Kalkalpen Oberösterreichs.

**Wissenswertes:** ♃. Die Rosenwurz wird zuweilen als Zierpflanze in Steingärten gepflanzt. Ihr Wurzelstock duftet nach Rosen (Name!); er enthält ätherisches Öl. Früher wurde die Rosenwurz auch als Heilpflanze genutzt. Sie soll Gerbstoffe enthalten, die eine blutstillende Wirkung erklären könnten.

## Kaukasus-Fetthenne
*Sedum spurium* MB.
Dickblattgewächse *Crassulaceae*

**Beschreibung:** Blüten stehen in mäßig dichten Trugdolden am Ende von Ästen, die von niederliegenden Sprossen abzweigen und zu mehreren bis vielen aufgebogen emporwachsen. Blüten 1,5–2,5 cm im Durchmesser, purpurrot oder rosa, gelegentlich sehr hell rosa und fast weiß. Blütenblätter 5, länglich-lanzettlich, mit einer als Stachelspitzchen auslaufenden Mittelrippe. Kelchblätter 5, länglich-3eckig, gegen den Grund am Rand bärtig, fleischig, oft rötlich. Nichtblühende Stengel stets vorhanden; diese 5–15 cm lang, beblättert, drüsig-wimperig behaart. Stengel der blühenden Triebe 10–20 cm, 2–4 mm dick, nur im oberen Teil drüsig bewimpert. Alle Blätter gleich, je 3 quirlständig oder gegenständig, flach, eiförmig, 1–3 cm lang, gegen den Grund keilförmig verschmälert, nur an der Spitze mit einigen stumpfen Zähnen, am Rande bewimpert. Juli–August. 10–20 cm.

**Vorkommen:** Heimat: Kaukasus. Bei uns als Zierpflanze in Steingärten, aber auch auf Gräbern gepflanzt und örtlich beständig verwildert, vor allem in den wärmeren Gebieten. Besiedelt dann Mauern, Felsen, Kiesgruben oder Schotter auf stillgelegten Bahnlinien. Steigt im Engadin noch bis über 1700 m.

**Wissenswertes:** ♃. Das Artepithet des wissenschaftlichen Namens „spurius" bedeutet eigentlich „unehelich". Damit wollte man wohl darauf hinweisen, daß die Art der heimischen Pflanzenwelt nicht angehört. Wann die Pflanze nach Mitteleuropa gekommen ist, bleibt unklar. Heute gibt es eine ganze Reihe von Kultursorten, die sich insbesondere in der Blütenfarbe unterscheiden. Es sind auch Formen mit bräunlichen, anthocyanreichen Blättern bekannt.

**Dickblattgewächse** *Crassulaceae*

## Rispen-Fetthenne
*Sedum cepaea* L.
Dickblattgewächse *Crassulaceae*

**Beschreibung:** Blüten stehen in einer lockeren, länglichen, unten beblätterten, oben blattlosen Rispe, die fast 20 cm hoch werden kann. Blüten 4–8 mm im Durchmesser, hellrosa. Blütenblätter meist 5, lanzettlich, mit grannenartiger Spitze und mit einem purpurroten, seltener mit einem grünen Mittelstreifen, außen meist schütter kurz und drüsig behaart. Kelchblätter in der Regel 5, schmal-eiförmig, spitz, außen zerstreut drüsig behaart. Die Blüten stehen auf Stielen, die meist kürzer als 1 cm bleiben und die drüsig-flaumig sind. Stengel meist aufrecht, rötlich überlaufen, vom Grund an verzweigt, ohne nichtblühende Triebe, unten kahl, oben drüsig behaart. Alle Blätter flach, die unteren zu 3–4 quirlständig oder gegenständig, die oberen meist wechselständig; untere Blätter eiförmig bis rundlich, obere lanzettlich, bis 3 cm lang, auf der Oberseite hohlrinnig, im Querschnitt etwa 4mal breiter als dick. Juni–Juli. 10–30 cm.

**Vorkommen:** Braucht kalkarmen, sauren, humusreichen, lockeren, steinigen oder sandigen Lehmboden in Gegenden mit mildem Klima. Besiedelt schattige Gebüschsäume und Mauern, aber auch Ödland. Erträgt durchaus mäßige Gehalte an Stickstoffsalzen im Boden. Alpensüdfuß, Misox, Genfer See, Französischer Jura, Vogesen. Heimat: Westliches Mittelmeergebiet und südwesteuropäische Atlantikküste. In Mitteleuropa aus Kulturen verwildert und mehr oder minder beständig eingebürgert.

**Wissenswertes:** ☉. Möglicherweise sind einige der Vorkommen am Alpensüdfuß ursprünglich, d. h. Vorposten des natürlichen Areals. Früher wurde die Rispen-Fetthenne als Heilpflanze in Gärten gepflanzt.

## Große Fetthenne
*Sedum telephium* agg.
Dickblattgewächse *Crassulaceae*

**Beschreibung:** Die Blüten stehen in einer sehr dichten, oft fast halbkugeligen oder klumpig-straußigen Scheindolde am Ende der Stengel. Blüten 5–9 mm im Durchmesser, blaßgelb oder purpurrot. Blütenblätter 5, schmal-eiförmig, mit aufgesetzter oder kapuzenartiger Spitze. Fruchtblätter 5, groß, länglich, spitz, zusammengeneigt oder etwas nach außen gebogen. Stengel aufrecht, um 1 cm dick; keine nichtblühenden Stengel (Unterschied zu *S. spurium*). Blätter wechselständig, die oberen auch gegen- oder fast quirlständig, alle fleischig, eiförmig bis lanzettlich, meist breiter als 1 cm, ganzrandig oder schwach gezähnt, am Grund keilförmig verschmälert oder herzförmig, dem Stengel ansitzend. Juli–Oktober. 20–80 cm.

**Vorkommen:** Braucht steinige, basenreiche, doch eher kalk- und stickstoffsalzarme, höchstens mäßig feuchte Lehmböden. Äcker, Waldlichtungen, Raine, Felsen, Felsschutt, Wegränder. Im Tiefland und im Alpenvorland örtlich fehlend, sonst zerstreut. Gelegentlich als Zierpflanze aus Gärten verwildert.

**Wissenswertes:** ♃. Meist werden bei uns folgende Kleinarten unterschieden: Große Fetthenne (*S. maximum* (L.) Hoffm.): Blüten gelbgrün, Blätter gegenständig oder zu 3 quirlig, breit ansitzend; Magerrasen, Äcker, Gebüsche (alte Heil-, Salat- und Zierpflanze). Purpur-Fetthenne (*S. telephium* L.): Blüten purpurrot, Blätter selten gegenständig, am Grund verschmälert; Acker- und Wegränder, Mauern, Raine; alte Heilpflanze; zuweilen Zierpflanze. Berg-Fetthenne (*S. vulgaris* (Haw.) Lk.): Blüten rosarot, alle Blätter wechselständig, kurzstielig. Osteuropa, vielleicht Jura und Schwarzwald. Zierpflanze.

# Dickblattgewächse *Crassulaceae*
Mauerpfeffer *Sedum*

## Spanischer Mauerpfeffer
*Sedum hispanicum* L.
Dickblattgewächse *Crassulaceae*

**Beschreibung:** Blüten stehen in einem lockeren, doldenartigen Blütenstand, der nur aus 3–4 Ästen besteht, an denen jeweils wenige Blüten auf kurzen Stielen ansitzen. Blüten 0,8–1,2 cm im Durchmesser, weiß oder rosa, mit einem rötlichen Streifen. Blütenblätter meist 6, gelegentlich bis 9, lanzettlich, spitz auslaufend. Kelchblätter 6, eiförmig, nur 1–2 mm lang, eiförmig. Blütenblätter, Kelchblätter (jeweils außen) und Blütenstiele sind mit einzelnen Drüsen besetzt. Stengel meist aufrecht, einfach oder vom Grunde an verzweigt, nur im Blütenstandsbereich mit einzelnen Drüsen; nichtblühende Triebe fehlen. Alle Blätter gleich gestaltet, 1–1,5 cm lang, 2–3 mm breit, mit stumpfer Spitze, fleischig halbstielrund (im Querschnitt eiförmig), wechselständig, blaugrün bereift. Juni–Juli. 5–15 cm.

**Vorkommen:** Bevorzugt kalkhaltigen und zumindest frischen, wenn nicht feuchten Untergrund, geht gelegentlich aber auch an sonnige und trockene Stellen. Besiedelt feuchte Felsen und Mauern, seltener Steinriegel in Gebüschen und an Wegen. Heimat: Osteuropa und Südwestasien. Die Vorkommen in Mitteleuropa sollen auf Einschleppung zurückzuführen sein. Andererseits ist die Art in den Alpen auf kalkhaltigem Gestein vom Ostrand bis etwa zu einer Linie Zuger See–Brünigpaß verbreitet, wenngleich sie in diesem Gebiet ziemlich selten auftritt. Die Einbürgerung – wenn es denn eine ist – dürfte also schon vor langer Zeit stattgefunden haben.

**Wissenswertes:** ☉. Der Spanische Mauerpfeffer wird in den Alpen sicher durch den Föhn verbreitet. Er kann deshalb im Vorland immer wieder auftauchen.

## Sumpf-Mauerpfeffer
*Sedum villosum* L.
Dickblattgewächse *Crassulaceae*

**Beschreibung:** Blüten stehen in einem eher dichten, doldenartigen Blütenstand, der nur aus 3–4 Ästen besteht, an denen jeweils nur 1–3 Blüten auf kurzen Stielen ansitzen, so daß der gesamte Blütenstand nur aus 3–10 Blüten besteht. Blüten 5–9 mm im Durchmesser, rosarot. Blütenblätter 5, eiförmig, mit stumpfer Spitze, in der Mitte mit einem dunkleren Streifen. Kelchblätter 5, 2–3 mm lang, eiförmig, mit stumpfer Spitze. Blütenblätter, Kelchblätter (jeweils außen) und Blütenstiele sind dicht mit Drüsen besetzt. Stengel meist aufrecht, einfach oder vom Grunde an verzweigt; nichtblühende Triebe fehlen. Alle Blätter gleich gestaltet, 0,5–1 cm lang, 2–3 mm breit, mit stumpfer Spitze, fleischig halbstielrund (im Querschnitt eiförmig), wechselständig, blaugrün bereift. Stengel und Blätter dicht mit Drüsen besetzt. Juni–Juli. 5–20 cm.

**Vorkommen:** Braucht feuchten, ja nassen, kalkarmen, sumpfig-schlammigen oder torfigen Sandboden, geht auch auf nassen Felsuntergrund. Besiedelt Flachmoore und Quellfluren, geht aber auch auf gut durchsickerten, feinen Felsschutt. Vereinzelt im Hessischen Bergland, im Bayerischen Wald, im Südschwarzwald, im Alpenvorland, in Vorarlberg und in den Vogesen. Im Schweizer Mittelland sehr selten. In den Alpen mit kalkarmem oder kalkfreiem Gestein selten und gebietsweise fehlend.

**Wissenswertes:** ☉. Die Fundorte des Sumpf-Mauerpfeffers sind in der 1. Hälfte dieses Jahrhunderts und besonders seit dem Ende des 2. Weltkriegs drastisch zurückgegangen; Feuchtwiesen wurden vielerorts entwässert, in die landwirtschaftliche Nutzfläche einbezogen oder einer anderen Nutzung zugeführt.

**Dickblattgewächse** *Crassulaceae*

## Schwärzlicher Mauerpfeffer
*Sedum atratum* L.
Dickblattgewächse *Crassulaceae*

**Beschreibung:** 3-6 Blüten stehen in einem dichten, gedrängten, andeutungsweise doldig eingeebneten, traubigen Blütenstand am Ende des Stengels. Blüten 5-8 mm im Durchmesser, weißlich, gelbgrün oder rötlich-braun. Blütenblätter 5, länglich-eiförmig, spitz, oft mit roten Streifen. Kelchblätter 5, 2-2,5 mm lang, dick, fleischig, stumpf, von gleicher Form wie die Stengelblätter. Stengel aufgebogen oder aufrecht, einfach oder am Grunde verzweigt, kahl. Neben den blühenden Stengeln gibt es keine nichtblühenden Triebe. Blätter ellipsoidisch bis zylindrisch, 3-5 mm lang, im Durchmesser etwa 2 mm, wechselständig, zumindest die unteren sehr dicht am Stengel stehend, oft dunkelpurpurn oder rötlich-braun überlaufen, obere – zuweilen auch alle – oft ausgesprochen gelbgrün, kahl. Wurzeln nicht verdickt. Juni–August. 3-8 cm.

**Vorkommen:** Braucht kalkhaltigen, locker-steinigen Lehmboden in alpiner Lage. Besiedelt lückige, felsige alpine Rasen und Matten, Schutthalden und Felsspalten. Bevorzugt Höhen zwischen etwa 1000 und 3000 m. In den Nördlichen und Südlichen Kalkalpen – und zwar bis ins jeweilige Vorland – zerstreut, desgleichen im südlichen Schweizer Jura nach Norden bis etwa zum Chasseral; in den zentralen Ketten mit kristallinem Gestein nur vereinzelt.

**Wissenswertes:** ☉. Trotz seiner wenigen Blüten bildet der Schwärzliche Mauerpfeffer reichlich Samen. Bemerkenswerterweise keimen diese schon im Herbst. Bleibt die Schneedecke aus, gibt es Fröste und überdies wenig Niederschlag, dann sterben die Keimlinge meist den Trockentod. Unter Schnee hingegen gedeihen sie.

## Einjähriger Mauerpfeffer
*Sedum annuum* L.
Dickblattgewächse *Crassulaceae*

**Beschreibung:** 3-12 – selten mehr – Blüten stehen in einem nur mäßig dichten, andeutungsweise doldig eingeebneten, traubigen Blütenstand am Ende des Stengels. Blüten 5-8 mm im Durchmesser, hellgelb. Blütenblätter 5, gelegentlich auch 6, länglich-eiförmig oder lanzettlich, spitz, gekielt, oft mit einem roten Streifen. Kelchblätter 5, gelegentlich auch 6, stumpf-eiförmig oder länglich. Stengel zuweilen aufgebogen, meist aufrecht, einfach oder am Grunde verzweigt, kahl. Neben den blühenden Stengeln gibt es keine nichtblühenden Triebe. Blätter ellipsoidisch bis zylindrisch, 3-5 mm lang, im Durchmesser etwa 2 mm, am Blattgrund mit etwa 0,3 mm langem, spornartigem Ansatz (von allen mitteleuropäischen *Sedum*-Arten hat nur noch *S. sexangulare* (s. S. 326) ein derartiges Anhängsel!), wechselständig, sehr dicht am Stengel stehend, vorn stumpf. Wurzel unverdickt, nicht oder wenig verzweigt. Juni–August. 5-15 cm.

**Vorkommen:** Braucht einen Untergrund, der arm an Nährstoffen, Kalk, Humus und Feinerde sein sollte und der steinig, grusig oder mergelig sein kann. Besiedelt Felsen, Mauerkronen, Steinschutthalden und Grusflächen, geht nur gelegentlich auch auf feinerdereiche Schutthalden. Südschwarzwald, Grünten im Allgäu, Vogesen; selten. Zentralalpen auf kalkarmem oder kalkfreiem Gestein zerstreut. Bevorzugt Höhen zwischen 1000 und 2000 m, geht örtlich tiefer (z.B. im Wiesetal im Südschwarzwald) oder etwas höher.

**Wissenswertes:** ☉. Neben der Samenvermehrung spielt auch die Vermehrung durch Ausläufer eine Rolle, an denen sich Tochterrosetten bilden. Als Inhaltsstoff der Pflanze wird interessanterweise Vitamin C angegeben.

# Dickblattgewächse *Crassulaceae*
Mauerpfeffer *Sedum*

## Alpen-Mauerpfeffer
*Sedum alpestre* VILL.
Dickblattgewächse *Crassulaceae*

**Beschreibung:** 1-6 Blüten stehen in einem nur mäßig dichten, traubigen Blütenstand am Ende des Stengels; eine andeutungsweise doldige Einebnung ist nur zu erkennen, wenn mehr als 3 Blüten vorhanden sind. Blüten 6-9 mm im Durchmesser (ausgebreitet gemessen), hellgelb, zuweilen rot gefleckt. Blütenblätter 5, länglich-eiförmig, stumpf, ziemlich aufrecht abstehend. Kelchblätter 5, eiförmig, stumpf. Stengel niederliegend oder bogig aufsteigend, selten frei aufrecht, kahl. Neben den blühenden Stengeln gibt es nichtblühende Triebe, die dicht beblättert sind und die zusammen mit den blühenden oft dichte, wenn auch kleinflächige Rasen bilden. Blätter ellipsoidisch bis zylindrisch, 3-5 mm lang, im Durchmesser etwa 2 mm, oberseits stark, unterseits schwach abgeflacht, wechselständig mit breitem, abgerundetem Grund sitzend, spornlos, manchmal rötlichbraun überlaufen. Juni-August. 5-10 cm.

**Vorkommen:** Braucht humusarmen, kalkfreien, grusig-steinigen, frischen bis nassen Boden. Besiedelt feuchte Stellen auf Moränen, vor allem aber Schneetälchen und gut durchsickerte, lange schneebedeckte Mulden und Rinnen. Scheut Stickstoffsalze im Boden nicht. Wächst daher auch an Lagerstellen von Schafen und gelegentlich siedlungsnah um Berghütten oder hochgelegene Dörfer. Bevorzugt Höhen zwischen etwa 1000 und 3000 m. Vogesen, Allgäuer Alpen auf entkalktem Humus (z.B. Grünten, Hoher Ifen); selten. Zentralalpen mit kalkfreiem Gestein; zerstreut.

**Wissenswertes:** ♃. Die Standorte des Alpen-Mauerpfeffers sind oft nur 3-5 Monate schneefrei. Liegt Schnee nur noch handhoch, kann er mit Photosynthese schon beginnen.

## Felsen-Mauerpfeffer
*Sedum reflexum* L.
Dickblattgewächse *Crassulaceae*

**Beschreibung:** 15-50 Blüten stehen in lockeren, traubigen, meist deutlich doldig eingeebneten Blütenständen am Ende des Stengels. Blütenstände nicken vor dem Aufblühen. Blüten 1,2-2 cm im Durchmesser, zitronengelb. Blütenblätter 5, selten 6-7, lineal-lanzettlich, spitz. Kelchblätter in gleicher Anzahl wie die Blütenblätter, eiförmig-3eckig, mehr oder minder stumpf. Staubfäden an der Basis bewimpert. Hauptstengel kriechend, wurzelnd, verzweigt. Von ihm zweigen blühende und nichtblühende Triebe ab, die meist bogig aufsteigen, seltener aufrecht wachsen. Nichtblühende Triebe dicht beblättert. Blätter schmal, 1-2 cm lang, mit grannenartiger, stacheliger Spitze, im Querschnitt fast rundlich oder zumindest angedeutet halbkreisförmig, wobei die Oberseite noch deutlich gekrümmt ist. Blühende Triebe locker beblättert. Form der Blätter gleich wie an den nichtblühenden Trieben. Juni-August. 10-30 cm.

**Vorkommen:** Braucht kalkarmen oder kalkfreien, humus- und feinerdearmen, trockenen Untergrund. Besiedelt Felsköpfe, steinige Rasen, Mauern und Sandrasen. Gelegentlich auch Zierpflanze und örtlich verwildert. Im Tiefland, im Alpenvorland und in den Mittelgebirgen mit Kalkgestein sehr selten; in den Mittelgebirgen mit kalkarmem oder kalkfreiem Gestein selten. Fehlt anscheinend in den Alpen.

**Wissenswertes:** ♃. *S. reflexum* L. wird mit *S. forsteranum* SM. (Blätter an der Spitze der nichtblühenden Triebe schopfig), *S. montanum* SONG. & PERR. (Staubfäden kahl, Blüten zitronengelb) und *S. ochroleucum* CHAIX (Staubfäden kahl, Blüten weißlich-gelb) zur Sammelart *S. rupestre* agg. zusammengefaßt.

**Dickblattgewächse** *Crassulaceae*

## Weißer Mauerpfeffer
*Sedum album* L.
Dickblattgewächse *Crassulaceae*

**Beschreibung:** Blüten stehen in einem reichblütigen, meist deutlich doldig eingeebneten, rispigen Blütenstand. Blüten 6–9 mm im Durchmesser, weiß oder hell rotviolett. Blütenblätter 5, sehr schmal eiförmig-lanzettlich, vorne stumpf. Kelchblätter 5, etwa 1,5 mm lang, meist eiförmig-stumpf. Von einem kriechenden Hauptstengel zweigen niederliegende, vorne etwas aufgebogene, nichtblühende Triebe ab. Blühende Stengel 2–3 mm dick, am Grunde aufgebogen und dann oft etwas verbogen aufrecht. Alle Blätter fleischig, eiförmig-zylindrisch, fast waagrecht abstehend, stumpf, 0,5–1,5 cm lang, im Querschnitt rund, auf der Oberseite etwas abgeflacht, mit einem Durchmesser von 1–3 mm, wechselständig, grün oder rötlich überlaufen, wie die Stengel völlig kahl. Juni–Oktober. 5–20 cm.

**Vorkommen:** Braucht trockenen, feinerde- und humusarmen, steinigen Untergrund in sonniger Lage, der oft kalkhaltig ist, dies aber nicht sein muß. Besiedelt Felsschutthalden, Mauern, Flachdächer mit Kiesschüttung und lückige, sehr trockene und felsige Rasen. Im Tiefland und in den kalkarmen Gebieten des Alpenvorlandes nur vereinzelt; in den Bergländern im mittleren Deutschland sehr selten; in den Mittelgebirgen mit Kalkgestein oder mit Felsbildungen zerstreut. In den Alpen nur örtlich über 2000 m, in den niederen und mittleren Lagen zerstreut, vor allem in den Kalkalpen.

**Wissenswertes:** ♃. Wie andere *Sedum*-Arten (z. B. *S. acre, S. reflexum*) nennt man *S. album* da und dort auch Tripmadam, vielleicht vom französischen tripe = Gedärm. Der Name bedeutete dann „Weiberdarm". Was durch ihn ausgesagt werden sollte, bleibt unklar.

## Dickblättriger Mauerpfeffer
*Sedum dasyphyllum* L.
Dickblattgewächse *Crassulaceae*

**Beschreibung:** 1–7 Blüten stehen in einem ziemlich dicht gedrängten, nur selten lockeren, rispigen Blütenstand; sind mehrere Blüten vorhanden, erkennt man oft eine gewisse doldenartige Einebnung. Blüten 6–9 mm im Durchmesser, weiß oder sehr hell rosa. Blütenblätter 5, schmal-eiförmig oder lanzettlich, stumpf oder nur unscharf zugespitzt, auf der Innenseite an der Basis mit einem gelben Fleck, auf der Außenseite mit einem purpurroten Mittelstreif. Kelchblätter 5, kaum 2 mm lang, eiförmig, meist kahl oder nur schütter drüsig. Blüten stehen auf Stielen, die 3–5 mm lang werden und die dicht drüsig behaart sind. Stengel niederliegend und bogig aufsteigend, reich verzweigt und so dichte, polsterartige Rasen bildend. In den Polstern gibt es stets zahlreiche, dicht beblätterte, nichtblühende Triebe. Blühende Triebe locker beblättert. Alle Stengel unten kahl, oben drüsig behaart. Alle Blätter eiförmig-zylindrisch, 5–7 mm lang, im Querschnitt unterseits halbkreisförmig, oberseits stark abgeflacht, wechselständig oder gegenständig. Alle Blätter blaugrün bereift, oft rötlich überlaufen, meist kahl, selten schütter drüsig behaart. Juni–August. 5–15 cm.

**Vorkommen:** Braucht trockenen, feinerde- und humusarmen, steinigen Untergrund in sonniger Lage. Kommt vereinzelt in der Pfalz, im Schwäbischen Jura, im Südschwarzwald und im Allgäu vor. Im Schweizer Jura und im Schweizer Mittelland, in Vorarlberg, Ober- und Niederösterreich selten; in den Alpen zerstreut; geht hier bis über 2000 m.

**Wissenswertes:** ♃. Der Dickblättrige Mauerpfeffer wird als Zierpflanze in Steingärten gepflanzt, aus denen er da und dort verwildert ist.

# Dickblattgewächse *Crassulaceae* ▶

Mauerpfeffer *Sedum*
Dickblatt *Crassula*

## Scharfer Mauerpfeffer
*Sedum acre* L.
Dickblattgewächse *Crassulaceae*

**Beschreibung:** 1–7 Blüten stehen in einem ziemlich dicht gedrängten, nur selten lockeren, traubigen Blütenstand; sind mehrere Blüten vorhanden, erkennt man oft eine gewisse doldenartige Einebnung. Blüten 1–1,6 cm im Durchmesser, goldgelb. Blütenblätter 5, schmal-eiförmig bis lanzettlich, unscharf zugespitzt, fast waagrecht ausgebreitet. Kelchblätter 5, eiförmig, stumpf, nur etwa 3 mm lang. Hauptstengel teilweise unterirdisch kriechend, reich in blühende und nichtblühende Triebe verzweigt, die lockere, jedoch kissenartig wirkende Rasen bilden können. Nichtblühende Triebe bogig aufsteigend, dicht beblättert. Blühende Triebe etwas lockerer beblättert. Alle Blätter fleischig, halb-eiförmig, oberseits deutlich abgeflacht, unterseits gewölbt 1,5–4 mm lang und bis 3 mm breit, wechselständig, stumpf, am Grunde ohne Sporn, kahl, oft rötlich-braun überlaufen, zerkaut scharf schmeckend (nicht schlucken!). Juni–August. 3–15 cm.

**Vorkommen:** Braucht trockenen, feinerde- und humusarmen, steinigen Untergrund in sonniger Lage, der oft kalkhaltig ist, dies aber nicht sein muß. Besiedelt Mauern, Felsen, geht auf Flachdächer und vor allem auf Schotter stillgelegter Bahngeleise, vergruste, sandige Wege und auf trockene Kiesbänke. Fehlt im Tiefland, in den Mittelgebirgen mit kalkarmem oder kalkfreiem Gestein und im Alpenvorland gebietsweise; sonst zerstreut; steigt in den Alpen bis über 2000 m.

**Wissenswertes:** ♃; (☠). Enthält Alkaloide, wenn auch in ziemlich geringen Mengen. Berichte über Vergiftungen haben wir nicht gefunden. Noch geringere Alkaloidmengen kommen auch in anderen *Sedum*-Arten vor.

## Milder Mauerpfeffer
*Sedum sexangulare* L. emend. GRIMM
Dickblattgewächse *Crassulaceae*

**Beschreibung:** 1–7 Blüten stehen in einem ziemlich dicht gedrängten, nur selten lockeren, traubigen Blütenstand; sind mehrere Blüten vorhanden, erkennt man oft eine gewisse doldenartige Einebnung. Blüten 5–9 mm im Durchmesser, zitronengelb oder sehr hell gelb. Blütenblätter 5, schmal-eiförmig bis lanzettlich, unscharf zugespitzt, fast waagrecht ausgebreitet. Kelchblätter 5, eiförmig, fleischig, stumpf, nur etwa 2 mm lang. Hauptstengel teilweise unterirdisch kriechend, reich in blühende und nichtblühende Triebe verzweigt, die lockere, jedoch kissenartig wirkende Rasen bilden. Nichtblühende Triebe bogig aufsteigend, dicht 6zeilig beblättert (nicht immer deutlich erkennbar). Blühende Triebe lockerer beblättert. Alle Blätter fleischig, walzlich, im Querschnitt rund, oben kaum abgeflacht, bis 6 mm lang und 1 mm dick, stumpf, am Grunde mit einem etwa 0,3 mm langen, spornartigen Anhängsel. Juni–August. 3–10 cm.

**Vorkommen:** Braucht trockenen, feinerde- und humusarmen, steinig-sandigen Untergrund in sonniger Lage, der meist kalkhaltig ist. Besiedelt Mauern, Felsen, Kiesbeläge auf Flachdächern und sandige oder felsige Rasen. Fehlt im Tiefland und in den höheren Lagen der Mittelgebirge und des Alpenvorlandes auch größeren Gebieten; in den sommertrockenen Gebieten selten, in den Alpen vorwiegend in den Kalkalpen; selten; steigt nur in den Südlichen Kalkalpen über 1500 m.

**Wissenswertes:** ♃. Auf den ersten Blick gleicht der Milde dem Scharfen Mauerpfeffer; anders als dieser schmeckt er beim Zerkauen nicht scharf (Name! Trotz des milden Geschmacks sollte man die gekauten Blätter nicht schlucken!).

**Dickblattgewächse** *Crassulaceae*

## Moos-Dickblatt
*Crassula tillaea* LESTER-GARLAND
Dickblattgewächse *Crassulaceae*

**Beschreibung:** Blüten sitzen zu 2–4 in den Achseln der Laubblätter. Blüten unscheinbar, um 1,5 mm im Durchmesser (ausgebreitet gemessen). Blütenblätter 3, kürzer als die Kelchblätter, schmallanzettlich, spitz, weiß bis hellrot. Kelchblätter 3, breit-lanzettlich, spitz, knapp 1 mm lang, hellrot mit weißer Spitze. 3 auffallende, wenngleich nur etwa 0,5 mm große Balgfrüchte. Stengel niederliegend oder aufsteigend, seltener aufrecht, meist stark verzweigt, 4kantig, oft rötlich überlaufen, an den Knoten häufig wurzelnd. Stengelblätter 1–2 mm lang, fleischig, gegenständig, am Grunde angedeutet scheidig verbunden, vom Stengel ziemlich abspreizend, eiförmig, zugespitzt, oberseits flach, unterseits gerundet, meist sehr dicht stehend und sich mehr oder weniger deckend, in den Achseln oft mit gestauchten Kurztrieben, die wechselständig am Stengel verteilt sind. Mai–September. 1–5 cm.

**Vorkommen:** Braucht feuchten, ja nassen, schlammigen Boden. Teichufer und -böden, nasse Stellen auf Äckern und in Heiden. War früher im Tiefland westlich wie östlich der Elbe vereinzelt vorhanden, gilt jetzt dort als verschollen. Fehlte auch schon früher in Österreich und in der Schweiz.

**Wissenswertes:** ☉. Möglicherweise wird das Moos-Dickblatt da und dort übersehen, wenn es in vernäßten Furchen kalkarmer und verdichteter Äcker wächst. Allerdings sind solche Stellen seit der Intensivierung der Landwirtschaft, der Dränage von Äckern und der verbesserten Bodenbearbeitung überall selten geworden. An Naßstellen von Heiden könnte es ebenso erneut gefunden werden wie an Teichufern, wenn die Samen durch Wasservögel eingeschleppt werden.

## Wasser-Dickblatt
*Crassula aquatica* (L.) SCHÖNL.
Dickblattgewächse *Crassulaceae*

**Beschreibung:** Blüten stehen einzeln an Kurztrieben, die in den Blattachseln entspringen; die Kurztriebe sind so winzig, daß die Blüten zu sitzen scheinen. Blüten um 2 mm im Durchmesser (ausgebreitet gemessen), weiß. Blütenblätter meist 4, selten nur 3 oder 5, schmal-eiförmig bis länglich, vorne stumpf, aufrecht im Kelch stehend, mehr als doppelt so lang wie der Kelch. Kelch besteht aus 4, bis etwa auf halbe Höhe miteinander verwachsenen Blättern. Stengel aufrecht oder niederliegend, an den Knoten stark wurzelnd. Stengelblätter 3–6 mm lang, flach, gekreuzt-gegenständig, am Grunde angedeutet scheidig verbunden, vom Stengel ziemlich abspreizend, lineal-lanzettlich, spitz. Juli–September. 2–5 cm.

**Vorkommen:** Braucht kalkfreien, feuchten, ja nassen, schlammigen Boden, der zeitweise überflutet sein kann. War früher im Tiefland westlich wie östlich der Elbe vereinzelt vorhanden, gilt dort neuerdings aber als verschollen. Möglicherweise noch in Niederösterreich.

**Wissenswertes:** ☉. Das Wasser-Dickblatt hatte gute Lebensbedingungen, als die Teichwirtschaft im Mittelalter in weit größerer Ausdehnung betrieben wurde, als dies heutzutage der Fall ist. Auf dem zeitweise trockengelegten Grund von Tümpeln und Weihern konnte die kleinwüchsige Gesellschaft von Pflanzen Fuß fassen, der das Wasser-Dickblatt angehört. Auf solchen Standorten könnte es sich auch heute wieder ansiedeln, wenn seine Samen z. B. durch Wasservögel eingeschleppt werden. Das Wasser-Dickblatt erträgt Überflutung. Seine Stengel sind dann aufrechter, die Blätter weiter voneinander entfernt. Ähnlich: *C. vaillantii* (WILLD.) ROTH: Blüten deutlich gestielt; Westeuropa; ostwärts bis zur Mosel.

# Dickblattgewächse *Crassulaceae*

Mauerpfeffer *Sedum*
Hauswurz *Sempervivum*

## Rötlicher Mauerpfeffer
*Sedum rubens* L.
Dickblattgewächse *Crassulaceae*

**Beschreibung:** Blüten stehen in einem mäßig reichblütigen, eher lockeren, traubigen Blütenstand, der oft aus dem Stengel und 2 Ästen besteht, die doldenstrahlig angeordnet sind, wobei die Blüten nicht ausgesprochen deutlich eingeebnet, sondern eher lappig-straußig angeordnet sind. Blüten 5–9 mm im Durchmesser, weißlich oder rosa. Blütenblätter 5, lanzettlich, spitz, spreizend, mit dunkler rotem Mittelnerv, außen behaart. Kelchblätter 5, 3eckig, spitz, nur etwa 1 mm lang. Stengel aufrecht oder aufsteigend, rund, meist in der ganzen Länge mit 4 flügelartigen Leisten, die etwa 0,2 mm hoch werden, oben drüsig. Blätter fleischig, halbzylindrisch, bis 2,5 cm lang und bis 2 mm breit, oberseits flach oder etwas rinnig, unterseits gerundet, stumpf, blaugrün, wechselständig. Mai–Juni. 5–15 cm.

**Vorkommen:** Braucht nährstoffreichen, kalkarmen, lockeren, oft sandig-mergeligen, humusarmen Boden in warmen Lagen. Besiedelt dort Weinberge, Brachen, lückige Trockenrasen und Ödland. Moseltal bei Trier, Oberrheintal um Lörrach und Isteiner Klotz (diese Vorkommen könnten neuerdings erloschen sein), Hochrhein ostwärts bis Eglisau, Aare-, Reuß- und Limmattal, Genfer See, französischer Jura; sehr selten und durch die Intensivierung der Landwirtschaft möglicherweise örtlich verschollen.

**Wissenswertes:** ⊙. Das Hauptverbreitungsgebiet des Rötlichen Mauerpfeffers liegt im Mittelmeergebiet und im südlichen Westeuropa. Durch das Rhône- und Saônetal greift es weit nach Norden aus. In Südbelgien und bei Trier hat es seine nördlichsten, bei Eglisau am Schweizer Hochrhein seinen östlichsten Vorposten. Frühere Vorkommen am Luganer See gelten als erloschen.

## Dach-Hauswurz
*Sempervivum tectorum* L.
Dickblattgewächse *Crassulaceae*

**Beschreibung:** Blüten stehen in einem mäßig reichblütigen, eher kopfig als doldig angeordneten Blütenstand am Ende des Stengels. Blüten 1,8–3 cm im Durchmesser, rötlich bis violett. Blütenblätter 12–16 (häufig 12 oder 13), lineal-lanzettlich, allmählich fein zugespitzt, mit dunklerem Mittelstreif, außen drüsig-flaumig, am Rande gewimpert, auf der Oberseite meist blasser als auf der Außenseite. Kelchblätter 12–16 (häufig 12 oder 13), lanzettlich, zugespitzt, drüsig-flaumig. Stengel aufrecht oder schräg aufrecht, aus der Mitte der Blattrosette entspringend, beblättert, drüsig-wollig behaart. Grundständige Blätter bilden eine dichte Rosette; sie sind fleischig, aus keilförmigem Grund schmal verkehrt-eiförmig bis verkehrt-lanzettlich, zugespitzt und in eine Stachelspitze auslaufend, grün, doch an der Spitze meist rötlich, bis auf den Rand, der kurz borstlich bewimpert ist, kahl. Stengelblätter den Grundblättern ähnlich, spiralig am Stengel angeordnet und sich überdeckend. Juli–September. 10–60 cm.

**Vorkommen:** Braucht kalk- und feinerdearmen, trockenen Untergrund. Besiedelt Felsbänder und Mauerkronen, gelegentlich auf Dächern ausgepflanzt. Wild wohl nur an der unteren Mosel, im Odenwald, im Schweizer Jura und in den Westketten der Alpen (ostwärts bis etwa Innsbruck–oberes Etschtal, z. B. Ortlergruppe). Da und dort in den Fugen von Naturmauern, seltener in Steingärten gepflanzt; vor allem in wärmeren Gegenden oft unbeständig verwildert.

**Wissenswertes:** ♃; ▽. Der Dach-Hauswurz wurden früher Zauberkräfte zugeschrieben; so sollte sie – auf Dächern ausgepflanzt – vor Blitzschlag schützen. Sie enthält Gerb- und Schleimstoffe; alte Heilpflanze.

**Dickblattgewächse** *Crassulaceae*

## Berg-Hauswurz
*Sempervivum montanum* L.
Dickblattgewächse *Crassulaceae*

**Beschreibung:** 3–11 Blüten stehen in einem doldig-kopfigen Blütenstand am Ende des Stengels. Blüten 2–3 cm im Durchmesser, rotviolett. Blütenblätter 12–16 (häufig 12), lineal-lanzettlich, allmählich fein zugespitzt, außen drüsig-zottig, am Rand borstlich-drüsig bewimpert. Kelchblätter 12–16 (häufig 12), lanzettlich, spitz, an der Spitze oder durchweg rot. Stengel aufrecht oder schräg aufrecht, aus der Mitte der Blattrosette entspringend, beblättert, drüsig-zottig behaart, oft rot überlaufen. Grundständige Blätter bilden eine dichte Rosette; sie sind fleischig, aus keilförmigem Grund schmal verkehrt-eiförmig bis verkehrt-lanzettlich, eher stumpflich und keinesfalls mit stechender Spitze, grün, am Vorderende oft rot oder rotbraun, beiderseits sehr dicht mit kurzen Drüsenhaaren bestanden. Stengelblätter eiförmig-länglich, zuweilen etwas größer als die Rosettenblätter, eher stumpf als spitz, meist rötlich-violettbraun überlaufen, überall dicht drüsig behaart. Juli–September. 5–25 cm.

**Vorkommen:** Braucht kalkfreien, sauren, humusreichen, lockeren und flachgründigen Steinboden. Besiedelt lückige alpine Rasen und Matten sowie Felsen. Zentralalpen und Südalpen mit kristallinem Gestein zerstreut, manchmal in kleinen Beständen; vereinzelt in den Kalkalpen auf entkalktem Untergrund, früher im Südschwarzwald (Belchen; ausgepflanzt).

**Wissenswertes:** ♃; ▽. Die Berg-Hauswurz wird in mehrere Unterarten gegliedert, die schwer voneinander zu unterscheiden sind. Die ssp. *stiriacum* WETTST. (Blüten 2,5–3,5 cm im Durchmesser, dunkel rotviolett; vom Großglockner ostwärts) ist die bedeutendste.

## Gelbe Hauswurz
*Sempervivum wulfenii* HOPPE ex MERT. & KOCH
Dickblattgewächse *Crassulaceae*

**Beschreibung:** 5–25 Blüten stehen in einem eher kopfig als doldig angeordneten Blütenstand am Ende des Stengels. Blüten 2–3 cm im Durchmesser, gelb. Blütenblätter 12–18 (häufig 15), lineal-lanzettlich, allmählich fein zugespitzt, am Grund mit einem rötlichen Fleck, außen dicht drüsig-flaumig. Kelchblätter nur 2–3 mm lang, lanzettlich, gelbgrün, dicht mit Drüsenhaaren bestanden. Stengel aufrecht oder schräg aufrecht, aus der Mitte der Blattrosette entspringend, beblättert, oben drüsig behaart. Grundständige Blätter bilden eine mäßig dichte Rosette; sie sind fleischig, länglich-spatelig und plötzlich in eine derbe Stachelspitze zusammengezogen, am Grunde und an der Spitze oft rot, sonst blaugrün, oberseits und unterseits kahl, am Rande bewimpert. Stengelblätter länglich, kurz zugespitzt, mindestens gegen die Blattbasis drüsig bewimpert, meist rötlich überlaufen, obere drüsig behaart. Juli–August. 10–30 cm.

**Vorkommen:** Bevorzugt saure, flache, trockene, lückig bewachsene Böden. Besiedelt Felsen, Schutthalden, magere Rasen und lückige Stellen in Zwergstrauchheiden in sonnigen Lagen. Geht auch auf kalkhaltigen Untergrund (z. B. im Engadin). Vom Bergell ostwärts bis in die Hohen und Niederen Tauern. Selten, meist nur einzeln wachsend. Steigt in den Alpen bis über 2500 m.

**Wissenswertes:** ♃; ▽. Die Art wurde zu Ehren von F. X. FREIHERR VON WULFEN benannt, einem österreichischen Geistlichen, der sich um die Kenntnis der ostalpinen Flora Verdienste erworben hat. Sie unterscheidet sich von den anderen gelbblühenden Arten durch die drüsig behaarten Blätter, die sonst nur die rötlich blühende Dach-Hauswurz hat.

# Dickblattgewächse *Crassulaceae*

Hauswurz *Sempervivum, Jovibarba*

## Spinnwebige Hauswurz
*Sempervivum arachnoideum* L.
Dickblattgewächse *Crassulaceae*

**Beschreibung:** 5–15 Blüten stehen in einem etwas kopfigen, aber zumindest andeutungsweise doldig eingeebneten Blütenstand am Ende des Stengels. Blüten 1–2 cm im Durchmesser, hell purpurrot bis karminrot. Blütenblätter 6–16, häufig 10–12, lineal-lanzettlich, spitz, meist mit deutlichem, dunkler rotem Mittelstreif, außen schütter drüsig behaart. Kelchblätter meist in gleicher Anzahl wie die Blütenblätter, lanzettlich, kurz behaart, zuweilen auch mit Drüsenhaaren. Stengel aufrecht oder schräg aufrecht, überall dicht drüsig behaart, oft rot. Grundständige Blätter bilden dichte Rosetten, von denen meist viele beieinander stehen. Rosetten nur 0,5–2 cm im Durchmesser, halbkugelig, mehr oder minder dicht geschlossen (vor allem an sonnigen Standorten). Rosettenblätter lanzettlich, mit stumpfer, rotbrauner Spitze, am Rande mit Drüsenhaaren, auf den Flächen meist kahl. Blattspitzen durch eine spinnwebenähnliche Behaarung miteinander verbunden. Stengelblätter eiförmig, meist rot überlaufen, überall mit Drüsenhaaren. Juni–September. 5–15 cm.

**Vorkommen:** Braucht kalkfreien, humus- und feinerdearmen, steinigen, trockenen Untergrund. Besiedelt Felsen, Blockhalden, ruhenden, feineren Felsschutt und geht auch auf Mauerkronen. In den Ketten mit kalkfreiem Gestein zerstreut; oft in kleineren Beständen. Bevorzugt Höhen zwischen 1000 und 3000 m.

**Wissenswertes:** ♃; ▽. Aus den Südalpen hat man Formen beschrieben, bei denen die Spinnwebenbehaarung besonders dicht und die Blüten besonders groß sein sollen; gegenüber der „Normalsippe" hat man sie als ssp. *tomentosum* abgegrenzt.

## Großblütige Hauswurz
*Sempervivum grandiflorum* Haw.
Dickblattgewächse *Crassulaceae*

**Beschreibung:** 5–10 – selten mehr – Blüten stehen in einem eher kopfig als doldig angeordneten Blütenstand am Ende des Stengels. Blüten 2–3 cm im Durchmesser, hellgelb, grünlich-gelb bis goldgelb. Blütenblätter 11–16 (häufig 12), lanzettlich, allmählich zugespitzt, am Grunde meist mit einem violetten, strichförmigen Fleck, sternförmig in der Blüte spreizend, am Rande drüsig behaart. Kelchblätter 11–16 (häufig 12), lineal-lanzettlich, hellgrün, außen lang drüsenhaarig. Staubbeutel violett. Stengel aufrecht oder schräg aufrecht, aus der Mitte der Blattrosette entspringend, beblättert, drüsig-zottig. Grundständige Blätter bilden eine große, sternförmig ausgebreitete Rosette, die 4–15 cm im Durchmesser erreichen kann. Rosettenblätter kaum zugespitzt, ohne stachelige Spitze, meist nur vorne rotbraun, sonst grün, auf den Flächen drüsig behaart und am Rande drüsig bewimpert. Untere Stengelblätter den grundständigen ähnlich, die oberen schmäler. Pflanze bildet mäßig lange Ausläufer. Vor allem die Blätter duften nach Harz. Juli–September. 10–30 cm.

**Vorkommen:** Braucht kalkfreien, steinigen, humusarmen Untergrund. Besiedelt Felsen, feineren Felsschutt und lückige, steinige, alpine Rasen und Matten. Nur im Wallis und in den Grajischen Alpen. Selten. Bevorzugt Höhen zwischen 1500 und 2500 m.

**Wissenswertes:** ♃; ▽. Ähnlich: Serpentin-Hauswurz (*S. pittonii* Schott, Nym. & Ky.): Blütenstand doldig oder kopfig; Staubbeutel weiß oder gelb; Rosetten nur 2,5–5 cm im Durchmesser; Pflanze ohne Harzgeruch. Endemisch in der Steiermark. Kommt dort an den Serpentinfelsen im Murtal bei Kraubath vor.

**Dickblattgewächse** *Crassulaceae*

## Kugel-Hauswurz
*Jovibarba hirta* (L.) OPIZ
Dickblattgewächse *Crassulaceae*

**Beschreibung:** 10–30 Blüten stehen in einem eher kopfig als doldig angeordneten Blütenstand am Ende des Stengels. Blüten 2,5–3,5 cm im Durchmesser (ausgebreitet gemessen), blaßgelb, glockig, aufgerichtet. Blütenblätter 6, lanzettlich, auf dem Rücken flügelig gekielt, an den Rändern fransig gewimpert. Kelchblätter 6, 4–7 mm lang, schmal-eiförmig bis lanzettlich, zugespitzt, am Grunde miteinander verwachsen. Stengel aufrecht oder schräg aufrecht, aus der Mitte der Blattrosette entspringend, beblättert, vor allem oben drüsig behaart. Grundständige Blätter bilden mäßig dichte Rosetten, die 3–7 cm im Durchmesser erreichen und von denen meist mehrere nichtblühende beieinander stehen. Rosettenblätter 0,8–2 cm lang und 2–7 mm breit, fleischig, sternförmig ausgebreitet oder nach innen zusammenneigend, schmal-eiförmig bis lanzettlich, spitz, am Rand drüsig bewimpert, auf den Flächen kahl. Stengelblätter oft länger und schmaler als die Rosettenblätter, kahl oder auf dem Rücken drüsig behaart. Juli–August. 10–30 cm.

**Vorkommen:** Braucht kalkführenden oder serpentinhaltigen, sonnig-warmen, steinig-sandigen, eher humusarmen Boden. Besiedelt lückige, steinige Trockenrasen, Felsen und Sandrasen. Ostalpen; von tiefen Lagen bis etwa 2000 m. Selten.

**Wissenswertes:** ⚁; ▽. *J. hirta* wird mit *J. allionii* (JORD. & FOURR.) D. A. WEBB (Rosettenblätter hell gelbgrün, an den Spitzen meist rot, auf den Flächen drüsig behaart; endemisch von den Seealpen bis zu den Grajischen Alpen), *J. sobolifera* (SIMS) OPIZ und *J. arenaria* (KOCH) OPIZ zur Sammelart *J. hirta* agg. zusammengefaßt (s. auch nebenstehende Beschreibung von *J. sobolifera*).

## Sprossende Hauswurz
*Jovibarba sobolifera* (SIMS) OPIZ
Dickblattgewächse *Crassulaceae*

**Beschreibung:** Blütenstand, Blüten und Stengel wie bei der Kugel-Hauswurz (*J. hirta*; s. links). Rosetten dicht, fast kugelig geschlossen, 2,5–4 cm im Durchmesser. Rosettenblätter 1–1,5 cm lang und 5–7 mm breit, schmal verkehrt-eiförmig bis lanzettlich, im vorderen Drittel am breitesten, oliv- bis graugrün, an der Spitze stets rot, auf den Flächen kahl. Juli–August. 10–40 cm.

**Vorkommen:** Braucht kalkhaltigen, flachgründigen, sandig-steinigen, humusarmen Boden. Selten im östlichen Brandenburg, in der Lausitz, der Oberpfalz und in Franken; in Niederösterreich sehr selten; vereinzelt und wohl nicht ursprünglich: Rhön, Harz, Bayerischer Wald, Schwarzwald. Fehlt in der Schweiz. Hauptareal: Osteuropa.

**Wissenswertes:** ⚁; ▽. Ähnlich: Sand-Hauswurz (*J. arenaria* (KOCH) OPIZ): Rosetten nur 1–2 cm im Durchmesser. Rosettenblätter saftig grün, breiter als die Blätter am Stengel. 8–20 cm hoch (s. Abb.). Endemische Art der Ostalpen, vom Lungau bis Kärnten, auf kalkarmer Unterlage in Höhen unter 1000 m. Soll sich – im Fichtelgebirge ausgepflanzt – dort halten. – Zusammen mit der Italienischen Hauswurz (*J. allioni*), die in den Südwestalpen vorkommt, und der Kugel-Hauswurz werden die beiden hier beschriebenen Kleinarten zur Sammelart *J. hirta* agg. vereinigt. Dies erscheint nicht zuletzt dadurch gerechtfertigt zu sein, daß sich die Kleinarten nur schwer voneinander unterscheiden lassen (Chromosomensatz stets $2n = 38$). In der Gattung *Jovibarba* wurden Arten, deren Blüten 6 aufrechte Blütenblätter haben, von der Gattung *Sempervivum* getrennt. Von manchen Autoren wird diese Artengruppe Donars- oder Juipterbart genannt.

# Steinbrechgewächse *Saxifragaceae*

Steinbrech *Saxifraga*

## Roter Steinbrech
*Saxifraga oppositifolia* L.
Steinbrechgewächse *Saxifragaceae*

**Beschreibung:** Am Ende des Stengels steht stets nur 1 Blüte. Blüten 0,8–2 cm im Durchmesser, tiefrosa bis weinrot. Blütenblätter 5, verkehrt-eiförmig bis eiförmig, meist ausgesprochen stumpf. Kelchblätter 5, stumpf, bewimpert, oft rot, den Blütenblättern anliegend, wenig verwachsen. Zahlreiche, niederliegende Triebe, die sich zu mäßig lockeren, ja dichten, flachen Polstern zusammenschließen. Blätter der nichtblühenden Triebe 1–6 mm lang, oberseits mit 1–5 Gruben (Lupe!), die jedoch keinen Kalk ausscheiden, am Rand mindestens an der Basis bewimpert. Blütentragende Stengel niederliegend oder bogig aufsteigend, meist kahl, dicht mit gegenständigen Blättern besetzt, die oft größer als die der nichtblühenden Triebe und die an der Blattbasis am Rand bewimpert sind. Blätter bläulich-grün. April–Juli. 1–5 cm.

**Vorkommen:** Braucht feuchten, steinig-grusigen Boden, der kalkhaltig sein sollte, aber dies nicht sein muß. Besiedelt feinen Felsschutt, Felsspalten und feuchte, steinige Mulden. In den Alpen zerstreut, im südlichen Schweizer Jura (bis etwa zum Colombier) selten. Bevorzugt Höhen zwischen 1500 und 3500 m.

**Wissenswertes:** ♃; ▽. *S. oppositifolia* L. wird mit *S. blepharophylla* KERN. ex HAYEK (Blätter vorne abgerundet, in der vorderen Hälfte mit langen Wimpern; Tauern und Norische Alpen), *S. murithiana* TISS. (Kelch drüsenhaarig; Blätter mit nur 1 Grube; Westalpen) und *S. rudolphiana* HORNSCH. ex KOCH (Kelch mit Drüsenhaaren; Pflanze stets in dichten Polstern; Blätter höchstens 2 mm lang; Blatt vorn spitzlich, an der Spitze verdickt; Ostalpen, Vorarlberg) zur Sammelart *S. oppositifolia* agg. zusammengefaßt.

## Zweiblütiger Steinbrech
*Saxifraga biflora* ALL.
Steinbrechgewächse *Saxifragaceae*

**Beschreibung:** 2–9 Blüten stehen in einem rispigen Blütenstand am Ende des Stengels; ausnahmsweise kann auch nur 1 Blüte vorhanden sein; sind mehrere Blüten aufgeblüht, kann man oft eine doldige Einebnung der Blüten erkennen. Blüten 1–1,8 cm im Durchmesser, hell purpurrot bis schmutzig-violett. Blütenblätter 5, schmal verkehrt-eiförmig, meist nicht über 2 mm breit, mit der größten Breite in der Mitte, 3nervig. Kelchblätter 5, eiförmig, stumpf oder spitz, kahl oder schütter drüsig behaart, vor allem am Rand oft drüsig bewimpert, deutlich verwachsen. Zahlreiche, niederliegende Triebe. Blätter der nichtblühenden Triebe oberseits mit nur je 1, nie kalkausscheidenden Grube (Lupe!), 5–9 mm lang und 2–6 mm breit, flach, ohne Kiel auf der Unterseite, am Rande überall (wenngleich oft auch schütter) bewimpert, ungezähnt. Blütentragende Stengel niederliegend oder bogig aufsteigend, dicht flaumig behaart, mit mehreren Paaren gegenständiger Blätter, die denen der nichtblühenden Triebe gleichen. Der Zweiblütige Steinbrech bildet mit seinen zahlreichen Trieben mäßig dichte Rasen. Juli–August. 1–5 cm.

**Vorkommen:** Braucht kalkhaltigen, feinerdereichen, feuchten, lückig bewachsenen Untergrund. Besiedelt feinen Ruheschutt. Nördliche und Südliche Kalkalpen; selten, fehlt gebietsweise. Sehr selten in den Zentralalpen auf kalkhaltigem Schiefer. Steigt am Matterhorn über 4000 m.

**Wissenswertes:** ♃; ▽. Innerhalb der Art werden die Unterarten ssp. *biflora* und ssp. *macropetala* (KERN. ex ENGL.) ROUY & CAMUS unterschieden; die Trennung ist unscharf; eine Zuordnung ist nicht immer möglich.

**Steinbrechgewächse** *Saxifragaceae*

## Gestutzter Steinbrech
*Saxifraga retusa* GOUAN
Steinbrechgewächse *Saxifragaceae*

**Beschreibung:** 2–4 Blüten stehen am Ende des Stengels; die traubige Anordnung der Blüten ist zumindest auf den ersten Blick nicht erkennbar. Einzelblüten sind die Ausnahme. Blüten 0,8 bis 1,8 cm im Durchmesser, tief rosa bis purpurrot. Blütenblätter 5, schmal verkehrt-eiförmig bis eiförmig. Kelchblätter 5, mit deutlicher Spitze, den Blütenblättern anliegend, wenig verwachsen, nicht bewimpert und meist vollständig kahl. Stengel aufrecht, 0,5–1,5 cm hoch, oben kahl, mit nur 1–3 Paaren gegenständiger Blätter, die deutlich voneinander entfernt stehen. Blätter 2–4 mm lang, oberseits mit 3–5 Gruben (Lupe!), die manchmal Kalk ausscheiden, von der Blattmitte an rückwärts gebogen. Blattrand nur in der unteren Hälfte bewimpert. Der Gestutzte Steinbrech wächst in dichten Polstern. Blätter dunkelgrün. Mai–August. 1–3 cm.

**Vorkommen:** Braucht kalkfreien, sauren, beschatteten Untergrund. Besiedelt windausgesetzte Grate und Felsspalten, vorzugsweise an Nordhängen, und zwar an Stellen, die auch im Winter schneefrei bleiben. Von den Seealpen bis etwa zum Simplon und dann wieder von den Salzburger Alpen und den Hohen Tauern nach Osten. Bevorzugt Höhen zwischen etwa 2000 und 3000 m. Zerstreut.

**Wissenswertes:** ♃; ▽. *S. retusa* wird mit *S. purpurea* ALL. sec H. HUBER (Kelch dicht drüsig behaart; Stengel 2–5 cm hoch, auch oben dicht und drüsig behaart; von den Seealpen bis ins Aostatal; nur auf kalkhaltigem Gestein; selten) zur Sammelart *S. retusa* agg. zusammengefaßt. – Trüb purpurrote Blüten in ährenartiger Traube auf langem Schaft hat zuweilen auch *S. hieraciifolia* (s. S. 341).

## Blaugrüner Steinbrech
*Saxifraga caesia* L.
Steinbrechgewächse *Saxifragaceae*

**Beschreibung:** 2–5 Blüten (selten nur 1 oder bis 8) stehen in einer Traube am Ende des Stengels; sind mehrere Blüten aufgeblüht, können sie doldig eingeebnet erscheinen. Blüten 5–9 mm im Durchmesser, weiß. Blütenblätter 5, verkehrt-eiförmig, stumpf. Kelchblätter 5, eiförmig, stumpf, am Rande oft bewimpert, den Blütenblättern anliegend. Die Pflanze treibt zahlreiche kurze Triebe, die sich zu dichten, harten Polstern zusammenschließen. Blütentragende Stengel aufrecht, kahl oder schütter sehr kurz drüsig behaart. Nichtblühende Stengel dicht mit Blättern bestanden, die sich dachziegelartig überdecken. Blätter der nichtblühenden Triebe nach außen rückwärts gebogen, schmal-eiförmig oder spatelig, 3–6 mm lang und um 1 mm breit, mit stumpfer Spitze, im Querschnitt 3eckig, oberseits mit meist 7 kalkausscheidenden Gruben (Lupe!), am Rand gegen die Blattbasis fein bewimpert, sonst kahl. 2–8 Blätter an den blütentragenden Stengeln, wechselständig, oberseits nur mit 3–5 kalkausscheidenden Gruben. Juli–September. 2–10 cm.

**Vorkommen:** Braucht kalkreichen, feinerdearmen, steinigen Untergrund, der nicht oder nicht lange von Schnee bedeckt sein sollte. Besiedelt in den Kalkalpen Felsspalten, ruhenden Felsschutt, lückige, alpine Rasen und Lawinenrunsen; zerstreut, in den Südlichen Kalkalpen oft in individuenreichen Beständen; bevorzugt Höhen zwischen 1500 und 2500 m.

**Wissenswertes:** ♃; ▽. Ähnlich: Sparriger Steinbrech (*S. squarrosa* SIEB.): Blütenblätter rundlich; Blätter der nichtblühenden Triebe nur an der Spitze zurückgebogen, länglich-lineal, nie spatelförmig; vom Gardasee bis zu den Karawanken; zerstreut.

**Zweiblütiger Steinbrech**
*Saxifraga biflora*

**Roter Steinbrech**
*Saxifraga oppositifolia*

**Gestutzter Steinbrech**
*Saxifraga retusa*

**Blaugrüner Steinbrech**
*Saxifraga caesia*

# Steinbrechgewächse *Saxifragaceae* ▶

Steinbrech *Saxifraga*

## Bursers Steinbrech
*Saxifraga burserana* L.
Steinbrechgewächse *Saxifragaceae*

**Beschreibung:** Am Ende des Stengels steht stets nur 1 Blüte. Blüte 1,5–2,8 cm im Durchmesser, weiß. Blütenblätter 5, breit verkehrt-eiförmig, mit dunkleren Nerven, vorne abgerundet, gelegentlich sehr seicht ausgerandet. Kelchblätter 5, 3eckig bis eiförmig. Triebe zu einem dichten Polster vereint. Blühende Stengel aufrecht, mit kurzen, roten Drüsenhaaren. Nichtblühende Stengel dachziegelartig beblättert. Rosettenblätter graugrün, gerade, sehr schmal lanzettlich, allmählich in die deutliche, stechende Spitze verschmälert, unterseits stumpf gekielt, bis 1,5 cm lang und bis 1,5 mm breit, starr, am Rande bewimpert, auf den Flächen kahl, auf der Oberseite randwärts mit 5–7 kleinen Gruben (Lupe!), die Kalk ausscheiden. 3–7 Stengelblätter, drüsig bewimpert. März–Juni. 2–6 cm.

**Vorkommen:** Braucht kalkreichen, steinigen Boden. Besiedelt Felsspalten, steinige Rasen, ruhenden Felsschutt und Geröllen an Bächen; wird dann gelegentlich bis in die Täler verschwemmt. Nord- und südöstliche Kalkalpen, bis etwa zum Watzmann und bis zu den Judikarischen Alpen. Zerstreut. Bevorzugt Höhen zwischen etwa 1500 und 2500 m.

**Wissenswertes:** ♃; ▽. Ähnlich: *S. vandellii* STERNB.: Blütenstand mit 3–7 doldig eingeebneten Blüten; Rosettenblätter grün; vom Comer See bis in die Judikarischen Alpen und zur Ortlergruppe; auf Kalk; selten. – *S. tombeanensis* BOISS. ex ENGL.: Blütenstand 1–5blütig; Stachelspitze „aufgesetzt", 2–3 mm lang; Judikarische Alpen; sehr selten. – *S. diapensioides* BELL.: Blütenstand 2–9blütig, doldig; Stengel sehr lang drüsenhaarig; Blätter stumpf; Seealpen bis zum Wallis; auf Kalk; selten.

## Trauben-Steinbrech
*Saxifraga paniculata* MILL.
Steinbrechgewächse *Saxifragaceae*

**Beschreibung:** 10–30 Blüten stehen in einer Rispe, die in ihrem oberen Teil andeutungsweise doldig eingeebnet sein kann. Rispenäste mit 1–3 Blüten. Blüten 0,8–1,5 cm im Durchmesser, weiß oder cremeweiß. Blütenblätter 5, breit verkehrt-eiförmig bis rundlich, vorn abgerundet, oft an der Basis mit roten Punkten. Kelchblätter 5, eiförmig, stumpf oder spitz. Meist bilden mehrere Rosetten einen lockeren „Rasen" oder erscheinen polsterartig. Stengel aufrecht, vor allem oben drüsig behaart, beblättert. Rosettenblätter auf der Oberseite am Rande mit zahlreichen, meist Kalk ausscheidenden Gruben (meist an jedem Blattzahn), zungenförmig, 0,5–5 cm lang und 0,3–2 cm breit, gegen die Spitze allmählich, aber deutlich verbreitert, an der Spitze aufwärts gebogen, gegen die Basis am Rande bewimpert, Rand fein gezähnt. Stengelblätter nach oben kleiner werdend. Mai–August. 5–40 cm.

**Vorkommen:** Braucht feinerde- und humusarmen, steinigen Untergrund. Besiedelt Felsspalten, Felsköpfe und steinige Rasen in Höhen zwischen etwa 500 und 3000 m. Pfalz, Südschwarzwald, Vogesen, Schwäbischer und Schweizer Jura, Alpenvorland, selten, aber oft in kleineren Beständen; in den Alpen zerstreut.

**Wissenswertes:** ♃; ▽. Ähnlich: Südalpen-Steinbrech (*S. hostii* TAUSCH): 15–40 Blüten; 3–9 Blüten an den Rispenästen; Blütenstand dicht drüsig, Rosettenblätter 0,5–1 cm breit, vorn abgerundet; 10–60 cm; vom Comer See bis zum Hochschwab; zerstreut. 2 Unterarten werden unterschieden: Ssp. *hostii* (s. oben) und Rätischer Steinbrech (ssp. *rhaetica* (KERN.) BR.-BL.): Rosettenblätter spitz; vom Ortler bis zum Comer See.

**Steinbrechgewächse** *Saxifragaceae*

## Kies-Steinbrech
*Saxifraga mutata* L.
Steinbrechgewächse *Saxifragaceae*

**Beschreibung:** Blüten stehen in einer lockeren, schmalen, aber reichblütigen, pyramidenförmigen Rispe am Ende des Stengels. Blüten 0,8–1,5 cm im Durchmesser, zitronengelb bis orange. Blütenblätter 5, schmal-lanzettlich, spitz. Kelchblätter 5, 3eckig bis eiförmig, stumpf, 3–4 mm lang. Stengel aufsteigend oder aufrecht, meist schon in der unteren Hälfte in die Blütenrispe aufgezweigt, drüsig behaart und wechselständig beblättert. Rosetten meist einzeln, 5–12 cm im Durchmesser. Rosettenblätter zungenförmig, 3–7 cm lang und 1–2,5 cm breit, dick ledrig, knorpelrandig, nur in der Mitte deutlich gesägt-gekerbt, am Grunde borstig bewimpert, sonst kahl, am Rande mit zahlreichen, kleinen Gruben (Lupe!), die jedoch meist keinen Kalk ausscheiden. Mehrere Stengelblätter, die den Grundblättern ähneln, aber nur bis 3 cm lang werden; anders als diese sind sie unterseits oder beidseitig drüsig behaart. Juni–September. 15–40 cm.

**Vorkommen:** Braucht kalkreichen, humus- und feinerdearmen, aber oft tonigen, feuchten bis nassen, beschatteten, steinig-kiesigen Untergrund. Besiedelt Naßstellen an Felsen und auf Schutthalden sowie Gerölle an Bächen; zuweilen durch Hochwässer bis weit ins Vorland verschleppt. Alpenvorland sehr selten; Nördliche Kalkalpen selten; Südliche Kalkalpen sehr selten; Zentralalpen nur vereinzelt. Bevorzugt Höhen zwischen etwa 800 und 2200 m.

**Wissenswertes:** ♃; ▽. Ähnlich: Pracht-Steinbrech (*S. cotyledon* L.): Rispe reichblütig, bis über 40 cm lang; Blüten 1,2–1,8 cm im Durchmesser, weiß; Stengel von tief unten im Blütenstand aufgezweigt; auf kalkarmem Gestein; von den Westalpen bis nach Vorarlberg.

## Fetthennen-Steinbrech
*Saxifraga aizoides* L.
Steinbrechgewächse *Saxifragaceae*

**Beschreibung:** 2–10 Blüten stehen in einer sehr lockeren Traube oder Rispe am Ende des Stengels; zuweilen sind die Blüten andeutungsweise doldig eingeebnet. Blüten 0,7–1,5 cm im Durchmesser, leuchtend gelb, orange oder trüb ziegelrot. Blütenblätter 5, sehr schmal verkehrt-eiförmig bis länglich, vorn abgerundet, oft mit Punkten. Kelchblätter 5, eiförmig, stumpf, kahl. Haupttrieb am Boden kriechend; Äste, d.h. „Stengel" bogig aufsteigend, seltener aufrecht, kurz drüsig behaart; da von den Kriechtrieben meist viele blütentragende und nichtblühende „Stengel" abzweigen, bildet die Pflanze lockere Rasen. Keine Blattrosetten vorhanden. Blätter an den Stengeln locker stehend, schmal-lanzettlich, in der Mitte des Stengels 1–2,5 cm lang, gegen den Stengelgrund deutlich kleiner, fleischig, im Querschnitt halbkreisförmig, am Rande gegen den Blattgrund zu bewimpert, meist nur mit 1 Grube (Lupe!), aus der kein Kalk abgeschieden wird. Juni–Oktober. 5–20 cm.

**Vorkommen:** Braucht sickernassen, kalk-, feinerde- und humusarmen Untergrund, der steinig oder kiesig sein sollte, aber auch tonig-mergelig sein kann. Besiedelt quellige Stellen an Steinschutthalden, Moränen und in alpinen Rasen, ebenso sickerfeuchte Felsspalten und Kiesbänke an Bächen; wird durch Hochwässer zuweilen weit ins Vorland verschleppt. Südlicher Schweizer Jura selten; Alpenvorland zerstreut; Kalkalpen häufig. Bevorzugt Höhen zwischen etwa 600–3000 m.

**Wissenswertes:** ♃. Das Epithet *aizoides*, griech. = „immer lebend", weist auf die immergrünen Blätter des Fetthennen-Steinbrechs hin. Von dieser Art sind mehrere Varietäten beschrieben worden, denen vermutlich – bis auf die skandinavische Sippe – wenig Bedeutung zukommt.

# Steinbrechgewächse *Saxifragaceae* ▶

Steinbrech *Saxifraga*

## Krusten-Steinbrech
*Saxifraga crustata* VEST
Steinbrechgewächse *Saxifragaceae*

**Beschreibung:** 20–50 Blüten stehen in einer Rispe, die etwa das obere Drittel oder die obere Hälfte des Stengels einnimmt. Rispenäste mit 1–3 Blüten. Blüten um 1 cm im Durchmesser (ausgebreitet gemessen), weiß oder cremeweiß; Blütenblätter 5, verkehrt-eiförmig, stumpf, in der Regel einfarbig, nur ganz selten mit roten Punkten. Kelchblätter 5, knapp 2 mm lang, schmal-eiförmig. Meist bilden zahlreiche Rosetten ein dichtes, rasenartiges Polster; außer den blühenden Rosetten gibt es viele nichtblühende. Stengel aufrecht, dicht drüsig behaart, beblättert. Rosettenblätter mit der Spitze bogig nach außen gekrümmt, länglich-lineal, 1–5 cm lang, 2–4 mm breit, dicklich, ledrig, starr, ganzrandig oder undeutlich gekerbt (Unterschied zum Trauben-Steinbrech), am Rand mit zahlreichen, punktartigen Grübchen (meist an einem Kerbzahn) und mit ausgeschiedenen Kalkschuppen. Nur wenige, ziemlich entfernt voneinander stehende Stengelblätter, alle kleiner als die Rosettenblätter, am Rand oft deutlicher gesägt-gekerbt. Juni–August. 15–40 cm.

**Vorkommen:** Braucht kalkreichen, steinigen Untergrund, der sehr feinerdearm sein kann, geht indessen auch auf steindurchsetzten Lehmboden. Besiedelt Spalten in Dolomit- und Kalkfelsen, Rasenbänder und lückig-steinige alpine Matten in den südöstlichen Kalkalpen etwa östlich der Etsch, vorzugsweise in Höhen von etwa 800–2200 m, geht gelegentlich etwas höher und kommt – örtlich herabgeschwemmt – in erheblich tieferen Lagen vor; zerstreut.

**Wissenswertes:** ♃; ▽. Der Krusten-Steinbrech kann seine Wurzeln in verhältnismäßig schmalen Felsspalten in ziemliche Tiefe vorschieben (Pionierpflanze an steilen Felsen).

## Habichtskraut-Steinbrech
*Saxifraga hieraciifolia* W. & K.
Steinbrechgewächse *Saxifragaceae*

**Beschreibung:** 10–40 Blüten stehen – sehr kurz-gestielt – in einer ährenartigen Rispe, deren Äste knäuelartig gestaucht sind, im oberen Drittel oder Viertel des Stengels. Blüten um 5 mm im Durchmesser, grünlich, trüb weinrot oder bräunlich-rot. Blütenblätter 5, verkehrt-eiförmig. Kelchblätter 5, um 2 mm lang, 3eckig bis eiförmig, stumpflich, nach dem Verblühen zurückgeschlagen. Rosetten einzeln, nie mit seitlichen, nichtblühenden Rosetten. Eigentlicher Stengel unterirdisch, gestaucht, unverzweigt; oberirdisch ein aufrechter, blattloser, dicklicher „Blütenstandsstiel" (Schaft). Rosettenblätter eiförmig bis schmal verkehrt-eiförmig, 3–7 cm lang, 1–3 cm breit, vorn stumpflich oder spitzlich, an der Basis allmählich in den geflügelten Stiel verschmälert, dicklich, fleischig, abgesehen von der Mittelrippe ohne erkennbare „Nervatur", oberseits kahl, am Rand und unterseits – oft ziemlich schütter – wollig behaart, ganzrandig oder entfernt und oft undeutlich gezähnt. Juli–August. 10–50 cm.

**Vorkommen:** Braucht kalkfreien, gut durchsickerten, grobsteinigen oder felsigen Untergrund in alpiner Lage. Besiedelt Felsspalten, ruhenden Grobschutt, Moränen und lückige, steinige Matten. Vereinzelt im Lungau, in Kärnten und in der Steiermark, bevorzugt in Höhen zwischen etwa 1800–2500 m.

**Wissenswertes:** ♃; ▽. Die Art ist zirkumpolar in Nordeuropa, Nordasien und Nordamerika verbreitet. Außer in den Alpen kommt sie – südlich des Hauptareals – auch in der Auvergne und in den Karpaten vor. Sie ist hier offensichtlich Glazialrelikt. Einige ihrer alpinen Standorte scheinen neuerdings erloschen zu sein. Fundangaben aus der Slowakei sind fraglich.

**Steinbrechgewächse** *Saxifragaceae*

## Glimmer-Steinbrech
*Saxifraga paradoxa* STERNB.
Steinbrechgewächse *Saxifragaceae*

**Beschreibung:** Die Blüten stehen – jeweils einzeln, selten zu 2 – in den Achseln von Tragblättern in einem traubigen, armblütigen Blütenstand am Ende des Stengels. Blüten um 6 mm im Durchmesser, grünlich; Blütenblätter 5, schmal-lineal, spitz, gegen den Grund kaum verschmälert. Kelchblätter 5, kaum kürzer als die Blütenblätter, aber etwas breiter als diese. Stengel niederliegend oder knickig aufsteigend, dünn, zerbrechlich, meist verzweigt. Blätter wechselständig, mit sehr langem Stiel; Spreite im Umriß rundlich-nierenförmig, 1–3 cm im Durchmesser, meist etwas breiter als lang, am Grund herzförmig, 5–7lappig (selten nur 3 oder bis zu 9 Lappen); Lappen stumpflich oder spitzlich, breit, sehr dünn und fast durchscheinend, kahl, Blattstiel sehr schütter behaart; obere Stengelblätter und Tragblätter den unteren ähnlich, aber kleiner und kürzer gestielt. Juni–August. 5–30 cm.

**Vorkommen:** Braucht steinig-lockeren, feucht-schattigen Untergrund. Besiedelt Glimmerschieferfelsen und Schieferschutt, vorzugsweise in Höhen zwischen etwa 300–800 m. Kommt ausschließlich in den südöstlichen Alpen (Koralpe, Gleinalpe) und in der westlichen Steiermark vor; sehr selten.

**Wissenswertes:** ♃; ▽. Der Glimmer-Steinbrech erinnert – wenn man nur die Stengel und Blätter betrachtet – auf den ersten Blick an das Zimbelkraut (*Cymbalaria vulgaris* GÄRTN., MEY. & SCHERB.), mit dem es nicht näher verwandt ist, doch ähnliche Standorte teilt. Innerhalb der Gattung ist die Art recht isoliert. Ihr Verbreitungsgebiet – sie kommt außer an den genannten Standorten noch in Slowenien vor – weist sie als Relikt der tertiären Flora aus.

## Zwiebel-Steinbrech
*Saxifraga bulbifera* L.
Steinbrechgewächse *Saxifragaceae*

**Beschreibung:** 3–20 Blüten stehen in einem rispigen, doldig zusammengezogenen und etwas eingeebneten Blütenstand am Ende des Stengels; Äste im Blütenstand auffallend kurz, die meisten kaum 1 cm lang, alle ziemlich dicht drüsig behaart. Blüten 1,2–2 cm im Durchmesser (ausgebreitet gemessen), weiß oder cremeweiß; 5 Blütenblätter, schmal verkehrt-eiförmig; Kelchblätter 5, um 3 mm lang, 3eckig bis eiförmig, schräg aufgerichtet. Stengel aufrecht, bis zum Blütenstand unverzweigt, dicht klebrig-drüsig behaart, mit meist mehr als 10 Stengelblättern, die wie die unteren Rosettenblätter Brutzwiebeln tragen. Alle Blätter ohne kalkausscheidende Gruben. Rosettenblätter im Umriß nierenförmig, breit gezähnt-gekerbt, 0,5–1,5 cm lang und etwas breiter als lang, schütter behaart bis kahl, in den Achseln mit rundlichen Brutzwiebeln. Mai–Juli. 20–50 cm.

**Vorkommen:** Braucht humus- oder mullhaltigen, trockenen, feinkrümeligen, lockeren und oft flachgründig-steinigen Lehmboden. Besiedelt lichte Trockengebüsche und -wälder, geht aber auch auf steinig-lückige Trockenrasen. Fehlt in Deutschland. In Niederösterreich und im Burgenland zerstreut, desgleichen im Wallis etwa unterhalb von Sion; am östlichen Alpensüdfuß selten. Vorzugsweise in Höhen von etwa 500–1000 m.

**Wissenswertes:** ♃; ▽. Die Art, die von Korsika bis in die Türkei vorkommt, ist nicht immer und nicht von allen Botanikern vom Knöllchen-Steinbrech getrennt worden, zu Unrecht, wie heute allgemein anerkannt ist. Sie ist – verglichen mit anderen Arten der Gattung – wenig veränderlich. Vom Knöllchen-Steinbrech (s. S. 344) ist sie deutlich durch die „Brutzwiebeln" in den Achseln der Stengelblätter unterschieden.

# Steinbrechgewächse *Saxifragaceae* ▶

Steinbrech *Saxifraga*

## Knöllchen-Steinbrech
*Saxifraga granulata* L.
Steinbrechgewächse *Saxifragaceae*

**Beschreibung:** 3–15 Blüten stehen in einer unregelmäßigen, lockeren Rispe, die nur selten leicht doldig angeordnet ist. Blüten 1,8–3 cm im Durchmesser (ausgebreitet gemessen), weiß. Stengel aufrecht, oft verzweigt, mit 2–4 Stengelblättern, die keine Brutzwiebeln tragen, mit normalen Haaren und mit kurzen Drüsenhaaren. Blätter ohne kalkausscheidende Gruben. Rosettenblätter im Umriß nierenförmig, breit gezähnt bis gekerbt, 1–3 cm lang und etwas breiter als lang, schütter behaart, die untersten Rosettenblätter mit rundlichen Brutzwiebeln in den Blattachseln. April–Juni. 20–50 cm.

**Vorkommen:** Braucht kalkarmen, etwas sauren, humosen, lockeren und daher oft sandigen Lehmboden. Besiedelt magere Wiesen, geht auch in lichte Eichen-Hainbuchenwälder. Fehlt in den Alpen ganz, im Tiefland westlich der Elbe und im Alpenvorland großen Gebieten; übersteigt in den Mittelgebirgen kaum 700 m; selten, aber zuweilen in lockeren, individuenreichen Beständen.

**Wissenswertes:** ♃; ▽. Der Knöllchen-Steinbrech enthält einen Bitterstoff und Gerbstoffe. Alte Volksheilpflanze, die gelegentlich noch heute in der Homöopathie verwendet wird, und zwar u. a. gegen Blasensteine. Auf diese Anwendung, nicht auf den Wuchsort vieler Arten der Gattung, bezieht sich der wissenschaftliche und deutsche Gattungsname. – Ähnlich: Nickender Steinbrech (*S. cernua* L.): Nur 1 Blüte an der Spitze des Stengels; Blüte 1,5–2,2 cm im Durchmesser; viele Stengelblätter, die Brutzwiebeln in den Achseln tragen; vorwiegend auf Kalk oder Porphyr; Schneetälchen, nasse Felsspalten; Seealpen, Wallis, Dolomiten, Ostalpen; selten.

## Aufsteigender Steinbrech
*Saxifraga adscendens* L.
Steinbrechgewächse *Saxifragaceae*

**Beschreibung:** Am Ende des Stengels stehen meist viele Blüten in einem rispigen, eher lokker kopfigen als andeutungsweise doldig eingeebneten Blütenstand. Blüten 5–9 mm im Durchmesser (ausgebreitet gemessen), weiß. Blütenblätter 5, verkehrt-eiförmig bis keilig, vorn abgestutzt oder ausgerandet, seltener gerundet, 3nervig. Kelchblätter 5, an voll aufgeblühten Blüten etwa so lang wie der Kelchbecher, den Blütenblättern nicht eng anliegend. Stengel aufrecht, einfach oder verzweigt, oft rötlich überlaufen, kurz drüsig behaart. Der Aufsteigende Steinbrech wächst in kleinen, lockeren Rasen, in denen es keine nichtblühenden Triebe gibt. Rosettenblätter zum Grunde hin keilig verschmälert, ohne klar ausgebildeten Blattstiel, an der Spitze mit 3–5 nach vorne gerichteten Zähnen. Zahlreiche wechselständige Stengelblätter, die den Grundblättern ähneln, wobei die obersten zuweilen zahnlos sind und den Tragblättern der Blütenstandsäste ähneln. Blätter drüsig behaart, wie die Stengel etwas klebrig. Juni–August. 3–20 cm.

**Vorkommen:** Braucht offenen Boden mit zumindest mäßigem oder gar hohem Gehalt an Nitraten. Besiedelt vorwiegend Schafpferche oder Ziegenläger auf lückig bewachsenem Grund, und zwar sowohl auf sauren wie auch auf basischen Böden. Bevorzugt Höhen zwischen 1800 und 3000 m. Zentralalpen und Dolomiten selten; sonst sehr selten und gebietsweise (z. B. im deutschen Alpengebiet) fehlend.

**Wissenswertes:** ☉; ▽. Innerhalb der Art werden Formen beschrieben, die sich im Grade der Behaarung und in der Form des Blütenstandes unterscheiden; Unterarten lassen sich aber nicht abgrenzen.

**Steinbrechgewächse** *Saxifragaceae*

## Dreifinger-Steinbrech
*Saxifraga tridactylites* L.
Steinbrechgewächse *Saxifragaceae*

**Beschreibung:** Am Ende des Stengels stehen meist mehrere Blüten in einem rispigen, meist sehr lockeren und daher kaum kopfigen oder andeutungsweise doldig eingeebneten Blütenstand. Blüten 4–8 mm im Durchmesser (ausgebreitet gemessen), weiß. Blütenblätter 5, eiförmig. Kelchblätter 5, eiförmig, den Blütenblättern anliegend oder allenfalls leicht von ihnen abstehend. Stengel aufrecht, einfach oder verzweigt, kurz drüsig behaart, nicht auffallend rötlich überlaufen. Der Dreifinger-Steinbrech wächst in kleinen, lockeren Rasen, in denen nichtblühenden Triebe fehlen. Rosettenblätter keilig verschmälert, mit deutlichem Stiel, an der Spitze zuweilen ohne Zähne oder mit nur 3 Zähnen. Mehrere wechselständige Stengelblätter, die den Grundblättern ähneln, 3–5 Zähne haben können und oft tiefer geteilt sind als die Rosettenblätter. Sie ähneln den Tragblättern der Blütenstandsäste um so mehr, je höher sie am Stengel sitzen. Blätter drüsig behaart, wie die Stengel etwas klebrig. April–Juni. 2–15 cm.

**Vorkommen:** Braucht steinigen oder sandigen Lehmboden, geht auch auf reinen Sand und auf Kies. Besiedelt lückige Trocken- und Sandrasen, Mauerkronen und Flachdächer mit Kiesschüttung; manchenorts typische „Bahnhofspflanze". Fehlt im Tiefland westlich der Elbe fast ganz; in den Mittelgebirgen nur in sommerwarmen und -trockenen Gegenden; selten. Fehlt in den Alpen und geht kaum über 750 m.

**Wissenswertes:** ⊙; ▽. Ähnlich: *S. petraea* L.: Blüten um 1,5 cm im Durchmesser, weiß. Blätter im Umriß halbkreisförmig, 3lappig; Lappen gezähnt. Zwischen Gardasee und Fassatal und Karawanken. Sehr selten.

## Rasen-Steinbrech
*Saxifraga decipiens* EHRH.
Steinbrechgewächse *Saxifragaceae*

**Beschreibung:** 2–9 Blüten stehen am Ende des Stengels; mehrblütige Blütenstände erkennt man meist als lockere Rispe. Blüten 1,2–1,8 cm im Durchmesser, weiß. Blütenblätter 5, verkehrt-eiförmig. Kelchblätter 5, schmal-eiförmig, den Blütenblättern anliegend. Stengel aufrecht, meist einfach, kahl oder schütter drüsenhaarig. Blätter an den nichtblühenden Trieben und am Grunde der blühenden Triebe bis 2 cm lang, ohne kalkausscheidende Gruben (Lupe!), meist nicht drüsig behaart oder mit nur sehr wenigen Drüsenhaaren, aber mit langen weißen Haaren, bis auf den Blattgrund 3–7teilig; Blattabschnitte bandförmig, nie mit grannenartiger Spitze. In den Achseln der Blätter an den nichtblühenden Trieben entstehen weder Tochterrosetten noch neue Triebe. Mai–Juli. 5–30 cm.

**Vorkommen:** Braucht feinerdearmen, kalkhaltigen, steinigen, feuchten Untergrund. Besiedelt sickernasse Felsspalten und Schutthalden. Schwäbischer und Fränkischer Jura, Niederösterreich. Sehr selten.

**Wissenswertes:** ♃; ▽. Wird mit *S. sponhemica* C. C. GMEL. (Blattabschnitte mit grannenartiger Spitze; mäßig dichtrasig. Rothaargebirge, Eifel, Pfälzer Bergland; sehr selten) in der Sammelart *S. decipiens* agg. vereint. – Ähnlich: *S. hypnoides* L. (Blattabschnitte grannenartig spitz; an den sterilen Trieben Blätter sehr schmal lanzettlich, in den Achseln zuweilen mit Tochterrosetten und neuen Trieben. Vogesen; sehr selten; gelegentlich gepflanzt). *S. decipiens* und nahe verwandte Arten sind die Stammformen der weiß und rot blühenden Zuchtsorten (z. B. *S.* × *arendsii* ENGL.), die häufig – z. B. in Steingärten – gepflanzt werden.

# Steinbrechgewächse *Saxifragaceae*
Steinbrech *Saxifraga*

## Furchen-Steinbrech
*Saxifraga exarata* VILL.
Steinbrechgewächse *Saxifragaceae*

**Beschreibung:** Am Ende des Stengels steht gelegentlich nur 1 Einzelblüte; meist sind aber 2–7 Blüten vorhanden, die dann ziemlich deutlich doldig eingeebnet sind; zuweilen findet man Blütenstände mit bis zu 10 Blüten, die ebenfalls meist doldig und nicht kopfig-rispig wirken. Blüten 0,5–1 cm im Durchmesser, meist weiß oder rötlich, seltener gelb. Blütenblätter 5, verkehrt-eiförmig bis breit verkehrt-eiförmig, sich mit den Rändern zumindest gelegentlich überdeckend, vorn abgestumpft. Kelchblätter 5, eiförmig, stumpf, den Blütenblättern anliegend. Die Pflanze bildet dichte Polster aus zahlreichen Rosetten. Stengel aufrecht, drüsig behaart. Rosettenblätter ohne kalkausscheidende Gruben, handförmig, 3–7lappig, nur sehr selten ganzrandig, dicht drüsenhaarig und dadurch etwas klebrig; 2–4 wechselständige Stengelblätter. Mai–August. 2–15 cm.

**Vorkommen:** Braucht feinerdearmen, steinigen, kalkfreien, etwas sauren Boden. Besiedelt ruhenden Felsschutt oder lückige alpine Rasen, geht auch in Felsspalten; Zentralalpen; zerstreut; bevorzugt Höhen zwischen 1800 und 3500 m.

**Wissenswertes:** ♃; ▽. Wird mit *S. moschata* WULF. (s. nebenan), die auf ähnlichen, aber kalkhaltigen Standorten vorkommt, trotz der meist deutlich anderen Blütenfarbe und der etwas anderen Blattform zur Sammelart *S. exarata* agg. zusammengefaßt. – Ähnlich: *S. pedemontana* ALL.: 3–10 Blüten stehen locker-rispig und oft nicht ausgesprochen doldig am Stengelende. Blüten 2–2,5 cm im Durchmesser, weiß. Stengel kräftig, oft über 10 cm hoch, mit 0–3 Stengelblättern. Blätter handförmig, 3–7lappig. Seealpen bis Grajische Alpen; selten.

## Moschus-Steinbrech
*Saxifraga moschata* WULF.
Steinbrechgewächse *Saxifragaceae*

**Beschreibung:** Am Ende des Stengels steht gelegentlich nur 1 Einzelblüte; meist sind aber 2–5 Blüten vorhanden, die dann zumindest andeutungsweise doldig eingeebnet sind; zuweilen findet man Blütenstände mit bis zu 9 Blüten; dann wirkt der Blütenstand locker rispig. Blüten 5–9 mm im Durchmesser, meist cremefarben oder grünlich-gelb, aber gelegentlich auch weißlich-gelb oder orange, ja purpurrot. Blütenblätter 5, schmal verkehrt-eiförmig bis verkehrt-eiförmig, sich mit den Rändern nicht überdeckend, vorn stumpflich, jedenfalls nicht ausgesprochen spitz zulaufend. Kelchblätter 5, eiförmig, stumpf. Die Pflanze bildet dichte Polster aus zahlreichen Rosetten. Stengel aufrecht, kurz drüsig behaart, doch oft verkahlend. Rosettenblätter ohne kalkausscheidende Gruben, schmal-lanzettlich bis lineal, 0,3–1 cm lang, 1–2 mm breit, abgestumpft; neben ganzrandigen Blättern auch solche mit 1–2 bandartigen Seitenabschnitten; Blätter drüsig behaart. 2–4 wechselständige Stengelblätter, die den ganzrandigen Rosettenblättern ähneln. Juli–August. 2–10 cm.

**Vorkommen:** Braucht feinerde- und humusarmen, steinigen Boden, der kalkhaltig sein sollte. Besiedelt Halden ruhenden Schutts oder lückige alpine Rasen, geht aber auch in Felsspalten. In den Kalkalpen zerstreut. Bevorzugt Höhen zwischen etwa 1200 und 3500 m, geht örtlich aber noch höher (z. B. Finsteraarhorn 4000 m).

**Wissenswertes:** ♃; ▽. Ähnlich: *S. arachnoidea* STERNB.: Blüten 4–7 mm im Durchmesser, hellgelb bis zitronengelb. Blätter rundlich, 3–5lappig, spinnwebig von langen, klebrigen Haaren überzogen; auf Kalk; Judikarische Alpen; 500–1500 m; selten.

Steinbrechgewächse *Saxifragaceae*

## Mannsschild-Steinbrech
*Saxifraga androsacea* L.
Steinbrechgewächse *Saxifragaceae*

**Beschreibung:** Am Ende des Stengels stehen 1 oder 2, aber nicht allzuselten auch 3–5 Blüten; wenn mehr als 2 Blüten vorhanden sind, sind sie zumindest andeutungsweise doldig eingeebnet. Blüten 4–8 mm im Durchmesser, weiß. Blütenblätter 5, verkehrt-eiförmig bis spatelig, vorn abgerundet oder schwach ausgerandet. Kelchblätter 5, eiförmig, stumpflich, außen drüsig behaart. Pflanze bildet von Kriechtrieben aus oft zahlreiche, rosettig beblätterte Äste, die sich insgesamt zu einem flachen Polster zusammenschließen. Zuweilen kommen indessen auch Einzelrosetten oder kleine Gruppen locker angeordneter Rosetten vor. Blühender Stengel aufrecht, mit kurzen Drüsenhaaren bestanden. Rosettenblätter lanzettlich bis spatelig, 0,5–2,5 cm lang und 3–6 mm breit, am Rande, seltener auch auf der Fläche, mit langen Drüsenhaaren bestanden, ganzrandig oder vorn mit 3–5 kurzen Zähnen, wobei der mittlere Zahn am längsten ist. Stengel mit 1–3 wechselständigen, lanzettlichen Stengelblättern, selten auch blattlos. Mai–August. 3–10 cm.

**Vorkommen:** Braucht feuchten bis nassen, kalkreichen Untergrund, der lange von Schnee bedeckt sein sollte. Besiedelt Schneetälchen und Naßstellen auf Feinschutthalden in schattigen Lagen, oft in Nordexposition, geht gelegentlich an entsprechende Stellen in steinigen und lückigen alpinen Rasen. Bevorzugt Höhen zwischen etwa 1500 und 3500 m. Kalkalpen zerstreut; Zentralalpen auf kalkfreiem Gestein nur sehr selten und gebietsweise fehlend, auf kalkhaltigem Gestein selten.

**Wissenswertes:** ♃; ▽. Der Artname verweist auf die Ähnlichkeit mit manchen Mannsschild-Arten *(Androsace)*.

## Seguiers Steinbrech
*Saxifraga seguieri* SPRENG.
Steinbrechgewächse *Saxifragaceae*

**Beschreibung:** Am Ende des Stengels stehen 1–3 Blüten auf ziemlich kurzen Stielen und – wenn mehr als 1 Blüte vorhanden ist – ziemlich dicht beieinander. Blüten 3–5 mm im Durchmesser, hellgelb oder grünlich-gelb. Blütenblätter 5, schmal verkehrt-eiförmig, vorn abgerundet oder schwach ausgerandet. Kelchblätter 5, eiförmig, stumpflich, außen drüsig behaart. Pflanze bildet von Kriechtrieben aus meist zahlreiche, rosettig beblätterte Äste, die sich insgesamt zu einem flachen Polster zusammenschließen. Zuweilen kommen indessen auch Einzelrosetten vor. Blühender Stengel aufrecht, mit kurzen Drüsenhaaren bestanden. Rosettenblätter lanzettlich bis spatelig, 0,5–2,5 cm lang und 2–6 mm breit, am Rande abstehend drüsig bewimpert, auf der Blattfläche meist kahl, ganzrandig. An den Rosetten bleiben unten die abgestorbenen Blätter oft lange erhalten; sie fallen durch ihre dunkel rotbraune Färbung auf. Stengel meist unbeblättert oder nur mit 1–2 Stengelblättern, die kurz bleiben, lanzettlich sind und wechselständig dem Stengel ansitzen. Juli–August. 2–6 cm.

**Vorkommen:** Braucht feuchten bis nassen, kalkfreien Untergrund. Besiedelt vor allem ruhende Felsschutthalden, Runsen und Moränen. Geht gelegentlich auch in Felsspalten. Wo Seguiers Steinbrech auf Kalk vorkommt, liegt dem kalkhaltigen Gestein eine kalkfreie Rohhumuslage auf. Von den Grajischen Alpen bis zu den Dolomiten und zur Silvretta. Zwischen 1600 und 3000 m. Zerstreut.

**Wissenswertes:** ♃; ▽. Der Name ehrt den französischen Jesuitenpater und Naturforscher J. F. SEGUIER (1703–1784); er hat eine Flora von Verona verfaßt.

**Seguiers Steinbrech**
*Saxifraga seguieri*

**Mannsschild-Steinbrech**
*Saxifraga androsacea*

**Moschus-Steinbrech**
*Saxifraga moschata*

**Furchen-Steinbrech**
*Saxifraga exarata*

# Steinbrechgewächse *Saxifragaceae* ▶

Steinbrech *Saxifraga*

## Mauerpfeffer-Steinbrech
*Saxifraga sedoides* L.
Steinbrechgewächse *Saxifragaceae*

**Beschreibung:** Am Ende des Stengels steht oft nur 1 Blüte; nicht selten sind aber auch 2 Blüten vorhanden. Blüten 4–6 mm im Durchmesser, blaßgelb oder grünlich-gelb. Blütenblätter 5, schmal-lanzettlich, vorne in eine feine, zuweilen rote Spitze auslaufend, kaum 1 mm breit, oft kürzer als die Kelchblätter. Kelchblätter 5, eiförmig bis 3eckig, mit stacheliger Spitze, bei voll aufgeblühten Blüten vom Blütenstiel abstehend, den Blütenblättern nicht anliegend. Stengel aufsteigend oder aufrecht, dünn, schlaff, kahl oder gelegentlich sehr schütter drüsig behaart. Der Mauerpfeffer-Steinbrech bildet aus einem niederliegenden Sproß zahlreiche Rosetten, die sich zu einem lockeren, rasigen Polster zusammenschließen. Rosettenblätter lanzettlich bis spatelig, 0,5–1,5 cm lang, 2–4 mm breit, ganzrandig, in eine helle, stachelige Spitze auslaufend, kahl oder schütter drüsenhaarig; kalkausscheidende Gruben auf der Oberfläche fehlen. Stengel blattlos oder mit einzelnen Blättern. Juni–September. 2–5 cm.

**Vorkommen:** Braucht sickerfeuchten, kalkreichen, feinerde- und humusarmen Untergrund. Besiedelt Steinschutt, der sich noch in Bewegung befinden kann, seltener Felsspalten. Kommt in den Südlichen Kalkalpen vom Comer See nach Osten bis in die Karawanken sowie vom Toten Gebirge bis zum Schneeberg vor. Bevorzugt Höhen zwischen 1600 und 2800 m. Selten. Vereinzelt auch in den Hohen Tauern.

**Wissenswertes:** ♃; ▽. *S. sedoides* L. wird mit *S. hohenwartii* STERNB. (Blütenblätter lineal, spitz, 0,5 mm breit, mindestens so lang wie die Kelchblätter. Stengel beblättert. Südliche Kalkalpen; selten) zur Sammelart *S. sedoides* agg. zusammengefaßt.

## Blattloser Steinbrech
*Saxifraga aphylla* STERNB.
Steinbrechgewächse *Saxifragaceae*

**Beschreibung:** Meist nur 1 Blüte am Ende des Stengels; nur ausnahmsweise 2 oder gar 3 Blüten vorhanden. Blüten 4–6 mm im Durchmesser, blaßgelb. Blütenblätter 5, schmal-lineal, vorne in eine feine Spitze auslaufend, nur etwa 0,5 mm breit. Kelchblätter 5, eiförmig bis 3eckig, vorne etwas abgestumpft, den Blütenblättern anliegend. Stengel aufsteigend oder aufrecht, schlaff, meist kahl oder gelegentlich sehr schütter drüsig behaart. Der Blattlose Steinbrech bildet aus einem niederliegenden Sproß zahlreiche Rosetten, die sich zu einem lockeren, rasigen Polster zusammenschließen. Rosettenblätter spatelförmig bis lanzettlich, 0,5–1,5 cm lang, 3–5 mm breit, vorne mit 3 Zähnen, die bis 3 mm lang und bis über 1 mm breit sein können, an kleinen Blättern aber entsprechend kleiner sind. Einzelne Blätter laufen in 5 Zähnen aus, andere sind zuweilen ganzrandig. Gegen den Blattgrund sind die Blätter keilig verschmälert. Sie sind hellgrün und nur locker drüsenhaarig oder – öfter – kahl. Auf der Oberfläche fehlen ihnen kalkausscheidende Gruben (Lupe!). Stengelblätter fehlen meist (sehr selten 1 vorhanden). Juli–September. 1–3 cm.

**Vorkommen:** Braucht sickerfeuchten, kalkreichen, feinerde- und humusarmen Untergrund. Besiedelt frischen, groben Steinschutt, der sich noch in Bewegung befinden kann, seltener Felsspalten. Kommt in den Nördlichen und Südlichen Kalkalpen vor, und zwar vor allem in deren östlichen Ketten (vom Berner Oberland bis zum Schneeberg); zerstreut. Von den Bergamasker Alpen bis in die Dolomiten; selten.

**Wissenswertes:** ♃; ▽. Der Blattlose Steinbrech erträgt lange Schneebedeckung ebenso wie starke Windeinwirkung.

**Steinbrechgewächse** *Saxifragaceae*

## Moos-Steinbrech
*Saxifraga muscoides* ALL.
Steinbrechgewächse *Saxifragaceae*

**Beschreibung:** Am Ende des Stengels steht meist nur 1 Blüte, doch kann der Blütenstand gelegentlich auch aus 2 oder 3 Blüten bestehen. Blüten 5–9 mm im Durchmesser, weißlich, weißlich-gelb bis zitronengelb. Blütenblätter 5, breit verkehrt-eiförmig, vorn abgestutzt oder seicht ausgerandet. Kelchblätter 5, stumpf-eiförmig, am Grunde nicht verschmälert. Triebe zu dichten, festen, flachen Polstern zusammengeschlossen, in denen die abgestorbenen und ausgetrockneten Rosetten silbriggrau erscheinen (feucht bräunlich). Stengel aufrecht, abstehend drüsig behaart, wechselständig beblättert. Rosettenblätter schmal-eiförmig, fast lineal, 4–8 mm lang und 1,5–2,5 mm breit, locker drüsig behaart, ganzrandig, abgestumpft oder ausgerandet. Meist 3–5 Stengelblätter vorhanden, die den Grundblättern ähneln. Juni–August. 1–5 cm.

**Vorkommen:** Braucht feinerde- und humusarmen Untergrund. Besiedelt vergrusten Feinschutt und Moränen, geht aber auch in Felsspalten. Bevorzugt Höhen zwischen etwa 2400 und 4000 m und geht nur selten tiefer. Cottische Alpen bis zu den Hohen Tauern; selten.

**Wissenswertes:** ♃; ▽. Ähnlich: Presolana-Steinbrech (*S. presolanensis* ENGL.): Blütenblätter sehr schmal verkehrt-eiförmig bis schmal lineal-keilig, an der Spitze eingekerbt und mit einem kleinen Zähnchen in der Kerbe (sicheres Unterscheidungsmerkmal!); Kelchblätter an der Basis verschmälert. Nur Bergamasker Alpen; auf Kalk, meist an Nordhängen; Hauptverbreitung zwischen 1700 und 2400 m; selten. – Dolomiten-Steinbrech (*S. facchinii* KOCH): Blütenblätter nur so lang wie die Kelchblätter. Dolomiten; 2000–3000 m; sehr selten.

## Birnmoos-Steinbrech
*Saxifraga bryoides* L.
Steinbrechgewächse *Saxifragaceae*

**Beschreibung:** Blüten einzeln am Ende des Stengels, 0,8–1,2 cm im Durchmesser, gelblich-weiß bis cremefarben. Blütenblätter 5, schmal verkehrt-eiförmig, vorn abgerundet, am Grunde mit einem gelben Fleck oder orangefarbenen Punkten. Kelchblätter 5, eiförmig bis 3eckig, mit einer deutlichen Spitze, den Blütenblättern anliegend. Pflanze bildet von Kriechtrieben aus zahlreiche dichtbeblätterte Äste, die insgesamt dichte, große und flache Polster formen. Blühender Stengel aufrecht, mit abstehenden Drüsenhaaren und 1–3 wechselständigen Blättern. Blätter an der Stengelbasis in Rosetten, schmal-lanzettlich, 2–6 mm lang und kaum 1 mm breit, am Rande bewimpert. In den Blattachseln der nichtblühenden Triebe kugelige Tochterrosetten, die so lang wie das Blatt werden, in dessen Achsel sie sich entwickelt haben. Juli–August. 2–5 cm.

**Vorkommen:** Braucht sickerfeuchten, kalkfreien, humusarmen, schuttig-lockeren Boden. Besiedelt Felsspalten, Moränen, lückige, feuchte, steinige Rasen und Halden mit nicht zu grobem Gesteinsschutt. Erträgt lange Schneebedeckung. Kalkalpen; nur auf entkalktem Untergrund; vereinzelt; Zentralalpen: häufig; bevorzugt Höhen zwischen etwa 1800 und 4000 m.

**Wissenswertes:** ♃; ▽. Ähnlich: Rauher Steinbrech (*S. aspera* L.): Blütenstand 1–10blütig; Blütenblätter verkehrt-eiförmig; wächst in lockeren Rasen; in den Blattachseln der nichtblühenden Triebe kugelige Tochterrosetten, die nur halb so lang wie das Blatt werden, in dessen Achsel sie sich entwickelt haben. 5–25 cm; östliche Zentralalpen; zerstreut. Nördliche Schweizer Kalkalpen; vereinzelt.

# Steinbrechgewächse *Saxifragaceae* ▶

Steinbrech *Saxifraga*

## Moor-Steinbrech
*Saxifraga hirculus* L.
Steinbrechgewächse *Saxifragaceae*

**Beschreibung:** Am Ende des Stengels steht entweder eine Einzelblüte oder es stehen dort 2–5 Blüten (häufiger), die dann oft angedeutet doldig angeordnet sind. Blüten 2–3 cm im Durchmesser (ausgebreitet gemessen), gelb. Blütenblätter 5, schmal verkehrt-eiförmig, am Grund mit 2 kegelförmigen Höckern (nicht immer deutlich) und mit (meist deutlichen) roten Flecken, vorn abgerundet. Kelchblätter 5, etwa $\frac{1}{3}$ so lang wie die Blütenblätter, am Rande mit krausen, rotbraunen Haaren, nach dem Aufblühen zurückgeschlagen und später dem Stengel anliegend. Stengel aufrecht, zuweilen etwas gebogen, mindestens im oberen Teil dicht mit braunen Haaren bedeckt, die 1–2 mm lang werden können. Blätter nicht in Rosetten, wohl aber an der Stengelbasis dichter stehend als im übrigen Teil des Stengels. Blätter 1–3 cm lang, schmal-eiförmig bis keilig-spatelig zulaufend, allmählich in den Blattstiel verschmälert, der nur bei den unteren Blättern deutlich ausgebildet ist, wohingegen die oberen Stengelblätter meist dem Stengel mit verschmälertem Grund wechselständig ansitzen. Juli–September. 10–40 cm.

**Vorkommen:** Braucht zeitweise überschwemmten, moorigen Schlammboden. Besiedelt Torfmoospolster im Schwingrasen und in Zwischenmooren. Scheint im Tiefland von allen vor dem letzten Weltkrieg bekannten Standorten verschwunden zu sein und kommt nur noch vereinzelt im bayerischen Alpenvorland, in Mecklenburg, im Kanton Waadt, bei Salzburg und im Französischen Jura vor.

**Wissenswertes:** ♃; ▽. Der Moor-Steinbrech ist für Mitteleuropa Eiszeitrelikt; er ist zirkumpolar verbreitet.

## Stern-Steinbrech
*Saxifraga stellaris* L.
Steinbrechgewächse *Saxifragaceae*

**Beschreibung:** 3–16 Blüten stehen am Ende des Stengels in einer lockeren Rispe; sie sind zumindest andeutungsweise doldig angeordnet. Neben dem Hauptstengel entspringen aus den Achseln der oberen Blätter gelegentlich noch kleinere „Nebenblütenstände", die meist armblütiger sind. Blüten 0,7–1,4 cm im Durchmesser (ausgebreitet gemessen), weiß. Blütenblätter 5–8, meist 5, aber oft auch 6, sehr schmal-eiförmig bis lanzettlich, am Grund mit 2 gelben Punkten. Kelchblätter nur 2–3 mm lang, rötlich, bei aufgeblühten Blüten zurückgebogen und dem Blütenstiel anliegend. Stengel aufrecht, drüsig behaart, nur mit Tragblättern, sonst unbeblättert. Rosettenblätter 1–5 cm lang und 0,5–2 cm breit, verkehrt-eiförmig bis spatelig, grob gesägt oder gezähnt, in den Stiel verschmälert, etwas fleischig und glänzend, nur am Rand und manchmal auch oberseits drüsig behaart. Juni–September. 5–20 cm.

**Vorkommen:** Braucht ständig feuchten, ja nassen, steinigen, kühlen, schwach sauren Boden, der lehmig oder tonig sein kann. Besiedelt Ufer, quellige Stellen in alpinen Rasen, Runsen und Schneetälchen. Kommt vereinzelt im Schwarzwald, selten im Alpenvorland und zerstreut in den Alpen vor. Bevorzugt Höhen zwischen etwa 1200 und 3000 m, kommt im Schwarzwald und im Alpenvorland indessen auch wesentlich tiefer (bei ungefähr 600 m) vor.

**Wissenswertes:** ♃; ▽. Innerhalb der Art lassen sich mindestens 2 Unterarten unterscheiden: Ssp. *alpigena* TEMESY (Blätter fast kahl; keine Brutknospen) und ssp. *prolifera* (STERNB.) TEMESY (Blätter auf der Oberseite und am Rand behaart; oft mit Brutknospen: nur Ostalpen).

**Steinbrechgewächse** *Saxifragaceae*

## Keilblättriger Steinbrech
*Saxifraga cuneifolia* L.
Steinbrechgewächse *Saxifragaceae*

**Beschreibung:** 3–15 Blüten stehen in einem rispigen, oft lockeren, zuweilen aber auch angedeutet doldig zusammengezogenen Blütenstand. Blüten 5–9 mm im Durchmesser, weiß. Blütenblätter 5, schmal-eiförmig, vorn abgerundet, am Grunde gelb, oberhalb des gelben Flecks gelegentlich rot punktiert. Kelchblätter 5, schmal-eiförmig bis lanzettlich, bei voll erblühten Blüten zurückgeschlagen. Stengel aufrecht, sehr kurz drüsig behaart, blattlos, nur innerhalb der Rispe verzweigt. Rosetten gelegentlich etagenartig übereinander stehend, meist zahlreich zu lockeren Rasen zusammengeschlossen. Rosettenblätter ohne kalkausscheidende Gruben auf der Blattoberfläche (Lupe!), 0,5–2 cm lang und bis 1 cm breit, oft keilförmig allmählich in den Stiel verschmälert, kahl, am Rand mit nur wenigen, stumpfen Zähnen; Rand knorpelig, gelblich. Blattstiel meist deutlich länger als die Blattspreite, kahl. Juni–August. 10–25 cm.

**Vorkommen:** Braucht sauren, rohhumusreichen Untergrund (vor allem, wenn das anstehende Gestein kalkhaltig ist) an Standorten mit hoher Luftfeuchtigkeit. Besiedelt nasse oder dauerfeuchte Felsen und Felsblöcke, vorzugsweise in Nadelwäldern oder im Vollschatten dichter Mischwälder. Fehlt im deutschen Alpengebiet. In Vorarlberg und Tirol sehr selten; in den Zentral- und in den Südalpen selten. Bevorzugt Höhen zwischen etwa 800 und 1800 m, geht aber örtlich etwas höher und – herabgeschwemmt – wesentlich tiefer.

**Wissenswertes:** ♃; ▽. Innerhalb der Art sind nur wenige abweichende Sippen beschrieben worden; ihr systematischer Wert wird allgemein als gering angesehen.

## Schatten-Steinbrech
*Saxifraga umbrosa* agg.
Steinbrechgewächse *Saxifragaceae*

**Beschreibung:** Meist stehen mehr als 20 Blüten in einer lockeren Rispe. Blüten 4–8 mm im Durchmesser, weiß. Blütenblätter 5, schmal-eiförmig, vorn abgerundet, am Grunde gelb und oberhalb des gelben Flecks rot punktiert. Kelchblätter 5, schmal-eiförmig bis lanzettlich, bei voll erblühten Blüten zurückgeschlagen. Stengel aufrecht, oben drüsig behaart, oft rot überlaufen, blattlos, nur innerhalb der Rispe verzweigt. Rosetten etagenartig übereinander; oft nur 1 Rosette ausgebildet. Rosettenblätter ohne kalkausscheidende Gruben auf der Blattoberfläche (Lupe!), 2–4 cm lang und bis 2 cm breit, oft keilförmig und rasch in den Stiel verschmälert, am Rand mit zahlreichen stumpfen Zähnen; Rand knorpelig, gelblich. Blattstiel oft länger als die Blattspreite, am Rand lang und kraus behaart. Juni–August. 10–40 cm.

**Vorkommen:** Braucht humushaltigen, lockeren Boden. Zierpflanze, deren Wildform (*S. umbrosa* L.) in den Pyrenäen vorkommt. Bei uns in mehreren Kultursorten als Steingartenpflanze angepflanzt und örtlich verwildert (z. B. in den Südvogesen, in Oberbayern, bei Salzburg, in der Steiermark). Sehr selten.

**Wissenswertes:** ♃. *S. umbrosa* L. wird mit *S. hirsuta* L. (Blütenblätter oft ohne rote Punkte; Blattspreite im Umriß rundlich, am Grund herzförmig, Blattstiel dünn; Pyrenäen; Zierpflanze) und mit dem Bastard *S. umbrosa* × *S. hirsuta* (= *S.* × *geum* L.) zur Sammelart *S. umbrosa* agg. zusammengefaßt. – Gartenpflanze ist ebenfalls *S. stolonifera* CURT. (Blütenblätter deutlich ungleich lang; Blätter lang-gestielt, rundlich; Heimat: Ostasien); verwildert in den Bergamasker Alpen und im Tessin.

## Steinbrechgewächse *Saxifragaceae* ▶

Steinbrech *Saxifraga*
Milzkraut *Chrysosplenium*

## Herzblattgewächse *Parnassiaceae* ▶

Herzblatt *Parnassia*

### Rundblättriger Steinbrech
*Saxifraga rotundifolia* L.
Steinbrechgewächse *Saxifragaceae*

**Beschreibung:** Meist stehen 5–20 Blüten (gelegentlich auch mehr) in einer lockeren Rispe. Blüten 1–1,8 cm im Durchmesser (ausgebreitet gemessen), weiß. Blütenblätter 5, schmal-eiförmig bis länglich, in der unteren Hälfte mit gelben, in der oberen mit roten Punkten, gelegentlich aber auch rein weiß. Kelchblätter 5, schmal-3eckig bis schmal-eiförmig, nach dem Aufblühen senkrecht abstehend (nie zurückgeschlagen!), außen mit nur wenigen Drüsenhaaren. Stengel aufrecht, kraus und abstehend behaart. Grundständige Blätter in einer Rosette, lang gestielt, im Umriß rundlich-nierenförmig, am Grunde herzförmig, mit breiten, mehr oder minder spitz zulaufenden Zähnen; beidseitig meist etwas schütter behaart; Rand grün (nicht gelblich). Blattstiel meist doppelt oder sogar mehrfach so lang wie die Blattspreite, locker und abstehend kraus behaart. Juni–September. 10–60 cm.

**Vorkommen:** Braucht kalkhaltigen, lockerhumosen oder mullreichen, feuchten Lehmboden. Besiedelt Schluchtwälder, Hochstaudenfluren und Bachufer, geht aber auch in feuchte, beschattete Blockhalden. Im südlichen Schweizer Jura, im Alpenvorland und in den Kalkalpen zerstreut; Zentralalpen selten. Steigt bis etwa 2500 m.

**Wissenswertes:** ♃; ▽. Innerhalb der Art gibt es kaum Formen, auf die man Sippen von systematischem Rang gründen könnte. Unterschiede in der Stärke der Behaarung wurden beschrieben, und zwar vor allem von Sippen, die in Südosteuropa beheimatet sind. – Der Rundblättrige Steinbrech stellt gewisse Anforderungen an hohe Luftfeuchtigkeit. Deshalb ist er in Gegenden mit ausgeprägten Trockenperioden selten oder fehlt dort ganz.

### Wechselblättriges Milzkraut
*Chrysosplenium alternifolium* L.
Steinbrechgewächse *Saxifragaceae*

**Beschreibung:** In den Achseln der grundblattähnlichen, meist ziemlich flach ausgebreiteten Tragblätter sitzen die sehr kurz gestielten Blüten doldig angeordnet. Meist sind 8–20 Blüten ausgebildet, gelegentlich noch mehr. Die Blütenhülle besteht nur aus den Kelchblättern; die Blüten sind gelblich, 3–5 mm im Durchmesser. Kelchblätter 4, breit-eiförmig ausgebreitet, mit zurückgekrümmten Spitzen. 8 Staubblätter. Stengel aufrecht, 2–3kantig, meist mit 1–2, selten mit 3 Stengelblättern. Blätter wechselständig. Grundblätter in einer lockeren Rosette, ihre Spreite im Umriß rundlich-nierenförmig, mit tief herzförmig eingebuchtetem Grund, Rand grobzähnig gekerbt, Zähne abgestumpft bis flach ausgerandet; Oberseite stets und Unterseite meist schütter borstig-langhaarig. Blattstiel der Grundblätter mehrfach länger als ihre Spreite. Stengelblätter deutlich kleiner als die Grundblätter, keilig in ihren Stiel verschmälert. Tragblätter den Stengelblättern ähnlich, aber eher größer, und auffällig gelblich-grün, vor allem die obersten. März–Mai. 5–20 cm.

**Vorkommen:** Braucht sickerfeuchten, nährstoffreichen, humus- und mullreichen Waldboden, der etwas kalkhaltig sein kann, aber nicht sein muß. Besiedelt Auenwälder, quellige Stellen in Laubwäldern, Schluchtwälder und Erlenbrüche, geht aber auch in Hochstaudenfluren. Fehlt im Tiefland und im Hessischen Bergland gebietsweise; sonst zerstreut; bildet zuweilen größere, vor allem individuenreiche Bestände; steigt in den Alpen bis fast 2500 m.

**Wissenswertes:** ♃. Anzeiger für feuchten Mullboden. Kommt im Gegensatz zur folgenden Art mit kühleren und nicht so nassen Böden zurecht.

**Steinbrechgewächse** *Saxifragaceae*
**Herzblattgewächse** *Parnassiaceae*

## Gegenblättriges Milzkraut
*Chrysosplenium oppositifolium* L.
Steinbrechgewächse *Saxifragaceae*

**Beschreibung:** In den Achseln der grundblattähnlichen Tragblätter sitzen die sehr kurz gestielten Blüten doldig angeordnet; meist sind nur 4–10 Blüten ausgebildet. Die Blütenhülle besteht nur aus den Kelchblättern; die Blüten sind grünlich-gelb, 2,5–4 mm im Durchmesser. Kelchblätter 4, breit-eiförmig; Spitzen meist nicht auffällig zurückgekrümmt. 8 Staubblätter. Stengel aufrecht, 4kantig, meist mit 1–3 Paaren von Stengelblättern. Stengelblätter gegenständig. Grundblätter in einer lockeren Rosette, ihre Spreite im Umriß rundlich, an der Basis abgestutzt und plötzlich in den Stiel verschmälert, nie herzförmig, Rand grobzähnig gekerbt; Oberseite sehr schütter borstig-langhaarig; Unterseite meist kahl. Stengelblätter deutlich kleiner als die Grundblätter. Tragblätter den Stengelblättern ähnlich, grün mit nur schwacher Gelbtönung. April–Mai. 5–20 cm.

**Vorkommen:** Braucht sickerfeuchten, kalkarmen, humusreichen, sandigen Tonboden. Besiedelt Ufer und quellige Stellen in Bergwäldern, ebenso Blockhalden. Fehlt im Tiefland westlich der Weser, in den Mittelgebirgen mit Kalkgestein, im Alpenvorland und in den Kalkalpen größeren Gebieten. In den Mittelgebirgen mit Silikatgestein und in entsprechenden Lagen der Alpentäler zerstreut, örtlich in individuenreichen, aber nicht immer großflächigen Beständen; steigt in den Alpen bis etwa 1800 m.

**Wissenswertes:** ♃. Früher sah man in den Blättern eine Formähnlichkeit mit der Milz. Deswegen benutzte man die Pflanze als Heilpflanze. Inhaltsstoffe, die dies rechtfertigen, scheinen nicht vorzukommen. *C. oppositifolia* liebt milde Winter und hohe Luftfeuchtigkeit. Sein Hauptareal liegt daher im atlantischen Klimabereich.

## Sumpf-Herzblatt
*Parnassia palustris* L.
Herzblattgewächse *Parnassiaceae*

**Beschreibung:** Am Ende des Stengels steht stets nur 1 einzelne Blüte, die 1–3,5 cm im Durchmesser erreichen kann (ausgebreitet gemessen). Sie ist üblicherweise weiß, seltener zartrosa überlaufen. Blütenblätter 5, eiförmig, mit gut sichtbaren, bogig verlaufenden Nerven, an der Spitze in der Regel mit einer deutlichen, wenngleich auch kleinen Einkerbung. Kelchblätter 5, eiförmig, stumpflich, halb so lang wie die Blütenblätter oder noch kürzer. Stengel aufrecht, unbeblättert oder – meist – im unteren Drittel mit einem einzelnen Stengelblatt, mindestens unter der Blüte deutlich kantig. Grundblätter herzförmig, 0,5–4 cm lang, mit 0,5–5 cm langem Blattstiel. Das Stengelblatt sitzt dem Stengel im unteren Drittel an und umfaßt ihn mit tief herzförmigem Grund. Blätter ganzrandig, wie der Stengel kahl. Juli–Oktober. 5–30 cm.

**Vorkommen:** Braucht feuchten, ja nassen, moorig-humosen Lehmboden, der aber nicht ganz kalkfrei sein sollte. Besiedelt Quell- und Flachmoore, geht indessen auch in Halbtrockenrasen an Stellen, an denen Hangdruckwasser austritt oder die wechselfeucht sind. Im Tiefland und in den Mittelgebirgen nördlich des Mains selten; fehlt dort gebietsweise. Sonst – vor allem im Bayerischen Wald, im Südschwarzwald, im Alpenvorland, im Schweizer Jura und in den Alpen – zerstreut; örtlich in lockeren, aber individuenreichen Beständen.

**Wissenswertes:** ♃. Bemerkenswerterweise werden die Staubblätter beim Sumpf-Herzblatt nicht gleichzeitig reif; zuerst reift dasjenige, das vor dem größten Kelchblatt steht, dann ein benachbartes, dann das mit dem größten Abstand zum zweitgereiften, usw.

# Rosengewächse *Rosaceae*

Geißbart *Aruncus*
Spierstrauch *Spiraea*
Zwergmispel *Cotoneaster*

## Wald-Geißbart
*Aruncus dioicus* (WALTER) FERNALD
Rosengewächse *Rosaceae*

**Beschreibung:** Pflanze 2häusig, d. h. die Individuen tragen entweder männliche oder weibliche Blüten. Die Blüten stehen zu Tausenden in einer großen, oft ausladenden Rispe. Sie sind unscheinbar und erreichen nur 2–4 mm im Durchmesser, männliche Blüten gelblich-weiß, weibliche Blüten reinweiß. Blütenblätter 5, unscheinbar, kaum 2 mm lang. Kelchblätter 5, kaum 0,5 mm lang. Männliche Blüten mit über 20 Staubblättern, die die Blütenblätter deutlich überragen und durch ihre Anordnung an den Rispenästen den Blütenstand quirlig-buschig aussehen lassen. Stengel aufrecht, unverzweigt, kahl. Blätter 2–3fach gefiedert. Teilblättchen eiförmig, meist scharf doppelt gezähnt. Mai–Juli. 1–2 m.

**Vorkommen:** Braucht nährstoffreichen, aber eher kalkarmen, lockeren und daher oft steinigen Lehmboden, der mullhaltig und etwas sickerfeucht sein sollte. Bevorzugt Standorte mit hoher Luftfeuchtigkeit. Besiedelt Schluchtwälder, Ufergebüsche und Bergwälder. Fehlt nördlich des Mains fast vollständig und auch südlich der Mainlinie größeren Gebieten. Sonst selten, aber zuweilen in kleineren, individuenarmen, aber auffälligen Beständen.

**Wissenswertes:** ⚃; ▽. Der Wald-Geißbart ist in Mitteleuropa die einzige Art aus der Familie der Rosengewächse, die 2häusig ist. – In Stengel und Blättern wurde in geringen Mengen ein Glykosid nachgewiesen, aus dem man Blausäure abspalten kann. Über eine Giftwirkung ist uns nichts bekannt geworden; sie ist aufgrund des geringen Gehalts an cyanogener Verbindung auch nicht zu erwarten. – Der Wald-Geißbart wird seit dem Mittelalter als Zierpflanze empfohlen; er gedeiht nur an schattigen Stellen.

## Weiden-Spierstrauch
*Spiraea salicifolia* L.
Rosengewächse *Rosaceae*

**Beschreibung:** Mittelhoher Strauch mit aufrechten Zweigen. Blüten stehen in dichten, reichblütigen, walzlichen Rispen, die 10–15 cm lang werden, gelegentlich aber etwas kürzer und dann eher länglich-eiförmig sind. Blüten 5–9 mm im Durchmesser, hell oder intensiv rosa. Blütenblätter 5, breit-eiförmig bis fast rund. Kelchblätter nur etwa 1 mm lang, breit-3eckig, auf der Außenseite kahl, innen meist deutlich behaart (Lupe!). Zweige kahl, gelbbraun, später grau werdend, kaum kantig. Blätter wechselständig, ziemlich dicht stehend, 4–7 cm lang und 1,5–2,5 cm breit, lanzettlich bis schmal-eiförmig, vorne spitz zulaufend, am Grunde keilförmig in den sehr kurzen Blattstiel verschmälert, am Rand 1fach, gelegentlich auch doppelt gesägt, im unteren Blattdrittel zuweilen auch fast ganzrandig, beiderseits kahl oder auf der Mittelrippe sehr kurz und flaumig behaart (Lupe!), mit unterseits stark vorspringendem Adernetz. Juni–Juli. 0,5–2 m.

**Vorkommen:** Braucht feuchten, ja nassen, kalkarmen bis kalkfreien, aber durchaus nährstoffhaltigen Boden. In Mitteleuropa möglicherweise nur verwildert, aber beständig eingebürgert, so z. B. im Harz, im Schwarzwald, im Bayerischen und im Oberpfälzer Wald, in Franken, im Hunsrück und im Pfälzer Wald. Besiedelt vor allem Ufergebüsche und Bruchwälder. In Österreich mindestens teilweise ursprünglich. Selten, aber oft in kleineren Beständen.

**Wissenswertes:** ♄. Wird wie der Bastard *S. × billardii* HÉRINCQ (Blätter unterseits mehr oder minder filzig) auch auf trockeneren Böden als Zierstrauch gepflanzt; beide verwildern gelegentlich, vermögen sich aber nur selten durchzusetzen und längere Zeit zu halten.

**Rosengewächse** *Rosaceae*

## Ulmen-Spierstrauch
*Spiraea chamaedryfolia* L. emend. Jacq.
Rosengewächse *Rosaceae*

**Beschreibung:** Niedriger bis mittelhoher Strauch mit bogig abstehenden Zweigen. Blüten stehen zahlreich in gewölbten, zuweilen fast halbkugeligen doldig-traubigen Blütenständen am Ende von kurzen Zweigen; sie erreichen um 4 cm im Durchmesser, die meisten Blütenstiele messen mindestens 0,8–1 cm. Blüten 1–1,4 cm im Durchmesser (ausgebreitet gemessen), weiß. Blütenblätter 5, rund oder sehr breit eiförmig, kürzer als die Staubblätter. Kelchblätter 3eckig-eiförmig, viel kürzer als die Blütenblätter, meist etwas zurückgeschlagen. Zweige kahl, kantig, etwas hin und her gebogen. Blätter wechselständig, mäßig dicht stehend, 4–6 cm lang, 2,5–4 cm breit, eiförmig bis breit-lanzettlich, mäßig zugespitzt, frischgrün, meist beiderseits kahl, am Rand deutlich, etwas lappig und ungleichmäßig gesägt, am Grund zuweilen asymmetrisch, gestielt; Blattstiel 0,5–1 cm lang. Mai–Juni. 0,5–1,5 m.

**Vorkommen:** Braucht steinigen, etwas stickstoffsalzhaltigen, lockeren Untergrund. Heimat: Balkanhalbinsel bis nach Sibirien; erreicht in den südöstlichsten Alpen am venetischen Alpensüdfuß den Rand unseres Gebiets. Gelegentlich auch als Zierpflanze angebaut und vereinzelt aus der Kultur verwildert, und zwar meist in orts- bzw. gartennahen Gebüschen und an warmen Waldrändern. Meist nicht beständig.

**Wissenswertes:** ♄. Als Zierpflanze wird oft die var. *ulmifolia* (Scop.) Maxim. gepflanzt. Sie zeichnet sich durch weniger bogige, aufrechtere Zweige und breit-eiförmige, doppelt gesägte Blätter aus. Ihre Blütenstände können um 8 cm im Durchmesser erreichen; die Blütenstiele sind deutlich länger als 1 cm.

## Filzige Zwergmispel
*Cotoneaster tomentosus* Lindl.
Rosengewächse *Rosaceae*

**Beschreibung:** Mittelhoher, ästiger, aufrechter Strauch. Blüten stehen einzeln oder bis zu 12 in schief aufrechten, manchmal auch hängenden, traubigen bis doldigen Blütenständen am Ende der Zweige bzw. in den Achseln der Blätter. Blüten 4–7 mm im Durchmesser, weißlich, hellrosa bis rotviolett. Blütenblätter 5, rundlich. Kelchblätter 5, etwa 2 mm lang, 3eckig, am Rand und außen ebenso filzig behaart wie der Kelchbecher. Frucht blutrot, fast kugelig, um 8 mm im Durchmesser. Zweige jung gelblich-grün, filzig, später dunkelbraun, glatt. Blätter wechselständig, rundlich bis eiförmig, 2–6 cm lang, 2–4 cm breit (höchstens 1½mal so lang wie breit), größte Breite in der Mitte, ganzrandig, oberseits schütter behaart, grün, unterseits dicht filzig behaart, grau bis weiß. April–Mai. 1–2 m.

**Vorkommen:** Braucht kalkreichen oder doch basischen, flachgründigen, lockeren und daher oft steinigen Lehm- oder Tonboden in Lagen mit warmem Klima. Besiedelt Gebüsche und Ränder trockener, wärmeliebender Wälder. Im südwestlichen Schwäbischen Jura, am Hochrhein, im Kaiserstuhl, in den Vogesen, im Alpenvorland, im Schweizer Jura, sowie in den Kalkalpen sehr selten und meist nur in kleineren Beständen. Steigt in den Alpen kaum über 2000 m.

**Wissenswertes:** ♄. Das Hauptverbreitungsgebiet der Filzigen Zwergmispel liegt im östlichen Mittelmeergebiet, den Ostalpen und in Südosteuropa. Sie braucht vor allem sommerliche Wärme und Sommertrockenheit. Die Böden, auf denen sie wächst, müssen basisch reagieren. Dies bedeutet meist reichen Kalkgehalt; doch gedeiht die Filzige Zwergmispel gelegentlich auch auf Granit.

**Ulmen-Spierstrauch**
*Spiraea chamaedryfolia*

**Filzige Zwergmispel**
*Cotoneaster tomentosus*

**Weiden-Spierstrauch**
*Spiraea salicifolia*

**Wald-Geißbart**
*Aruncus dioicus*

# Rosengewächse *Rosaceae*

Zwergmispel *Cotoneaster*
Birnbaum *Pyrus*
Apfelbaum *Malus*
Mispel *Mespilus*

## Gewöhnliche Zwergmispel
*Cotoneaster integerrimus* MED.
Rosengewächse *Rosaceae*

**Beschreibung:** Mittelhoher, etwas sparrigästiger Strauch, der meist aufrecht, gelegentlich aber auch niederliegend wächst. Blüten hängen in 1–5blütigen Blütenständen in den Achseln der Blätter; sind mehr als 3 Blüten ausgebildet, erkennt man gelegentlich die angedeutet doldige Anordnung der Blüten. Blüten 4–7 mm im Durchmesser, weiß, rosa oder rotviolett. Blütenblätter 5, rundlich. Kelchblätter 5, etwa 3 mm lang, braunrot, außen wie der Kelchbecher kahl, Vorderrand zuweilen flockig behaart. Scheinfrucht rot, kahl, kugelig. Zweige anfangs gelbgrün-filzig, später braunrot, glatt. Blätter wechselständig, eiförmig, 1,5–4 cm lang und 1–2 cm breit, größte Breite etwas unterhalb der Mitte oder in der Mitte, ganzrandig, oberseits kahl und grün, unterseits dicht filzig behaart, grau bis weiß. April–Juni. 1–2 m.

**Vorkommen:** Braucht kalkreichen oder neutralen, allenfalls schwach sauer reagierenden, steinigen, flachgründigen Boden, der humus- und feinerdearm sein kann. Besiedelt an warmen, sonnigen Stellen breite Felsbänder, felsige Gebüsche und steinige Stellen südexponierter Trockenwälder. Fehlt im Tiefland. Mittelgebirgsschwelle zwischen Rhein und Neiße, in den Vogesen, im Südschwarzwald und im Alpenvorland sehr selten und gebietsweise fehlend. In den linksrheinischen Mittelgebirgen, im Fränkischen, Schwäbischen und im Schweizer Jura selten; in den Kalkalpen, vor allem in den südlichen Ketten, zerstreut, in den zentralen Ketten selten.

**Wissenswertes:** ♄. Die Gewöhnliche Zwergmispel hat einen Verbreitungsschwerpunkt im östlichen Mittelmeergebiet, in Südosteuropa und in Kleinasien.

## Gewöhnlicher Birnbaum
*Pyrus communis* agg.
Rosengewächse *Rosaceae*

**Beschreibung:** Mittelgroßer Baum, seltener großer Strauch. Blüten stehen – gelegentlich – einzeln oder – häufiger – zu 2–9 in traubigen, andeutungsweise doldigen Blütenständen in den Achseln der Blätter an Kurztrieben. Blüten 2–4 cm im Durchmesser, oberseits weiß, unterseits weiß oder rot. 20–30 Staubblätter; Staubbeutel weinrot. Frucht eine Birne. Zweige dornenlos oder dornig. Blätter wechselständig, ganzrandig oder fein gezähnt, eiförmig bis rundlich-eiförmig, gestielt, jung auf der Fläche und vor allem am Rand flockig behaart, später oft verkahlend, oberseits dunkelgrün glänzend, unterseits blaugrün. April–Mai. 5–20 m.

**Vorkommen:** Braucht nährstoffreichen, nicht zu trockenen Lehm- oder Tonboden, der kalkhaltig sein sollte. Wild in Auenwäldern oder an zumindest zeitweise feuchten Stellen in wärmeliebenden Wäldern, seltener in felsigen Trockenwäldern. Wild oder verwildert vor allem in den Mittelgebirgen mit kalkhaltigem Gestein und im Tiefland östlich der Weser. Selten.

**Wissenswertes:** ♄. In der Sammelart *P. communis* agg. werden der Wilde Birnbaum (*P. pyraster* BURGSD.: Zweige dornig, Frucht holzig), der Leder-Birnbaum (*P. nivalis* JACQ.: Junge Zweige filzig behaart; junge Blätter beiderseits weißfilzig, später oberseits verkahlend; Herbstfärbung blutrot; nur Ostalpen und Ostösterreich), sowie die Kultursorten der Birne (*P. communis* L.) zusammengefaßt. – Um 800 n. Chr. scheint der Birnbaum als Kulturpflanze noch nicht bekannt gewesen zu sein; im 16. Jahrhundert zählte man schon rund 50 Sorten. Die Kultursorten sind aus dem Wilden Birnbaum, dem Leder-Birnbaum und dem Syrischen Birnbaum (*P. syriaca* BOISS.) herausgezüchtet worden.

**Rosengewächse** *Rosaceae*

## Apfelbaum
*Malus sylvestris* agg.
Rosengewächse *Rosaceae*

**Beschreibung:** Mittelhoher Baum, selten mittelhoher Strauch. Blüten stehen – gelegentlich – einzeln oder – häufiger – zu 2–6 in traubig-doldigen Blütenständen. Blüten 2–4 cm im Durchmesser, weiß oder rosa oder innen weiß und außen rosa. 20 oder mehr Staubblätter. Staubbeutel gelb. Frucht ein Apfel. Zweige dornenlos. Blätter wechselständig, nie ganzrandig, sondern feiner oder gröber gezähnt, eiförmig bis rundlich-eiförmig, oberseits mit deutlich eingesenkten Nerven, unterseits mit hervorstehenden Nerven, kahl oder sehr schütter behaart. Mai–Juni. 5–10 m.

**Vorkommen:** Braucht nicht zu trockene, nährstoffreiche, lockere und daher oft steinige Lehmböden, die kalkhaltig oder wenigstens nicht ausgesprochen sauer sein sollten. Wild in Auwäldern und in steinigen, nicht zu trockenen Gebüschen. Wildrassen lassen sich meist nur schwer von verwilderten Individuen unterscheiden. Selten, im Tiefland und in Süddeutschland im westlichen Teil gebietsweise fehlend; fehlt auch in Österreich und in der Schweiz kleineren Gebieten und ist sonst dort selten.

**Wissenswertes:** ♄. Zur Sammelart *M. sylvestris* agg. gehören u. a.: Filz-Apfel (*M. dasyphylla* BORKH.): Blattunterseite behaart, Griffel kahl. Österreich, Balkan. – Holz-Apfel (*M. sylvestris* MILL.): Ältere Blätter kahl. – Kultur-Apfel (*M. domestica* BORKH.): Dornenlos; meist Baum. Der Kultur-Apfel ist ein Kreuzungsprodukt heimischer und – vermutlich – auch asiatischer Kleinarten. Von ihm sind heute mehr als 1000 Sorten bekannt. Der Apfel gilt als wichtigstes Obst der gemäßigten Klimabereiche. – Nahestehend: Paradies-Apfel (*M. pumila* MILL.): Strauch; Äpfel sehr klein.

## Echte Mispel
*Mespilus gemanica* L.
Rosengewächse *Rosaceae*

**Beschreibung:** Mittelhoher Strauch oder kleiner Baum. Blüten stehen einzeln am Ende von Kurztrieben. Blüten 2–3 cm im Durchmesser, cremeweiß. Staubblätter 30–40; Staubbeutel rot. Scheinfrucht kugelig, apfelähnlich, braun, behaart, reif im Inneren mit 2–5 harten „Steinkernen" (Nüßchen); äußeres Fruchtfleisch erst weich („teigig") und genießbar, wenn es fast schon in Fäulnis übergeht. Zweige der Wildformen dornig, bei Kultursorten dornenlos. Blätter wechselständig, in der vorderen Hälfte fein gezähnt, breit-lanzettlich bis eiförmig, bis 15 cm lang, oberseits grün und locker behaart, unterseits graugrün, dicht und kurz abstehend behaart, nicht filzig. Mai–Juni. 2–6 m.

**Vorkommen:** Braucht trockenen, kalkarmen, lockeren und daher oft steinigen Lehmboden, der tiefgründig sein muß. Bevorzugt wintermilde, sommerwarme Standorte. Besiedelt lichte Wälder, Waldränder und Gebüsche. Sehr selten am Niederrhein, in der Eifel, im Sauerland, am Mittelrhein, am Main und am unteren Neckar; am Alpensüdfuß selten. Heimat ursprünglich wohl Südosteuropa und Südwestasien.

**Wissenswertes:** ♄. Die Echte Mispel wurde bei uns vor allem im Mittelalter in den wärmeren Gegenden als Obst zum Kochen von Mus und Marmeladen gepflanzt. Ihr Fruchtfleisch ist reich an Gerbstoffen und Pektinen. In Gegenden, in denen Most hergestellt wird, wurden die Früchte neben Äpfeln und Birnen mitverwendet. Der hohe Gerbstoffgehalt klärte den Preßsaft und machte ihn haltbarer. Wegen des hohen Gehalts an Pektinen eignen sich die Früchte zum Bereiten von „Gelee"; denn das mit viel Zucker gekochte Fruchtfleisch geliert beim Erkalten.

# Rosengewächse *Rosaceae*

Weißdorn *Crataegus*
Speierling, Eberesche *Sorbus*

## Eingriffeliger Weißdorn
*Crataegus monogyna* JACQ.
Rosengewächse *Rosaceae*

**Beschreibung:** Meist mittelhoher Strauch, seltener kleiner Baum. Viele Blüten stehen in einer aufrechten, meist deutlich doldig angeordneten Rispe an Kurztrieben. Blüten 1–1,2 cm im Durchmesser, weiß oder ganz schwach cremeweiß. Blütenblätter 5, fast rund, vorn zuweilen etwas kraus gezähnt. Kelchblätter 5, etwa so lang wie breit. Nur 1 Griffel, allenfalls vereinzelte Blüten mit 2 Griffeln. Blütenstiele kahl oder nur sehr schütter behaart. Zweige braungrün bis rotbraun, im Alter grau; Dornen meist nur um 1 cm lang. Blätter meist tief 5–7teilig, seltener nur 3teilig; Abschnitte mit abstehenden Zähnen, unterseits wenigstens an den Verzweigungen der Nerven noch bis in den Herbst behaart. Mai–Juni. 2–8 m.

**Vorkommen:** Braucht kalkhaltigen, lockeren und daher oft steinigen Lehmboden, der nicht zu flachgründig sein sollte. Besiedelt an warmen Stellen Waldränder und Gebüsche, gelegentlich auch als Hecken ausgepflanzt, z. B. auf Bahndämmen. Häufig, in Gegenden mit kalkarmem Gestein aber kleineren Gebieten fehlend. Steigt in den Alpen bis über 1000 m.

**Wissenswertes:** ♄. Wird wie der Zweigriffelige Weißdorn (s. dort) als Heilpflanze genutzt. – Ähnlich: Großkelchiger Weißdorn (*C. curvisepala* LINDMAN): Kelchblätter 3mal so lang wie breit; Blätter 2–3lappig. – Lindmans Weißdorn (*C. lindmanii* HRABĚT.): Kelchblätter 2mal so lang wie breit, aufgerichtet; Blätter 2–4lappig. – Krummgriffeliger Weißdorn (*C. kyrtostyla* FINGH.): Bastard aus *C. curvisepala* × *C. lindmanii*. Verbreitung durchweg ungenügend bekannt. Die genannten Kleinarten werden meist zur Sammelart *C. curvisepala* agg. vereint.

## Zweigriffeliger Weißdorn
*Crataegus laevigata* (POIR.) DC.
Rosengewächse *Rosaceae*

**Beschreibung:** Meist mittelhoher Strauch, seltener kleiner Baum. Viele Blüten stehen in einer aufrechten, meist deutlich doldig angeordneten Rispe an Kurztrieben. Blüten 1–1,6 cm im Durchmesser, weiß oder ganz schwach cremeweiß. Blütenblätter 5, fast rund, vorn zuweilen etwas kraus gezähnt. Kelchblätter 5, breit-3eckig. Stets 2, manchmal 3 Griffel vorhanden. Blütenstiele kahl oder nur sehr schütter behaart. Zweige rotbraun, im Alter grau; Dornen 0,5–1,5 cm lang. Blätter im Umriß verkehrt-eiförmig, wenig tief 3–5teilig, mit breit abgerundeten Abschnitten und nur kurzen Zähnen, im Herbst auf der Unterseite meist völlig kahl. Mai–Juni. 3–10 m.

**Vorkommen:** Braucht zumindest zeitweise feuchten, nährstoff- und kalkreichen, lockeren Lehmboden, der auch etwas mullhaltig sein sollte. Besiedelt Waldränder und Gebüsche auf sickerfeuchten Steinriegeln, gelegentlich auch als Wildhecke gepflanzt, z. B. an Bahndämmen. Häufig, fehlt aber in Gegenden mit kalkarmen Böden kleineren Gebieten.

**Wissenswertes:** ♄. Tee aus Weißdornblättern und -blüten wird vor allem wegen beider Gehalt an Flavonoiden, aber auch an Procyanidinen, zur Unterstützung der Behandlung bei Herzkrankheiten verordnet. Beide Weißdorn-Arten werden hierfür genutzt. – Innerhalb der Art werden ssp. *laevigata* (Kelchblätter zuletzt zurückgebogen, kaum länger als breit) und ssp. *palmstruchii* (LINDMAN) FRANCO (Kelchblätter zuletzt aufgerichtet, doppelt so lang wie breit; Blätter in den Aderwinkeln unterseits bärtig behaart) als Unterarten unterschieden. Ähnlich: *C.* × *macrocarpa* = *C. laevigata* × *C. curvisepala*.

**Rosengewächse** *Rosaceae*

## Speierling
*Sorbus domestica* L.
Rosengewächse *Rosaceae*

**Beschreibung:** Hoher Strauch oder niedriger Baum. In den doldig-rispigen Blütenständen stehen meist mehrere, selten zahlreiche Blüten. Blüten 1–1,5 cm im Durchmesser, weißlich oder rötlich. Blütenblätter 5, fast rund. Kelchblätter 5, spitz 3eckig, wie der Kelchbecher und die Blütenstiele weißfilzig behaart. Scheinfrucht gestaucht birnenförmig, nie rein kugelig, 1,5–3 cm lang, gelb, auf der Seite, die von der Sonne während der Fruchtreife beschienen worden ist, rot überlaufen und punktiert. Junge Zweige graufilzig, später verkahlend. Winterknospen kahl oder nur an der Spitze behaart. Blätter unpaarig gefiedert, 13–21 Teilblättchen, diese länglich-eiförmig; Rand zumindest an einer Seite der Teilblättchen in der unteren Hälfte ganzrandig, nur in der vorderen Hälfte, allenfalls bis zu $\frac{2}{3}$ der Teilblättchenlänge deutlich und scharf gesägt. Mai. 3–15 m.

**Vorkommen:** Braucht nährstoffreichen, kalkhaltigen, steinigen Lehm- oder Tonboden. Liebt mäßigen Schatten. Besiedelt lichte, trockene Laubwälder. Sehr selten in der Eifel, in der Pfalz und am Mittelrhein, am oberen Main und in Franken sowie im württembergischen Unterland und im nördlichen Schweizer Jura, in Vorarlberg, in der Steiermark und am Alpensüdfuß. Wohl meist aus alten Kulturen verwildert.

**Wissenswertes:** ♄. Die Früchte sind erst genießbar, wenn sie „teigig" werden. Sie enthalten reichlich Gerbstoffe. Deswegen wurden sie früher als Heilmittel gegen Durchfallerkrankungen verwendet. Beliebt waren die Speierlings-„Birnen" vor allem in Gegenden, in denen man Most keltert. Mitgepreßt klärt ihr Saft den Apfelmost und macht ihn haltbarer.

## Vogelbeer-Eberesche
*Sorbus aucuparia* L.
Rosengewächse *Rosaceae*

**Beschreibung:** Hoher Strauch oder niedriger Baum. In den doldig-rispigen Blütenständen stehen meist zahlreiche Blüten. Blüten 0,7–1,2 cm im Durchmesser, weiß. Blütenblätter 5, fast rund, in einen deutlichen, wenn auch kurzen „Stiel" zusammengezogen. Kelchblätter 5, 3eckig, kaum 2 mm lang, schütter behaart oder kahl, nie weißfilzig. Scheinfrucht fast kugelig, kaum 1 cm lang, meist rot, bei Kultursorten auch orangerot. Junge Zweige filzig behaart, im Alter verkahlend, grau oder rotbraun. Winterknospen mindestens an der Spitze deutlich und dicht behaart, auch die unteren Knospenschuppen zumindest an ihrem vorderen Rand behaart. Blätter unpaarig gefiedert, 9–19 Teilblättchen, diese länglich-eiförmig; Rand ringsum deutlich gesägt. Mai–Juni. 3–15 m.

**Vorkommen:** Begnügt sich mit nährstoffarmem, lehmig-sandigem oder steinigem, auch moorig-saurem Boden, braucht aber durchschnittlich hohe Luftfeuchtigkeit und verhältnismäßig viel Licht. Besiedelt Kahlschläge, lichte Laubwälder, Waldränder und Gebüsche. Oft auch als Ziergehölz oder als Übergangsholz auf Kahlflächen gepflanzt. Häufig.

**Wissenswertes:** ♄; (☠). Die Früchte enthalten geringe Mengen der Parasorbinsäure, Gerbstoffe, Pektine, Carotine (= Provitamin A) und – je nach Sorte und Reifebedingungen – 50–110 mg Vitamin C (in 100 g Fruchtfleisch). Parasorbinsäure wirkt reizend auf die Schleimhäute von Nase und Augen. Im Magen kann sie Erbrechen, im Darm Durchfälle auslösen. Dies kann eintreten, wenn man größere Mengen Vogelbeeren roh ißt. Kocht man die Früchte zu Marmelade, wird das Gift zerstört bzw. es entweicht.

# Rosengewächse *Rosaceae*

Mehlbeere, Elsbeere, Eberesche *Sorbus*

## Berg-Mehlbeere
*Sorbus mougeotii* Soy.-Will. & Godr.
Rosengewächse *Rosaceae*

**Beschreibung:** Hoher Strauch oder mittelhoher Baum. Zahlreiche Blüten stehen in doldig eingeebneten Rispen. Blüten 0,8–1,2 cm im Durchmesser, weiß. Blütenblätter 5, breit verkehrt-eiförmig bis rundlich. Kelchblätter 5, wie der Kelchbecher außen jung filzig behaart, beim Aufblühen schütter werdend und schließlich verkahlend. Rispenäste und Blütenstiele schütter – und oft lückig – filzig, zuweilen auch dicht filzig. Scheinfrucht rundlich, 1–1,3 cm lang, rot. Zweige meist schon jung nur schütter behaart, kaum filzig, oft früh verkahlend. Winterknospen meist kahl. Blätter breiteiförmig bis rundlich, 7–10 cm lang, 4–6 cm breit, am Grunde keilförmig in den Stiel verschmälert; Rand gelappt bis gezähnt, jederseits mit meist 9–11 deutlich erkennbaren Lappen. 9–11 Paare von Nerven, die näher am Innenrand der Lappen verlaufen. Mai–Juni. 5–18 m.

**Vorkommen:** Braucht kalkhaltigen, steinigen Lehmboden, der nicht allzu trocken sein sollte. Besiedelt sonnige Gebüsche und Ränder von Trockenwäldern. Österreich: Selten. Vogesen, Schweizer Jura, Berner Mittelland, Wallis: Sehr selten. Vereinzelt im Gebiet des Alpenrheins.

**Wissenswertes:** ♄. Fundmeldungen aus Deutschland beruhen wohl durchweg auf Verwechslungen mit dem ähnlich aussehenden, gelegentlich gepflanzten Bastard *S.* × *intermedia* (Ehrh.) Pers. – *S. mougeotii* Soy. – Will. & Godr. wird mit *S. austriaca* (Beck) Hedl. (Blätter kaum 1,5mal so lang wie breit, kaum 7 cm lang), *S. carpatica* Borb. (nur Südkärnten und Südsteiermark) zur Sammelart *S. mougeotii* agg. zusammengefaßt. In den Südostalpen tritt *S. austriaca* an die Stelle von *S. mougeotii*.

## Echte Mehlbeere
*Sorbus aria* (L.) Cr.
Rosengewächse *Rosaceae*

**Beschreibung:** Hoher Strauch oder mittelhoher Baum. Zahlreiche Blüten stehen in aufrechten, doldig eingeebneten Rispen. Blüten 4–7 mm im Durchmesser, weiß. Blütenblätter 5, breit verkehrt-eiförmig bis rundlich, auf der Innenseite an der Basis behaart. Kelchblätter 5, eiförmig, weißfilzig behaart. Rispenäste und Blütenstiele dicht weißfilzig behaart. Scheinfrucht kugelig bis eiförmig-kugelig, bis 1,5 cm lang, orange oder rot. Junge Zweige weißfilzig behaart. Schuppen der Winterknospen am Rande weißfilzig. Blätter eiförmig, 8–14 cm lang und 4–8 cm breit, derb; junge Blätter oberseits wollig behaart, ältere kahl und dunkelgrün, unterseits stets grau- oder weißfilzig, jederseits mit 9–14 auffallend hervortretenden Nerven. Rand meist doppelt gezähnt. Zähne in der Blattmitte mit deutlicher Spitze. Mai–Juni. 3–15 m.

**Vorkommen:** Braucht lockeren, steinigen, flachgründigen Lehm- oder Tonboden, der kalkhaltig oder fast kalkfrei sein kann. Bevorzugt Standorte mit hoher Luftfeuchtigkeit. Besiedelt lichte Laubwälder und Gebüsche. Gelegentlich gepflanzt. Fehlt im Tiefland ganz und in den tieferen Lagen der Mittelgebirge und des Alpenvorlandes gebietsweise, desgleichen in den Gebieten Österreichs, die außerhalb der Alpen liegen. Steigt bis etwa 1500 m.

**Wissenswertes:** ♄. Die eßbaren Früchte schmecken mehlig und fade. – *S. aria* (L.) Cr. wird mit *S. danubialis* (Jáv.) Kárpáti (Blätter fast rundlich, am Blattgrund ganzrandig; Fränkischer Jura, Österreich) und *S. graeca* (Spach) Kotschy (jederseits nur 7–9 Seitennerven) zur Sammelart *S. aria* agg. zusammengefaßt. – *S.* × *latifolia* = *S. aria* × *S. torminalis*.

**Rosengewächse** *Rosaceae*

## Elsbeere
*Sorbus torminalis* (L.) Cr.
Rosengewächse *Rosaceae*

**Beschreibung:** Mittelhoher Baum, seltener hoher Strauch. Mehrere (meist unter 30) Blüten stehen in doldig eingeebneten, nicht allzu dichten Rispen. Blüten 0,7–1,2 cm im Durchmesser, weiß. Blütenblätter 5, breit verkehrt-eiförmig bis rundlich. Kelchblätter 5, 3eckig, kaum 2 mm lang, auf der Innenseite filzig behaart, außen schon jung kahl oder später verkahlend. 2 Griffel. Rispenäste und Blütenstiele schütter – und gelegentlich lückig – filzig behaart, zuweilen auch dicht filzig. Scheinfrucht rundlich oder verkehrt-eiförmig, 1–1,5 cm lang, zunächst orange, dann braun. Ältere Zweige graubraun und etwas kantig, kahl. Winterknospen meist kahl. Blätter jederseits mit 3–4 spitzen, tief eingeschnittenen Lappen, wobei der unterste fast rechtwinklig, die vorderen spitzwinklig und nach vorne abstehen, bis zum Sommer beidseitig grün und kahl oder nur unterseits auf den Nerven behaart; auf der Blattunterseite jederseits mit 3–5 hervortretenden Seitennerven. Herbstfärbung blutrot. Mai–Juni. 10–20 m.

**Vorkommen:** Braucht humosen, lockeren und daher oft steinigen, kalkhaltigen oder wenigstens basischen Lehm- oder Tonboden. Bevorzugt sommerwarme Standorte. Besiedelt wärmeliebende Laubwälder. Nicht im Tiefland, fehlt auch größeren Gebieten in den nordwestlichen Mittelgebirgen, im Schwarzwald, im nördlichen Fränkischen Jura, im südwestlichen Schwäbischen Jura und im Alpenvorland, ebenso in den Zentralalpen. Sonst selten.

**Wissenswertes:** ♄. Die Früchte sind nur „teigig" eßbar. Früher wurden sie gelegentlich wegen ihres Gerbstoffgehalts beim Mosten als „Klärhilfe" mitgepreßt.

## Zwergmispel-Eberesche
*Sorbus chamae-mespilus* (L.) Cr.
Rosengewächse *Rosaceae*

**Beschreibung:** Niedriger oder mittelhoher Strauch. Zahlreiche Blüten stehen in doldig eingeebneten oder aufgewölbten Rispen. Blüten 0,6–1 cm im Durchmesser (ausgebreitet gemessen), rot. Blütenblätter 5, verkehrt-eiförmig, keilig in den Grund verschmälert, ziemlich aufrecht abstehend. Kelchblätter 5, kaum 2 mm lang, schmal-3eckig, innen weißfilzig, außen meist kahl. Rispenäste und Blütenstiele dicht weißfilzig behaart. Scheinfrucht kugelig bis eiförmig, 1–1,3 cm lang, scharlachrot bis braunrot. Junge Zweige weißlich behaart, später verkahlend, braungrün. An den Winterknospen ist nur der Rand der Knospenschuppen bewimpert; sonst sind sie kahl. Blätter ungeteilt, eiförmig, 5–10 cm lang und 2–5 cm breit, ledrig; ältere Blätter beiderseits kahl, oberseits dunkelgrün, unterseits blaugrün, jederseits mit 6–8 stark hervortretenden Seitennerven; Blattrand meist 1fach gezähnt, selten doppelt gezähnt; Zähne etwa 1 mm lang und spitz. Juni–Juli. 1–3 m.

**Vorkommen:** Braucht kalkreichen oder wenigstens basisch reagierenden, locker-steinigen, flachgründigen Lehmboden. Besiedelt in der subalpinen Stufe sonnige Gebüsche. Vereinzelt im Südschwarzwald; selten in den Vogesen und im mittleren und südlichen Schweizer Jura und in den Kalkalpen; in den Zentralalpen mit kristallinem Gestein sehr selten und gebietsweise fehlend. Steigt bis über 2000 m.

**Wissenswertes:** ♄. Die Früchte sind eßbar, schmecken aber mehlig und fade. In Notzeiten sollen sie dem Mehl beigemischt und zum Brotbakken verwendet worden sein. Der Bastard *S.* × *ambigua* = *S. chamae-mespilus* × *S. aria* kommt gelegentlich im Schweizer Jura und in den Alpen vor.

# Rosengewächse *Rosaceae* ▶

Felsenbirne *Amelanchier*
Moltebeere *Rubus*

## Echte Felsenbirne
*Amelanchier ovalis* MED.
Rosengewächse *Rosaceae*

**Beschreibung:** Niedriger oder mittelhoher Strauch. 3–10 Blüten stehen halb aufrecht an der Spitze von kurzen Seitentrieben in Trauben (sehr selten ist der Blütenstand so stark verzweigt, daß man von einer Rispe sprechen muß). Die Blüten gehen auf, ehe die Blätter sich entfalten. Blüten 2–3 cm im Durchmesser, weiß oder cremeweiß. Blütenblätter 5, sehr schmal eiförmig, an der Spitze zuweilen etwas rötlich. Kelchblätter 5, schmal 3eckig, etwa 3 mm lang, kahl oder nur spärlich behaart; Kelchbecher weißfilzig. Scheinfrüchte kugelig, um 1 cm lang, schwarz und bläulich bereift. Zweige rotbraun, nur sehr jung schütter behaart. Winterknospen flaumig behaart. Blätter eiförmig, 2–4 cm lang, 1,5–2,5 cm breit, größte Breite meist in der Blattmitte, am Grunde abgestutzt, oberseits dunkelgrün und kahl, junge Blätter unterseits dicht filzig behaart, ältere Blätter völlig kahl, graugrün; Blattrand gezähnt. April–Juni. 1–3 m.

**Vorkommen:** Braucht kalkreichen oder doch basisch reagierenden, flachgründigen, steinigen, ja felsigen Untergrund. Besiedelt Felsbänder und steinige Steilhänge, geht auch an den Rand wärmeliebender Wälder und Gebüsche. Eifel, Hunsrück, Rhön, Schwäbischer Jura, Südschwarzwald, Alpenvorland und Nördliche Kalkalpen selten und oft in Einzelexemplaren; Südliche Kalkalpen zerstreut; fehlt in den zentralen Ketten mit kristallinem Gestein auch größeren Gebieten. Steigt in den Alpen bis etwa 2000 m.

**Wissenswertes:** ♄. Die Früchte der Echten Felsenbirne sind eßbar; sie schmecken süß, aber zugleich ziemlich fade. Die Felsenbirne ist mit ihren weit gestellten Blättern an trockene Standorte angepaßt.

## Ährige Felsenbirne
*Amelanchier spicata* (LAM.) K. KOCH
Rosengewächse *Rosaceae*

**Beschreibung:** Niedriger Strauch. 4–10 Blüten stehen in dichten, 2–4 cm langen, aufrechten Trauben; sie blühen auf, kurz nachdem sich die Blätter entfaltet haben, zuweilen auch schon zur Zeit der Blattentfaltung. Blüten 1–2 cm im Durchmesser, weiß oder zartrosa. Blütenblätter 5, sehr schmal eiförmig bis lanzettlich, vorn abgerundet. Kelchblätter 5, sehr schmal 3eckig, um 3 mm lang. Scheinfrucht rundlich, schwarz, oft mit einem dunklen Rotton, etwas bereift, auf 1–3 cm langem Stiel. Blätter eiförmig bis breit eiförmig-rundlich, 2–5 cm lang und fast ebenso breit, kurz nach dem Entfalten unterseits dicht weißfilzig, später völlig verkahlend, am Stielansatz abgerundet oder schwach herzförmig, jederseits mit 7–9 Seitennerven; Blattrand mindestens bis auf das untere Drittel fein und gleichmäßig gezähnt, gegen die Blattbasis zuweilen ganzrandig oder lückig gezähnt. April–Mai. 0,5–2 m.

**Vorkommen:** Heimat: Nordöstliche Staaten der USA und Südostkanada. Besiedelt dort lichte Wälder und Gebüsche auf lockeren, kiesig-sandigen Böden; geht auch auf Dünen und Felsklippen. Bei uns seit Anfang des 19. Jahrhunderts Zierpflanze und gelegentlich verwildert, und zwar vor allem im Bereich der Küsten von Nord- und Ostsee; meist unbeständig.

**Wissenswertes:** ♄. Die Scheinfrüchte der Ährigen Felsenbirne sind eßbar. Sie schmecken süßlich, aber nicht angenehm, und sind ziemlich saftig. – Die Art hielt man lange für einen Bastard aus *A. ovalis* MED. × *A. lamarckii* SCHROEDER. Die Ährige Felsenbirne wird in Gegenden mit Sandböden als Zierpflanze geschätzt. Sie gilt in den meisten Gegenden Mitteleuropas als „winterfest".

**Rosengewächse** *Rosaceae*

## Kupfer-Felsenbirne
*Amelanchier lamarckii* SCHROEDER
Rosengewächse *Rosaceae*

**Beschreibung:** Hoher Strauch oder niedriger Baum. 6–10 Blüten stehen in lockeren, halb aufrechten, oft überhängenden Trauben; sie blühen etwa zu der Zeit auf, in der sich auch die Blätter entfalten. Blüten 1,8–2,8 cm im Durchmesser, weiß. Blütenblätter 5, sehr schmal eiförmig bis lanzettlich, vorne abgerundet. Kelchblätter 5, sehr schmal 3eckig, um 3 mm lang. Scheinfrucht rundlich, etwa 6 mm im Durchmesser, schwarz, oft mit einem dunklen Rotton, mit aufrechten Kelchzipfeln, auf 2–3,5 cm langem Stiel. Blätter zur Blütezeit kupferrot, seidig behaart und noch gefaltet, also nicht flach ausgebreitet. Ausgewachsene Blätter eiförmig, 4–8 cm lang und 2–5 cm breit, kurz zugespitzt, an der Basis abgerundet oder leicht herzförmig; Blattrand fein gesägt. Blattstiel meist behaart. April–Mai. 2–10 m.

**Vorkommen:** Zierpflanze, deren Heimat der Nordosten der USA und Südostkanada ist. Vor allem im Tiefland westlich der Weser und in den Niederlanden aus der Kultur ausgebrochen und dort selten, aber beständig, verwildert; vereinzelt auch im Tiefland östlich der Weser, vor allem am Unterlauf der Elbe und an der Aller. Besiedelt bei uns Eichen- und Eichenmischwälder auf schwach sauren Böden. Sonst sehr selten und nur unbeständig verwildert.

**Wissenswertes:** ♄. Die Scheinfrüchte der Kupfer- oder Kanadischen Felsenbirne sind eßbar; sie schmecken süß und sind ziemlich saftig. – Die Kanadische Felsenbirne ist die Art der Gattung, die vor allem von niederländischen Versandgärtnereien häufig angeboten wird; sie ist wegen des schönen Frühjahrs- und Herbstlaubs bei den Gartenbesitzern beliebt.

## Moltebeere
*Rubus chamaemorus* L.
Rosengewächse *Rosaceae*

**Beschreibung:** Blüten einzeln am Ende der Zweige. Blüten etwa 3 cm im Durchmesser, weiß. Pflanze 2häusig, d. h. die Individuen tragen entweder weibliche oder männliche Blüten (gelegentlich kann man Blüten finden, in denen Organe des „fehlenden" Geschlechts vorhanden sind, wenngleich auch unvollkommen entwickelt). Blütenblätter 5, breit verkehrt-eiförmig, vorne etwas abgestutzt. Kelchblätter 5, lanzettlich. Steinfrüchtchen hell orangegelb, mit großen Samen, zu einer brombeerartigen Sammelfrucht verbunden. Von einem kriechenden Wurzelstock entspringen die 1jährigen, ziemlich dünnen, krautigen Stengel, die stachellos, aber kurz und z. T. drüsig behaart sind. 1–4 wechselständige Stengelblätter; sie sind handförmig und ziemlich tief 5–7lappig, im Umriß herznierenförmig; ihr Rand ist gekerbt bis gesägt. Nebenblätter des untersten Blattes frei und stengelständig; die Nebenblätter der übrigen Blätter sind zu kurzen Fransen zurückgebildet. Mai–Juli. 10–25 cm.

**Vorkommen:** Braucht sauren, moorigen Boden. Kommt im Tiefland nur noch vereinzelt im Gebiet der unteren Weser und der Unterelbe vor. Hauptverbreitung: Polarregionen Nordamerikas, Europas und Asiens.

**Wissenswertes:** ♃; ▽. Die vereinzelten Standorte, die die Moltebeere in Mitteleuropa noch hat, sind als Eiszeitrelikte aufzufassen; denn in den Kälteperioden der Eiszeit war sie in Mitteleuropa sicher weiter verbreitet als heute. – Die Früchte gelten als sehr wohlschmeckend; in höheren Breiten sind sie das einzige „urwüchsige" Obst; daher hatten sie unter diesen Bedingungen eine gewisse Bedeutung als Vitaminquelle.

# Rosengewächse *Rosaceae* ▶

Himbeere, Steinbeere, Kratzbeere, Brombeere *Rubus*

## Himbeere
*Rubus idaeus* L.
Rosengewächse *Rosaceae*

**Beschreibung:** Meist 3–20 Blüten – selten mehr oder weniger – stehen in einem traubig-rispigen Blütenstand in den Blattachseln. Blüten 1,5–2,5 cm im Durchmesser (ausgebreitet gemessen), grünlich-weiß. Blütenblätter 5, kaum 5 mm lang, schmal-eiförmig bis spatelig, weiß. Kelchblätter 5, aus eiförmigem Grund lanzettlich zugespitzt, nach der Blüte abstehend oder zurückgebogen, grünlich-weiß. Zahlreiche rote (bei einigen Kultursorten auch gelbliche) Steinfrüchtchen sind zu einer Sammelfrucht zusammengeschlossen, die sich von dem kegelförmigen Fruchtträger ablösen läßt und daher innen hohl ist („Himbeere"). Schößlinge aufrecht, rund, anfangs blau bereift, nur schütter mit kurzen, kaum 1 mm langen, meist dunkelroten Stacheln besetzt. Blätter gefiedert, 5–7teilig, seltener nur 3teilig; endständiges Teilblatt größer als die seitenständigen Teilblätter; alle Teilblätter unterseits dicht weißfilzig; Rand doppelt gezähnt. Mai–Juni. 0,8–1,5 m.

**Vorkommen:** Braucht nährstoffreichen, feuchten, lockeren und oft steinigen Lehmboden, der vor allem stickstoffsalzhaltig sein sollte. Bevorzugt hellen Halbschatten. Besiedelt daher vor allem Waldlichtungen, Waldränder und lichte Gebüsche auf feuchten Steinschutthalden. Sehr häufig und oft in individuenreichen, großen Beständen.

**Wissenswertes:** ♱. Die Himbeere wurde erst im Mittelalter in Kultur genommen, zuvor allerdings als Wildobst gesammelt. Die Sammelfrüchte sind wohlschmeckend. Sie enthalten etwa 25 mg Vitamin C/100 g Früchte. Im Handel werden zahlreiche Kultursorten angeboten, die sich u. a. in der Fruchtzeit unterscheiden.

## Steinbeere
*Rubus saxatilis* L.
Rosengewächse *Rosaceae*

**Beschreibung:** 3–10 Blüten stehen in einem meist traubigen, ziemlich deutlich doldig eingeebneten Blütenstand am Ende des Stengels. Blüten 1–1,8 cm im Durchmesser (ausgebreitet gemessen), grünlich-weiß. Blütenblätter 5, sehr schmal zungenförmig-spatelig, aufrecht. Kelchblätter 5, aus breit-eiförmigem Grund breit-lanzettlich in eine Spitze zulaufend, nach der Blüte abstehend oder leicht zurückgeschlagen, kurz-flaumig behaart. Steinfrüchtchen fast erbsengroß, zu 2–6 zu einer leuchtend roten, lockeren Sammelfrucht zusammengeschlossen, sehr selten auch einzeln. Stengel krautig, nicht verholzt; nichtblühende Stengel niederliegend, zerstreut mit feinen Stacheln bestanden; blühende Stengel aufrecht. Stengelblätter mit 3–8 cm langem Stiel, 3teilig, beiderseits hellgrün; Endblättchen eiförmig bis rhombisch, keilig verschmälert. Blattrand aller Teilblättchen stellenweise ungleich eingeschnitten und doppelt gezähnt. Mai–Juni. 10–25 cm.

**Vorkommen:** Braucht kalkhaltigen, lockeren, mullreichen Boden. Bevorzugt Halbschatten. Besiedelt Laubwälder und lichte Nadelmischwälder, geht auch in alpine Gebüsche und in den Alpen in Schluchtwälder. In Schleswig-Holstein selten; im übrigen Tiefland sehr selten, desgleichen in den Mittelgebirgen nördlich des Mains; in den Gegenden mit kalkarmen Böden fehlend oder nur vereinzelt, sonst zerstreut und örtlich in lockeren, aber individuenreichen Beständen. Steigt in den Alpen bis über 2200 m.

**Wissenswertes:** ♃. Die Früchte der Steinbeere sind eßbar; sie schmecken fade und wäßrig. – Wo die Steinbeere in Wiesen auftritt, gilt sie als Waldrelikt.

**Rosengewächse** *Rosaceae*

## Kratzbeere
*Rubus caesius* L.
Rosengewächse *Rosaceae*

**Beschreibung:** 3–15 Blüten stehen in einem ziemlich kurzästigen, rispig-traubigen, deutlich doldig eingeebneten Blütenstand in den Blattachseln. Blüten 1,5–2 cm im Durchmesser, weiß. Blütenblätter 5, eiförmig. Kelchblätter 5, innen heller grün als außen, dort kurzhaarig–graufilzig und oft etwas drüsig, seltener stachelborstig, der Sammelfrucht anliegend. Blütenstiele und Rispenäste kahl oder dicht kurzhaarig, schütter mit roten, knapp 1 mm lang gestielten Drüsen und etwa ebenso langen, feinen Stacheln bestanden. Steinfrüchtchen verhältnismäßig groß, zu 5–20 in gemeinsamer Sammelfrucht, schwarz, blau bereift. Schößling anfänglich aufrecht, später niederliegend und kriechend, zuletzt an den Spitzen wurzelnd, rund, dünn, blau bereift, kahl und ohne Drüsen. Stacheln meist nadelartig dünn, nur an der Basis verbreitert. Blätter 3teilig, oberseits hellgrün, unterseits graugrün bis weißlich-grün, kurzhaarig. Endblättchen eiförmig bis rhombisch; seitliche Teilblätter nicht gestielt; alle Blättchen grob und ungleich gezähnt. Nebenblätter schmal-lanzettlich, aber nie fadenförmig. Mai–Juni. 30–80 cm.

**Vorkommen:** Braucht feuchten, ja nassen, nährstoffreichen Lehm- oder Tonboden, der ziemlich roh und humusarm sein darf und der kalkhaltig sein sollte. Besiedelt lichte Auenwälder und Ufergebüsche. Fehlt im Tiefland, in den kalkarmen Mittelgebirgen sowie in den Zentralalpen mit kristallinem Gestein kleineren Gebieten. Sonst zerstreut. Steigt in den Alpen nur selten über 1000 m.

**Wissenswertes:** ♃. Die saftigen Sammelfrüchte schmecken fad und sauer. Genutzt wurden sie auch früher nicht.

## Brombeere
*Rubus fruticosus* agg.
Rosengewächse *Rosaceae*

**Beschreibung:** Blüten in rispig-traubigen, oft fast pyramidenförmigen Blütenständen in den Achseln meist der 2jährigen Triebe, seltener schon bei 1jährigen Trieben. Blüten 1,5–3 cm im Durchmesser, weiß oder hell rötlich. Blütenblätter 5, breit-eiförmig bis rundlich. Kelchblätter 5, nach der Blüte ausgebreitet oder zurückgebogen, seltener aufgerichtet. Steinfrüchtchen schwarz oder schwarzrot, verhältnismäßig klein, zu 20–50 zu einer Sammelfrucht vereinigt („Brombeere"). Schößlinge aufrecht, übergebogen oder niederliegend bis kriechend, verschieden bestachelt. Blätter 3–7teilig, oberseits grün, unterseits oft weißfilzig. Mai–August. 0,5–2 m.

**Vorkommen:** Braucht nährstoffreichen, aber nicht unbedingt humusreichen, oft steinigen Boden. Besiedelt vor allem Wälder und Gebüsche. Sehr häufig.

**Wissenswertes:** ♃. Was hier „Brombeere" heißt, wird von Spezialisten in mindestens 100, ja in mehrere 100 Kleinarten aufgeteilt. Die Formenvielfalt kommt zustande, weil sich Brombeeren nicht nur durch Bestäubung und Befruchtung, sondern auch apomiktisch fortpflanzen. Der Embryosack – und aus ihm letztlich ein Samen – entwickelt sich häufig aus diploiden Zellen der Samenanlage. Apomixis bedeutet also eine ungeschlechtliche Fortpflanzung durch Samen. Deswegen können Merkmalskombinationen unverändert den Nachkommen weitergegeben werden. Die nicht seltene Bastardierung zwischen den Sippen vergrößert die Formenvielfalt. Die Unterschiede zwischen den Sippen betreffen alle Merkmale, vor allem Bestachelung, Behaarung, Auftreten von Drüsen und den Geschmack der Früchte.

# Rosengewächse *Rosaceae* ▶

Blutauge, Fingerkraut *Potentilla*

## Sumpf-Blutauge
*Potentilla palustris* (L.) Scop.
Rosengewächse *Rosaceae*

**Beschreibung:** Wenige Blüten stehen in einer sehr lockeren Rispe. Blüten 1,5–2,5 cm im Durchmesser, dunkelrot bis schwarzpurpurn. Blütenblätter 5, lanzettlich, nur 3–8 mm lang, in eine feine Spitze auslaufend. Innere Kelchblätter 5, breit-lanzettlich bis eiförmig und spitz zulaufend, zur Blütezeit um 1 cm lang, später bis aufs Doppelte sich verlängernd, zumindest außen zottig-flaumig, trüb weinrot; äußere Kelchblätter 5, schmal-lanzettlich, etwa halb so lang wie die inneren, meist grün. Das Rhizom verholzt; es kann bis zu 1 m lang werden, kriecht im Schlamm oder unter Moos und ist reich bewurzelt; von ihm steigen die blühenden und nicht blühenden Stengel meist bogig auf. Blätter wechselständig, unpaarig gefiedert, mit 5–7 Teilblättchen, die ziemlich dicht aufeinander folgen, so daß das Blatt fast handförmig geteilt erscheint. Blätter oberseits dunkelgrün, unterseits grau- bis blaugrün. Blattstiel 3–10 cm lang. Teilblättchen schmal-eiförmig, spitz gezähnt, mit nur etwa 1 mm langem Stiel. Mai–Juli. 10–40 cm.

**Vorkommen:** Braucht nassen, ja zeitweise überschwemmten, ziemlich nährstoffarmen, schlammig-torfigen Boden. Besiedelt Schlenken, Gräben und Naßstellen in Flach- und Zwischenmooren sowie in ungedüngten Sumpfwiesen, gelegentlich auch noch am Rand des Röhrichts. Im Tiefland, im Alpenvorland, im Bayerischen Wald zerstreut, in den Nordketten der Alpen selten, in den Mittelgebirgen mit Kalkgestein großen, sonst kleineren Gebieten fehlend oder nur sehr selten. Steigt in den Alpen kaum bis 2000 m.

**Wissenswertes:** ♃. Das Sumpf-Blutauge fördert durch sein langes Rhizom die Bildung von Schwingrasen.

## Felsen-Fingerkraut
*Potentilla rupestris* L.
Rosengewächse *Rosaceae*

**Beschreibung:** Mehrere Blüten stehen in einer lockeren, zumindest andeutungsweise doldig eingeebneten Rispe am Ende des Stengels. Blüten 1–2 cm im Durchmesser, weiß. Blütenblätter 5, breit-eiförmig, nicht ausgerandet. Äußere Kelchblätter 5, schmal-lanzettlich, kürzer als die inneren, beidseitig behaart; innere Kelchblätter 5, breit-lanzettlich, oft etwas rot überlaufen. An dem schief im Untergrund steckenden Rhizom stehen rosettig Grundblätter. Aus ihren Achsen entspringen aufrecht wachsende Stengel, die zumindest oben zottig und abstehend behaart sind. Blätter unpaarig gefiedert, jederseits mit 2–4 Teilblättchen und einem Endblättchen. Seitliche Teilblättchen 1–4 cm voneinander entfernt, rundlich-eiförmig, 0,5–3 cm lang, beidseitig schütter behaart, unterseits grün, in der vorderen Hälfte mit deutlich doppelt gezähntem Rand, gegen den Grund keilig zulaufend und oft fast ganzrandig. Endblättchen etwas größer als die seitlichen Teilblättchen. Mai–Juli, an Hochgebirgsstandorten auch noch im August. 30–50 cm.

**Vorkommen:** Braucht kalkarmen, steinigen Lehmboden. Besiedelt Gebüsche und lichte Trockenwälder, geht auch auf Felsbänder und in Trockenrasen. Sehr selten in der Eifel, in der Pfalz, im Lahntal und im Steigerwald; vereinzelt an den Talhängen des Mains, des Neckars, des Lechs und am Hochrhein sowie in der West- und Nordschweiz, in Ober- und in Niederösterreich. In den Zentral- und Südalpen selten.

**Wissenswertes:** ♃. Der Wurzelstock soll früher als Heilmittel gegen Durchfall verwendet worden sein; eine adstringierende Wirkung könnte durch einen möglichen Gehalt an Gerbstoffen erklärt werden.

**Rosengewächse** *Rosaceae*

## Stengel-Fingerkraut
*Potentilla caulescens* L.
Rosengewächse *Rosaceae*

**Beschreibung:** 2–7 Blüten stehen in einer mäßig lockeren, eher dichten Traube oder Rispe; sind 3 oder mehr Blüten ausgebildet, kann man eine andeutungsweise doldige Anordnung der Blüten erkennen. Blüten 1,5–2,5 cm im Durchmesser, weiß. Blütenblätter 5, eiförmig, an der Spitze nur undeutlich ausgerandet. Je 5 innere und äußere Kelchblätter, lanzettlich, allmählich zugespitzt, die inneren etwas breiter als die äußeren. Stengel hängt meist von Felsen herab, seltener aus der Rosette aufsteigend. Grundblätter rosettig, mit 5–15 cm langen Stielen, unpaarig gefiedert und so dicht stehend, daß die Blätter auf den ersten Blick handförmig 5teilig (sehr selten 3- oder 7teilig) erscheinen. Teilblättchen schmal-eiförmig, 2–4 cm lang, 0,7–1,5 cm breit, wobei die größte Breite etwas oberhalb der Mitte, also spitzenwärts liegt, beiderseits grün, unterseits schütter oder – meist – dicht behaart, jederseits mit 2–5 Zähnen. Juli–September. 10–30 cm.

**Vorkommen:** Braucht feinerde- und humusarmen, kalkhaltigen, steinigen Untergrund. Besiedelt Felsspalten. Nördliche Kalkalpen, südlicher Schweizer Jura und Südliche Kalkalpen zerstreut; hier von den Tälern bis über 2300 m. In den Zentralalpen (auch hier nur auf kalkhaltigen Gesteinen) und auf Voralpenbergen selten.

**Wissenswertes:** ♃. Das Stengel-Fingerkraut ist eine ausgesprochene Pflanze der Felsspalten. Sie wächst noch an den steilsten, ja an überhängenden Felswänden und nimmt mit Spalten vorlieb, die weniger als 1 cm breit sind. In diese dringt sie außerordentlich tief ein. Rhizom und Wurzeln vermögen im Laufe der Zeit solche Spalten zu erweitern oder sich ihnen durch seitlich abgeplattetes Wachsen anzupassen.

## Weißes Fingerkraut
*Potentilla alba* L.
Rosengewächse *Rosaceae*

**Beschreibung:** 2–3, gelegentlich bis 5 Blüten stehen in einer lockeren Traube oder Rispe; zuweilen ist nur 1 Blüte ausgebildet; sind 3 oder mehr Blüten vorhanden, kann man eine andeutungsweise doldige Anordnung der Blüten erkennen. Blüten 1,5–2,5 cm im Durchmesser, weiß. Blütenblätter 5, breit verkehrt-eiförmig bis herzförmig, vorne also tief und spitz zulaufend eingeschnitten. Je 5 innere und äußere Kelchblätter, lanzettlich, äußere Kelchblätter deutlich schmaler als die inneren; beide Arten von Kelchblättern schütter behaart. Stengel niederliegend oder bogig aufsteigend, die Blätter nicht überragend. Grundblätter rosettig, mit 5–20 cm langen Stielen, die schief abstehend behaart sind. Blattspreite handförmig 5teilig (nur vereinzelt 7teilig). Teilblättchen breitlanzettlich bis schmal verkehrt-eiförmig, 3–6 cm lang und kaum über 1 cm breit, oberseits dunkelgrün und kahl, unterseits anliegend behaart und seidig glänzend, vorne mit 3–7, oft sehr undeutlichen Zähnen, also praktisch ganzrandig. April–Mai. 5–20 cm.

**Vorkommen:** Braucht kalkhaltigen oder wenigstens basisch reagierenden, lehmig-tonigen Boden. Besiedelt den Rand von Trockenwäldern und wärmeliebenden Gebüschen. Fehlt im Tiefland; vereinzelt in den Mittelgebirgen nördlich des Mains; in der Pfalz, am unteren und mittleren Main, in der Rhön, am Mittelrhein, am mittleren Neckar, im Fränkischen und Schwäbischen Jura, am Hochrhein, im Alpenvorland, am Genfer See, in der West- und Nordschweiz, im Tessin, in Ober- und Niederösterreich sehr selten.

**Wissenswertes:** ♃. Die Früchtchen des Weißen Fingerkrauts werden von Ameisen verschleppt und so verbreitet.

# Rosengewächse *Rosaceae*
Fingerkraut *Potentilla*

## Ostalpen-Fingerkraut
*Potentilla clusiana* JACQ.
Rosengewächse *Rosaceae*

**Beschreibung:** 1–3, ausnahmsweise bis zu 5 Blüten stehen in einer lockeren Traube oder Rispe; eine andeutungsweise doldige Anordnung der Blüten ist praktisch nie zu sehen. Blüten um 2 cm im Durchmesser, weiß. Blütenblätter 5, breit verkehrt-eiförmig bis herzförmig, vorne also tief und spitz zulaufend eingeschnitten. Je 5 innere und äußere Kelchblätter, lanzettlich, spitz, innere etwas länger und breiter als äußere, außen oft rötlich überlaufen. Stengel bogig aufsteigend, die Rosettenblätter weit überragend, meist kraus behaart, wobei zwischen den normalen Haaren stets auch gegliederte Drüsenhaare zu erkennen sind (Lupe!). Rosettenblätter mit 2–10 cm langen Stielen. Blattspreite handförmig 5teilig (nur vereinzelt 3teilig). Teilblättchen eiförmig, 0,8–1,5 cm lang und 3–6 mm breit, beiderseits gleichfarbig grün, unterseits oft seidig und glänzend behaart, oberseits sehr schütter behaart, vorne mit 3, selten mit 5 deutlichen Zähnen, die nach vorne gerichtet sind. Juni–August. 5–10 cm.

**Vorkommen:** Braucht kalkreichen, humus- und feinerdearmen Untergrund. Gedeiht auf Kalk- und Dolomitfelsen, in Spalten und auf Schutthalden. Kommt in den Ostketten der Nördlichen und Südlichen Kalkalpen westwärts bis etwa zu den Berchtesgadener Alpen und bis zu einer Linie vom Umbrailpaß zum Gardasee vor. Selten, aber an seinen Standorten zuweilen in kleineren, lockeren und individuenarmen Beständen. Bevorzugt Höhen zwischen etwa 1400 und 2200 m.

**Wissenswertes:** ♃. Der Artnahme wurde zu Ehren von CHARLES DE L'ÉCLUSE („CLUSIUS"; 1526–1609), einem französischen Arzt und Botaniker, gegeben.

## Erdbeer-Fingerkraut
*Potentilla sterilis* (L.) GARCKE
Rosengewächse *Rosaceae*

**Beschreibung:** 1–3 Blüten stehen in einer lockeren Traube. Blüten 1–1,5 cm im Durchmesser (ausgebreitet gemessen), weiß. Blütenblätter 5, verkehrt-eiförmig bis angedeutet herzförmig, vorne flach ausgerandet, einander nicht überdeckend und oft mit einem Zwischenraum zum nächsten Blütenblatt. Je 5 äußere und innere Kelchblätter; äußere Kelchblätter schmal-lanzettlich, kürzer als die breit-lanzettlichen inneren Kelchblätter. Stengel niederliegend oder bogig aufsteigend, abstehend behaart; niederliegende Triebe können bis zu 30 cm lang werden, an der Spitze wurzeln und dort Tochterrosetten entwickeln. Rosettenblätter mit einem 5–15 cm langen Stiel, der abstehend behaart ist. Blattspreite erdbeerblattartig 3teilig. Teilblättchen eiförmig, 1,5–4 cm lang, 1–2,5 cm breit, oberseits dunkelgrün bis blaugrün und schütter behaart, unterseits heller grün und dort meist dicht und seidig-glänzend behaart, jederseits mit 4–6 Zähnen, wobei der Zahn an der Blattspitze in der Regel deutlich kleiner und kürzer ist als seine seitlichen Nachbarzähne. März–Mai. 5–10 cm.

**Vorkommen:** Braucht nährstoffreichen, etwas feuchten Lehmboden, der kalkarm sein kann, aber mullhaltig sein sollte. Besiedelt vor allem Eichen-Hainbuchen-Wälder, geht aber auch auf Raine und Mauern. Im östlichen Schleswig-Holstein zerstreut, sonst im Tiefland nur vereinzelt, ebenso in den östlichen Mittelgebirgen und im östlichen Alpenvorland. Sonst häufig und örtlich in großen Beständen.

**Wissenswertes:** ♃. *„Sterilis"* spielt auf die Erdbeerähnlichkeit der Blätter an und bedeutet, es handle sich um eine Erdbeere, die keine eßbaren Früchte habe.

**Rosengewächse** *Rosaceae*

## Rheinisches Fingerkraut
*Potentilla micrantha* RAMOND ex DC.
Rosengewächse *Rosaceae*

**Beschreibung:** 1–3 Blüten stehen in einer lockeren Traube. Blüten 1–1,5 cm im Durchmesser (ausgebreitet gemessen), weiß. Blütenblätter 5, verkehrt-eiförmig bis angedeutet herzförmig, vorne flach ausgerandet oder auch nur gestutzt, sich nicht überdeckend. Je 5 äußere und innere Kelchblätter; äußere Kelchblätter schmal-lanzettlich, kürzer als die breit lanzettlich-3eckigen inneren Kelchblätter; diese auf der Innenseite in der unteren Hälfte lebhaft rot. Stengel bogig aufsteigend, nie niederliegend, an der Spitze wurzelnd und dort mit Tochterrosetten. Rosettenblätter mit einem 5–10 cm langen Stiel, der abstehend behaart ist. Blattspreite erdbeerblattartig 3teilig. Teilblättchen eiförmig, 1,5–3,5 cm lang, 1–2 cm breit, oberseits dunkelgrün, locker anliegend behaart, unterseits heller grün und ziemlich dicht abstehend behaart, jederseits mit 7–11 spitzen Zähnen. März–Mai. 5–10 cm.

**Vorkommen:** Braucht kalkhaltigen, humusreichen Lehmboden in Gegenden mit sommermildem Klima. Besiedelt lichte Laubwälder und wärmeliebende Gebüsche. Bevorzugt Halbschatten. Eifel und Pfalz selten, vereinzelt am Hochrhein und am Schliersee; in den Vogesen, in der Westschweiz, dem Schweizer Jura, im Berner Oberland, im Wallis und am Alpensüdfuß sowie in Ober- und Niederösterreich, in der Steiermark und in Kärnten selten.

**Wissenswertes:** ♃. *P. micrantha* RAMOND ex DC. wird zusammen mit dem Kärntner Fingerkraut (*P. carniolica* KERN.: Stengel und Blattstiel drüsig behaart; Kelchblätter innen gelblich; nur Steiermark, Kärnten, Slowenien, Kroatien) zur Sammelart *P. micrantha* agg. zusammengefaßt.

## Schlitzblättriges Fingerkraut
*Potentilla multifida* L.
Rosengewächse *Rosaceae*

**Beschreibung:** 5–20 Blüten stehen in einem traubig-rispigen, lockeren Blütenstand am Ende des Stengels. Blüten 0,8–1,5 cm im Durchmesser, hellgelb. Blütenblätter 5, eiförmig, vorne abgestutzt oder seicht ausgerandet, so lang wie oder kaum länger als die Kelchblätter. Je 5 innere und äußere Kelchblätter, äußere schmal-lanzettlich, kürzer als die inneren, breit-lanzettlichen Kelchblätter, alle außen, äußere auch innen anliegend behaart. Stengel bogig aufsteigend, nur im oberen Teil verzweigt, mäßig dicht anliegend behaart. Grundständige Blätter in einer Rosette, gestielt; Blattstiel 1–5 cm lang, anliegend behaart, aber ohne Drüsenhaare; Spreite 1,5–3 cm lang, 1fach gefiedert, Fiedern 1–2 cm lang, erneut bis fast auf den Mittelnerv fiederteilig; manche Fiedern so eng stehend, daß sie zuweilen wie handförmig gefingert wirken bzw. daß die Spreite insgesamt als doppelt oder gar 3fach gefiedert erscheint; Blattzipfel kaum 1 mm breit, bandförmig, am Rand etwas nach unten umgebogen, vorn stumpflich, oberseits dunkelgrün und nur ziemlich schütter anliegend behaart, unterseits dicht graugrün- bis weißfilzig. Juni–August. 5–20 cm.

**Vorkommen:** Braucht stickstoffsalzreiche, lehmig-steinige Böden, die sowohl kalkreich als auch kalkarm sein können. Besiedelt Mulden unter Felsüberhängen und lückige alpine Rasen. Südwestalpen, nördlich bis ins Wallis, isoliert im Unterengadin. Sehr selten, vorzugsweise in Höhen zwischen 2200–3000 m.

**Wissenswertes:** ♃. Die Art kommt außer in den genannten Gebieten in Nordskandinavien und in den Pyrenäen vor, außerdem in den asiatischen Hochgebirgen.

# Rosengewächse *Rosaceae*
Fingerkraut *Potentilla*

## Dolomiten-Fingerkraut
*Potentilla nitida* L.
Rosengewächse *Rosaceae*

**Beschreibung:** Am Ende des Stengels steht eine Einzelblüte, gelegentlich werden auch 2 Blüten ausgebildet. Blüten 2–3 cm im Durchmesser (ausgebreitet gemessen; nur selten bleiben die Blüten etwas kleiner), tiefrosa bis hell purpurrot. Blütenblätter 5, verkehrt-eiförmig bis breit verkehrt-eiförmig oder fast rundlich, am Grunde nur kurz genagelt, an der Spitze abgestutzt oder seicht ausgerandet. Je 5 äußere und innere Kelchblätter; äußere Kelchblätter schmal-lanzettlich, etwas kürzer als die inneren, diese breit-lanzettlich und auf der Innenseite purpurrot; alle Kelchblätter – wie Stengel und Blätter auch – ziemlich dicht silbrig glänzend behaart. Rhizom verzweigt, verholzt. Stengel bogig aufsteigend, zart, die Blätter nicht überragend. Grundblätter gestielt; Stiel 0,5–1,5 cm lang; Spreite gefingert, mit 3, selten mit 4–5 Teilblättchen; Teilblättchen sitzend, um 1 cm lang, um 0,5 cm breit, größte Breite etwas über der Mitte, an der Spitze mit 3–5, selten mit 7 – oft undeutlichen – Zähnen. Juli–September. 2–5 cm.

**Vorkommen:** Braucht kalkreichen Untergrund. Besiedelt Spalten in Kalk- oder Dolomitfelsen, geht aber auch auf meist feinerdearme Geröllhalden. Vereinzelt in Savoyen, in den Südlichen Kalkalpen vom Comer See ostwärts selten, örtlich in lockeren, individuenarmen Beständen. Bevorzugt in Höhen von etwa 1500–3000 m, selten höher oder tiefer.

**Wissenswertes:** ♃ Das Dolomiten-Fingerkraut ist eine Reliktart, die die Vereisungsperioden der letzten Eiszeit an ihren derzeitigen Standorten oder unweit von ihnen überdauert haben dürfte. Außer in den Alpen kommt sie im nördlichen Apennin vor.

## Zwerg-Fingerkraut
*Potentilla brauneana* HOPPE
Rosengewächse *Rosaceae*

**Beschreibung:** Am Ende des Stengels steht oft nur 1 Blüte; gelegentlich ist der lockere, traubige Blütenstand bis 5blütig. Blüten 0,7–1,2 cm im Durchmesser (ausgebreitet gemessen), gelb. Blütenblätter 5, verkehrt-eiförmig, etwas eingekerbt oder abgestutzt, etwa 1,5mal so lang wie die Kelchblätter. Je 5 äußere und innere Kelchblätter; äußere schmal-eiförmig bis länglich, an der Spitze ziemlich plötzlich abgerundet, deutlich kürzer als die inneren Kelchblätter; innere Kelchblätter eiförmig, meist etwas zugespitzt, zuweilen aber auch stumpflich abgerundet. Stengel niederliegend, an der Spitze bogig aufsteigend, meist niedriger als die Grundblätter, dünn, schütter anliegend behaart, nie mit gelblichen, kopfigen Drüsen. Grundständige Blätter kurz-gestielt; Stiele 0,5–2 cm lang, schütter abstehend behaart, wie die Stengel drüsenlos. Blattspreite 3teilig erdbeerblattartig; Teilblättchen eiförmig, 0,5–1 cm lang, meist deutlich länger als breit, beiderseits grün, oberseits nur vereinzelt mit Haaren bestanden oder – meist – kahl, unterseits schütter behaart, am Rand jederseits mit 2–4 Zähnen. Am Stengel nur 1–2 Stengelblätter, die viel kleiner als die Grundblätter sind und fast sitzen. Juli–August. 3–15 cm.

**Vorkommen:** Braucht kalkhaltigen, tonigen, zuweilen auch etwas sandigen Boden, der lange schneebedeckt sein sollte. Besiedelt grundwasserfeuchte Schneeböden und Schneetälchen. Nördliche und Südliche Kalkalpen; südlicher Schweizer Jura; selten; bevorzugt Höhen zwischen etwa 1800 und 2500 m.

**Wissenswertes:** ♃ Samenbildung erfolgt meist durch Selbstbestäubung, seltener durch Insektenbestäubung.

**Rosengewächse** *Rosaceae*

## Gletscher-Fingerkraut
*Potentilla frigida* VILL.
Rosengewächse *Rosaceae*

**Beschreibung:** 1–3 Blüten, selten bis zu 5 Blüten, stehen in einer lockeren Traube, zuweilen auch in einer lockeren Rispe. Blüten 0,7–1,2 cm (ausgebreitet gemessen; Blüten öffnen sich nur halb), gelb. Blütenblätter 5, breit verkehrt-eiförmig, nur ganz flach ausgerandet, abgestutzt oder abgerundet. Je 5 äußere und innere Kelchblätter; äußere Kelchblätter lanzettlich, nur etwa 3 mm lang; innere Kelchblätter 5 mm lang, eiförmig, zottig behaart, oft rötlich überlaufen. Stengel niederliegend oder bogig aufsteigend, ziemlich dick, mit 1–3 Stengelblättern. Grundblätter kurz oder lang gestielt, 3teilig, graugrün; Stengelblätter ähneln den Grundblättern, allerdings ist das oberste oft ungeteilt und ähnelt dann einem Teilblättchen. Stengel und Blätter sind dicht, aber nicht wollig-filzig behaart; sie glänzen durch die Behaarung seidig. Zwischen den Haaren stehen winzige, gelbliche Drüsen (Lupe), die kaum 0,1 mm im Durchmesser erreichen. Juli–August. 5–10 cm.

**Vorkommen:** Braucht kalk- und nährstoffarmen, trockenen und steinigen Untergrund in alpinem Klima. Besiedelt dort windausgesetzte Steilhänge und Grate, seltener trockene, lückig bewachsene und kurzgrasige Felshänge und Bergwiesen. Fehlt in den Nördlichen Kalkalpen wohl überall; in den südlichen Ketten der Zentralalpen selten; in den nördlichen Zentralalpen gebietsweise fehlend und sehr selten; in den Südalpen nur auf kalkfreiem oder entkalktem Untergrund; auch hier selten. Bevorzugt Höhen zwischen 2500 und etwa 3000 m.

**Wissenswertes:** ♃. Das Gletscher-Fingerkraut gedeiht besonders an Stellen, die winters schneefrei bleiben.

## Schnee-Fingerkraut
*Potentilla nivea* L.
Rosengewächse *Rosaceae*

**Beschreibung:** 1–4 Blüten stehen in einer lockeren Traube, zuweilen auch in einer lockeren Rispe. Blüten 1–1,5 cm im Durchmesser (ausgebreitet gemessen), gelb, ziemlich lang gestielt. Blütenblätter 5, breit verkehrt-eiförmig bis angedeutet herzförmig, nur seicht und stumpf ausgerandet, zuweilen fast nur abgestutzt. Je 5 äußere und 5 innere Kelchblätter; äußere Kelchblätter schmallanzettlich, etwa so lang wie die deutlich breiter lanzettlichen inneren Kelchblätter, außen schütter langhaarig. Stengel bogig aufsteigend. Grundständige Blätter mit 1–5 cm langen Stielen, die locker oder filzig behaart sein können; Drüsenhaare fehlen ebenso wie borstig-gerade Haare. Blattspreite 3teilig. Teilblättchen eiförmig, 1–1,5 cm lang, 0,7–1 cm breit, oberseits dunkelgrün und hier schütter mit geraden Haaren besetzt, unterseits weiß und filzig behaart, am Rande jederseits mit 2–7 ziemlich großen, stumpfen Zähnen. Juni–August. 5–20 cm.

**Vorkommen:** Braucht nährstoffreiche, vor allem ziemlich stickstoffsalzhaltige, trockene Böden, die oft kalkhaltig sind, dies aber nicht zu sein brauchen, sofern sie bei Kalkarmut oder Kalkfreiheit nicht zu sauer reagieren. Besiedelt lückige Matten und Rasen auf windexponierten Hängen, Felsbänder, Grate und Schutthalden. Von der Dauphiné bis zu den Hohen Tauern und Tirol (Tösnertal). Selten und gebietsweise fehlend. Bevorzugt Höhen zwischen etwa 1800 und 2800 m.

**Wissenswertes:** ♃. Arten, die dem Schnee-Fingerkraut ähneln, sind zirkumpolar verbreitet. Da sie sich apomiktisch, d. h. ungeschlechtlich – wenn auch durch Samen – fortpflanzen, sind sie sicher nahe verwandt.

# Rosengewächse *Rosaceae*
Fingerkraut *Potentilla*

## Großblütiges Fingerkraut
*Potentilla grandiflora* L.
Rosengewächse *Rosaceae*

**Beschreibung:** 7–20 Blüten stehen in einem rispigen, lockeren Blütenstand, der nur wenig doldig eingeebnet ist. Blüten 2–3 cm im Durchmesser, goldgelb. Blütenblätter 5, breit verkehrt-eiförmig bis angedeutet herzförmig, vorne seicht ausgerandet, zuweilen auch nur abgestutzt. Je 5 äußere und innere Kelchblätter; äußere Kelchblätter schmal-lanzettlich, spitz zulaufend, kürzer als die inneren, breiter lanzettlichen Kelchblätter. Stengel aufrecht, behaart, im Bereich des Blütenstandes reich verzweigt und an den Verzweigungen mit Hochblättern. Grundblätter mit einem 3–10 cm langen Stiel, der stets abstehend behaart ist und meist zwischen den Haaren kleine, sitzende, kugelige Drüsen trägt (Lupe!). Blattspreite erdbeerblattartig 3teilig (sehr selten kommen Blätter mit ungeteilter Spreite oder solche mit 4 oder gar 5 Teilblättchen vor); Teilblättchen rundlich bis breit-eiförmig, oben und unten grün, locker behaart, am Rande jederseits mit 5–8 großen, stumpfen Zähnen, am Grund oft keilförmig verschmälert und hier zahnlos. Juni–Juli. 10–30 cm.

**Vorkommen:** Braucht steinigen, kalkfreien, trockenen Boden in alpinem Klima. Besiedelt felsige, lückig bewachsene Rasen, geht aber auch in Felsspalten, auf ruhenden Schutt und ins alpine Zwergstrauchgebüsch. Kommt nur in den Zentralalpen und in den südlichen Ketten vor, und zwar nur auf kalkfreier Unterlage und westlich einer Linie, die etwa von Innsbruck zum Gardasee verläuft; dort zerstreut. Bevorzugt Höhen zwischen etwa 1500 und 2500 m.

**Wissenswertes:** ♃. Das Großblütige Fingerkraut verschwindet aus gedüngten oder stark beweideten Matten.

## Silber-Fingerkraut
*Potentilla argentea* L.
Rosengewächse *Rosaceae*

**Beschreibung:** 5–20 Blüten stehen in einem lockeren, zumindest andeutungsweise doldig eingeebneten, rispigen Blütenstand. Blüten 1–1,5 cm im Durchmesser (ausgebreitet gemessen), gelb. Blütenblätter 5, verkehrt-eiförmig, an der Spitze nur sehr seicht ausgerandet oder nur gestutzt. Je 5 äußere und innere Kelchblätter; äußere Kelchblätter lineal-lanzettlich, innere breit-lanzettlich bis 3eckig, spitz zulaufend. Stengel aufrecht oder niederliegend, wie die Blattstiele behaart, aus der Mitte der Rosette entspringend. Blattspreite handförmig 5–7teilig. Teilblättchen eiförmig, unterseits stets locker oder dicht filzig behaart, Färbung daher in der Regel weiß, sehr selten grau (vgl. *P. collina*) oder hellgrün; Teilblättchen fiederschnittig oder grob gezähnt; Rand deutlich nach unten umgebogen. Juni–August. 20–30 cm.

**Vorkommen:** Braucht kalkarmen, sandigen oder steinigen Boden. Besiedelt sandige Rasen, Raine, Wegränder und Felsen. Im Tiefland östlich der Weser, in den Mittelgebirgen mit kalkarmen Gesteinen (mit Ausnahme des Schwarzwalds) und im Hügelland südlich der Donau zerstreut; sonst nur vereinzelt.

**Wissenswertes:** ♃. Diese Art vermehrt sich apomiktisch und geschlechtlich, d. h. neben „normalen" Samen gibt es diploide, unbefruchtete Samen; wahrscheinlich herrschen die letzteren vor. Bastardierungen sind ebenfalls möglich. Dies führt zu einer Vielzahl von Sippen. Die meisten, die man früher als Kleinarten ansah, rechnet man heute zu *P. argentea* L. Mit ihr vereinigt man die Kleinart *P. neglecta* BAUMG. (Blätter auch oberseits weißfilzig; Blattzähne eiförmig) in der Sammelart *P. argentea* agg.

**Rosengewächse** *Rosaceae*

## Gewöhnliches Hügel-Fingerkraut
*Potentilla collina* WIBEL
Rosengewächse *Rosaceae*

**Beschreibung:** Blüten stehen in einem sehr lockeren, rispigen Blütenstand. Blüten 0,8–1,5 cm im Durchmesser (ausgebreitet gemessen), gelb. Blütenblätter 5, verkehrt-eiförmig bis herzförmig. Je 5 äußere und innere Kelchblätter; äußere Kelchblätter lineal-lanzettlich, innere eiförmig, spitz. Stengel niederliegend bis aufsteigend, seitlich aus der Rosette entspringend. Blattstiel 1–5 cm lang. Blattspreite handförmig 5–7teilig; Stengelblätter 3–5teilig; Teilblättchen verkehrt-eiförmig, keilig, am Grunde ganzrandig, sonst jederseits mit 2–6 Zähnen, unterseits graufilzig (nicht weißfilzig!). Pflanze treibt meist schon zur Blütezeit ausläuferartige Triebe, an deren Ende sich eine Blattrosette entwickelt. Mai–August. 10–25 cm.

**Vorkommen:** Braucht kalkarmen, sandigen oder steinigen Boden. Besiedelt sandige Rasen und Felsen. Liebt Sommerwärme. Vereinzelt vor allem in Weinbaugebieten, so z. B. am Mittelrhein, an der Mosel, am unteren Main und am Hochrhein. Zentralalpen: Selten.

**Wissenswertes:** ♃. Diese Art vermehrt sich apomiktisch und geschlechtlich, d. h. neben „normalen" Samen gibt es diploide, unbefruchtete Samen. Auch Bastardierungen kommen vor. Dies führt zu einer Vielzahl von Sippen. – Mit der beschriebenen Kleinart werden in der Regel noch viele andere Kleinarten zur Sammelart *P. collina* agg. zusammengefaßt. Dazu gehören: Elsässer Hügel-Fingerkraut (*P. leucopolitana* P. J. MUELL.): Blütenblätter kaum länger als der Kelch. Nichtblühende Nebenrosetten zur Blütezeit voll entwickelt; Blätter unterseits graufilzig, oben grauseidig behaart. Stengel weißfilzig. Selten beiderseits des Oberrheins, sehr selten im Mittelrheingebiet, vereinzelt in eigenständigen Sippen in Brandenburg, Mittelbayern, in der Nordschweiz sowie in Ober- und Niederösterreich und in Tschechien. – Rheinisches Hügel-Fingerkraut (*P. rhenana* P. J. MUELL. ex ZIMMET.): Blütenblätter deutlich länger als der Kelch. Nichtblühende Nebenrosetten zur Blütezeit voll entwickelt. Blätter beiderseits nur schütter seidig behaart. Nur an der unteren Mosel und an der unteren Ahr; endemische Pflanze dieses Gebiets. – Düsteres Hügel-Fingerkraut (*P. sordida* FRIES ex ASPEGR.): Keine nichtblühenden Nebenrosetten zur Blütezeit. Blätter unterseits graufilzig, oberseits – wie die übrigen Teile der Pflanze – nur schütter behaart. Selten im östlichen Brandenburg; eine Westrasse kommt in Frankreich vor und erreicht noch den Oberrhein; die Südostrasse wurde bislang nur aus Tschechien beschrieben. – Straußblütiges Hügel-Fingerkraut (*P. thyrsiflora* ZIMMET.): Nichtblühende Nebenrosetten zur Blütezeit entwickelt. Blätter unterseits graufilzig, oben fast kahl, meist 7teilig, reich gezähnt. Von Sachsen bis nach Franken, vielleicht auch in Brandenburg. Selten. – Extrem selten finden sich: Lindackers Hügel-Fingerkraut (*P. lindackeri* TAUSCH): Sachsen (ob noch?). – Frühes Hügel-Fingerkraut (*P. praecox* F. W. SCHULTZ): Hochrheingebiet; endemisch. – Schlesisches Hügel-Fingerkraut (*P. silesiaca* UECHTR.): Brandenburg (ob noch?). – Wiemanns Hügel-Fingerkraut (*P. wiemanniana* GÜNTH. & SCHUMM): Bodensee, Kaiserstuhl, vielleicht auch Niederösterreich. – Das Tessiner Hügel-Fingerkraut (*P. alpicola* DE LA SOIE ex FAUC.): Wallis, Tessin, Oberengadin – und das Veroneser Hügel-Fingerkraut (*P. johanniniana* GOIRAN): Verona, Trient: könnten – verschleppt – nördlich der Zentralalpen da und dort unbeständig auftreten. – Die Gattung sollte gründlich revidiert werden, wobei zu überlegen wäre, ob das Aufstellen so vieler Kleinarten in diesem Formenkreis im Sinne der praktischen Brauchbarkeit ist.

# Rosengewächse *Rosaceae*

Fingerkraut *Potentilla*

## Graues Fingerkraut
*Potentilla inclinata* VILL.
Rosengewächse *Rosaceae*

**Beschreibung:** 5–20 Blüten stehen in einem lockeren, zumindest andeutungsweise doldig eingeebneten, rispigen Blütenstand. Blüten 1–1,5 cm im Durchmesser (ausgebreitet gemessen), gelb. Blütenblätter 5, verkehrt-eiförmig, an der Spitze nur sehr seicht ausgerandet oder nur gestutzt. Je 5 äußere und innere Kelchblätter; äußere Kelchblätter lineal-lanzettlich, innere breit-lanzettlich bis 3eckig, spitz zulaufend. Stengel aufrecht oder niederliegend, wie die Blattstiele behaart, aus der Mitte der Rosette entspringend. Blattspreite handförmig 5–7teilig. Teilblättchen eiförmig, unterseits nur sehr locker filzig behaart, Färbung daher graugrün, keinesfalls weiß (wenn weiß: siehe *P. argentea*, S. 386); Oberseite hellgrün oder grasgrün; Teilblättchen meist bis an ihre Basis fiederschnittig, mit jederseits 5–9 Abschnitten, die groben Zähnen ähneln. Rand nicht nach unten umgeschlagen. Mai–August. 15–35 cm.

**Vorkommen:** Braucht nährstoff- und kalkarmen, trockenen, lockeren und daher oft sandigen oder steinigen Boden, der etwas lehmig sein sollte und mäßig stickstoffsalzhaltig sein kann. Besiedelt Trockenrasen und Wegränder. Vereinzelt am Mittelrhein, im Mündungsgebiet von Main und Neckar, am unteren Lech und in der Fränkischen Alb, im Sauerland und im Hessischen Bergland sowie in der Nordschweiz; am Alpensüdfuß, in Ober- und Niederösterreich, im Burgenland und in der Steiermark selten.

**Wissenswertes:** ♃. Das Graue Fingerkraut ist vor allem in Südosteuropa und in Südsibirien verbreitet. Es kommt bei uns nur in sommerwarmen und trockenen Gegenden vor. Innerhalb der Art sind mehrere, schwer unterscheidbare Sippen beschrieben worden.

## Hohes Fingerkraut
*Potentilla recta* L.
Rosengewächse *Rosaceae*

**Beschreibung:** 5–20 Blüten stehen in einem lockeren, scheinbar gabeligen, traubigen Blütenstand auf verhältnismäßig kurzen Blütenstielen. Blüten 2–2,5 cm im Durchmesser (ausgebreitet gemessen), sehr blaß gelb, aber auch fast goldgelb. Blütenblätter 5, breit verkehrt-eiförmig bis deutlich herzförmig, mit zuweilen zunächst flacher, dann spitz eingezogener Einkerbung, meist jedoch herzförmig eingeschnitten. Je 5 äußere und innere Kelchblätter; äußere Kelchblätter schmal-lanzettlich, mindestens so lang wie die inneren, breit-lanzettlichen Kelchblätter; beide Arten von Kelchblättern locker, aber lang und abstehend weißhaarig. Stengel aufrecht, wie die Stiele der Grundblätter, die 5–25 cm lang werden können, locker abstehend und etwas borstlich behaart. Blattspreite der Grundblätter handförmig 5–7teilig. Teilblättchen eiförmig, 3–7 cm lang, beiderseits grün und nie filzig, sondern eher locker und kurz behaart (Haare kaum 0,5 mm lang), am Rande jederseits mit 7–20 stumpfen Zähnen. Stengelblätter sitzend, mit meist nur 3–5 Teilblättchen, kleiner als die Grundblätter. Juni–Juli. 20–70 cm.

**Vorkommen:** Braucht nährstoffreichen, kalkarmen, aber eher basisch reagierenden, lockeren, sandigen oder lehmigen Boden. Besiedelt sandige Trockenrasen und Wegränder. Fehlt im westlichen Teil des Tieflandes, in den höheren Lagen der Mittelgebirge, im Alpenvorland gebietsweise, in den Alpen – abgesehen vom Alpensüdfuß und vom Wallis – ganz. Sonst selten. Wahrscheinlich überall nur verwildert.

**Wissenswertes:** ♃. Das Hohe Fingerkraut wird gelegentlich als Zierpflanze gehalten. Wahrscheinlich sind nur die österreichischen Standorte ursprünglich.

**Rosengewächse** *Rosaceae*

## Niedriges Fingerkraut
*Potentilla supina* L.
Rosengewächse *Rosaceae*

**Beschreibung:** Untere Blüten stehen einzeln auf mäßig langen Stielen in den Blattachseln; obere Blüten einzeln oder in armblütigen, traubigen Blütenständen in den Blattachseln. Blütenstiele nach dem Verblühen abwärts gebogen. Blüten 0,6–1 cm, gelb. Blütenblätter 5, verkehrt-eiförmig bis herzförmig, oft kürzer als die inneren Kelchblätter. Je 5 äußere und innere Kelchblätter; äußere Kelchblätter schmal-lanzettlich, höchstens so lang wie die inneren Kelchblätter; diese breit-lanzettlich, kurz zugespitzt. Stengel niederliegend, vom Grund an sparrig verzweigt, reich beblättert, wie die Blattstiele behaart. Grundständige Blätter mit einem 2–10 cm langen Stiel, 1fach gefiedert, jederseits mit 2–7 Teilblättchen und einem Endblättchen. Teilblättchen eiförmig, 1–2 cm lang und 0,5–1 cm breit, beidseitig grün, schütter behaart, in der vorderen Hälfte grob gezähnt, an der Basis oft fast ganzrandig. Untere Stengelblätter nur mit 2–3 Fiederpaaren, obere oft nur 3teilig. Juni–September. 20–50 cm.

**Vorkommen:** Braucht nährstoffreichen, aber kalkarmen, sandigen oder tonig-schlammigen Boden in Lagen mit mildem Klima. Besiedelt Ufer und verschlammte Wegränder. An der Unterelbe, der oberen Weser, vom nördlichen Oberrhein bis zum Niederrhein, am mittleren und unteren Nekkar, am mittleren und unteren Main, an der Donau von Regensburg bis nach Niederösterreich selten, ebenso in den Tälern am Alpensüdfuß; sonst nur vereinzelt und oft unbeständig.

**Wissenswertes:** ☉-♃. Das Niedrige Fingerkraut stammt aus dem Gebiet zwischen Schwarzem Meer und Mittelmeer. Bemerkenswert ist seine hohe Steinsalztoleranz.

## Norwegisches Fingerkraut
*Potentilla norvegica* L.
Rosengewächse *Rosaceae*

**Beschreibung:** Zahlreiche Blüten stehen in einem lockeren, zumindest andeutungsweise doldig eingeebneten, rispig-traubigen Blütenstand. Blüten 0,8–1,5 cm im Durchmesser (ausgebreitet gemessen), gelb. Blütenblätter 5, flach abgerundet, abgestutzt oder angedeutet ausgerandet, meist nicht länger als die inneren Kelchblätter. Je 5 äußere und innere Kelchblätter; äußere Kelchblätter lanzettlich, innere breit-lanzettlich; die Kelchblätter sind zur Blütezeit nur 3–5 mm lang; nach dem Verblühen wachsen sie deutlich und können über 1 cm lang werden (sicheres Kennzeichen!). Stengel aufrecht, selten aufsteigend, oft rötlich überlaufen, ab etwa der Mitte gabelig verzweigt. Grundständige Blätter mit 5–25 cm langen Stielen, die wie der Stengel abstehend behaart sind. Blattspreite handförmig 3teilig; Teilblättchen 4–8 cm lang 2–5 cm breit, beiderseits grün, schütter behaart, am Rande grob und oft doppelt gezähnt. Obere Stengelblätter kurz gestielt, oft mit sehr schmalen Teilblättchen. Juni–September. 30–70 cm.

**Vorkommen:** Braucht nährstoffreichen, kalkarmen, sandigen, lehmigen, tonigen oder torfigen Boden, der nur lückig bewachsen sein sollte. Besiedelt Ufer, Gräben und die Ränder vernäßter Feldwege. Im östlichen Tiefland, am Niederrhein, im Alpenvorland und in Niederösterreich selten; sonst nur vereinzelt und oft unbeständig; fehlt größeren Gebieten.

**Wissenswertes:** ☉. Das Norwegische Fingerkraut, das von England über Skandinavien bis nach Sibirien vorkommt, ist erst in der 2. Hälfte des 19. Jahrhunderts nach Mitteleuropa eingewandert. Vor 1880 scheint es westlich der Elbe nirgends vorhanden gewesen zu sein.

# Rosengewächse *Rosaceae*

Fingerkraut, Blutwurz *Potentilla*

## Mittleres Fingerkraut
*Potentilla intermedia* L.
Rosengewächse *Rosaceae*

**Beschreibung:** Zahlreiche Blüten stehen in einem lockeren, andeutungsweise doldig eingeebneten, rispig-traubigen Blütenstand. Blüten 0,8–1,2 cm im Durchmesser (ausgebreitet gemessen), gelb. Blütenblätter 5, flach abgerundet oder angedeutet ausgerandet, meist kürzer als die inneren Kelchblätter. Je 5 äußere und innere Kelchblätter; äußere Kelchblätter lanzettlich, innere breiter; die Kelchblätter wachsen nach dem Verblühen nicht weiter, sondern bleiben auch an verblühten Blüten 3–7 mm lang (vgl. Norwegisches Fingerkraut, S. 390). Stengel aufrecht, selten aufsteigend, oft rötlich überlaufen. Grundständige Blätter mit 5–20 cm langen Stielen, die wie der Stengel mit dünnen, gekräuselten, nie auf Höckern stehenden Haaren bestanden sind. Blattspreite handförmig 5–7teilig, nur ausnahmsweise 3teilig; Teilblättchen 4–6 cm lang und 2–4 cm breit, beiderseits grün, schütter behaart, am Rande grob und oft doppelt gezähnt. Obere Stengelblätter kurz-gestielt, mit schmalen Teilblättchen. Juni–August. 20–50 cm.

**Vorkommen:** Braucht kalk- und feinerdearmen, aber stickstoffsalzhaltigen Sand- oder Kiesboden. Besiedelt Rampen an Bahnhöfen und in Hafenanlagen, geht auch an Wegränder und auf Dämme. Sehr selten in der Pfalz, im Saarland, am Mittel- und Niederrhein, im Mündungsgebiet von Neckar und Main, zwischen Sauerland und Deister; zerstreut im nördlichen Ostdeutschland; sonst nur unbeständig eingeschleppt.

**Wissenswertes:** ☉. Das Mittlere Fingerkraut stammt aus Rußland und wurde wohl zunächst angepflanzt. 1825 wurde es erstmals an der Weser verwildert beobachtet und hat sich seitdem unbeständig ausgebreitet.

## Armblütiges Fingerkraut
*Potentilla thuringiaca* BERNH. ex LINK
Rosengewächse *Rosaceae*

**Beschreibung:** 5–20 Blüten stehen in einem lockeren, gelegentlich andeutungsweise doldig eingeebneten, rispig-traubigen Blütenstand. Blüten 1,5–2 cm im Durchmesser (ausgebreitet gemessen), goldgelb. Blütenblätter 5, verkehrt-eiförmig bis herzförmig, meist deutlich eingekerbt und selten nur ausgerandet und etwa 1,5mal so lang wie die Kelchblätter. Je 5 äußere und innere Kelchblätter; äußere Kelchblätter schmal-lanzettlich, etwa so lang wie die inneren, breit-lanzettlichen Kelchblätter. Stengel bogig aufsteigend, meist nur im Bereich des Blütenstands verzweigt, dünn, kurz flaumig behaart, zuweilen mit einzelnen, längeren und auf kleinen Höckern stehenden Haaren (Lupe). Grundständige Blätter mit 3–15 cm langen Stielen, die abstehend behaart sind, wobei Drüsenhaare fehlen. Blattspreite handförmig 7teilig, sehr selten nur 6teilig. Teilblättchen 2–5 cm lang, 1–2 cm breit, beiderseits grün und schütter behaart, am Rande jederseits mit 5–8 großen und stumpfen Zähnen. Mai–Juli. 15–30 cm.

**Vorkommen:** Braucht kalkarmen, aber nährstoffreichen, vor allem stickstoffsalzhaltigen und nicht zu sauren, lehmig-tonigen Boden in warmen Lagen. Besiedelt sonnige Waldränder und Gebüsche, geht aber auch an trockenrasenartige Wegränder. Thüringen, Rhön, Fränkisches Gipskeupergebiet, Fränkischer Jura; dort sehr selten; Südalpen, Engadin, Wallis und Schweizer Jura selten; vereinzelt in den Nordketten der Alpen, so z. B. in den Glarner Alpen und in Tirol.

**Wissenswertes:** ♃. In Osteuropa gibt es 2 Arten, die dem Armblütigen Fingerkraut sehr nahestehen; 11 weitere ähnliche Arten kommen in Zentralasien vor.

**Rosengewächse** *Rosaceae*

## Blutwurz, Aufrechtes Fingerkraut
*Potentilla erecta* (L.) RÄUSCHEL
Rosengewächse *Rosaceae*

**Beschreibung:** 3–15 Blüten stehen in einem nur selten angedeutet doldig eingeebneten und sehr lockeren, traubigen Blütenstand. Blüten um 1 cm im Durchmesser (ausgebreitet gemessen), gelb. Blütenblätter in der Regel 4, sehr selten 5, noch seltener 3 oder 6, sehr breit verkehrt-eiförmig bis herzförmig, meist nicht tief eingekerbt, sondern nur flach ausgerandet, abgestutzt oder sogar abgeflacht gerundet und dann oft etwas wellig. Meist je 4 äußere und innere Kelchblätter; äußere Kelchblätter lanzettlich, innere breit-lanzettlich bis 3eckig. Stengel niederliegend, bogig aufsteigend oder aufrecht, spärlich gabelig verzweigt, reich beblättert. Stengelblätter größer als die grundständigen Blätter, handförmig 5teilig; Teilblättchen eiförmig, 1–2 cm lang, meist nur halb so breit oder noch schmaler, gegen den Grund keilförmig zulaufend, beiderseits grün, kaum behaart, am Rand jederseits mit 2–6 groben Zähnen. Grundblätter zur Blütezeit meist abgestorben. Die Stengel entspringen einem kopfig verdickten, innen rot gefärbten Rhizom. Mai–September. 15–30 cm.

**Vorkommen:** Braucht Untergrund, der arm an Nährstoffen, vor allem an Stickstoffsalzen sein muß und der neutral oder schwach sauer reagieren sollte. Besiedelt magere Rasen, Heiden, lichte, bodensaure Wälder, geht auch auf Torf. Häufig, doch meist in nur lockeren Beständen.

**Wissenswertes:** ♃. Der Wurzelstock enthält Catechin-Gerbstoffe, u. a. das Tormentillrot, das der Pflanze örtlich den Namen „Blutwurz" eingetragen hat. Volksheilmittel gegen Durchfälle und Blutstillmittel; auch schon als Beimischung in Mundwässern verwendet.

## Niederliegendes Fingerkraut
*Potentilla anglica* LAICH.
Rosengewächse *Rosaceae*

**Beschreibung:** Die Blüten stehen einzeln am Stengelende oder blattachselständig, gelegentlich auch in einem sehr lockeren, traubigen Blütenstand. Blüten 1–1,5 cm im Durchmesser (ausgebreitet gemessen), gelb. Blütenblätter 4 oder 5, sehr breit verkehrt-eiförmig, an der Spitze seicht ausgerandet oder nur abgestutzt. Zahl der äußeren und der inneren Kelchblätter in der Regel jeweils gleich groß wie die der Blütenblätter; Kelchblätter 3–4 mm lang, etwa halb so lang wie die Blütenblätter. Stengel niederliegend, aufsteigend, seltener aufrecht, eher dünn als kräftig, spärlich gabelig verzweigt, reich beblättert, an den Knoten, die dem Boden aufliegen, oft bewurzelt. Grundblätter in einer mehr oder weniger deutlichen Rosette; Stengelblätter wechselständig, untere deutlich gestielt, obere sehr kurz gestielt oder sitzend, alle kaum größer als die grundständigen Blätter, meist mit 5 Teilblättchen. Juni–August. 15–50 cm.

**Vorkommen:** Braucht humusreichen, frischen Lehm- oder Tonboden, der – zumindest in mäßigen Mengen – Stickstoffsalze enthalten kann. Besiedelt feuchte Wiesen und Wälder, lichte Gebüsche und Waldränder. Im küstennahen Tiefland zerstreut, dort nach Osten und landeinwärts seltener werdend, im Binnenland bis etwa zur Mainlinie nur vereinzelt.

**Wissenswertes:** ♃. Die Art ist möglicherweise ein allopolyploider Bastard zwischen *P. erecta* und *P. reptans*. Jedenfalls stellte J. SCHWENDENER 1968 einen Bastard zwischen diesen Arten her, der *P. anglica* sehr ähnelt. Allerdings sind solche Bastarde – anders als *P. anglica* – hochgradig steril. Ob solche Bastarde an Wuchsorten der Elternarten nachgewiesen wurden, ist uns unbekannt.

# Rosengewächse *Rosaceae*
Fingerkraut *Potentilla*

## Kriechendes Fingerkraut
*Potentilla reptans* L.
Rosengewächse *Rosaceae*

**Beschreibung:** Blüten einzeln, selten zu 2 gegenüber den Blättern am kriechenden Stengel. Blüten 1,8–2,5 cm im Durchmesser (ausgebreitet gemessen), goldgelb. Blütenblätter 5, breit verkehrt-eiförmig, vorne herzförmig eingekerbt oder tief ausgerandet, deutlich länger als die Kelchblätter. Je 5 äußere und innere Kelchblätter; äußere breit-lanzettlich, nach dem Verblühen deutlich länger als die inneren; innere Kelchblätter 3eckig. Stengel niederliegend, bis über 1 m lang, an den Knoten wurzelnd und hier neue Blattrosetten bildend. Grundständige Blätter mit 3–10 cm langen, behaarten Stielen; Spreite handförmig 5teilig; Teilblättchen 1–3 cm lang und höchstens halb so breit, beiderseits grün, fast kahl, am Rand jederseits mit 5–10 Zähnen. Juni–August. 10–20 cm.

**Vorkommen:** Braucht nährstoffreichen Lehm- oder Tonboden. Besiedelt Wegränder, Mauern und Steinriegel ebenso wie lückige Rasen oder Uferabbrüche. Fehlt im Tiefland und in den nördlichen Mittelgebirgen gebietsweise, sonst zerstreut und oft in kleineren Beständen. Steigt in den Alpen bis über 1500 m.

**Wissenswertes:** ♃. Entfernt ähnlich: *Duchesnea indica* (ANDREWS) FOCKE: Blüten einzeln in den Blattachseln, meist nicht flach ausgebreitet, sondern schüsselförmig, 1,5–2 cm im Durchmesser (ausgebreitet gemessen); Blütenstiele die Blätter überragend. Blütenblätter nicht ausgerandet, sondern abgerundet, selten abgestutzt. Außenkelchblätter blattähnlich, etwa 1 cm lang, verkehrt-eiförmig-keilig, 3–5zähnig, „Frucht" erdbeerartig, rot, nicht abfallend, von fadem Geschmack; früher Zierpflanze; in Kastanienwäldern verwildert; Alpensüdfuß.

## Gold-Fingerkraut
*Potentilla aurea* L.
Rosengewächse *Rosaceae*

**Beschreibung:** 1–5 Blüten stehen in einem lockeren, traubig-rispigen Blütenstand; sind mehr als 3 Blüten ausgebildet, erkennt man meist eine andeutungsweise doldige Einebnung. Blüten 1,5–2,5 cm im Durchmesser, goldgelb. Blütenblätter 5, breit verkehrt-eiförmig bis herzförmig, aber vorn meist nicht herzförmig spitz, sondern breitbuchtig eingekerbt oder weitgeschwungen ausgerandet. Je 5 äußere und innere Kelchblätter; äußere eiförmig und mit einzelnen, langen Haaren; innere breit-lanzettlich bis schmal-3eckig. Stengel bogig aufsteigend bis aufrecht, behaart. Grundständige Blätter mit 1–5 cm langem, anliegend behaartem Stiel. Blattspreite handförmig 5teilig; Teilblättchen eiförmig, 1,5–2,5 cm lang, höchstens halb so breit, beiderseits grün, oberseits kahl, unterseits nur auf den Nerven, am Blattrand anliegend silbrig glänzend behaart (sicheres Kennzeichen!), in der vorderen Blatthälfte jederseits mit 2–4 nach vorne gerichteten Zähnen. Juni–September. 5–20 cm.

**Vorkommen:** Braucht nährstoffarmen und etwas sauren, humusreichen Lehmboden. Besiedelt alpine Matten und Weiden, auch an Stellen mit langer Schneebedeckung; geht auch ins Legföhrengebüsch. Feldberggebiet im Südschwarzwald, Alpen, Schweizer Jura zerstreut, oft in individuenreichen, lockeren Beständen; Vogesen vereinzelt. Kommt in Höhen zwischen etwa 800 bis etwa 3000 m vor.

**Wissenswertes:** ♃. Besonders reiche Bestände findet man auf extensiv genutzten Weiden, weil die Samen des Gold-Fingerkrauts durch Viehkot verbreitet werden. Enthält Gerbstoffe und wurde deswegen schon ähnlich wie die Blutwurz verwendet.

**Rosengewächse** *Rosaceae*

## Gänse-Fingerkraut
*Potentilla anserina* L.
Rosengewächse *Rosaceae*

**Beschreibung:** Blüten einzeln und auf mehr oder weniger langem Stiel, der aus den wurzelnden Knoten des niederliegenden Stengels entspringt. Blüten 2–2,5 cm im Durchmesser (ausgebreitet gemessen), goldgelb. Blütenblätter 5, breit-eiförmig und oft wellig-zerknittert, vorne nie ausgerandet, sondern deutlich, wenn auch meist flach abgerundet. Je 5 äußere und innere Kelchblätter; äußere Kelchblätter meist mit 3 Zähnen, selten ungezähnt, seidig behaart; innere Kelchblätter meist ohne Zähne, breit-lanzettlich. Die Stengel entspringen einem oft knolligen Rhizom. Sie kriechen am Boden, werden bis über 50 cm lang, wurzeln an den Knoten und bilden hier Tochterrosetten, seltener nur Blätter, die zuweilen nebenblattähnlich sind. Grundständige Blätter gestielt; Stiel 1–5 cm lang, anliegend behaart. Blattspreite bis 15 cm lang, 1fach gefiedert, jederseits mit 5–20 Fiedern, zwischen denen zuweilen kleinere Fiederchen, ja nur zahnartige Gebilde stehen; Fiederblättchen 2,5–4 cm lang, (unterste deutlich kleiner als obere und oft nur 0,5–1 cm lang), eiförmig, halb so breit wie lang, grobzähnig bis fast fiederteilig, oberseits grün, unterseits dicht silbrig behaart. Mai–August. 5–15 cm.
**Vorkommen:** Braucht feuchten, stickstoffsalzreichen, lehmig-tonigen Boden, geht aber auch auf steinigen Untergrund. Besiedelt vor allem Wegränder und Ufer. Häufig; fehlt in den höchsten Lagen der Mittelgebirge und in den Südalpen kleineren Gebieten. Steigt bis etwa 2000 m.
**Wissenswertes:** ♃. Die Blätter wurden zuweilen gesammelt und als Tee aufgegossen; sie enthalten einen chemisch noch unerforschten Wirkstoff, daneben Gerbstoffe und Flavonoide.

## Zottiges Fingerkraut
*Potentilla crantzii* (Cr.) Beck ex Fritsch
Rosengewächse *Rosaceae*

**Beschreibung:** 2–8 Blüten stehen in einem lockeren, bei mehrblütigen Exemplaren angedeutet doldig eingeebneten, rispig-traubigen Blütenstand. Blüten 1–2,5 cm im Durchmesser, goldgelb. Blütenblätter 5, breit verkehrt-eiförmig, an der Spitze flach ausgerandet, am Grunde innen oft mit einem deutlich dunkleren Fleck. Je 5 äußere und innere Kelchblätter; äußere schmal-eiförmig, höchstens so lang wie die breit-eiförmigen inneren Kelchblätter. Stengel bogig aufsteigend oder aufrecht, abstehend behaart, ohne Drüsenhaare. Grundblätter gestielt; Blattstiel 1–5 cm lang, wie der Stengel abstehend behaart; Blattspreite handförmig 5teilig; Teilblättchen eiförmig, 1–1,5 cm lang und 0,8–1,2 cm breit, beiderseits grün, oberseits sehr schütter behaart oder kahl, unterseits nur auf den Nerven deutlich behaart; am Blattrand abstehend – aber nicht silbrig glänzend! – behaart, in der vorderen Hälfte jederseits mit 2–5 seitwärts gerichteten, stumpflichen Zähnen. Juni–September. 5–20 cm.
**Vorkommen:** Braucht kalkhaltige, steinige Lehm- oder Tonböden in winterkalten Lagen. Besiedelt meist windexponierte, steile Matten und Grate, an denen kein oder nur kurzzeitig Schnee liegt. Südvogesen vereinzelt, südlicher Schweizer Jura selten, Alpen zerstreut; kommt in Höhen von 1000–3000 m vor.
**Wissenswertes:** ♃. Das Zottige Fingerkraut ist vielgestaltig; es ist aber sehr schwer, Untersippen der Art klar gegeneinander abzugrenzen. Der Artname wurde – entgegen der üblichen Praxis – von H. N. v. Crantz zu seinen eigenen Ehren vergeben. V. Crantz lebte von 1722–1799 und war in Wien Professor der Medizin.

# Rosengewächse *Rosaceae* ▶

Fingerkraut *Potentilla*
Gelbling *Sibbaldia*

## Rötliches Fingerkraut
*Potentilla heptaphylla* L.
Rosengewächse *Rosaceae*

**Beschreibung:** 3–8 Blüten stehen in einem lockeren, traubig-rispigen Blütenstand, dessen angedeutet doldige Einebnung auch deswegen schwer zu sehen ist, weil meist nicht alle Blüten eines Blütenstandes gleichzeitig erblüht sind. Blüten 0,8–1,2 cm im Durchmesser, gelb. Blütenblätter 5, verkehrt-eiförmig, vorn buchtig ausgerandet, am Grunde oft etwas dunkler gefärbt. Je 5 äußere und innere Kelchblätter; äußere schmal-eiförmig, höchstens so lang wie die breit-lanzettlichen inneren Kelchblätter. Stengel niederliegend, nur an der Spitze bogig aufsteigend, rötlich, abstehend behaart (auch mit rotköpfigen Drüsenhaaren!), oft etwas verbogen. Oberirdische Kriechsprosse wurzeln an den Knoten und bilden hier Tochterrosetten; aus vielen solcher Tochterrosetten entsteht ein oft dezimetergroßer, fast polsterartiger Rasen. Stiele der Grundblätter 2–10 cm lang, anliegend oder abstehend behaart. Blattspreite handförmig, meist 7teilig; Teilblättchen eiförmig, 0,5–2 cm lang und höchstens halb so breit, am Rand jederseits mit 4–6 schräg nach vorne weisenden Zähnen, gegen den Blattgrund oft zahnlos und keilig verschmälert. April–Juni. 5–15 cm.

**Vorkommen:** Braucht kalkhaltigen, lehmig-sandigen Boden. Besiedelt Trockenrasen und Raine, geht auch an Mauern und in Trockengebüsche. Fehlt im Tiefland; in den Mittelgebirgen nördlich der Linie Stuttgart–Nürnberg sehr selten; im Schwäbisch-Fränkischen Jura, in der West- und Nordschweiz selten. In Ober- und Niederösterreich sowie im Burgenland zerstreut. Am Alpensüdfuß wohl nur im Veltlin.

**Wissenswertes:** ♃. Das Hauptareal der Art liegt in Osteuropa.

## Frühlings-Fingerkraut
*Potentilla verna* agg.
Rosengewächse *Rosaceae*

**Beschreibung:** 3–8 Blüten in lockerem, doldigem Blütenstand, nacheinander aufblühend. Blüten meist goldgelb, 1–2 cm im Durchmesser. Blütenblätter 5, rundlich bis verkehrt-eiförmig, abgestumpft oder eingekerbt. 5 schmale äußere und 5 breit-eiförmige innere Kelchblätter. Oberirdische Kriechsprosse bilden Tochterrosetten. Stengel niederliegend bis aufsteigend, behaart, ohne rotköpfige Drüsenhaare. Stiel der Grundblätter 1–5 cm lang, behaart. Spreite handförmig 3–7teilig; Teilblättchen 1–2 cm lang, etwa halb so breit, beiderseits mit je 3–8 schräg nach vorn weisenden Zähnchen. März–Mai. 5–15 cm.

**Vorkommen:** Braucht trockenen, mageren Boden, der sandig, lehmig oder steinig-felsig sein kann. Besiedelt Trockenrasen, Raine und Felsköpfe. Fehlt im Tiefland fast ganz, in den Mittelgebirgen mit kalkarmem Gestein und im Alpenvorland gebietsweise; sonst zerstreut, in den Alpen bis etwa 1500 m, in klimagünstiger Lage auch höher.

**Wissenswertes:** ♃. Als Kleinarten werden unterschieden: Gewöhnliches Frühlings-Fingerkraut (*P. neumanniana* Rchb.): 3–7 Teilblättchen, ohne Sternhaare, grün; häufigste Sippe. – Sternhaariges Frühlings-Fingerkraut (*P. pusilla* Host): 5–7 Teilblättchen, unterseits durch Sternhaare leicht grau. Alpen, selten im Vorland, vereinzelt in den Mittelgebirgen. – Aschgraues Frühlings-Fingerkraut (*P. cinerea* Chaix): 3–5 Teilblättchen, unterseits graufilzig, wohl nur Alpensüdfuß. – Sand-Frühlings-Fingerkraut (*P. arenaria* Borh.): 3–5 Teilblättchen, unterseits sternhaarig, graugrün. (Nord)Ostsippe, im Westen nur vereinzelt: Elsaß, Bodensee, Oberbayern, Steiermark. (Süd)Westgrenze: Gebiet um Odermündung.

**Rosengewächse** *Rosaceae*

## Strauch-Fingerkraut
*Potentilla fruticosa* L.
Rosengewächse *Rosaceae*

**Beschreibung:** Die Blüten stehen einzeln oder zu wenigen an beblätterten Zweigen. Blüten 1,8–2,5 cm im Durchmesser, goldgelb. Blütenblätter 5, breit-eiförmig bis rundlich, gegen den Grund keilförmig verschmälert. An der Spitze in der Regel abgerundet, nur vereinzelt etwas abgeflacht oder gar seicht ausgerandet. Je 5 äußere und innere Kelchblätter, äußere lineal-lanzettlich, etwa so lang wie die inneren, diese 3eckig-eiförmig; alle Kelchblätter deutlich kürzer als die Blütenblätter. Niedriger Strauch, der sich mit zunehmendem Alter mehr und mehr sparrig verzweigt und der – vor allem durch regelmäßiges Beschnittenwerden – außerordentlich dichtästig wird. Jüngste Zweige behaart, früh verkahlend, im Alter durchweg kahl. Rinde braun, sich fetzig ablösend. Blätter an den Zweigen wechselständig, kurz gestielte Blattstiele meist deutlich kürzer als 1 cm; Blattspreite 1fach gefiedert oder handförmig 3–7teilig; Teilblättchen eiförmig, 1–2 cm lang, 3–7 mm breit, z. T. am Blattstiel herablaufend, oberseits dunkelgrün, unterseits heller, beiderseits schütter seidig behaart oder kahl, Rand meist etwas nach unten umgebogen. Juni–Juli, zuweilen nochmals September–Oktober. 0,5–1 m.

**Vorkommen:** Zierpflanze aus Nord- und Westeuropa bzw. dem nördlichen und gemäßigten Asien, die selten und meist nur garten- oder ortsnah verwildert ist.

**Wissenswertes:** ♄. Das Strauch-Fingerkraut ist seit langem als Zierstrauch in Kultur. Derzeit werden mehrere Dutzend Sorten angeboten, die sich in der Wuchshöhe, der Dichte der Verzweigung sowie in der Intensität der Blüten- und Blattfärbung unterscheiden.

## Alpen-Gelbling
*Sibbaldia procumbens* L.
Rosengewächse *Rosaceae*

**Beschreibung:** 5–10 Blüten stehen in einem ziemlich gedrängten, angedeutet doldigen, rispigtraubigen Blütenstand. Blüten unscheinbar, 5–7 mm im Durchmesser, gelblich-grün oder hellgelb. 5 Blütenblätter, lanzettlich bis länglich-spatelig, kürzer als die Kelchblätter, nur 1–2 mm lang und oft schon bald nach dem Öffnen der Blüten abfallend. Je 5 äußere und innere Kelchblätter; äußere Kelchblätter schmal-lanzettlich, etwas kürzer als die inneren, breit-lanzettlichen Kelchblätter. Neben zwittrigen Blüten kommen auch Blüten vor, die entweder nur Staubgefäße oder nur Fruchtknoten haben. Stengel niederliegend bis aufsteigend, sehr schütter behaart, oft nur mit einzelnen Haaren bestanden; am Rhizom bilden sich Rosetten, die oft zu mehreren rasenartig beieinander stehen. Grundblätter mit 1–5 cm langen Stielen, die wie die Stengel behaart sind; Blattspreite handförmig 3teilig; Teilblättchen verkehrteiförmig, vorn mit 3 Zähnen, von denen der mittlere meist deutlich kleiner ist, oberseits graugrün, unterseits hellgrün. Juni–August. 3–10 cm.

**Vorkommen:** Braucht zumindest schwach sauren, humushaltigen, feuchten bis nassen, lange von Schnee bedeckten Untergrund, der steinig oder lehmig sein kann. Besiedelt Schneetälchen, seltener Naßstellen in steinigen Matten an Nordhängen. Vereinzelt in den Vogesen und im südlichen Schweizer Jura; in den Alpen zerstreut. Bevorzugt Höhen zwischen 2000 und 3000 m, kommt aber örtlich auch tiefer vor (z. B. durch Flußläufe in Täler verfrachtet).

**Wissenswertes:** ♃. Wo der Alpen-Gelbling über Kalkgestein vorkommt, zeigt er oberflächliche Versauerung an.

## Rosengewächse *Rosaceae*

Erdbeere *Fragaria*
Ackerfrauenmantel *Aphanes*

## Zimt-Erdbeere
*Fragaria moschata* DUCHESNE
Rosengewächse *Rosaceae*

**Beschreibung:** 3–15 Blüten stehen – deutlich doldenartig-halbkugelig angeordnet – in einem rispigen Blütenstand, der die Blätter weit überragt. Blüten 1,5–2,5 cm, weiß, oft 2häusig, d. h. auf einer Pflanze stehen entweder nur Blüten mit Staubblättern oder nur solche mit Fruchtknoten. Blütenblätter 5, verkehrt-eiförmig, vorne abgerundet. Je 5 äußere und innere Kelchblätter; äußere Kelchblätter schmal-lanzettlich, kürzer als die inneren, breitlanzettlichen Kelchblätter; die Kelchblätter stehen von der Scheinfrucht ab oder sind zurückgeschlagen. „Erdbeeren" sind rote, zuweilen auch wenig gerötete, kugelige Scheinfrüchte, die aus dem Blütenboden entstehen; die Früchte sind 1samige Nüßchen. Stengel aufrecht, waagrecht abstehend behaart, viele Haare auch stengelabwärts gerichtet. Blätter sehr langstielig; Stiele oft länger als 15 cm, wie die Stengel behaart; Blattspreite erdbeerblattartig 3teilig; Teilblättchen 4–10 cm lang, 2,5–6,5 cm breit, beiderseits grün, locker behaart oder unterseits silbrig glänzend behaart. Mai–Juni. 20–40 cm.

**Vorkommen:** Braucht humushaltigen, feuchten, sandig-lehmigen, etwas sauren Boden. Besiedelt Auwälder und feuchte Gebüsche in warmen Lagen; früher als Obstpflanze kultiviert. Ost-Schleswig-Holstein; vom Thüringer Wald bis zur Donau zerstreut; sonst in Deutschland sehr selten und größeren Gebieten fehlend. In Österreich zerstreut, von West nach Ost häufiger werdend; nur in Höhen über etwa 1000 m fehlend. Schweiz selten und gebietsweise fehlend.

**Wissenswertes:** ♃. Die Scheinfrüchte schmecken sehr aromatisch, bleiben aber klein und unansehnlich. Immerhin wurde die Pflanze ihretwegen früher da und dort kultiviert.

## Wald-Erdbeere
*Fragaria vesca* L.
Rosengewächse *Rosaceae*

**Beschreibung:** 1–7 Blüten stehen in einem rispig-traubigen Blütenstand. Blüten 1–1,5 cm im Durchmesser, weiß. Blütenblätter 5, rundlich bis breit verkehrt-eiförmig, vorne abgerundet. Je 5 äußere und innere Kelchblätter; äußere Kelchblätter schmal-lanzettlich, innere breit-3eckig, zugespitzt; die Kelchblätter stehen von der reifen „Erdbeere" ab oder sind zurückgeschlagen. „Erdbeeren" kugel- oder kegelförmig, bis 2 cm lang, reif intensiv rot. Stengel aufrecht, nur wenig länger als die Blätter, angedrückt oder schräg aufwärts abstehend behaart. Blattstiele bis 10 cm lang, wie der Stengel behaart; Blattspreite erdbeerblattartig 3teilig; Teilblättchen 3–7 cm lang, 2–4 cm breit, beiderseits dunkelgrün, locker oder unterseits silbrig behaart; Endzahn der Teilblättchen so lang wie oder länger als die benachbarten Seitenzähne. Treibt lange Ausläufer. Mai–Juni. 5–20 cm.

**Vorkommen:** Braucht nährstoffreichen, sandigen oder lehmigen Boden. Besiedelt lichte Stellen in Wäldern und in Gebüschen; gelegentlich auch an feuchten, schattigen Stellen in Gärten. Fehlt vor allem im westlichen Tiefland gebietsweise. Sonst sehr häufig und oft in individuenreichen Beständen.

**Wissenswertes:** ♃. Als Wildobst seit alters geschätzt. Blätter enthalten Gerbstoffe, Flavonoide und ätherisches Öl; sie werden gelegentlich zur Teebereitung verwendet. Aus der Wald-Erdbeere sind die „Monatserdbeeren" mutativ entstanden. Stammarten der Garten-Erdbeere (*F.* × *ananassa* DUCH.) sind vor allem *F. chiloensis* (L.) DUCH. und *F. virginiana* DUCH.; die ersten Sorten entstanden um 1750 in Holland; seitdem wurden sie vielfältig weitergezüchtet.

**Rosengewächse** *Rosaceae*

## Knack-Erdbeere
*Fragaria viridis* DUCHESNE
Rosengewächse *Rosaceae*

**Beschreibung:** 1–5 – gelegentlich aber bis zu 7 – Blüten stehen – meist deutlich doldenartig eingeebnet – in einem rispigen Blütenstand, der die Blätter nur wenig überragt. Blüten 1–1,5 cm im Durchmesser, cremeweiß. Blütenblätter 5, breit verkehrt-eiförmig bis rundlich, vorne abgerundet, zuweilen etwas wellig oder mehrfach leicht eingekerbt. Je 5 äußere und innere Kelchblätter; äußere Kelchblätter schmal-lanzettlich, innere etwas breiter und oft kürzer; die Kelchblätter liegen der Scheinfrucht an. „Erdbeeren" sind kugelig oder eiförmig, zum Stielansatz hin etwas zusammengezogen, etwa 1 cm lang, meist gelblich, seltener rot, hart. Stengel aufrecht, ziemlich dicht und aufrecht abstehend behaart. Blattstiele 1–4 cm, seltener bis etwa 8 cm lang. Blattspreite erdbeerblattartig 3teilig; Teilblättchen 2–4 cm lang und 1,5–3 cm breit, oberseits grün und locker behaart, unterseits anliegend silbrig glänzend behaart; Endzahn der Teilblättchen meist deutlich kleiner und kürzer als die benachbarten Seitenzähne, nur selten fast gleich groß. Mai–Juni. 5–20 cm.

**Vorkommen:** Braucht kalkhaltigen Löß- oder Lehmboden, der reichlich Sonne und damit Wärme erhält. Besiedelt etwas lückige Trockenrasen, Wegraine und lichte Trockengebüsche. Fehlt im Tiefland westlich der Elbe und in den Mittelgebirgen mit kalkfreiem Gestein; im Tiefland östlich der Elbe im Alpenvorland und in den Alpen nur vereinzelt; sonst zerstreut und meist in individuenreichen Beständen.

**Wissenswertes:** ♃. Die Knack-Erdbeere wurde früher gelegentlich angebaut; ihre Scheinfrüchte schmecken etwas säuerlich, aber aromatisch. Trennt man die „Beere" vom Kelchboden, hört man einen „Knack" (Name!).

## Gewöhnlicher Ackerfrauenmantel
*Aphanes arvensis* L.
Rosengewächse *Rosaceae*

**Beschreibung:** 10–20 Blüten stehen – auf den ersten Blick den Stengelblättern gegenüber, tatsächlich aber blattachselständig – in unscheinbaren Knäueln, die von Nebenblättern umschlossen sind. Die Blüten bestehen nur aus je 4 inneren und äußeren Kelchblättern; ihr Durchmesser beträgt 1,5–2 mm; sie sind grünlich. Äußere Kelchblätter kaum 0,5 mm lang, 3eckig bis eiförmig; innere Kelchblätter eiförmig, zugespitzt, etwa 1 mm lang, außen und am Rande behaart (Lupe!). Die Blüten enthalten nur 1 Staubblatt, das vor einem der inneren Kelchblätter steht (Lupe!). Kelchbecher mitsamt den Kelchblättern an reifen Früchten etwa 2,5 mm lang, Kelchbecher mit 8 Nerven (Lupe!). Stengel einfach oder verzweigt, abstehend oder locker anliegend behaart. Keine grundständigen, sondern nur stengelständige Blätter; diese tief 3teilig; Abschnitte nochmals 2–5teilig oder grob gezähnt, schütter borstig behaart. Mai–September. 3–20 cm.

**Vorkommen:** Braucht kalkarmen, nährstoffreichen, etwas sauren Lehmboden. Besiedelt Unkrautgesellschaften auf Getreideäckern, geht aber auch an lückig bewachsene Wegränder. Durch moderne Unkrautbekämpfung und Bodenbearbeitung fast überall zurückgegangen. Fehlt im Alpenvorland, in den höheren Lagen der Mittelgebirge und im Tiefland gebietsweise, in den Alpen oberhalb etwa 1000 m ganz.

**Wissenswertes:** ☉. Ähnlich: Kleinfrüchtiger Ackerfrauenmantel (*A. microcarpa* (BOISS. & REUT.) ROTHM.): Kelchbecher mitsamt den Kelchblättern an reifen Früchten etwa 1,5 mm lang; Kelchbecher ohne deutliche Nerven. Im Tiefland selten, sonst nur vereinzelt; möglicherweise öfters übersehen.

# Rosengewächse *Rosaceae* ▶

Frauenmantel *Alchemilla*
Silberwurz *Dryas*

## Schneetälchen-Frauenmantel
*Alchemilla pentaphyllea* L.
Rosengewächse *Rosaceae*

**Beschreibung:** Mehrere Blüten stehen in einem traubig-rispigen Blütenstand, wobei sie am Ende der Rispenäste zu Knäueln zusammengezogen sind, von denen es 1–5 in jedem Blütenstand gibt. Die Blüten bestehen aus je 4 – seltener aus 5 – äußeren und inneren Kelchblättern; manchmal fehlen die äußeren Kelchblätter; ihr Durchmesser beträgt 2–3 mm; sie sind grünlich. Äußere Kelchblätter – wenn vorhanden – sehr klein und unscheinbar; innere Kelchblätter eiförmig, stumpf, nach der Blüte aufgerichtet. 4 Staubblätter vorhanden, die zwischen den Kelchblättern stehen (Lupe!). Stengel niederliegend, an den Knoten wurzelnd und hier neue Rosetten bildend. Grundblätter vorhanden. Alle Blätter beiderseits grün, handförmig 3teilig, die beiden seitlichen Abschnitte nochmals bis fast zum Grunde geteilt, so daß das Blatt aus 5 nahezu gleichwertigen Abschnitten zu bestehen scheint (*pentaphyllea* = 5blättrig); alle Abschnitte zipfelig und ziemlich tief eingeschnitten; Zipfel schmal-lanzettlich, stumpf. Juli–August. 3–15 cm.

**Vorkommen:** Braucht humusreichen, feuchten bis nassen, kalkarmen, schwach sauren Boden, der zwar lange von Schnee bedeckt, aber wenigstens 3–4 Monate schneefrei sein sollte. Bevorzugt Südlagen; besiedelt Schneetälchen und Mulden. In Österreich wohl nur am Rande des Rätikons; in der Schweiz in den Zentralketten zerstreut und meist in individuenreichen Beständen; in den Kalkalpen nur vereinzelt; fehlt im deutschen Alpengebiet vollständig. Bevorzugt Höhen zwischen etwa 1800 und 2800 m.

**Wissenswertes:** ♃. Der Schneetälchen-Frauenmantel kommt mit einer Vegetationszeit von 2–4 Monaten aus.

## Alpen-Frauenmantel
*Alchemilla alpina* agg.
Rosengewächse *Rosaceae*

**Beschreibung:** Die Blüten stehen – zu Knäueln zusammengezogen – in einem rispigen Blütenstand. Blüten bestehen nur aus meist 4 oder – selten – 5 inneren Kelchblättern; Blütenblätter fehlen immer, die äußeren Kelchblätter meist. Blüten 3–4 mm im Durchmesser, gelbgrün. 4 Staubblätter, die zwischen den Kelchblättern stehen (Lupe!). Stengel niederliegend bis aufsteigend; Sprosse enden mit einer Rosette. Grundblätter meist bis zum Grunde 5–7teilig, oberseits dunkelgrün, kahl, unterseits anliegend silbrig behaart. Juni–August. 5–30 cm.

**Vorkommen:** Braucht humusreichen, kalkarmen, sauren, eher trockenen Lehmboden. Besiedelt Borstgrasrasen und alpine Zwergstrauchheiden. Zentralalpen mit kristallinem Gestein zerstreut, sonst nur vereinzelt. Meist in individuenreichen Beständen. Bevorzugt Höhen zwischen etwa 1500 und 2800 m.

**Wissenswertes:** ♃. Frauenmantel-Arten pflanzen sich u. a. apomiktisch fort, d. h. der Samenbildung geht Befruchtung nicht voraus; die Samen entstehen aus diploiden Zellen der Mutterpflanze. Funktionsfähiger Pollen wird meist nicht gebildet. Durch diese Fortpflanzungsart wird der Austausch von Erbgut verhindert; so entstanden viele Kleinarten, die sich kaum voneinander unterscheiden. Innerhalb der Sammelart *A. alpina* werden etwa 10 Kleinarten unterschieden. – Ähnlich: Verwachsener Frauenmantel (*A. conjuncta* agg.): Sprosse ohne Endrosette; Grundblätter 7–9teilig, unterseits silbrig glänzend; meist in den Kalkalpen. – Zerschlitzter Frauenmantel (*A. fissa* agg.): Sprosse ohne Endrosette; Blätter nur zur Hälfte eingeschnitten, Blütenstiele kahl; Schneetälchen; Vogesen, Alpen.

**Rosengewächse** *Rosaceae*

## Gewöhnlicher Frauenmantel
*Alchemilla vulgaris* agg.
Rosengewächse *Rosaceae*

**Beschreibung:** Die Blüten stehen – zu mehreren Knäueln zusammengezogen, die doldenartig eingeebnet sein können – in einem rispigen Blütenstand. Blüten bestehen aus je 4 äußeren und inneren Kelchblättern; Blütenblätter fehlen immer. Blüten 4–6 mm im Durchmesser, gelbgrün. 4 Staubblätter, die zwischen den Kelchblättern stehen (Lupe!). Stengel meist aufrecht, nur am Grund oder bis höchstens zum Blütenstand behaart; Blütenstiele kahl. Grundständige Blätter um $\frac{1}{4}$ bis $\frac{1}{3}$ handförmig 7–11teilig eingeschnitten, selten nur 5teilig; Blattspreite 1–12 cm im Durchmesser, oberseits meist kahl, unterseits wenigstens auf den Hauptnerven behaart; Blattrand mit großen Zähnen, an denen in feuchter Luft häufig Wassertropfen hängen. Mai–September. 15–50 cm.

**Vorkommen:** Braucht humosen, feuchten, nährstoffreichen Lehmboden. Besiedelt lichte Stellen in Wäldern, Gräben, Wiesen und Quellfluren. Fehlt im Tiefland größeren, sonst kleineren Gebieten; häufig.

**Wissenswertes:** ♃. Frauenmantel-Arten pflanzen sich u. a. apomiktisch fort (s. dazu: Alpen-Frauenmantel, S. 404). – In der Sammelart Gewöhnlicher Frauenmantel sind mehr als 60 Kleinarten zusammengefaßt, die sich oft nur wenig voneinander unterscheiden. Indessen ist es schon schwierig genug, ähnliche Sammelarten klar gegeneinander abzugrenzen. Beispiele sind: Bastard-Frauenmantel (*A. hybrida* agg.): Blattstiele und Stengel abstehend behaart. Bergweiden. – Glanz-Frauenmantel (*A. splendens* agg.): Haare anliegend. Alpen. – Als Steingartenpflanze selten verwildert: Weicher Frauenmantel (*A. mollis* (BUSER) ROTHM.): Blätter handgroß, gelbgrün. Heimat: Kaukasus.

## Silberwurz
*Dryas octopetala* L.
Rosengewächse *Rosaceae*

**Beschreibung:** Blüten stehen einzeln auf meist langen Stielen in den Achseln der Blätter. Blüten 2–4 cm im Durchmesser, weiß. Blütenblätter 7–9, gelegentlich auch noch mehr, verkehrt-eiförmig. Kelchblätter 7–9, zuweilen mehr, lanzettlich, mit langen, schwarzroten Drüsenhaaren und am Rand mit krausen, weißen Haaren. Griffel an den zahlreichen Früchtchen 2–3 cm lang, in der ganzen Länge dicht und fedrig behaart. Stengel niederliegend, verholzt („Spalierstrauch"), bis 1 cm dick. Blütenstiele aufrecht, kraus behaart, vor allem in der oberen Hälfte mit meist zahlreichen schwarzroten Drüsenhaaren. Blattspreite kurz-gestielt, schmal-eiförmig, 1–2,5 cm lang, 0,5–1,2 cm breit, dunkelgrün, glänzend, am Grund herzförmig am Stiel ansitzend, am Rand deutlich und ziemlich regelmäßig gekerbt-gesägt, auf der Unterseite dicht und weißfilzig behaart, sehr selten auch auf der Oberseite dicht behaart. Mai–August. 5–15 cm hoch (Blütenstiele); 50 cm lang (verholzte, kriechende Triebe).

**Vorkommen:** Braucht kalkhaltigen oder wenigstens schwach basisch reagierenden, steinigen, flachgründigen und meist feinerdearmen Untergrund. Besiedelt Steinschutthalden, lückige, alpine Rasen, im Schwemmgebiet der Flüsse auch Kiesbänke. Am Fuß der Alpen in den Flußtälern sehr selten, in den Nördlichen und Südlichen Kalkalpen zerstreut und oft bestandsbildend, im Schweizer Jura selten und in den Zentralalpen sehr selten und hier größeren Gebieten fehlend. Bevorzugt Höhen zwischen etwa 1200 und 2500 m.

**Wissenswertes:** ♄. Die Silberwurz ist sehr winterhart und wächst häufig an schneearmen Stellen.

# Rosengewächse *Rosaceae*

Nelkenwurz *Geum*

## Berg-Nelkenwurz
*Geum montanum* L.
Rosengewächse *Rosaceae*

**Beschreibung:** Blüten stehen meist einzeln auf Stielen, die zur Blütezeit nur mäßig lang sind und von denen es oft mehrere an den Rosetten gibt. Blüten 2–4 cm im Durchmesser, goldgelb. Blütenblätter meist 5, gelegentlich 6 und sehr selten noch mehr, breit verkehrt-eiförmig, vorne etwas ausgerandet. Anzahl der Außen- und Innenkelchblätter entspricht meist der Anzahl der Blütenblätter; Außenkelchblätter lineal-lanzettlich, halb so lang wie die inneren Kelchblätter; diese eiförmig bis lanzettlich, meist über 1 cm lang, außen an der Spitze behaart. Griffel an den zahlreichen Früchtchen 2–3 cm lang, fast bis zur Spitze zottig behaart. Stengel aufrecht, abstehend behaart, sich bei der Fruchtreife stark verlängernd. Grundblätter in einer Rosette, leierförmig-fiederschnittig, beiderseits schütter und drüsig behaart, am Rande bewimpert; seitliche Teilblättchen ungeteilt, mit nur 3–5 großen, stumpfen Zähnen. Endblättchen viel größer und breiter als das folgende seitliche Teilblättchen, lappig 3–7teilig. Mai–Juli. 5–40 cm.

**Vorkommen:** Braucht kalkfreien, sauren, steinig-lehmigen Boden mit guter Humusbeimischung, der ziemlich lange von Schnee bedeckt sein sollte. Besiedelt gut durchsickerte Mulden an Nordhängen, geht aber auch auf frische Matten und in Zwergstrauchheiden. In den Zentralalpen häufig, über Kalk nur auf oberflächlich versauertem Boden; in den Kalkalpen und im Schweizer Jura zerstreut. Bevorzugt Höhen zwischen etwa 1800 und 3200 m.

**Wissenswertes:** ♃. Der Wurzelstock enthält ätherische Öle und reichlich Gerbstoffe. Er wurde in manchen Gegenden als Volksheilmittel gesammelt.

## Kriechende Nelkenwurz
*Geum reptans* L.
Rosengewächse *Rosaceae*

**Beschreibung:** Blüten stehen einzeln auf Stielen, die zur Blütezeit nur mäßig lang sind und von denen es oft mehrere an den Rosetten gibt. Blüten 3–4 cm im Durchmesser, gelb. Blütenblätter meist 6, gelegentlich bis 8, verkehrt-eiförmig, vorne wenig ausgerandet oder flach gerundet. Anzahl der Außen- und Innenkelchblätter entspricht meist der Anzahl der Blütenblätter; Außenkelchblätter lineal-lanzettlich, nur halb so lang wie die inneren Kelchblätter; diese schmal-lanzettlich, fast 1,5 cm lang, rotbraun, schütter behaart. Griffel an den zahlreichen Früchtchen 2–3 cm lang, anfangs gedreht, rotbraun und fedrig behaart. Stengel aufrecht, kurz abstehend behaart, sich bei der Fruchtreife stark verlängernd. Grundblätter in einer Rosette, leierförmig-fiederschnittig, oberseits kurzhaarig, unterseits und am Rand langhaarig; seitliche Teilblättchen etwa bis auf die Hälfte ihrer Spreite 3–5fach eingeschnitten. Endblättchen nicht ausladender als das folgende seitliche Teilblättchen und nicht auffallend größer als dieses. Pflanze mit oberirdischen Ausläufern, die bis 1 m lang werden. Juni–August. 5–25 cm.

**Vorkommen:** Braucht kalkarmen, steinig-lehmigen, lückig bewachsenen, lockeren Boden. Wächst auf Moränen und bewegtem, sickerfeuchtem Schutt. Erträgt sehr lange Schneebedeckung. Bevorzugt Höhen zwischen 2000 und 3000 m, örtlich herabgeschwemmt. Zentralalpen zerstreut, sonst selten.

**Wissenswertes:** ♃. Mit ihren Ausläufern trägt die Kriechende Nelkenwurz zum Festigen von Schutthalden bei. Die langgriffeligen Früchtchen haben ihr (und *G. montanum*) den Namen „Petersbart" eingetragen.

Rosengewächse *Rosaceae*

## Bach-Nelkenwurz
*Geum rivale* L.
Rosengewächse *Rosaceae*

**Beschreibung:** Meist stehen 2–6 Blüten in einem lockeren, traubigen Blütenstand; gelegentlich ist nur 1 Blüte ausgebildet. Blüten glockenförmig, deutlich nickend; „Glocke" 1–1,5 cm lang, gelb bis rotbraun. Meist 5, selten 6 Blütenblätter, breit verkehrt-eiförmig bis herzförmig, doch meist nur flach eingekerbt, nach unten rasch verschmälert, blaßgelb oder hellrot, deutlich geadert. Anzahl der Außen- und Innenkelchblätter entspricht meist der Blütenblattzahl; Außenkelchblätter lineal, kaum halb so lang wie die inneren Kelchblätter; Innenkelchblätter aus breiter Basis allmählich 3eckig zugespitzt, drüsig behaart, braunrot. Griffel der zahlreichen Früchtchen 2gliedrig, vorderer Teil vor der Reife abfallend, hinterer Teil an der Spitze hakig, fedrig behaart, rotbraun. Stengel aufrecht, dicht – aber sehr kurz – behaart. Rosettenblätter langstielig, unterbrochen leierförmig geteilt, Endblättchen 3–8 cm lang, 3teilig, grob gezähnt; oberstes Paar der seitlichen Teilblättchen ebenfalls sehr groß, restliche klein. Untere Stengelblätter den Grundblättern ähnlich, obere 3teilig. April–Juni. 15–60 cm.

**Vorkommen:** Braucht nährstoffreichen, humushaltigen, feuchten bis nassen Lehmboden. Besiedelt feuchte Wiesen, Flachmoore, Ufer und feuchte, lichte Wälder in nicht zu trockenen und warmen Lagen. Fehlt im westlichen Teil des Tieflandes, der Mittelgebirge sowie im Bayerischen Wald gebietsweise, sonst häufig, meist in größeren Beständen.

**Wissenswertes:** ♃. Enthält ätherisches Öl, Gerbstoffe und einen Bitterstoff. Wird örtlich als Volksheilmittel genutzt. „Mißbildungen" im Blütenstand kommen vor.

## Echte Nelkenwurz
*Geum urbanum* L.
Rosengewächse *Rosaceae*

**Beschreibung:** Oft stehen 2–6 Blüten in einem lockeren, traubigen Blütenstand; nicht selten ist aber nur 1 Blüte ausgebildet. Blüten flach, aufrecht 1–1,8 cm im Durchmesser, goldgelb. Meist 5, sehr selten 6 oder mehr Blütenblätter, schmal-eiförmig. Anzahl der Außen- und Innenkelchblätter entspricht meist der Blütenblattzahl; Außenkelchblätter schmal-lineal, behaart, halb so lang wie die inneren Kelchblätter; Innenkelchblätter schmal-3eckig, allmählich zugespitzt, grün, Rand weißfilzig behaart. Griffel gegliedert, oberer Teil fedrig behaart, vor der Reife abfallend; unterer Teil hakig, kahl, noch etwa 1 cm lang. Stengel aufrecht, oft etwas sparrig verzweigt, mäßig dicht langseidig behaart. Rosettenblätter langstielig, unterbrochen leierförmig geteilt, Endblättchen 2–6 cm lang, meist 3teilig, oberstes Paar der Seitenfiedern oft mit dem Endblättchen verwachsen und dann 5teilig, grob und unregelmäßig gezähnt-gekerbt. Stengelblätter meist 3teilig, grob gezähnt, am Rand behaart. Mai–Oktober. 0,25–1,25 m.

**Vorkommen:** Braucht nährstoffreichen, stickstoffsalzhaltigen, feuchten Ton- oder Lehmboden, der humos oder mullhaltig sein sollte. Besiedelt lichte Stellen in Wäldern, Gebüschen, an Zäunen und Mauern. Steigt in den Alpen kaum über 1500 m. Häufig, doch meist nicht in individuenreichen Beständen.

**Wissenswertes:** ♃; (☠). Der Wurzelstock und die Wurzeln enthalten neben Gerbstoffen „ätherisches Öl", d. h. aus dem Glykosid Geïn wird als leicht flüchtige Substanz das schwach giftige Eugenol abgespalten. – Bastarde mit der Bach-Nelkenwurz kommen gelegentlich vor. Sie „stehen meist zwischen den Eltern".

# Rosengewächse *Rosaceae*

Odermennig *Aremonia, Agrimonia*
Wiesenknopf *Sanguisorba*

## Nelkenwurz-Odermennig
*Aremonia agrimonoides* (L.) DC.
Rosengewächse *Rosaceae*

**Beschreibung:** 2–5 Blüten stehen in einem endständigen, gedrungen-traubigen und ziemlich unscheinbaren Blütenstand. Blüten flach, 6–9 mm im Durchmesser, gelb. 5 Blütenblätter, breit verkehrt-eiförmig, vorne ganzrandig oder flach ausgerandet. Außen- und Innenkelch vorhanden; Außenkelchblätter am Grunde verwachsen, den Innenkelch becherförmig umschließend, 5–10 freie, lanzettliche, unregelmäßige Zipfel, die an den Früchten aufrecht abstehen; freie Zipfel des Innenkelchs meist 5, lanzettlich, regelmäßig und etwa gleich ausgebildet. Stengel bogig aufsteigend, rund, wie die Blätter weich und abstehend behaart. Grundständige Blätter gefiedert, in einer Rosette angeordnet; Endblättchen etwa so groß wie das oberste Paar der Seitenfiedern; gegen die Blattbasis noch 1–3 weitere Paare von Seitenfiedern, die oft deutlich kleiner als die obersten Seitenfiedern sind. Fiederblättchen 1–4 cm lang, stumpf gezähnt; eingeschobene kleine Teilblättchen kaum 5 mm lang, zuweilen ganzrandig. Mai. 10–20 cm.

**Vorkommen:** Braucht etwas feuchten, zumindest kalkhaltigen, wenn nicht kalkreichen Lehmboden mit kräftiger Humusbeimischung oder ausgeprägter Mullauflage. Besiedelt lichte Stellen in Laubmischwäldern, vor allem an Wegen und an Waldrändern. Hauptverbreitung in Süd- und Südosteuropa. Alpensüdfuß selten, aber örtlich in mäßig individuenreichen Beständen; vereinzelt bei Planegg in Bayern und am Hochrhein bei Dangstetten und bei Basel.

**Wissenswertes:** ♃. Eigenartig und in seiner Entstehung nicht eindeutig erklärt ist das nur wenige Quadratkilometer große Areal bei Dangstetten am Fuße des Küssabergs.

## Gewöhnlicher Odermennig
*Agrimonia eupatoria* L.
Rosengewächse *Rosaceae*

**Beschreibung:** Zahlreiche Blüten stehen auf kurzen Stielen im oberen Teil des Stengels, ja sitzen ihm scheinbar an. Blüten 0,7–1 cm im Durchmesser, hellgelb. Kelch einfach; 5 Kelchblätter, die an der Basis verwachsen sind und die zur Fruchtzeit verhärten; freie Zipfel dann glockenförmig zusammenneigend, mit harten, an der Spitze hakig gebogenen Borsten; die äußersten Borsten stehen senkrecht ab. Stengel aufrecht, wenig verzweigt, dicht und abstehend behaart, drüsenlos oder mit nur wenigen, kurzstieligen Drüsen. Blätter alle stengelständig; mittlere Stengelblätter 10–15 cm lang, unpaarig gefiedert; 5–9 Paare von seitlichen Fiederblättchen, die wie das Endblättchen 2–6 cm lang und 1–3 cm breit werden; am Rand sind sie grob gezähnt, oberseits dunkelgrün und nur locker anliegend behaart, unterseits dicht behaart, aber meist drüsenlos; zwischen den „normalen" Fiedern stehen oft kleine, fast zahnartige „Zwischenfiedern". Juli–September. 0,5–1,5 m.

**Vorkommen:** Braucht nährstoffreichen, lockeren, kalkhaltigen Boden. Besiedelt Trockengebüsche, Waldränder, Wegränder und Trockenrasen. Häufig, jedoch meist nicht bestandsbildend. Fehlt im Tiefland, in den Mittelgebirgen mit kalkfreiem Gestein und im Alpenvorland kleineren Gebieten.

**Wissenswertes:** ♃. Ähnlich: Großer Odermennig (*A. procera* WALLR.): Kelchzipfel kurz; äußerste Borsten zum Teil rückwärts gerichtet. Stengel locker behaart, mit vielen gestielten Drüsen. Blätter unterseits locker behaart, mit sitzenden, gelblichen Drüsen. Juni–August. 0,5–1 m. Auf meist kalkfreien Böden. Gebüsche, Wälder. Östliches Tiefland, wärmere Gebiete der Mittelgebirge mit kalkarmem Gestein und Alpenvorland; selten.

**Rosengewächse** *Rosaceae*

## Großer Wiesenknopf
*Sanguisorba officinalis* L.
Rosengewächse *Rosaceae*

**Beschreibung:** Blütenstände bilden endständige, kugelig-eiförmige Köpfchen am Ende des Stengels und seiner – spärlichen – Äste; sie werden 1–3 cm lang und 1–1,5 cm breit. Einzelblüten unscheinbar, 1–3 mm im Durchmesser, dunkelrot. Blütenblätter fehlen. Kelchblätter 4, breit-3eckig, am Grunde verwachsen. Blüten meist zwittrig, d. h. sowohl mit Staubblättern als auch mit Griffeln bzw. Fruchtknoten. Stengel aufrecht, nur im oberen Teil wenig verzweigt. Grundblätter in einer Rosette, unpaarig gefiedert, mit 3–8 Paaren von Seitenfiedern und einem etwa gleich großen Endblättchen; Teilblättchen mit 0,5–1,5 cm langem Stiel, eiförmig, 1,5–5 cm lang und etwa halb so breit, am Grunde herzförmig, am Rand grob gezähnt, oberseits dunkelgrün, unterseits blaugrün. Die Stengelblätter ähneln den Grundblättern, haben aber weniger Paare von Seitenfiedern. Juni–September. 0,3–1,2 m.

**Vorkommen:** Braucht nährstoffreichen, etwas sauren, humushaltigen Lehm- oder Tonboden. Besiedelt nasse Wiesen, Flachmoore und Gräben, geht auch auf Naßstellen in Matten; zeigt Wechselfeuchte an. Fehlt im Tiefland größeren Gebieten oder ist dort selten; sonst häufig und in meist lockeren, aber zuweilen individuenreichen Beständen. Steigt in den Alpen nur vereinzelt über 2000 m.

**Wissenswertes:** ♃. Enthält Gerbstoffe. Wurde früher in der Volksheilkunde verwendet. – Nahestehend: Bergamasker Wiesenknopf (*S. dodecandra* Moretti): Blüten in zylindrischen Ähren, die 4–10 cm lang werden und die stets gelbgrün sind. Blüten bestehen nur aus den Kelchblättern, aus denen die Staubgefäße weit heraushängen. Nur im Veltlin; auch dort selten.

## Kleiner Wiesenknopf
*Sanguisorba minor* Scop.
Rosengewächse *Rosaceae*

**Beschreibung:** Blütenstände bilden endständige, kugelig-eiförmige Köpfchen am Ende des Stengels und seiner – spärlichen – Äste; sie werden 0,8–1,8 cm lang und 0,8–1,2 cm breit. In den Köpfchen stehen oben weibliche Blüten, auf deren Griffel die Narbe in zahlreiche, kurzfädliche Gebilde aufgespalten ist, die wie ein leuchtend rotes Pinselchen aussehen; in der Mitte gibt es oft einige zwittrige Blüten; unten folgen meist männliche Blüten, aus denen die Staubblätter – mit weißen Staubfäden und hellbraunen Staubbeuteln – heraushängen. Einzelblüten unscheinbar, 1–3 mm im Durchmesser, grün. Blütenblätter fehlen. Kelchblätter 4, breit-3eckig. Stengel aufrecht, nur im oberen Teil wenig verzweigt. Grundblätter in einer Rosette, unpaarig gefiedert, mit 2–8 Paaren von Seitenfiedern und einem etwa gleich großen Endblättchen; Teilblättchen bis zu 2 mm lang gestielt oder sitzend, rundlich, 0,5–1 cm lang, am Rand spitz gezähnt, oberseits dunkelgrün, unterseits hellgrün. Mai–Juni. 30–60 cm.

**Vorkommen:** Braucht kalkhaltigen oder wenigstens neutral reagierenden, lockeren, humus- und stickstoffsalzarmen Lehmboden. Besiedelt Trockenrasen, Wegraine und trockene, wenig gedüngte Wiesen. Im Tiefland nur vereinzelt; fehlt in den Mittelgebirgen mit kalkfreiem Gestein und im Alpenvorland kleineren Gebieten. Sonst zerstreut und örtlich in lockeren, aber nur mäßig individuenreichen Beständen; steigt in den Alpen vereinzelt bis über 1500 m.

**Wissenswertes:** ♃. Die Blätter wurden früher örtlich als Gewürz verwendet. Der Kleine Wiesenknopf gilt in Trockenwiesen als gutes Futterkraut.

# Rosengewächse *Rosaceae*
Mädesüß *Filipendula*
Rose *Rosa*

## Großes Mädesüß
*Filipendula ulmaria* (L.) Maxim.
Rosengewächse *Rosaceae*

**Beschreibung:** Zahlreiche Blüten stehen in einer Rispe, die ihr charakteristisches Aussehen dadurch erhält, daß die Hauptachse verkürzt ist, wohingegen die Seitenzweige verlängert sind. Einzelblüten unscheinbar, 6–9 mm im Durchmesser, cremeweiß. Blütenblätter 5, rundlich, plötzlich in den Stiel verschmälert. Kelchblätter 5, nur etwa 1 mm lang, zurückgebogen. Stengel aufrecht, oft unverzweigt oder nur oberwärts spärlich ästig, derb, kantig, kahl, beblättert. Blätter unpaarig gefiedert, mit 2–5 Paaren großer Seitenfiedern und eingeschobenen, kleinen Fiederblättchen. Endblättchen meist 3teilig eingeschnitten. Seitenfiedern 4–6 cm lang und etwa halb so breit wie lang, fein und etwas ungleichmäßig doppelt gezähnt. Juni–August. 0,5–2 m.

**Vorkommen:** Braucht feuchten, ja nassen, nährstoffreichen, humosen Lehmboden, geht aber auch auf lehmigen Sand und auf Torf. Besiedelt Hochstaudenfluren im Verlandungsbereich stehender Gewässer, Ufer von Fließgewässern, Naßwiesen, Gräben sowie Naßstellen in lichten Wäldern. Häufig, oft bestandsbildend. Steigt in den Alpen bis etwa 1200 m.

**Wissenswertes:** ♃. Die Blüten riechen leicht nach Mandeln. Dies kommt von dem ätherischen Öl, das in den Blüten, aber auch in Blättern und Wurzeln enthalten ist. In den Blüten kommen außerdem noch Flavonoide und Gerbstoffe vor. Früher setzte man – besonders in Skandinavien – vor allem die Blüten dem Met bzw. dem Bier als Aromatikum zu. Daher kommt der deutsche Name („Met-Süße"). Das ätherische Öl enthält Salicylaldehyd und Methylsalicylat. Die Blüten werden gelegentlich als Tee verwendet.

## Kleines Mädesüß
*Filipendula vulgaris* Moench
Rosengewächse *Rosaceae*

**Beschreibung:** Zahlreiche Blüten stehen in einer Rispe, die ihr charakteristisches Aussehen dadurch erhält, daß die Hauptachse verkürzt ist, wohingegen die Seitenzweige verlängert sind. Einzelblüten ziemlich unscheinbar. 0,8–1,8 cm im Durchmesser, weiß oder sehr hell rosa. Blütenblätter meist 6, oval, plötzlich in den Stiel verschmälert. Kelchblätter meist 6, nur etwa 1 mm lang, zurückgebogen. Stengel aufrecht, meist unverzweigt, selten oberwärts spärlich ästig, ziemlich dünn, rund, kahl, beblättert. Blätter unpaarig gefiedert, mit 10–40 Paaren normal ausgebildeter Seitenfiedern und eingeschobenen, kleinen Fiederblättchen. Endblättchen meist 3teilig eingeschnitten. Seitenfiedern eiförmig, 1–3 cm lang und nur etwa $\frac{1}{3}$ so breit, grob und doppelt gesägt bis fast fiederteilig. Mai–Juli. 30–80 cm.

**Vorkommen:** Braucht vorwiegend trockenen oder wechseltrockenen, stickstoffsalzarmen, humushaltigen Lehm- oder Tonboden in nicht zu kalter Lage. Besiedelt Trockenrasen und Trockengebüsche, geht auch in lichte Trockenwälder und an Waldränder. Kommt im Tiefland vereinzelt vor (z. B. Fehmarn, Unterelbe), in den Mittelgebirgen mit kalkhaltigem Gestein selten und auch hier gebietsweise fehlend. Steigt in den Kalkalpen kaum über 1000 m.

**Wissenswertes:** ♃; (☠). Das Verbreitungsgebiet des Kleinen Mädesüß erstreckt sich bis Südsibirien. Die mitteleuropäischen Standorte liegen also am Westrand des Artareals. – Das Kleine Mädesüß enthält ähnliche Inhaltsstoffe wie das Große Mädesüß und wurde in der Volksmedizin ähnlich wie dieses verwendet. Die Blätter enthalten außerdem ein Blausäureglykosid.

**Rosengewächse** *Rosaceae*

## Kriechende Rose
*Rosa arvensis* HUDS.
Rosengewächse *Rosaceae*

**Beschreibung:** Blüten stehen meist einzeln, seltener zu mehreren und dann in einem rispigen, andeutungsweise doldig zusammengezogenen Blütenstand. Blüten 3–5 cm im Durchmesser, weiß, duftlos. Blütenblätter 5, breit verkehrt-eiförmig, vorne meist ziemlich tief herzförmig eingebuchtet. Kelchblätter 5, breit-lanzettlich, ganzrandig, gelegentlich die beiden äußeren mit 1–2 Paaren fadenförmiger Abschnitte, beim Verblühen zurückgebogen und vor der Fruchtreife abfallend. Griffel zu einer kahlen Säule vereinigt. Äste ziemlich dünn, kriechend oder im Gebüsch kletternd, mit vielen kleinen, hakenförmigen Stacheln; Blütenzweige gelegentlich stachellos. Blätter unpaarig gefiedert, mit einem etwas größeren Endblättchen und an den blühenden Ästen meist mit 3 Paaren von Seitenfiedern. Fiederblättchen eiförmig, 1–3 cm lang und 0,7–2 cm breit, stets nur 1fach gezähnt, wobei die Zähne meist keine Stieldrüsen tragen; Blätter oberseits dunkelgrün, unterseits hellgrün, meist kahl und höchstens auf dem Mittelnerv der Unterseite mit Drüsen. Juni–Juli. 1–2 m.

**Vorkommen:** Braucht lockeren, oft steinigen, humus- oder mullhaltigen Lehm- oder Tonboden. Besiedelt lichte Waldstellen oder Waldränder; bevorzugt hier Standorte im Halbschatten. Fehlt im Tiefland. In den östlichen Mittelgebirgen selten (z. B. im Harz), sonst zerstreut, aber in kleineren Gebieten fehlend. Steigt in den Alpen bis etwa 1200 m.

**Wissenswertes:** ♄. Die Kriechende Rose leidet unter strengen Wintern. Früher sind aus ihr Formen mit starkem Wuchs und mit duftenden Blüten herausgezüchtet worden, die indessen heute kaum mehr angepflanzt werden.

## Essig-Rose
*Rosa gallica* L.
Rosengewächse *Rosaceae*

**Beschreibung:** Blüten stets einzeln, 5–7 cm im Durchmesser, rosa bis rot, duftend. Blütenblätter 5, sehr breit verkehrt-eiförmig, vorne meist nur flach ausgerandet. Kelchblätter 5, fiederteilig, nach der Blüte zurückgeschlagen, außen und am Rand mit Drüsen und mit Stachelborsten, wie sie auch an den Blütenstielen vorkommen. Griffel kopfig sitzend. Stämmchen und Äste bilden oft ganze Nester, da sie aus unterirdischen Ausläufern dichtstehend austreiben. Neben flachen, sichelig gebogenen Stacheln, die bis über 5 mm lang werden, gibt es an den Stämmchen und Ästen nadelfeine Stachelborsten sowie Drüsenborsten und gestielte Drüsen. Die Blütenstiele sind meist frei von flachen, gebogenen Stacheln. Blätter unpaarig gefiedert, an den blühenden Zweigen meist mit nur 2 Paaren von Seitenfiedern; Endblättchen nur wenig größer als die Seitenfiedern; Fiederblättchen etwas ledrig, 2–6 cm lang und 0,8–4,5 cm breit, meist doppelt gezähnt und mit Stieldrüsen an den Zähnen, oberseits dunkelgrün, unterseits graugrün, hier sehr schütter flaumhaarig oder kahl, nur auf dem Mittelnerv mit gestielten und sitzenden Drüsen. Juni–Juli. 20–80 cm.

**Vorkommen:** Braucht nährstoffreiche Lehm- oder Tonböden. Besiedelt lichte Waldstellen oder Waldränder. Fehlt nördlich von Main und Mosel (Ausnahme südliche Eifel, Rhön und Haßberge). In den Mittelgebirgen mit kalkhaltigem Gestein selten, aber oft in lockeren Beständen. Fehlt in den Alpen.

**Wissenswertes:** ♄. Aus der Essig-Rose wurden zahlreiche Gartensorten gezüchtet, die vor allem im 19. Jahrhundert häufig als Ziersträucher angebaut worden sind.

# Rosengewächse *Rosaceae*
Rose *Rosa*

## Säulengriffelige Rose
*Rosa stylosa* DESV.
Rosengewächse *Rosaceae*

**Beschreibung:** 2–8 Blüten stehen in einem rispigen, kaum doldig zusammengezogenen Blütenstand; nicht selten ist nur 1 Blüte vorhanden; vereinzelt enthält ein Blütenstand auch mehr als 8 Blüten. Blüten 3–5 cm im Durchmesser, weiß oder hellrosa. Blütenblätter 5, breit verkehrt-eiförmig. Kelchblätter 5, fiederteilig, nach der Blüte zurückgebogen, vor der Fruchtreife abfallend, am Rande flaumig behaart, drüsig oder drüsenlos. Griffel zu einem Säulchen vereinigt, das etwa $\frac{1}{2}$ so lang wie die Staubfäden ist und von dem kegelförmig erhöhten Blütenboden („Diskus") umgeben wird (sicheres Kennzeichen!). Vereinzelt wachsender Strauch mit überhängenden Ästen. Stamm und Äste nur mit gleichartigen, sichelig gebogenen, flachen, am Grund bis 1,5 cm breiten und 1 cm hohen Stacheln bestanden; blühende Äste oft mit schwächeren Stacheln besetzt, sehr selten auch stachellos. Blätter unpaarig gefiedert, mit einem kaum größeren Endblättchen, und an den blühenden Ästen meist mit 3 Paaren von Seitenfiedern, selten nur mit 2 Paaren. Fiederblättchen eiförmig, 2–4 cm lang, etwa halb so breit, 1fach gezähnt; Zähne drüsenlos, fein zugespitzt; Blätter oberseits glänzend dunkelgrün, unterseits graugrün und meist etwas flaumig behaart, drüsenlos. Juni–Juli. 1–3 m.

**Vorkommen:** Braucht lockeren, steinigen Lehmboden. Besiedelt lichte Trockenwälder und Trockengebüsche. Vereinzelt am Oberrhein (z. B. Isteiner Klotz), am Rand des Schweizer Jura, am Genfer See, Umgebung von Thun und Bern.

**Wissenswertes:** ♄. Bei „Funden" außerhalb dieser Gebiete muß man Fehlbestimmungen (Hecken-Rose!) ausschließen!

## Rauhblättrige Rose
*Rosa jundzillii* BESS.
Rosengewächse *Rosaceae*

**Beschreibung:** Blüten einzeln oder – seltener – zu 2–4 in einem traubig-doldigen, sehr lockeren Blütenstand. Blüten 4–7 cm im Durchmesser, tiefrosa bis dunkelrot. Blütenblätter 5, breit verkehrt-eiförmig, vorne meist mäßig tief herzförmig eingebuchtet. Kelchblätter 5, fiederteilig, nach der Blüte zurückgebogen, meist bis zur Fruchtreife bleibend. Griffel kopfig sitzend, weißlich. Meist einzelne Sträucher mit bogig überhängenden, etwas bereiften Ästen. Stacheln am Grunde verbreitert, flach, gebogen; außerdem einzelne kaum gebogene, im Querschnitt runde, also fast nadelförmige Stacheln. Blütenstiele 1–3 cm lang, mit gestielten Drüsen und Stachelborsten, selten kahl. Blätter unpaarig gefiedert, Endblättchen so groß wie die Seitenfiederblättchen; an den blühenden Ästen Blätter meist mit 3, selten mit nur 2 Paaren von Seitenfiedern. Fiederblättchen eiförmig, 2–5 cm lang und knapp halb so breit, doppelt gezähnt, mit Stieldrüsen an den Zähnen, oberseits dunkelgrün, kahl, unterseits heller grün und hier mit erhabenen, flaumig behaarten Nerven. Stieldrüsen meist nur auf den Nerven. Juni. 0,5–2 m.

**Vorkommen:** Braucht flachgründigen, kalkreichen, steinigen Lehmboden in sonniger Lage. Besiedelt Trockenwälder und Trockengebüsche, Waldränder und Steinriegel. Sehr selten in den Weinbaugebieten an der Mosel, in der Pfalz, am Main, am Neckar und am Ober- und Hochrhein sowie im Schwäbisch-Fränkischen und im Schweizer Jura, Westalpen, Nordschweiz und Vorarlberg, Ober- und Niederösterreich.

**Wissenswertes:** ♄. Der Name wurde zu Ehren von B. S. JUNDZILL vergeben (1761–1830), Botanikprofessor in Wilna.

**Rosengewächse** *Rosaceae*

## Apfel-Rose
*Rosa villosa* agg.
Rosengewächse *Rosaceae*

**Beschreibung:** Blüten meist einzeln; seltener zu 2–3. Blüten 3–5 cm im Durchmesser, meist purpurrot, selten hellrot. Blütenblätter 5, breit verkehrt-eiförmig, vorne meist mäßig tief eingebuchtet. Kelchblätter 5, wenigstens die äußeren fiederteilig, nach der Blüte zurückgebogen oder aufrecht, bis zur Fruchtreife bleibend, außen und am Rande mit Stieldrüsen besetzt, etwa so lang wie die Blütenblätter. Griffel kopfig sitzend. Stämmchen und Äste mit geraden oder nur wenig gebogenen, nie sicheligen Stacheln, die bis 1 cm lang werden, im Querschnitt rund sind und sich erst am Grunde verbreitern und verflachen. An den blühenden Ästen oft mit Stieldrüsen. Blätter unpaarig gefiedert, an den blühenden Ästen mit 2 oder mit 3 Paaren von Seitenfiedern. Fiederblättchen 2–5 cm lang, etwa halb so breit, doppelt gezähnt, an den Zähnen mit Stieldrüsen, beiderseits flaumig, oberseits grün, unterseits graugrün und hier oft mit gelblichen oder rötlichen Stieldrüsen. Juni–Juli. 1–2 m.

**Vorkommen:** Braucht steinigen, feinerdearmen Untergrund. Besiedelt Trockenwälder, Trockengebüsche, und Steinriegel. Fehlt gebietsweise, z. B. im westlichen Tiefland und in Süddeutschland; sonst selten.

**Wissenswertes:** ♄. In der Sammelart werden vereint: Mit geraden Stacheln: Apfel-Rose (*R. villosa* L.): Endblättchen 3–5 cm lang. – Weiche Rose (*R. mollis* Sm.): Endblättchen 1–3 cm lang. – Stacheln schwach gekrümmt: Samt-Rose (*R. sherardii* Davies): Blüten rot. Fruchtstiel kürzer als die Frucht. – Kratz-Rose (*R. scabriuscula* Sm. emend. H. Br.): Blüten blaßrosa, Fruchtstiel länger als die Frucht. – Filz-Rose (*R. tomentosa* Sm.): s. rechts.

## Filz-Rose
*Rosa tomentosa* Sm.
Rosengewächse *Rosaceae*

**Beschreibung:** Blüten meist einzeln, selten zu 2–3, 3–4,5 cm im Durchmesser, meist purpurrot, selten hellrot. Blütenblätter 5, breit verkehrt-eiförmig, vorne meist mäßig tief eingebuchtet. Kelchblätter 5, eindeutig kürzer als die Blütenblätter, wenigstens die äußeren fiederteilig, nach der Blüte zurückgebogen oder senkrecht abstehend, vor der Reife der Hagebutten abfallend. Griffel kopfig sitzend. Fruchtstiel mindestens so lang wie die zugehörige Hagebutte, meist aber doppelt bis 3fach so lang. Stämmchen und Äste mit wenig gebogenen, nie sichelförmig gekrümmten Stacheln, gelegentlich auch mit einzelnen geraden Stacheln, die bis 1 cm lang werden und im Querschnitt rund sind; alle Stacheln verbreitern sich erst am Grund und verflachen dabei. An den blühenden Ästen oft mit Stieldrüsen. Blätter wechselständig, unpaarig gefiedert, an den blühenden Ästen oft mit 2 oder 3 Paaren von Seitenfiedern. Fiederblättchen 2–5 cm lang, etwa halb so breit, doppelt gezähnt, an den Zähnen und vor allem unterseits meist ohne Stieldrüsen, unterseits graugrün. Juni, gelegentlich auch noch im Juli. 1–2 m.

**Vorkommen:** Braucht kalkhaltigen oder doch nicht ausgesprochen basenarmen, mittel- bis tiefgründigen und daher oft wenig steinigen Lehm- oder Lößboden. Gedeiht in Trockengebüschen an Hängen und Waldrändern. Im Tiefland westlich der Elbe nur vereinzelt, östlich von ihr selten, nach Osten häufiger werdend; in den klimatisch begünstigten Kalkmittelgebirgen und im Alpenvorland selten.

**Wissenswertes:** ♄. *R. tomentosa* wird mit anderen Kleinarten in der Sammelart *R. villosa* agg. vereint (s. links).

# Rosengewächse *Rosaceae*
Rose *Rosa*

## Wein-Rose
*Rosa rubiginosa* L.
Rosengewächse *Rosaceae*

**Beschreibung:** Blüten stehen meist einzeln, seltener zu 2–3, dann in einem lockeren Blütenstand. Blüten 2,5–4 cm im Durchmesser, rosa bis hellrot. Blütenblätter 5, sehr breit verkehrt-eiförmig, vorne mäßig tief herzförmig eingebuchtet. Kelchblätter 5, fiederteilig, nach der Blüte aufgerichtet, oft bis zur Fruchtreife bleibend, dicht mit Stieldrüsen und mit Stachelborsten besetzt, länger als die Blütenblätter. Griffel kopfig sitzend. Blütenstiele kurz, dicht mit Stieldrüsen bestanden. Stämmchen und Zweige mit gleichartigen, sichelig gekrümmten Stacheln, die sich nach unten verbreitern und mit flachem, ca. 1 cm langem Grund ansitzen. Blätter unpaarig gefiedert, Endblättchen kaum größer als die 4 oder 6 Seitenfiedern, wie diese rundlich bis eiförmig, 1–3 cm lang, doppelt gezähnt, oberseits kaum, unten flaumig behaart; Rand und Fläche aller Fiedern mit roten Stieldrüsen besetzt, die einen deutlichen Duft nach Wein verströmen. Juni–Juli. 1–2 m.

**Vorkommen:** Braucht kalk- und humushaltigen, tiefgründigen Lehmboden. Fehlt im Tiefland, in den Mittelgebirgen mit kalkarmem oder kalkfreiem Gestein und im Alpenvorland gebietsweise, sonst selten. Steigt in den Kalkalpen kaum über 1200 m. Fehlt in den Ketten mit kalkarmem Gestein auch in den Tälern.

**Wissenswertes:** ♄. Sehr veränderliche Art; blühend nur schwer von der Kleinblütigen Rose (*R. micrantha* Borr. ex Sm.) zu unterscheiden (duftet eher nach unreifen Äpfeln; sicheres Kennzeichen: Kelchblätter an der Hagebutte spreizen (s. Abb.) und fallen früh ab. Auf basenreichen Böden; Bergland; selten; im Osten etwas häufiger, im Tiefland vereinzelt.)

## Acker-Rose
*Rosa agrestis* Savi
Rosengewächse *Rosaceae*

**Beschreibung:** Blüten stehen meist einzeln, seltener zu 2–3, dann in einem lockeren Blütenstand. Blüten 2,5–4 cm im Durchmesser, blaßrosa bis fast weißlich. Blütenblätter 5, sehr breit verkehrt-eiförmig, vorne mäßig tief herzförmig eingebuchtet. Kelchblätter 5, fiederteilig, nach der Blüte zurückgebogen und bald abfallend. Griffel kopfig sitzend. Blütenstiele kurz, kahl. Einzeln wachsender Strauch mit dünnen Ästen. Stämmchen und Äste mit gleichartigen, sichelig gekrümmten Stacheln, die sich nach unten verbreitern und mit flachem, ca. 1 cm langem Grund ansitzen. Blätter unpaarig gefiedert, Endblättchen kaum größer als die Seitenfiedern; 2 oder 3 Paare von Seitenfiedern; Fiederblättchen schmal-eiförmig, 1,5–5 cm lang, mit keilförmig verschmälertem Grund, doppelt gezähnt, mit Stieldrüsen an den Zähnen, oberseits kahl oder schütter flaumig, unterseits meist deutlich flaumig. Juni. 1–2 m.

**Vorkommen:** Braucht eher tiefgründigen, lockeren, etwas humus- und kalkhaltigen, nicht zu trockenen Lehm- oder Tonboden. Besiedelt Waldränder, lichte Laubwälder, geht auch in Auenwälder. Kommt im Tiefland nur sehr vereinzelt vor (z. B. zwischen Kiel und Lübeck). Auch sonst sehr selten und größeren Gebieten fehlend. In Österreich und in der Schweiz selten. Übersteigt in den Kalkalpen kaum 1200 m.

**Wissenswertes:** ♄. Das Hauptverbreitungsgebiet der Acker-Rose liegt in Süd- und Westeuropa. Sie kann sich in Mitteleuropa nur an Standorten mit wintermildem Klima halten. Manche mitteleuropäischen Standorte sind möglicherweise durch menschliche Einwirkung entstanden, also nicht eigentlich ursprünglich.

**Rosengewächse** *Rosaceae*

## Keilblättrige Rose
*Rosa elliptica* TAUSCH
Rosengewächse *Rosaceae*

**Beschreibung:** Blüten stehen meist einzeln, seltener zu 2-3, dann in einem lockeren Blütenstand. Blüten 2,5-4 cm im Durchmesser, blaßrosa bis fast weißlich. Blütenblätter 5, sehr breit verkehrt-eiförmig, vorne mäßig tief herzförmig eingebuchtet. Kelchblätter 5, fiederteilig, nach der Blüte aufgerichtet und bis zur Fruchtreife bleibend. Griffel kopfig sitzend. Blütenstiele kurz, kahl. Einzeln wachsender, dicht verzweigter Strauch. Stämmchen und Äste mit gleichartigen, sichelig gekrümmten Stacheln, die sich – an der Spitze beginnend – nach unten verbreitern und mit flachem, bis über 1 cm langem Grund ansitzen. Blätter unpaarig gefiedert, Endblättchen kaum größer als die Seitenfiedern; 2 oder 3 Paare von Seitenfiedern; Fiederblättchen eiförmig, am Grund meist etwas keilförmig verschmälert, doppelt gezähnt, mit Stieldrüsen an den Zähnen, oberseits hellgrün, kahl oder schütter flaumig, unterseits meist deutlich flaumig. Juni-August. 1-2 m.

**Vorkommen:** Braucht eher flachgründigen, lockeren, steinigen, kalkhaltigen, trockenen Lehm- oder Tonboden. Besiedelt lichte Trockenwälder und Trockengebüsche. Fehlt im Tiefland. Sonst nur vereinzelt in sommertrockenen Gebieten mit kalkhaltigem Gestein, also im Osten des Gebiets. Süd- und Westschweiz selten, desgleichen in Niederösterreich und in der Steiermark. In den Alpen wahrscheinlich nur am Südfuß in den Tälern und möglicherweise in Tirol.

**Wissenswertes:** ♄. Im Gegensatz zur Acker-Rose (s. S. 419), deren Areal hauptsächlich in Süd- und Westeuropa liegt, scheint die Keilblättrige Rose im wesentlichen nur in Mitteleuropa vorzukommen.

## Lederblättrige Rose
*Rosa coriifolia* agg.
Rosengewächse *Rosaceae*

**Beschreibung:** Blüten stehen meist einzeln, seltener zu mehreren, 2,5-4 cm im Durchmesser, meist intensiv rosa. Blütenblätter 5, sehr breit verkehrt-eiförmig, vorne meist weitgeschwungen ausgerandet. Kelchblätter 5, fiederteilig, graugrün, am Rande und außen behaart, nach der Blüte abstehend oder aufrecht, bis zur Fruchtreife bleibend. Griffel kopfig sitzend. Blütenstiele kahl. Gedrungener, dicht verzweigter Strauch, dessen Stämmchen und Äste oft etwas bläulich bereift sind. Stacheln gekrümmt. Blätter unpaarig gefiedert, Endblättchen kaum größer als die Seitenblättchen. 2-3 Paare von Seitenfiedern an den blütentragenden Ästen. Fiederblättchen beiderseits oder wenigstens auf den Nerven der Blattunterseite flaumig behaart, meist 1fach gezähnt. Juni-Juli. 1-1,5 m.

**Vorkommen:** Braucht kalkreichen, flachgründigen, steinigen Lehmboden in Lagen mit sommerwarmem Klima. Kommt im östlichen Teil des Tieflands, im Hessischen Bergland und im Fränkischen Jura, in der West- und Südschweiz und in Österreich selten, sonst nur vereinzelt vor. Fehlt größeren Gebieten.

**Wissenswertes:** ♄. Innerhalb der Sammelart werden die Kleinarten *R. coriifolia* FRIES (Blättchen unterseits ziemlich dicht behaart), *R. rhaetica* GREMLI (Griffel wollig behaart) und *R. subcollina* (CHRIST) DT. & S. (Kelchblätter waagrecht abstehend oder etwas zurückgebogen) unterschieden. Ähnlich ist die Sammelart Blaugrüne Rose (*R. vosagiaca* agg.) mit den Kleinarten *R. subcanina* (CHRIST) DT. & S. (Kelchblätter zurückgebogen, Blütenstiele drüsig) und *R. vosagiaca* DESP. (Kelchblätter aufrecht, Äste rötlich; Blätter auch unten meist kahl).

# Rosengewächse *Rosaceae*
Rose *Rosa*

## Bereifte Rose
*Rosa glauca* POURR.
Rosengewächse *Rosaceae*

**Beschreibung:** Oft stehen 3 Blüten in einem mäßig dichten, doldig-rispigen Blütenstand beisammen, seltener sind es 2 oder gar nur 1 Blüte oder 4–5 Blüten. Blüten 2–4 cm im Durchmesser, rot. Blütenblätter 5, sehr breit verkehrt-eiförmig, vorne wenig ausgerandet oder flach abgerundet. Kelchblätter 5, meist ganzrandig, gelegentlich die beiden äußeren mit 1–2 Paar fadenförmigen Fiederchen, nach der Blüte aufrecht, vor der Fruchtreife abfallend, außen kahl, lineal, auffallend länger als die Blütenblätter. Griffel kopfig sitzend, wollig. Blütenstiel kahl, 1–2 cm lang. Einzeln wachsender Strauch. Stamm und Äste mit gleichartigen, wenig gebogenen bis hakig gekrümmten Stacheln; gelegentlich können blühende Zweige stachellos sein. Blätter unpaarig gefiedert, Endblättchen nicht größer als die Seitenfieder; 3 Paare von Seitenfiedern; Fiederblättchen eiförmig, 2–4 cm lang und etwa halb so breit, 1fach gezähnt, wie der Stengel blaugrün oder kupferrot überlaufen, kahl; Zähne klein, aber scharf, nach vorn gerichtet, drüsenlos; Blattstiel kahl. Juni–Juli. 1–3 m.
**Vorkommen:** Braucht steinigen, flachgründigen, kalkhaltigen oder doch nicht zu sauer reagierenden Untergrund. Bevorzugt sonnige Standorte. Wächst auf Steinschutt und in Felsspalten; Schwäbischer Jura, Alpenvorland und Südschwarzwald sehr selten; Schweizer Jura, Nördliche und Südliche Kalkalpen selten. Steigt vereinzelt über 1500 m.
**Wissenswertes:** ♄. Die Bereifte Rose wurde früher vereinzelt angepflanzt, wird aber in der Kultur häufig von Rostpilzen, Sternrußtau und Mehltau befallen. Sie ist an den auffallend gefärbten Blättern und den langen Kelchblättern kenntlich.

## Stumpfblättrige Rose
*Rosa obtusifolia* DESV.
Rosengewächse *Rosaceae*

**Beschreibung:** Blüten stehen meist einzeln, nicht allzuselten aber auch zu mehreren und dann in einem lockeren Blütenstand, der zumindest angedeutet doldig zusammengezogen ist. Blüten 2–3 cm im Durchmesser, hellrosa bis fast weißlich. Blütenblätter 5, sehr breit verkehrt-eiförmig, vorne eher eng, aber mäßig tief herzförmig eingebuchtet. Kelchblätter 5, fiederteilig, nach der Blüte zurückgebogen und vor der Fruchtreife abfallend. Griffel kopfig sitzend. Blütenstiele kahl. Stark verästelter Strauch mit anfangs rotbraun überlaufenen Ästen. Stacheln gleichartig, meist deutlich hakig gekrümmt. Blätter unpaarig gefiedert, Endblättchen kaum größer als die Seitenfiedern; 2–3 Paare von Seitenfiedern; Fiederblättchen breit-eiförmig, beiderseits, nur unterseits oder nur auf den Nerven flaumig behaart, doppelt gezähnt; Blattstiele flaumig, mit Stieldrüsen und sichelförmigen Stacheln besetzt. Blätter oberseits tiefgrün, oft glänzend, unterseits stumpfer grün. Juni–Juli. 1–1,5 m.
**Vorkommen:** Braucht kalkhaltigen oder wenigstens basisch reagierenden, nicht zu trockenen Lehmboden in warmen Lagen. Besiedelt Gebüsche, Waldränder und lichte Stellen in Laubwäldern; im Hessischen Bergland und in der Pfalz selten; vereinzelt in Schleswig-Holstein, in Süddeutschland, der Schweiz und in Österreich; in den Alpen kaum über 1500 m.
**Wissenswertes:** ♄. *R. obtusifolia* wird meist mit der Tannen-Rose (*R. abietina* GREN. ex CHRIST: Blüten rötlich; Kelchblätter jederseits mit 2–4 Fiederchen; Blätter unterseits auf der Fläche, mindestens aber auf den Nerven filzig behaart; Alpen; selten) zur Sammelart *R. obtusifolia* agg. zusammengefaßt.

**Rosengewächse** *Rosaceae*

## Zimt-Rose
*Rosa majalis* J. Herrm.
Rosengewächse *Rosaceae*

**Beschreibung:** Blüten stehen meist einzeln, seltener zu 2–3, dann in einem mäßig dichten Blütenstand. Blüten 3–4 cm im Durchmesser, tiefrosa bis dunkelrot. Blütenblätter 5, vorne abgestutzt oder flach ausgerandet. Kelchblätter 5, ganzrandig, nach der Blüte aufgerichtet und bis zur Fruchtreife bleibend, außen oft flaumig behaart, länger als die Blütenblätter. Griffel kopfig sitzend, behaart. Blütenstiele ziemlich kurz und von den Hochblättern weitgehend umhüllt. Treibt aus unterirdischen Kriechsprossen Schößlinge und kommt so oft in „Nestern" vor. Junge Äste glänzend braunrot („Zimt-Rose"). Blühende Äste mit gleichartigen, oft kräftigen Stacheln, von denen am Blattgrund häufig – und auffallend – jeweils 2 stehen; blühende Äste selten auch stachellos. Blätter unpaarig gefiedert, Endblättchen nicht größer als die Seitenfiedern; 2–3 Paare von Seitenfiedern; Fiederblättchen eher schmal-eiförmig, 2–3 cm lang und kaum halb so breit, 1fach gezähnt, ohne Stieldrüsen an den Blattzähnen, oberseits dunkelgrün bis blaugrün, unterseits graugrün und flaumig behaart, aber drüsenlos. Mai–Juni. 0,3–1,5 m.

**Vorkommen:** Braucht steinigen Lehmboden, der nicht zu trocken sein sollte. Besiedelt Kiesbänke im Uferbereich von Flüssen und Auwäldern, seltener Trockengebüsche. Im Tiefland und in den Mittelgebirgen nördlich des Schwäbisch-Fränkischen Juras nur vereinzelt; im Schwäbisch-Fränkischen Jura sehr selten, im Alpenvorland, in der Schweiz und in Österreich selten.

**Wissenswertes:** ♄. Die Zimt-Rose war früher Zierpflanze; heute wird sie gelegentlich als Feldgehölz gepflanzt. Ihr Bastard mit der Heckenrose wird unter dem Namen „Frankfurter Rose" gelegentlich als Ziersträuch in Anlagen gepflanzt.

## Hecken-Rose
*Rosa canina* L.
Rosengewächse *Rosaceae*

**Beschreibung:** Blüten stehen meist einzeln, seltener zu mehreren und dann in einem mäßig dichten Blütenstand. Blüten 4–5 cm im Durchmesser, rosa, hellrosa, seltener fast weißlich. Blütenblätter 5, sehr breit verkehrt-eiförmig, vorne mäßig tief herzförmig eingebuchtet. Kelchblätter 5, fiederteilig, nach der Blüte zurückgeschlagen, meist früh abfallend, meist kahl, seltener mit Stieldrüsen oder am Rand drüsig gewimpert, kürzer als die Blütenblätter. Griffel kopfig sitzend. Blütenstiele kahl. Kräftiger Strauch mit überhängenden Stämmchen und Ästen. Stämmchen und Äste mit gleichartigen, sichelig gekrümmten Stacheln, die sich – an der Spitze beginnend – nach unten verbreitern und mit schmal-elliptischem, ca. 1 cm langem Grund ansitzen. Blätter unpaarig gefiedert, Endblättchen kaum größer als die Seitenfiedern; 2–3 Paare von Seitenfiedern; Fiederblättchen breit-eiförmig, 1–3 cm lang und etwa ¾ so breit, 1fach oder doppelt gezähnt; Zähne drüsenlos; beiderseits kahl; Blattstiele unbehaart, aber oft mit Stieldrüsen und sichelförmigen Stacheln. Juni. 1–3 m.

**Vorkommen:** Braucht tiefgründigen Lehmboden, der nicht versauert sein sollte und der steinig sein kann. Besiedelt Gebüsche und Waldränder. Häufig. Fehlt in Schleswig-Holstein größeren Gebieten, sonst nur örtlich. Steigt in den Alpen bis etwa 1500 m.

**Wissenswertes:** ♄. *R. canina* L. wird mit der Anjou-Rose (*R. andegavensis* Bast: Blattzähne kurz und breit), der Glanz-Rose (*R. blondaeana* Rip. ex Déségl.: Blattzähne mit Drüsen; unterseits auf den Nerven drüsig) und mit der Sparrigen Rose (*R. squarrosa* (Rau) Boreau: Nerven unterseits mit Drüsen, Zähne drüsenlos) zur Sammelart *R. canina* agg. zusammengefaßt.

# Rosengewächse *Rosaceae*
Rose *Rosa*

## Busch-Rose
*Rosa corymbifera* agg.
Rosengewächse *Rosaceae*

**Beschreibung:** Blüten stehen meist einzeln, seltener zu mehreren und dann in einem rispigen, andeutungsweise doldig zusammengezogenen Blütenstand. Blüten 3,5–5 cm im Durchmesser, hellrosa, gelegentlich fast weiß. Blütenblätter 5, sehr breit verkehrt-eiförmig bis herzförmig, vorne meist weitgeschwungen ausgerandet. Kelchblätter 5, fiederteilig, am Rande und außen oft etwas drüsig, nach der Blüte zurückgeschlagen und vor der Fruchtreife abfallend. Griffel kopfig sitzend. Stämmchen und Äste biegen sich stark nach außen. Stacheln kräftig, mehr oder weniger stark gekrümmt, gleichartig, an der Basis verflacht und mit breitem Grund ansitzend. Blätter unpaarig gefiedert, Endblättchen kaum größer als die Seitenblättchen; 2–3, seltener sogar 4 Paare von Seitenfiedern. Fiederblättchen eiförmig, 2–5 cm lang, 1fach gesägt, oft beidseitig behaart, nie beidseitig kahl (wichtiger Unterschied zu *R. canina*). Juni. 1,5–2,5 m.

**Vorkommen:** Braucht nährstoffreichen, kalkhaltigen oder zumindest nicht stark sauer reagierenden Untergrund, der steinig-lehmig sein sollte; bevorzugt sonnig-warme Stellen. Besiedelt Gebüsche und den Rand von Trockenwäldern. Geht in den Alpen kaum über 1500 m. Fehlt gebietsweise, so z. B. im westlichen Tiefland, in den Mittelgebirgen mit kalkarmem Gestein, im Alpenvorland und in den Alpen.

**Wissenswertes:** ♄. In der Sammelart werden 2 Kleinarten unterschieden: *R. corymbifera* BORKH. (Fiederblättchen breit-eiförmig bis rundlich, oft oberseits kahl und drüsenlos); *R. deseglisei* BOREAU (Blütenstiel und Blattspindel meist drüsig; Fiederblättchen breit-eiförmig, oberseits meist deutlich behaart).

## Gebirgs-Rose
*Rosa pendulina* L.
Rosengewächse *Rosaceae*

**Beschreibung:** Blüten meist einzeln, 3,5–4,5 cm im Durchmesser, meist tief karminrot. Blütenblätter 5, vorne flach abgerundet, abgestutzt oder seicht ausgerandet. Kelchblätter 5, ganzrandig, nach der Blüte aufgerichtet, bis zur Fruchtreife bleibend, außen und am Rand mit Stieldrüsen, etwas länger als die Blütenblätter. Griffel kopfig sitzend, wollig. Blütenstiele 1–3 cm lang, meist mit Stieldrüsen besetzt. Stämmchen und Äste wenigstens unten mit gleichartigen, aber verschieden langen, schief abstehenden, nadelartigen Stacheln; blühende Zweige schwächer bestachelt oder stachellos. Blätter unpaarig gefiedert, Endblättchen kaum größer als die Seitenfiedern; 3–4 Paare von Seitenfiedern; Fiederblättchen eiförmig bis breiteiförmig, am Grunde etwas keilförmig, 1,5–4 cm lang und etwa halb so breit, meist doppelt gezähnt, mit Stieldrüsen an den Zähnen, oberseits dunkelgrün, unterseits hellgrün und hier auf dem Mittelnerv oft mit Stieldrüsen, sonst beidseitig kahl. Mai–Juli. 0,5–3 m.

**Vorkommen:** Braucht eher kalkarmen, steinigen Lehmboden. Besiedelt im Schwäbischen Jura und im Oberpfälzer Wald vereinzelt, im Bayerischen Wald, im Südschwarzwald, im Alpenvorland und in den Alpen lichte Wälder und Hochstaudenfluren, geht auch an Felsen. Selten, in den Zentralalpen zerstreut. Bevorzugt Höhen von etwa 500–2500 m.

**Wissenswertes:** ♄. Ähnlich: Berg-Rose (*Rosa montana* CHAIX): Blüten 3–4 cm im Durchmesser, fleischrot; Stacheln oft fast gerade, im Querschnitt rundlich, an der Basis plötzlich verbreitert; Blätter oft mit nur 2 Paaren von Seitenfiedern. Schweizer Jura, Südalpen, ostwärts bis zum Gardasee. Selten.

**Rosengewächse** *Rosaceae*

## Bibernell-Rose
*Rosa pimpinellifolia* L.
Rosengewächse *Rosaceae*

**Beschreibung:** Blüten meist einzeln, 3,5–4,5 cm im Durchmesser, weiß und dann in der Mitte gelblich, seltener hellrosa. Blütenblätter 5, vorne meist seicht ausgerandet. Kelchblätter 5, ganzrandig, nach der Blüte aufgerichtet und bis zur Fruchtreife bleibend, drüsenlos, kahl, kürzer als die Blütenblätter. Griffel kopfig sitzend, weißwollig. Blütenstiele 1–3 cm lang, oft mit Stachelborsten. Hagebutte reif schwarz, kugelig. Stämmchen und Äste mit verschiedenartigen Stacheln besetzt: Neben festen, nadeligen Stacheln finden sich weiche Stachelborsten; gebogene Stacheln fehlen; blühende Zweige sind weniger bestachelt, sehr selten sogar stachellos. Blätter unpaarig gefiedert, Endblättchen nicht größer als die Seitenfiedern; 3–4 Paare von Seitenfiedern; Fiederblättchen eiförmig, 1–2 cm lang und etwa $\frac{3}{4}$ so breit, meist 1fach, selten doppelt gezähnt; Zähne drüsenlos; Blätter oberseits dunkelgrün, unterseits hellgrün, beiderseits und am Blattstiel kahl. Mai–Juni. 1–4 m.

**Vorkommen:** Braucht flachgründigen, sandigen oder steinigen aber durchaus kalkhaltigen Lehmboden, geht auch an Felsen und in Dünen. Ost- und Nordfriesische Inseln, Kieler Bucht sehr selten; Eifel, Pfalz, Hessisches Bergland, Rhön, Schwäbischer Jura, Südliche und Nördliche Kalkalpen, Ober- und Niederösterreich selten; Schweizer Jura zerstreut. Geht nur vereinzelt über etwa 1500 m.

**Wissenswertes:** ♄. Auf Dünen vermag die Bibernell-Rose zur Festigung des Sandes beizutragen. Sie entwickelt unterirdische, weithin kriechende Ausläufer, aus denen immer wieder Schößlinge austreiben. Daher neigt sie auch zur Bildung ganzer „Nester".

## Kartoffel-Rose
*Rosa rugosa* THUNB.
Rosengewächse *Rosaceae*

**Beschreibung:** Die Blüten stehen meist einzeln, seltener zu 2–3 (und dann meist locker beieinander, wobei sie etwas zeitlich versetzt aufblühen) im obersten Astabschnitt. Blüten nicht flach ausgebreitet, sondern schüsselförmig, 5–8 cm im Durchmesser (ausgebreitet gemessen), rosarot, seltener purpurrot oder weiß. Blütenblätter 5, breit verkehrt-eiförmig bis rundlich, wellig-knitterig, vorn abgestutzt oder seicht ausgerandet, seltener flach abgerundet. Kelchblätter 5, kahl. Blütenstiele meist dicht, kurz und borstig behaart. Hagebutten kugelig-abgeplattet, bis 2,5 cm breit und bis knapp 2 cm hoch, leuchtend rot. Stämmchen dick, jung filzig, dann sehr stark stachelig und borstig. Blätter wechselständig, unpaarig gefiedert, mit 5–9 Teilblättchen, diese 3–9 cm lang, 2–4 cm breit, eiförmig, oberseits dunkelgrün oder hell olivgrün, im Herbst goldgelb, unten etwas bläulich-grün, runzelig, derb, dicklich, unterseits netznervig und behaart. Mai–September. 1–2 m.

**Vorkommen:** Zierpflanze aus Ostasien (Heimat: Korea, Japan, Nord-China), in Hecken und als Solitärstrauch gepflanzt, seltener in Wildhecken an Straßen und in der Feldflur ausgebracht, gelegentlich orts- oder gartennah verwildert, kaum eingebürgert, aber örtlich über Jahre einigermaßen beständig.

**Wissenswertes:** ♄. Die Kartoffel-Rose ist sehr frosthart. In Südosteuropa wird sie angebaut. Ihr Fruchtfleisch ist ergiebiger als das der kleineren „Hunds-Hagebutten". Es liefert Marmelade („Hägenmark", „Hiefenmus", „Hetschepetsche"). Die zurückbleibenden Fruchtschalen und Samen werden getrocknet und zu aromatischem „Butte"- („Kernles-")Tee aufgebrüht.

# Rosengewächse *Rosaceae*

Schwarzdorn, Zwetschge, Traubenkirsche *Prunus*

## Schlehen-Schwarzdorn
*Prunus spinosa* L.
Rosengewächse *Rosaceae*

**Beschreibung:** Blüten stehen einzeln auf starren, 0,5–1 cm langen, kahlen Stielen, und zwar dicht gehäuft an den Kurztrieben, so daß diese oft regelrecht „blütenbedeckt" sind. Die Blüten erscheinen normalerweise, ehe die Blätter sich entfalten. Blüten 1–1,5 cm im Durchmesser, weiß. Blütenblätter 5, eiförmig. Kelchblätter 5, um 2 mm lang und breit eiförmig bis 3eckig. Frucht kugelig, schwarz, meist bläulich bereift, mit einem großen Stein, der sich schlecht vom Fruchtfleisch löst. Dieses schmeckt sauer-zusammenziehend. Sparrig und oft ausladend wachsender Strauch, selten niedriger Baum. Zweige mit Dornen. Rinde dunkelgrau. Blätter lanzettlich, 2–4 cm lang und kaum halb so breit, gezähnt, beiderseits dunkelgrün. März–April. 1–3 m.

**Vorkommen:** Braucht kalkhaltigen oder wenigstens nicht ausgesprochen sauer reagierenden Lehmboden, der steinig sein kann, aber einigermaßen tiefgründig sein muß. Besiedelt Steinhaufen, Waldränder und Trockenrasen, geht aber auch auf Rohboden an Wegrändern und an Rainen. Fehlt im westlichen Tiefland kleineren Gebieten; häufig; steigt in den Alpen örtlich bis etwa 1500 m.

**Wissenswertes:** ♄. Die Blüten enthalten ein Flavonglykosid; sie werden gelegentlich zu Tee getrocknet. Die Früchte sind reich an Gerbstoffen, organischen Säuren und Vitamin C. Sie wurden früher dem Apfelmost zugesetzt, ja als Volksheilmittel genutzt. Der Schlehen-Schwarzdorn wird mit dem Pflaumen-Schwarzdorn (*P.* × *fruticans* WEIHE = *P. spinosa* × *P. domestica*: dornenarm, oft bäumchenförmig und dann bis zu 5 m hoch) zur Sammelart Schwarzdorn (*P. spinosa* agg.) zusammengefaßt.

## Zwetschge, Pflaume
*Prunus domestica* L.
Rosengewächse *Rosaceae*

**Beschreibung:** Blüten einzeln oder paarweise, seltener zu 3, auf abstehenden Stielen an Kurztrieben, 2–3 cm im Durchmesser (ausgebreitet gemessen), weiß. Blütenblätter 5, breit-eiförmig bis verkehrt-eiförmig oder rundlich. Kelchblätter 5, am Rand abstehend behaart (ssp. *insititia*) oder beiderseits zerstreut behaart (ssp. *domestica*). Frucht eiförmig (Zwetschge, ssp. *domestica*) oder rundlich (Pflaume, ssp. *insititia*), an mehr oder weniger hängenden Fruchtstielen. Strauch oder niederer Baum; die wilden Sippen von ssp. *insititia* sind dornig, die der ssp. *domestica* und die Kultursorten beider Unterarten sind dornenlos. Blätter wechselständig, eiförmig, am Rand spitz (ssp. *domestica*) oder stumpf (ssp. *insititia*) gezähnt, beiderseits schütter behaart (ssp. *insititia*) oder oberseits im Alter kahl (ssp. *domestica*). Wohl nur Kultursorten, die selten in der Nähe von Anpflanzungen verwildert sind. April–Mai. 5–10 m.

**Vorkommen:** Braucht tiefgründigen, kalkreichen oder wenigstens nicht ausgesprochen entkalkten Lehmboden in warmen Lagen. Kulturpflanze; ssp. *insititia* ist wahrscheinlich seit der jüngeren Steinzeit in Mitteleuropa in Kultur, ssp. *domestica* kam vermutlich mit den Römern in die Gebiete nördlich der Alpen.

**Wissenswertes:** ♄. Von Zwetschgen und Pflaumen sind zahlreiche Sorten in Kultur. Die ssp. *insititia* (L.) C. K. SCHNEID. wird örtlich auch Kriechenpflaume oder Haferschlehe genannt; zu ihr gehören als f. *italica* BORKH. die Reineclaude und als f. *syriaca* BORKH. die Mirabelle; künstlich erzeugte allotetraploide Bastarde zwischen *P. spinosa* × *P. cerasifera* können von *P. domestica* ssp. *insititia* nicht unterschieden werden.

**Rosengewächse** *Rosaceae*

## Echte Traubenkirsche
*Prunus padus* L.
Rosengewächse *Rosaceae*

**Beschreibung:** 10–25 Blüten (selten mehr) stehen in Trauben, die 10–15 cm lang werden, zuerst aufrecht wachsen, gegen Ende der Blütezeit jedoch überhängen. Blüten 1–1,8 cm im Durchmesser (ausgebreitet gemessen), weiß. Blütenblätter 5, sehr breit verkehrt-eiförmig. Kelchblätter 5, kaum 2 mm lang, früh abfallend. Blütenstiele 1–1,5 cm lang, kahl. Frucht kugelig, um 7 mm im Durchmesser, schwarz, glänzend, kahl; Stein grubig. Wächst als lockerer Strauch oder niedriger Baum. Rinde der jungen Zweige mit deutlichen, hellbraunen, etwas erhabenen „Lentizellen". Blätter nicht ledrig, sehr schmal eiförmig bis breit-lanzettlich, 5–10 cm lang und etwa $\frac{1}{3}$ so breit, oberseits dunkelgrün, kahl, ohne auffallenden Glanz; unterseits graugrün, ohne erhabene Seitennerven, nur in den inneren Nervenwinkeln etwas bärtig behaart, sonst kahl, am Rande fein gezähnt. Mai–Juni. Als Strauch 2–5 m, als Baum bis etwa 10 m.

**Vorkommen:** Braucht gut durchsickerten, nährstoffreichen, kiesig-sandigen Lehm- oder Tonboden. Erträgt kurzzeitige Überschwemmung. Besiedelt Auwälder und nasse, lichte Stellen in Wäldern, geht auch ins Ufergebüsch. Zerstreut, aber nur selten bestandsbildend; gelegentlich angepflanzt, fehlt aber in den Mittelgebirgen und im Tiefland kleineren Gebieten. Steigt in den Alpen bis etwa 1500 m.

**Wissenswertes:** ♄; (☠). Das Fruchtfleisch der Echten Traubenkirsche wurde schon in vorgeschichtlicher Zeit roh als Obst oder zubereitet als Mus gegessen. Die Samen und andere Pflanzenteile enthalten indessen Blausäureglykoside (z.B. Amygdalin), die – zerkaut man die Samen – zu Vergiftungen führen.

## Späte Traubenkirsche
*Prunus serotina* EHRH.
Rosengewächse *Rosaceae*

**Beschreibung:** 10–25 Blüten (selten mehr) stehen in Trauben, die 10–15 cm lang werden, zuerst aufrecht wachsen, gegen Ende der Blütezeit jedoch teilweise überhängen. Blüten 0,7–1,3 cm im Durchmesser (ausgebreitet gemessen), weiß. Blütenblätter 5, sehr breit verkehrt-eiförmig. Kelchblätter 5, um 1 mm lang, nicht abfallend und auch an der reifen Frucht noch vorhanden (gutes Kennzeichen!). Blütenstiele 3–6 mm lang. Frucht kugelig, kaum abgeflacht, um 8 mm im Durchmesser, schwarzrot, glänzend, kahl; Stein praktisch glatt, nicht grubig. Wächst bei uns meist als mittelhoher Baum, dessen Rinde wenig rissig ist und etwas aromatisch riecht. Blätter ledrig, auf der Oberseite kahl, dunkelgrün und auffallend glänzend, auf der Unterseite etwas blasser und sehr schütter behaart, oft praktisch kahl, schmal-eiförmig bis breit-lanzettlich, am Rande fein gezähnt, Zähne nach vorne gerichtet und oft etwas eingebogen. Mai–Juni. 10–20 m, in ihrer Heimat bis um 30 m.

**Vorkommen:** Zierpflanze aus Nordamerika, wo sie von Ontario im Norden südwärts bis nach Mexiko vorkommt. Braucht eher trockenen, lehmigen Boden, der ziemlich arm an Nährsalzen und Humus sein kann. In Mitteleuropa angepflanzt und verwildert; im Tiefland, in den wärmeren Lagen der Mittelgebirge und am Alpensüdfuß selten, sonst nur vereinzelt.

**Wissenswertes:** ♄; (☠). In Nordamerika gilt die Späte Traubenkirsche auch als wertvolles Forstgehölz, das das amerikanische „Kirschholz" liefert; dieses zeichnet sich durch schöne rotbraune Farbe und lebhafte Maserung bei guter Festigkeit aus. – Die Samen enthalten Blausäureglykosid (nicht zerkauen! s. Echte Traubenkirsche, links).

# Rosengewächse *Rosaceae*

Steinweichsel, Kirsche *Prunus*

## Steinweichsel
*Prunus mahaleb* L.
Rosengewächse *Rosaceae*

**Beschreibung:** 4–12 Blüten stehen in einer kurzen, angedeutet doldig eingeebneten Traube. Blüten 1–1,8 cm im Durchmesser, weiß. Die Blüten entfalten sich etwa gleichzeitig mit den Blättern. Blütenblätter 5, eiförmig, vorn flach abgerundet oder leicht abgestutzt. Kelchblätter 5, eiförmig, stumpf oder spitz, ganzrandig, früh abfallend. Frucht rundlich-eiförmig, etwa 8 mm im Durchmesser, zuerst dunkelrot, dann schwarz, unbereift, glänzend, kahl, saftarm, bitter schmeckend, mit glattem Stein. Sparrig wachsender Strauch, selten niedriger Baum. Junge Zweige oft etwas klebrig, graubraun, vor allem zerrieben etwas heuartig und damit eher angenehm riechend. Blätter rundlich bis eiförmig, 4–8 cm lang und etwa ¾ so breit, mit aufgesetzt wirkender, kurzer Spitze, an der Basis abgerundet oder deutlich in den 1–2 cm langen Stiel verschmälert, beiderseits dunkelgrün; Blattstiel meist drüsenlos und kahl. April–Mai. 0,5–4 m; als Baum gelegentlich bis etwa 10 m.

**Vorkommen:** Braucht kalkhaltigen, flachgründigen, steinigen Lehmboden in sonniger Lage. Besiedelt Trockengebüsche und Ränder von Trockenwäldern, geht aber auch auf Felshänge; Südeifel, Pfalz, Südalpen und Österreich selten, Schwäbisch-Fränkischer und Schweizer Jura sehr selten; Mittelgebirge vereinzelt.

**Wissenswertes:** ♄; (☠). Die Steinweichsel enthält in der Rinde Cumaringlykoside, aus denen Cumarin frei werden kann, das zum charakteristischen Geruch der Zweige wesentlich beiträgt. In den Samen ist das giftige Blausäureglykosid Amygdalin enthalten. – Die Steinweichsel wird vielfach als Pfropfunterlage für Süß- und Sauerkirschen verwendet.

## Vogel-Kirsche, Süß-Kirsche
*Prunus avium* L.
Rosengewächse *Rosaceae*

**Beschreibung:** Blüten einzeln oder zu mehreren und dann oft paarweise in doldigen Büscheln. Blüten 1,8–2,8 cm im Durchmesser, weiß. Die Blüten entfalten sich, nachdem die Blätter ausgetrieben haben, aber ehe diese ihre endgültige Größe erlangen. Blütenblätter 5, breit-eiförmig bis rundlich, vorne meist eng, doch deutlich, wenn auch wenig tief, herzförmig eingekerbt. Kelchblätter 5, stumpflich, ganzrandig, kahl, zurückgeschlagen. Blüten auf schräg abstehenden oder etwas hängenden Stielen; Stiele 3–5 cm lang, kahl, am Grunde nur von Knospenschuppen, nicht von kleinen Blättern umgeben. Frucht kugelig, bei der Wildform um 1 cm im Durchmesser, dunkelrot und zuletzt fast schwarz, nicht glänzend, nicht bereift, bei der Wildform etwas bitterlich, doch süß schmeckend. Mittelhoher bis hoher Baum mit aufstrebenden Ästen. Zweige ohne Dornen; auch junge Zweige kahl. Blätter breit-lanzettlich, 6–10 cm lang (bei Kultursorten auch länger) und etwa halb so breit, Rand meist doppelt gesägt, oberseits meist kahl, unterseits nur auf den Nerven schütter behaart; Blattstiel mit 2 meist rötlichen Drüsen. April–Mai. 15–20 m, gelegentlich noch höher.

**Vorkommen:** Braucht lehmigen, nährstoffreichen und nicht zu trockenen Boden. Besiedelt Laubwälder und Mischwälder, oft nahe am Rand. Häufig, doch meist einzeln wachsend. Fehlt im westlichen Teil des Tieflandes größeren Gebieten.

**Wissenswertes:** ♄. Von der „Süß-Kirsche", wie die Kulturform der Vogel-Kirsche meist genannt wird, gibt es zahlreiche Kultursorten: Die Knorpelkirschen haben festes Fruchtfleisch und große Früchte, die Herzkirschen sind weichfleischig, aber sehr saftig.

Rosengewächse *Rosaceae*

## Sauer-Kirsche
*Prunus cerasus* L.
Rosengewächse *Rosaceae*

**Beschreibung:** Blüten einzeln oder zu wenigen in doldigen Büscheln. Blüten 1,5–2,5 cm im Durchmesser, weiß. Die Blüten entfalten sich, nachdem die Blätter ausgetrieben haben, aber ehe diese ihre endgültige Größe erlangen. Blütenblätter 5, sehr breit eiförmig bis rund, vorne meist flach abgerundet oder abgestutzt. Kelchblätter 5, spitz, drüsig gesägt, kahl, zurückgeschlagen. Blüten auf abstehenden Stielen; Stiele 2–4 cm lang, kahl, am Grunde mit Knospenschuppen und mit mindestens 1–3 kleinen Blättern, die aus derselben Knospe wie die Blüten ausgetrieben haben. Frucht fast kugelig, gegenüber dem Stielansatz etwas abgeflacht, meist rot bis dunkelrot, nicht bereift, säuerlich schmeckend. Großer Strauch oder niedriger Baum mit etwas hängenden Zweigen. Zweige ohne Dornen. Kurztriebe meist gehäuft an den Zweigen. Blätter breit-lanzettlich, 5–8 cm lang (bei Kultursorten auch länger) und etwa halb so breit, beiderseits dunkelgrün, Rand meist doppelt gesägt. Blattstiel mit 2 meist rötlichen Drüsen. April–Mai. 3–8 m, gelegentlich noch höher.
**Vorkommen:** In Mitteleuropa nur sehr selten und meist unbeständig in Trockengebüschen verwildert; braucht etwas steinigen, aber nährstoffreichen Lehmboden.
**Wissenswertes:** ♃. Die Sauer-Kirsche kommt wild in einem Areal vor, das sich von Südosteuropa bis nach Nordindien erstreckt. Angeblich soll sie durch LUKULL aus Cerasunt in der Türkei nach Italien gebracht worden sein (möglicherweise brachte LUKULL aber eine schon veredelte Süß-Kirsche mit). Heute werden von der Sauer-Kirsche viele Zuchtsorten angebaut (z. B. Morellen, Weichseln, Marasca-Kirschen).

## Zwerg-Kirsche
*Prunus fruticosa* PALL.
Rosengewächse *Rosaceae*

**Beschreibung:** Blüten zu 2–5 in doldigen Büscheln. Blüten 1–1,5 cm im Durchmesser, weiß. Die Blüten entfalten sich, nachdem die Blätter ausgetrieben haben, aber ehe diese ihre endgültige Größe erlangen. Blütenblätter 5, sehr breit eiförmig bis rundlich, vorne meist deutlich herzförmig eingekerbt oder wenigstens ausgerandet. Kelchblätter 5, spitz, drüsig gesägt, kahl, zurückgeschlagen. Blüten auf abstehenden Stielen; Stiele 1–3 cm lang, kahl, am Grunde mit Knospenschuppen und mit mindestens 1–3 kleinen Blättern, die aus derselben Knospe wie die Blüten ausgetrieben haben. Frucht kaum erbsengroß, d. h. bis etwa 1 cm im Durchmesser, fast kugelig, gegenüber dem Stielansatz etwas abgeflacht, meist rot bis dunkelrot, nicht bereift, ausgesprochen sauer. Kleiner, Ausläufer treibender Strauch. Zweige ohne Dornen. Blätter breit-lanzettlich, 2–4 cm lang und halb so breit, beiderseits dunkelgrün, Rand doppelt gesägt. Blattstiel stets ohne Drüsen. April–Mai. 0,3–1 m.
**Vorkommen:** Braucht kalkhaltigen, flachgründigen, steinigen Lehmboden, geht auch auf Löß. Besiedelt Felsränder, Mauern an Weinbergen und Wegen. Vereinzelt in der Pfalz und an der Bergstraße. Sehr selten in Thüringen und Anhalt; Niederösterreich und Burgenland selten. Fehlt in der Schweiz.
**Wissenswertes:** ♃. Die Zwerg-Kirsche erreicht in Mitteleuropa die Westgrenze ihres Areals. Sie ist in den letzten Jahrzehnten von einigen ihrer früheren Standorte verschwunden. – Ähnlich: Zwerg-Mandel (*P. tenella* BATSCH): Blüten zu 1–3, mit den Blättern erscheinend, rosarot, bis 3 cm im Durchmesser, reichblütiges Sträuchlein. April–Mai. 1–1,5 m.

# Schmetterlingsblütengewächse *Fabaceae* ▶

Lupine *Lupinus*
Goldregen *Laburnum*

## Vielblättrige Lupine
*Lupinus polyphyllus* LINDL.
Schmetterlingsblütengewächse *Fabaceae* (*Leguminosae*)

**Beschreibung:** Zahlreiche Blüten stehen – fast quirlartig übereinander angeordnet – in einer endständigen, aufrechten Traube, die bis zu 60 cm lang werden kann. Blüten 2seitig-symmetrisch („Schmetterlingsblüte"), 1,2–1,5 cm lang, blau, blauviolett oder weißlich-blau. Fahne rundlich, frühzeitig nach außen-oben eingerollt. Flügel vorne miteinander verbunden, so daß das Schiffchen mit seinem bespitzt-geschnäbelten Vorderende nicht frei sichtbar ist. Kelch deutlich 2lippig, früh abfallend. Frucht eine gerade Hülse, bis über 6 cm lang und 1–3 cm breit. Stengel aufrecht, unverzweigt. Blätter handförmig 9–17teilig. Teilblättchen lanzettlich, 4–15 cm lang und 1–3 cm breit, meist deutlich spitz zulaufend, beiderseits zerstreut und anliegend behaart. Juni–September. 0,5–1,5 m.

**Vorkommen:** Braucht Boden, der arm an Kalk, Humus und Stickstoffsalzen sein kann und im übrigen sandig, lehmig, tief- oder flachgründig-steinig sein darf. Heimat: Westliches Nordamerika. Bei uns zur Verbesserung armer Waldböden angesät und vielerorts eingebürgert, vor allem in den Mittelgebirgen mit kalkarmem Gestein, z.B. im Schwarzwald.

**Wissenswertes:** ♃; (☠). Die Vielblättrige Lupine wird vom Wild gerne gefressen und auch aus diesem Grunde auf Waldwiesen ausgesät. In den Samen enthält sie Alkaloide, u.a. Spartein. Bei Tieren sind Vergiftungen („Lupinosen") seit langem bekannt. Akute Vergiftungen dürften durch die Wirkung der Lupinen-Alkaloide ausgelöst werden; chronische Lupinosen dürften auf Toxine zurückzuführen sein, die Schimmelpilze in Lupinenschrot bilden.

## Gelbe Lupine
*Lupinus luteus* L.
Schmetterlingsblütengewächse *Fabaceae* (*Leguminosae*)

**Beschreibung:** Zahlreiche Blüten stehen – deutlich Quirle bildend – in einer endständigen, aufrechten Traube, die bis zu 40 cm lang werden kann. Blüten 2seitig-symmetrisch („Schmetterlingsblüte"), 1–1,4 cm lang, meist intensiv gelb, seltener blaßgelb, angenehm duftend. Kelch deutlich 2lippig, obere Lippe meist 2zähnig, untere 3zähnig. Kelch fällt verhältnismäßig früh ab. Frucht eine gerade, meist deutlich knotig eingeschnürte, dicht behaarte Hülse, die über 5 cm lang und über 1 cm breit werden kann; Samen meist marmoriert. Blätter 5–9zählig gefingert. Teilblättchen 4–8 cm lang. Juni–September. 0,3–1 m.

**Vorkommen:** Braucht kalkfreien, sandigen Boden und mildes Klima, in dem späte Fröste ebensowenig auftreten sollten wie frühe Fröste im Herbst. Heimat: Westliches Mittelmeergebiet. Bei uns nur aus Ackerkulturen örtlich – und meist unbeständig – verwildert. Sehr selten.

**Wissenswertes:** ☉; (☠). Die Gelbe Lupine wird auf den Sandböden des Tieflandes und der Mittelgebirge vor allem zur Bodenverbesserung, aber auch als Futterpflanze angebaut. Wie auch andere Arten aus der Familie der Schmetterlingsblütengewächse enthält die Gelbe Lupine in ihren „Wurzelknöllchen" „Knöllchenbakterien" aus der Gattung *Rhizobium*, die den Luftstickstoff – vor allem in Aminogruppen von Glutamin – fixieren. Alle Pflanzenteile enthalten daher reichlich Eiweiß, das – untergepflügt – bei der Verwesung Stickstoffsalze liefert, gefressen aber Futter wertvoll macht. Die Samen enthalten bitter schmeckende Alkaloide und sind giftig. Auch giftige Zersetzungsprodukte sollen vorkommen.

**Schmetterlingsblütengewächse** *Fabaceae*

## Schmalblättrige Lupine
*Lupinus angustifolius* L.
Schmetterlingsblütengewächse *Fabaceae* (*Leguminosae*)

**Beschreibung:** Zahlreiche Blüten stehen gedrängt und wechselständig in einer endständigen, aufrechten Traube, die nur 10–20 cm lang wird. Blüten 2seitig-symmetrisch („Schmetterlingsblüte"), 0,8–1,2 cm lang, 0,7–1,2 cm breit, hellblau, selten weißlich, mehrfarbig oder purpurrot. Kelch früh abfallend, 2lippig; Kelchlippen geteilt. Frucht eine gerade, meist deutlich knotig eingeschnürte, locker behaarte, gelbbraune Hülse, die bis 7 cm lang, aber kaum über 1 cm breit wird; Samen deutlich marmoriert. Blätter 5–9zählig gefingert; Teilblättchen 1–5 cm lang, aber nur 2–5 mm breit, stumpf, oberseits fast kahl, unterseits anliegend behaart. Juni–Juli. 0,2–1,2 m.

**Vorkommen:** Braucht kalkarmen, sandigen oder mergeligen Boden. Wird bei uns als Zierpflanze, seltener zur Gründüngung und gelegentlich als Futterpflanze angepflanzt. Aus Kulturen ist die Schmalblättrige Lupine nur örtlich und meist unbeständig verwildert.

**Wissenswertes:** ⊙; (☠). Die Heimat der Schmalblättrigen Lupine ist das Mittelmeergebiet. Von dort kam sie schon im 16. Jahrhundert nach Mitteleuropa und wurde zunächst als Zierpflanze, später als Wildfutter angepflanzt. Obschon die Schmalblättrige Lupine weniger frostempfindlich ist als die Gelbe Lupine, so wurde sie doch als „Verbesserer" des Waldbodens weitgehend durch die Vielblättrige Lupine ersetzt. – Ähnlich ist die Weiße Lupine (*Lupinus albus* L.). An ihren meist weißen und nur sehr selten hellblauen Blüten und ihren 5–9zählig gefingerten Blättern, deren Teilblättchen 2–6 cm lang und 1–1,8 cm breit werden, ist sie gut kenntlich; sie wird gelegentlich als Futterpflanze angebaut.

## Gewöhnlicher Goldregen
*Laburnum anagyroides* MED.
Schmetterlingsblütengewächse *Fabaceae* (*Leguminosae*)

**Beschreibung:** Zahlreiche Blüten stehen in zunächst aufrechten, später fast durchweg hängenden, lockeren Trauben, die 10–25 cm lang werden können. Blüten 1,8–2,2 cm lang, gelb. Fahne breit, etwas nach außen-oben gebogen, oben ausgerandet, am Grunde mit brauner Zeichnung. Kelch 2lippig, Oberlippe etwas kürzer als die Unterlippe, beide außen anliegend kurzhaarig, insgesamt glockig. Frucht eine mehr oder weniger gerade, oft verbogene, knotig eingeschnürte, anliegend kurzhaarige, an der verdickten oberen Naht scharfkantige Hülse, die 4–8 cm lang, aber nur 5–8 mm breit werden kann. Kleiner, dornenloser Baum oder Strauch. Junge Zweige dicht und anliegend kurzhaarig. Blätter 3teilig gefingert; Teilblättchen 4–10 cm lang, aber kaum ⅓ so breit; Stiel des Gesamtblattes 2–8 cm. April–Juni. 1,5–7 m.

**Vorkommen:** Braucht kalkhaltigen oder wenigstens basischen Boden, der im übrigen flachgründig-steinig oder tiefgründig sein kann. Gelegentlich als Zierpflanze angebaut und örtlich beständig verwildert, so z. B. im Tal des Oberrheins, im Kaiserstuhl, im Schwäbisch-Fränkischen und im Schweizer Jura, in der Pfalz und am Main. Westalpen, Genfer See, Alpensüdfuß bis ins Leithagebirge wahrscheinlich ursprünglich.

**Wissenswertes:** ♄; ☠. Der Gewöhnliche Goldregen kommt wild in Trockenwäldern und Trockengebüschen vor. Häufiger als die Wildart oder Zuchtsorten von ihr wird in Gärten *L.* × *watereri* (WETTST.) DIPP. angepflanzt, der längere Blütentrauben besitzt. Enthält Alkaloide, u. a. Cytisin, das stark giftig ist. Ähnlich: Alpen-Goldregen (*L. alpinum* (MILL. BERCHT et J. PRESL)): Blätter und Hülsen kahl. Südalpen; südlicher Schweizer Jura.

# Schmetterlingsblütengewächse *Fabaceae* ▶

Geißklee *Chamaecytisus*

## Österreicher Geißklee
*Chamaecytisus austriacus* (L.) Lk.
Schmetterlingsblütengewächse *Fabaceae* (*Leguminosae*)

**Beschreibung:** 2–8 Blüten stehen in endständigen, kurzen und ziemlich dichten, fast köpfchenartigen Trauben an den Enden der Zweige. Blüten 1,5–2,5 cm lang, tiefgelb. Fahne meist ungefleckt, oben dicht seidig behaart, länger als Schiffchen und Flügel. Kelch röhrig, um 1 cm lang, mit kurzen, spitzen Zähnen, meist deutlich flaumig behaart. Frucht eine gerade, dicht zottig behaarte Hülse, die 2–3 cm lang, und um 5 mm breit wird. Niedriger Strauch, dessen Hauptäste kriechen; von diesen Hauptästen stehen die Seitenzweige aufrecht ab; sie sind dicht angedrückt silbrig behaart. Blätter kleeblattartig 3teilig. Blattstiel 1–1,5 cm lang; Teilblättchen um 1,5 cm lang und bis zu 5 mm breit, spitz, unterseits dicht anliegend behaart, oberseits oft kahl oder nur schwach behaart. Juni–August. 30–60 cm.

**Vorkommen:** Bevorzugt Lößboden oder sandig-steinigen Lehmboden, der nicht allzu flachgründig sein sollte. Besiedelt lichte Trockenwälder, trockene Gebüsche und Trockenrasen, geht aber auch in aufgelassene Weinberge. Kommt nur im östlichen Salzburg, im Ostteil der Steiermark, in Ober- und Niederösterreich, im Burgenland (vor allem im Leithagebirge und im angrenzenden Hügelland) sowie in Tschechien und in der Slowakei vor. Überall selten und durch Standortvernichtung im 20. Jahrhundert zurückgegangen.

**Wissenswertes:** ♄; ☠. Das Verbreitungsgebiet des Österreicher Geißklees erstreckt sich durch Südosteuropa bis zum Kaspischen Meer im Norden und bis nach Syrien im Süden. Die europäischen Standorte bilden also die Westgrenze des Areals. Die Art kann als ausgesprochen pontische Pflanze angesehen werden.

## Behaarter Geißklee
*Chamaecytisus hirsutus* (L.) Lk.
Schmetterlingsblütengewächse *Fabaceae* (*Leguminosae*)

**Beschreibung:** Die Blüten stehen zu 1–4 seitlich an Kurztrieben und damit scheinbar in den Achseln der Blätter im obersten Bereich der Zweige. Blüten 1,8–2,8 cm lang, hellgelb. Fahne oft mit rötlich-braunem Fleck oder – seltener – ganz rot oder ganz gelb. Flügel und Schiffchen viel kürzer als die Fahne. Kelch röhrig-2lippig, um 1 cm lang, abstehend behaart. Frucht eine meist gerade Hülse, die 2,5–5 cm lang, aber nur 5–8 mm breit wird; sie ist meist nur am Rande behaart, auf den Seitenflächen hingegen kahl oder hier nur mit einzelnen Haaren bestanden. Blüten- und Fruchtstiel nur etwa 4–6 mm lang. Kleiner Strauch mit niederliegenden, bogig aufsteigenden oder aufrechten Ästen. Zweigchen etwas gerippt, jung abstehend behaart, wenn älter und verholzt, dann kahl. Blätter kleeblattartig 3teilig. Blattstiel meist 0,5–2 cm lang; Teilblättchen 1–3 cm lang und 0,7–2,3 cm breit, vorn meist deutlich abgerundet, unterseits meist mäßig dicht und etwas abstehend behaart, oberseits meist kahl. März–Mai. 30–80 cm.

**Vorkommen:** Braucht felsig-steinigen, flachgründigen, trockenen, aber nicht unbedingt kalkreichen Löß-, Lehm- oder Tonboden in sonnigen Lagen. Besiedelt Trockenrasen, Trockengebüsche, geht auch in lichte Trockenwälder. Nur am Alpensüdfuß, und zwar vom Aostatal an ostwärts sowie im Gebiet der pontischen Flora (Niederösterreich, Burgenland). Geht nur örtlich – z. B. am Monte Baldo – deutlich höher als etwa 1200 m; sehr selten.

**Wissenswertes:** ♄; (☠). Die Rotfärbung der Fahne soll – nach Terretaz (1966) – eine Modifikation darstellen und durch hohe Temperaturen hervorgerufen werden; zur Abgrenzung einer Untersippe wäre sie untauglich.

**Schmetterlingsblütengewächse** *Fabaceae*

## Kopf-Geißklee
*Chamaecytisus supinus* (L.) Lk.
Schmetterlingsblütengewächse *Fabaceae* (*Leguminosae*)

**Beschreibung:** Blüten im Frühjahr zu 1–4 seitlich an Kurztrieben und damit scheinbar in den Achseln der Blätter im obersten Bereich der Zweige, seltener – wie im Sommer durchweg – in mehreren 2–6blütigen, kurzen und kopfig beieinander stehenden, endständigen Trauben. Blüten 2–2,5 cm lang, tiefgelb. Fahne meist mit rötlich-braunem Fleck, meist kahl. Flügel und Schiffchen viel kürzer als die Fahne. Kelch röhrig-2lippig, 1,2–1,4 cm lang, nur mäßig behaart, mit spitzen Zähnen, die oft zurückgebogen sind. Frucht eine meist gerade Hülse, die 2–3,5 cm lang, aber nur 4–6 mm breit wird; sie ist nicht nur am Rande, sondern auch auf den Seitenflächen dicht und abstehend langhaarig. Kleiner Strauch mit niederliegenden, bogig aufsteigenden oder aufrechten Ästen. Zweigchen beim Trocknen oft schwärzlich werdend. Zweige deutlich und meist zottig behaart. Blätter kleeblattartig 3teilig. Blattstiel 1–3,5 cm lang; Teilblättchen 2–5 cm lang und 1–2,5 cm breit, jung beidseits zottig behaart, älter oft oberseits verkahlend. April–Mai; Juli–August. 15–50 cm.

**Vorkommen:** Braucht kalkhaltigen oder doch basisch reagierenden, flachgründigen, lockeren, steinig-sandigen Lehm- oder Tonboden in sommerwarmer Lage. Erreicht etwa an der Mündung der Altmühl den westlichsten Punkt seines Areals; von dort bis ins Tal des oberen Regen und bis ins Tal der Großen Laber; hier selten; vereinzelt zwischen Inn und Salzach. Französischer Jura und Alpensüdseite selten.

**Wissenswertes:** ♄; (☠). Örtlich wurde der Kopf-Geißklee als Zierpflanze kultiviert; er verwildert aber kaum.

## Regensburger Geißklee
*Chamaecytisus ratisbonensis* (Schaeff.) Rothm.
Schmetterlingsblütengewächse *Fabaceae* (*Leguminosae*)

**Beschreibung:** 1–3 Blüten stehen seitlich an Kurztrieben und damit scheinbar in den Blattachseln im oberen Teil der niederliegenden oder aufgebogenen Zweige; sie sind deutlich nach oben orientiert und daher praktisch einseitswendig. Blüten 1,7–2,3 cm lang, hellgelb, durchweg kahl. Fahne meist mit rotbraunem Fleck. Flügel und Schiffchen viel kürzer als die Fahne. Kelch röhrig-2lippig, 1–1,5 cm lang, angedrückt silbrig oder grau behaart. Frucht eine meist gerade Hülse, die 2,5–3 cm lang und um 5 mm breit wird; sie ist überall dicht und angedrückt seidig behaart. Blüten- und Fruchtstiel 1–5 mm lang. Kleiner Strauch mit niederliegenden oder aufsteigenden Ästen. Junge Zweige angedrückt behaart, ältere verkahlt. Blätter kleeblattartig 3teilig. Blattstiel 1,5–3 cm lang, anliegend behaart; Teilblättchen 1–2 cm lang und 4–8 mm breit, vorn meist zugespitzt, oberseits meist kahl und dunkelgrün, unterseits dicht anliegend grau behaart. April–Juni, oft noch einmal im Herbst. 10–30 cm.

**Vorkommen:** Braucht kalkhaltigen oder doch basisch reagierenden, flachgründigen, steinigsandigen Lehm- oder Tonboden in sommerwarmer Lage. Besiedelt Trockenrasen, Trockengebüsche und lichte Trockenwälder, vor allem auch locker stehende Kiefernbestände. Erreicht im südöstlichen Fränkischen Jura und am Unter- und Mittellauf des Lech seine westliche Arealgrenze. Dort, an der Donau bei Regensburg und im mittleren Alpenvorland sehr selten; Ober- und Niederösterreich sowie Kärnten selten.

**Wissenswertes:** ♄; (☠). Gelegentlich als Zierpflanze kultiviert.

## Schmetterlingsblütengewächse *Fabaceae* ▶

Geißklee *Lembotropis*
Besenginster *Cytisus*
Stechginster *Ulex*
Flügel-Ginster *Chamaespartium*

## Schwarzwerdender Geißklee
*Lembotropis nigricans* (L.) GRISEB.
Schmetterlingsblütengewächse *Fabaceae* (*Leguminosae*)

**Beschreibung:** 15–100 Blüten stehen in langen Trauben am Ende der jungen Zweige. Blüten 0,8–1,2 cm lang, goldgelb, kahl, duftend, beim Trocknen schwarz werdend. Fahne, Flügel und Schiffchen etwa gleich lang. Kelch nur 2–4 mm lang, kurzglockig, kurzhaarig. Blüten- bzw. Fruchtstiel 4–8 mm lang. Frucht eine meist gerade Hülse, die 2–3 cm lang und um 5 mm breit wird; sie ist überall dicht und anliegend kurzhaarig. Kleiner Strauch mit aufgebogenen oder aufrechten, stammartigen, kurzen, verzweigten Ästen, von denen Zweige rutenartig abgehen. Zweige anliegend kurzhaarig. Blätter kleeblattartig 3teilig. Blattstiel 1–2,5 cm lang, angedrückt kurzhaarig; Teilblättchen 1–2 cm lang, 0,5–1 cm breit, verkehrt-eiförmig, oberseits dunkelgrün; fast kahl, unterseits blaßgrün, anliegend behaart. Juni–August. 0,3–1,5 m.

**Vorkommen:** Braucht kalkhaltigen oder wenigstens basenreichen, lockeren und daher oft steinigen oder sandigen Lehm- oder Tonboden, der ziemlich humusarm sein kann. Besiedelt lichte Trockenwälder und trockene Gebüsche an sommerwarmen Stellen. Rhön, Frankenwald, Fichtelgebirge, Bayerischer Wald, Schwäbischer und Fränkischer Jura, Alpenvorland selten, aber oft in mäßig individuenreichen, lockeren Beständen, gebietsweise fehlend; Alpensüdseite, Ober- und Niederösterreich selten.

**Wissenswertes:** ♄. Blüten, Stengel und Blätter enthalten ein alkoholisches Öl, das beim Trocknen braunschwarz wird und – wohl durch Gerbstoffeinwirkung – die Verfärbung der Pflanze beim Trocknen bewirkt. Hierauf beziehen sich der deutsche und der wissenschaftliche Artname.

## Gewöhnlicher Besenginster
*Cytisus scoparius* (L.) LK.
Schmetterlingsblütengewächse *Fabaceae* (*Leguminosae*)

**Beschreibung:** 1–2 Blüten stehen seitlich an Kurztrieben und damit scheinbar in den Blattachseln in der oberen Hälfte der rutenförmigen Zweige. Blüten 2–2,5 cm lang, goldgelb, sehr selten weißlich-gelb. Fahne zurückgeschlagen, etwa gleich lang wie Schiffchen und Flügel. Kelch gelblich, früh vertrocknend. Frucht eine abgeflachte Hülse, 2,5–6 cm lang und bis 1 cm breit, nur die Schmalkante zottig gesäumt, sonst nahezu kahl. Fruchtstiel 0,3–1 cm lang. Aufrechter, reichästiger Strauch mit rutenartigen, 5kantigen, grünen Zweigen, die beim Trocknen schwarz werden. Blätter früh abfallend, meist kurz behaart, kleeartig 3teilig, mit verkehrt-eiförmigen, 0,5–2 cm langen Teilblättchen; obere Blätter oft ungeteilt, schmal-eiförmig, fast lanzettlich. Blattstiel oft kaum 1 mm, zuweilen bis 8 mm lang. Mai–Juni. 0,5–2 m.

**Vorkommen:** Braucht kalkarmen, lockeren Boden, der sandig, steinig oder lehmig sein kann, sowie ein Klima mit hoher Luftfeuchtigkeit, milden Wintern oder einer Schneebedeckung im Winter, die vor Frösten schützt. Zerstreut; oft auf stickstoffsalzarmen Waldböden gepflanzt. Fehlt im Alpenvorland und in den Kalkgebieten der Mittelgebirge kleineren Gebieten; in den Alpen nur am Alpensüdfuß; selten.

**Wissenswertes:** ♄; ⚠. Enthält giftige Alkaloide, u. a. Spartein. Die rutenförmigen Zweige wurden zur Besenherstellung genutzt (Name!). – Ähnlich: Vielstreifiger Besenginster (*Cytisus striatus* (HILL.) ROTH.): Hülsen ringsum zottig behaart, Zweige 8–10kantig; Pflanze graugrün. Heimat: Iberische Halbinsel, neuerdings oft angepflanzt und verwildernd.

**Schmetterlingsblütengewächse** *Fabaceae*

## Stechginster
*Ulex europaeus* L.
Schmetterlingsblütengewächse *Fabaceae*
(*Leguminosae*)

**Beschreibung:** Blüten einzeln oder zu 2 in den Achseln von ungeteilten, schuppenförmigen Blättchen, die nur 2–7 mm breit werden, und zwar vor allem an den Zweigenden. Blüten 1,5–2 cm lang, gelb. Fahne und Flügel etwas länger als das Schiffchen, das an der Naht sehr kurz behaart ist. Kelch 0,8–1,3 cm lang, bis fast zum Grunde in Ober- und Unterlippe gespalten, dicht abstehend kurzhaarig. Blütenstiele 5–9 mm lang. Frucht eine meist gerade Hülse, die nur 1,5–2 cm lang und 3–4 mm breit wird; sie ist ziemlich dicht mit mäßig langen, grauen oder bräunlichen Haaren bestanden. Stark verzweigter, sehr dorniger, mittelhoher Strauch. Äste und Zweige aufrecht, seltener aufsteigend, gerillt, abstehend behaart. Blätter dornenähnlich, 0,5–1 cm lang, meist ziemlich weich; in ihren Achseln verzweigte, in der Regel starre Dornen, die 1,5–2,5 cm lang werden und die ebenfalls etwas gerillt sind. April–Juli; in mildem, luftfeuchtem Klima auch wesentlich länger. 0,6–2 m.

**Vorkommen:** Braucht kalkarmen, lockeren, sandig-steinigen Lehmboden sowie ein Klima mit hoher Luftfeuchtigkeit und milden Wintern. In Mitteleuropa meist nur örtlich angepflanzt, vor allem im Tiefland und in den niedrigeren Mittelgebirgen mit kalkarmen Gesteinen. Hauptareal: Westeuropa. Dort örtlich zerstreut und bestandsbildend.

**Wissenswertes:** ♄; ☠. Enthält Alkaloide, darunter Cytisin. Ähnlich: Zwerg-Stechginster (*U. minor* ROTH): Blüte 6–9 mm lang, etwa ebenso lang wie der Kelch. Zweige niederliegend oder aufsteigend, 20–70 cm hoch. Nur Westeuropa; zerstreut.

## Flügel-Ginster, Pfeil-Ginster
*Chamaespartium sagittale* (L.) GIBBS
Schmetterlingsblütengewächse *Fabaceae*
(*Leguminosae*)

**Beschreibung:** 3–15 Blüten stehen in endständigen, kurzen und dichten Trauben an den Enden der oberirdischen Stengel. Blüten 1–1,4 cm lang, goldgelb. Fahne etwa gleich lang wie Schiffchen und Flügel. Kelch grünlich-gelb, 2lippig, weichhaarig. Frucht flache, höckerige Hülse, 1,5–2 cm lang und um 5 mm breit, meist früh bräunlich werdend und dicht – mehr oder weniger abstehend – behaart. Blüten- und Fruchtstiel meist nur um 1 mm lang. Halbstrauch, bei dem nur die unterirdisch kriechenden Stengel verholzt sind; oberirdische Stengel und die an ihnen – sehr selten vorhandenen – Zweige krautig. Stengel breit geflügelt und dornenlos, meist aufrecht, seltener aufsteigend, in 3–6 Abschnitte gegliedert, die durch die Einkerbungen der Flügel gut erkennbar sind. An den Stengeln sitzen nur sehr wenige Blätter; sie sind verkehrt-eiförmig, 1–2 cm lang und um 5–8 mm breit; häufig sind sie vorn deutlich zugespitzt. Mai–Juli. 10–30 cm.

**Vorkommen:** Braucht lockeren, meist steinigen oder sandigen Lehmboden, der arm an Stickstoffsalzen sein kann und eher sauer als basisch reagieren sollte. Bevorzugt Lagen mit hoher Luftfeuchtigkeit. Besiedelt magere Rasen, Sandsteinfelsen und Wegböschungen, auch in lichten Wäldern. Mittelrheinische Mittelgebirge, Mittelgebirge südlich des Mains, Alpenvorland zerstreut, oft in kleinen, individuenreichen Beständen. In Ober- und Niederösterreich selten. In Mitteldeutschland nur vereinzelt, in der Schweiz im Jura, sonst sehr selten.

**Wissenswertes:** ♃ ♄. Die geflügelten Stengel assimilieren.

# Schmetterlingsblütengewächse *Fabaceae*
Ginster *Genista*

## Behaarter Ginster
*Genista pilosa* L.
Schmetterlingsblütengewächse *Fabaceae* (*Leguminosae*)

**Beschreibung:** Mehrere, oft zahlreiche Blüten stehen einzeln oder zu 2–3 büschelig in den Achseln von Blättern im oberen Teil der Zweige, wodurch diese zu einer meist kurzen, zuweilen auch zu einer verlängerten Traube werden. Blüten 0,8–1,2 cm lang, gelb. Fahne etwa so lang wie das Schiffchen, beide außen zumindest schütter seidig behaart. Kelch um 5 mm lang, kurz anliegend behaart, Oberlippe 2spaltig, Unterlippe 3teilig. Frucht 1,5–2,5 cm lange, anliegend kurzhaarige Hülse. Niedriger Strauch mit niederliegenden oder aufsteigenden, dornenlosen, kantigen Zweigen; junge Zweige kurz anliegend behaart. Blätter ohne Nebenblätter, 0,5–1,5 cm lang und 3–6 mm breit, jung beidseitig kurz anliegend behaart, dunkelgrün, im Alter oft verkahlend, sehr kurz gestielt. April–August. 10–40 cm.

**Vorkommen:** Bevorzugt sandige oder steinige, nährstoff- und kalkarme, saure Böden und ein luftfeuchtes, wintermildes Klima. Besiedelt Heiden und lichte Wälder. Vom westlichen Mitteleuropa bis nach Mecklenburg-Vorpommern und ins Nürnberger Becken; zerstreut; fehlt in den Kalkgebieten, im Alpenvorland und in den Westalpen.

**Wissenswertes:** ♄; (☠). Über das Vorkommen von Alkaloiden ist nichts bekannt. Vorsichtshalber sollte man den Behaarten Ginster als giftverdächtig ansehen. – In den Südwestalpen kommt der ähnliche Aschgraue Ginster (*Genista cinerea* (VILL.) DC.) vor. Bei ihm sind die Zweige aufrecht; nur die jungen Äste sind beblättert, die älteren rutenförmig. Er erreicht Höhen von fast 1 m. Die Art ist recht veränderlich; die beschriebenen Formen haben allerdings kaum taxonomische Bedeutung.

## Färber-Ginster
*Genista tinctoria* L.
Schmetterlingsblütengewächse *Fabaceae* (*Leguminosae*)

**Beschreibung:** Zahlreiche Blüten stehen in endständigen Trauben, die 2–6 cm lang werden können und oft in einem rispigen Blütenstand vereint sind. Blüten 1–1,5 cm lang, gelb. Fahne kahl, etwa so lang wie das Schiffchen, das in der Regel kahl und nur sehr selten schütter kurzhaarig ist. Kelch um 5 mm lang, oft kahl, aber auch deutlich behaart; Oberlippe 2spaltig, Unterlippe 3teilig. Tragblätter länger als der zugehörige Blütenstiel. Frucht 2–3 cm lange, nur um 3 mm breite Hülse, die kahl oder behaart sein kann. Niedriger Strauch mit aufrechten, dornenlosen, gerillten, fast kahlen oder abstehend kurzhaarigen Zweigen, die im oberen Teil beblättert sind. Bläter 1–3 cm lang und 3–7 mm breit, lanzettlich, spitz, fast kahl oder mäßig behaart, dunkelgrün; an der Blattbasis befinden sich 2 kleine, schmal-lanzettliche, häutige Nebenblätter, die allerdings meist abfallen. Mai–Juli. 30–80 cm.

**Vorkommen:** Bevorzugt nährstoffarmen, aber durchaus etwas kalkhaltigen, lehmig-tonigen Boden, der zumindest zeitweise etwas feucht sein sollte. Besiedelt Waldränder und Wegraine, geht aber auch in lichte Wälder und sogar an die trockeneren Stellen von Flachmooren. Fehlt im Tiefland, in den Nord- und den Zentralalpen größeren, im Alpenvorland kleineren Gebieten. Sonst selten, aber an seinen Standorten oft in kleineren, lockeren Beständen.

**Wissenswertes:** ♄; ☠. Der Färber-Ginster enthält mehrere giftige Alkaloide, darunter Cytisin, etwas Gerbstoffe und in den Blüten Flavone. Diese wurden früher zum Gelbfärben benutzt. Blätter und Blüten wurden früher arzneilich verwendet.

**Schmetterlingsblütengewächse** *Fabaceae*

## Deutscher Ginster
*Genista germanica* L.
Schmetterlingsblütengewächse *Fabaceae* (*Leguminosae*)

**Beschreibung:** 10–30 Blüten stehen in kurzen, endständigen Trauben an Stengel und Zweigen. Blüten 0,7–1 cm lang, gelb. Schiffchen deutlich länger als die kurze, meist steil aufrecht gestellte Fahne; Schiffchen nur schwach kurzhaarig (Lupe), Fahne kahl; Flügel nur etwa $\frac{2}{3}$ der Länge des Schiffchens erreichend. Kelch um 5 mm lang, behaart, 2lippig; Oberlippe sehr tief 2spaltig; Unterlippe tief 3teilig. Frucht eine Hülse, 0,7–1,2 cm lang und 3–5 mm breit, dicht langhaarig. Niedriger Strauch, dessen ältere Zweige niederliegen oder aufsteigen, blattlos und dornig sind; jüngere Zweige aufrecht, beblättert, meist mit Blüten. Zumindest junge Zweige deutlich kantig und mäßig dicht abstehend behaart. Blätter ohne Nebenblätter, lanzettlich, 1–1,5 cm lang und 5–7 mm breit, vor allem am Rand behaart, hell olivgrün. Mai–Juni. 20–60 cm.

**Vorkommen:** Bevorzugt nährstoff- und kalkarmen, sauren, lehmigen und oft etwas steinigen oder sandigen Boden. Besiedelt Waldränder und Wegraine, Heiden und lichte, etwas trockene Wälder und Gebüsche. Fehlt im Tiefland größeren Gebieten, ebenso in den Mittelgebirgen mit Kalk und im Alpenvorland. Übersteigt nördlich der Alpen 750 m nicht, geht aber in den Südalpen beträchtlich höher. Selten, aber an seinen Standorten meist bestandsbildend.

**Wissenswertes:** ♄; ☠. Enthält – mindestens in den Samen – das Alkaloid Cytisin und ätherisches Öl. Wegen des Alkaloids muß der Deutsche Ginster als giftig angesehen werden, obwohl uns Berichte über Vergiftungen nicht bekannt geworden sind.

## Englischer Ginster
*Genista anglica* L.
Schmetterlingsblütengewächse *Fabaceae* (*Leguminosae*)

**Beschreibung:** 3–10 Blüten stehen in sehr kurzen Trauben endständig an einem Teil der jungen Zweige. Blüten 0,7–1 cm lang, gelb. Schiffchen kahl (Lupe), deutlich länger als die kahle Fahne; Flügel nur etwa $\frac{2}{3}$ der Länge des Schiffchens erreichend. Kelch nur um 3 mm lang, kahl, 2lippig; Oberlippe wenig tief 2spaltig; Unterlippe tief 3teilig. Frucht eine stets kahle Hülse, die 1,2–1,8 cm lang und um 5 mm breit wird. Niedriger Strauch, dessen ältere Äste dornig und blattlos sind, niederliegend oder aufsteigend wachsen; auch die nichtblühenden jüngeren Zweige sind dornig, wogegen die aufrechten, blühenden jungen Zweige keine Dornen tragen; junge Zweige deutlich kantig, kahl. Blätter lanzettlich, an nichtblühenden Zweigen schmäler als an blühenden, hier 5–8 mm lang und 2–4 mm breit. Blätter kahl, ohne Nebenblätter, bläulich-grün. Mai–Juni. 20–60 cm.

**Vorkommen:** Bevorzugt kalkarmen, aber nicht ausgesprochen nährstoffarmen, humosen und nicht zu trockenen Sandboden, geht aber auch auf steinig-lockeren Lehmboden. Frostempfindlich und daher nur in Lagen mit milden Wintern. Besiedelt vor allem Heiden im Tiefland, kommt aber auch im Harz und im Hohen Venn vor; westlich der Elbe zerstreut, in Mecklenburg-Vorpommern und Brandenburg selten, in Sachsen-Anhalt und im Südschwarzwald vereinzelt.

**Wissenswertes:** ♄; (☠). Über das Vorkommen von Alkaloiden, wie sie für andere Arten der Gattung typisch sind, ist uns nichts bekannt geworden; bis zum Beweis des Fehlens solcher Alkaloide muß der Englische Ginster als giftverdächtig gelten.

# Schmetterlingsblütengewächse *Fabaceae* ▶

Hauhechel *Ononis*
Schabziegerklee *Trigonella*

## Dornige Hauhechel
*Ononis spinosa* L.
Schmetterlingsblütengewächse *Fabaceae* (*Leguminosae*)

**Beschreibung:** Blüten zu 1–3 an Kurztrieben in den Blattachseln an Stengel- und Zweigenden, die dadurch zu mäßig dichten Blütentrauben werden. Blüten 1–2,2 cm lang, rosarot oder hell rotviolett. Fahne außen etwas drüsig behaart, streifig dunkler geadert. Kelch lang und teilweise drüsig behaart. Frucht aufgeblasene Hülse, um 1 cm lang und etwa halb so breit, drüsig behaart. Stengel niederliegend oder aufsteigend, am Grunde holzig, zumindest im unteren Teil dornig, ab der Mitte meist deutlich 2reihig behaart (seltener nur 1reihig oder ganz oben allseitig behaart), rot. Blätter 3teilig; mittleres Teilblatt mindestens doppelt so lang wie breit, oft 3–4mal so lang wie breit, gezähnt. Nebenblätter kürzer als der Blattstiel, gezähnt. Juni–August. 20–60 cm.

**Vorkommen:** Braucht nährstoffarmen, kalkhaltigen, trockenen Boden. Besiedelt Halbtrockenrasen, Wegränder und extensiv genutzte Weiden. Fehlt im Tiefland und in den höheren Mittelgebirgen größeren Gebieten. Zerstreut.

**Wissenswertes:** ♃. Enthält ätherisches Öl. – *Ononis spinosa* L. wird mit der Kriechenden Hauhechel (*O. repens* L.: Blüten in den Trauben meist einzeln, Stengel dornenlos, mittleres Teilblatt höchstens doppelt so lang wie breit; Vorkommen: ähnlich *O. spinosa*) und der Acker-Hauhechel (*O. arvensis* L.: stets 2–3 Blüten in den Blattachseln, an den Zweigenden traubig gehäuft, dornenlos; Halbtrockenrasen; Mecklenburg-Vorpommern, Brandenburg, Nieder- und Oberösterreich, Steiermark; selten) zur Sammelart *O. spinosa* agg. zusammengefaßt. Die Zuordnung einzelner Exemplare zu den Kleinarten ist zuweilen schwierig, weil es Übergangsformen zwischen ihnen gibt.

## Rundblättrige Hauhechel
*Ononis rotundifolia* L.
Schmetterlingsblütengewächse *Fabaceae* (*Leguminosae*)

**Beschreibung:** Blüten zu 1–3 an Kurztrieben in den Blattachseln an Stengel- und Zweigenden, die dadurch lockeren Blütentrauben ähneln. Blüten 1,5–2,2 cm lang, rosarot oder hell rotviolett, duftend. Fahne zerstreut „normal" behaart. Kelchzipfel etwa 3mal so lang wie die Kelchröhre. Blütenstands- und Blütenstiel deutlich länger als der Kelch. Frucht hängend, flach, um 3 cm lang, 6–9 mm breit, mit einfachen langen und kürzeren, drüsigen Haaren bedeckt. Stengel aufrecht oder aufgebogen, an der Basis etwas verholzt, ohne Dornen, dicht mit Drüsenhaaren bestanden. Blätter kleeartig 3teilig; Teilblättchen breit-eiförmig bis rundlich, buchtig gezähnt; mittleres Teilblättchen lang-gestielt, seitliche sehr kurzstielig oder sitzend. Nebenblätter 0,5–1 cm lang, kürzer als der Blattstiel, eiförmig, gezähnelt, zuweilen fast ganzrandig. Blätter und Nebenblätter wie Stengel und Zweige drüsig behaart; Drüsensekret etwas klebrig, aromatisch duftend. Mai–September. 15–50 cm.

**Vorkommen:** Braucht kalkreichen, trockenen, flach- bis mittelgründigen, oft steinigen Boden in warmer Lage. Besiedelt ruhenden Felsschutt, gelegentlich auch Kiesbänke, lückige Trockenrasen und lichte Trockenwälder. Südlicher Schweizer Jura, Westalpen, Wallis, Graubünden, Puschlav, Alpenrhein bei Liechtenstein, in Österreich im Drautal, Südtirol. Vorzugsweise in Höhen von etwa 700–2000 m.

**Wissenswertes:** ♃. Wird ihrer großen, duftenden Blüten wegen gelegentlich in Gärten angepflanzt. Entfernt ähnlich: *O. fruticosa* L.: Kelchzipfel kaum länger als die Kelchröhre; Teilblätter 2–5mal länger als breit, mittleres Teilblatt fast sitzend. Südwestalpen; selten.

**Schmetterlingsblütengewächse** *Fabaceae*

## Gelbe Hauhechel
*Ononis natrix* L.
Schmetterlingsblütengewächse *Fabaceae*
(*Leguminosae*)

**Beschreibung:** Die Blüten stehen einzeln oder zu 2-3 auf langen Stielen in den Achseln der oberen Stengelblätter. Blüten 1,5-2 cm lang, goldgelb; Fahne fast kreisrund, etwas ausgerandet, viel länger als Flügel und Schiffchen, oft mit roten, strichförmigen Malen, kahl. Kelchzipfel 3-4mal so lang wie die Kelchröhre. Blütenstiele bzw. Blütenstandsstiele viel länger als der Kelch, meist etwa 5-7 mm lang. Frucht 1-2 cm lang, 3-4 mm breit, flach, drüsig behaart. Stengel aufsteigend oder aufrecht, an der Basis meist deutlich verholzt, ohne Dornen. Blätter lang gestielt, mit Ausnahme der obersten, die ungeteilt sind, kleeartig 3teilig; Teilblättchen schmal-eiförmig bis eiförmig, 1,5-2,5 cm lang, 0,6-1,2 cm breit, das mittlere deutlich und lang gestielt, die seitlichen sitzend, am Rand mehr oder weniger deutlich gezähnt. Nebenblätter kürzer als der Stiel des zugehörigen Blattes, spitz, ganzrandig. Ganze Pflanze ziemlich dicht mit klebrigen Drüsenhaaren bestanden, die bis zu 2 mm lang werden. Mai-August. 20-50 cm.

**Vorkommen:** Braucht kalkhaltigen, trockenen, lockeren, oft steinigen, nicht zu humusarmen Lehm- oder Tonboden, geht auch auf Löß. Besiedelt lückige Trockenrasen, seltener Halbtrockenrasen, und in diesen frisch aufgerissene Stellen (z. B. Wegböschungen). Bis 1980 am Kaiserstuhl, bis 1990 bei Neu-Breisach (ob noch?). Vereinzelt im Gebiet des Genfer Sees, im Rhonetal bis etwa Sion selten. Alpensüdfuß vom Aostatal ostwärts bis nach Südtirol sehr selten.

**Wissenswertes:** ♃. Das Hauptverbreitungsgebiet der Art liegt im Mittelmeergebiet; von dort werden mehrere Sippen, z. T. als Unterarten, beschrieben.

## Schabziegerklee
*Trigonella caerulea* (L.) SER. in DC..
Schmetterlingsblütengewächse *Fabaceae*
(*Leguminosae*)

**Beschreibung:** Zahlreiche Blüten stehen in einem gestaucht-traubigen, kugelig-kopfigen Blütenstand auf einem schaftartigen Blütenstandsstiel, der 2-5 cm lang werden kann. Blüten 5-7 mm lang, hellblau; Fahne schmal-eiförmig, Flügel lineal, kaum 5 mm lang, Schiffchen noch etwas kürzer als die Flügel. Kelchröhre 3-4 mm lang, 5nervig, mit 5 lanzettlich-borstlichen Zipfeln, die fast so lang wie die Kelchröhre werden, so daß die Zipfelspitzen bei Blüten, die kurz vor dem Aufblühen sind, den Vorderrand der Fahne erreichen. Hülse eiförmig, etwa 5 mm lang, 2-3 mm dick, mit einem Schnabel, der 1-2 mm lang werden kann, so daß mit ihm die Frucht um 7 mm mißt. Stengel aufrecht (ssp. *caerulea*) oder niederliegend-aufsteigend (ssp. *procumbens* (BESS.) THELL.), meist kahl, etwas kantig. Blätter kleeartig dreiteilig; Teilblättchen 2-5 cm lang, 0,8-2 cm breit, schmal-eiförmig, dunkelgrün bis gelblich-grün, oft etwas hellerfleckig, das mittlere kurz-gestielt, die seitlichen sitzend, am Rand ungleichmäßig gezähnt, Zähne z. T. mit - oft sehr kurzer - Stachelspitze. Nebenblätter lanzettlich-pfeilförmig, gezähnt. Juni-August. 20-50 cm.

**Vorkommen:** Braucht stickstoffsalzreichen, lockeren und daher oft sandig-grusigen Lehmboden in warmen Lagen. Kulturpflanze aus dem östlichen Mittelmeergebiet, die vor allem im Alpengebiet gelegentlich angebaut wird und dort selten und überall nur unbeständig verwildert ist.

**Wissenswertes:** ☉. Der Schabziegerklee wird als Würze Kräuterkäsen zugesetzt; gelegentlich wird er auch noch in ländlichen Bäckereien als Brotwürze verwendet. Pflückt man das Kraut, überträgt sich der Duft - lange haftend - auf die Finger.

# Schmetterlingsblütengewächse *Fabaceae* ▶

Luzerne, Sichelklee, Hopfenklee, Schneckenklee *Medicago*

## Blaue Luzerne
*Medicago sativa* L.
Schmetterlingsblütengewächse *Fabaceae*
(*Leguminosae*)

**Beschreibung:** 5–25 Blüten stehen in kopfigtraubigen Blütenständen am Ende der Zweige und des Stengels. Blüten 0,8–1,2 cm lang, lila, violett oder tief purpurrot. Fahne länger als Flügel und Schiffchen. Kelch 3–6 mm lang; Kelchröhre kurz behaart, Kelchzipfel kahl. Frucht eine Hülse, die um 5 mm dick wird und die 1,5–3mal schraubig gewunden ist. Stengel aufrecht, nur mit vereinzelten, anliegenden und kaum 1 mm langen Haaren bestanden. Blätter 3teilig, mit deutlich gestielten Mittelblättchen. Teilblättchen schmal-lanzettlich, vorne „abgeschnitten", wobei die Mittelrippe als kleine Spitze austritt. Nebenblätter eiförmig bis lanzettlich, etwa so lang wie der Blattstiel. Juni–September. 30–90 cm.

**Vorkommen:** Braucht tiefgründigen, etwas kalkhaltigen, aber nur mäßig nährstoff- und humusreichen Lehm- oder Lößboden. Oft feldmäßig angebaut und beständig verwildert; besiedelt Wegränder und ruderal werdende Halbtrockenrasen und Trockenwiesen. Fehlt im Tiefland und in den höheren Mittelgebirgen gebietsweise; sonst zerstreut.

**Wissenswertes:** ♃. Die Blaue Luzerne (*M. sativa* L.) wird mit dem Sichelklee (*M. falcata* L.) zur Sammelart *M. sativa* agg. zusammengefaßt. Über Bastardierung: siehe *M. falcata*, rechts –. Ursprünglich war die Blaue Luzerne in Persien und im Nahen Osten verbreitet. Seit der Antike ist sie im Mittelmeergebiet Kulturpflanze. Nach Mitteleuropa scheint sie im 15. Jahrhundert gekommen zu sein. Sie liefert ein eiweißreiches Futter und kann mehrmals geschnitten werden („Ewiger Klee"). „Luzerne" (lucens, lat. = glänzend) könnte auf die glatten Samen der Pflanze anspielen.

## Sichelklee, Sichel-Luzerne
*Medicago falcata* L.
Schmetterlingsblütengewächse *Fabaceae*
(*Leguminosae*)

**Beschreibung:** 5–20 Blüten stehen in kopfigtraubigen Blütenständen am Ende der Zweige und des Stengels. Blüten 0,7–1 cm lang, gelb. Fahne länger als Flügel und Schiffchen. Kelch 2–4 mm lang. Kelchröhre nur mit kurzen, wenig auffälligen Haaren bestanden (Lupe), Kelchzipfel kahl. Frucht eine Hülse, die sichelförmig bis hufeisenförmig gebogen ist und die 1–1,5 cm lang wird. Stengel niederliegend oder aufsteigend, sehr kurz, aber deutlich behaart. Blätter 3teilig, Mittelblättchen kaum länger gestielt als die seitlichen Teilblättchen; Teilblättchen schmal-lanzettlich, vorne „abgebissen" gezähnt. Nebenblätter eiförmig, etwa so lang wie der Blattstiel. Mai–Juli. 20–60 cm.

**Vorkommen:** Braucht tiefgründigen, kalkreichen, aber eher mageren Lehm- oder Lößboden, geht aber auch auf sandigen oder grusigen Untergrund. Besiedelt Halbtrockenrasen, lichte Gebüsche und Ränder trockener Wälder. Fehlt im Tiefland sowie in den Mittelgebirgen und in den Alpenketten mit kalkarmem oder kalkfreiem Gestein fast vollständig, in den Alpen allgemein etwa oberhalb 1200 m. Sonst zerstreut.

**Wissenswertes:** ♃. Die Sichel-Luzerne (*M. falcata* L.) wird mit der Blauen Luzerne (*M. sativa* L.) zur Sammelart *M. sativa* agg. zusammengefaßt. Die Bastard-Luzerne (*M. × varia* Martyn = *M. falcata × sativa*) fällt durch schmutzig-grüne oder fleckig-gelbe Blüten auf und ist nicht allzu selten. Nach neueren Untersuchungen sollen indes alle bei uns kultivierten blaublütigen Luzernen ebenfalls Bastarde (etwa nach der Formel *M. falcata × sativa × sativa*) sein. Die reine Sichel-Luzerne wird nirgends angebaut; sie hat zwar manche Vorzüge, ist aber ertragsarm.

**Schmetterlingsblütengewächse** *Fabaceae*

## Hopfenklee
*Medicago lupulina* L.
Schmetterlingsblütengewächse *Fabaceae* (*Leguminosae*)

**Beschreibung:** 10–50 Blüten stehen in kugelig-traubigen Blütenständen, die nur um 5 mm im Durchmesser erreichen und sich verblühend verlängern, am Ende der Zweige und des Stengels. Blüten 2–4 mm lang, gelb, nach der Blüte abfallend. Fahne im Verhältnis zu den übrigen Blütenblättern groß, Schiffchen sehr klein. Kelch etwa halb so lang wie die Fahne. Frucht eine nieren- oder sichelförmige Hülse, die nur 2–3 mm lang wird, kahl bleibt oder nur von einzelnen Haaren bestanden, keinesfalls aber stachelig ist. Stengel niederliegend oder aufsteigend, gelegentlich auch aufrecht, meist ziemlich dicht behaart, seltener fast kahl. Blätter kleeartig 3teilig; mittleres Teilblättchen deutlich länger gestielt als seitliche, alle mindestens unterseits, oft auch oberseits deutlich behaart, vorn abgestumpft und oft mit einem Spitzchen. Nebenblätter ganzrandig, am Grunde oft mit kurzen Zähnen. Mai–September. 10–30 cm.

**Vorkommen:** Braucht tiefgründigen, kalkhaltigen, nicht allzu nährstoffarmen Lehm- oder Lößboden. Besiedelt Wegränder, Raine, trockene Wiesen und Halbtrockenrasen; wird gelegentlich zur Begrünung zusammen mit ausgesprochenen Pionierpflanzen auf rohen Böden ausgesät. Fehlt nur im Tiefland und in den Gegenden mit kalkarmem Gestein kleineren Gebieten. Sehr häufig. Steigt in den Alpen örtlich bis etwa 1800 m.

**Wissenswertes:** ☉-♃. Der Hopfenklee wurde früher gelegentlich als eiweißreiche Futterpflanze angebaut. Dies und die Aussaat zur Begrünung haben sicher zur weiten Verbreitung beigetragen. Ohne seine charakteristischen Früchte ist er nicht immer leicht von gelbblühenden Klee-Arten (*Trifolium*) zu unterscheiden.

## Arabischer Schneckenklee
*Medicago arabica* (L.) Huds.
Schmetterlingsblütengewächse *Fabaceae* (*Leguminosae*)

**Beschreibung:** Die Blüten stehen einzeln oder in kugeligen, gestaucht-traubigen Blütenständen zu 2–5 am Ende kurzer, schaftartiger Blütenstandsstiele; die eigentlichen Blütenstiele sind kaum 1 mm lang. Blüten um 5 mm lang, gelb. Hülse mit 3–6 schraubenartigen Windungen, insgesamt mehr oder weniger kugelig oder kurz-walzlich, 5–7 mm hoch, 4–7 mm im Durchmesser, Zwischenräume zwischen den einzelnen Windungen sehr gering, Wand der Hülse dicht von Stacheln bedeckt, die 1,5–4 mm lang werden und gelegentlich etwas gekrümmt sein können, kahl. Stengel niederliegend, aufsteigend oder aufrecht, vor allem in der unteren Hälfte abstehend behaart; Haare 1–2 mm lang. Blätter lang-gestielt, kleeartig 3teilig; Teilblättchen 1,5–2 cm lang, 1–1,5 cm breit, breit verkehrt-eiförmig bis rundlich, vorn abgeflacht bis seicht herzförmig ausgerandet, in der Mitte der Spreite mit braunem, meist ovalem Fleck, oberseits kahl, unterseits mäßig dicht, zuweilen auch nur schütter anliegend behaart. Nebenblätter eiförmig bis lanzettlich, etwa bis zur Mitte kammförmig eingeschnitten. April–Juni. 15–50 cm.

**Vorkommen:** Braucht stickstoffsalzreiche, frische Lehmböden in warmen Lagen. Besiedelt Ödland, Wegränder, seltener Brachen oder Äcker. Vereinzelt im Tiefland, am unteren Main, am mittleren Neckar und im südwestlichen Schweizer Jura eingeschleppt und recht beständig verwildert.

**Wissenswertes:** ☉. Die Heimat des Arabischen Schneckenklees liegt im Mittelmeergebiet. Wie bei den nachfolgenden Arten gelangen seine ausgesprochen klettenartig haftenden, gewundenen und bestachelten Hülsen mit Schafwolle („Wollkletten") nach Mitteleuropa.

# Schmetterlingsblütengewächse *Fabaceae* ▶

Schneckenklee *Medicago*
Steinklee *Melilotus*

## Zwerg-Schneckenklee
*Medicago minima* (L.) BARTAL.
Schmetterlingsblütengewächse *Fabaceae* (*Leguminosae*)

**Beschreibung:** 3–8 Blüten (selten nur 1–2) stehen in doldig-halbkugeligen Blütenständen von 4–7 mm Durchmesser am Ende der Zweige und des Stengels. Blüten 3–4 mm lang, gelb. Fahne etwas größer als die übrigen Blütenblätter; Schiffchen kaum kürzer als die Flügel. Frucht eine 3–5fach schraubenartig und eng gewundene Hülse, die fast kugelig wirkt, 3–5 mm hoch und fast ebenso breit wird und dicht mit 1–5 mm langen, an der Spitze hakig gekrümmten Stacheln besetzt ist. Stengel niederliegend, aufsteigend oder aufrecht, dicht anliegend behaart. Blätter kleeartig 3teilig; Teilblättchen 2–4mal so lang wie breit, abgestumpft oder seicht ausgerandet, beiderseits dicht behaart. Mai–Juni. 5–30 cm.
**Vorkommen:** Braucht grusigen oder sandigen, kalkhaltigen Boden in warmer Lage. Besiedelt Halbtrockenrasen, Wegränder und Dämme. Im Tiefland, in der Rhön, der Eifel, am Oberlauf von Mosel, Saar und Neckar sowie im südlichen Schweizer Jura nur vereinzelt, in den Weinbaugebieten von Rheinland-Pfalz, am Main, Ober- und Hochrhein sowie (vor allem in der südlichen) Frankenalb selten, in Ober- und Niederösterreich und im Burgenland zerstreut.
**Wissenswertes:** ⊙. Ähnlich: Rauher Schneckenklee (*M. nigra* (L.) KROCK.): Schiffchen kürzer als die Flügel; Hülse scheibenförmig, mit 2–3 Windungen, behaart; Blätter ungefleckt; gelegentlich eingeschleppt. – *M. orbicularis* (L.) BARTAL.: Hülse derbhäutig, flach, kahl und unbestachelt, zuerst korkenzieherartig, reif scheibig verflacht. Heimat: Südeuropa, bei uns eingeschleppt und unbeständig.

## Weißer Steinklee
*Melilotus alba* MED.
Schmetterlingsblütengewächse *Fabaceae* (*Leguminosae*)

**Beschreibung:** 40–80 Blüten stehen in ährenartigen, blattachsel- und endständigen Trauben, die 3–6 cm lang werden können. Blüten 4–5 mm lang, weiß, nickend. Fahne etwas länger als die Flügel bzw. das Schiffchen. Kelch kaum 2 mm lang, kahl. Frucht eine nur 3–4 mm lange, kahle und netzartig gerippte Hülse. Stengel aufrecht, meist in der oberen Hälfte verzweigt, im Alter etwas verholzt. Blätter kleeartig 3teilig; Teilblättchen schmal-eiförmig, meist sehr deutlich, doch gelegentlich nur undeutlich gezähnt. Nebenblätter um 1 cm lang, meist ganzrandig. Juni–September. 0,5–1,5 m.
**Vorkommen:** Braucht nährstoffreichen, trockenen, etwas kalkhaltigen, tiefgründigen und daher meist lehmigen Boden, der aber steinig sein kann; geht auch auf Sand, Grus und Bahnschotter. Besiedelt Unkrautgesellschaften auf trockenem Ödland, Bahngelände, Kiesgruben und Steinbrüche. Fehlt im Tiefland und in den Gegenden mit kalkarmem Untergrund in kleineren Gebieten. Sonst häufig. Steigt in den Alpen vereinzelt bis über 1500 m.
**Wissenswertes:** ⊙. Möglicherweise war der Weiße Steinklee ursprünglich nur im Mittelmeergebiet, in Südosteuropa und in Mittelasien beheimatet. Nach Mitteleuropa scheint er entlang der Flußläufe möglicherweise erst ab etwa dem 15. Jahrhundert eingedrungen zu sein. Vor allem entlang der Bahnlinien hat er sich rasch ausgebreitet. Als Rohbodenpionier und Kiesfestiger wird er gelegentlich als „Bodenverbesserer" angesät. Seine Blüten gelten als „Bienenweide". Als Viehfutter spielt er wegen des hohen Gehalts an Cumaringlykosiden keine Rolle.

**Schmetterlingsblütengewächse** *Fabaceae*

## Echter Steinklee
*Melilotus officinalis* (L.) PALL.
Schmetterlingsblütengewächse *Fabaceae* (*Leguminosae*)

**Beschreibung:** 30–70 Blüten stehen in ährenartigen, blattachsel- und endständigen Trauben, die 4–10 cm lang werden können. Blüten 5–7 mm lang, gelb, nickend. Fahne und Flügel, die fast so lang wie die Fahne sind, länger als das Schiffchen. Kelch 2–3 mm lang, kahl. Frucht eine nur 3–4 mm lange, hängende, kahle Hülse, bei der die Rippen vorwiegend quer zur Längsachse der Hülse verlaufen, also nicht netzartig sind. Stengel aufrecht, gelegentlich aufsteigend, kantig, im Alter an der Basis etwas verholzt. Blätter kleeartig 3teilig; Teilblättchen meist 1–3 cm lang, schmal verkehrt-eiförmig bis lanzettlich, deutlich gesägt. Nebenblätter lanzettlich, ganzrandig, 5–8 mm lang. Juni–September. 0,3–1,2 m.

**Vorkommen:** Braucht nährstoffreichen, trockenen, etwas kalkhaltigen, tiefgründigen und daher meist lehmigen Boden, der steinig sein kann; geht auch auf Sand, Grus und Bahnschotter. Besiedelt Unkrautgesellschaften auf trockenem Ödland, Bahngelände, Kiesgruben und Steinbrüche. Fehlt im Tiefland und in den Gegenden mit kalkarmem Untergrund in kleineren Gebieten. Sonst häufig. Steigt in den Alpen nur vereinzelt über 1500 m.

**Wissenswertes:** ☉. Der Echte Steinklee enthält Cumaringlykoside, aus denen beim Trocknen Cumarin abgespalten wird („Waldmeisterduft"), dazu Flavonoide, Gerb- und Schleimstoffe. Er wurde gelegentlich als Heilpflanze in der Volksmedizin benutzt und deshalb zuweilen feldmäßig angebaut. – Der Echte Steinklee war vor der Kultivierung der Landschaft in Mitteleuropa wohl nicht heimisch; er fand erst in der Kulturlandschaft eine Lebensmöglichkeit.

## Hoher Steinklee
*Melilotus altissima* THUILL.
Schmetterlingsblütengewächse *Fabaceae* (*Leguminosae*)

**Beschreibung:** 20–60 Blüten stehen in ährenartigen, blattachsel- und endständigen Trauben, die 2–6 cm lang werden können. Blüten 5–8 mm lang, gelb, nickend. Fahne oft mit braunem Saftmal, etwa so lang wie die Flügel, die ebensolang wie das Schiffchen sind. Kelch 2–3 mm lang, kahl. Frucht eine nur 3–5 mm lange, hängende Hülse, die oft schütter, aber deutlich kurz und anliegend behaart ist, und bei der die Rippen deutlich miteinander vernetzt sind. Stengel am Grunde bogig aufsteigend, dann aufrecht, kantig, an der Basis etwas verholzt. Blätter kleeartig 3teilig; Teilblättchen bis 4 cm lang, schmal verkehrt-eiförmig bis lanzettlich, stets deutlich und scharf gesägt. Nebenblätter pfriemlich, ganzrandig, 3–7 mm lang. Juli–September. 0,5–1,5 m.

**Vorkommen:** Braucht nährstoffreichen, zumindest zeitweise feuchten, etwas humushaltigen, lehmig-tonigen Boden, geht aber auch auf Kiesbänke oder Sand; bevorzugt Gegenden mit mildem Klima. Besiedelt Unkrautgesellschaften an Ufern, in Gräben und den Rand feuchter Gebüsche. Fehlt in den höheren Mittelgebirgen, in den Mittelgebirgen mit kalkarmem Gestein, im Tiefland und im Alpenvorland in größeren Gebieten. Steigt in den Alpen nur vereinzelt über 1500 m; fehlt hier gebietsweise.

**Wissenswertes:** ☉. Der Hohe Steinklee enthält – wie der Echte Steinklee – Cumaringlykoside, aus denen beim Trocknen Cumarin frei wird. Wegen des „Waldmeisterduftes", den die trocknenden Stengel entwickeln, hängte man sie früher gelegentlich in Kleiderschränke, um aus ihnen die Motten zu vertreiben.

# Schmetterlingsblütengewächse *Fabaceae* ▶

Steinklee *Melilotus*
Klee *Trifolium*

## Kleinblütiger Steinklee
*Melilotus indica* (L.) ALL.
Schmetterlingsblütengewächse *Fabaceae* (*Leguminosae*)

**Beschreibung:** 10–60 Blüten stehen in ährenartigen, blattachsel- und endständigen Trauben, die nur 1–3 cm lang werden (sehr selten bis 4 cm). Blüten nur 2–3 mm lang, gelb, nickend. Fahne und Schiffchen etwa gleich lang, Flügel etwas kürzer. Frucht eine hängende, kugelige Hülse, die nur 2–3 mm im Durchmesser erreicht und die nur undeutlich eine netzartige Rippung zeigt. Stengel niederliegend oder aufsteigend, oft sparrig verzweigt. Blätter kleeartig 3teilig. Teilblättchen 1–3 cm lang, länglich verkehrt-eiförmig, deutlich und meist scharf gezähnt. Nebenblätter lanzettlich, um 5 mm lang, am Grund jederseits mit 1–2 deutlichen Zähnen. Juni–August. 10–50 cm.

**Vorkommen:** Braucht nährstoffreichen, lockeren, steinigen, sandigen oder lehmigen Boden, der sogar mäßig salzhaltig sein kann. Besiedelt Hafenanlagen, Bahnschotter und steiniges Ödland. Heimat: Mittelmeergebiet, Naher Osten, Indien. Verschleppt und örtlich fast eingebürgert am Unterlauf des Rheins, der Ems, der Weser, der Elbe und der Oder. Auch sonst vereinzelt beobachtet, doch meist unbeständig.

**Wissenswertes:** ☉. Der Kleinblütige Steinklee ist heute weltweit verschleppt. Aus Mitteleuropa wird er seit der Mitte des 19. Jahrhunderts angegeben. In der ersten Hälfte des 20. Jahrhunderts schien sich die Art bei uns auszubreiten. Mit der zunehmenden Befestigung von Verladeeinrichtungen durch Betonieren und Asphaltieren und seit dem Einsatz chemischer Unkrautbekämpfungsmittel auch im Bahnbereich scheint sie zurückzugehen. Am ehesten tritt sie noch an Orten auf, an denen winters Vögel gefüttert werden.

## Gezähnter Steinklee
*Melilotus dentata* (W. & K.) PERS.
Schmetterlingsblütengewächse *Fabaceae* (*Leguminosae*)

**Beschreibung:** 25–50 Blüten stehen in ährenartigen, blattachsel- und endständigen Trauben, die 1–3 cm lang werden können. Blüten um 3 mm lang, blaß hellgelb, nickend, im Gegensatz zu den Blüten anderer Steinklee-Arten fast duftlos. Fahne etwas länger als Schiffchen und Flügel. Kelch häutig. Hülse eiförmig, um 5 mm lang, kahl, glatt. Stengel aufsteigend oder aufrecht, meist vom Grund an verzweigt, kantig, kahl. Blätter kleeartig 3teilig; Teilblättchen 2,5–5 cm lang, mit mindestens 18 Paaren von Seitennerven (alle anderen in Mitteleuropa heimischen Arten haben höchstens 16 Paare von Seitennerven!), scharf und dicht gezähnt. Nebenblätter schmal-lanzettlich bis pfriemlich, 1–1,5 cm lang, wenigstens diejenigen der mittleren Stengelblätter gezähnt. Juli–September. 20–80 cm.

**Vorkommen:** Braucht lehmig-tonigen, wenigstens zeitweise feuchten Boden, der reichlich Nährstoffe, vor allem auch Stickstoffsalze enthalten sollte und der durchaus auch kochsalzhaltig sein kann. Besiedelt Salzwiesen zwischen Weser und Elbe, seltener an der Ostsee in Mecklenburg-Vorpommern; in beiden Gebieten selten. Im Binnenland nur in der Umgebung von Salinen; hier sehr selten; auf salzhaltigen Böden in Niederösterreich und im Burgenland zerstreut.

**Wissenswertes:** ☉. Sein Hauptareal hat der Gezähnte Steinklee in den Salzsteppen Südsibiriens und Osteuropas. Es ist unklar, wie er zu uns gelangt ist. Vor allem die Besiedlung der Salinen im Binnenland bleibt rätselhaft, obschon man weiß, daß die Hülsen vom Wind verblasen und von Tieren verschleppt werden.

### Schmetterlingsblütengewächse *Fabaceae*

## Gewöhnlicher Faden-Klee
*Trifolium dubium* SIBTH.
Schmetterlingsblütengewächse *Fabaceae*
(*Leguminosae*)

**Beschreibung:** 5–20 Blüten stehen in einem nahezu kugeligen Köpfchen, das nur 5–8 mm im Durchmesser erreicht. Blüten fast sitzend, um 4 mm lang, hellgelb, nach dem Verblühen hellbraun. Fahne vorne nicht ausgerandet. Untere Kelchzähne etwas länger als die oberen. Frucht kleine, eiförmige Hülse, die kaum 2 mm lang wird. Stengel niederliegend oder aufsteigend, nur in dichten Rasen vorwiegend aufrecht, schlaff, rund. Blätter kleeartig 3teilig; Teilblättchen nur 0,8–1,3 cm lang, seitliche Teilblättchen sehr kurz gestielt (Stiel zuweilen kaum 1 mm lang), mittleres etwas längerstielig, alle bläulich-grün, vorn leicht buchtig gezähnt, aber ohne „Spitzchen". Nebenblätter eiförmig. Mai–September. 10–20 cm.

**Vorkommen:** Braucht humosen, lehmigen Boden, der im übrigen kalkarm oder kalkhaltig, mager oder nährstoffreich sein kann. Besiedelt Fettwiesen, Weiden und Gartenrasen. Steigt in den Alpen örtlich über 1500 m. Sehr häufig, aber unauffällig und deswegen gelegentlich übersehen.

**Wissenswertes:** ☉. Der Gewöhnliche Faden-Klee (*T. dubium* SIBTH.) wird mit dem Armblütigen Faden-Klee (*T. micranthum* VIV.) zur Sammelart *T. dubium* agg. zusammengefaßt. Folgende Merkmale kennzeichnen *T. micranthum*: Köpfchen meist nur 2–8 Blüten; Blüten um 2 mm lang. Teilblättchen nur 4–8 mm, praktisch sitzend. Stengel dünn, niederliegend. Bevorzugt sandigen, feuchten Boden. Besiedelt Teichufer und feuchte Stellen in Sandrasen. Nur in Schleswig-Holstein zwischen Kiel und Mölln, im südlichen Schweizer und im Französischen Jura; an den europäischen Atlantik- und Mittelmeerküsten verbreitet.

## Spreiz-Klee
*Trifolium patens* SCHREB.
Schmetterlingsblütengewächse *Fabaceae*
(*Leguminosae*)

**Beschreibung:** 12–25 Blüten stehen in einem eiförmig-kugeligen Köpfchen, das 0,9–1,3 cm im Durchmesser erreicht. Blüten kurz-gestielt, im Köpfchen abstehend angeordnet, 5–7 mm lang, goldgelb, nach dem Verblühen hellbraun. Fahne vorne nicht ausgerandet. Frucht eine kleine, eiförmige Hülse, die um 3 mm lang wird und auf der sehr lange der ebenfalls etwa 3 mm lange Griffel erhalten bleibt. Stengel ziemlich dünn, aufsteigend oder aufrecht. Blätter kleeartig 3teilig; Teilblättchen 1–1,5 cm lang, aber nur 2–5 mm breit, die seitlichen sehr kurz, das mittlere deutlich gestielt, alle in der oberen Hälfte fein gesägt. Nebenblätter am Grunde mit 2 halbkreisförmigen Zipfeln den Stengel umfassend (dies ist bei keiner anderen mitteleuropäischen Art so!). Juni–September. 15–40 cm.

**Vorkommen:** Braucht eher feuchten, lehmigen, nährstoffreichen, tonigen oder lehmigen Boden, der auch kochsalzhaltig sein kann. Besiedelt Fettwiesen. Heimat: Mittelmeergebiet. Bei uns nur eingeschleppt und meist unbeständig. Eingebürgert wahrscheinlich in der Westschweiz und in der Steiermark. Ursprünglich nur am Alpensüdfuß. Hier selten.

**Wissenswertes:** ☉. Der Spreiz-Klee tritt in seinem Verbreitungsgebiet in den feuchteren Fettwiesen meist herdenweise auf. Man wird auf ihn oft dadurch aufmerksam, daß er bald nach dem ersten Schnitt aufblüht. Merkwürdigerweise verschwindet er aus regelmäßig oder stark gedüngten Wiesen, obwohl er in küstennahen, salzhaltigen, binsenreichen Weiden noch vorkommt. In Mitteleuropa scheint er feuchte Ödflächen zu bevorzugen.

**Gewöhnlicher Faden-Klee**
*Trifolium dubium*

**Gezähnter Steinklee**
*Melilotus dentata*

**Spreiz-Klee**
*Trifolium patens*

**Kleinblütiger Steinklee**
*Melilotus indica*

# Schmetterlingsblütengewächse *Fabaceae* ▶

Klee *Trifolium*

## Feld-Klee
*Trifolium campestre* SCHREB.
Schmetterlingsblütengewächse *Fabaceae* (*Leguminosae*)

**Beschreibung:** 20–30 Blüten stehen in einem eiförmig-kugeligen Köpfchen, das 0,7–1,2 cm Länge und fast die gleiche Breite erreicht. Blüten kurz gestielt, jung aufgerichtet-abstehend angeordnet, schon vor dem Verblühen und verblüht nickend, 4–5 mm lang, hellgelb, nach dem Verblühen hellbraun. Fahne vorne mit einer schwach kapuzenförmig zusammengezogenen Spitze, außen deutlich gefurcht. Untere Kelchzähne länger als die oberen. Frucht kleine, eiförmige Hülse, die um 3 mm lang wird und auf der sehr lange der allenfalls 1 mm lange Griffel erhalten bleibt. Stengel niederliegend, aufsteigend oder aufrecht, meist verästelt. Blätter kleeartig 3teilig, zumindest angedeutet weißlich-grün; Teilblättchen aus schmal keilförmigem Grund verkehrt-eiförmig, vorne abgestumpft oder undeutlich ausgerandet und in der vorderen Hälfte schwach buchtig gezähnt; seitliche Teilblättchen fast sitzend, mittleres deutlich gestielt. Nebenblätter eiförmig, am Grunde abgerundet, kürzer als oder so lang wie der Blattstiel. Juni–September. 10–20 cm.

**Vorkommen:** Braucht kalkhaltigen oder doch nicht allzu sauer reagierenden Boden, der sandig, steinig oder lehmig sein kann. Meidet stickstoffsalzreichen Untergrund. Besiedelt Schotter, lückige, sandige Rasen, Weg- und Waldränder, geht auch in magere Wiesen und Weiden. Fehlt in Gebieten mit kalkarmem Gestein örtlich, im Tiefland und im Alpenvorland größeren Gebieten. Steigt in den Alpen vereinzelt bis über 1800 m. Sonst zerstreut.

**Wissenswertes:** ☉. Auf mageren Wiesen gilt der Feld-Klee als gute Futterpflanze.

## Gold-Klee
*Trifolium aureum* POLLICH
Schmetterlingsblütengewächse *Fabaceae* (*Leguminosae*)

**Beschreibung:** 20–40 Blüten stehen in einem deutlich eiförmigen Köpfchen, das 1–1,5 cm lang und 5–8 mm breit wird. Blüten sehr kurz gestielt, nur jung aufgerichtet-abstehend, schon bald nach dem Aufblühen etwas herabgeschlagen und verblüht deutlich nickend, 5–7 mm lang, goldgelb, nach dem Verblühen hellbraun. Fahne vorne etwas ausgerandet, außen deutlich gefurcht, länger als Schiffchen und Flügel. Untere Kelchzähne deutlich länger als die oberen. Frucht kleine, eiförmige Hülse, die 2–3 mm lang wird und auf der sehr lange der etwa gleich lange Griffel erhalten bleibt. Stengel nur am Grund bogig aufsteigend, sonst aufrecht, ziemlich verzweigt. Blätter kleeartig 3teilig, stumpf graugrün; Teilblättchen sehr schmal eiförmig bis breit-lanzettlich, bis 2 cm lang und bis etwa 7 mm breit, alle fast sitzend, in der oberen Hälfte fein und zuweilen etwas undeutlich gesägt, mit zahlreichen, geraden Seitennerven. Nebenblätter am Grund verschmälert oder abgerundet, meist so lang wie oder länger als der Blattstiel. Juni–Juli. 10–30 cm.

**Vorkommen:** Braucht kalkarmen, oft etwas rohen Lehmboden. Besiedelt lückige, magere Rasen, Raine, Weg- und Waldränder. Im Tiefland nur vereinzelt, in den höheren Mittelgebirgen und im Alpenvorland selten und gebietsweise fehlend, sonst zerstreut. Steigt in den Alpen nur gelegentlich über 1200 m.

**Wissenswertes:** ☉. Der Gold-Klee ist gegen Düngung mit Stickstoffsalzen empfindlich. Daher verschwindet er aus kultivierten Rasen meist rasch. In Waldsäumen meidet er Stellen mit hochwachsenden Gräsern.

**Schmetterlingsblütengewächse** *Fabaceae*

## Moor-Klee
*Trifolium spadiceum* L.
Schmetterlingsblütengewächse *Fabaceae*
(*Leguminosae*)

**Beschreibung:** 30–50 Blüten stehen in einem zunächst eiförmigen, nach dem Aufblühen aller Blüten walzlich-zylindrischen Köpfchen, das zuerst nur 6–8 mm, nach der Streckung jedoch 1,5–2,5 cm lang sein kann und 0,8–1,3 cm im Durchmesser erreicht. Blüten goldgelb, 5–6 mm lang, sehr kurz gestielt, verblüht herabgeschlagen-nickend, dunkelbraun bis schwarzbraun, trockenhäutig. Fahne außen gefurcht. Untere Kelchzähne bewimpert. Frucht kleine, eiförmige Hülse, die um 3 mm lang wird und auf der sehr lange der kaum 1 mm lange Griffel erhalten bleibt. Stengel aufrecht, wenig verzweigt. Blätter kleeartig 3teilig; alle Teilblättchen sitzend, die der unteren Blätter verkehrt breit-eiförmig, die der oberen Blätter schmal-eiförmig bis lanzettlich, bis 2 cm lang, in der vorderen Hälfte – oft etwas undeutlich – fein gezähnt. Nebenblätter länglich-lanzettlich. Juni–August. 15–30 cm.

**Vorkommen:** Braucht mäßig nährstoffarmen, aber nicht ausgesprochen stickstoffsalzarmen, feuchten, ja nassen, lehmigen oder tonigen Boden in eher kühler Lage. Besiedelt quellige Stellen in Bergwiesen und an Wegrändern, geht auch an Grabenränder und in die Verlandungszone von Bergseen. Fehlt im Tiefland und in den niederen Mittelgebirgen fast vollständig, in den Alpen, im Alpenvorland und in den Mittelgebirgen mit kalkhaltigem Gestein größeren Gebieten; geht kaum bis 1400 m. Sonst selten, in Thüringen und im Bayerischen Wald zerstreut.

**Wissenswertes:** ☉. Der Moor-Klee ist durch „Verbesserung" von Weideflächen und Wiesen sowie durch Aufforstung in den letzten Jahrzehnten vielerorts verschwunden.

## Braun-Klee
*Trifolium badium* SCHREB.
Schmetterlingsblütengewächse *Fabaceae*
(*Leguminosae*)

**Beschreibung:** 15–50 Blüten stehen in einem zunächst halbkugeligen, nach dem Aufblühen aller Blüten kugelig-eiförmigen Köpfchen. Frisch aufgeblühte Köpfchen werden kaum 1 cm lang bzw. breit, voll aufgeblühte bzw. verblühte erreichen dagegen eine Länge zwischen 1,3–2 cm und werden 1–1,5 cm dick. Blüten goldgelb, 6–9 mm lang, sehr kurz gestielt, verblüht herabgeschlagen-nickend, „milchschokoladenbraun", aber nie schwarzbraun, trockenhäutig. Fahne außen gefurcht, etwa doppelt so lang wie das Schiffchen. Untere Kelchzähne kahl. Frucht eine kleine, eiförmige Hülse, die um 2 mm lang wird und auf der sehr lange der gut 1 mm lange Griffel erhalten bleibt. Stengel aufsteigend oder aufrecht, selten niederliegend, meist unverzweigt. Blätter kleeartig 3teilig. Teilblättchen fast sitzend, schmal-eiförmig, bis 2 cm lang, vorne undeutlich ausgerandet, abgerundet, seltener zugespitzt, in der vorderen Hälfte undeutlich gezähnelt. Nebenblätter eiförmig. Juni–August. 10–20 cm.

**Vorkommen:** Braucht feuchten, nährstoffreichen, humushaltigen, lehmigen oder tonigen Boden. Besiedelt vor allem lückige Stellen in alpinen Weiden und Wiesen, geht auch auf Viehläger und in Schneetälchen. Alpen und südlicher Schweizer Jura. Bevorzugt Höhen zwischen etwa 1200 und 2200 m. Zerstreut.

**Wissenswertes:** ♃. Auf sehr hoch gelegenen Weiden, auf denen intensive Bewirtschaftung nicht mehr lohnt, zählt der Braun-Klee zu den geschätzten Futterpflanzen. An solchen Standorten sind hochwüchsige Arten selten, offene Stellen häufig, so daß der Braun-Klee gute Bedingungen vorfindet.

# Schmetterlingsblütengewächse *Fabaceae*

Klee *Trifolium*

## Schweden-Klee
*Trifolium hybridum* L.
Schmetterlingsblütengewächse *Fabaceae* (*Leguminosae*)

**Beschreibung:** 30–50 Blüten stehen in einem kugelig- bis breit-eiförmigen Köpfchen, das bis 2,5 cm in der Länge und bis 1,8 cm in der Dicke erreichen kann. Blüten deutlich gestielt, obere Blüten meist mit längeren Stielen als untere, 0,7 bis 1,2 cm lang, zuerst weiß, dann rosa, verblüht bräunlich. Kelchröhre mit nur 5 Nerven, fast kahl. Frucht eine kurz-walzliche bis eiförmige Hülse, die 5–7 mm lang werden kann. Stengel aufsteigend oder aufrecht, verzweigt, seltener einfach, meist kahl, an den Knoten nie wurzelnd. Blätter kleeartig 3teilig; Teilblättchen breit verkehrt-eiförmig bis breit-eiförmig, vorne abgerundet oder undeutlich ausgerandet, fast vom Grund an fein und spitz gezähnelt. Nebenblätter aus eiförmigem Grund lang zugespitzt. Mai–August. 20–40 cm.

**Vorkommen:** Braucht lehmigen, sandig-lehmigen oder tonigen Boden, der humusarm oder humusreich sein kann, aber eher nährstoffreich als nährstoffarm und überwiegend feucht sein sollte. Besiedelt lückige Stellen in Fettwiesen, an Wegrändern und Uferböschungen. Fehlt – vor allem im Tiefland – kleineren Gebieten, sonst zerstreut. Steigt im Gebirge kaum über 1000 m. Wird da und dort – untermischt mit anderen Klee-Arten – zur Futtergewinnung angebaut.

**Wissenswertes:** ♃. Der wissenschaftliche Artname ist insofern irreführend, als man glaubte, es handle sich bei der Pflanze um einen Bastard zwischen *T. pratense* und *T. repens*. – Ähnlich: Geröll-Klee (*T. pallescens* SCHREB.): Blüten hellrosa; Kelch 10nervig; Stengel niederliegend, rasig wachsend. Moränen, Feinschutt. Zentralalpen, zwischen etwa 1800 und 2800 m. Selten.

## Rasiger Klee, Thals Klee
*Trifolium thalii* VILL.
Schmetterlingsblütengewächse *Fabaceae* (*Leguminosae*)

**Beschreibung:** 15–40 Blüten stehen in einem zuerst fast halbkugeligen, später kugeligen Köpfchen, das 1–1,8 cm im Durchmesser erreicht. Blüten kurz gestielt; Blütenstiele verblühter Blüten nicht abwärts gekrümmt, daher Köpfchen nicht 2geteilt in eine obere, noch blühende Hälfte und in eine untere Hälfte, in der die Blüten schon verblüht sind. Blüten 5–8 mm lang, zuerst weiß, dann rötlich werdend, verblüht bräunlich. Kelchröhre mit 10 Nerven, dicht behaart, nur auf den Nerven kahl. Frucht eine kurz-walzliche Hülse, die 3–4 mm lang wird. Stengel nicht vorhanden, da die Blütenstandsstiele direkt dem oberirdischen Wurzelstock entspringen. Blütenstandsstiele aufrecht. Blätter büschelig-rasig dem Rhizom entspringend, kleeartig 3teilig; Teilblättchen fast sitzend, verkehrt-eiförmig, bis 1,5 cm lang, vorne undeutlich ausgerandet, abgerundet, seltener zugespitzt, fast vom Grunde an undeutlich gezähnelt. Juli. 5–15 cm.

**Vorkommen:** Braucht lehmigen oder tonigen, steinigen Boden, der nährstoffreich und kalkhaltig sein sollte und zumindest zeitweise feucht, ja naß sein muß. Besiedelt in höheren Lagen Fettweiden und Viehläger, geht aber auch in Schneetälchen. Nur Alpen und südlicher Schweizer Jura. Bevorzugt Höhen zwischen etwa 1400 und 2400 m, geht örtlich aber bis etwa 3000 m. In den Alpenketten mit kalkhaltigem Gestein zerstreut, sonst selten.

**Wissenswertes:** ♃. Thals Klee wurde zu Ehren von JOHANN THAL (1542–1583) benannt, der sich um die botanische Erforschung des Harzes verdient gemacht hat. Thal hat den nach ihm benannten Klee nicht gekannt.

**Schmetterlingsblütengewächse** *Fabaceae*

## Kriechender Weiß-Klee
*Trifolium repens* L.
Schmetterlingsblütengewächse *Fabaceae* (*Leguminosae*)

**Beschreibung:** 30–70 Blüten stehen in einem kugeligen Köpfchen, das 1,5–2,5 cm im Durchmesser erreichen kann. Blüten kurz-gestielt; Blütenstiele verblühter Blüten abwärts gekrümmt, daher Köpfchen 2geteilt in eine obere, noch blühende Hälfte und in eine untere Hälfte, in der die Blüten schon verblüht und herabgeschlagen sind. Blüten 0,7–1 cm lang, weiß, schwach grünlich oder rosa überhaucht, verblüht blaßbraun. Kelchröhre mit 10 Nerven. Stengel kriechend und an den Knoten wurzelnd, meist verzweigt, kahl. Blätter kleeartig 3teilig; Teilblättchen aus keilförmigem Grund verkehrt-eiförmig, bis 4 cm lang und bis 2,5 cm breit, vorn ziemlich flach abgerundet, angedeutet ausgerandet, ganzrandig oder sehr fein und oft undeutlich gezähnelt. Nebenblätter scheidig verwachsen, ziemlich groß. Mai–Oktober. 5–20 cm.

**Vorkommen:** Braucht lehmig-tonigen, stickstoffsalzreichen und etwas feuchten Boden. Besiedelt Fettweiden, Wegränder und Rasen. Sehr häufig, oft in ausgedehnten Beständen. Steigt in den Alpen örtlich bis über 2500 m.

**Wissenswertes:** ♃. Der Kriechende Weiß-Klee ist nicht nur eine gute Futterpflanze für Weidevieh, sondern auch eine ergiebige Futterpflanze für Bienen. Gegen Getretenwerden ist er unempfindlich, weil abgetrennte Stengelstücke an den Knoten wurzeln und zu selbständigen Pflanzen auswachsen. Wegen der Trittunempfindlichkeit breitet er sich in Rasen, z. B. in Freibädern, aus; weil er oft von Bienen besucht wird, sieht man ihn dort nicht so gerne. In Mitteleuropa kommt wohl nur die ssp. *repens* vor, der Polster-Weiß-Klee (ssp. *prostratum* NYMAN) vielleicht in der Schweiz.

## Berg-Klee
*Trifolium montanum* L.
Schmetterlingsblütengewächse *Fabaceae* (*Leguminosae*)

**Beschreibung:** 25–50 Blüten stehen in einem kugelig-eiförmigen Köpfchen, das bis 2,5 cm in der Länge und 1,5–2 cm in der Dicke erreichen kann. Jeder Stengel trägt meist 2–3 Köpfchen. Blüten sehr kurz gestielt. Blüten 0,7–1 cm lang, meist reinweiß oder etwas gelblich-weiß, verblüht ocker bis fahlbraun, dann herabgeschlagen, ohne daß das Köpfchen auffällig in eine obere Hälfte mit noch blühenden und in eine untere Hälfte mit schon verblühten Blüten 2geteilt wäre. Kelchröhre mit 10 Nerven, außen schütter behaart. Stengel meist unverzweigt, unten manchmal bogig aufsteigend, überwiegend aufrecht, dicht kurzhaarig. Blätter kleeartig 3teilig; Teilblättchen länglich-eiförmig, 2–4 cm lang und bis 1,5 cm breit, selten breiter, vorne meist abgestumpft, unterseits dicht anliegend behaart, im Alter oft fleckig verkahlend, ringsum dicht und feinspitzig gesägt. Nebenblätter weit mit dem Stengel verwachsen, aus eiförmigem Grund langspitzig zulaufend. Mai–Juli. 10–40 cm.

**Vorkommen:** Braucht kalk- und humushaltigen, zumindest zeitweise trockenen, stickstoffsalzarmen Lehm- oder Tonboden. Besiedelt Halbtrockenrasen, extensiv genutzte Trockenwiesen ebenso wie Ränder von Flachmooren und Pfeifengrasbestände. Geht auch an Waldränder und Waldwege. Fehlt im Tiefland ganz, in den Mittelgebirgen und in den Alpen mit kalkarmem Gestein größeren Gebieten; steigt in den Alpen nur vereinzelt über 2000 m. Selten, aber an seinen Standorten meist in lockeren Beständen.

**Wissenswertes:** ♃. Neben Bienen und Hummeln kommen auch Schmetterlinge als Bestäuber in Frage.

# Schmetterlingsblütengewächse *Fabaceae*
Klee *Trifolium*

## Kleinblütiger Klee
*Trifolium retusum* L.
Schmetterlingsblütengewächse *Fabaceae*
(*Leguminosae*)

**Beschreibung:** 15–50 Blüten stehen in einem kugeligen Köpfchen, das nur um 0,8–1,2 cm im Durchmesser erreicht. Manche Stengel tragen 2 Köpfchen. Blüten nur 4–6 mm lang, rosa oder weißlich, deutlich gestielt. Fahne oft von den oberen Kelchzähnen überragt, die wesentlich länger werden als die unteren und zuletzt aufwärts gekrümmt sind. Kelchröhre mit 10 Nerven, außen zerstreut behaart, mit ziemlich langen Kelchzähnen. Stengel niederliegend, aufsteigend oder aufrecht, verzweigt, zu mehreren büschelig beieinander stehend, schlaff wirkend. Blätter kleeartig 3teilig; Teilblättchen 0,5–1,5 cm lang, aus keilförmigem Grund breit verkehrt-eiförmig, abgestutzt oder undeutlich zugespitzt, ringsum fein und scharf gezähnt. Nebenblätter häutig, aus breit-eiförmigem Grund plötzlich pfriemlich zusammengezogen. Juli–August. 5–15 cm.
**Vorkommen:** Braucht kalkarmen, sandigen oder grusigen Boden. Besiedelt lückige, trockene Sandrasen und Wegränder. Vereinzelt in Sachsen, in Niederösterreich und im Burgenland. Sonst nur eingeschleppt und unbeständig verwildert.
**Wissenswertes:** ⊙. Der Kleinblütige Klee hat seinen Verbreitungsschwerpunkt in den Steppen Südosteuropas, vor allem in Ungarn. Von dort könnte die Art in nacheiszeitlichen Wärmeperioden bis nach Sachsen vorgedrungen sein. Wahrscheinlicher wurde sie aber mit verunreinigtem Saatgut verschleppt. Jedenfalls sind die beobachteten sporadischen Vorkommen am nördlichen Oberrhein oder in der Schweiz nur so zu erklären. Der Kelch umschließt die reife Frucht. Seine Zähne sind gute Kletthaken, die sich auch in anderen Früchten verfangen können.

## Blaßgelber Klee
*Trifolium ochroleucon* Huds.
Schmetterlingsblütengewächse *Fabaceae*
(*Leguminosae*)

**Beschreibung:** 25–60 Blüten stehen in einem breit-eiförmigen Köpfchen, das 1,5–3 cm in der Länge und 1,2–2,5 cm in der Dicke erreichen kann. Jeder Stengel trägt meist nur 1 Blütenköpfchen, das verhältnismäßig kurz gestielt, den oberen Blättern also genähert ist. Blüten aufrecht sitzend, um 1,5 cm lang, hell schwefelgelb, verblüht braunrot, bald abfallend. Kelch mit 10 Nerven, außen behaart, mit sehr schmalen, langhaarigen Kelchzipfeln. Stengel aufrecht, meist unverzweigt, kurz, aber dicht behaart. Blätter kleeartig 3teilig; Teilblättchen sehr schmal-eiförmig bis lanzettlich, 2–4 cm lang, 4–8 mm breit, vorne meist leicht zugespitzt, aber auch abgestumpft, meist ganzrandig, beiderseits ziemlich dicht behaart, am Rand oft fast bewimpert. Nebenblätter verwachsen, aus breit-eiförmigem Grund sehr lang zugespitzt, oft sehr dicht langhaarig. Juni–Juli. 20–40 cm.
**Vorkommen:** Braucht zeitweise feuchten, zeitweise trockenen, lehmigen oder tonigen Boden, der kalkarm, aber humushaltig und ziemlich tiefgründig sein sollte. Besiedelt wechseltrockene Rasen, Wegränder an lichten Waldstellen und trockenere Stellen in Flachmooren. Fehlt – mit Ausnahme weniger Standorte in der südlichen Eifel, im Rheingau sowie zwischen Mosel und Saar – nördlich des Mains. In den Keupergebieten südlich des Mains und im Jura, im Burgenland, in Nieder- und Oberösterreich sowie in der Nord- und Westschweiz selten, jedoch an seinen Standorten meist in kleineren Beständen.
**Wissenswertes:** ♃. Der Blaßgelbe Klee hat seine Hauptverbreitung in Südosteuropa und im Mittelmeergebiet. Von dort sind mehrere Sippen als infraspezifische Taxa beschrieben worden.

**Schmetterlingsblütengewächse** *Fabaceae*

## Rauher Klee
*Trifolium scabrum* L.
Schmetterlingsblütengewächse *Fabaceae* (*Leguminosae*)

**Beschreibung:** 10–30 Blüten stehen in einem kugelig-eiförmigen Köpfchen, das bis zu 1 cm in der Länge und etwa 8 mm in der Dicke erreichen kann. Außer am Ende der Zweige und des Stengels sitzen die Köpfchen ungestielt und an der Basis von den Nebenblättern umgeben in den Achseln der oberen Blätter. Blüten nur um 5 mm lang, weißlich. Kelchröhre mit 10 Nerven, außen dicht behaart, aber auf den Nerven kahl. Stengel niederliegend oder aufsteigend, verästelt und meist etwas verbogen, anliegend behaart, doch nicht zottig. Blätter kleeartig 3teilig; untere Blätter ziemlich langstielig, obere fast sitzend; Teilblättchen aus kurz-keilförmigem Grund verkehrt-eiförmig bis eiförmig, beiderseits behaart, am Rand fein gezähnelt, mit auffallend gekrümmt verlaufenden, gegen den Rand verdickten Seitennerven. Nebenblätter häutig, aus eiförmigem Grund spitz zulaufend. Mai–Juli. 5–15 cm.

**Vorkommen:** Braucht kalkreichen, flachgründig-steinigen Lehmboden, der humusarm sein kann. Besiedelt lückige Stellen in Trockenrasen, zwischen Felsen an Steilhängen, Erdanrisse an Wegen und Böschungen. Vereinzelt an der Bergstraße und am Oberrhein zwischen Basel, Freiburg und Straßburg, im Schweizer Jura selten, desgleichen in den Südalpen.

**Wissenswertes:** ☉. Das Hauptverbreitungsgebiet der Art liegt im Mittelmeergebiet. Sie erreicht bei uns die Nordgrenze ihres Areals. Unter den Klee-Arten gehört sie zu denen, die am meisten Trockenheit ertragen. – Ähnlich: Felsen-Klee (*T. saxatile* ALL.): Blüten 3–4 mm lang, Teilblättchen 6 mm lang, 3 mm breit, mit geraden Seitennerven. Wallis, Alpensüdfuß; selten.

## Erdbeer-Klee
*Trifolium fragiferum* L.
Schmetterlingsblütengewächse *Fabaceae* (*Leguminosae*)

**Beschreibung:** 25–50 Blüten stehen sehr dicht in einem kugeligen Köpfchen, das zur Blütezeit nur um 1 cm im Durchmesser mißt, zur Fruchtzeit aber gut 1,5 cm erreichen kann; Blütenköpfchen einzeln auf langen Stielen in den Blattachseln. Blüten fast ungestielt, 5–7 mm lang, rosa, gelegentlich weißlich, nach dem Verblühen nicht nach unten geschlagen. Kelchröhre mit 10–20 Nerven, die zur Blütezeit nur undeutlich zu erkennen sind und an fruchtenden Exemplaren netzadrig sind; Kelche zur Fruchtzeit blasig erweitert, wodurch der Fruchtstand – allerdings nur sehr entfernt – einer Erdbeere gleicht (Name!). Stengel niederliegend, an den Knoten wurzelnd, meist unverzweigt, kahl oder nur sehr schütter behaart. Blätter kleeartig 3teilig; Teilblättchen bis 2 cm lang und bis etwa 1,2 cm breit, aus keilförmigem Grund verkehrt-eiförmig, vorne meist abgerundet, seltener leicht ausgerandet, ringsum sehr fein gezähnelt, kahl oder auf der Unterseite schütter behaart. Nebenblätter mit eiförmigem Grund verwachsen, in eine feine Spitze ausgezogen, kahl. Juni–September. 5–20 cm.

**Vorkommen:** Braucht nährstoffreichen, sandigen oder tonigen Boden, der kalkhaltig sollte und kochsalzhaltig sein darf. Etwas frostempfindlich. Kommt deshalb vorwiegend an den Küsten von Nord- und Ostsee und im Binnenland nur in den tieferen Lagen, d. h. in den Flußtälern, vor. Selten, an seinen Standorten oft in lockeren Beständen.

**Wissenswertes:** ♃. Der Erdbeer-Klee ist trittunempfindlich. Zertrennte Stengel wachsen an den wurzelnden Knoten zu selbständigen Pflanzen heran.

# Schmetterlingsblütengewächse *Fabaceae*

Klee *Trifolium*

## Persischer Klee
*Trifolium resupinatum* L.
Schmetterlingsblütengewächse *Fabaceae* (*Leguminosae*)

**Beschreibung:** 5–15 Blüten stehen in einem halbkugeligen bis kugeligen Köpfchen, das 1–1,5 cm im Durchmesser erreicht, einzeln und lang gestielt in den Achseln von Stengelblättern. Blüten „umgedreht", d. h. die Fahne ist gleich einer „Lippe" der unterste Blütenbestandteil, 5–8 mm lang, rosa bis hell purpurviolett. Kelchröhre mit 10–20 Nerven, die zur Blütezeit nur undeutlich zu erkennen und an fruchtenden Exemplaren netzadrig sind; obere Kelchhälfte zur Fruchtzeit blasig erweitert, zerstreut, aber zottig behaart. Stengel niederliegend oder aufsteigend, selten aufrecht, an den Knoten nie wurzelnd, reichlich verzweigt, kahl. Blätter kleeartig 3teilig; Teilblättchen 1–2 cm lang, schmal-eiförmig bis eiförmig, abgestumpft oder spitz, zuweilen vorne oder am Rand braunrot überlaufen, fein gezähnelt. Nebenblätter verwachsen, aus breit-eiförmigem Grund in eine lange Spitze ausgezogen, kahl. Mai–September. 10–35 cm.

**Vorkommen:** Braucht nährstoffreichen Lehm- oder Tonboden, der sandig und sogar kochsalzhaltig sein kann. Bei uns gelegentlich feldmäßig als Futterpflanze angebaut und aus der Kultur – meist unbeständig – verwildert. Übersteigt in den Gebirgen nur selten 1000 m. Selten, aber in den Anbaugebieten zuweilen an Feldwegen in lockeren, kleinen Beständen.

**Wissenswertes:** ⊙. *T. resupinatum* L. wird mit dem Wohlriechenden Klee (*T. suaveolens* Willd.) zur Sammelart *T. resupinatum* agg. zusammengefaßt. Für *T. suaveolens* ist kennzeichnend: Blüte 0,8–1 cm lang, Stengel dick, hohl, aufrecht. Bei uns etwa ab 1950 eingeführt. Heute wird fast nur diese Sippe angebaut.

## Inkarnat-Klee
*Trifolium incarnatum* L.
Schmetterlingsblütengewächse *Fabaceae* (*Leguminosae*)

**Beschreibung:** Zahlreiche Blüten stehen in einem zuerst kegelig-eiförmigen Blütenstand, der sich später zylindrisch verlängert und dann 5 cm in der Länge und um 2 cm in der Dicke messen kann. Blüten ungestielt, um 1 cm lang, leuchtend dunkelrot bis tief weinrot. Kelch mit 10 Nerven, außen dicht behaart; Kelchzipfel sehr schmal, obere und untere etwa gleich lang, mit feiner, stacheliger Spitze. Stengel aufrecht, unverzweigt, dicht behaart, unmittelbar unter den Blütenköpfchen sogar anliegend weißfilzig. Blätter kleeartig 3teilig; Teilblättchen bis 3 cm lang und bis 2,5 cm breit, aus kurz-keilförmigem Grund breit verkehrt-eiförmig oder rundlich-eiförmig, vorn meist abgerundet oder sehr seicht ausgerandet, die Teilblättchen der obersten Blätter oft etwas zugespitzt. Nebenblätter groß, tütig verwachsen, weißfilzig, mit auffallenden dunkelgrünen (und dadurch insgesamt grünlich-weiß wirkend) oder violetten Adern. April–Juli. 10–50 cm.

**Vorkommen:** Braucht lockeren, etwas lehmigen Sandboden, geht aber auch auf steinige Lehmböden in Gegenden ohne ausgeprägte Frühjahrsfröste. Heimat: Westliches Mittelmeergebiet, Südosteuropa. Wird bei uns in Gegenden mit warmem, trockenem Frühjahr gelegentlich feldmäßig als gutes Silagefutter angebaut und kann dann verwildern; eingebürgert scheint er – außer in Niederösterreich und im Burgenland – kaum irgendwo zu sein, wenngleich er in Süddeutschland, vor allem im Oberrheingebiet und im Donautal, immer wieder gefunden wird.

**Wissenswertes:** ⊙. Der Anbau des Inkarnat-Klees ist in den letzten Jahrzehnten etwas außer Mode gekommen.

**Schmetterlingsblütengewächse** *Fabaceae*

## Hasen-Klee
*Trifolium arvense* L.
Schmetterlingsblütengewächse *Fabaceae* (*Leguminosae*)

**Beschreibung:** Zahlreiche Blüten stehen in einem eiförmig-kurzzylindrischen Köpfchen, das 1–2 cm in der Länge und 0,8–1 cm in der Dicke erreichen kann. Die Köpfchen stehen am Ende der Zweige oder des Stengels und in den Achseln der oberen Blätter. Blüten nur 3–4 mm lang, beim Aufblühen weißlich, später rosa. Kelch mit Zipfeln etwa so lang wie die Blüte, dicht mit langen, grauweißen Haaren bestanden, wodurch das ganze Köpfchen weidenkätzchenähnlich aussieht. Stengel aufsteigend oder aufrecht, dicht behaart, verzweigt, oft rötlich überlaufen. Blätter kleeartig 3teilig; Teilblättchen etwa 2 cm lang und bis zu 5 mm breit, aus keilförmigem Grund sehr schmal eiförmig, ganzrandig oder sehr fein – und etwas undeutlich – gezähnelt, beidseitig seidig behaart, oft rötlich überlaufen, vorne abgestumpft oder spitz zulaufend. Nebenblätter verwachsen, lang ausgezogen, behaart. Juni–September. 5–30 cm.

**Vorkommen:** Braucht lockeren, feinerdearmen, ziemlich trockenen, kalkarmen und daher etwas sauren, sandigen oder steinig-grusigen Boden in Gegenden mit relativ mildem Klima. Besiedelt dann Wegränder, lückige Rasen, geht aber auch auf Hackfruchtäcker oder Brachland. Fehlt in den Mittelgebirgen mit kalkhaltigem Gestein, in den höheren Mittelgebirgen, im Alpenvorland und in den Alpen (etwa oberhalb 1000 m) gebietsweise; sonst zerstreut.

**Wissenswertes:** ☉. Der Name „Hasen"-Klee soll ausdrücken, nur für Hasen, nicht für Nutztiere, sei die Pflanze als Futter geeignet. Tatsächlich verschmähen Kühe die harten und bitteren Stengel. Der Hasen-Klee galt früher als gute Heilpflanze; er enthält Gerbstoffe.

## Gestreifter Klee
*Trifolium striatum* L.
Schmetterlingsblütengewächse *Fabaceae* (*Leguminosae*)

**Beschreibung:** Zahlreiche Blüten stehen in einem kugelig-eiförmigen Köpfchen, das 1,5 cm in der Länge und 1 cm in der Dicke erreichen kann. Die Köpfchen stehen am Ende des Stengels und der Zweige sowie in den Achseln der oberen Blätter. Blüten ungestielt, kaum 5 mm lang, hellrosa, welk bleibend oder nach dem Verblühen abfallend. Kelchröhre mit 10 Nerven, dicht behaart, nach dem Verblühen bauchig aufgetrieben; Kelchzipfel 1–2 mm lang, dünn. Stengel aufsteigend oder aufrecht, besonders unten verzweigt, dicht behaart. Blätter kleeartig 3teilig; Teilblättchen 1,5–2 cm lang und 1–1,5 cm breit, vorne abgerundet oder seicht ausgerandet, oberste oft mit kurzer Spitze, fein gezähnelt, Seitennerven gerade, nicht am Rande gekrümmt. Nebenblätter verwachsen, im oberen Teil in eine verhältnismäßig kurze Spitze ausgezogen. Juni–Juli. 5–20 cm.

**Vorkommen:** Braucht kalk- und feinerdearmen, sandigen oder steinig-grusigen Boden, der etwas kochsalzhaltig sein kann. Besiedelt lückige Rasen, Wegränder und Brachäcker, geht selten auch auf Äcker und auf Kiesbänke. In Schleswig-Holstein, am Unterlauf von Elbe und Weser, am Nieder- und Mittelrhein, im Mittelgebirgsstreifen zwischen Eifel und Harz sowie in Niederösterreich und in der Westschweiz selten; sonst nur unbeständig eingeschleppt (z. B. Brandenburg, Mecklenburg, Baden).

**Wissenswertes:** ☉. Ähnlich: Vogelfuß-Klee (*Trifolium ornithopodioides* L.): Blütenstand nur mit 1–5 Blüten, diese rosarot, sitzend. Stengel niederliegend bis aufsteigend. Teilblättchen vorn ausgerandet. Auf Sandrasen. Nur bei St. Peter-Ording und Eiderstedt.

# Schmetterlingsblütengewächse *Fabaceae* ▶

Klee *Trifolium*

## Alpen-Klee
*Trifolium alpinum* L.
Schmetterlingsblütengewächse *Fabaceae*
(*Leguminosae*)

**Beschreibung:** 3–15 Blüten, sehr selten mehr, stehen in einem halbkugeligen bis kugeligen Blütenköpfchen. Die Köpfchen werden von 3–8 cm langen Stielen getragen, die in den Achseln der grundständigen Blätter entspringen. Sie erreichen 3–5 cm im Durchmesser. Blüten deutlich gestielt, 1,5–2,5 cm lang, hellrosa, fleischrosa oder purpurrot, sehr selten fast weiß. Kelch mit 10 Nerven, kahl; Kelchzipfel schmal-3eckig, mit lang ausgezogener Spitze, kahl. Oberirdische Stengel fehlen; alle Blätter (und damit auch die Blütenstiele) grundständig am Rhizom, das von braunen Fasern umhüllt ist. Blätter kleeartig 3teilig; Teilblättchen 4–7 cm lang, 0,5 bis knapp 1 cm breit, sehr schmal eiförmig bis lanzettlich, spitz, ganzrandig, kahl, oft stumpf graugrün. Nebenblätter am Grund verwachsen, langspitzig, kahl. Juni–August. 5–20 cm.

**Vorkommen:** Braucht kalkfreien, sauren, mäßig stickstoffsalzhaltigen Boden in alpiner Klimalage, der nicht allzu flachgründig sein sollte. Besiedelt borstgrasreiche Matten und lockere Zwergstrauchbestände, bevorzugt in Höhenlagen zwischen etwa 1700 und 2700 m, geht aber örtlich auch etwas tiefer bzw. höher. Ostgrenze der Verbreitung ist etwa eine gedachte Linie vom Arlberg zum Gardasee. Fehlt westlich dieser Linie in den Nördlichen Kalkalpen fast überall, in den Südlichen Kalkalpen größeren Gebieten. Sonst zerstreut.

**Wissenswertes:** ♃. Der Alpen-Klee hat unter den in Mitteleuropa vorkommenden *Trifolium*-Arten die größten Blüten. Sie duften stark und werden von langrüsseligen Hummeln und von Faltern bestäubt.

## Wiesen-Rot-Klee
*Trifolium pratense* L.
Schmetterlingsblütengewächse *Fabaceae*
(*Leguminosae*)

**Beschreibung:** Zahlreiche Blüten stehen in einem kugelig-eiförmigen Blütenstand, der 2–3,5 cm im Durchmesser erreichen kann; oft sitzen 2 Blütenstände paarweise genähert am Stengelende, selten sind es 3 oder 4. Blüten 1,2–1,5 cm lang, hell purpurrot, fleischrot oder rosa, seltener gelblich oder weißlich. Kelch mit 10 Nerven, außen behaart; Kelchzipfel dünn, lang behaart. Stengel meist nur am Grunde aufsteigend, sonst aufrecht, schütter anliegend behaart. Blätter kleeartig 3teilig; Teilblättchen 1,5–3 cm lang, selten länger, und 0,8–1,5 cm breit, breit-eiförmig bis breit verkehrt-eiförmig, meist kurz zugespitzt, gelegentlich aber auch abgerundet oder etwas ausgerandet, fast ganzrandig, auf der Spreite oft mit hellgrüner, gelegentlich auch mit weinroter Zeichnung, zumindest unterseits, oft auch oberseits schütter und anliegend behaart. Nebenblätter eiförmig, kahl, die der unteren Blätter meist kürzer als der halbe Blattstiel, ihr freier Teil in eine kurze Spitze ausgezogen. Juni–September. 10–50 cm.

**Vorkommen:** Braucht tiefgründigen, kalkhaltigen, nährstoffreichen Lehm- oder Tonboden. Besiedelt Wiesen und Wegränder. Oft angebaut. Geht in den Alpen bis über 2000 m. Sehr häufig.

**Wissenswertes:** ♃. Innerhalb der Art gibt es mehrere Sippen, die meist als Unterart beschrieben werden. Stets weißlich blüht die alpine Unterart Hochgebirgs-Rot-Klee (ssp. *nivale* Arc). In Mitteleuropa wurde der feldmäßige Anbau von Klee erst in der Mitte des 18. Jahrhunderts eingeführt, frühzeitig u. a. in Sachsen. Dadurch konnte die Brache in der Dreifelderwirtschaft besser als Futtergrundlage genutzt werden.

**Schmetterlingsblütengewächse** *Fabaceae*

## Hügel-Klee
*Trifolium alpestre* L.
Schmetterlingsblütengewächse *Fabaceae*
(*Leguminosae*)

**Beschreibung:** Zahlreiche Blüten stehen in einem eiförmigen, seltener kugeligen Blütenstand, der bis 3,5 cm in der Länge und bis 3 cm in der Dicke erreichen kann; oft sitzen 2 Blütenstände paarweise genähert in den Achseln der obersten Blätter und Nebenblätter. Blüten 1,2–1,5 cm lang, dunkel purpurrot, nur sehr selten heller. Kelch mit 20 Nerven, außen behaart; Kelchzipfel dünn, lang wimperig behaart. Stengel aufrecht, meist unverzweigt, mäßig dicht bis dicht und meist anliegend behaart. Blätter kleeartig 3teilig; Teilblättchen 3-8 cm lang und in der Regel nur 4–8 mm breit, selten bis etwa 1 cm breit, meist kurz zugespitzt, gelegentlich auch abgerundet, ganzrandig oder sehr fein gezähnt, oberseits meist kahl und mit deutlich sichtbaren, bogig verlaufenden, gegen den Rand verzweigten, weißlich-grünen Nerven, unterseits dicht anliegend behaart. Nebenblätter eiförmig, behaart, an den unteren Blättern in eine lange Spitze ausgezogen. Juni–Juli. 10–30 cm.

**Vorkommen:** Braucht trockenen, basenreichen, aber kalkarmen Lehm- oder lehmigen Sandboden. Besiedelt lichte Stellen in trockenen Wäldern. Fehlt im Tiefland westlich der Elbe; an ihrem Unterlauf und östlich der Elbe sehr selten. In den niedrigeren Mittelgebirgen sowie in Ober- und Niederösterreich selten, aber oft in kleineren Beständen. Fehlt in den höheren Mittelgebirgen ganz, im Alpenvorland und in der Schweiz größeren Gebieten. In den Südalpen zerstreut, bis etwa 1800 m, sonst selten.

**Wissenswertes:** ♃. Der Hügel-Klee erträgt Stickstoffsalzdüngung nicht. Aus gedüngten Wiesen verschwindet er. In den letzten Jahrzehnten hat er viele Standorte verloren.

## Mittlerer Klee, Zickzack-Klee
*Trifolium medium* L.
Schmetterlingsblütengewächse *Fabaceae*
(*Leguminosae*)

**Beschreibung:** Zahlreiche Blüten stehen in einem kugelig-eiförmigen Blütenstand, der 2–3,5 cm im Durchmesser erreichen kann und häufig etwas dicker als hoch ist, in der Regel sitzt nur 1 Blütenstand am Stengelende; selten sind es 2. Blüten 1,5–2 cm lang, meist leuchtend purpurrot oder dunkel purpurrot. Kelch mit 10 Nerven, kahl; Kelchzipfel dünn, lang, doch etwas schütter wimperig behaart. Stengel aufsteigend, meist verzweigt, etwas hin- und hergebogen, schütter anliegend behaart bis fast kahl. Blätter kleeartig 3teilig; Teilblättchen bis 5 cm lang und 1–2 cm breit, ganzrandig oder sehr fein gezähnelt, vorn abgerundet oder spitz zulaufend, nie ausgerandet, oberseits kahl, unterseits locker anliegend behaart, auf der Oberseite mit hellgrünen, etwas verzweigten, schwach bogig zum Rand laufenden Nerven. Nebenblätter der unteren Stengelblätter kürzer als der halbe Blattstiel, bewimpert; unverwachsene Spitze lang ausgezogen. Mai–August. 10–25 cm.

**Vorkommen:** Braucht tiefgründigen, basenreichen, stickstoffsalzarmen Lehmboden. Besiedelt lichte, sonnige Stellen in Gebüschen und Wäldern sowie Waldränder. Fehlt im Tiefland westlich der Elbe und in den nördlichen Mittelgebirgen größeren Gebieten. Sonst zerstreut und meist in kleineren, aber individuenreichen Beständen. Steigt in den Alpen bis über 2000 m.

**Wissenswertes:** ♃. Der Zickzack-Klee wird durch Stickstoffdüngung rasch verdrängt. Bemerkenswerterweise gedeiht er in krautreichen und nicht zu hochwüchsigen Waldsaumgesellschaften besonders gut. Eine direkte Gefährdung konnte bei dieser Art wegen der Ausweichmöglichkeiten bislang noch nicht festgestellt werden.

## Schmetterlingsblütengewächse *Fabaceae* ▶

Klee *Trifolium*
Wundklee *Anthyllis*
Hornklee *Lotus*

## Purpur-Klee
*Trifolium rubens* L.
Schmetterlingsblütengewächse *Fabaceae*
(*Leguminosae*)

**Beschreibung:** Zahlreiche Blüten stehen in einem länglich-eiförmigen bis pyramidal-walzlichen Blütenstand, der 3–7 cm Länge und 2–3 cm in der Dicke erreichen kann. Meist sitzt nur 1 Blütenstand am Stengelende, zuweilen sind es 2. Blüten 1–1,5 cm lang, leuchtend purpurrot oder dunkel purpurrot. Kelch mit 15–20 Nerven, außen kahl; Kelchzipfel lang und spitz ausgezogen, sehr lang und ziemlich dicht abstehend-wimperig behaart. Stengel aufrecht, meist unverzweigt, kahl. Blätter kleeartig 3teilig; Teilblättchen 3–6 cm lang, 0,5–1 cm breit, kahl, stumpf oder schwach zugespitzt, fein, aber deutlich spitz gezähnt. Nebenblätter der unteren Stengelblätter nicht häutig, sondern krautig, länger als der Stiel der zugehörigen Blätter, kahl. Juni–Juli. 30–60 cm.

**Vorkommen:** Braucht trockenen, etwas kalkhaltigen oder doch kationenreichen, lehmigen oder lößhaltigen Boden, der im übrigen steinig oder tiefgründig sein kann. Besiedelt lichte Trockenwälder und Gebüsche. Kommt nördlich einer gedachten Linie von der Eifel bis zur Rhön nur vereinzelt westlich der Fulda vor; in den Mittelgebirgen mit kalkhaltigem Gestein und im Alpenvorland selten, aber oft in kleineren, lockeren Beständen. Fehlt in den Mittelgebirgen mit kalkarmem bzw. kalkfreiem Gestein, ebenso größeren Gebieten im Alpenvorland. In den nördlichen Alpenketten sehr selten, desgleichen in der Westschweiz. In den Zentral- und Südalpen selten; steigt nur bis etwa 1000 m.

**Wissenswertes:** ♃. Der Purpur-Klee hat seine Hauptverbreitung im Mittelmeergebiet und in Südosteuropa. Er erreicht in Mitteleuropa die Nordgrenze seines Areals.

## Echter Wundklee
*Anthyllis vulneraria* L.
Schmetterlingsblütengewächse *Fabaceae*
(*Leguminosae*)

**Beschreibung:** 10–30 Blüten sitzen in den Achseln von fingerig aufgeteilten Hochblättern; gelegentlich kommen an Seitenästen armblütige Blütenstände vor. Blüten 1–2 cm lang, hellgelb, goldgelb oder rötlich. Kelch bauchig erweitert, weiß oder sehr hell gelb, anliegend oder schwach abstehend behaart. Stengel am Grunde nicht verholzt, niederliegend, aufsteigend oder aufrecht, behaart. Untere Blätter gestielt, gefiedert, mit auffallend großem Endblatt (das 5–7 cm lang werden kann) und jederseits mit 1–5 kleineren (zur Basis hin kleiner werdenden) Fiederblättchen, die zuweilen fehlen können; dann sind die unteren Blätter lang gestielt schmal-eiförmig, am Stielansatz manchmal etwas herzförmig eingebuchtet. Stengelblätter sitzend, mit vergrößertem Endblättchen und jederseits mit 1–5 Seitenfiedern, die ziemlich dicht stehen und zum Stengel hin kleiner werden. Mai–Juni. 10–40 cm.

**Vorkommen:** Braucht kalkhaltigen Lehm- oder Lößboden. Besiedelt Trockenrasen, Wege, lichte Trockenwälder und -gebüsche. Auf Böschungen oft ausgesät, da er auf Rohboden gedeiht und ihn dank seiner Knöllchenbakterien mit Stickstoffsalzen anreichert. Fehlt im Tiefland westlich der Elbe und in den Mittelgebirgen mit kalkarmem Gestein gebietsweise. Sonst zerstreut; geht in den Alpen bis 3000 m.

**Wissenswertes:** ♃. Bei dieser Art werden rund 10, z. T. stark voneinander abweichende Unterarten unterschieden. Ähnlich: Gebirgs-Wundklee (*A. montana* L.): Stengel unten holzig; untere Blätter jederseits mit 8–20 Seitenfiedern. Schweizer Jura, Zentral- und Südalpen. Zerstreut. Bastardiert mit *A. vulneraria*.

**Schmetterlingsblütengewächse** *Fabaceae*

## Gewöhnlicher Hornklee
*Lotus corniculatus* L.
Schmetterlingsblütengewächse *Fabaceae*
(*Leguminosae*)

**Beschreibung:** 3–8 Blüten stehen in einem doldig-halbkugeligen Blütenstand, an dessen Basis sich ein 1–3teiliges, zuweilen etwas verkümmertes Hochblatt befindet; oftmals fehlt es. Blüten 0,8–1,3 cm lang, hellgelb, goldgelb oder bernsteinfarben, vor allem Fahne und Schiffchen außen auch purpurrot überlaufen. Kelch kahl oder auf den Nerven und an den Kelchzipfeln schütter, doch lang behaart. Stengel bogig aufsteigend oder aufrecht. Blätter 5zählig gefiedert, wobei das unterste Fiederpaar meist herabgezogen am Stengel ansitzt und nebenblattartig wirkt. Die Nebenblätter selbst sind weitgehend rückgebildet. Mai–August. 5–30 cm.

**Vorkommen:** Braucht nährstoffreichen Lehmboden. Besiedelt Fettwiesen, Halbtrockenrasen, Wegränder, Gebüsche und Waldränder, geht auch auf lichte Stellen in trockenen Wäldern. Sehr häufig. Steigt in den Zentralalpen bis fast 3000 m.

**Wissenswertes:** ♃. Der Gewöhnliche Hornklee (*L. corniculatus* L.) wird mit folgenden Kleinarten zur Sammelart *L. corniculatus* agg. zusammengefaßt: Alpen-Hornklee (*L. alpinus* (SER.) RAMON sensu ŽERTOVÁ): Blütenstände mit nur 1–3 Blüten; Blüten um 1,5 cm lang; Schiffchenspitze dunkelpurpurn; Fiederblättchen nur 8 mm lang. Alpen, zwischen 1200 und 2800 m; zerstreut. Schmalblättriger Hornklee (*L. tenuis* W. & K. ex WILLD.): Blütenstände mit nur 1–5 Blüten; Blüten nur 0,7–1 cm lang, verblüht orangerot. Teilblättchen bis 1,5 cm lang, aber nur 2–4 mm breit. Selten an der Nordseeküste westlich der Weser; vereinzelt im Tiefland, am Oberlauf der Mosel, am Mittelrhein und im südlichen Taunus.

## Sumpf-Hornklee
*Lotus uliginosus* SCHKUHR
Schmetterlingsblütengewächse *Fabaceae*
(*Leguminosae*)

**Beschreibung:** 8–14 Blüten stehen in einem doldig-halbkugeligen Blütenstand, an dessen Basis sich ein 1–3teiliges, häufig etwas verkümmertes Hochblatt befindet; gelegentlich fehlt es. Blüten 1,2–1,5 cm lang, hellgelb, in der Knospe oft rötlich, verblüht gelb. Kelch sehr schütter behaart oder kahl, Kelchzipfel deutlich bewimpert. Kelchzipfel stehen vor dem Aufblühen bogig ab. Stengel bogig aufsteigend oder aufrecht, ziemlich weitröhrig. Blätter unpaarig 5zählig gefiedert, wobei das unterste Fiederpaar meist herabgezogen am Stengel ansitzt und nebenblattartig wirkt. Die Nebenblätter selbst sind weitgehend rückgebildet. Teilblättchen wirken etwas dicklich und sind unterseits meist deutlich bläulich-grün; oftmals sind sie am Rand schütter bewimpert. Mai–Juli. 20–60 cm.

**Vorkommen:** Braucht nährstoffreichen, aber kalkarmen oder kalkfreien, sandigen Lehm- oder Tonboden, der zumindest feucht sein sollte und naß sein kann. Besiedelt Ufer, Gräben und Naßwiesen. Erträgt Stickstoffsalzdüngung leidlich gut und kann in Naßwiesen als Stickstoffzeiger gelten. Fehlt in den niederschlagsärmeren Mittelgebirgen mit Kalkuntergrund und gebietsweise auch im Alpenvorland und gänzlich in den Kalkalpen; in den Alpen sonst sehr selten, in Österreich, in der Schweiz und in den Mittelgebirgen (mit durchschnittlichem oder höherem Niederschlag) mit Kalk selten, im Tiefland zerstreut.

**Wissenswertes:** ♃. Früher hat man den Sumpf-Hornklee örtlich als Futterpflanze angebaut; er ist gegenüber anderen Futterpflanzen jedoch wenig ergiebig. Dennoch sehen ihn Landwirte gern in ihren Feuchtwiesen.

# Schmetterlingsblütengewächse *Fabaceae* ▶

Spargelbohne *Tetragonolobus*
Tragant *Astragalus*

## Spargelbohne, Gelbe Spargelerbse
*Tetragonolobus maritimus* (L.) ROTH
Schmetterlingsblütengewächse *Fabaceae* (*Leguminosae*)

**Beschreibung:** Nur 1 Einzelblüte am Ende der Stengel. Blüte schräg aufrecht oder waagrecht abstehend, so daß das zugehörige kleine, 3teilige Hochblatt „oberhalb" des Blütenstiels sitzt; Blüte 2-3 cm lang, hellgelb, beim Verblühen oft rötlich angelaufen. Fahne etwas ausgerandet, gekielt, oft mit rötlichen Blattadern. Kelchröhre kahl, hellgrün, mit dunkler grünen oder rötlichen Adern; Kelchzipfel dicht bewimpert. Frucht eine Hülse, die 4-5 cm lang und 3 mm dick wird; durch 4 deutliche Längsleisten wirkt sie 4flügelig, mindestens aber 4kantig. Stengel aufsteigend oder aufrecht, an der Basis verzweigt. Blätter 3zählig gefiedert; Nebenblätter sitzen wie ein unterstes Fiedernpaar am Stengel an. Teilblättchen dicklich, grau-blaugrün, am Rand in der Regel dicht, wenn auch kurz bewimpert. Juni-Juli. 5-25 cm.

**Vorkommen:** Braucht zeitweise feuchten, kalkhaltigen Lehm- oder Tonboden. Erträgt Kochsalz. Besiedelt Flachmoore, quellige Stellen in Halbtrockenrasen und Quellsümpfe. Kommt nördlich einer gedachten Linie von der Eifel bis zur Rhön nur vereinzelt vor. Fehlt in den Mittelgebirgen mit kalkarmem Gestein, in den trockeneren kalkreichen Mittelgebirgen, im Alpenvorland und in den Zentralalpen größeren Gebieten; sonst selten, aber meist in kleineren, lockeren Beständen.

**Wissenswertes:** ♃. In Gärten wird selten die Rote Spargelerbse (*T. purpureus* MOENCH) als Zierpflanze (2 rote Blüten am Stengelende) oder Gemüse gezogen (junge Hülsen eßbar; Zubereitung wie bei Spargel oder Bohnen). Heimat: Südeuropa; kaum verwildert.

## Stengelloser Tragant
*Astragalus exscapus* L.
Schmetterlingsblütengewächse *Fabaceae* (*Leguminosae*)

**Beschreibung:** Die Blütenstände, die nur 3-9 Blüten enthalten, sind so kurzstielig, daß sie dem Boden aufzusitzen scheinen. Blüten 2-2,5 cm lang, gelb; Fahne stets länger als das Schiffchen. Kelch 1,2-1,5 cm lang, dicht und abstehend weißhaarig. Frucht eine Hülse, die 1,5-2 cm lang und 5-8 mm dick wird; Hülse dicht und abstehend weißlich behaart. Stengel fehlt praktisch (dann sitzen Blätter und Blütenstand scheinbar dem Rhizom an), selten ist er bis 1 cm lang, und nur vereinzelt ist er länger. Blätter unpaarig gefiedert, mit 25-39 Teilblättchen. Teilblättchen 0,8-2,5 cm lang, knapp halb so breit wie lang, eiförmig, vorn abgerundet oder leicht ausgerandet, beiderseits dicht und abstehend langhaarig. Nebenblätter unten etwas verwachsen, kaum kleiner als die nahestehenden unteren Teilblätter. Mai-Juli. 5-10 cm.

**Vorkommen:** Braucht sehr lockeren, sandigen oder steinigen, meist kalkreichen Boden in warmer Lage. Besiedelt Trockenrasen, lichte Gebüsche und Trockenwälder. Sehr selten in Thüringen und Sachsen-Anhalt. Selten im Aostatal; vereinzelt im Wallis, im Vintschgau und im Hochschwabgebiet. Bis 2000 m.

**Wissenswertes:** ♃. Die Art besitzt ein sehr lückiges Verbreitungsgebiet: In Tschechien und in der Slowakei kommt sie an mehreren Stellen vor, desgleichen in Ungarn, in Siebenbürgen und am Schwarzen Meer bei Odessa. – Ähnlich: Boden-Tragant (*A. depressus* L.): Stiel des Blütenstands 1-5 cm; Blüten um 1 cm lang, gelblich; Blätter mit 15-25 Teilblättern, diese oberseits kahl, unterseits anliegend behaart. Westliche Kalkalpen, Engadin. Selten.

**Schmetterlingsblütengewächse** *Fabaceae*

## Südlicher Tragant
*Astragalus australis* (L.) Lam.
Schmetterlingsblütengewächse *Fabaceae*
*(Leguminosae)*

**Beschreibung:** 5-15 Blüten stehen in einem traubig-kopfigen Blütenstand. Blütenstandsstiel 4-10 cm, länger als die Blätter. Blüten 1-1,5 cm lang, waagrecht abstehend oder nickend, weiß bis gelblich, mit violetter Schiffchenspitze. Flügel vorne etwas ausgerandet, länger als das Schiffchen. Kelch glockenartig weit, 5-7 mm lang, mit dunklen, kurzen, anliegenden Haaren bedeckt (gelegentlich dazwischen einzelne, längere, weißliche Haare). Frucht eine blasenartig erweiterte Hülse, die 5-9 mm dick wird. Stengel aufsteigend, meist unverzweigt, jung schütter mit grauweißen Haaren bestanden. Blätter mit 9-15 Teilblättchen; diese 0,5-2 cm lang und 3-5 mm breit, oberseits meist kahl, unterseits zerstreut behaart. Nebenblätter wenig verwachsen, höchstens halb so lang wie die untersten Teilblättchen. Juni-Juli. 5-30 cm.

**Vorkommen:** Braucht lockeren, steinigen oder mergeligen Boden, der etwas kalkhaltig und tonig sein sollte. Besiedelt schüttere alpine Rasen, Schutthalden und Moränen. In den Nördlichen und Südlichen Kalkalpen selten; Zentralalpen auf kalkhaltigem Gestein vereinzelt. Steigt örtlich bis über 2500 m. Sehr selten.

**Wissenswertes:** ♃. Ähnlich: Nordischer Tragant (*A. norvegicus* Web.): 5-15 Blüten stehen kurz-gestielt in einem Blütenstand, dessen Stiel 5-20 cm lang wird und der auffällig schwärzlich behaart ist. Blüten um 1 cm lang, waagrecht abstehend oder nickend, durchweg hellviolett. Stengel aufsteigend bis aufrecht, jung anliegend dunkelhaarig. Blätter mit 11-17 Teilblättchen, die 1-2,5 cm lang und 0,5-1 cm breit werden. Hohe Tauern und Karpaten. Selten.

## Alpen-Tragant
*Astragalus alpinus* L.
Schmetterlingsblütengewächse *Fabaceae*
*(Leguminosae)*

**Beschreibung:** 5-15 Blüten stehen in einem traubig-kopfigen Blütenstand. Blütenstandsstiel 5-10 cm, länger als die Blätter. Blüten 1-1,2 cm lang, waagrecht abstehend oder nickend, Blüte kelchwärts weißlich, Fahne bläulich, Flügel weiß, Schiffchen im vorderen Drittel violett; Fahne und Schiffchen gleich lang, Flügel kürzer als das Schiffchen, ganzrandig. Kelch engglockig, mit dunkelbraunen Haaren bedeckt. Frucht eine Hülse, die 1-1,5 cm lang und nur 3-5 mm dick wird; Hülse kurz und anliegend dunkelhaarig. Stengel niederliegend oder aufsteigend, ziemlich dünn, nur jung sehr locker behaart und bald verkahlend. Blätter mit 15-23 Teilblättchen; diese 0,5-1,5 cm lang und 2-6 mm breit, stumpf oder zugespitzt, oberseits meist frühzeitig verkahlend, unterseits sehr locker anliegend behaart. Nebenblätter eiförmig, wenig verwachsen, etwa halb so lang wie die untersten Teilblättchen, oft kürzer. Juni-August. 5-30 cm.

**Vorkommen:** Braucht steinigen, zumindest etwas kalkhaltigen Boden, der feinerdearm sein kann. Besiedelt alpine Steinrasen und lückige Matten, geht auch auf windverblasene Grate und auf Moränen. Kommt vor allem in Höhen zwischen etwa 2000 und 3000 m vor, gelegentlich aber im Bereich von Bächen oder Flüssen, durch die er herabgeschwemmt wird, auch wesentlich tiefer. Westalpen selten; Nördliche und Südliche Kalkalpen zerstreut; Zentralalpen auf kalkhaltigem Gestein östlich bis zu den Tauern selten. Wächst meist einzeln oder in sehr lockeren, individuenarmen Beständen.

**Wissenswertes:** ♃. Wird von Wild und Vieh gerne gefressen; erträgt Beweidung.

# Schmetterlingsblütengewächse *Fabaceae* ▶

Tragant, Bärenschote *Astragalus*

## Gletscher-Tragant
*Astragalus frigidus* (L.) A. Gray
Schmetterlingsblütengewächse *Fabaceae* (*Leguminosae*)

**Beschreibung:** 5–20 Blüten stehen in einem traubig-kopfigen Blütenstand. Blütenstandsstiel 5–10 cm lang, etwa so lang wie die Blätter. Blüten 1,5–1,8 cm lang, gelblich, nickend. Kelchröhre um 5 mm lang, oft rötlich überlaufen, mit einzelnen, kurzen, dunklen, anliegenden Haaren. Frucht eine etwas aufgeblasen wirkende Hülse, die 2–3 cm lang und 5–8 mm dick wird; sie ist ziemlich dicht mit kurzen, dunklen Haaren bestanden. Stengel meist aufrecht und unverzweigt, kahl, gerillt. Blätter unpaarig gefiedert, mit 7–17 Teilblättchen, insgesamt 5–15 cm lang; Teilblättchen 1,5–4 cm lang und 0,8–1,5 cm breit, vorn meist abgestumpft, oberseits kahl, unterseits und am Rand schütter behaart. Nebenblätter nicht miteinander verwachsen, mindestens halb so lang wie die nächststehenden Teilblättchen und 0,5–1 cm breit. Juli–August. 15–35 cm.

**Vorkommen:** Braucht steinigen, etwas kalkhaltigen, lockeren und eher feuchten, nährstoffreichen Lehm- oder Tonboden in alpiner Lage. Besiedelt alpine Steinrasen und lückige Matten, geht auch auf windverblasene Grate und Moränen; bevorzugt Nord- und Osthänge und wächst nur in extremen Höhenlagen auch an Südhängen; kommt vor allem in Höhen zwischen etwa 1800 und 2500 m vor, steigt örtlich aber etwas höher, wird indessen gelegentlich auch in die Täler abgeschwemmt. In den Kalkalpen zerstreut, in den Zentralalpen selten.

**Wissenswertes:** ♃. Der Gletscher-Tragant wurzelt bis zu 1 m tief; auch entwickelt er unterirdische Ausläufer. Intensive Beweidung oder wiederholte Mahd erträgt er nicht.

## Hängeblütiger Tragant
*Astragalus penduliflorus* Lam.
Schmetterlingsblütengewächse *Fabaceae* (*Leguminosae*)

**Beschreibung:** 5–15 Blüten stehen in einer nur mäßig dichten, oft etwas einseitswendigen Traube. Blütenstandsstiel 4–7 cm lang, wenig länger als oder so lang wie die Blätter. Blüten 1–1,3 cm lang, gelb, nickend. Kelchröhre 4–5 mm lang, oft rötlich überlaufen, mit einzelnen, kurzen, dunklen, anliegenden Haaren. Frucht eine aufgeblasen wirkende Hülse, die 2–3 cm lang und 0,8–1,2 cm dick wird; sie ist dicht mit kurzen, dunklen Haaren bestanden. Stengel bogig aufgerichtet oder aufrecht, oft verzweigt, mit anliegenden, weißen Haaren bestanden. Blätter unpaarig gefiedert, mit 15–23 Teilblättchen; Teilblättchen 0,5–2 cm lang und 3–6 mm breit, vorne meist abgestumpft, oberseits kahl, unterseits und am Rande schütter behaart. Nebenblätter nicht miteinander verwachsen, mindestens halb so lang wie die nächststehenden Teilblättchen, nur 1–3 mm breit. Juli–August. 15–45 cm.

**Vorkommen:** Braucht steinigen, kalkarmen, lockeren, etwas humushaltigen Lehm- oder Tonboden in alpiner Lage. Besiedelt alpine Steinrasen und lückige Matten, geht auch auf Moränen und verfestigten Gesteinsschutt; bevorzugt Süd- und Westhänge bzw. sonnige Stellen. Kommt vor allem in Höhen zwischen etwa 1500 und 2500 m vor, geht örtlich aber etwas höher und gelegentlich durch Abschwemmung auch tiefer. In den Nördlichen Kalkalpen sehr selten; in den Südlichen Kalkalpen selten, desgleichen in den mittleren Zentralalpen.

**Wissenswertes:** ♃. Das Hauptareal des Hängeblütigen Tragants liegt in Sibirien und reicht bis Nordeuropa.

**Schmetterlingsblütengewächse** *Fabaceae*

## Bärenschote
*Astragalus glycyphyllos* L.
Schmetterlingsblütengewächse *Fabaceae*
*(Leguminosae)*

**Beschreibung:** 10–30 Blüten stehen in einem traubigen, zuweilen fast kopfigen Blütenstand. Blütenstandsstiel 2–8 cm lang, etwa halb so lang wie das nächststehende Blatt. Blüten um 1,5 cm lang, grüngelb, waagrecht oder schräg aufwärts abstehend. Kelchröhre um 5 mm lang, kahl. Frucht eine etwas aufwärts gebogene Hülse, die 3–4 cm lang und um 5 mm dick wird; sie besitzt eine deutlich furchig eingesenkte untere Naht und ist meist kahl. Stengel niederliegend, meist verzweigt, kahl oder sehr zerstreut anliegend kurzhaarig. Blätter mit 9–13 Teilblättchen, insgesamt 10–15 cm lang; Teilblättchen 2–5 cm lang und 1–2,5 cm breit, vorne meist abgestumpft, oberseits kahl, unterseits schütter behaart. Obere Nebenblätter nicht miteinander verwachsen, mindestens halb so lang wie die nächststehenden Teilblättchen und 4–8 mm breit. Mai–Juni. 20–70 cm.

**Vorkommen:** Braucht nährstoffreichen Lehmboden und zeitweise Halbschatten. Besiedelt lichte Gebüsche und Wälder, Waldwege und Waldsäume. Fehlt im Tiefland westlich der Elbe, in den Mittelgebirgen und Alpen mit Silikatgestein größeren, im Alpenvorland kleineren Gebieten, sonst zerstreut. Geht in den Alpen nur örtlich über etwa 1200 m.

**Wissenswertes:** ♃. Ähnlich: Fuchsschwanz-Tragant (*A. centralpinus* Br.-Bl.): Blütenstand mit 30–80 Blüten; Blütenstandsstiel kaum 1 cm lang; Blüten 1,5–2 cm lang, gelb; Kelch weißzottig. Stengel unten bis 1 cm dick, verzweigt, aufrecht. Blätter mit 39–61 Teilblättchen, die bis 5 cm lang, aber kaum 8 mm breit werden. Nur Südwestalpen bis ins Aostatal. Selten.

## Kicher-Tragant
*Astragalus cicer* L.
Schmetterlingsblütengewächse *Fabaceae*
*(Leguminosae)*

**Beschreibung:** 8–25 Blüten stehen in einem dichten, traubigen Blütenstand. Blütenstandsstiel 3–9 cm lang, mindestens halb so lang wie das nächststehende Blatt, zuweilen fast so lang wie dieses. Blüten 1,2–1,5 cm lang, hellgelb, meist etwas schräg aufwärts abstehend. Kelchröhre 5–8 mm lang, schütter kurz und anliegend dunkel behaart. Frucht eiförmige, ja fast kugelige Hülse, die 1–1,5 cm lang und etwa 1 cm dick wird; sie ist an beiden Nähten furchig eingesenkt und ziemlich lang weiß und dunkel behaart. Stengel niederliegend, meist verzweigt, schütter kurz und anliegend behaart. Blätter mit 17–29 Teilblättchen, insgesamt 15–20 cm lang; Teilblättchen 1–3 cm lang und 3–8 mm breit, vorne meist abgestumpft, beiderseits kurz und anliegend behaart. Obere Nebenblätter nur sehr wenig miteinander verwachsen, mittlere nicht verwachsen, höchstens halb so lang wie die nächststehenden Teilblättchen. Juni–August. 20–60 cm.

**Vorkommen:** Braucht kalkhaltigen Tonboden, der im übrigen ziemlich roh oder mit Humus durchsetzt, steinig und eher flachgründig oder ausgesprochen tiefgründig sein kann, der aber nicht dauernd feucht oder gar naß sein darf. Besiedelt trockene Gebüsche, lichte Stellen und Ränder von Trockenwäldern. Vereinzelt von Mecklenburg und Brandenburg durch den Harz bis zur Rhön. Fränkische Muschelkalkgebiete und Frankenjura sowie Südliche Kalkalpen selten; Schwäbischer und Schweizer Jura, trockene Täler der Zentralalpen sehr selten. Steigt nur vereinzelt bis etwa 1500 m.

**Wissenswertes:** ♃. Hauptareal: Südosteuropa bis zum Kaukasus.

# Schmetterlingsblütengewächse *Fabaceae* ▶

Tragant *Astragalus*

## Sand-Tragant
*Astragalus arenarius* L.
Schmetterlingsblütengewächse *Fabaceae* (*Leguminosae*)

**Beschreibung:** 4–8 Blüten stehen in einem lockeren, kurztraubigen, zuweilen fast kopfigen Blütenstand. Blütenstandsstiel 1,5–3,5 cm lang, etwa halb so lang wie oder wenig länger als das nächststehende Blatt. Blüten um 1,5 cm lang, hellviolett, lila, sehr selten auch fast weißlich, aufrecht abstehend. Fahne ausgerandet, etwas länger als das stumpfe Schiffchen und die abgerundeten Flügel. Frucht eine grauhaarige, aber früh verkahlende Hülse, die etwa 2 cm lang und um 4 mm dick wird und die etwas abgeflacht und an ihrer Rückennaht nur undeutlich furchig eingesenkt ist. Stengel niederliegend oder aufsteigend, verzweigt, etwas hin- und hergebogen. Blätter unpaarig gefiedert, mit 5–17 Teilblättchen, 4–5 cm lang; Teilblättchen 1–2 cm lang und 2–4 mm breit, vorne stumpf oder mit kurzer, aufgesetzter Stachelspitze, meist beiderseits anliegend behaart. Nebenblätter durchweg nur wenig miteinander an der Basis verwachsen, meist dem zugehörigen Blatt gegenüberstehend, etwa halb so lang wie die nächststehenden Teilblättchen, aber an der breitesten Stelle meist deutlich breiter als diese. Juni-Juli. 10–30 cm.

**Vorkommen:** Braucht kalkhaltigen, lockeren, sandigen Boden, der etwas humushaltig sein sollte. Besiedelt sonnige und sommerwarme Stellen an Wegrändern, Böschungen und in lichten Wäldern. Vereinzelt bei Nürnberg; sehr selten in Brandenburg, Mecklenburg und Sachsen.

**Wissenswertes:** ♃. Das Hauptverbreitungsgebiet des Sand-Tragants liegt in Osteuropa. Die typische mitteleuropäische Sippe ist grauhaarig; eine kahle Sippe (Schattenform) wurde ebenfalls beschrieben.

## Dänischer Tragant
*Astragalus danicus* RETZ.
Schmetterlingsblütengewächse *Fabaceae* (*Leguminosae*)

**Beschreibung:** 5–15 Blüten stehen in einem kugelig-eiförmigen, traubigen Blütenstand. Blütenstandsstiel 6–12 cm lang, mindestens 1½mal so lang wie das nächststehende Blatt. Blüten 1,5–1,8 cm lang, blau- oder purpurviolett, kelchwärts heller und selten fast gelblich-weiß, meist schräg aufrecht bis aufrecht abstehend. Kelchröhre 4–6 mm lang, wie die Kelchzähne mit abstehenden weißen und schwarzen Haaren ziemlich dicht bestanden. Frucht eine aufrechte, fast eiförmige Hülse, die um 1 cm lang und etwa 5 mm dick wird, deren untere Naht furchig eingesenkt und die meist mit weißen, seltener mit schwarzen Haaren ziemlich dicht bestanden ist. Stengel niederliegend oder aufsteigend, verzweigt, nur schütter anliegend behaart, oft kahl. Blätter unpaarig gefiedert, mit 15–23 Teilblättchen, insgesamt 5–8 cm lang; Teilblättchen 0,5–1,2 cm lang und 2–4 mm breit, vorn abgerundet oder abgestutzt, beiderseits schütter behaart. Nebenblätter bis über die Mitte miteinander verwachsen, etwa so lang wie die nächststehenden Teilblättchen, selten deutlich kürzer oder länger. Mai-Juni. 5–30 cm.

**Vorkommen:** Braucht lockeren, sandigen oder etwas steinigen Lehm- oder Tonboden. Besiedelt Halbtrockenrasen und Böschungen. Vereinzelt im nördlichen Harzvorland, am oberen Mittellauf des Mains und im Steigerwald, im Mündungsgebiet des Neckars und im Elsaß; selten in Mecklenburg-Vorpommern, in Brandenburg und in Thüringen sowie in den Westalpen.

**Wissenswertes:** ♃. Das Hauptverbreitungsgebiet der Art erstreckt sich von Mitteleuropa bis nach Sibirien.

**Schmetterlingsblütengewächse** *Fabaceae*

## Esparsetten-Tragant
*Astragalus onobrychis* L.
Schmetterlingsblütengewächse *Fabaceae*
(*Leguminosae*)

**Beschreibung:** 10–20 Blüten sitzen in einem anfangs pyramidal-kopfig-ährigen, später verlängert-ährigen Blütenstand. Blütenstandsstiel 3–8 cm lang, meist deutlich länger als das nächststehende Blatt. Blüten 1,8–2,4 cm lang, hellviolett, schräg aufrecht oder aufrecht an der Ährenachse sitzend; Fahne etwa 1½mal so lang wie die Flügel. Kelchröhre 5–8 mm lang, dicht mit anliegenden dunklen und hellen Haaren bestanden. Frucht eine Hülse, die um 1 cm lang und um 3 mm dick wird; ihre untere Naht ist etwas furchig eingesenkt; die Hülse ist dicht abstehend weißhaarig. Stengel niederliegend-aufsteigend, verzweigt, dicht und anliegend kurzhaarig (Haare kompaßnadelartig; Lupe!). Blätter unpaarig gefiedert, mit 17–25 Teilblättchen, insgesamt 3–8 cm lang. Teilblättchen 0,6–1,5 cm lang und 2–4 mm breit, oberseits sehr schütter behaart oder kahl, unterseits ziemlich dicht und kurz grauhaarig. Nebenblätter verhältnismäßig klein, kaum halb so lang wie die nächststehenden Teilblättchen, an der Basis etwas verwachsen. Juni–Juli. 10–30 cm.

**Vorkommen:** Braucht kalkhaltigen, steinigen oder mergeligen Lehmboden; geht auch auf Löß oder Schwarzerde. Besiedelt an sonnig-warmen Stellen lückige Trockenrasen und felsige, alpine Rasen. Sehr selten in Ober- und Niederösterreich sowie in der Steiermark; selten im Tessin, in den südlichen Westalpen, im Wallis und im Unterengadin. Frühere Vorkommen in der Fränkischen Alb sind seit Jahren ohne Bestätigung und offensichtlich erloschen.

**Wissenswertes:** ♃. Das Hauptverbreitungsgebiet der Art erstreckt sich von Osteuropa bis nach Sibirien.

## Bocksdorn-Tragant
*Astragalus sempervirens* LAM.
Schmetterlingsblütengewächse *Fabaceae*
(*Leguminosae*)

**Beschreibung:** 3–8 Blüten stehen sehr kurz gestielt in einem ährig-traubigen Blütenstand; Blütenstände sind oft von Blättern überdeckt. Blütenstandsstiel 1–2 cm lang, nur $\frac{1}{3}$ so lang wie das nächststehende Blatt oder sogar noch kürzer. Blüten um 1,5 cm lang, hellrosa bis trüblila, aufrecht abstehend; Fahne länger als Flügel oder Schiffchen. Kelchröhre glockig, weit, fast aufgetrieben, dicht weißhaarig. Frucht eiförmig, 0,8–1 cm lang und etwa 4 mm dick, dicht weißhaarig. Stengel mindestens unten verholzt, niederliegend ausgebreitet, dicht mit den verdornten Blattmittelrippen vorjähriger Blätter besetzt. Blätter paarig gefiedert, wobei die Blattmittelrippe in einem kräftigen Dorn endet; 12–20 Teilblättchen, die 0,5–1 cm lang und 1–2 mm breit werden; die stumpf graugrünen Teilblättchen sind beiderseits sehr schütter seidenhaarig, oft aber fast kahl. Nebenblätter etwa auf die halbe Länge mit dem Blattstiel verwachsen und kaum länger als die nächststehenden Teilblättchen. Juli–August. 5–20 cm.

**Vorkommen:** Braucht kalkreichen oder doch wenigstens kalkhaltigen, steinig-lehmigen Boden in alpiner Lage. Besiedelt Steinschutthalden, Moränen und Lawinenrunsen. Westliche Kalkalpen und kalkhaltige Bereiche in den Zentralalpen, nach Osten bis etwa ins Rätikon; südlicher Schweizer Jura. Selten. Bevorzugt Höhen zwischen etwa 1800 und 2800 m; örtlich – z. B. im Wallis und im Tessin – bis weit unter 1000 m herabgeschwemmt.

**Wissenswertes:** ♃. Der wissenschaftliche Artname *sempervirens* (= „immergrün") ist irreführend, denn die Blätter sind nicht immergrün. Wahrscheinlich wollte man nur auf die bleibenden Dornen hinweisen.

# Schmetterlingsblütengewächse *Fabaceae* ▶

Spitzkiel *Oxytropis*

## Berg-Spitzkiel
*Oxytropis jacquinii* Bunge
Schmetterlingsblütengewächse *Fabaceae* (*Leguminosae*)

**Beschreibung:** 5–15 Blüten sitzen in einem kopfig-traubigen Blütenstand. Blütenstandsstiel 4–8 cm lang, etwa so lang wie das nächststehende Blatt, dicht anliegend dunkel behaart. Blüten 1–1,3 cm lang, violett; Schiffchen mit deutlicher Spitze. Kelchröhre 3–5 mm lang, schütter dunkel behaart. Frucht eine Hülse, deutlich gestielt, 1,5–3 cm lang, 6–8 mm dick, an der Rückennaht furchig eingesenkt, schwärzlich behaart, später verkahlend. Stengel niederliegend bis aufsteigend. Blätter unpaarig gefiedert, mit 25–41 Teilblättchen, insgesamt 5–10 cm lang; Teilblättchen 0,6–1,5 cm lang, 2–4 cm breit, beiderseits schütter behaart, oft verkahlend. Nebenblätter frei, kürzer als die nächststehenden Teilblättchen. Juli–August. 5–25 cm.

**Vorkommen:** Braucht kalkreichen, steinig-lehmigen Boden in alpiner Lage. Besiedelt Schutthalden, trockene, lückige Rasen, Kiesbänke und Moränen. Ostalpen auf kalkhaltigem Gestein; westwärts bis Savoyen. Bevorzugt Höhen zwischen etwa 1500 und 2800 m, abgeschwemmt auch tiefer. Zerstreut.

**Wissenswertes:** ♃. Wird mit *O. amethystea* Arv. – Touv. (Blütenstandsstiel um 1 mm dick, 25–41 schmal-eiförmige Teilblättchen; Südwestalpen), *O. helvetica* Scheele (Teilblättchen dicht und anliegend behaart, Blattstiel rot überlaufen; Westalpen), *O. pyrenaica* Godr. & Gren. (Blattstiel grün; Teilblättchen sehr schütter behaart; vom Tessin in den Südketten ostwärts) und *O. triflora* Hoppe (Blätter und Blütenstiel entspringen dem Wurzelstock; auf Kalk in den Südketten ostwärts bis zu den Tauern, s. Abb.) zur Sammelart *O. montana* agg. zusammengefaßt.

## Lappländer Spitzkiel
*Oxytropis lapponica* (Wahlenb.) J. Gay
Schmetterlingsblütengewächse *Fabaceae* (*Leguminosae*)

**Beschreibung:** 6–12 Blüten sitzen in einem kopfig-traubigen Blütenstand; nach dem Aufblühen nicken sie deutlich. Blütenstandsstiel 5–10 cm lang, schütter mit anliegenden dunklen und hellen Haaren bestanden, meist etwas kürzer als das nächststehende Blatt. Blüten um 1 cm lang, blau-violett; Schiffchen mit deutlicher Spitze. Kelchröhre 2–3 mm lang, mit dunklen und hellen Haaren bestanden. Frucht eine Hülse, 1–1,5 cm lang und 3–4 mm dick, nicht gefurcht, meist dunkel behaart, seltener kahl. Stengel sehr kurz, aber deutlich vom Wurzelstock abgesetzt, niederliegend. Blätter unpaarig gefiedert, mit 15–33 Teilblättchen; Blattstiel und Blattachse grün; Teilblättchen 0,5–1,2 cm lang, 2–3 mm breit, beiderseits dicht und anliegend behaart. Nebenblätter meist bis über die Mitte miteinander, aber nicht mit dem Blattstiel verwachsen, etwa so lang wie die nächststehenden Teilblättchen. Juli–August. 5–25 cm.

**Vorkommen:** Braucht kalkreichen, steinig-lehmigen Boden. Besiedelt Schutthalden, nicht allzu trockene, lückige alpine Rasen, geht aber auch auf Moränen und Kiesbänke in und an Wasserläufen. Tauern, Engadin, Wallis und südwestliche Alpen; bevorzugt Höhen zwischen etwa 1500 und 2500 m; abgeschwemmt gelegentlich auch erheblich tiefer. Selten.

**Wissenswertes:** ♃. Der Lappländer Spitzkiel kommt in den Alpen ziemlich lückenhaft vor. Möglicherweise war er vor den Vereisungsperioden der Eiszeit dort weiter verbreitet. Welche Einflüsse sein Vorkommen festgelegt haben, ist unklar. In Lappland dringt er bis 70° n. Br. vor; er wächst in großen Teilen Sibiriens und erreicht im Süden den Altai und Tibet.

## Schmetterlingsblütengewächse *Fabaceae*

## Zottiger Spitzkiel
*Oxytropis pilosa* (L.) DC.
Schmetterlingsblütengewächse *Fabaceae*
(*Leguminosae*)

**Beschreibung:** 5–25 Blüten sitzen in einem kopfig-traubigen Blütenstand. Blütenstandsstiel 2–6 cm lang, etwa so lang wie oder sogar noch länger als das nächststehende Blatt, dicht und fast zottig abstehend behaart (Haare grauweiß oder weiß). Blüten um 1 cm lang, hellgelb; Schiffchen mit deutlicher Spitze. Kelchröhre um 2 mm lang, wie die Kelchzähne behaart (neben längeren weißen Haaren gibt es kurze, schwarze Haare). Frucht eine ungestielte, aufrechte Hülse, die etwa 1,5 cm lang und um 3 mm dick wird; an der oberen Naht ist sie etwas furchig eingesenkt; sie ist ziemlich dicht und kurz behaart. Stengel niederliegend bis aufsteigend, zottig behaart, meist unverzweigt, ziemlich dick. Blätter unpaarig gefiedert mit 19–27 Teilblättchen, insgesamt 4–10 cm lang; Teilblättchen 0,5–2 cm lang und 2–4 mm breit, oberseits kahl, unterseits anliegend behaart. Nebenblätter frei, gut halb so lang wie die nächststehenden Teilblättchen. Juni–Juli. 10–30 cm.

**Vorkommen:** Braucht kalkhaltigen, steinigen, lehmigen Boden, geht aber auch auf feinerdearmen Gesteinsschutt; bevorzugt sonnig-warme, trockene Standorte. Besiedelt lichte Kiefernwälder und Trockenrasen. Selten in Brandenburg, Thüringen und Sachsen-Anhalt, in Niederösterreich sowie in den österreichischen Zentralalpen, im Unterengadin, im Vorderrheingebiet, in den Bergamasker und Savoyer Alpen sowie im Wallis; vereinzelt am oberen Neckar, im Hegau und im Nahetal.

**Wissenswertes:** ♃. Der Zottige Spitzkiel ist eine Steppenpflanze, deren Hauptareal in Südsibirien liegt.

## Klebriger Spitzkiel
*Oxytropis fetida* (VILL.) DC.
Schmetterlingsblütengewächse *Fabaceae*
(*Leguminosae*)

**Beschreibung:** 3–7 Blüten sitzen in einem kurzen, kopfig-traubigen Blütenstand. Blütenstandsstiel 2–5 cm lang, viel kürzer als das nächststehende Blatt (oft nur halb so lang wie dieses), sich jedoch nach dem Verblühen stark verlängernd und dann meist etwas länger als das nächststehende Blatt, in der oberen Hälfte jung ziemlich dicht und abstehend behaart. Blüten 1,8–2,5 cm lang, gelblich, doch gelegentlich schwach violett überlaufen; Schiffchen mit deutlicher Spitze. Kelchröhre um 8 mm lang, mäßig dicht mit hellen und dunklen Haaren bestanden. Frucht eine ungestielte, blasenartig erweiterte Hülse, die 2–3 cm lang und um 5 mm dick wird; sie ist an der oberen Naht furchig eingesenkt und dicht kurzhaarig. Stengel fehlend oder sehr kurz, so daß die Blätter eine grundständige Rosette bilden und die Blütenstiele praktisch dem Rhizom entspringen. Blatt- und Blütenstandsstiele klebrig. Blätter unpaarig gefiedert, mit 21–49 Teilblättchen; Teilblättchen 3–8 mm lang und 1–3 mm breit, dicklich, auf der Unterseite klebrig, Rand meist nach unten eingerollt. Nebenblätter bis zur Mitte mit dem Blattstiel verwachsen, mindestens doppelt so lang wie die unteren Teilblättchen. Juli–August. 5–15 cm.

**Vorkommen:** Braucht kalkreichen, steinigen Boden in alpiner Lage. Besiedelt Schutthalden. Südwestalpen, bis zum Wallis; selten. Vereinzelt im Unterengadin. Bevorzugt Höhen zwischen 1800 und 2800 m.

**Wissenswertes:** ♃. Der Klebrige Spitzkiel war vor den Vereisungsperioden weiter verbreitet; die Art muß als Relikt aus dieser Zeit angesehen werden.

## Schmetterlingsblütengewächse *Fabaceae* ▶

Spitzkiel *Oxytropis*
Backenklee *Dorycnium*
Robinie *Robinia*

## Gewöhnlicher Spitzkiel
*Oxytropis campestris* (L.) DC.
Schmetterlingsblütengewächse *Fabaceae*
*(Leguminosae)*

**Beschreibung:** 10–18 Blüten sitzen in einem kopfig-traubigen Blütenstand. Blütenstandsstiel 10–15 cm lang, so lang oder bis doppelt so lang wie das nächststehende Blatt, schütter anliegend behaart, zuweilen fast kahl. Blüten 1,5–1,8 cm lang, hellgelb oder weißlich, selten blauviolett überlaufen, aber oft jederseits mit violettem Fleck an der Vorderseite des Schiffchens; Schiffchen mit deutlicher Spitze. Kelchröhre weit, 5–7 mm lang, mit kurzen schwarzen und langen weißen Haaren. Frucht eine ungestielte, blasig erweiterte Hülse, die 1,5–2 cm lang und 5–8 mm dick wird; an der oberen Naht ist sie etwas furchig eingesenkt; sie ist ziemlich dicht und kurz behaart. Stengel eigentlich nicht vorhanden; die Blätter stehen in grundständiger Rosette ebenso am Rhizom wie die Blütenstiele. Blätter unpaarig gefiedert, mit 21–31 Teilblättchen, insgesamt 5–15 cm lang; Teilblättchen 0,5–1,5 cm lang und 2–4 mm breit, beidseits schütter behaart oder fast kahl. Nebenblätter bis zur Mitte mit dem Blattstiel verwachsen, mindestens doppelt so lang wie die nächststehenden Teilblättchen. Juli–August. 5–15 cm.

**Vorkommen:** Braucht kalkhaltigen, steinig-lehmigen Boden in alpiner Lage. Besiedelt lückige Matten und felsige alpine Rasen, geht aber auch auf Grate und ruhenden Felsschutt. In den Nördlichen Kalkalpen gebietsweise fehlend (z. B. in den deutschen Alpen), sonst in den Kalkalpen zerstreut, in den Zentralalpen selten. Bevorzugt Höhen zwischen etwa 1800 und 2800 m; gelegentlich herabgeschwemmt.

**Wissenswertes:** ♃. Hauptverbreitung: Sibirien, Nordeuropa.

## Seidenhaar-Spitzkiel
*Oxytropis halleri* Bunge ex Koch
Schmetterlingsblütengewächse *Fabaceae*
*(Leguminosae)*

**Beschreibung:** 5–15 Blüten sitzen in einem kopfig-ährigen Blütenstand. Blütenstandsstiel 5–15 cm lang, etwa so lang wie das nächststehende Blatt, dicht weiß-seidig behaart, wobei mindestens ein Teil der Haare deutlich absteht. Blüten 1,5–2 cm lang, violett, lila oder verwaschen blaßblau; Schiffchen mit nicht immer deutlicher Spitze. Kelchröhre weit, um 7 mm lang, mit langen weißen und kurzen, sehr dunklen Haaren. Frucht eine ungestielte, aufrechte, blasig erweiterte Hülse, die etwa 2 cm lang und um 5 mm dick wird; sie ist an beiden Nähten etwas furchig eingesenkt und überall ziemlich kurz und dicht behaart. Stengel eigentlich nicht vorhanden; die Blätter entspringen in einer grundständigen Rosette ebenso dem Rhizom wie die Blütenstandsstiele. Blätter unpaarig gefiedert, mit 17–33 Teilblättchen, 5–15 cm lang; Teilblättchen 1–1,5 cm lang und 2–5 mm breit, beiderseits meist ziemlich dicht und etwas abstehend mit weißen, seidigen Haaren bedeckt. Nebenblätter bis zur Mitte mit dem Blattstiel verwachsen, mindestens doppelt so lang wie die nächststehenden Teilblättchen. Juni–August. 5–20 cm.

**Vorkommen:** Braucht steinigen, lehmigen Boden in alpiner Lage. Besiedelt ruhende Schutthalden, lückig-felsige Rasen und Grate. Westliche Kalkalpen, Zentralalpen, ostwärts bis etwa zu den Tauern; selten und gebietsweise fehlend. Bevorzugt Höhen zwischen etwa 1500 und 2700 m; örtlich herabgeschwemmt.

**Wissenswertes:** ♃. Das Art-Epithet ehrt den schweizerischen Arzt und Botaniker Albrecht von Haller (1708–1777), der die Art in den Alpen entdeckt hatte.

### Schmetterlingsblütengewächse *Fabaceae*

## Deutscher Backenklee
*Dorycnium germanicum* (GREMLI) RIKLI
Schmetterlingsblütengewächse *Fabaceae*
*(Leguminosae)*

**Beschreibung:** 8–15 Blüten sitzen kurz-gestielt in einem doldig-kopfigen Blütenstand, dessen Basis blattlos ist; Blütenstandsstiel 1,5–5 cm lang, meist länger als das nächststehende Blatt. Blüten 5–7 mm lang, weiß, Schiffchen bläulich mit dunkelpurpurner oder dunkelvioletter Spitze; Kelch um 3 mm lang. Frucht eine eiförmige, dunkelbraune, kahle, 3–4 mm lange Hülse. Stengel niederliegend bis aufsteigend, verzweigt, verholzt, mit verzweigten, dünnen Seitenästen, diese bogig aufsteigend oder aufrecht, grün, anliegend behaart. Blätter sitzend, 5teilig gefingert. Teilblättchen sehr schmal verkehrt-eiförmig, 0,5–2 cm lang, 2–4 mm breit, oft stachelspitzig, beidseitig anliegend seidig behaart. Juni–August. 15–40 cm.

**Vorkommen:** Braucht trockenen, kiesig-gerölligen Boden, der ziemlich arm an Feinerde sein kann, aber kalkhaltig sein muß. Besiedelt felsige Matten und lückige, magere Trockenrasen. Sehr selten im Loisach- und Isartal, am mittleren Alpenrhein, im Tessin, am Comersee, in Vorarlberg, im Montafon, im oberen Teil des österreichischen Inntals, in der Steiermark und im Wiener Becken.

**Wissenswertes:** ♄. *D. germanicum* (GREMLI) RIKLI wird mit dem Krautigen Backenklee (*D. herbaceum* VILL.: 15–25 Blüten im Blütenstand; Blätter abstehend langhaarig; vereinzelt am unteren Main, selten in den südwestlichen Kalkalpen, in Kärnten, Steiermark und Niederösterreich) zur Sammelart *D. pentaphyllum* agg. zusammengefaßt. Weitere Kleinarten sind im Mittelmeergebiet beheimatet. Der stark behaarte Zottige Backenklee (*D. hirsutum* (L.) SER.) erreicht an wenigen Stellen noch den Alpensüdfuß.

## Weiße Robinie, Falsche Akazie
*Robinia pseudacacia* L.
Schmetterlingsblütengewächse *Fabaceae*
*(Leguminosae)*

**Beschreibung:** 15–30 Blüten stehen in einer lockeren, zunächst schräg abstehenden, dann hängenden Blütentraube, die insgesamt 10–20 cm lang werden kann. Blüten 1,5–2 cm lang, weiß, wobei die Fahne in der Mitte gegen den Grund ein meist deutlich gelbes, seltener elfenbeinfarbenes Saftmal besitzt, ziemlich stark duftend. Kelch glockig, hellgrün und oft rötlich überlaufen, sehr schütter behaart oder fast kahl. Frucht eine flache Hülse, 5–10 cm lang, 1–2 cm breit, kahl, glatt, braun. Mittelhoher Baum oder mehrstämmiger Strauch. Junge Zweige etwas kantig. Blätter unpaarig gefiedert, mit 4–10 Blattpaaren, insgesamt 15–30 cm lang; Teilblättchen 2–5 cm lang und 1–2,5 cm breit, eiförmig, oberseits grasgrün, unterseits graugrün. Nebenblätter als Dornen ausgebildet, diese 1–2 cm lang, sparrig von den Zweigen abstehend, sehr spitz, oft rötlich oder braunviolett überlaufen. Mai–Juni. 10–20 m, selten höher.

**Vorkommen:** Braucht tiefgründigen Lehmboden, der humusarm sein kann. Heimat: Südöstliches Nordamerika. Häufig zur Verbesserung roher Böden oder als „Bienenweide" gepflanzt und beständig verwildert. Fehlt im Tiefland; in den Mittelgebirgen mit Sandsteinen und im Alpenvorland gebietsweise, sonst zerstreut.

**Wissenswertes:** ♄; ☠. Enthält giftige Eiweißstoffe (Lektine), und zwar vor allem in der Rinde. Die Art wurde 1601 durch JEAN ROBIN nach Paris eingeführt. Ihm zu Ehren schuf LINNÉ den Gattungsnamen. – Die Robinie eignet sich als „Bodenverbesserer", weil die Knöllchenbakterien in ihren Wurzeln den Boden mit Stickstoffsalzen anreichern.

## Schmetterlingsblütengewächse *Fabaceae* ▶

Blasenstrauch *Colutea*
Geißraute *Galega*
Vogelfuß, Seradella *Ornithopus*

## Blasenstrauch
*Colutea arborescens* L.
Schmetterlingsblütengewächse *Fabaceae*
*(Leguminosae)*

**Beschreibung:** 3–6 Blüten stehen in einer lockeren, aufrechten Traube in den Achseln von Blättern; Blütenstandsstiele 5–10 cm lang, kürzer als das nächststehende Blatt. Blüten 1,5–2,5 cm lang, kurz gestielt, nickend, in den Achseln von kleinen, häutigen Tragblättern, hellgelb; Fahne oft mit braunroten Adern und bräunlichen Flecken, rundlich, steil aufgerichtet und etwas zurückgeschlagen. Kelch etwas glockig. Frucht eine gestielte, nickende Hülse, die 6–8 cm lang und 2–3 cm dick wird, also stark blasig erweitert ist; sie springt reif weder auf, noch fällt sie ab, sondern verwittert im Winter an den Zweigen. Zweige rund, jung hellgrün, später mit graubrauner Rinde. Blätter unpaarig gefiedert, mit 3–6 Paaren von Teilblättchen, kurzstielig, insgesamt 5–15 cm lang; Teilblättchen 1–3 cm lang, 0,8–1,5 cm breit, meist deutlich ausgerandet. Mai–Juli. 1–5 m.

**Vorkommen:** Braucht kalkhaltigen, trockenen, flachgründigen Lehm- oder Lößboden in klimabegünstigten Lagen. Besiedelt trockene Gebüsche, lichte Trockenwälder, vor allem am Waldrand. Ursprünglich – und auch dort selten – wohl nur im Bereich des Kaiserstuhls, im südlichen Schweizer Jura, im Wallis, in den Tälern der Südalpen, vereinzelt am Alpenrhein und am Oberlauf des Inns. Früher gepflanzt und meist unbeständig verwildert, vor allem am Harz, im Rhein-Main-Gebiet und am mittleren Neckar.

**Wissenswertes:** ♄; ☠. Enthält in den Samen die toxische Aminosäure Canavanin, Coluteasäure und einen chemisch noch nicht erforschten Bitterstoff. Von der – früher üblichen – Nutzung als Teepflanze ist abzuraten.

## Geißraute
*Galega officinalis* L.
Schmetterlingsblütengewächse *Fabaceae*
*(Leguminosae)*

**Beschreibung:** Zahlreiche Blüten stehen in einer lockeren Traube in den Achseln der oberen Blätter oder am Ende von Stengel und Zweigen. Die Trauben werden – mit Stiel gemessen – 3–8 cm lang und überragen in der Regel das nächststehende Blatt deutlich. Blüten ca. 1 cm lang, auf kurzen, dünnen Stielen, nickend, bläulich bis weißlich; Fahne, Flügel und Schiffchen etwa gleich lang. Kelch glockig. Frucht eine oft schräg abstehende, runde Hülse, die 2–3 cm lang und 2–3 mm dick wird; sie ist zwischen den Samen schwach eingeschnürt. Aus dem Wurzelstock entspringen mehrere hohle, schwach gerillte, meist unverzweigte, kahle Stengel. Blätter unpaarig gefiedert, mit 5–8 Paaren von Teilblättchen; Teilblättchen fast ungestielt, 1,5–4 cm lang und 0,5–1,5 cm breit, vorn abgestumpft oder etwas ausgerandet, aber immer mit kurzer, aufgesetzter Spitze. Nebenblätter am Grund mit rückwärts gerichtetem Zipfel. Juli–September. 0,3–1 m.

**Vorkommen:** Braucht nährstoffreichen, etwas feuchten Lehm- oder Tonboden in Lagen mit mildem Klima. Heimat: Gebiete um das östliche Mittelmeer. Früher als Zier- und Heilpflanze angebaut und örtlich beständig verwildert, vor allem in flußnahen Gebüschen. Vereinzelt zwischen Niederrhein und Oberlauf der Ems; sehr selten im Rhein-Main-Gebiet und bis zum Mittellauf des Neckars, in Brandenburg, Sachsen-Anhalt und Sachsen, ebenso am Südfuß der Alpen; selten in Steiermark, Kärnten, Ober- und Niederösterreich.

**Wissenswertes:** ♃; ☠. Enthält das Amin Galegin, Galuteolin, Gerbstoffe und einen noch unbekannten Bitterstoff.

**Schmetterlingsblütengewächse** *Fabaceae*

## Kleiner Vogelfuß
*Ornithopus perpusillus* L.
Schmetterlingsblütengewächse *Fabaceae*
(*Leguminosae*)

**Beschreibung:** 3–7 Blüten stehen sehr kurz gestielt in einem kopfig-doldigen Blütenstand in den Achseln der oberen Blätter. Blütenstandsstiel etwa so lang wie das nächststehende Blatt. Blüten 3–5 mm lang, weiß, aber Fahne deutlich rot geadert. Kelch glockig; Kelchzipfel gleich lang wie die Kelchröhre und die sehr kurzen Blütenstiele, anliegend behaart. Frucht eine anliegend behaarte, etwas gebogene, zwischen den Samen deutlich eingeschnürte und dadurch gegliederte Hülse (4–7 Glieder; Name der Gattung wegen der Ähnlichkeit der Frucht mit der Kralle eines Vogels!), die 1–2 cm lang und 1–2 mm dick wird. Mehrere niederliegende oder aufsteigende, wenig verzweigte, runde, dünne und anliegend behaarte Stengel entspringen aus einer Rosette. Blätter ungestielt, unpaarig gefiedert, 2–5 cm lang, mit 7–14 Paaren von Teilblättchen; Teilblättchen 3–8 mm lang, 2–3 mm breit, abgestumpft, anliegend behaart. Mai–Juni. 5–30 cm.

**Vorkommen:** Braucht sandigen, nährstoffarmen und praktisch kalkfreien, zumindest schwach sauren, lockeren, vorzugsweise humusarmen Sandboden. Besiedelt sandige, lichte Kiefernwälder, Wegränder und Dämme, Dünen und Ödland, gelegentlich auf sandigen Hackfruchtäckern. Im Tiefland zerstreut; selten am Niederrhein, in den Sandgebieten des Rhein-Main-Gebiets, in der Pfalz, im Saarland und in der Oberrheinischen Tiefebene, in Franken und in der Hallertau sowie zwischen Genfer See und Schweizer Jura. In Österreich nur unbeständig eingeschleppt.

**Wissenswertes:** ☉. Das Hauptverbreitungsgebiet der Art liegt im westlichen Mittelmeergebiet.

## Seradella, Großer Vogelfuß
*Ornithopus sativus* BROT.
Schmetterlingsblütengewächse *Fabaceae*
(*Leguminosae*)

**Beschreibung:** 2–5 Blüten stehen sehr kurz gestielt in einem kopfig-doldigen Blütenstand in den Achseln der oberen Blätter. Blütenstandsstiel deutlich länger als das nächststehende Blatt. Blüten 5–8 mm lang, rosarot, Fahne oft intensiver geadert. Kelch glockig; Kelchzipfel etwa halb so lang wie die Kelchröhre, unter sich fast gleich, wie die Kelchröhre und die sehr kurzen Blütenstiele meist nur sehr schütter anliegend behaart. Frucht eine meist kahle, gerade oder nur sehr wenig gekrümmte, zwischen den Samen deutlich eingeschnürte und dadurch gegliederte Hülse (4–7 Glieder; Name der Gattung wegen der entfernten Ähnlichkeit der Frucht mit der Kralle eines Vogels!), die 1,5–2,5 cm lang und 2–3 mm dick wird. Mehrere niederliegende, aufsteigende und gelegentlich fast aufrechte, zumindest mäßig verzweigte, runde, nur schütter anliegend behaarte Stengel entspringen aus einer Rosette. Blätter ungestielt, unpaarig gefiedert, 3–7 cm lang, mit 3–7 Paaren von Teilblättchen; Teilblättchen 0,7–1 cm lang und 3–5 mm breit, vorn abgestumpft, meist kahl oder nur sehr schütter anliegend behaart. Juni–August. 30–60 cm.

**Vorkommen:** Braucht sandigen, zumindest nährstoffreichen, kalkarmen, schwach sauren, lockeren Sandboden, der ziemlich humusarm sein kann. Heimat: Westliches Mittelmeergebiet. Früher vor allem auf armen Sandböden angebaute Futterpflanze, die neuerdings auch in Saatmischungen zur Gründüngung enthalten ist. Vereinzelt, aber meist unbeständig in lückigen, sandigen Rasen verwildert.

**Wissenswertes:** ☉. „Seradella", portug. = kleine Säge (bezieht sich auf die Blätter).

# Schmetterlingsblütengewächse *Fabaceae*
Kronwicke *Coronilla*

## Bunte Kronwicke
*Coronilla varia* L.
Schmetterlingsblütengewächse *Fabaceae* (*Leguminosae*)

**Beschreibung:** 12–20 Blüten stehen – deutlich gestielt – in einem kopfig-doldigen Blütenstand; die Knospen nicken, die Blüten stehen schräg oder aufrecht ab. Der Blütenstandsstiel ist etwa so lang wie oder deutlich länger als das nächststehende Blatt. Blüten 1–1,5 cm lang. Blüten im Gesamteindruck rosarot: Fahne rosarot bis hell purpurviolett; Flügel weißlich oder hellrosa; Schiffchen weißlich oder hellrosa, mit dunkel rosaroter oder purpurner Spitze. Kelch weitglockig, hellgrün, kahl. Frucht eine aufrecht abstehende, gerade, wenig eingeschnürte, schwach 4kantige Hülse. Stengel niederliegend oder aufsteigend, kahl oder sehr kurz schütter behaart. Blätter kurz gestielt, unpaarig gefiedert, mit 11–23 Teilblättchen, insgesamt 5–10 cm lang; Teilblättchen sehr kurz gestielt, 0,5–2 cm lang, 1–4 mm breit, breit-lineal, mit deutlicher Spitze, in jungen Blättern längs des Mittelnervs gefaltet, ohne Knorpelrand, grün, nicht fleischig. Juni–September. 0,3–1,3 m.

**Vorkommen:** Braucht lehmigen, tonigen oder mergeligen, tiefgründigen Boden, der arm an Humus sein kann und der eher trocken als feucht sein sollte. Besiedelt Trockengebüsche, Ränder von trockenen Wäldern, Wegraine und lückige Halbtrockenrasen. Im Tiefland sehr selten und großen Gebieten fehlend; in den Mittelgebirgen mit kalkhaltigem Gestein in den niederen Lagen zerstreut, neuerdings oft an Böschungen angesät. Fehlt in den höheren Mittelgebirgen ganz, im Alpenvorland gebietsweise.

**Wissenswertes:** ⚕; ☠. Enthält u. a. Coronillin, dessen Wirkung dem der Digitalisglykoside ähnelt.

## Strauch-Kronwicke
*Coronilla emerus* L.
Schmetterlingsblütengewächse *Fabaceae* (*Leguminosae*)

**Beschreibung:** Entweder stehen die Blüten einzeln oder zu 2–3 (selten auch mehr) „doldig" in einem Blütenstand; der Blütenstandsstiel ist etwa so lang wie oder wenig länger als das nächststehende Blatt. Blüten 1,5–2,3 cm lang, sattgelb; Fahne steil aufwärts gestellt, abgestumpft-quadratisch bis rundlich, oft rötlich gestreift. Kelch etwas blasigglockig, kurz, kahl oder nur sehr schütter behaart, oft rötlich überlaufen. „Stiele" von Fahne, Flügel und Schiffchen viel länger als der Kelch, so daß man vor den Kelchzähnen gewissermaßen von der Seite her durch die Blüte „hindurchsehen" kann. Frucht eine Hülse, die 5–10 cm lang, aber nur um 2 mm dick wird und die nur wenig eingeschnürt ist; sie hängt meist an dem Fruchtstandsstiel. Pflanze strauchig, Stengel verholzt. Junge Zweige grün, deutlich kantig. Blätter kurzstielig, unpaarig gefiedert, mit 5–9 Teilblättchen, 3–6 cm lang; Teilblättchen fast ungestielt sitzend, 1–2 cm lang, 0,5–1 cm breit, eiförmig oder verkehrt-eiförmig, vorne abgerundet, abgestumpft oder schwach ausgerandet; unterste Teilblättchen oft kleiner als übrige. April–Mai. 0,5–2 m.

**Vorkommen:** Braucht kalkhaltigen, lockeren Lehm- oder Lößboden, der flachgründig sein kann, aber trocken sein muß. Besiedelt in klimabegünstigten Gegenden lichte Wälder, Waldränder und Trockengebüsche; vereinzelt in der Rhön, selten am südlichen Oberrhein, am Hochrhein und im Hegau, am Alpennordrand von Niederösterreich bis zum Vierwaldstätter See, am Alpensüdrand und im Schweizer Jura.

**Wissenswertes:** ♄; (☠). Bitterschmeckend; möglicherweise giftig.

**Schmetterlingsblütengewächse** *Fabaceae*

## Scheiden-Kronwicke
*Coronilla vaginalis* Lam.
Schmetterlingsblütengewächse *Fabaceae*
(*Leguminosae*)

**Beschreibung:** 3-10 Blüten stehen in einem kopfig-doldigen Blütenstand; Blütenstandsstiele 3-8 cm lang, selten etwas länger, mindestens 1½mal so lang wie das nächststehende Blatt. Blüten 0,7-1 cm lang, gelb. Fahne eiförmig, oft aufwärts gestellt oder leicht zurückgebogen, gelegentlich mit rötlichem Saftmal. Kelch glockig; Stiele von Fahne, Flügel und Schiffchen kaum länger als der Kelch. Frucht eine Hülse, die 2-4 cm lang und 2-3 mm dick wird; sie ist deutlich eingeschnürt und kantig, ja schwach kraus geflügelt. Stengel am Grund verholzt, verzweigt, bogig-aufsteigend. Blätter deutlich blaugrün, kurz-gestielt, unpaarig gefiedert, mit 5-13 Teilblättchen. Da die meisten Blätter tief am Stengel ansetzen, erinnert die Scheiden-Kronwicke im Habitus an den Hufeisenklee. Anders als bei diesem haben die Teilblättchen, die 0,5-1 cm lang und 2-7 mm breit werden, einen mehr oder weniger deutlichen, knorpeligen Rand und eine kaum sichtbare Nervatur, wodurch sie fleischig wirken. Mai-Juni. 5-15 cm.

**Vorkommen:** Braucht kalkhaltigen, flachgründigen Steinboden, der verhältnismäßig feinerdearm sein kann. Besiedelt steinige Stellen in trokkenen Wäldern und Gebüschen, geht aber auch in Felsbänder. Vereinzelt in der Rhön, in der Eifel und im Fränkischen Jura; sehr selten in der südwestlichen Schwäbischen Alb und im Alpenvorland, desgleichen in den Nördlichen und Südlichen Kalkalpen sowie im Schweizer Jura.

**Wissenswertes:** ♄; (☠). Über giftige Inhaltsstoffe ist uns nichts bekanntgeworden; Verwandte sind giftverdächtig. Verwechslungen mit dem Hufeisenklee sind nicht selten!

## Berg-Kronwicke
*Coronilla coronata* L.
Schmetterlingsblütengewächse *Fabaceae*
(*Leguminosae*)

**Beschreibung:** 12-20 Blüten stehen in einem kopfig-doldigen Blütenstand; Blütenstandsstiele 6-12 cm lang, selten etwas länger, mindestens 1½mal so lang wie das nächststehende Blatt. Blüten 0,7-1 cm lang, hellgelb. Fahne aufwärts gestellt, verkehrt-eiförmig. Kelch glockig; Stiele von Fahne, Flügel und Schiffchen kaum länger als der Kelch. Frucht eine Hülse, die 1,5-3 cm lang und ca. 3 mm dick wird; sie ist deutlich eingeschnürt und stumpfkantig. Stengel unverholzt oder nur wenig holzig, meist aufrecht, wenig verzweigt. Blätter etwas blaugrün, vor allem unterseits, fast sitzend, mit 7-13 Teilblättchen. Stengel bis zum Blütenstand gleichmäßig beblättert. Teilblättchen sehr kurz gestielt, 1,5-2,5 cm lang und 0,7-1,2 cm breit, etwas fleischig, mit nur undeutlich knorpeligem Rand, mit sehr kurzem, aufgesetztem Spitzchen. Mai-Juli. 30-50 cm.

**Vorkommen:** Braucht kalkhaltigen, überwiegend trockenen, steinigen und oft flachgründigen Lehm- oder Tonboden. Besiedelt lichte Trockenwälder, Waldränder und trockene Gebüsche. Selten im Weserbergland, am mittleren Main, im Schwäbisch-Fränkischen und im nördlichen Schweizer Jura; vereinzelt in den Westalpen; zerstreut in den Südlichen und Nördlichen Kalkalpen. Geht nur selten über 1000 m.

**Wissenswertes:** ♃; (☠). Über Inhaltsstoffe ist uns nichts bekanntgeworden; Verwandte sind giftverdächtig. – Ähnlich: Kleine Kronwicke (*C. minima* L.): Blüten nur 5-7 mm lang, gelb; Hülse nur bis 2,5 cm lang; Blätter ungestielt; südlicher Schweizer Jura, Westalpen, Wallis; selten. Hauptverbreitungsgebiet ist der Mittelmeerraum.

# Schmetterlingsblütengewächse *Fabaceae*

Hufeisenklee *Hippocrepis*
Süßklee *Hedysarum*
Esparsette *Onobrychis*
Linse *Lens*

## Hufeisenklee
*Hippocrepis comosa* L.
Schmetterlingsblütengewächse *Fabaceae* (*Leguminosae*)

**Beschreibung:** 5–12 Blüten stehen in einem kopfig-doldigen Blütenstand; Blütenstandsstiel 5–10 cm lang, etwa 1½mal so lang wie oder kaum länger als das nächststehende Blatt. Blüten um 1 cm lang, gelb. Fahne ziemlich schmal verkehrt-eiförmig, aufwärts gestellt oder leicht zurückgebogen, meist mit leicht bräunlich durchscheinenden Adern. Kelch kurzglockig, vor allem in der oberen Hälfte oft schmutzig dunkel olivgrün, mit ziemlich langen Zähnen. „Stiele" von Fahne, Flügel und Schiffchen fast doppelt so lang wie der Kelch, so daß man von der Seite her durch die Blütenröhre „hindurchsehen" kann. Frucht eine schlängelig-verbogene Hülse, die 1–3 cm lang wird und die in mehr oder weniger deutliche, oft hufeisenförmige Glieder unterteilt ist, die höckerig rauh sind. Stengel aufsteigend oder aufrecht, wenig verzweigt, sehr schütter behaart oder kahl, am Grunde oft etwas holzig. Blätter deutlich gestielt, unpaarig gefiedert, mit 5–15 Teilblättchen; Teilblättchen kurzgestielt, 0,5–1,5 cm lang, 2–5 mm breit, schmal-eiförmig bis breit-lanzettlich, dunkelgrün oder dunkel blaugrün, ohne knorpeligen Rand und nicht fleischig. Mai–September. 5–20 cm.

**Vorkommen:** Braucht kalkhaltigen oder kationenreichen, trockenen Lehm- oder Lößboden. Besiedelt lichte Trockenwälder, trockene Gebüsche, Halbtrockenrasen, Wegraine und Böschungen. Fehlt im Tiefland ganz und in den Mittelgebirgen mit Silikatgestein sowie im Alpenvorland größeren Gebieten. Sonst zerstreut. Steigt in den Alpen bis über 2000 m.

**Wissenswertes:** ♃. Der Name bezieht sich auf die Fruchtglieder.

## Alpen-Süßklee
*Hedysarum hedysaroides* (L.) SCHINZ & THELL.
Schmetterlingsblütengewächse *Fabaceae* (*Leguminosae*)

**Beschreibung:** 10–30 Blüten (selten mehr) stehen nickend in einer schwach einseitswendigen, 2–5 cm langen Traube; Blütenstandsstiel 5–10 cm lang, kahl oder sehr schütter behaart. Blüten um 2 cm lang, leuchtend purpurrot; Schiffchen länger als Flügel und Fahne. Kelch glockig, mit ungleich langen Zähnen. Frucht eine gegliederte Hülse, 2–4 cm lang, um 8 mm dick, kahl, mit 2–6 Gliedern. Stengel meist aufrecht, unverzweigt, kantig, kahl oder nur sehr schütter behaart. Blätter annähernd 2zeilig, die obersten fast gegenständig, unpaarig gefiedert, mit 9–19 Teilblättchen; Teilblättchen an der Blattspindel sitzend, 1–3 cm lang, 0,5–1,5 cm breit, eiförmig, vorn abgerundet oder ganz kurz bespitzt, auf der Oberseite dunkler grün als auf der Unterseite, kahl. Nebenblätter fast so lang wie die Teilblättchen, bis über die Mitte verwachsen. Juli–August. 10–30 cm.

**Vorkommen:** Braucht locker-steinigen Lehmboden in alpiner Lage; bevorzugt kalkhaltige Böden, geht aber auch auf kalkarmen Untergrund, wenn er nährstoffreich ist. Besiedelt lückige Rasen und Matten und lockere Zwergstrauchbestände. In den Kalkalpen zerstreut, in den Gebieten mit kalkarmem Gestein selten. Bevorzugt zwischen etwa 1800 und 2500 m.

**Wissenswertes:** ♃. Der Alpen-Süßklee schmeckt nur schwach bitter und wird von Wildtieren und Vieh gleichermaßen gern gefressen. Wegen seines Eiweißreichtums gilt er als gute alpine Futterpflanze. – Außer der ssp. *hedysaroides* gibt es noch die ssp. *exaltatum* (KERN.) CHRTKOVÁ-ŽERT.: Teilblättchen stachelspitz, 40–50 cm hoch; nur Alpensüdfuß; selten.

**Schmetterlingsblütengewächse** *Fabaceae*

## Futter-Esparsette
*Onobrychis viciifolia* SCOP.
Schmetterlingsblütengewächse *Fabaceae*
(*Leguminosae*)

**Beschreibung:** 20–50 Blüten stehen in einem ährig-traubigen Blütenstand. Blütenstandsstiel 5–15 cm lang, mindestens so lang und oft sogar doppelt so lang wie das nächststehende Blatt. Blüten 1–1,5 cm lang, rosa, dunkelpurpurn geädert; Spitze des Schiffchens oft intensiver gefärbt als seine Basis. Flügel scheinbar fehlend, kürzer als der Kelch. Frucht eine abgeflachte, dick linsenförmige Hülse, 6–8 mm im Durchmesser, mit Zahnleisten; Zähne an der Naht ca. 1 mm lang. Stengel meist aufrecht, verzweigt. Blätter unpaarig gefiedert, mit 13–27 Teilblättchen; Teilblättchen 1–2 cm lang, 3–5 mm breit, vorn abgerundet bis gestutzt, oft mit kurzer aufgesetzter Spitze. Mai–Juli. 30–60 cm.
**Vorkommen:** Heimat: Südosteuropa, Sibirien; im 16. Jahrhundert als Futterpflanze angebaut und beständig verwildert; braucht kalkreiche, trockene Lehm- oder Lößböden. Besiedelt Halbtrockenrasen, lichte Trockengebüsche und Wegränder. Fehlt im Tiefland fast vollständig und in den Mittelgebirgen und in den Alpen mit kalkarmem Gestein gebietsweise; sonst zerstreut.
**Wissenswertes:** ♃. *O. viciifolia* Scop. wird mit der Sand-Esparsette (*O. arenaria* DC.: Blütenstandsstiel 2–3mal so lang wie das nächststehende Blatt; Blüten kaum 1 cm lang, hellrosa; Hülse um 5 mm im Durchmesser; Rhön, Oberlauf des Mains, Rhein-Main-Gebiet, Kalkalpen; sehr selten) und mit der Berg-Esparsette (*O. montana* DC.: Stiel des Blütenstands höchstens doppelt so lang wie das nächststehende Blatt; Blüten purpurrot; Stengel niederliegend bis aufsteigend; Hegau, Alpen, Schweizer Jura; selten) zur Sammelart *O. viciifolia* agg. zusammengefaßt.

## Linse
*Lens culinaris* MED.
Schmetterlingsblütengewächse *Fabaceae*
(*Leguminosae*)

**Beschreibung:** Blüten stehen einzeln oder zu 2–3 in einer Traube, deren Stiel 1,5–5 cm lang sein kann. Blüten 5–8 mm lang; Fahne lila oder hellviolett geädert; Schiffchenspitze meist lila oder violett. Kelch trichterig, mit langen Zähnen, insgesamt etwa so lang wie die Blüte. Frucht eine hängende, flache, kahle Hülse, die 1–2 cm lang und 0,7–1,2 cm breit werden kann. Sie enthält meist nur 1–2 Samen, selten 3. Stengel aufsteigend oder aufrecht, vom Grund an verzweigt, locker behaart. Blätter paarig gefiedert, mit 6–14 Teilblättchen und als Fortsetzung der Blattspindel in einer kurzen Spitze oder – meist nur bei den oberen Blättern – mit einer unverzweigten Ranke endend. Teilblättchen 0,5–2 cm lang und 2–4 mm breit, schmal-eiförmig, kurz-gestielt, hellgrün, beiderseits schütter behaart. Nebenblätter schmal, etwa halb so lang wie die nächststehenden Teilblättchen, ganzrandig. Mai–Juli. 15–40 cm.
**Vorkommen:** Braucht mergeligen oder sandigen, kalkhaltigen, lockeren Lehmboden, der ziemlich flachgründig sein kann. Kulturpflanze, die heute in Mitteleuropa kaum mehr angebaut wird und die sehr selten und meist unbeständig auf Schuttplätzen oder Brachland verwildert ist.
**Wissenswertes:** ♃. Die Linse ist schon seit der Steinzeit Kulturpflanze, wie Funde belegen. Die Wildform ist *Lens nigricans* (MB.) GODR., die im Mittelmeergebiet beheimatet ist und vereinzelt am Südfuß der Alpen vorkommt. Sie ist kleiner als die Kulturrasse, ihre Blätter sind meist alle rankenlos und nur kurz bespitzt. Die Gattungen Linse (*Lens*) und Wicke (*Vicia*) sind nahe verwandt. Daher kommen Gattungsbastarde gelegentlich vor.

# Schmetterlingsblütengewächse *Fabaceae* ▶

Wicke, Saubohne *Vicia*

## Ungarische Wicke
*Vicia pannonica* Cr.
Schmetterlingsblütengewächse *Fabaceae*
*(Leguminosae)*

**Beschreibung:** 2–4 Blüten stehen büschelig auf sehr kurzen Stielen leicht nickend in den Achseln der obersten Blätter. Blüten 1,5–2 cm lang, gelb; Fahne meist mit braunrotem Mittelstreif, außen deutlich dicht und anliegend behaart. Kelch ca. 1 cm lang, weißlich-grün, dicht behaart, mit sehr dünnen, ziemlich langen Zähnen. Frucht eine hängende Hülse, die 2,5–3 cm lang und ca. 8 mm dick wird; sie ist seidig-zottig behaart und enthält 2–8 Samen. Stengel niederliegend, aufsteigend oder etwas kletternd, nicht oder höchstens am Grund spärlich verzweigt, etwas gerillt, leicht zottig behaart. Blätter sehr kurz gestielt oder fast sitzend, paarig gefiedert, mit 14–18 Teilblättchen und wenig ausgeprägten einfachen oder kaum verzweigten Ranken. Teilblättchen 1–2 cm lang und 2–5 mm breit, die der oberen Blätter meist nicht ausgerandet, sondern abgestutzt oder kurz bespitzt, anliegend behaart, Behaarung zuweilen undeutlich. Nebenblätter höchstens ¼ der Länge der untersten Teilblättchen erreichend, auf der Außenfläche mit großer Nektardrüse. Juni-Juli. 30–60 cm.

**Vorkommen:** Braucht sandigen, lockeren Lehmboden, der oft kalkarm ist. Besiedelt auf ihm Getreidefelder, seltener Brachen. Eingeschleppt und meist nur unbeständig verwildert am Niederrhein, in der Pfalz, im Rhein-Main-Neckar-Gebiet und im Jura; in Niederösterreich selten, aber möglicherweise seit der Einführung des Ackerbaus heimisch.

**Wissenswertes:** ☉. Neben der beschriebenen ssp. *pannonica* wird ssp. *striata* (MB.) Nyman (Blüten trübviolett; selten eingeschleppt und unbeständig) unterschieden.

## Gelbe Wicke
*Vicia lutea* L.
Schmetterlingsblütengewächse *Fabaceae*
*(Leguminosae)*

**Beschreibung:** Blüten stehen einzeln in den Achseln der obersten Blätter. Blüten 2–2,5 cm lang, hellgelb; Fahne bräunlich oder bläulich überlaufen, außen kahl. Kelch 1–1,3 cm lang, kahl oder schütter behaart, mit dünnen Zähnen, von denen die oberen oft aufgebogen und nur etwa halb so lang sind wie die unteren. Frucht eine hängende Hülse, die 2,5–3 cm lang und um 9 mm dick wird; sie ist allenfalls locker abstehend behaart und enthält 5–9 Samen. Stengel aufsteigend oder kletternd, meist unverzweigt, gerillt, allenfalls locker abstehend behaart oder kahl. Blätter sitzend oder sehr kurz gestielt, paarig gefiedert, mit 12–16 Teilblättchen, die unteren Blätter meist mit einfachen Ranken, die oberen mit verzweigten Ranken. Teilblättchen 1–2 cm lang und 2–5 mm breit, die der oberen Blätter meist nicht ausgerandet, sondern abgestutzt oder kurz bespitzt, die der unteren Blätter ausgerandet und fast verkehrt-eiförmig; Teilblättchen meist nur unterseits und oft nur schütter behaart. Nebenblätter bis etwa ⅓ so lang wie die untersten Teilblättchen, auf der Außenfläche mit einer großen Nektardrüse. Mai-Juli. 20–60 cm.

**Vorkommen:** Braucht kalkhaltige Sand- oder Lehmböden. Besiedelt Getreideäcker, Ödland und Wegränder. Sehr selten im Weinbaugebiet an der unteren Mosel, im Rhein-Main-Neckar-Gebiet, in der Pfalz, am Oberrhein, im Schweizer Jura, Wallis, Alpensüdfuß.

**Wissenswertes:** ☉. Ähnlich: Bastard-Wicke (*V. hybrida* L.): Blüten 2–3 cm lang, blaßgelb; Kelchzähne ungleich lang, untere länger als die Kelchröhre; selten eingeschleppt; vor allem auf Bahnhöfen und an Verladeeinrichtungen.

## Schmetterlingsblütengewächse *Fabaceae*

## Großblütige Wicke
*Vicia grandiflora* SCOP.
Schmetterlingsblütengewächse *Fabaceae*
(*Leguminosae*)

**Beschreibung:** Meist stehen 2 Blüten, selten nur 1 oder 3–4 Blüten, in den Achseln der obersten Blätter; sie sind 2–8 mm lang gestielt und stehen meist waagrecht oder schräg nach oben ab. Blüten 2,5–3,5 cm lang, fahlgelb; Fahne und Schiffchenspitze meist violett oder grünlich überlaufen. Kelch (mit Zähnen) 1,5–1,8 cm lang; Kelchzähne deutlich kürzer als die Kelchröhre. Frucht eine meist schräg abstehende Hülse, die 3,5–5 cm lang und ca. 7 mm dick wird; sie ist nur anfangs etwas behaart, verkahlt aber früh und enthält 10–15 Samen. Stengel aufsteigend, vom Grunde an verzweigt, rund, meist nur schütter behaart. Blätter sitzend, paarig gefiedert, mit 6–14 Teilblättchen und dünnen, meist verzweigten Ranken. Teilblättchen 1–2 cm lang und 2–8 mm breit, ausgerandet bis zugespitzt. Nebenblätter höchstens $\frac{1}{5}$ der Länge der unteren Teilblättchen erreichend, auf der Außenfläche mit nur kleiner Nektardrüse, die der unteren Blätter gezähnt. Mai–Juni. 20–60 cm.

**Vorkommen:** Braucht nährstoffreichen, lehmigen Boden in Gegenden mit sommerwarmem Klima. Besiedelt trockene Gebüsche und Ränder von Trockenwäldern, geht aber auch auf Ödflächen und Bahnschotter. Bei uns fast nur eingeschleppt und unbeständig verwildert, so z.B. in den Weinbaugebieten zwischen Mittelrhein, Mosel, Main und Neckarmündung sowie am Unterlauf des Regen und in der Hallertau (in den beiden letzten Gebieten möglicherweise ursprünglich); Niederösterreich und Alpensüdfuß selten.

**Wissenswertes:** ☉. Das Hauptverbreitungsgebiet der Art liegt in Südosteuropa; dort mehrere, sehr ähnliche Sippen.

## Saubohne
*Vicia faba* L.
Schmetterlingsblütengewächse *Fabaceae*
(*Leguminosae*)

**Beschreibung:** 2–6 Blüten stehen büschelig-traubig und ziemlich einseitswendig in den Achseln der obersten Blätter; sie sind meist etwas waagrecht orientiert. Blüten 2–3 cm lang, weiß mit einem schwarzvioletten Fleck auf jedem Flügel; Fahne oft violett oder bräunlich geadert oder – selten – violett überlaufen. Kelch kahl. Frucht eine abstehende Hülse, die 8–12 cm lang und 1–2 cm dick wird; sie ist meist kahl und enthält 2–6 Samen. Stengel aufrecht, unverzweigt, kahl, bis 1 cm dick, 4kantig. Blätter fleischig, hell blaugrün, paarig gefiedert, mit 4–6 Teilblättchen, ohne Ranke mit grannenartiger Spitze. Teilblättchen 3–6 cm lang, 1–2 cm breit. Nebenblätter bis halb so lang wie die unteren Teilblättchen, ganzrandig oder gezähnt, auf der Außenfläche mit nur kleiner Nektardrüse. Juni–Juli. 0,6–1 m.

**Vorkommen:** Kulturpflanze, die auf nährstoffreichen, kalkhaltigen Böden am besten gedeiht. Verwildert in Mitteleuropa nicht und kommt nur gelegentlich an Wegrändern vor, wenn Saatgut verloren worden war. Häufig angebaut.

**Wissenswertes:** ☉; (☠). Stammart unbekannt (Maus-Wicke? s. S. 503). Von der Saubohne werden verschiedene Sorten, die sich in der Wuchshöhe, in der Blütenfarbe (z.B. auch rein weiße Blüten) und in der Samengröße voneinander unterscheiden, angebaut. Meist sind sie Futterpflanzen, die ein eiweißreiches Futter liefern. Die Samen werden auch als Gemüse zubereitet. Bei bestimmter genetischer Veranlagung (Glucose-6-Phosphat-Dehydrogenase-Mangel) kann eingeatmeter Blütenstaub oder der Genuß von Saubohnen zu schweren Allergien führen („Favismus").

# Schmetterlingsblütengewächse *Fabaceae* ▶

Wicke *Vicia*

## Zaun-Wicke
*Vicia sepium* L.
Schmetterlingsblütengewächse *Fabaceae*
(*Leguminosae*)

**Beschreibung:** 2–6 Blüten stehen traubig-büschelig, leicht nickend oder fast waagrecht und ziemlich einseitswendig in Achseln der obersten Blätter. Blüten 1,2–1,5 cm lang, blauviolett, rotviolett oder purpurrosa, ganz selten gelblich-weißlich, kahl. Kelch 5–7 mm lang, weißlich-grünlich und meist etwas violett überlaufen, schütter anliegend behaart oder kahl; Kelchzähne deutlich kürzer als die Kelchröhre. Frucht eine flache, abstehende oder hängende Hülse, die 2,5–3,5 cm lang und um 7 mm breit wird und die 3–6 Samen enthält. Stengel aufrecht oder etwas kletternd, unverzweigt oder nur wenig verzweigt, meist kahl. Blätter kurz gestielt, paarig gefiedert, mit 8–14 Teilblättchen und mit einer meist verzweigten Ranke. Teilblättchen 0,8–3 cm lang und 0,6–1,2 cm breit, zerstreut behaart. Nebenblätter klein, bis etwa ¼ der Länge der untersten Teilblättchen erreichend, mit einem abstehenden Zipfel am Ansatz und auf der Außenfläche mit einer ziemlich großen Nektardrüse. Mai–August. 20–60 cm.

**Vorkommen:** Braucht nährstoffreichen, humushaltigen Lehmboden. Besiedelt Wiesen, geht aber auch in trockenere Gebüsche, lichte Wälder und in Halbtrockenrasen. Fehlt im Tiefland kleineren Gebieten. Sonst häufig. Steigt in den Alpen bis etwa 2000 m.

**Wissenswertes:** ♃. Die Zaun-Wicke liefert ein eiweißreiches Futter und ist deswegen in Wiesen gerne gesehen. Man hat sie auch schon zusammen mit Gräsern angesät. Die auf der Pflanze meist anzutreffenden Ameisen saugen Nektar aus den Nebenblattdrüsen, die als dunkle Flecken erkennbar sind.

## Maus-Wicke
*Vicia narbonensis* L.
Schmetterlingsblütengewächse *Fabaceae*
(*Leguminosae*)

**Beschreibung:** Blüten stehen einzeln oder zu 2, selten zu mehr auf sehr kurzen Stielchen und schräg aufwärts orientiert in den Achseln der obersten Blätter. Blüten 1,5–3 cm lang, rotviolett, seltener trüb dunkellila, mit schwarzvioletter Schiffchenspitze. Kelch 0,7–1,5 cm lang; obere Kelchzähne viel kürzer als der unterste, der etwa die Länge der Kelchröhre (4–8 mm) erreicht. Frucht eine abstehende, flache Hülse, 3–6 cm lang und 1–1,5 cm breit, mit 2–6 Samen. Stengel meist aufrecht, unverzweigt, kantig, auf den Kanten behaart. Blätter kurz gestielt, die untersten oft nur mit 2 Teilblättchen und mit kurzer Grannenspitze, die übrigen mit 4–6 Teilblättchen und mit einer meist verzweigten Ranke. Teilblättchen 3–5 cm lang, 1,5–2,5 cm breit, fleischig und meist deutlich blaugrün, am Rande behaart. Nebenblätter bis halb so lang wie die unteren Teilblättchen, ganzrandig oder gezähnt, auf der Außenfläche mit nur kleiner Nektardrüse. Mai–Juni. 30–50 cm.

**Vorkommen:** Braucht nährstoffreichen Lehmboden. Besiedelt in Gegenden mit sehr mildem Klima Weinberge und Gebüsche. Heimat: Mittelmeergebiet; wohl nur am Isteiner Klotz beständig verwildert, aber mittlerweile auch hier nur noch vereinzelt. Sonst nur vorübergehend eingeschleppt. Selten angebaut.

**Wissenswertes:** ☉. Die Art wird mit der Gezähnten Maus-Wicke (*V. serratifolia* Jacq.: Hülsen mit 6–10 Samen; Teilblättchen der oberen Blätter deutlich gesägt; Mittelmeergebiet; dort auch Kulturpflanze; bei uns sehr selten eingeschleppt, unbeständig verwildert) zur Sammelart *V. narbonensis* agg. zusammengefaßt.

**Schmetterlingsblütengewächse** *Fabaceae*

## Schmalblättrige Futter-Wicke
*Vicia angustifolia* L.
Schmetterlingsblütengewächse *Fabaceae* (*Leguminosae*)

**Beschreibung:** Blüten stehen einzeln oder zu 2 sehr kurz gestielt und schräg aufwärts orientiert in den Achseln der obersten Blätter. Blüten 1,5–2,5 cm lang; Fahne steil nach oben geschlagen, rotviolett, oft hellergrundig; Flügel rotviolett. Kelch schütter kurzhaarig, hellgrün, oft rötlich überlaufen, 0,7–1 cm lang, alle Kelchzähne kürzer als die Kelchröhre. Frucht eine kahle, reif fast schwarze, kaum abgeflachte, abstehende Hülse, 3–5 cm lang, 4–5 mm dick, mit 9–12 Samen. Stengel aufrecht, etwas kantig. Blätter kurz-gestielt, paarig gefiedert, die unteren oft mit 2–6 Teilblättchen und mit einer Granne, die übrigen mit 6–14 Teilblättchen und mit einer verzweigten Ranke. Teilblättchen 1–2 cm lang, 2–4 mm breit, mit aufgesetztem Spitzchen, schütter kurzhaarig. Nebenblätter oft mit einigen Zähnen. Mai–Juli. 10–60 cm.

**Vorkommen:** Braucht lockeren, nährstoffreichen Lehmboden. Ödland, Halbtrockenrasen. Häufig, aber nicht in Beständen; fehlt kleineren Gebieten.

**Wissenswertes:** ☉; (☠). Wird mit der Echten Futter-Wicke (*V. sativa* L.: Fahne blauviolett, Hülse flach, eingeschnürt; Wegränder, Ödland; selten angebaut) und mit der Herzblättrigen Futter-Wicke (*V. cordata* WULF. ex STURM: Fahne blauviolett; Hülse weder flach noch eingeschnürt; Teilblätter der unteren Blätter herzförmig; selten eingeschleppt) zur Sammelart *V. sativa* agg. zusammengefaßt. In Rassen der Echten Futter-Wicke hat man neuerdings in den Samen Neurotoxine (z. B. L-β-Cyanoalanin) nachgewiesen. Alle Sippen der Sammelart sollten daher als giftverdächtig angesehen werden.

## Sand-Wicke
*Vicia lathyroides* L.
Schmetterlingsblütengewächse *Fabaceae* (*Leguminosae*)

**Beschreibung:** In den Achseln der obersten Blätter sitzt oder steht auf sehr kurzem Stiel meist nur 1 Blüte, gelegentlich kommen die Blüten auch paarweise vor; sie sind schräg aufwärts orientiert. Blüten 6–8 mm lang, hellviolett, selten fast weiß. Kelch weißlich-grünlich, 3–4 mm lang, mit oft verbogen abstehenden und zuweilen etwas verkümmerten Zähnen, schütter behaart. Frucht eine abstehende, flache Hülse, die 2–3 cm lang und 3–4 mm breit wird; sie ist meist kahl und enthält 5–10 Samen. Stengel niederliegend oder bogig aufsteigend, am Grunde meist verzweigt, locker behaart. Blätter paarig gefiedert. Untere Blätter mit einer grannenartigen Spitze und oft mit nur 2 Teilblättchen, obere mit einer einfachen Ranke, sehr selten auch mit einem Endblättchen, mit 4–6 Teilblättchen. Teilblättchen 0,5–1,5 cm lang; die der unteren Blätter nur bis etwa 7 mm lang und verkehrt-eiförmig bis verkehrt-herzförmig; obere Teilblättchen bis 1,5 cm lang und bis 3 mm breit, meist lineal. Nebenblätter klein, ganzrandig, auf der Außenseite ohne Nektardrüse. April–Mai. 5–20 cm.

**Vorkommen:** Braucht sandigen, kalkarmen, schwach sauren Sandboden, der humus- und feinerdearm sein kann, aber sommertrocken sein sollte. West-, Ost- und Nordfriesische Inseln, Schleswig-Holstein, Mecklenburg-Vorpommern zerstreut; Brandenburg, Sandgebiete vom Niederrhein bis in die Pfalz sowie am Main, im Rhein-Neckar-Gebiet und am Unterlauf des Regen, am Alpensüdfuß, in Steiermark, Kärnten, im Burgenland und in Niederösterreich selten.

**Wissenswertes:** ☉. Hauptareal: Westeuropa und Mittelmeergebiet.

# Schmetterlingsblütengewächse *Fabaceae* ▶

Wicke *Vicia*

## Erbsen-Wicke
*Vicia pisiformis* L.
Schmetterlingsblütengewächse *Fabaceae*
(*Leguminosae*)

**Beschreibung:** 10–30 Blüten stehen in Trauben in den Achseln der obersten Blätter. Blütenstandsstiel 7–15 cm lang, damit etwa ¾ der Länge des zugehörigen Blattes erreichend; Blüten meist deutlich einseitswendig angeordnet, nickend, 1,2–1,7 cm lang, hellgelb. Kelch kahl, 6–9 mm lang; Kelchzähne etwas ungleich lang, die längsten nur etwa halb so lang wie die Kelchröhre. Frucht eine hängende, flache Hülse, die 2,5–4 cm lang und 6–9 mm breit wird; sie ist kahl und enthält 4–8 Samen. Stengel niederliegend oder kletternd, einfach oder oberwärts spärlich verzweigt, kahl. Blätter paarig gefiedert, mit 6–10 Teilblättchen und mit einer meist verzweigten Ranke. Teilblättchen 1,5–6 cm lang und 1–4 cm breit, kahl. Nebenblätter bis halb so lang wie die untersten Teilblättchen, am Grunde mit einem abgespreizten Zipfel und mit einigen kleineren Zähnen, außen ohne Nektardrüse. Mai–August. 1–2 m.

**Vorkommen:** Braucht humusreichen, kalkhaltigen, lockeren Lehmboden. Besiedelt lichte Wälder und Waldsäume. Fehlt im Tiefland westlich der Elbe, ebenso im Schwarzwald, im Alpenvorland und in den Alpen. In der Eifel, zwischen Westerwald und Harz, in Franken und im Neckarland sehr selten; im Wallis selten; in Niederösterreich und im Burgenland zerstreut; in Steiermark und Oberösterreich vereinzelt.

**Wissenswertes:** ♃. Das Hauptverbreitungsgebiet der Erbsen-Wicke liegt in Osteuropa. Sie liebt sommerwarme Standorte und bevorzugt Südlagen. Deswegen fehlt sie z. B. im Jura den höhergelegenen Gebieten, und an der Westgrenze ihres Areals scheint sie zurückzugehen.

## Hecken-Wicke
*Vicia dumetorum* L.
Schmetterlingsblütengewächse *Fabaceae*
(*Leguminosae*)

**Beschreibung:** 4–8 (selten auch mehr) Blüten stehen in Trauben in den Achseln der obersten Blätter. Blütenstandsstiel 7–18 cm lang. Blüten 1,3–1,8 cm lang, purpurviolett, bräunlich verblühend, einseitswendig, kurz gestielt, schräg aufwärts von der Traubenachse abstehend oder nickend. Kelch kahl; Kelchzähne ungleich lang, die längsten höchstens ⅓ der Länge der Kelchröhre erreichend. Frucht eine abstehende oder hängende flache Hülse, die 3–5 cm lang und 0,7–1 cm breit wird; sie enthält 4–10 Samen. Stengel niederliegend oder kletternd, verzweigt, kantig, nur auf den Kanten etwas behaart, sonst kahl. Blätter paarig gefiedert, mit 6–10 Teilblättchen und einer verzweigten Ranke. Teilblättchen 1,5–4 cm lang und 1–2 cm breit, schmal-eiförmig bis eiförmig, meist ganzrandig, oberseits dunkelgrün, unterseits etwas fahler, kahl oder nur am Rande leicht behaart. Nebenblätter ca. 1 cm lang, halbmondförmig, bezahnt, außen ohne Nektardrüse. Juni–August. 1–1,5 m.

**Vorkommen:** Braucht nährstoffreichen, kalk- und humushaltigen, steinigen, lockeren Lehm- oder Tonboden. Besiedelt lichte, nicht zu trockene Wälder, vor allem Schluchtwälder, und lichte Auengebüsche. Im Harz, in der Rhön, an der Bergstraße, im Fränkisch-Schwäbischen Muschelkalkgebiet, im Fränkisch-Schwäbischen und im Schweizer Jura sowie im Alpenvorland und in den Nördlichen und Südlichen Kalkalpen selten, aber auch hier gebietsweise fehlend. In den Tälern der Zentralalpen nur vereinzelt; in Ober- und Niederösterreich selten.

**Wissenswertes:** ♃. Die Hecken-Wicke ist nirgends häufig.

**Schmetterlingsblütengewächse** *Fabaceae*

## Heide-Wicke
*Vicia orobus* DC.
Schmetterlingsblütengewächse *Fabaceae* (*Leguminosae*)

**Beschreibung:** 8–18 Blüten stehen in Trauben in den Achseln der obersten Blätter. Blütenstandsstiel 4–7 cm lang. Blüten einseitswendig angeordnet, sehr kurz gestielt, nickend, 1,2–1,8 cm lang, weiß; Fahne violett geadert und oft leicht lila überlaufen. Kelch schütter behaart; Kelchzähne ungleich lang, die längsten etwa $\frac{1}{3}$ der Länge der Kelchröhre erreichend. Frucht eine hängende, flache, 2–3 cm lange und 4–7 mm breite, kahle Hülse, die 3–6 Samen enthält. Stengel aufrecht oder aufsteigend, verzweigt, schütter, zuweilen aber auch ziemlich dicht und abstehend behaart. Blätter paarig gefiedert, mit 16–24 Teilblättchen und kurzer, grannenartiger Spitze anstelle der Ranke. Teilblättchen 1–2,5 cm lang und 3–6 mm breit, oberseits kahl, unterseits schütter behaart. Nebenblätter mindestens halb so lang wie die nächststehenden Teilblättchen, nur am Grunde mit einem zipfeligen Anhang, sonst ganzrandig; außen ohne Nektardrüse. Mai–Juli. 20–60 cm.

**Vorkommen:** Braucht kalkarmen oder kalkfreien, lockeren, sandigen Lehmboden in Lagen mit humidem und wintermildem Klima. Besiedelt Gebüsche in Heiden, geht aber auch in den Saum lichter Wälder und in magere Rasen. Kommt nur im Hohen Venn, im Spessart und im Schweizer Jura bei Neuchâtel vor und ist auch dort selten. Möglicherweise existieren kleinere Vorkommen auch noch im Süden Jütlands.

**Wissenswertes:** ♃. Die Heide-Wicke ist hauptsächlich in Westeuropa verbreitet. Sie ist eine typische Vertreterin der subatlantischen Flora. Pflanzen dieses Florenelements brauchen luftfeuchtes Klima in Lagen mit frostarmen oder frostfreien Wintern. Deswegen gedeiht sie auch noch in Südnorwegen.

## Wald-Wicke
*Vicia sylvatica* L.
Schmetterlingsblütengewächse *Fabaceae* (*Leguminosae*)

**Beschreibung:** 10–20 Blüten stehen in Trauben in den Achseln der obersten Blätter. Blütenstandsstiel 5–10 cm lang und damit etwa so lang wie das Blatt, in dessen Achsel er entspringt. Blüten vorwiegend einseitswendig, kurz, aber deutlich gestielt, nickend, 1,3–1,8 cm lang, weiß, Fahne kräftig blauviolett geadert, Schiffchenspitze mit einem (dunkel)blauvioletten Fleck. Kelch kahl. Frucht eine kahle, hängende, flache Hülse, die 2,5–3 cm lang und 5–8 mm breit wird; sie enthält 4–8 Samen. Stengel niederliegend oder kletternd, mehrfach verzweigt, kahl. Blätter paarig gefiedert, mit 12–18 Teilblättchen und einer meist verzweigten Ranke. Teilblättchen 0,8–1,8 cm lang und 4–9 mm breit, schmal-eiförmig. Nebenblätter höchstens halb so lang wie die untersten Teilblättchen, meist wesentlich kürzer, mit sehr feinspitzig zulaufenden Zähnen und außen ohne Nektardrüse. Juni–August. 0,5–1,5 m.

**Vorkommen:** Braucht nährstoffreichen, humushaltigen, lockeren, oft steinigen oder sandigen Lehmboden. Besiedelt lichte Berg- oder Schluchtwälder, geht auch in Auenwälder und in alpine Hochstaudenfluren. Östliches Schleswig-Holstein, Mecklenburg-Vorpommern, Brandenburg, Harz, Thüringer Wald, Sachsen, Hessisches Bergland, Schwäbisch-Fränkische Triasberge, Schwäbisch-Fränkischer und Schweizer Jura, Oberösterreich, Niederösterreich, Burgenland und Steiermark selten. Am Alpensüdfuß nur vereinzelt. Steigt in den Alpen bis etwa 2000 m.

**Wissenswertes:** ♃. Das Verbreitungsgebiet der Wald-Wicke reicht von Ostfrankreich bis nach Westsibirien. Obschon die Wald-Wicke kaum irgendwo in individuenreichen Beständen auftritt, gilt sie als gute Futterpflanze für Rehwild.

# Schmetterlingsblütengewächse *Fabaceae*

Wicke *Vicia*

## Kaschuben-Wicke
*Vicia cassubica* L.
Schmetterlingsblütengewächse *Fabaceae* (*Leguminosae*)

**Beschreibung:** 10–15 Blüten stehen in Trauben in den Achseln der obersten Blätter. Blütenstandsstiel 3–6 cm lang, höchstens so lang wie oder kürzer als das Blatt, in dessen Achsel er entspringt (Traube selbst 3–5 cm lang). Blüten vorwiegend einseitswendig, kurz gestielt, nickend, 1–1,3 cm lang, verschiedenfarbig: Fahne rotviolett, dunkler geadert; Flügel und Schiffchen weißlich; Schiffchen mit violetter Spitze. Kelch schütter behaart oder kahl. Frucht eine kahle, hängende, flache Hülse, die 1,5–2,5 cm lang und ca. 7 mm breit wird; sie enthält nur 1–3 Samen. Stengel aufrecht, niederliegend oder kletternd, einfach oder verzweigt, kurz behaart. Blätter paarig gefiedert, mit 16–28 Teilblättchen und mit einer meist verzweigten Ranke. Teilblättchen 1,3–2,5 cm lang und 3–7 mm breit, beidseitig schütter kurzhaarig. Nebenblätter höchstens halb so lang wie die untersten Teilblättchen, ganzrandig, aber etwas pfeilförmig, außen ohne Nektardrüse. Juni–Juli. 30–80 cm.

**Vorkommen:** Braucht kalkarmen, ja kalkfreien, sandigen oder lehmig-sandigen Boden. Bevorzugt sommerwarme Lagen. Besiedelt lichte Trockenwälder, vor allem Kiefernwälder. Am Unterlauf der Elbe sowie im Fränkischen Keupergebiet, in Mecklenburg-Vorpommern, in Brandenburg, in Thüringen, in Sachsen-Anhalt, in Sachsen sowie in Niederösterreich selten; in den Sandgebieten der Pfalz und des nördlichen Odenwalds, in Steiermark und in Südtirol sehr selten.

**Wissenswertes:** ♃. Das Hauptverbreitungsgebiet der Art liegt in Ost- und Südosteuropa. Bei uns ist sie sehr einheitlich, anders als in ihrem Hauptareal, in dem sie sehr veränderlich ist. Inwieweit den von dort beschriebenen Sippen taxonomischer Wert zukommt, ist unklar.

## Vogel-Wicke
*Vicia cracca* L.
Schmetterlingsblütengewächse *Fabaceae* (*Leguminosae*)

**Beschreibung:** 15–40 Blüten stehen in Trauben in den Achseln der obersten Blätter. Blütenstandsstiel 3–8 cm lang, selten auch etwas länger, und damit meist deutlich kürzer als oder höchstens so lang wie das Blatt, aus dessen Achsel er entspringt. Blüten angedeutet einseitswendig, kurzgestielt, nickend, 0,8–1,1 cm lang, violett, Flügel manchmal fast weißlich. Kelch kurz, violett überlaufen, kahl. Frucht eine etwas abstehende oder leicht nickende, kahle, wenig abgeflachte Hülse, die 2–2,5 cm lang und ca. 5 mm dick wird; sie enthält 4–8 Samen. Stengel einfach oder verzweigt, meist kletternd. Blätter paarig gefiedert, mit 12–20 Teilblättchen und verzweigter Ranke. Teilblättchen 1–3 cm lang und 2–4 mm breit. Nebenblätter etwa halb so lang wie die unteren Teilblättchen, am Grunde mit abstehenden Zipfeln, sonst ganzrandig, ohne Nektardrüse. Juni–August. 0,6–1,3 m.

**Vorkommen:** Bevorzugt Lehm- und Tonböden. Besiedelt lichte Wälder und Gebüsche, geht auch in Wiesen, an Wiesen- und Wegränder sowie in Ufergebüsche; häufig.

**Wissenswertes:** ♃. Die Vogel-Wicke (*V. cracca* L.) wird mit der Dünnblättrigen Wicke (*V. tenuifolia* ROTH: Blüten 1,2–1,6 cm lang, hellblau(violett); Blütenstandsstiel deutlich länger als das zugehörige Blatt; Blütentrauben so lang wie oder wenig kürzer als ihr Stiel; 18–28 Teilblättchen; warme Trockengebüsche; sehr selten) zur Sammelart *V. cracca* agg. zusammengefaßt. Zu dieser Sammelart werden auch Kleinarten gestellt, die nur in Südosteuropa (bis Tschechien und Slowakei) oder in Süd- und Osteuropa vorkommen. Sie sind nur schwierig voneinander und von den genannten Kleinarten zu unterscheiden.

**Schmetterlingsblütengewächse** *Fabaceae*

## Zottige Wicke
*Vicia villosa* ROTH
Schmetterlingsblütengewächse *Fabaceae*
(*Leguminosae*)

**Beschreibung:** 5–30 Blüten stehen in Trauben in den Achseln der obersten Blätter. Blütenstandsstiel 2–6 cm lang, selten auch etwas länger, und damit rund 25% kürzer oder länger als das Blatt, aus dessen Achsel er entspringt, oder ebenso lang wie dieses. Blüten angedeutet einseitswendig, kurz gestielt, nickend, 1,5–2 cm lang, violett. Kelch am Grund auf der Oberseite sackartig ausgebuchtet. Frucht eine abstehende oder leicht nickende, kahle, wenig abgeflachte Hülse, die 2–4 cm lang und ca. 1 cm breit wird; sie enthält 2–8 Samen. Stengel unten 3–5 mm dick, meist zottig behaart, verzweigt und kletternd. Blätter paarig gefiedert, mit 10–20 Teilblättchen und verzweigter Ranke. Teilblättchen 1,5–2,5 cm lang und 3–5 mm breit. Nebenblätter klein, die oberen ganzrandig, die unteren etwas pfeilförmig und zuweilen gezähnt-zerschlitzt. Juni–August. 30–60 cm.

**Vorkommen:** Braucht kalkarmen, sandigen, lockeren Lehm- oder Tonboden, der mäßig stickstoffsalzhaltig sein kann und eher trocken als feucht sein sollte. Besiedelt Gebüsche, Waldsäume, Wegränder und Getreideäcker. Im Tiefland sehr selten, in den niedrigeren Mittelgebirgen mit kalkarmen Gesteinen selten; fehlt im Schwarzwald, dem Schwäbischen Jura und im Alpenvorland größeren Gebieten. Außerhalb der Alpen in der Schweiz und in Österreich selten.

**Wissenswertes:** ⊙. Wurde schon als Futterpflanze angebaut. Innerhalb der Art werden die Unterarten ssp. *villosa* (auf die sich die Beschreibung bezieht) und die ssp. *varia* (HOST) CORB. unterschieden. Letztere ist nur 3–12blütig und fast kahl.

## Linsen-Wicke
*Vicia ervilia* (L.) WILLD.
Schmetterlingsblütengewächse *Fabaceae*
(*Leguminosae*)

**Beschreibung:** Blüten stehen einzeln (ziemlich selten) oder zu 2–6 in einer sehr kurzstieligen Traube in den Achseln der obersten Blätter. Blütenstandsstiel 1–4 cm lang, höchstens $\frac{1}{3}$ der Länge des Blattes erreichend, aus dessen Achsel er entspringt. Blüten um 8 mm lang, weiß, Fahne violett gestreift. Kelch kahl. Frucht eine kahle, hängende, flache Hülse, die 1,5–2,5 cm lang und ca. 5 mm breit wird; sie enthält 3–4 Samen. Stengel aufrecht oder aufsteigend, einfach oder im oberen Teil verzweigt, kahl. Blätter paarig gefiedert, mit 10–28 Teilblättchen, nie mit einer Ranke, Blattspindel in einer kurzen Spitze endend. Teilblättchen 0,5–1,5 cm lang und 2–4 mm breit, vorne gestutzt und mit 3 Zähnchen, kahl. Nebenblätter sehr schmal, etwa $\frac{1}{3}$ der Länge der untersten Teilblättchen erreichend, am Grunde zuweilen gezähnt, ohne Nektardrüse. Juni–Juli. 20–50 cm.

**Vorkommen:** Braucht kalkfreie lehmig-sandige Böden. Besiedelt Getreidefelder. Möglicherweise alte Kulturpflanze, die aus dem Mittelmeergebiet stammt. Sie soll noch in neuerer Zeit verwildert am Mittelrhein und in seinen Seitentälern und ebenso in der Gegend um den Genfer See vorgekommen sein.

**Wissenswertes:** ⊙; ☠. Die Linsen-Wicke soll in ihren Samen einen Giftstoff enthalten. Nach dem Genuß der Samen sollen Magenkrämpfe, Erbrechen, Blut im Harn und Durchfall mit Schüttelfrost auftreten. Dämpfen der Samen soll die Giftwirkung aufheben. Ob dies in vorgeschichtlicher Zeit bekannt gewesen ist, ob also die Linsen-Wicke tatsächlich Kulturpflanze war, muß daher vorerst offengelassen werden.

# Schmetterlingsblütengewächse *Fabaceae* ▶

Wicke *Vicia*
Platterbse *Lathyrus*

## Einblütige Wicke
*Vicia articulata* Hornem.
Schmetterlingsblütengewächse *Fabaceae* (*Leguminosae*)

**Beschreibung:** In den Achseln der mittleren und oberen Blätter steht immer nur eine einzelne Blüte auf einem 2–5 cm langen Stiel, der – da er in ein grannenartiges Spitzchen ausläuft – erkennen läßt, daß es sich um einen Blütenstandsstiel handelt. Blüten 0,8–1,2 cm lang, bläulich-weiß, Fahne nicht zurückgeschlagen, lila geadert. Kelchröhre sehr kurz; Kelchzähne länger als die Kelchröhre, schmal. Frucht eine kahle oder nur kurz und schütter behaarte, flache, schräg abstehende Hülse, die 1,5–3,5 cm lang und 0,7–1 cm breit wird; sie enthält 2–4 Samen. Stengel selten einfach, häufig mehrfach verzweigt, kahl, dünn, leicht kantig, niederliegend, aufsteigend oder kletternd. Blätter paarig gefiedert, mit 10–16 Teilblättchen und mit einer meist verzweigten Ranke. Teilblättchen 1–2,5 cm lang und ca. 2 mm breit, gestutzt oder abgerundet, mit einem aufgesetzten Spitzchen; Teilblättchen an den unteren Blättern etwas kleiner als an den mittleren und oberen. Nebenblätter am Grunde jeden Blattstiels untereinander ungleich, eines sehr klein und pfriemlich, das andere handförmig zerschlitzt. Juni–Juli. 20–60 cm.

**Vorkommen:** Die Einblütige Wicke wurde früher gelegentlich als Futterpflanze angebaut und ist zuweilen – meist nur unbeständig – verwildert. Sie bevorzugt nährstoffreiche, kalkarme oder kalkfreie Sandböden.

**Wissenswertes:** ⊙. Verwildert besiedelt die Einblütige Wicke meist Getreidefelder oder Brachen. Sie ist früher in den Sandgebieten des Rhein-Main-Gebiets, der Pfalz und am Unterlauf des Regens beobachtet worden, scheint aber heute dort verschollen zu sein.

## Behaarte Wicke
*Vicia hirsuta* (L.) S. F. Gray
Schmetterlingsblütengewächse *Fabaceae* (*Leguminosae*)

**Beschreibung:** 3–5 Blüten stehen in Trauben in den Achseln der mittleren und oberen Blätter. Blütenstandsstiel 1–4 cm lang und damit stets deutlich kürzer als das Blatt, aus dessen Achsel er entspringt. Spindel der Traube läuft in einen grannenartigen Fortsatz aus, der 1–3 mm lang werden kann. Blüten angedeutet einseitswendig, 3–4 mm lang, weißlich. Kelchröhre kaum 1 mm lang; Kelchzähne deutlich länger als die Kelchröhre. Frucht eine nickende, fast trapezförmige, flache Hülse, die dicht und kurz behaart ist und meist nur 2 Samen enthält. Stengel niederliegend oder kletternd, dünn und schlaff, oft zerstreut behaart, aber auch kahl. Blätter paarig gefiedert, mit 12–20 Teilblättchen und einer einfachen oder verzweigten Ranke. Teilblättchen 0,5–2 cm lang und 1–3 mm breit, vorn abgestutzt und mit Zähnchen, unterseits oft nur schütter behaart und zuweilen kahl. Nebenblätter sehr schmal, etwa $\frac{1}{3}$ so lang wie die unteren Teilblättchen, ohne Nektardrüse. Mai–September. 20–60 cm.

**Vorkommen:** Braucht nährstoffreichen, nicht allzu trockenen und nur mäßig kalkhaltigen Lehmboden. Besiedelt Getreidefelder, Ödland, Brachen, Wegränder, geht auch in lückige Rasen. Zerstreut, aber da und dort in kleineren Gebieten fehlend, z. B. im Alpenvorland und in den Kalkalpen.

**Wissenswertes:** ⊙. Die Blüten der Behaarten Wicke sind die kleinsten, die bei den einheimischen Wicken-Arten anzutreffen sind. Häufig tritt Selbstbestäubung ein, doch kommt auch Fremdbestäubung vor. Blütenbesucher sind kleinere Bienen und Schmetterlinge.

**Schmetterlingsblütengewächse** *Fabaceae*

## Viersamige Wicke
*Vicia tetrasperma* (L.) Schreb.
Schmetterlingsblütengewächse *Fabaceae* (*Leguminosae*)

**Beschreibung:** Blüten einzeln, meist jedoch zu 2-3 (selten bis zu 5) in Trauben in den Achseln der mittleren und oberen Blätter. Blütenstandsstiel (bei einer Blüte) bzw. Traubenspindel nicht in einen deutlichen Fortsatz auslaufend, sondern direkt in den eigentlichen Blütenstiel übergehend, 1-4 cm lang, deutlich kürzer als das Blatt, aus dessen Achsel er entspringt. Blüten 4-7 mm lang, bläulich-weiß oder hellila. Fahne violett geadert. Kelchröhre 1-2 mm lang, Kelchzähne kürzer als die Kelchröhre. Frucht eine flache, nickende, kahle Hülse, die 0,7-1,5 cm lang und 3-4 mm breit wird und die meist 4 Samen enthält. Stengel meist kletternd, dünn und schlaff, kahl. Blätter paarig gefiedert, mit 6-12 Teilblättchen; Ranke einfach, seltener verzweigt. Teilblättchen 0,5-2 cm lang und 1-3 mm breit, vorn abgerundet oder etwas zugespitzt. Nebenblätter sehr schmal, etwa $\frac{1}{3}$ so lang wie die unteren Teilblättchen, ohne Nektardrüse. Juni-Juli. 20-60 cm.

**Vorkommen:** Bevorzugt kalkarmen, sandigen Lehmboden. Besiedelt Getreidefelder, Brachen und Ödland sowie lückige Rasen. Fehlt im Tiefland, in den sommerkalten Mittelgebirgslagen und im Alpenvorland kleineren Gebieten und in den Alpen oberhalb etwa 1000 m größeren Bereichen; sonst zerstreut.

**Wissenswertes:** ⊙. *Vicia tetrasperma* (L.) Schreb. wird mit der Zierlichen Wicke (*V. tenuissima* (MB.) Schinz & Thell.: Blüten blaßblau, Blütenstandsstiel etwa so lang oder etwas länger als das zugehörige Blatt; Hülsen 5-6samig; meist nur 4-6 Teilblättchen) zur Sammelart *V. tetrasperma* agg. zusammengefaßt.

## Ranken-Platterbse
*Lathyrus aphaca* L.
Schmetterlingsblütengewächse *Fabaceae* (*Leguminosae*)

**Beschreibung:** Meist steht nur eine, seltener stehen 2 Blüten in der Achsel einer meist einfachen oder - seltener - verzweigten Ranke im oberen Teil des Stengels. Blüten 0,8-1,4 cm lang, gelb oder hellgelb. Kelchröhre kaum 2 mm lang; Kelchzähne 4-5 mm lang, wie die Kelchröhre kahl. Frucht eine ziemlich aufrecht abstehende, abgeflachte, kahle Hülse, die 2-3,5 cm lang und ca. 6 mm breit wird; sie enthält 4-8 Samen. Stengel 4kantig, aufsteigend oder kletternd, einfach oder verzweigt, kahl. Blätter fehlen; vorhanden ist nur eine meist unverzweigte, gelegentlich auch verzweigte Ranke, an deren Basis sich ein Paar blattähnlich ausgebildeter Nebenblätter befindet. Nebenblätter grau-blaugrün, kahl, 1-4 cm lang und 0,8-2 cm breit, mit pfeil-spießförmigem Grund am Stengel sitzend, wobei die „Spießecken" etwas abstehen. Mai-Juli. 15-30 cm.

**Vorkommen:** Braucht kalkhaltigen Lehm- oder Lößboden, der aber etwas stickstoffsalzhaltig sein sollte. Besiedelt Getreidefelder, Brachen, seltener Wegränder und Ränder von Feldgehölzen. Vereinzelt im Harzvorland und im nördlichen Weserbergland; selten am Oberlauf der Mosel, im Oberrheingebiet, in milderen Lagen im württembergischen Muschelkalkgebiet und in tieferen Lagen im nördlichen Schweizer Jura, am Alpensüdfuß und in Niederösterreich.

**Wissenswertes:** ⊙; (☠). Die Samen der Ranken-Platterbse sollen giftig sein. Über den möglichen Giftstoff ist uns nichts näheres bekannt geworden. - Neuerdings ist die Ranken-Platterbse an vielen ihrer früheren Standorte durch Herbizideinsatz verschwunden.

# Schmetterlingsblütengewächse *Fabaceae* ▶

Platterbse *Lathyrus*

## Wiesen-Platterbse
*Lathyrus pratensis* L.
Schmetterlingsblütengewächse *Fabaceae*
*(Leguminosae)*

**Beschreibung:** 3–12 Blüten stehen in Trauben in den Achseln der oberen Blätter. Blütenstandsstiel 5–15 cm lang, viel länger als das Blatt, aus dessen Achsel er entspringt. Blüten allseitswendig, allenfalls angedeutet einseitswendig, kurzgestielt, an der Basis des eigentlichen Blütenstiels ein nicht einmal kelchzahngroßes Tragblatt, 1–1,5 mm lang. Kelchröhre 2–3 mm lang; Kelchzähne etwas kürzer als die Kelchröhre. Kelch und Blütenstiel zuweilen kurz und zottig behaart. Frucht eine meist kahle, etwas abgeflachte Hülse, die 2,5–3,5 cm lang und ca. 5 mm breit wird; sie enthält 6–12 Samen. Stengel aufsteigend oder kletternd, meist kahl, 4kantig. Blätter mit nur 1 Teilblättchenpaar und mit einer einfachen oder verzweigten Ranke (gelegentlich tragen einzelne Blätter auch nur eine Grannenspitze). Nebenblätter meist kürzer als der Blattstiel, höchstens so lang wie dieser, unsymmetrisch-pfeilförmig, die untersten oft nur undeutlich pfeilförmig. Juni–Juli. 20–80 cm.

**Vorkommen:** Braucht nährstoffreichen, mäßig stickstoffsalzhaltigen, nicht zu trockenen und nicht zu humusarmen Lehm- oder Tonboden. Besiedelt Fettwiesen, geht aber auch in Naßwiesen und Flachmoore, desgleichen in Waldsäume und in Gebüsche. Sehr häufig. Steigt in den Alpen bis über 1800 m.

**Wissenswertes:** ♃. Die Wiesen-Platterbse treibt zahlreiche Ausläufer und neigt daher dazu, regelrechte „Nester" zu bilden. Auf diese Weise überwuchert sie benachbarte Gewächse und unterdrückt sie regelrecht. Deswegen und weil sie offensichtlich Bitterstoffe enthält, ist sie als Futterpflanze in Wirtschaftswiesen nicht gerne gesehen.

## Knollen-Platterbse
*Lathyrus tuberosus* L.
Schmetterlingsblütengewächse *Fabaceae*
*(Leguminosae)*

**Beschreibung:** 2–5 Blüten stehen in Trauben in den Achseln der oberen Blätter. Blütenstandsstiel 5–12 cm lang, selten noch länger, mehrfach länger als das Blatt, aus dessen Achsel er entspringt. Blüten überwiegend einseitswendig, kurzgestielt, 1,3–1,8 cm lang, hell purpurrot. Kelch kahl; Kelchzähne ungleich lang, die längsten etwa so lang wie die Kelchröhre. Frucht eine nickende bis hängende, knotig eingeschnürte, kaum abgeflachte Hülse, die 2,5–3,5 cm lang und ca. 5 mm dick wird; sie enthält 3–6 Samen. Stengel niederliegend oder kletternd, einfach oder verzweigt, deutlich 4kantig, aber nicht geflügelt, höchstens 2 mm dick, kahl. Blätter mit nur 1 Teilblättchenpaar und mit einer einfachen oder verzweigten Ranke. Teilblättchen 1,5–4 cm lang und ca. 1 cm breit, kahl, stumpf hell graugrün. Nebenblätter etwa halb so lang wie die Teilblättchen, lanzettlich, an der Basis etwas pfeilförmig. Juni–August. 0,2–1 m.

**Vorkommen:** Braucht kalkhaltigen, nährstoffreichen, nicht zu feuchten, lockeren Lehm- oder Tonboden. Besiedelt Getreidefelder, Brachen, Ödland und Wegränder. Fehlt im Tiefland, in den Mittelgebirgen mit kalkfreiem Gestein, im Alpenvorland und in den Alpen mit kalkarmem Gestein größeren Gebieten. Sonst zerstreut.

**Wissenswertes:** ♃. Die Knollen-Platterbse gehört zu den wenigen Ackerunkräutern, die durch die Benutzung von Herbiziden nicht nur nicht verdrängt wurden, sondern die sich eher ausgebreitet haben. Die Knollen-Platterbse treibt nämlich so spät aus, daß sie durch die Herbizide kaum mehr getroffen wird.

**Schmetterlingsblütengewächse** *Fabaceae*

## Wilde Platterbse
*Lathyrus sylvestris* L.
Schmetterlingsblütengewächse *Fabaceae*
(*Leguminosae*)

**Beschreibung:** 3–8 Blüten stehen in Trauben in den Achseln der oberen Blätter. Blütenstandsstiel 5–25 cm lang. Blüten angedeutet einseitswendig, 1,2–1,8 cm lang; Fahne hellpurpurn bis tiefrosa, außen grünlich überlaufen. Flügel purpurrot. Schiffchen elfenbeinweiß bis grünlich überhaucht; Kelch kahl; die längeren Kelchzähne fast so lang wie die Kelchröhre. Frucht eine schräg abstehende, kahle Hülse, die 5–8 cm lang und 0,8–1,3 cm breit wird; sie enthält 6–14 Samen. Stengel niederliegend oder kletternd, mit 1–4 mm breiten Flügeln. Blätter mit nur 1 Teilblättchenpaar und mit einer verzweigten Ranke (die an den untersten Blättern zuweilen fehlen kann); Blattstiel weniger als 5 mm breit; Teilblättchen 5–15 cm lang, 1–3 cm breit. Juli–August. 1–2 m.

**Vorkommen:** Braucht kalkhaltigen, steinigen Lehmboden. Besiedelt Waldsäume, Gebüsche und Wegränder. Fehlt im Tiefland, in den Mittelgebirgen mit kalkarmen Gesteinen, im Alpenvorland und in den Alpen mit kalkarmen Gesteinen gebietsweise; sonst zerstreut.

**Wissenswertes:** ♃; (☠). Ähnlich: Verschiedenblättrige Platterbse (*L. heterophyllus* L.): Blüte 1,5–2 cm lang, purpurrot; Blattstiel 8–12 mm breit; obere Blätter mit 4–8 Teilblättchen. Schwäbisch-Fränkischer und Schweizer Jura; Westliche und Südliche Kalkalpen; selten. – Breitblättrige Platterbse (*L. latifolius* L.): Blüte 2–3 cm lang, rosa; Blattstiel 8–12 mm breit; alle Blätter mit nur 2 Teilblättchen; verwilderte Zierpflanze aus Südosteuropa; Kalkgebiete mit mildem Klima, Schweizer Jura; in Niederösterreich möglicherweise ursprünglich, aber auch dort selten.

## Strand-Platterbse
*Lathyrus maritimus* Bigelow
Schmetterlingsblütengewächse *Fabaceae*
(*Leguminosae*)

**Beschreibung:** 4–8 Blüten stehen in Trauben in den Achseln der oberen Blätter. Blütenstandsstiel 4–10 cm lang, etwa so lang wie oder etwas kürzer als das Blatt, aus dessen Achsel er entspringt. Blüten allseitswendig oder nur angedeutet einseitswendig, kurz-gestielt, an der Basis des eigentlichen Blütenstiels ein kleines, früh abfallendes Tragblatt, 1,5–2 cm lang; Fahne purpurviolett, dunkler geadert, Flügel blauviolett, Schiffchen blaßblau. Kelch kahl, mit ziemlich kurzer und weiter Röhre; untere Kelchzähne etwa so lang wie die Kelchröhre oder etwas länger als diese. Hülse schräg abwärts abstehend, etwas abgeflacht, jung behaart, reif kahl, 4–5 cm lang und 6–8 mm breit; sie enthält 6–12 Samen. Stengel niederliegend, aufsteigend oder kletternd, unverzweigt oder nur spärlich verzweigt, kantig, nicht geflügelt. Blätter paarig gefiedert, mit 6–8 Teilblättchen und einer einfachen oder verzweigten Ranke; Teilblättchen 2–4 cm lang und 0,5–2 cm breit, eiförmig, derb, unterseits bläulich-grün, oberseits grün. Nebenblätter kürzer als die unteren Teilblättchen, an der Basis pfeilförmig. Juni–August. 15–50 cm.

**Vorkommen:** Braucht lockeren Sandboden. Besiedelt fast ausschließlich Weißdünen, und zwar bevorzugt die etwas höheren, seeferneren. Gilt als hervorragender Flugsandbefestiger und ist früher örtlich wohl auch angepflanzt worden. Von den östlichen Ostfriesischen Inseln bis zu den Nordfriesischen Inseln; Ostseeküste von Schleswig-Holstein und Mecklenburg-Vorpommern. Selten.

**Wissenswertes:** ♃. Die Samen der Strand-Platterbse sind schwimmfähig und werden hauptsächlich durch Strömungen im Meer verbreitet.

# Schmetterlingsblütengewächse *Fabaceae*

Platterbse *Lathyrus*

## Gras-Platterbse
*Lathyrus nissolia* L.
Schmetterlingsblütengewächse *Fabaceae* (*Leguminosae*)

**Beschreibung:** Blüten einzeln oder zu 2 auf langen Stielen in den Achseln der oberen „Blätter". Blütenstandsstiel 3–8 cm lang, deutlich kürzer als das „Blatt", aus dessen Achsel er entspringt. Blüten 1–1,3 cm lang, purpurrot; Fahne dunkler geadert. Kelch kahl oder schütter kurzhaarig; Kelchzähne fast so lang wie die Kelchröhre. Frucht eine hängende, meist kahle, wenig abgeflachte Hülse, die 4–6 cm lang und nur 3–4 mm breit wird; sie enthält 8–18 Samen. Stengel aufrecht oder am Grunde aufgebogen, einfach, nicht geflügelt, kahl. Vollständig ausgebildete Blätter fehlen; ausgebildet ist nur der Blattstiel, der blattartig verbreitert ist, schmal-lineal verläuft und in eine grannenartig ausgezogene Spitze mündet; er wird 4–12 cm lang und 2–8 mm breit. Nebenblätter fehlen in der Regel oder sind nur als kaum 2 mm lange, pfriemliche Schuppen ausgebildet. Juni–Juli. 30–60 cm.

**Vorkommen:** Braucht kalkfreien oder sehr kalkarmen, humushaltigen, ziemlich trockenen Lehm- oder Tonboden in Lagen mit warmen Sommern. Besiedelt Getreidefelder, geht aber auch in Feldgehölze, Waldsäume und auf Ödland und Brachen. Vereinzelt im Wiehengebirge, im Elm, im Wendland und am Unterlauf der Lahn; selten am Mittelrhein, am unteren Main, in der Rhön, in Thüringen, Sachsen-Anhalt und Sachsen, im fränkischen und schwäbischen Triasgebiet sowie auf der Fränkisch-Schwäbischen Alb, desgleichen im südlichen Schweizer Jura und am Alpensüdfuß, in der Steiermark und in Niederösterreich.

**Wissenswertes:** ⊙. Die relativ kleinen Blüten bleiben oft geschlossen; dann kommt es zur Selbstbestäubung.

## Saat-Platterbse
*Lathyrus sativus* L.
Schmetterlingsblütengewächse *Fabaceae* (*Leguminosae*)

**Beschreibung:** Meist nur 1 Blüte an langem Stiel, nur ausnahmsweise 2 oder gar 3 Blüten. „Blütenstandsstiel" 3–6 cm lang, deutlich kürzer als das Blatt, aus dessen Achsel er entspringt. Blüten 1,5–2,3 cm lang, weiß und dann oft bläulich geadert, seltener rosa oder hellblau. Kelch mit kurzer trichteriger Röhre; Kelchzähne 2–3mal so lang wie die Kelchröhre. Frucht eine flache, schräg abwärts abstehende Hülse, die 3–4 cm lang und 1–1,6 cm breit wird; auf der oberen Naht trägt sie 2 schmale Flügel; sie enthält 2–4 Samen. Stengel niederliegend oder kletternd, meist reich verästelt, scharf 4kantig und schmal – aber deutlich – 2flügelig, mit den Flügeln ca. 5 mm breit. Blätter mit nur 1 Paar von Teilblättchen und einer verzweigten Ranke. Blattstiel breit geflügelt; Teilblättchen 6–12 cm lang und 3–8 mm breit, lineal bis schmal-lanzettlich, in eine Spitze auslaufend, mit z. T. kräftigen, nahezu parallel verlaufenden Längsnerven. Nebenblätter höchstens so lang wie die Blattstiele, an der Basis pfeilförmig ausgezogen, am Rand zuweilen gezähnt. Mai–Juli. 30–80 cm.

**Vorkommen:** Braucht etwas feuchten, stickstoffsalz- und kalkhaltigen Boden. Örtlich aus alten Kulturen verwildert, aber meist unbeständig. Besiedelt Ödland. In der ersten Hälfte des Jahrhunderts mehrfach an Mittel- und Oberrhein sowie in Nieder- und Oberösterreich beobachtet. Derzeit wahrscheinlich nur örtlich am Alpensüdfuß.

**Wissenswertes:** ⊙; ☠. Die Samen enthalten α-amino-β-oxalylaminopropionsäure und sind dadurch giftig. In Mitteleuropa wird die Saat-Platterbse nicht mehr angebaut. Sie wird selten und unbeständig eingeschleppt.

**Schmetterlingsblütengewächse** *Fabaceae*

## Behaarte Platterbse
*Lathyrus hirsutus* L.
Schmetterlingsblütengewächse *Fabaceae*
(*Leguminosae*)

**Beschreibung:** Blüten stehen einzeln oder zu 2–3 und dann traubig in den Achseln der oberen Blätter. Blütenstandsstiel 3–10 cm lang, meist deutlich länger als das Blatt, in dessen Achsel er entspringt. Blütenstandsstiel endet oft mit einer gut erkennbaren, wenn auch kurzen Grannenspitze; eigentlicher Blütenstiel nur bis etwa 5 mm lang. Blüten 1–1,5 cm lang, violett, beim Verwelken deutlich verblauend. Kelch kahl oder schütter behaart; Kelchzähne so lang wie oder etwas länger als die Kelchröhre. Frucht eine mäßig abgeflachte, rauhhaarige Hülse, die 2,5–4 cm lang und ca. 7 mm breit wird; sie enthält 4–8 Samen. Stengel aufrecht, aufsteigend oder kletternd, am Grunde oft verzweigt, schmal, aber deutlich geflügelt, kahl. Blätter mit nur 1 Teilblättchenpaar und mit einer verzweigten Ranke (unterste Blätter meist nur mit einer grannenartigen Spitze anstelle der Ranke). Blattstiel schmal geflügelt, 1–2 mm breit. Teilblättchen 2–6 cm lang und 0,3–1,5 cm breit. Nebenblättchen erreichen höchstens ¼ der Länge der Teilblättchen. Juni–August. 0,3–1 m.

**Vorkommen:** Braucht kalkhaltigen und nicht zu nährstoffarmen Sand- oder sandigen Lehmboden. Besiedelt auf ihm Getreidefelder, Ödland und Brachen. Im Tiefland nur vereinzelt. In den Mittelgebirgen mit kalkhaltigen Gesteinen sehr selten und vor allem in den Lagen mit mildem Klima.

**Wissenswertes:** ☉. Ähnlich: *L. sphaericus* Retz.: Blüte ziegelrot; Blütenstandsstiel kürzer als zugehöriger Blattstiel; Süd- und Südwestschweiz, Täler in den Südalpen; selten; nördlich der Alpen nur wenige Male gefunden und rasch wieder erloschen.

## Sumpf-Platterbse
*Lathyrus palustris* L.
Schmetterlingsblütengewächse *Fabaceae*
(*Leguminosae*)

**Beschreibung:** 3–6 Blüten stehen in Trauben in den Achseln der oberen Blätter. Blütenstandsstiel 2–6 cm lang, etwa so lang wie das Blatt, aus dessen Achsel er entspringt. Blüten ziemlich einseitswendig, kurz-gestielt, nickend, 1,5–2 cm lang, lila oder blauviolett. Kelch kurzglockig, Röhre kahl, Kelchzähne bewimpert, ungleich lang, die längeren fast so lang wie die Kelchröhre. Frucht eine kahle, meist schräg abwärts abstehende, nur wenig abgeflachte Hülse, die 2,5–5 cm lang und ca. 7 mm breit wird; sie enthält 6–12 Samen. Stengel niederliegend oder kletternd, einfach oder nur wenig verzweigt, schmal geflügelt, kahl. Blätter paarig gefiedert, mit 4–8 Teilblättchen und einer einfachen oder verzweigten Ranke. Blattstiel etwa 1 mm breit, nur andeutungsweise geflügelt. Teilblättchen 3–6 cm lang, 3–8 mm breit, lineal-lanzettlich, mit meist 5 deutlich erkennbaren Längsnerven. Nebenblätter viel kürzer als die Teilblättchen, am Grunde mit einem kräftigen, pfeilförmigen Zipfel. Juni–August. 30–80 cm.

**Vorkommen:** Braucht nassen, humusreichen, etwas kalkhaltigen Tonboden. Besiedelt etwas moorige Naßwiesen und lichte Ufergebüsche. Am Unterlauf von Ems, Weser und Elbe selten, desgleichen im östlichen Schleswig-Holstein, in Mecklenburg-Vorpommern und in Brandenburg, am Mittel- und Oberrhein, an der Donau zwischen Ulm und Isarmündung sowie am Lech, in Niederösterreich und im Burgenland; in Thüringen und Sachsen sehr selten.

**Wissenswertes:** ♃. Die Sumpf-Platterbse hat viele ihrer früheren Standorte durch „Melioration" verloren.

# Schmetterlingsblütengewächse *Fabaceae*

Platterbse *Lathyrus*

## Berg-Platterbse
*Lathyrus linifolius* (REICHARD) BÄSSL.
Schmetterlingsblütengewächse *Fabaceae* (*Leguminosae*)

**Beschreibung:** 3–6 Blüten stehen in Trauben in den Achseln der oberen Blätter. Blütenstandsstiel 3–8 cm lang, so lang wie oder länger als das Blatt, aus dessen Achsel er entspringt. Blüten ziemlich einseitswendig, nickend, 1,2–1,8 cm lang, hell purpurrot, bläulich-grünlich verblühend; Kelchröhre engglockig, kahl; die längeren Kelchzähne etwa so lang wie die Kelchröhre, meist kahl. Frucht eine kahle, oft fast waagrecht abstehende, flache Hülse, die 3–4 cm lang und ca. 5 mm breit wird; sie enthält 6–10 Samen. Stengel aufsteigend oder aufrecht, meist einfach, seltener am Grunde verzweigt, schmal geflügelt, kahl; Wurzelstock treibt unterirdische Ausläufer, die knollig verdickt sind (dies gibt es unter den einheimischen Arten sonst nur noch bei *L. tuberosus*). Blätter paarig gefiedert, mit 4–8 Teilblättchen und mit einer grannenartigen Spitze; Teilblättchen 2–5 cm lang und 4–9 mm breit, schmal-lanzettlich, kahl, unterseits blaugrün. Nebenblätter etwa halb so lang wie die nächststehenden Teilblättchen, am Grund pfeilförmig ausgezogen. April–Juni. 15–30 cm.

**Vorkommen:** Braucht kalk- und nährstoffarmen Lehmboden. Besiedelt Eichen-Buchenwälder und nährstoffarme Rasen und Heiden. Fehlt im Tiefland westlich der Elbe, im Bayerischen Wald, im Nordschwarzwald und im Alpenvorland, in den Nord- und in den Zentralalpen sowie in Ober- und Niederösterreich ganz oder größeren Gebieten; sonst zerstreut.

**Wissenswertes:** ♃. Die Knollen sollen früher in Notzeiten zuweilen gegessen worden sein. Der Ausläufer und ihrer Knollen wegen wächst die Pflanze in kleinen, nestartigen Beständen.

## Frühlings-Platterbse
*Lathyrus vernus* (L.) BERNH.
Schmetterlingsblütengewächse *Fabaceae* (*Leguminosae*)

**Beschreibung:** 3–7 Blüten stehen in Trauben in den Achseln der oberen Blätter. Blütenstandsstiel 3–10 cm lang, etwa so lang oder etwas kürzer oder länger als das Blatt, aus dessen Achsel er entspringt. Blüten praktisch allseitswendig, kurz gestielt, nickend, 1,5–2 cm lang, erst leuchtend purpurrot, dann bläulich, schließlich grünlich-beige oder blauviolett verblühend. Kelchröhre engglockig; längere Kelchzähne etwa so lang wie die Röhre. Frucht eine schräg aufwärts abstehende, flache, kahle Hülse, die 4–6 cm lang und um 6 mm breit wird; sie enthält 8–14 Samen. Stengel aufrecht, unverzweigt, nicht geflügelt. Blätter paarig gefiedert, mit 4–8 Teilblättchen und einer grannenartigen Spitze; Teilblättchen 3–7 cm lang und 1,5–2,5 cm breit, schmal-eiförmig, spitz, hell gelblich-grün. Nebenblätter etwa halb so lang wie die nächststehenden Teilblättchen, am Grund eher herzförmig gerundet als pfeilig. April–Mai. 20–30 cm.

**Vorkommen:** Braucht kalkhaltigen, nährstoff- und humusreichen Lehmboden. Besiedelt lichte Wälder. In Ost-Schleswig-Holstein, Mecklenburg-Vorpommern und Brandenburg selten; sonst im Tiefland fehlend. Fehlt auch in den Mittelgebirgen mit kalkarmen Gesteinen sowie großenteils am Alpenvorland und in den Alpen mit kalkarmen Gesteinen. Im übrigen Gebiet zerstreut und oft in lockeren Beständen.

**Wissenswertes:** ♃. Ähnlich: Walderbsen-Wicke (*Vicia oroboides* WULF.): Blüten gelblich-weiß; Stengel fast rund; hochgelegene Buchen- und Schluchtwälder sowie Hochstaudenfluren; vereinzelt im Chiemgau; Kärnten, Steiermark, Burgenland, Niederösterreich zerstreut.

**Schmetterlingsblütengewächse** *Fabaceae*

## Schwarzwerdende Platterbse
*Lathyrus niger* (L.) Bernh.
Schmetterlingsblütengewächse *Fabaceae*
(*Leguminosae*)

**Beschreibung:** 3–10 Blüten stehen in ziemlich kompakten Trauben in den Achseln der oberen Blätter. Blütenstandsstiel 3–12 cm lang, kürzer als oder bis doppelt so lang wie das Blatt, aus dessen Achsel er entspringt. Blüten andeutungsweise einseitswendig, kurz gestielt, nickend, 1–1,5 cm lang, purpurrot oder weinrot, bläulich bis bräunlich-beige verblühend. Kelchröhre glockig, kahl, meist violett; Kelchzähne etwa halb so lang wie die Kelchröhre. Frucht eine abstehende oder hängende, kahle, abgeflachte Hülse, die 4–6 cm lang und ca. 5 mm breit wird; sie enthält 5–12 Samen. Stengel aufrecht, meist verzweigt, nicht geflügelt, meist kahl oder nur oben schütter behaart. Blätter paarig gefiedert, mit 8–12 Teilblättchen und grannenartiger Spitze; Teilblättchen 1–4 cm lang und 0,5–1,2 cm breit, verkehrt-eiförmig, oft mit kurzer, aufgesetzter Spitze. Blattstiel ungeflügelt. Nebenblätter bis halb so lang wie die nächststehenden Teilblättchen. Juni–Juli. 30–80 cm.

**Vorkommen:** Braucht trockenen, kalkarmen, lockeren und nicht zu humusarmen Lehmboden. Besiedelt lichte Wälder und Waldsäume in eher warmen Lagen. Im östlichen Schleswig-Holstein, in Mecklenburg-Vorpommern und in Brandenburg vereinzelt; in den niedrigeren Mittelgebirgen mit kalkarmen Gesteinen und auf entkalkten Böden des Fränkischen Jura, am Ober- und Hochrhein, an Isar, Lech und Inn, in der Nordostschweiz selten; in Österreich zerstreut.

**Wissenswertes:** ♃. Die Blüten werden von Hummeln bestäubt. Ähnlich wie beim Schwarzwerdenden Geißklee (s. S. 440) verfärben sich die grünen Teile der Pflanzen beim Trocknen.

## Gelbe Platterbse
*Lathyrus laevigatus* (W. & K.) Gren.
Schmetterlingsblütengewächse *Fabaceae*
(*Leguminosae*)

**Beschreibung:** 3–12 Blüten stehen in Trauben in den Achseln der oberen Blätter. Blütenstandsstiel 5–15 cm lang, selten noch länger und damit länger als das Blatt, aus dessen Achsel er entspringt. Blüten ausgesprochen einseitswendig, kurz gestielt, meist etwas waagrecht orientiert. 1,5–2,5 cm lang, hellgelb, bräunlich verblühend; Fahne und Flügel dunkler geadert. Kelch locker behaart. Frucht eine kahle, flache, schräg aufwärts abstehende Hülse, die 5–7 cm lang und ca. 7 mm breit wird; sie enthält 6–12 Samen. Stengel aufrecht, einfach oder wenig verzweigt, nicht geflügelt, meist kahl. Blätter paarig gefiedert, mit 8–10 Teilblättchen und mit einer grannenartigen Spitze (selten kann statt der Grannenspitze ein Endblättchen ausgebildet sein). Teilblättchen 3–7 cm lang, 1–3 cm breit, breit-lanzettlich, spitz, oberseits stumpfgrün und kahl, unterseits graugrün und schütter behaart. Nebenblätter halb so lang wie die nächststehenden Teilblättchen, an der Basis mit pfeiligem Zipfel. Juni–August. 20–60 cm.

**Vorkommen:** Braucht lockeren, mergeligen, kalkreichen Boden an sonnigen Hängen im alpinen Klima. Besiedelt Matten und Hochstaudenfluren. Südlicher Schweizer Jura und Nördliche Kalkalpen; selten.

**Wissenswertes:** ♃. Innerhalb der Art werden zwei Sippen unterschieden, die häufig als Unterarten, zuweilen aber auch als Kleinarten eingestuft werden. Die bei uns vorkommende Unterart ist ssp. *occidentalis* (Fisch. & Mey.) Breistr. Die ssp. *laevigatus* (völlig kahl; Kelchzähne etwa $\frac{1}{4}$ so lang wie die Kelchröhre) kommt nur in den Südlichen Kalkalpen vereinzelt vor.

## Schmetterlingsblütengewächse *Fabaceae* ▶

Platterbse *Lathyrus*
Erbse *Pisum*
Bohne *Phaseolus*

## Ungarische Platterbse
*Lathyrus pannonicus* (JACQ.) GARCKE
Schmetterlingsblütengewächse *Fabaceae*
(*Leguminosae*)

**Beschreibung:** 4–8 Blüten stehen in Trauben in den Achseln der mittleren und oberen Blätter. Blütenstandsstiel 3–10 cm lang, etwa so lang wie oder etwas länger als das Blatt, aus dessen Achsel er entspringt. Blüten andeutungsweise einseitswendig, oft einzelne anders als in der vorherrschenden Richtung orientiert, 1,2–1,8 cm lang, gelblich-weiß, gelb-bräunlich verblühend; Fahne oft etwas rötlich überlaufen. Kelchröhre glockig, weißlich-grün; längere Kelchzähne nur etwa halb so lang wie die Kelchröhre; Kelchröhre und Kelchzähne kahl. Frucht eine aufrecht bis waagrecht abstehende, flache, reif rotbraune Hülse, die 3–6 cm lang und knapp 5 mm breit wird. Stengel aufsteigend oder aufrecht, am Grunde oft verzweigt, ungeflügelt, stumpfkantig. Blätter paarig gefiedert, mit 4–6 Teilblättchen und mit geflügelter, fast blättchenartiger Spindel und einer kleinen, nicht grannenartigen Spitze. Teilblättchen 2–7 cm lang und 2–5 mm breit, sehr schmal lineal-lanzettlich, stumpf graublaugrün. Nebenblätter eiförmig, mit pfeiligem Grund. Mai–Juni. 15–50 cm.
**Vorkommen:** Braucht steinig-mergeligen, kalkhaltigen, trockenen Lehmboden. Besiedelt Gebüsche und lückige Trockenrasen. In der Bundesrepublik nur am Südrand des Schönbuchs westlich von Tübingen sowie vereinzelt am Nordrand des Odenwalds südöstlich von Darmstadt; in Niederösterreich sehr selten; fehlt in der Schweiz.
**Wissenswertes:** ♃. In Deutschland kommt ssp. *collinus* (ORTM.) SOÓ (Wurzelstock 10–20 cm lang, um 5 mm dick), in Österreich auch ssp. *pannonicus* (Wurzelstock kaum 5 cm lang, 1 cm dick) vor.

## Schwert-Platterbse
*Lathyrus bauhinii* GENTY
Schmetterlingsblütengewächse *Fabaceae*
(*Leguminosae*)

**Beschreibung:** 4–8 Blüten stehen in Trauben in den Achseln der mittleren und oberen Blätter. Blütenstandsstiel 4–12 cm lang, sehr viel länger als das Blatt, aus dessen Achsel er entspringt. Blüten angedeutet einseitswendig, um 2 cm lang, leuchtend purpurrot bis blauviolett; Fahne stark aufwärts gebogen. Kelch meist kahl; auch die längeren Kelchzähne sind kürzer als die Kelchröhre. Frucht eine kahle, flache, schräg abwärts abstehende Hülse, die 5–6 cm lang und ca. 4 mm breit wird; sie enthält 8–16 Samen. Stengel aufsteigend oder aufrecht, meist unverzweigt oder nur spärlich am Grunde verzweigt, nicht geflügelt, meist kahl. Blätter paarig gefiedert, mit 4–6 eng stehenden Teilblättchen (zuweilen mit nur 2 Teilblättchen), in eine grannenartige Spitze auslaufend; Teilblättchen 3–6 cm lang und 2–5 mm breit, kahl, sehr schmal lineal. Nebenblätter sehr schmal, am Grunde pfeilig. Mai–Juli. 20–40 cm.
**Vorkommen:** Braucht kalkreichen, mergeligen oder steinigen Lehm- oder Tonboden. Besiedelt lichte Kiefernwälder oder wechseltrockene, lichte Gebüsche. In Deutschland ausschließlich vereinzelt am Trauf der Hechinger und Balinger Alb und auch hier in den letzten Jahren nicht mehr beobachtet. Vereinzelt im Schweizer Jura bei Neuchâtel.
**Wissenswertes:** ♃. Die Schwert-Platterbse (*L. bauhinii* GENTY) wird mit der Faden-Platterbse (*L. filiformis* (LAM.) J. GRAY) zur Sammelart *L. filiformis* agg. vereint. *L. filiformis* (LAM.) J. GRAY (Blüte 1,5–2 cm lang, Teilblättchen unterseits behaart) kommt in den Westalpen und am Alpensüdfuß selten vor.

**Schmetterlingsblütengewächse** *Fabaceae*

## Erbse
*Pisum sativum* L.
Schmetterlingsblütengewächse *Fabaceae* (*Leguminosae*)

**Beschreibung:** Blüten einzeln oder zu 2–3 in den Achseln der mittleren und oberen Blätter. Blütenstandsstiel 2–6 cm lang, meist kürzer, zuweilen aber auch deutlich länger als das Blatt, aus dessen Achsel er entspringt. Blüten 2,5–3 cm lang, blauviolett, rosa oder weiß. Frucht eine mehr oder weniger abgeflachte Hülse, die 4–10 cm lang und bis über 2 cm breit werden kann. Stengel niederliegend oder kletternd, stumpfkantig, bläulich-grün, kahl. Blätter paarig gefiedert, mit 2–6 Teilblättchen und einer verzweigten Ranke, sehr selten mit einer einfachen Ranke oder einer Spitze. Teilblättchen blaugrün, 2–6 cm lang, 1–3 cm breit, bei manchen Sippen gezähnt, bei anderen ganzrandig. Nebenblätter größer als die Teilblättchen, gezähnt-gekerbt, das Paar mit pfeilförmig-herzförmigen „Öhrchen" stengelumfassend. Mai–Juni. 0,5–2 m.

**Vorkommen:** Braucht nährstoffreichen, lokkeren Lehmboden. Kulturpflanze seit der Steinzeit. Bei uns in vielen Sorten angebaut, selten verwildert.

**Wissenswertes:** ☉. Innerhalb der Art werden die Unterarten ssp. *elatius* (MB.) Asch. & Gr., ssp. *arvense* (L.) Asch. & Gr. und ssp. *sativum* unterschieden. Ssp. *elatius* (Wild-Erbse) ist möglicherweise die Stammform unserer Kulturerbsen. Sie kommt im östlichen Mittelmeergebiet wild vor und wird nur selten und unbeständig bei uns eingeschleppt. Ssp. *arvense* (Blüten gescheckt; Samen oft eckig; Nebenblätter am Grund mit violettem Fleck) ist die Futter-Erbse. Sie wird oft unter Futtergetreide angebaut. Ssp. *sativus*, die Garten-Erbse (Blüten weiß, rosa oder blauviolett) liefert Nährmittel (Samen und Hülsen).

## Feuer-Bohne
*Phaseolus coccineus* L.
Schmetterlingsblütengewächse *Fabaceae* (*Leguminosae*)

**Beschreibung:** 10–20 Blüten stehen – paarweise genähert – als langstielige Traube in der Achsel der oberen Blätter. Blütenstandsstiel 15–30 cm lang, so lang wie oder länger als das Blatt, aus dessen Achsel er entspringt. Blüten 1,5–3 cm lang, rot oder weiß. Frucht eine knotig (über den Samen) verdickte Hülse, die 12–20 cm lang, 1,5–2 cm breit und bis über 1 cm dick werden kann; sie enthält 3–5 Samen. Stengel linkswindend, gerillt, jung kurzhaarig. Blätter langstielig, mit 3 Teilblättern. Teilblätter 5–15 cm lang, breit verkehrt herzförmig-eiförmig, spitz zulaufend, etwas rauh, ziemlich hellgrün. Juni–August. 2–4 m.

**Vorkommen:** Braucht lockeren, nährstoffreichen lehmigen Boden. Kulturpflanze, deren Stammform vermutlich in Mexiko beheimatet ist. Frostempfindlich. Selten und unbeständig auf Ödland verwildert.

**Wissenswertes:** ☉– ♃; (☠). Die Feuer-Bohne enthält ebenso wie die kaum verwildernde Garten-Bohne (*P. vulgaris* L.: Blüten weißlich-gelb oder weiß, gelegentlich auch blaßlila; Blütenstandsstiel kürzer als das Blatt, aus dessen Achsel er entspringt) in den Hülsen und in den Samen giftige Eiweißstoffe, die üblicherweise „Phasin" genannt werden. Durch Kochen werden sie denaturiert und unwirksam gemacht. Ißt man dagegen Bohnen roh, muß man mit sehr ernst zu nehmenden Vergiftungen rechnen, die sich als Übelkeit mit Erbrechen und kolikartigen Bauchschmerzen äußern; nicht selten kommt es zum Kreislaufkollaps. Vor allem Kinder, aber auch „Rohkostfanatiker" gehören in Unkenntnis der Giftigkeit roher Bohnen zu den Vergiftungsopfern.

# Register

*Abies alba* 47
– *grandis* 47
Acker-Hahnenfuß 116
Acker-Hauhechel 446
Acker-Hornkraut 184
Acker-Knorpelkraut 234
Acker-Lichtnelke 144
Acker-Rittersporn 71
Acker-Rose 419
Acker-Rübe 233
Acker-Schwarzkümmel 68
Acker-Spark 212
Acker-Windenknöterich 280
Ackerfrauenmantel,
 Gewöhnlicher 402
Ackerfrauenmantel,
 Kleinfrüchtiger 402
*Aconitum anthora* 78
– *lamarckii* 77
– *napellus* 80
– *napellus hians* 80
– *napellus neomontanum* 80
– *napellus tauricum* 80
– *napellus vulgare* 80
– *paniculatum* 78
– *platanifolium* 77
– *variegatum* 80
– *variegatum nasutum* 80
– *vulparia* 77
*Actaea spicata* 68
*Adonis aestivalis* 88
– *annua* 88
– *flammea* 88
– *vernalis* 86
Adonisröschen, Flammen- 88
Adonisröschen, Frühlings- 86
Adonisröschen, Herbst- 88
Adonisröschen, Sommer- 88
Ährige Felsenbirne 371
Ährige Johannisbeere 314
Ähriger Erdbeerspinat 226
*Agrimonia eupatoria* 410
– *procera* 410
*Agrostemma githago* 137
Ahornblättrige Platane 27
Akazie, Falsche 490
Akelei, Alpen- 76
Akelei, Dunkle 74
Akelei, Gewöhnliche 74

Akelei, Kleinblütige 74
Akelei, Schwarzviolette 76
Akeleiblättrige Wiesenraute 82
*Alchemilla alpina* 404
– *conjuncta* 404
– *fissa* 404
– *hybrida* 406
– *mollis* 406
– *pentaphyllea* 404
– *splendens* 406
– *vulgaris* 406
*Alnus glutinosa* 293
– *incana* 293
– *viridis* 292
Alpen-Akelei 76
Alpen-Ampfer 263
Alpen-Bruchkraut 216
Alpen-Frauenmantel 404
Alpen-Gelbling 400
Alpen-Goldregen 436
Alpen-Grasnelke 286
Alpen-Hahnenfuß 106
Alpen-Hornklee 474
Alpen-Hornkraut 184
Alpen-Klee 470
Alpen-Knöterich 270
Alpen-Küchenschelle 90
Alpen-Küchenschelle, Gelbe 90
Alpen-Küchenschelle, Kleine 90
Alpen-Küchenschelle, Weiße 90
Alpen-Mastkraut 190
Alpen-Mauerpfeffer 323
Alpen-Mohn 124
Alpen-Mohn, Kärntner 124
Alpen-Mohn, Östlicher 124
Alpen-Mohn, Rätischer 124
Alpen-Mohn, Salzburger 124
Alpen-Nelke 168
Alpen-Pechnelke 138
Alpen-Sockenblume 120
Alpen-Strahlensame 142
Alpen-Süßklee 497
Alpen-Tragant 478
Alpen-Waldrebe 90
Alpen-Wiesenraute 83
*Amaranthus albus* 251
– *blitoides* 254
– *caudatus* 25
– *crispus* 254

– *cruentus* 25, 256
– *deflexus* 256
– *graecizans* 252
– *hybridus* 256
– *hypochondriacus* 256
– *lividus* 252
– *powellii* 256
– *retroflexus* 251
– *standleyanus* 254
*Amelanchier lamarckii* 372
– *ovalis* 371
– *spicata* 371
Amerikanische Kermesbeere 220
Amerikanischer Lebensbaum 56
*Amorpha fruticosa* 37
Ampfer, Alpen- 263
Ampfer, Blut- 260
Ampfer, Fluß- 262
Ampfer, Garten- 264
Ampfer, Gemüse- 263
Ampfer, Gezähntfrüchtiger 262
Ampfer, Hain- 260
Ampfer, Knäuelblütiger 260
Ampfer, Krauser 262
Ampfer / Sauerampfer-Gruppe 264
Ampfer, Schild- 269
Ampfer, Schnee- 269
Ampfer, Schöner 257
Ampfer, Stumpfblättriger 257
Ampfer, Sumpf- 258
Ampfer, Ufer- 258
Ampfer, Wasser- 264
Ampfer, Weidenblatt- 262
Ampfer-Knöterich 276
*Anemone baldensis* 98
– *narcisiflora* 95
– *nemorosa* 96
– *ranunculoides* 95
– *ranunculoides wockeana* 95
– *sylvestris* 96
– *trifolia* 96
Anemonen-Schmuckblume 98
Anjou-Rose 424
*Anthyllis montana* 473
– *vulneraria* 473
Apfel, Filz- 364
Apfel, Holz- 364
Apfel, Kultur- 364

Apfel, Paradies- 364
Apfel-Rose 418
Apfelbaum 364
*Aphanes arvensis* 402
*Aphanes microcarpa* 402
*Aquilegia alpina* 76
- *atrata* 76
- *einseleana* 74
- *nigricans* 74
- *vulgaris* 74
Arabischer Schneckenklee 450
*Aremonia agrimonoides* 410
*Arenaria biflora* 192
- *ciliata* 192
- *gothica* 192
- *grandiflora* 194
- *grandiflora triflora* 194
- *leptoclados* 192
- *lloydii* 192
- *marschlinsii* 192
- *multicaulis* 192
- *serpyllifolia* 192
*Aristolochia clematitis* 59
- *durior* 11
- *rotunda* 59
Armblütiger Faden-Klee 456
Armblütiger Spitzkiel 485
Armblütiges Fingerkraut 392
*Armeria alliacea* 284
- *alpina* 286
- *elongata* 286
- *halleri* 286
- *juniperifolia* 286
- *maritima* 286
- *purpurea* 286
*Aruncus dioicus* 359
Arve 50
*Asarum europaeum* 59
Aschgrauer Ginster 443
Aschgraues Frühlings-
    Fingerkraut 398
Asiatische Kermesbeere 21
*Astragalus alpinus* 478
- *arenarius* 482
- *australis* 478
- *centralpinus* 480
- *cicer* 480
- *danicus* 482
- *depressus* 476
- *exscapus* 476
- *frigidus* 479
- *glycyphyllos* 480
- *norvegicus* 478
- *onobrychis* 484
- *penduliflorus* 479
- *sempervirens* 484
*Atriplex acuminata* 238

- *calotheca* 240
- *deltoidea* 240
- *glabriuscula* 242
- *hastata* 240
- *heterosperma* 238
- *hortensis* 238
- *kuzenevae* 239
- *lapponica* 239
- *latifolia* 240, 242
- *littoralis* 238
- *longipes* 239, 240
- *oblongifolia* 239
- *patula* 239
- *prostrata* 240
- *rosea* 244
- *sabulosa* 242
- *tatarica* 244
- *triangularis* 240
Aufrechte Waldrebe 89
Aufrechte Weißmiere 186
Aufrechtes Fingerkraut 394
Aufrechtes Glaskraut 308
Aufsteigender Fuchsschwanz 252
Aufsteigender Steinbrech 344
Ausdauernder Knäuel 208
Australischer Gänsefuß 221

Bach-Nelkenwurz 408
Backenklee, Deutscher 490
Backenklee, Krautiger 490
Backenklee, Zottiger 490
Bärenschote 480
Bärtiges Hornkraut 180
Bart-Nelke 162
*Bassia hirsuta* 245
- *sedoides* 245
Bastard-Frauenmantel 406
Bastard-Gänsefuß 222
Bastard-Hahnenfuß 110
Bastard-Luzerne 449
Bastard-Mohn 125
Bastard-Wicke 500
Baumhasel 287
Beete, Rote 233
Behaarte Platterbse 520
Behaarte Wicke 512
Behaarter Geißklee 437
Behaarter Ginster 443
Behaartes Bruchkraut 216
*Berberis vulgaris* 119
Berberitze, Gewöhnliche 119
Bereifte Rose 422
Berg-Esparsette 498
Berg-Fetthenne 318
Berg-Hahnenfuß 118
Berg-Hahnenfuß Greniers 118
Berg-Hahnenfuß Kärntner 118

Berg-Hahnenfuß Venetischer 118
Berg-Hahnenfuß Vorland- 118
Berg-Hauswurz 330
Berg-Johannisbeere 312
Berg-Kiefer 52
Berg-Klee 462
Berg-Kronwicke 496
Berg-Küchenschelle 92
Berg-Mehlbeere 368
Berg-Nelkenwurz 407
Berg-Platterbse 521
Berg-Rose 425
Berg-Sauerampfer 268
Berg-Spitzkiel 485
Berg-Ulme 304
Bergamasker Wiesenknopf 412
Berghähnlein 95
Besen-Radmelde 250
Besenginster, Gewöhnlicher 440
Besenginster, Vielstreifiger 440
*Beta vulgaris* 233
- *vulgaris maritima* 233
*Betula carpatica* 290
- *humilis* 290
- *murithii* 290
- *nana* 292
- *pendula* 288
- *pubescens* 290
Bibernell-Rose 426
Billards Spierstrauch 359
Birke, Hänge- 288
Birke, Moor- 290
Birke, Strauch- 290
Birke, Zwerg- 292
Birnbaum, Gewöhnlicher 362
Birnbaum, Leder- 362
Birnbaum, Syrischer 362
Birnbaum, Wilder 362
Birne, Kultur- 362
Birnmoos-Steinbrech 352
Bischofsmütze 120
Blasenmiere 19
Blasenspiere 36
Blasenstrauch 491
Blasse Sternmiere 174
Blasser Erdrauch 134
Blaßgelber Klee 464
Blaßgelber Lerchensporn 131
Blattloser Steinbrech 350
Blaue Luzerne 449
Blauer Eisenhut 80
Blaugrüne Rose 420
Blaugrüner Steinbrech 336
Blautanne 58
Bleibusch 37
Blut-Ampfer 260
Blut-Johannisbeere 316

# Register

Blutauge, Sumpf- 377
Blutwurz 394
Bocks-Gänsefuß 227
Bocksdorn-Tragant 484
Bockshornklee, Griechischer 40
Boden-Tragant 476
Bohne, Feuer- 526
Bohne, Garten- 526
Borsten-Miere 200
Braun-Klee 460
Breitblättrige Platterbse 516
Breitblättriges Hornkraut 185
Brennender Hahnenfuß 108
Brennessel, Große 306
Brennessel, Kleine 305
Brennessel, Pillen- 305
Brennessel, Sumpf- 306
Brescianer Nabelmiere 197
Brombeere 376
Bruchkraut, Alpen- 216
Bruchkraut, Behaartes 216
Bruchkraut, Graues 216
Bruchkraut, Kahles 215
Buchweizen, Echter 282
Buchweizen, Falscher 282
Buchweizen, Tatarischer 282
Büschel-Miere 200
Büschel-Nelke 161
Büscheliges Gipskraut 158
Bunte Kronwicke 494
Bunter Eisenhut 80
Bursers Steinbrech 338
Busch-Hahnenfuß 114
Busch-Nelke 162
Busch-Rose 425
Busch-Windröschen 96

*Callianthemum anemonoides* 98
- *coriandrifolium* 100
- *kerneranum* 100
*Caltha palustris* 71
*Camphorosma annua* 23
*Cannabis ruderalis* 310
- *sativa* 310
*Caragana arborescens* 37
*Carpinus betulus* 287
*Castanea sativa* 294
*Cedrus* 10
*Celtis australis* 28
- *occidentalis* 28
*Cerastium alpinum* 184
- *alpinum lanatum* 184
- *arvense* 184
- *arvense ciliatum* 184
- *arvense strictum* 184
- *arvense suffruticosum* 184
- *brachypetalum* 180

- *candidissimum* 185
- *carinthiacum* 176
- *carinthiacum austroalpinum* 176
- *cerastoides* 178
- *diffusum* 179
- *diffusum subtetrandum* 179
- *dubium* 178
- *fontanum* 182
- *glomeratum* 179
- *glutinosum* 180
- *holosteoides* 182
- *latifolium* 185
- *macrocarpum* 182
- *pumilum* 180
- *semidecandrum* 180
- *subtriflorum* 184
- *sylvaticum* 182
- *tenoreanum* 180
- *tomentosum* 185
- *uniflorum* 185
*Ceratocephala* 14
*Ceratophyllum demersum* 60
- *submersum* 60
*Chamaecyparis lawsoniana* 53
*Chamaecytisus austriacus* 437
- *hirsutus* 437
- *ratisbonensis* 438
- *supinus* 438
*Chamaespartium sagittale* 442
*Chelidonium majus* 120
*Chenopodium album* 230
- *ambrosioides* 221
- *bonus-henricus* 232
- *botryodes* 224
- *botrys* 221
- *capitatum* 226
- *ficifolium* 228
- *foliosum* 226
- *glaucum* 222
- *hircinum* 227
- *hybridum* 222
- *murale* 227
- *opulifolium* 228
- *polyspermum* 233
- *pratericola* 230
- *pumilio* 221
- *rubrum* 224
- *strictum* 230
- *suecicum* 230
- *urbicum* 224
- *vulvaria* 232
Chinesischer Wacholder 56
Christophskraut 68
Christrose 65
*Chrysosplenium alternifolium* 356
- *oppositifolium* 358
*Cicer arietinum* 41

*Cimicifuga europaea* 13, 68
*Claytonia perfoliata* 220
Claytonie 220
*Clematis alpina* 90
- *recta* 89
- *vitalba* 89
*Colutea arborescens* 491
*Consolida ajacis* 72
- *orientalis* 72
- *regalis* 71
- *regalis paniculata* 71
*Corispermum hyssopifolium* 248
- *intermedium* 248
- *leptopterum* 248
- *marschallii* 248
*Coronilla coronata* 496
- *emerus* 494
- *minima* 496
- *vaginalis* 496
- *varia* 494
*Corrigiola litoralis* 214
*Corydalis cava* 128
- *claviculata* 131
- *intermedia* 130
- *lutea* 131
- *ochroleuca* 131
- *pumila* 130
- *solida* 128
*Corylus avellana* 287
- *colurna* 287
- *maxima* 287
*Cotoneaster horizontalis* 33
- *integerrimus* 362
- *tomentosus* 360
*Crassula aquatica* 328
- *tillaea* 328
- *vaillantii* 328
*Crataegus curvisepala* 365
- *kyrtostyla* 365
- *laevigata* 365
- *laevigata palmstruchii* 365
- *lindmanii* 365
- × *macrocarpa* 365
- *monogyna* 365
*Cucubalus baccifer* 154
*Cydonia oblonga* 35
*Cytisus scoparius* 440
- *striatus* 440

Dach-Hauswurz 329
Dänischer Tragant 482
*Delphinium elatum* 72
- *elatum austriacum* 72
- *elatum helveticum* 72
Deutscher Backenklee 490
Deutscher Ginster 444
*Dianthus alpinus* 168

- *arenarius* 167
- *arenarius borussicus* 167
- *armeria* 161
- *barbatus* 162
- *carthusianorum* 161
- *deltoides* 164
- *diutinus* 161
- *giganteiformis* 161
- *giganteus* 161
- *glacialis* 168
- *gratianopolitanus* 166
- *monspessulanus* 166
- *monspessulanus waldsteinii* 166
- *plumarius* 167
- *pontederae* 161
- *seguieri* 162
- *seguieri glaber* 162
- *superbus* 167
- *superbus alpestris* 167
- *sylvestris* 164
*Dicentra spectabilis* 17
Dichtblütiger Erdrauch 136
Dickblatt, Moos- 328
Dickblatt, Wasser- 328
Dickblättrige Sternmiere 172
Dickblättriger Gänsefuß 224
Dickblättriger Mauerpfeffer 324
Dolomiten-Fingerkraut 383
Dolomiten-Steinbrech 352
Donarsbart 334
Dornige Hauhechel 446
Dornmelde 245
*Dorycnium germanicum* 490
- *herbaceum* 490
- *hirsutum* 490
- *pentaphyllum* 490
Dotterblume, Sumpf- 71
Douglasie 46
Dreifinger-Steinbrech 346
Dreigriffeliges Hornkraut 178
Dreinervige Nabelmiere 194
*Dryas octopetala* 406
*Duchesnea indica* 32, 395
Dünen-Wanzensame 248
Dünnblättrige Wicke 509
Düsteres Hügel-Fingerkraut 388
Dunkle Akelei 74
Dunkler Erdrauch 134

Eberesche, Vogelbeer- 366
Eberesche, Zwergmispel- 370
Echte Feige 29
Echte Felsenbirne 371
Echte Futter-Wicke 504
Echte Mehlbeere 368
Echte Mispel 364
Echte Nelkenwurz 408

Echte Pechnelke 137
Echte Traubenkirsche 430
Echte Walnuß 300
Echter Buchweizen 282
Echter Erdbeerspinat 226
Echter Steinklee 454
Echter Strahlensame 142
Echter Wundklee 473
Echtes Seifenkraut 155
Edelkastanie 294
Efeublättriger Wasser-
  Hahnenfuß 107
Eibe 44
Eiche, Flaum- 296
Eiche, Rot- 299
Eiche, Stiel- 298
Eiche, Sumpf- 299
Eiche, Trauben- 298
Eiche, Zerr- 296
Einblütige Wicke 512
Einblütiges Hornkraut 185
Einfache Wiesenraute 83
Eingriffeliger Weißdorn 365
Einjähriger Knäuel 208
Einjähriger Mauerpfeffer 322
Eisenhut, Blauer 80
Eisenhut, Bunter 80
Eisenhut, Gelber 77
Eisenhut, Hahnenfußblättriger
  77
Eisenhut, Rispiger 78
Eisenhut, Wolfs- 77
Eisenhutblättriger Hahnenfuß
  104
Elsässer Hügel-Fingerkraut 388
Elsbeere 370
Englischer Ginster 444
Englischer Spinat 264
*Ephedra distachya* 11
*Epimedium alpinum* 120
*Eranthis hyemalis* 70
Erbse, Futter- 526
Erbse, Garten- 526
Erbse, Wild- 526
Erbse 526
Erbsen-Wicke 506
Erbsenstrauch 37
Erdbeer-Fingerkraut 380
Erdbeer-Klee 466
Erdbeere, Garten- 401
Erdbeere, Knack- 402
Erdbeere, Wald- 401
Erdbeere, Zimt- 401
Erdbeerspinat, Ähriger 226
Erdbeerspinat, Echter 226
Erdrauch, Blasser 134
Erdrauch, Dichtblütiger 136

Erdrauch, Dunkler 134
Erdrauch, Geschnäbelter 136
Erdrauch, Gewöhnlicher 132
Erdrauch, Kleinblütiger 134
Erdrauch, Mauer- 134
Erdrauch, Rankender 132
Erdrauch, Schramms 134
Erle, Grau- 293
Erle, Grün- 292
Erle, Schwarz- 293
*Eschscholtzia californica* 16
Esparsette, Berg- 498
Esparsette, Futter- 498
Esparsette, Sand- 498
Esparsetten-Tragant 484
Essig-Rose 414
Etschtaler Nabelmiere 196
Europäische Lärche 48
Ewiger Klee 449
Ewiger Spinat 264

Faden-Klee, Armblütiger 456
Faden-Klee, Gewöhnlicher 456
Faden-Platterbse 524
*Fagopyrum esculentum* 282
- *tataricum* 282
*Fagus sylvatica* 294
*Fallopia aubertii* 280
- *convolvulus* 280
- *dumetorum* 280
Falsche Akazie 490
Falscher Buchweizen 282
Fächer-Zwergmispel 33
Färber-Ginster 443
Feder-Nelke 167
Feige, Echte 29
Feigenblättriger Gänsefuß 228
Feigenkaktus 22
Feld-Klee 458
Feld-Ulme 302
Felsen-Fingerkraut 377
Felsen-Johannisbeere 312
Felsen-Klee 466
Felsen-Leimkraut 146
Felsen-Mauerpfeffer 323
Felsen-Miere 198
Felsenbirne, Ährige 371
Felsenbirne, Echte 371
Felsenbirne, Kupfer- 372
Felsennelke, Sprossende 140
Felsennelke, Steinbrech- 140
Fetthenne, Berg- 318
Fetthenne, Große 318
Fetthenne, Kaukasus- 317
Fetthenne, Purpur- 318
Fetthenne, Rispen- 318
Fetthennen-Steinbrech 340

Feuer-Bohne 526
Fichte, Gewöhnliche 46
Fichte, Sitka- 58
Fichte, Stech- 58
*Ficus carica* 29
*Filipendula ulmaria* 413
– *vulgaris* 413
Filz-Apfel 364
Filz-Rose 418
Filzige Zwergmispel 360
Filziges Hornkraut 185
Finger-Küchenschelle 94
Fingerkraut, Armblütiges 392
Fingerkraut, Aschgraues Frühlings- 398
Fingerkraut, Aufrechtes 394
Fingerkraut, Dolomiten- 383
Fingerkraut, Düsteres Hügel- 388
Fingerkraut, Elsässer Hügel- 388
Fingerkraut, Erdbeer- 380
Fingerkraut, Felsen- 377
Fingerkraut, Frühes Hügel- 388
Fingerkraut, Frühlings- 398
Fingerkraut, Gänse- 396
Fingerkraut, Gewöhnliches Frühlings- 398
Fingerkraut, Gewöhnliches Hügel- 388
Fingerkraut, Gletscher- 384
Fingerkraut, Gold- 395
Fingerkraut, Graues 389
Fingerkraut, Großblütiges 386
Fingerkraut, Hohes 389
Fingerkraut, Hügel- 388
Fingerkraut, Kärntner 382
Fingerkraut, Kriechendes 395
Fingerkraut, Lindackers Hügel- 388
Fingerkraut, Mittleres 392
Fingerkraut, Niederliegendes 394
Fingerkraut, Niedriges 390
Fingerkraut, Norwegisches 390
Fingerkraut, Ostalpen- 380
Fingerkraut, Rheinisches 382
Fingerkraut, Rheinisches Hügel- 388
Fingerkraut, Rötliches 398
Fingerkraut, Sand-Frühlings- 398
Fingerkraut, Schlesisches Hügel- 388
Fingerkraut, Schlitzblättriges 382
Fingerkraut, Schnee- 384
Fingerkraut, Silber- 386
Fingerkraut, Stengel- 378
Fingerkraut, Sternhaariges Frühlings- 398
Fingerkraut, Strauch- 400

Fingerkraut, Straußblütiges Hügel- 388
Fingerkraut, Tessiner Hügel- 388
Fingerkraut, Veroneser Hügel- 388
Fingerkraut, Weißes 378
Fingerkraut, Wiemanns Hügel- 388
Fingerkraut, Zottiges 396
Fingerkraut, Zwerg- 383
Flammen-Adonisröschen 88
Flatter-Ulme 302
Flaum-Eiche 296
Floh-Knöterich 275
Fluß-Ampfer 262
Flutender Wasser-Hahnenfuß 101
Flügel-Ginster 442
Flügelsamiger Spärkling 209
Föhre 53
Forche 53
*Fragaria* × *ananassa* 401
– *chiloensis* 401
– *moschata* 401
– *vesca* 401
– *virginiana* 401
– *viridis* 402
Französischer Spinat 269
Französisches Leimkraut 150
Frauenmantel / Ackerfrauenmantelgruppe 402
Frauenmantel, Alpen- 404
Frauenmantel, Bastard- 406
Frauenmantel, Gewöhnlicher 406
Frauenmantel, Glanz- 406
Frauenmantel, Schneetälchen- 404
Frauenmantel, Verwachsener 404
Frauenmantel, Weicher 406
Frauenmantel, Zerschlitzter 404
Frühes Hügel-Fingerkraut 388
Frühlings-Adonisröschen 86
Frühlings-Fingerkraut 398
Frühlings-Fingerkraut, Aschgraues 398
Frühlings-Fingerkraut, Gewöhnliches 398
Frühlings-Fingerkraut, Sand- 398
Frühlings-Fingerkraut, Sternhaariges 398
Frühlings-Küchenschelle 92
Frühlings-Miere 204
Frühlings-Platterbse 521
Frühlings-Spark 214
Fuchsschwanz, Aufsteigender 252

Fuchsschwanz, Garten- 25
Fuchsschwanz, Griechischer 252
Fuchsschwanz, Grünähriger 256
Fuchsschwanz, Krauser 254
Fuchsschwanz, Liegender 256
Fuchsschwanz, Rispen- 25
Fuchsschwanz, Standleys 254
Fuchsschwanz, Weißer 251
Fuchsschwanz, Westamerikanischer 254
Fuchsschwanz, Zurückgekrümmter 251
Fuchsschwanz-Tragant 480
Fünfmänniger Spark 214
*Fumaria agraria* 132
– *bastardii* 132
– *capreolata* 132
– *densiflora* 136
– *flabellata* 132
– *muralis* 134
– *officinalis* 132
– *officinalis wirtgenii* 132
– *parviflora* 134
– *rostellata* 136
– *schleicheri* 134
– *schrammii* 134
– *vaillantii* 134
Furchen-Steinbrech 347
Futter-Erbse 526
Futter-Esparsette 498
Futter-Wicke, Echte 504
Futter-Wicke, Herzblättrige 504
Futter-Wicke, Schmalblättrige 504

Gabelästiges Leimkraut 150
Gänse-Fingerkraut 396
Gänsefuß, Australischer 221
Gänsefuß, Bastard- 222
Gänsefuß, Bocks- 227
Gänsefuß, Dickblättriger 224
Gänsefuß, Feigenblättriger 228
Gänsefuß, Gestreifter 230
Gänsefuß, Graugrüner 222
Gänsefuß, Grüner 230
Gänsefuß, Klebriger 221
Gänsefuß, Mauer- 227
Gänsefuß, Roter 224
Gänsefuß, Schneeballblättriger 228
Gänsefuß, Stinkender 232
Gänsefuß, Straßen- 224
Gänsefuß, Vielsamiger 233
Gänsefuß, Weißer 230
Gänsefuß, Wohlriechender 221
Gagelstrauch 299
*Galega officinalis* 491

# REGISTER

Galmai-Grasnelke 286
Garten-Ampfer 264
Garten-Bohne 526
Garten-Erbse 526
Garten-Erdbeere 401
Garten-Fuchsschwanz 25
Garten-Goldregen 436
Garten-Grasnelke 286
Garten-Rittersporn 72
Gebirgs-Rose 425
Gebirgs-Wundklee 473
Gefingerter Lerchensporn 128
Gegenblättriges Milzkraut 358
Geißbart, Wald- 359
Geißklee, Behaarter 437
Geißklee, Kopf- 438
Geißklee, Österreicher 437
Geißklee, Regensburger 438
Geißklee, Schwarzwerdender 440
Geißraute 491
Gekerbter Hahnenfuß 106
Gelappte Melde 242
Gelbäugelchen 16
Gelbe Alpen-Küchenschelle 90
Gelbe Hauhechel 448
Gelbe Hauswurz 330
Gelbe Lupine 434
Gelbe Platterbse 522
Gelbe Spargelerbse 476
Gelbe Teichrose 64
Gelbe Wicke 500
Gelbe Wiesenraute 84
Gelber Eisenhut 77
Gelber Hornmohn 122
Gelber Lerchensporn 131
Gelbes Windröschen 95
Gelbling, Alpen- 400
Gemüse-Ampfer 263
*Genista anglica* 444
- *cinerea* 443
- *germanica* 444
- *pilosa* 443
- *tinctoria* 443
Gerards Miere 204
Geröll-Klee 461
Geschnäbelter Erdrauch 136
Gestreifter Gänsefuß 230
Gestreifter Klee 468
Gestutzter Steinbrech 336
*Geum montanum* 407
- *reptans* 407
- *rivale* 408
- *urbanum* 408
Gewimperte Nabelmiere 196
Gewöhnliche Akelei 74
Gewöhnliche Berberitze 119

Gewöhnliche Fichte 46
Gewöhnliche Grasnelke 286
Gewöhnliche Küchenschelle 94
Gewöhnliche Osterluzei 59
Gewöhnliche Spieß-Melde 242
Gewöhnliche Waldrebe 89
Gewöhnliche Zwergmispel 362
Gewöhnlicher Ackerfrauenmantel 402
Gewöhnlicher Berg-Hahnenfuß 118
Gewöhnlicher Besenginster 440
Gewöhnlicher Birnbaum 362
Gewöhnlicher Erdrauch 132
Gewöhnlicher Faden-Klee 456
Gewöhnlicher Frauenmantel 406
Gewöhnlicher Goldregen 436
Gewöhnlicher Hornklee 474
Gewöhnlicher Odermennig 410
Gewöhnlicher Spitzkiel 488
Gewöhnlicher Strandflieder 284
Gewöhnlicher Wasser-Hahnenfuß 102
Gewöhnliches Frühlings-Fingerkraut 398
Gewöhnliches Hornkraut 182
Gewöhnliches Hügel-Fingerkraut 388
Gewöhnliches Wimper-Sandkraut 192
Gezähnte Maus-Wicke 503
Gezähnter Steinklee 455
Gezähntfrüchtiger Ampfer 262
Gift-Hahnenfuß 112
Giftheil 78
*Ginkgo biloba* 10
Ginkgobaum 10
Ginster, Aschgrauer 443
Ginster, Behaarter 443
Ginster, Deutscher 444
Ginster, Englischer 444
Ginster, Färber- 443
Ginster, Flügel- 442
Ginster, Pfeil- 442
Gipskraut, Büscheliges 158
Gipskraut, Kriechendes 158
Gipskraut, Mauer- 160
Glänzende Seerose 62
Glänzende Wiesenraute 84
Glanz-Frauenmantel 406
Glanz-Melde 238
Glanz-Rose 424
Glaskraut, Aufrechtes 308
Glaskraut, Mauer- 308
*Glaucium corniculatum* 122
- *flavum* 122
Gleditschie 36

*Gleditsia triacanthos* 36
Gleichblättriger Vogel-Knöterich 272
Gletscher-Fingerkraut 384
Gletscher-Hahnenfuß 104
Gletscher-Nelke 168
Gletscher-Tragant 479
Glimmer-Steinbrech 342
Gold-Fingerkraut 395
Gold-Hahnenfuß 116
Gold-Johannisbeere 316
Gold-Klee 458
Goldregen, Alpen- 436
Goldregen, Garten- 436
Goldregen, Gewöhnlicher 436
Goldröschen 35
Gotisches Wimper-Sandkraut 192
Gras-Platterbse 518
Gras-Sternmiere 172
Grasnelke, Alpen- 286
Grasnelke, Galmai- 286
Grasnelke, Garten- 286
Grasnelke, Gewöhnliche 286
Grasnelke, Purpur- 286
Grasnelke, Sand- 286
Grasnelke, Wegerich- 284
Grau-Erle 293
Grauer Wanzensame 248
Graues Bruchkraut 216
Graues Fingerkraut 389
Graugrüner Gänsefuß 222
Greniers Berg-Hahnenfuß 118
Gretel im Busch 68
Griechischer Bockshornklee 40
Griechischer Fuchsschwanz 252
Großblütige Hauswurz 332
Großblütige Wicke 502
Großblütiges Fingerkraut 386
Großblütiges Sandkraut 194
Große Brennessel 306
Große Fetthenne 318
Große Sternmiere 173
Großer Odermennig 410
Großer Vogelfuß 492
Großer Wiesenknopf 412
Großes Knorpelkraut 234
Großes Mädesüß 413
Großes Windröschen 96
Großfrüchtiges Hornkraut 182
Großkegeliges Leimkraut 149
Großkelchiger Weißdorn 365
Grün-Erle 292
Grünähriger Fuchsschwanz 256
Grüne Nieswurz 66
Grüner Gänsefuß 230
Grünliches Leimkraut 154

Guter Heinrich 232
*Gypsophila fastigiata* 158
- *muralis* 160
- *paniculata* 160
- *papillosa* 158
- *repens* 158

Haarblättriger Wasser-
 Hahnenfuß 102
Habichtskraut-Steinbrech 341
Hänge-Birke 288
Hängeblütiger Tragant 479
Haferschlehe 428
Hahnenfuß, Acker- 116
Hahnenfuß, Alpen- 106
Hahnenfuß, Bastard- 110
Hahnenfuß, Berg- 118
Hahnenfuß, Brennender 108
Hahnenfuß, Busch- 114
Hahnenfuß, Efeublättriger
 Wasser- 107
Hahnenfuß, Eisenhutblättriger
 104
Hahnenfuß, Flutender Wasser-
 101
Hahnenfuß, Gekerbter 106
Hahnenfuß, Gewöhnlicher Berg-
 118
Hahnenfuß, Gewöhnlicher
 Wasser- 102
Hahnenfuß, Gift- 112
Hahnenfuß, Gletscher- 104
Hahnenfuß, Gold- 116
Hahnenfuß, Greniers Berg- 118
Hahnenfuß, Haarblättriger
 Wasser- 102
Hahnenfuß, Hain- 114
Hahnenfuß, Illyrischer 110
Hahnenfuß, Kärntner Berg- 118
Hahnenfuß, Knolliger 112
Hahnenfuß, Kriechender 113
Hahnenfuß, Platanenblättriger
 104
Hahnenfuß, Pyrenäen- 106
Hahnenfuß, Rain- 114
Hahnenfuß, Sardischer 113
Hahnenfuß, Scharfer 118
Hahnenfuß, Schildblatt- 110
Hahnenfuß, Spreizender Wasser-
 101
Hahnenfuß, Traunfellners 106
Hahnenfuß, Ufer- 108
Hahnenfuß, Venetischer Berg-
 118
Hahnenfuß, Vorland-Berg- 118
Hahnenfuß, Wald- 114
Hahnenfuß, Wolliger 119

Hahnenfuß, Wurzelnder Wald-
 114
Hahnenfuß, Zungen- 108
Hahnenfuß, Zwerg- 107
Hahnenfußblättriger Eisenhut 77
Hain-Ampfer 260
Hain-Hahnenfuß 114
Hainbuche 287
*Halimione pedunculata* 236
- *portulacoides* 236
Hallers Küchenschelle 94
Handlappiger Rhabarber 25
Hanf, Schutt- 310
Hanf 310
Haselnuß 287
Haselwurz 59
Hasen-Klee 468
Hauhechel, Acker- 446
Hauhechel, Dornige 446
Hauhechel, Gelbe 448
Hauhechel, Kriechende 446
Hauhechel, Rundblättrige 446
Hauswurz, Berg- 330
Hauswurz, Dach- 329
Hauswurz, Gelbe 330
Hauswurz, Großblütige 332
Hauswurz, Italienische 334
Hauswurz, Kugel- 334
Hauswurz, Sand- 334
Hauswurz, Serpentin- 332
Hauswurz, Spinnwebige 332
Hauswurz, Sprossende 334
Hecken-Rose 424
Hecken-Wicke 506
Hecken-Windenknöterich 280
*Hedysarum hedysaroides* 497
- *hedysaroides exaltatum* 497
Heide-Nelke 164
Heide-Wacholder 54
Heide-Wicke 508
*Helleborus foetidus* 65
- *niger* 65
- *viridis* 66
- *viridis occidentalis* 66
Hemlocktanne 44
*Hepatica nobilis* 98
Herbst-Adonisröschen 88
*Herniaria alpina* 216
*Herniaria glabra* 215
*Herniaria hirsuta* 216
*Herniaria incana* 216
Herz, Tränendes 17
Herzblatt, Sumpf- 358
Herzblättrige Futter-Wicke 504
Herzblume 17
Himbeere 374
*Hippocrepis comosa* 497

Hirschsprung 214
Hochgebirgs-Rot-Klee 470
Hohe Wiesenraute 84
Hoher Rittersporn 72
Hoher Steinklee 454
Hohes Fingerkraut 389
Hohler Lerchensporn 128
*Holosteum umbellatum* 186
- *umbellatum glutinosum* 186
Holz-Apfel 364
*Honkenya peploides* 206
Hopfen 310
Hopfenbuche 288
Hopfenklee 450
Hornblatt, Rauhes 60
Hornblatt, Zartes 60
Hornklee, Alpen- 474
Hornklee, Gewöhnlicher 474
Hornklee, Schmalblättriger 474
Hornklee, Sumpf- 474
Hornköpfchen 14
Hornkraut, Acker- 184
Hornkraut, Alpen- 184
Hornkraut, Bärtiges 180
Hornkraut, Breitblättriges 185
Hornkraut, Dreigriffeliges 178
Hornkraut, Einblütiges 185
Hornkraut, Filziges 185
Hornkraut, Gewöhnliches 182
Hornkraut, Großfrüchtiges 182
Hornkraut, Kärntner 176
Hornkraut, Klebriges 178
Hornkraut, Knäuel- 179
Hornkraut, Niedriges 180
Hornkraut, Quell- 182
Hornkraut, Sand- 180
Hornkraut, Tenores 180
Hornkraut, Viermänniges 179
Hornkraut, Wald- 182
Hornkraut 176
Hornmelde 25
Hornmohn Gelber 122
Hornmohn Roter 122
Hügel-Fingerkraut 388
Hügel-Fingerkraut Düsteres 388
Hügel-Fingerkraut Elsässer 388
Hügel-Fingerkraut Frühes 388
Hügel-Fingerkraut
 Gewöhnliches 388
Hügel-Fingerkraut Lindackers
 388
Hügel-Fingerkraut Rheinisches
 388
Hügel-Fingerkraut Schlesisches
 388
Hügel-Fingerkraut
 Straußblütiges 388

# Register

Hügel-Fingerkraut Tessiner 388
Hügel-Fingerkraut Veroneser 388
Hügel-Fingerkraut Wiemanns 388
Hügel-Klee 472
Hügel-Knäuel 208
Hufeisenklee 497
*Humulus lupulus* 310
*Hypecoum pendulum* 16

Igelsamiger Spärkling 209
*Illecebrum verticillatum* 215
Illyrischer Hahnenfuß 110
Inkarnat-Klee 467
*Isopyrum thalictroides* 86
Italienische Hauswurz 334
Italienisches Leimkraut 152

Japan-Staudenknöterich 281
Japanische Lärche 48
Jesuiten-Tee 221
Johannisbeere, Ährige 314
Johannisbeere, Berg- 312
Johannisbeere, Blut- 316
Johannisbeere, Felsen- 312
Johannisbeere, Gold- 316
Johannisbeere, Rote 314
Johannisbeere, Schwarze 316
*Jovibarba allionii* 334
– *arenaria* 334
– *hirta* 334
– *sobolifera* 334
*Juglans nigra* 300
– *regia* 300
Jungfer im Grünen 68
*Juniperus chinensis* 56
– *communis* 54
– *communis alpina* 54
– *sabina* 54
– *virginiana* 56
Jupiter-Lichtnelke 21
Jupiterbart 334

Kahle Spieß-Melde 242
Kahles Bruchkraut 215
Kahles Mastkraut 188
Kali-Salzkraut 246
Kampferkraut 23
Kappenmohn 16
Karthäuser-Nelke 161
Kartoffel-Rose 426
Kaschuben-Wicke 509
Kaukasus-Fetthenne 317
Kärntner Alpen-Mohn 124
Kärntner Berg-Hahnenfuß 118
Kärntner Fingerkraut 382
Kärntner Hornkraut 176

Kegelfrüchtiges Leimkraut 149
Keilblättrige Rose 420
Keilblättriger Steinbrech 354
Kermesbeere, Amerikanische 220
Kermesbeere, Asiatische 21
Kerners Schmuckblume 100
*Kerria japonica* 35
Kerrie 35
Kicher-Tragant 480
Kichererbse 41
Kiefer, Berg- 52
Kiefer, Schwarz- 52
Kiefer, Wald- 53
Kiefer, Weymouth- 50
Kiefer, Zirbel- 50
Kies-Steinbrech 340
Kirsche, Sauer- 432
Kirsche, Süß- 431
Kirsche, Vogel- 431
Kirsche, Zwerg- 432
Kitaibels Knöterich 272
Kitaibels Miere 202
Klatsch-Mohn 126
Klebrige Miere 203
Klebriger Gänsefuß 221
Klebriger Spitzkiel 486
Klebriges Hornkraut 178
Klebriges Leimkraut 144
Klee, Alpen- 470
Klee, Armblütiger Faden- 456
Klee, Berg- 462
Klee, Blaßgelber 464
Klee, Braun- 460
Klee, Erdbeer- 466
Klee, Ewiger 449
Klee, Feld- 458
Klee, Felsen- 466
Klee, Geröll- 461
Klee, Gestreifter 468
Klee, Gewöhnlicher Faden- 456
Klee, Gold- 458
Klee, Hasen- 468
Klee, Hochgebirgs-Rot- 470
Klee, Hügel- 472
Klee, Inkarnat- 467
Klee, Kleinblütiger 464
Klee, Kriechender Weiß- 462
Klee, Mittlerer 472
Klee, Moor- 460
Klee, Persischer 467
Klee, Polster-Weiß- 462
Klee, Purpur- 473
Klee, Rasiger 461
Klee, Rauher 466
Klee, Schweden- 461
Klee, Spreiz- 456

Klee, Thals 461
Klee, Vogelfuß- 468
Klee, Wiesen-Rot- 470
Klee, Wohlriechender 467
Klee, Zickzack- 472
Kleinblütige Akelei 74
Kleinblütige Rose 419
Kleinblütiger Erdrauch 134
Kleinblütiger Klee 464
Kleinblütiger Steinklee 455
Kleine Alpen-Küchenschelle 90
Kleine Brennessel 305
Kleine Kronwicke 496
Kleine Küchenschelle 90
Kleine Teichrose 64
Kleine Wiesenraute 82
Kleiner Knöterich 274
Kleiner Vogelfuß 492
Kleiner Wiesenknopf 412
Kleiner Sauerampfer 266
Kleines Mädesüß 413
Kleines Seifenkraut 156
Kleinfrüchtiger Ackerfrauenmantel 402
Knack-Erdbeere 402
Knäuel, Ausdauernder 208
Knäuel, Einjähriger 208
Knäuel, Hügel- 208
Knäuel, Triften- 208
Knäuel-Hornkraut 179
Knäuelblütiger Ampfer 260
Knöllchen-Knöterich 278
Knöllchen-Steinbrech 344
Knöterich, Alpen- 270
Knöterich, Ampfer- 276
Knöterich, Floh- 275
Knöterich, Gleichblättriger Vogel- 272
Knöterich, Kitaibels 272
Knöterich, Kleiner 274
Knöterich, Knöllchen- 278
Knöterich, Milder 274
Knöterich, Schlangen- 278
Knöterich, Strand- 272
Knöterich, Unbeständiger Vogel- 272
Knöterich, Übersehener Vogel- 272
Knöterich, Vogel- 272
Knöterich, Wasser- 275
Knollen-Platterbse 515
Knollenmiere 19
Knolliger Hahnenfuß 112
Knorpelblume 215
Knorpelkraut, Acker- 234
Knorpelkraut, Großes 234
Knotiges Mastkraut 191

*Kochia laniflora* 250
- *laniflora canescens* 250
- *laniflora flavescens* 250
- *laniflora virescens* 250
- *prostrata* 250
- *scoparia* 250
Kopf-Geißklee 438
Koriander-Schmuckblume 100
Korn-Rade 137
*Krascheninnikovia ceratoides* 25
Kratz-Rose 418
Kratzbeere 376
Krauser Ampfer 262
Krauser Fuchsschwanz 254
Krautiger Backenklee 490
Kriechende Hauhechel 446
Kriechende Nelkenwurz 407
Kriechende Rose 414
Kriechender Hahnenfuß 113
Kriechender Weiß-Klee 462
Kriechendes Fingerkraut 395
Kriechendes Gipskraut 158
Kriechenpflaume 428
Kronblattloses Mastkraut 188
Kronen-Lichtnelke 21
Kronwicke, Berg- 496
Kronwicke, Bunte 494
Kronwicke, Kleine 496
Kronwicke, Scheiden- 496
Kronwicke, Strauch- 494
Krummblättrige Miere 206
Krummgriffeliger Weißdorn 365
Krusten-Steinbrech 341
Kuckucks-Lichtnelke 138
Küchenschelle, Alpen- 90
Küchenschelle, Berg- 92
Küchenschelle, Finger- 94
Küchenschelle, Frühlings- 92
Küchenschelle, Gelbe Alpen- 90
Küchenschelle, Gewöhnliche 94
Küchenschelle, Hallers 94
Küchenschelle, Kleine 90
Küchenschelle, Kleine Alpen- 90
Küchenschelle, Schwefelgelbe 90
Küchenschelle, Steirische 94
Küchenschelle, Weiße Alpen- 90
Küchenschelle, Wiesen- 92
Kugel-Hauswurz 334
Kuhkraut 155
Kultur-Apfel 364
Kultur-Birne 362
Kupfer-Felsenbirne 372

*Laburnum alpinum* 436
- *anagyroides* 436
- × *watereri* 436
Lärche, Europäische 48

Lärche, Japanische 48
Lärchenblättrige Miere 202
Lambertsnuß 287
Langblättrige Melde 239
Langblättrige Sternmiere 173
Lappländer Spitzkiel 485
*Larix decidua* 48
- *kaempferi* 48
*Lathyrus aphaca* 514
- *bauhinii* 524
- *filiformis* 524
- *heterophyllus* 516
- *hirsutus* 520
- *laevigatus* 522
- *laevigatus occidentalis* 522
- *latifolius* 516
- *linifolius* 521
- *maritimus* 516
- *niger* 522
- *nissolia* 518
- *palustris* 520
- *pannonicus* 524
- *pannonicus collinus* 524
- *pratensis* 515
- *sativus* 518
- *sphaericus* 520
- *sylvestris* 516
- *tuberosus* 515
- *vernus* 521
Latsche 52
Lawsons Scheinzypresse 53
Lebensbaum, Amerikanischer 56
Lebensbaum, Morgenländischer 56
Lebensbaum, Riesen- 56
Leberblümchen 98
Leder-Birnbaum 362
Lederblättrige Rose 420
Legföhre 52
Leimkraut, Felsen- 146
Leimkraut, Französisches 150
Leimkraut, Gabelästiges 150
Leimkraut, Großkegeliges 149
Leimkraut, Grünliches 154
Leimkraut, Italienisches 152
Leimkraut, Kegelfrüchtiges 149
Leimkraut, Klebriges 144
Leimkraut, Nelken- 148
Leimkraut, Nickendes 152
Leimkraut, Ohrlöffel- 152
Leimkraut, Steinbrech- 148
Leimkraut, Stengelloses 146
Leimkraut, Stielloses 146
Leimkraut, Tataren- 154
Leimkraut, Taubenkropf- 149
Leimkraut, Walliser 148
Leinblättrige Miere 202

*Lembotropis nigricans* 440
*Lens culinaris* 498
- *nigricans* 498
*Lepyrodiclis holosteoides* 19
Lerchensporn, Blaßgelber 131
Lerchensporn, Gefingerter 128
Lerchensporn, Gelber 131
Lerchensporn, Hohler 128
Lerchensporn, Mittlerer 130
Lerchensporn, Rankender 131
Lerchensporn, Zwerg- 130
Lichtnelke, Acker- 144
Lichtnelke, Jupiter- 21
Lichtnelke, Kronen- 21
Lichtnelke, Kuckucks- 138
Lichtnelke, Rote 143
Lichtnelke, Weiße 143
Liegender Fuchsschwanz 256
*Limonium humile* 284
- *vulgare* 284
- *vulgare serotinum* 284
Lindackers Hügel-Fingerkraut 388
Lindmans Weißdorn 365
Linse 498
Linse, Wilde 498
Linsen-Wicke 510
*Liriodendron tulipifera* 11
Lloyds Sandkraut 192
*Lotus alpinus* 474
- *corniculatus* 474
- *tenuis* 474
- *uliginosus* 474
Lupine, Gelbe 434
Lupine, Schmalblättrige 436
Lupine, Vielblättrige 434
Lupine, Weiße 436
*Lupinus albus* 436
- *angustifolius* 436
- *luteus* 434
- *polyphyllus* 434
Luzerne, Bastard- 449
Luzerne, Blaue 449
Luzerne, Sichel- 449
*Lychnis alpina* 138
- *coronaria* 21
- *flos-cuculi* 138
- *flos-jovis* 21
- *viscaria* 137

Mädesüß, Großes 413
Mädesüß, Kleines 413
Mäuseschwänzchen 66
*Magnolia* 11
Magnolie 11
*Mahonia aquifolium* 16
Mahonie 16

# REGISTER

*Malus dasyphylla* 364
– *domestica* 364
– *pumila* 364
– *sylvestris* 364
Mammutbaum 58
Mandel, Zwerg- 432
Mangold 233
Mannsschild-Miere 197
Mannsschild-Steinbrech 348
Mantische Weißmiere 186
Marschlins Sandkraut 192
Mastkraut, Alpen- 190
Mastkraut, Kahles 188
Mastkraut, Knotiges 191
Mastkraut, Kronblattloses 188
Mastkraut, Niederliegendes 188
Mastkraut, Normans 190
Mastkraut, Pfriemen- 191
Mastkraut, Strand- 190
Mauer-Erdrauch 134
Mauer-Gänsefuß 227
Mauer-Gipskraut 160
Mauer-Glaskraut 308
Mauerpfeffer, Alpen- 323
Mauerpfeffer, Dickblättriger 324
Mauerpfeffer, Einjähriger 322
Mauerpfeffer, Felsen- 323
Mauerpfeffer, Milder 326
Mauerpfeffer, Rötlicher 329
Mauerpfeffer, Scharfer 326
Mauerpfeffer, Schwärzlicher 322
Mauerpfeffer, Spanischer 320
Mauerpfeffer, Sumpf- 320
Mauerpfeffer, Weißer 324
Mauerpfeffer-Steinbrech 350
Maulbeerbaum, Schwarzer 304
Maulbeerbaum, Weißer 304
Maus-Wicke 503
Maus-Wicke, Gezähnte 503
*Medicago arabica* 450
– *falcata* 449
– *lupulina* 450
– *minima* 452
– *nigra* 452
– *orbicularis* 452
– *sativa* 449
– × *varia* 449
Meerträubel 11
Mehlbeere, Berg- 368
Mehlbeere, Echte 368
Melde, Gelappte 242
Melde, Gewöhnliche Spieß- 242
Melde, Glanz- 238
Melde, Kahle Spieß- 242
Melde, Langblättrige 239
Melde, Pfeilblättrige Spieß- 240
Melde, Rosen- 244

Melde, Spieß- 240
Melde, Spreizende 239
Melde, Strand- 238
Melde, Tataren- 244
*Melilotus alba* 452
– *altissima* 454
– *dentata* 455
– *indica* 455
– *officinalis* 454
*Mesembryanthemum* 22
*Mespilus germanica* 364
Mexikanisches Teekraut 221
Miere, Borsten- 200
Miere, Büschel- 200
Miere, Felsen- 198
Miere, Frühlings- 204
Miere, Gerards 204
Miere, Kitaibels 202
Miere, Klebrige 203
Miere, Krummblättrige 206
Miere, Lärchenblättrige 202
Miere, Leinblättrige 202
Miere, Mannsschild- 197
Miere, Österreichische 202
Miere, Schlaffe 202
Miere, Zarte 203
Miere, Zweiblütige 204
Miere, Zwerg- 198
Milder Knöterich 274
Milder Mauerpfeffer 326
Milzkraut, Gegenblättriges 358
Milzkraut, Wechselblättriges 356
*Minuartia austriaca* 202
– *biflora* 204
– *capillacea* 202
– *cherlerioides* 197
– *cherlerioides rionii* 197
– *fastigiata* 200
– *flaccida* 202
– *gerardii* 204
– *hybrida* 203
– *hybrida vaillantiana* 203
– *kitaibelii* 202
– *lanceolata* 198
– *laricifolia* 202
– *mutabilis* 200
– *recurva* 206
– *rupestris* 198
– *sedoides* 198
– *setacea* 200
– *stricta* 204
– *verna* 204
– *viscosa* 203
Mirabelle 428
*Mirabilis jalapa* 22
Mispel, Echte 364
Mittagsblümchen 22

Mittlerer Klee 472
Mittlerer Lerchensporn 130
Mittleres Fingerkraut 392
*Moehringia bavarica* 196
– *bavarica insubrica* 196
– *ciliata* 196
– *diversifolia* 196
– *markgrafii* 197
– *muscosa* 197
– *trinervia* 194
*Moenchia erecta* 186
– *mantica* 186
Mohn, Alpen- 124
Mohn, Bastard- 125
Mohn, Kärntner Alpen- 124
Mohn, Klatsch- 126
Mohn, Östlicher Alpen- 124
Mohn, Rätischer Alpen- 124
Mohn, Saat- 126
Mohn, Salzburger Alpen- 124
Mohn, Sand- 125
Mohn, Schlaf- 124
Moltebeere 372
*Montia fontana* 218
Montpellier-Nelke 166
Moor-Birke 290
Moor-Klee 460
Moor-Steinbrech 353
Moos-Dickblatt 328
Moos-Nabelmiere 197
Moos-Steinbrech 352
Morgenländische Platane 27
Morgenländischer Lebensbaum 56
*Morus alba* 304
– *nigra* 304
Moschus-Steinbrech 347
Mummel 64
Muschelblümchen 86
*Myosoton aquaticum* 176
*Myosurus minimus* 66
*Myrica gale* 299

Nabelmiere, Brescianer 197
Nabelmiere, Dreinervige 194
Nabelmiere, Etschtaler 196
Nabelmiere, Gewimperte 196
Nabelmiere, Moos- 197
Nabelmiere, Verschiedenblättrige 196
Nagelkraut 216
Narzissenblütiges Windröschen 95
Nelke, Alpen- 168
Nelke, Bart- 162
Nelke, Busch- 162
Nelke, Büschel- 161

Nelke, Feder- 167
Nelke, Gletscher- 168
Nelke, Heide- 164
Nelke, Karthäuser- 161
Nelke, Montpellier- 166
Nelke, Pfingst- 166
Nelke, Pracht- 167
Nelke, Sand- 167
Nelke, Stein- 164
Nelken-Leimkraut 148
Nelkenwurz, Bach- 408
Nelkenwurz, Berg- 407
Nelkenwurz, Echte 408
Nelkenwurz, Kriechende 407
Nelkenwurz-Odermennig 410
Nessel, Römische 305
Nickender Steinbrech 344
Nickendes Leimkraut 152
Niederliegende Radmelde 250
Niederliegendes Fingerkraut 394
Niederliegendes Mastkraut 188
Niedriger Strandflieder 284
Niedriges Fingerkraut 390
Niedriges Hornkraut 180
Niedriges Seifenkraut 156
Nieswurz, Grüne 66
Nieswurz, Stinkende 65
*Nigella arvensis* 68
- *damascena* 68
Nordamerikanische Platane 27
Nordischer Tragant 478
Normans Mastkraut 190
Norwegisches Fingerkraut 390
*Nuphar × intermedia* 64
- *lutea* 64
- *pumila* 64
*Nymphaea alba* 62
- *alba rosea* 62
- *× borealis* 62
- *candida* 62

Odermennig, Gewöhnlicher 410
Odermennig, Großer 410
Odermennig, Nelkenwurz- 410
Österreicher Geißklee 437
Österreichische Miere 202
Östlicher Alpen-Mohn 124
Ohrlöffel-Leimkraut 152
*Onobrychis arenaria* 498
- *montana* 498
- *viciifolia* 498
*Ononis arvensis* 446
- *fruticosa* 446
- *natrix* 448
- *repens* 446
- *rotundifolia* 446
- *spinosa* 446

*Opuntia vulgaris* 22
Oregonzeder 53
*Ornithopus perpusillus* 492
- *sativus* 492
Ostalpen-Fingerkraut 380
Osterluzei, Gewöhnliche 59
*Ostrya carpinifolia* 288
*Oxybaphus nyctagineus* 23
*Oxyria digyna* 270
*Oxytropis amethystea* 485
- *campestris* 488
- *fetida* 486
- *halleri* 488
- *helvetica* 485
- *jacquinii* 485
- *lapponica* 485
- *montana* 485
- *pilosa* 486
- *pyrenaica* 485
- *triflora* 485

*Papaver albiflorum* 126
- *alpinum* 124
- *argemone* 125
- *burseri* 124
- *dubium* 126
- *hybridum* 125
- *kerneri* 124
- *lecoqii* 126
- *rhaeticum* 124
- *rhoeas* 126
- *rhoeas strigosum* 126
- *sendtneri* 124
- *somniferum* 124
Paradies-Apfel 364
*Parietaria judaica* 308
- *officinalis* 308
- *pensylvanica* 308
*Parnassia palustris* 358
Pechnelke, Alpen- 138
Pechnelke, Echte 137
Persischer Klee 467
Petersbart 407
*Petrorhagia prolifera* 140
- *saxifraga* 140
Pfeifenwinde 11
Pfeil-Ginster 442
Pfeilblättrige Spieß-Melde 240
Pfingst-Nelke 166
Pflaume 428
Pflaumen-Schwarzdorn 428
Pfriemen-Mastkraut 191
*Phaseolus coccineus* 526
- *vulgaris* 526
*Physocarpus opulifolius* 36
*Phytolacca americana* 220
- *esculenta* 21

*Picea abies* 46
- *pungens* 58
- *sitchensis* 58
Pillen-Brennessel 305
*Pinus cembra* 50
- *mugo* 52
- *mugo rotundata* 52
- *mugo uncinata* 52
- *nigra* 52
- *nigra pallasiana* 52
- *strobus* 50
- *sylvestris* 53
*Pisum sativum* 526
- *sativum arvense* 526
- *sativum elatius* 526
Platane, Ahornblättrige 27
Platane, Morgenländische 27
Platane, Nordamerikanische 27
Platanenblättriger Hahnenfuß 104
*Platanus × hybrida* 27
- *occidentalis* 27
- *orientalis* 27
Platterbse, Behaarte 520
Platterbse, Berg- 521
Platterbse, Breitblättrige 516
Platterbse, Faden- 524
Platterbse, Frühlings- 521
Platterbse, Gelbe 522
Platterbse, Gras- 518
Platterbse, Knollen- 515
Platterbse, Ranken- 514
Platterbse, Saat- 518
Platterbse, Schwarzwerdende 522
Platterbse, Schwert- 524
Platterbse, Strand- 516
Platterbse, Sumpf- 520
Platterbse, Ungarische 524
Platterbse, Verschiedenblättrige 516
Platterbse, Wiesen- 515
Platterbse, Wilde 516
Polster-Weiß-Klee 462
*Polycarpon tetraphyllum* 216
*Polycnemum arvense* 234
- *heuffelii* 234
- *majus* 234
- *verrucosum* 234
*Polygonum alpinum* 270
- *amphibium* 275
- *arenastrum* 272
- *aviculare* 272
- *bistorta* 278
- *hydropiper* 276
- *lapathifolium* 276
- *lapathifolium danubiale* 276
- *lapathifolium incanum* 276

- *minus* 274
- *mite* 274
- *neglectum* 272
- *oxyspermum* 272
- *oxyspermum raii* 272
- *patulum* 272
- *persicaria* 275
- *rurivagum* 272
- *viviparum* 278

*Portulaca oleracea* 218
Portulak 218
*Potentilla alba* 378
- *alpicola* 388
- *anglica* 394
- *anserina* 396
- *arenaria* 398
- *argentea* 386
- *aurea* 395
- *brauneana* 383
- *carniolica* 382
- *caulescens* 378
- *cinerea* 398
- *clusiana* 380
- *collina* 388
- *crantzii* 396
- *erecta* 394
- *frigida* 384
- *fruticosa* 400
- *grandiflora* 386
- *heptaphylla* 398
- *inclinata* 389
- *intermedia* 392
- *johanniniana* 388
- *leucopolitana* 388
- *lindackeri* 388
- *micrantha* 382
- *multifida* 382
- *neglecta* 386
- *neumanniana* 398
- *nitida* 383
- *nivea* 384
- *norvegica* 390
- *palustris* 377
- *praecox* 388
- *pusillla* 398
- *recta* 389
- *reptans* 395
- *rhenana* 388
- *rupestris* 377
- *silesiaca* 388
- *sordida* 388
- *sterilis* 380
- *supina* 390
- *thuringiaca* 392
- *thyrsiflora* 388
- *verna* 398
- *wiemanniana* 388

Pracht-Nelke 167
Pracht-Steinbrech 340
Presolana-Steinbrech 352
*Prunus avium* 431
- *cerasus* 432
- *domestica* 428
- *domestica insititia* 428
- *domestica italica* 428
- *domestica syriaca* 428
- ×*fruticans* 428
- *fruticosa* 432
- *mahaleb* 431
- *padus* 430
- *serotina* 430
- *spinosa* 428
- *tenella* 432
*Pseudostellaria europaea* 19
*Pseudotsuga menziesii* 46
*Pulsatilla alba* 90
- *alpina* 90
- *apiifolia* 90
- *grandis* 94
- *halleri* 94
- *montana* 92
- *patens* 94
- *pratensis* 92
- *pratensis nigricans* 92
- *styriaca* 94
- *vernalis* 92
- *vulgaris* 94
Purpur-Fetthenne 318
Purpur-Grasnelke 286
Purpur-Klee 473
Pyrenäen-Hahnenfuß 106
*Pyrus communis* 362
- *nivalis* 362
- *pyraster* 362
- *syriaca* 362

Quell-Hornkraut 182
Quell-Sternmiere 170
Queller 245
Quellkraut 218
Quendelblättriges Sandkraut 192
*Quercus cerris* 296
- *palustris* 299
- *petraea* 298
- *pubescens* 296
- *robur* 298
- *rubra* 299
- *virgiliana* 296
Quitte 35

Rade, Korn- 137
Radmelde, Besen- 250
Radmelde, Niederliegende 250
Radmelde, Sand- 250

Rätischer Alpen-Mohn 124
Rätischer Steinbrech 338
Rain-Hahnenfuß 114
Ranken-Platterbse 514
Rankender Erdrauch 132
Rankender Lerchensporn 131
*Ranunculus aconitifolius* 104
- *acris* 118
- *acris friesianus* 118
- *adscendens* 112
- *aleae* 112
- *alpestris* 106
- *aquatilis* 102
- *arvensis* 116
- *auricomus* 116
- *baudotii* 102
- *bulbosus* 112
- *carinthiacus* 118
- *circinatus* 101
- *crenatus* 106
- *ficaria* 100
- *flammula* 108
- *fluitans* 101
- *glacialis* 104
- *grenieranus* 118
- *hederaceus* 107
- *hybridus* 110
- *illyricus* 110
- *lanuginosus* 119
- *lingua* 108
- *montanus* 118
- *nemorosus* 114
- *ololeucos* 102
- *oreophilus* 118
- *parnassifolius* 106
- *peltatus* 102
- *penicillatus* 102
- *platanifolius* 104
- *polyanthemoides* 114
- *polyanthemophyllus* 114
- *polyanthemos* 114
- *pygmaeus* 107
- *pyrenaeus* 106
- *repens* 113
- *reptans* 108
- *sardous* 113
- *sceleratus* 112
- *serpens* 114
- *strigulosus* 118
- *thora* 110
- *traunfellneri* 106
- *trichophyllus* 102
- *tripartitus* 102
- *venetus* 118
Ranunkelstrauch 35
Rasen-Steinbrech 346
Rasiger Klee 461

Rauhblättrige Rose 416
Rauher Klee 466
Rauher Schneckenklee 452
Rauher Steinbrech 352
Rauhes Hornblatt 60
Regensburger Geißklee 438
Reineclaude 428
*Reynoutria japonica* 281
- *sachalinensis* 281
Rhabarber, Handlappiger 25
Rhabarber, Sibirischer 25
Rhabarber, Speise- 25
Rhabarber, Südchinesischer 25
Rheinisches Fingerkraut 382
Rheinisches Hügel-Fingerkraut 388
*Rheum officinale* 25
- *palmatum* 25
- *rhabarbarum* 25
- *rhaponticum* 25
*Rhodiola rosea* 317
*Ribes alpinum* 312
- *aureum* 316
- *nigrum* 316
- *petraeum* 312
- *rubrum* 314
- *sanguineum* 316
- *spicatum* 314
- *uva-crispa* 311
- *uva-crispa reclinatum* 311
Riesen-Lebensbaum 56
Riesen-Tanne 47
Rispen-Fetthenne 318
Rispen-Fuchsschwanz 25
Rispiger Eisenhut 78
Rittersporn, Acker- 71
Rittersporn, Garten- 72
Rittersporn, Hoher 72
*Robinia pseudacacia* 490
Robinie 490
Römische Nessel 305
Römischer Spinat 269
Rötlicher Mauerpfeffer 329
Rötliches Fingerkraut 398
*Rosa abietina* 422
- *agrestis* 419
- *andegevansis* 424
- *arvensis* 414
- *blondaeana* 424
- *canina* 424
- *coriifolia* 420
- *corymbifera* 425
- *deseglisei* 425
- *elliptica* 420
- *gallica* 414
- *glauca* 422
- *jundzillii* 416

- *majalis* 424
- *micrantha* 419
- *mollis* 418
- *montana* 425
- *obtusifolia* 422
- *pendulina* 425
- *pimpinellifolia* 426
- *rhaetica* 420
- *rubiginosa* 419
- *rugosa* 426
- *scabriuscula* 418
- *sherardii* 418
- *squarrosa* 424
- *stylosa* 416
- *subcanina* 420
- *subcollina* 420
- *tomentosa* 418
- *villosa* 418
- *vosagiaca* 420
Rose, Acker- 419
Rose, Anjou- 424
Rose, Apfel- 418
Rose, Bereifte 422
Rose, Berg- 425
Rose, Bibernell- 426
Rose, Blaugrüne 420
Rose, Busch- 425
Rose, Essig- 414
Rose, Filz- 418
Rose, Gebirgs- 425
Rose, Glanz- 424
Rose, Hecken- 424
Rose, Kartoffel- 426
Rose, Keilblättrige 420
Rose, Kleinblütige 419
Rose, Kratz- 418
Rose, Kriechende 414
Rose, Lederblättrige 420
Rose, Rauhblättrige 416
Rose, Samt- 418
Rose, Säulengriffelige 416
Rose, Sparrige 424
Rose, Stumpfblättrige 422
Rose, Tannen- 422
Rose, Weiche 418
Rose, Wein- 419
Rose, Zimt- 424
Rosen-Melde 244
Rosenwurz 317
Rot-Eiche 299
Rot-Klee, Hochgebirgs- 470
Rot-Klee, Wiesen- 470
Rotbuche 294
Rote Beete 233
Rote Johannisbeere 314
Rote Lichtnelke 143
Rote Rübe 233

Rote Spargelerbse 476
Roter Gänsefuß 224
Roter Hornmohn 122
Roter Spärkling 210
Roter Steinbrech 335
*Rubus caesius* 376
- *chamaemorus* 372
- *fruticosus* 376
- *idaeus* 374
- *saxatilis* 374
Rübe, Acker- 233
Rübe, Rote 233
*Rumex acetosa* 266
- *acetosella* 266
- *alpestris* 268
- *alpinus* 263
- *angiocarpus* 266
- *aquaticus* 264
- *conglomeratus* 260
- *crispus* 262
- *cristatus* 264
- *hydrolapathum* 262
- *kerneri* 264
- *longifolius* 263
- *maritimus* 258
- *nivalis* 269
- *obtusifolius* 257
- *obtusifolius sylvestris* 257
- *obtusifolius transiens* 257
- *palustris* 258
- *patientia* 264
- *pulcher* 257
- *pulcher divaricatus* 257
- *sanguineus* 260
- *scutatus* 269
- *stenophyllus* 262
- *tenuifolius* 266
- *thyrsiflorus* 268
- *triangulivalvis* 262
Rundblättrige Hauhechel 446
Rundblättriger Steinbrech 356
Runkelrübe, Wilde 233
Runkelrübe 233

Saat-Mohn 126
Saat-Platterbse 518
Saat-Spärkling 212
Sachalin-Staudenknöterich 281
Sadebaum 54
Säuerling 270
Säulengriffelige Rose 416
*Sagina apetala* 188
- *glabra* 188
- *maritima* 190
- *micropetala* 188
- *nodosa* 191
- × *normaniana* 190

- *procumbens* 188
- *saginoides* 190
- *subulata* 191
*Salicornia europaea* 245
*Salsola kali* 246
- *kali ruthenica* 246
- *soda* 23
Salz-, Spärkling 210
Salzburger Alpen-Mohn 124
Salzkraut, Kali- 246
Salzkraut, Soda- 23
Salzmelde, Stielfrüchtige 236
Salzmelde, Strand- 236
Salzmiere 206
Samt-Rose 418
Sand-Esparsette 498
Sand-Frühlings-Fingerkraut 398
Sand-Grasnelke 286
Sand-Hauswurz 334
Sand-Hornkraut 180
Sand-Mohn 125
Sand-Nelke 167
Sand-Radmelde 250
Sand-Tragant 482
Sand-Wicke 504
Sandkraut, Gewöhnliches Wimper- 192
Sandkraut, Gotisches Wimper- 192
Sandkraut, Großblütiges 194
Sandkraut, Lloyds 192
Sandkraut, Marschlins 192
Sandkraut, Quendelblättriges 192
Sandkraut, Vielstengeliges Wimper- 192
Sandkraut, Wimper- 192
Sandkraut, Zartes 192
Sandkraut, Zweiblütiges 192
*Sanguisorba dodecandra* 412
- *minor* 412
- *officinalis* 412
*Saponaria ocymoides* 156
- *officinalis* 155
- *pumila* 156
Sardischer Hahnenfuß 113
Saubohne 502
Sauer-Kirsche 432
Sauerampfer, Berg- 268
Sauerampfer, Kleiner 266
Sauerampfer, Straußblütiger 268
Sauerampfer, Wiesen- 266
*Saxifraga adscendens* 344
- *aizoides* 340
- *androsacea* 348
- *aphylla* 350
- *arachnoidea* 347
- × *arendsii* 346

- *aspera* 352
- *biflora* 335
- *biflora macropetala* 335
- *blepharophylla* 335
- *bryoides* 352
- *bulbifera* 342
- *burserana* 338
- *caesia* 336
- *cernua* 344
- *cotyledon* 340
- *crustata* 341
- *cuneifolia* 354
- *decipiens* 346
- *diapensioides* 338
- *exarata* 347
- *facchinii* 352
- × *geum* 354
- *granulata* 344
- *hieraciifolia* 341
- *hirculus* 353
- *hirsuta* 354
- *hohenwartii* 350
- *hostii* 338
- *hostii rhaetica* 338
- *hypnoides* 346
- *moschata* 347
- *murithiana* 335
- *muscoides* 352
- *mutata* 340
- *oppositifolia* 335
- *paniculata* 338
- *paradoxa* 342
- *pedemontana* 347
- *petraea* 346
- *presolanensis* 352
- *purpurea* 336
- *retusa* 336
- *rotundifolia* 356
- *rudolphiana* 335
- *sedoides* 350
- *seguieri* 348
- *sponhemica* 346
- *squarrosa* 336
- *stellaris* 353
- *stellaris alpigena* 353
- *stellaris prolifera* 353
- *stolonifera* 354
- *tombeanensis* 338
- *tridactylites* 346
- *umbrosa* 354
- *vandellii* 338
Schabziegerklee 448
Scharbockskraut 100
Scharfer Hahnenfuß 118
Scharfer Mauerpfeffer 326
Schatten-Steinbrech 354
Scheiden-Kronwicke 496

Scheinerdbeere 32, 395
Scheinzypresse Lawsons 53
Schild-Ampfer 269
Schildblatt-Hahnenfuß 110
Schlaf-Mohn 124
Schlaffe Miere 202
Schlangen-Knöterich 278
Schlehen-Schwarzdorn 428
Schleierkraut 160
Schlesisches Hügel-Fingerkraut 388
Schlitzblättriges Fingerkraut 382
Schmalblättrige Futter-Wicke 504
Schmalblättrige Lupine 436
Schmalblättriger Hornklee 474
Schmalblättriger Wanzensame 248
Schmuckblume, Anemonen- 98
Schmuckblume, Kerners 100
Schmuckblume, Koriander- 100
Schneckenklee, Arabischer 450
Schneckenklee, Rauher 452
Schneckenklee, Zwerg- 452
Schnee-Ampfer 269
Schnee-Fingerkraut 384
Schneeballblättriger Gänsefuß 228
Schneetälchen-Frauenmantel 404
Schöllkraut 120
Schöner Ampfer 257
Schramms Erdrauch 134
Schutt-Hanf 310
Schwärzlicher Mauerpfeffer 322
Schwarz-Erle 293
Schwarz-Kiefer 52
Schwarzdorn, Pflaumen- 428
Schwarzdorn, Schlehen- 428
Schwarze Johannisbeere 316
Schwarze Walnuß 300
Schwarzer Maulbeerbaum 304
Schwarzkümmel, Acker- 68
Schwarzviolette Akelei 76
Schwarzwerdende Platterbse 522
Schwarzwerdender Geißklee 440
Schweden-Klee 461
Schwefelgelbe Küchenschelle 90
Schwert-Platterbse 524
*Scleranthus annuus* 208
- *perennis* 208
- *polycarpos* 208
- *verticillatus* 208
*Sedum acre* 326
- *album* 324
- *alpestre* 323
- *annuum* 322

- *atratum* 322
- *cepaea* 318
- *dasyphyllum* 324
- *forsteranum* 323
- *hispanicum* 320
- *maximum* 318
- *montanum* 323
- *ochroleucum* 323
- *reflexum* 323
- *rubens* 329
- *rupestre* 323
- *sexangulare* 326
- *spurium* 317
- *telephium* 318
- *villosum* 320
- *vulgaris* 318
Seerose, Glänzende 62
Seerose, Weiße 62
Seguiers Steinbrech 348
Seidenhaar-Spitzkiel 488
Seifenkraut, Echtes 155
Seifenkraut, Kleines 156
Seifenkraut, Niedriges 156
*Sempervivum arachnoideum* 332
- *arachnoideum tomentosum* 332
- *grandiflorum* 332
- *montanum* 330
- *montanum stiriacum* 330
- *pittonii* 332
- *tectorum* 329
- *wulfenii* 330
*Sequoiadendron giganteum* 58
Serpentin-Hauswurz 332
Serradella 492
*Sibbaldia procumbens* 400
Sibirischer Rhabarber 25
Sichel-Luzerne 449
Sichelklee 449
Silber-Fingerkraut 386
Silberregen 280
Silberwurz 406
*Silene acaulis* 146
- *alba* 143
- *alpestris* 142
- *armeria* 148
- *borysthenica* 152
- *chlorantha* 154
- *conica* 149
- *conoidea* 149
- *cretica* 150
- *densiflora* 152
- *dichotoma* 150
- *dioica* 143
- *exscapa* 146
- *gallica* 150
- *insubrica* 152
- *italica* 152

- *linicola* 150
- *noctiflora* 144
- *nutans* 152
- *otites* 152
- *pseudotites* 152
- *pusilla* 142
- *rupestris* 146
- *saxifraga* 148
- *tatarica* 154
- *vallesia* 148
- *viscosa* 144
- *vulgaris* 149
- *vulgaris angustifolium* 149
- *vulgaris antelopum* 149
- *vulgaris glareosa* 149
- *vulgaris prostrata* 149
- *veselskyi* 142
Sitka-Fichte 58
Sockenblume, Alpen- 120
Soda-Salzkraut 23
Sode 246
Sommer-Adonisröschen 88
*Sorbus* × *ambigua* 370
- *aria* 368
- *aucuparia* 366
- *austriaca* 368
- *carpatica* 368
- *chamae-mespilus* 370
- *danubialis* 368
- *domestica* 366
- *graeca* 368
- × *intermedia* 368
- × *latifolia* 368
- *mougeotii* 368
- *torminalis* 370
Spärkling, Flügelsamiger 209
Spärkling, Igelsamiger 209
Spärkling, Roter 210
Spärkling, Saat- 212
Spärkling, Salz- 210
Späte Traubenkirsche 430
Spanische Stachelbeere 311
Spanischer Mauerpfeffer 320
Spargelbohne 476
Spargelerbse, Gelbe 476
Spargelerbse, Rote 476
Spark, Acker- 212
Spark, Frühlings- 214
Spark, Fünfmänniger 214
Sparrige Rose 424
Sparriger Steinbrech 336
Speierling 366
Speise-Rhabarber 25
*Spergula arvensis* 212
- *morisonii* 214
- *pentandra* 214
*Spergularia echinosperma* 209

- *marina* 210
- *media* 209
- *rubra* 210
- *segetalis* 212
Spierstrauch, Billards 359
Spierstrauch, Ulmen- 360
Spierstrauch Weiden- 359
Spieß-Melde 240
Spieß-Melde, Gewöhnliche 242
Spieß-Melde, Kahle 242
Spieß-Melde, Pfeilblättrige 240
*Spinacia oleracea* 24
Spinat 24
Spinat, Englischer 264
Spinat, Ewiger 264
Spinat, Französischer 269
Spinat, Römischer 269
Spinnwebige Hauswurz 332
*Spiraea* × *billardii* 359
- *chamaedryfolia* 360
- *chamaedryfolia ulmifolia* 360
- *salicifolia* 359
Spirke 52
Spitzkiel, Armblütiger 485
Spitzkiel, Berg- 485
Spitzkiel, Gewöhnlicher 488
Spitzkiel, Klebriger 486
Spitzkiel, Lappländer 485
Spitzkiel, Seidenhaar- 488
Spitzkiel, Zottiger 486
Spreiz-Klee 456
Spreizende Melde 239
Spreizender Wasser-Hahnenfuß 101
Sprossende Felsennelke 140
Sprossende Hauswurz 334
Spurre 186
Stachelbeere, Spanische 311
Stachelbeere 311
Standleys Fuchsschwanz 254
Staudenknöterich, Japan- 281
Staudenknöterich, Sachalin- 281
Stech-Fichte 58
Stechginster, Zwerg- 442
Stechginster 442
Stein-Nelke 164
Steinbeere 374
Steinbrech, Aufsteigender 344
Steinbrech, Birnmoos- 352
Steinbrech, Blattloser 350
Steinbrech, Blaugrüner 336
Steinbrech, Bursers 338
Steinbrech, Dolomiten- 352
Steinbrech, Dreifinger- 346
Steinbrech, Fetthennen- 340
Steinbrech, Furchen- 347
Steinbrech, Gestutzter 336

Steinbrech, Glimmer- 342
Steinbrech, Habichtskraut- 341
Steinbrech, Keilblättriger 354
Steinbrech, Kies- 340
Steinbrech, Knöllchen- 344
Steinbrech, Krusten- 341
Steinbrech, Mannsschild- 348
Steinbrech, Mauerpfeffer- 350
Steinbrech, Moor- 353
Steinbrech, Moos- 352
Steinbrech, Moschus- 347
Steinbrech, Nickender 344
Steinbrech, Pracht- 340
Steinbrech, Presolana- 352
Steinbrech, Rätischer 338
Steinbrech, Rasen- 346
Steinbrech, Rauher 352
Steinbrech, Roter 335
Steinbrech, Rundblättriger 356
Steinbrech, Schatten- 354
Steinbrech, Seguiers 348
Steinbrech, Sparriger 336
Steinbrech, Stern- 353
Steinbrech, Südalpen- 338
Steinbrech, Trauben- 338
Steinbrech, Zweiblütiger 335
Steinbrech, Zwiebel- 342
Steinbrech-Felsennelke 140
Steinbrech-Leimkraut 148
Steinklee, Echter 454
Steinklee, Gezähnter 455
Steinklee, Hoher 454
Steinklee, Kleinblütiger 455
Steinklee, Weißer 452
Steinweichsel 431
Steirische Küchenschelle 94
*Stellaria alsine* 170
- *crassifolia* 172
- *graminea* 172
- *holostea* 173
- *longifolia* 173
- *media* 174
- *neglecta* 174
- *nemorum* 174
- *nemorum glochidisperma* 174
- *pallida* 174
- *palustris* 170
Stengel-Fingerkraut 378
Stengelloser Tragant 476
Stengelloses Leimkraut 146
Stern-Steinbrech 353
Sternhaariges Frühlings-
  Fingerkraut 398
Sternmiere, Blasse 174
Sternmiere, Dickblättrige 172
Sternmiere, Gras- 172
Sternmiere, Große 173

Sternmiere, Langblättrige 173
Sternmiere, Quell- 170
Sternmiere, Sumpf- 170
Sternmiere, Übersehene 174
Sternmiere, Wald- 174
Sternmoos 191
Stiel-Eiche 298
Stielfrüchtige Salzmelde 236
Stielloses Leimkraut 146
Stink-Wacholder 54
Stinkende Nieswurz 65
Stinkende Wiesenraute 82
Stinkender Gänsefuß 232
Strahlensame, Alpen- 142
Strahlensame, Echter 142
Strand-Knöterich 272
Strand-Mastkraut 190
Strand-Melde 238
Strand-Platterbse 516
Strand-Salzmelde 236
Strandflieder, Gewöhnlicher 284
Strandflieder, Niedriger 284
Straßen-Gänsefuß 224
Strauch-Birke 290
Strauch-Fingerkraut 400
Strauch-Kronwicke 494
Straußblütiger Sauerampfer 268
Straußblütiges Hügel-
  Fingerkraut 388
Stumpfblättrige Rose 422
Stumpfblättriger Ampfer 257
*Suaeda maritima* 246
- *pannonica* 246
Südalpen-Steinbrech 338
Südchinesischer Rhabarber 25
Südlicher Tragant 478
Südlicher Zürgelbaum 28
Süß-Kirsche 431
Süßklee, Alpen- 497
Sumpf-Ampfer 258
Sumpf-Blutauge 377
Sumpf-Brennessel 306
Sumpf-Dotterblume 71
Sumpf-Eiche 299
Sumpf-Herzblatt 358
Sumpf-Hornklee 474
Sumpf-Mauerpfeffer 320
Sumpf-Platterbse 520
Sumpf-Sternmiere 170
Sumpfzypresse 10
Syrischer Birnbaum 362

Tanne, Riesen- 47
Tanne, Weiß- 47
Tannen-Rose 422
Tataren-Leimkraut 154
Tataren-Melde 244

Tatarischer Buchweizen 282
Taubenkropf 154
Taubenkropf-Leimkraut 149
*Taxodium* 10
*Taxus baccata* 44
Teekraut, Mexikanisches 221
Teichrose, Gelbe 64
Teichrose, Kleine 64
Tenores Hornkraut 180
Tessiner Hügel-Fingerkraut 388
*Tetragonolobus maritimus* 476
- *purpureus* 476
*Thalictrum alpinum* 83
- *aquilegiifolium* 82
- *flavum* 84
- *foetidum* 82
- *lucidum* 84
- *minus* 82
- *morisonii* 84
- *simplex* 83
- *simplex bauhinii* 83
- *simplex galioides* 83
- *simplex gallicum* 83
Thals Klee 461
*Thuja occidentalis* 56
- *orientalis* 56
- *plicata* 56
Tiroler Windröschen 98
Tränendes Herz 17
Tragant, Alpen- 478
Tragant, Bocksdorn- 484
Tragant, Boden- 476
Tragant, Dänischer 482
Tragant, Esparsetten- 484
Tragant, Fuchsschwanz- 480
Tragant, Gletscher- 479
Tragant, Hängeblütiger 479
Tragant, Kicher- 480
Tragant, Nordischer 478
Tragant, Sand- 482
Tragant, Stengelloser 476
Tragant, Südlicher 478
Trauben-Eiche 298
Trauben-Steinbrech 338
Traubenkirsche, Echte 430
Traubenkirsche, Späte 430
Traunfellners Hahnenfuß 106
*Trifolium alpestre* 472
- *alpinum* 470
- *arvense* 468
- *aureum* 458
- *badium* 460
- *campestre* 458
- *dubium* 456
- *fragiferum* 466
- *hybridum* 461
- *incarnatum* 467

- *medium* 472
- *micranthum* 456
- *montanum* 462
- *ochroleucon* 464
- *ornithopodioides* 468
- *pallescens* 461
- *patens* 456
- *pratense* 470
- *pratense nivale* 470
- *repens* 462
- *repens prostratum* 462
- *resupinatum* 467
- *retusum* 464
- *rubens* 473
- *saxatile* 466
- *scabrum* 466
- *spadiceum* 460
- *striatum* 468
- *suaevolens* 467
- *thalii* 461

Triften-Knäuel 208
*Trigonella caerulea* 448
- *caerulea procumbens* 448
- *foenum-graecum* 40
Tripmadam 324
Trollblume 70
*Trollius europaeus* 70
*Tsuga canadensis* 44
Tulpenbaum 11

Übersehene Sternmiere 174
Übersehener Vogel-Knöterich 272
Ufer-Ampfer 258
Ufer-Hahnenfuß 108
*Ulex europaeus* 442
- *minor* 442
Ulme, Berg- 304
Ulme, Feld- 302
Ulme, Flatter- 302
Ulmen-Spierstrauch 360
*Ulmus glabra* 304
- *laevis* 302
- *minor* 302
- *procera* 302
Unbeständiger Vogel-Knöterich 272
Ungarische Platterbse 524
Ungarische Wicke 500
*Urtica dioica* 306
- *kioviensis* 306
- *pilulifera* 305
- *urens* 305

*Vaccaria hispanica* 155
Venetischer Berg-Hahnenfuß 118
Veroneser Hügel-Fingerkraut 388

Verschiedenblättrige Nabelmiere 196
Verschiedenblättrige Platterbse 516
Verwachsener Frauenmantel 404
*Vicia angustifolia* 504
- *articulata* 512
- *cassubica* 509
- *cordata* 504
- *cracca* 509
- *dumetorum* 506
- *ervilia* 510
- *faba* 502
- *grandiflora* 502
- *hirsuta* 512
- *hybrida* 500
- *lathyroides* 504
- *lutea* 500
- *narbonensis* 503
- *oroboides* 521
- *orobus* 508
- *pannonica* 500
- *pannonica striata* 500
- *pisiformis* 506
- *sativa* 504
- *sepium* 503
- *serratifolia* 503
- *sylvatica* 508
- *tenuifolia* 509
- *tenuissima* 514
- *tetrasperma* 514
- *villosa* 510
- *villosa varia* 510
Vielblättrige Lupine 434
Vielsamiger Gänsefuß 233
Vielstengeliges Wimper-Sandkraut 192
Vielstreifiger Besenginster 440
Viermänniges Hornkraut 179
Viersamige Wicke 514
Virginischer Wacholder 56
Vogel-Kirsche 431
Vogel-Knöterich 272
Vogel-Knöterich, Gleichblättriger 272
Vogel-Knöterich, Unbeständiger 272
Vogel-Knöterich, Übersehener 272
Vogel-Wicke 509
Vogelbeer-Eberesche 366
Vogelfuß, Großer 492
Vogelfuß, Kleiner 492
Vogelfuß-Klee 468
Vogelmiere 174
Vorland-Berg-Hahnenfuß 118

Wacholder, Chinesischer 56
Wacholder, Heide- 54
Wacholder, Stink- 54
Wacholder, Virginischer 56
Wald-Erdbeere 401
Wald-Geißbart 359
Wald-Hahnenfuß 114
Wald-Hahnenfuß Wurzelnder 114
Wald-Hornkraut 182
Wald-Kiefer 53
Wald-Sternmiere 174
Wald-Wicke 508
Walderbsen-Wicke 521
Waldrebe, Alpen- 90
Waldrebe, Aufrechte 89
Waldrebe, Gewöhnliche 89
Walliser Leimkraut 148
Walnuß, Echte 300
Walnuß, Schwarze 300
Wanzenkraut 13
Wanzensame, Dünen- 248
Wanzensame, Grauer 248
Wanzensame, Schmalblättriger 248
Wanzensame, Ysopblättriger 248
Wasser-Ampfer 264
Wasser-Dickblatt 328
Wasser-Hahnenfuß Efeublättriger 107
Wasser-Hahnenfuß Flutender 101
Wasser-Hahnenfuß Gewöhnlicher 102
Wasser-Hahnenfuß Haarblättriger 102
Wasser-Hahnenfuß Spreizender 101
Wasser-Knöterich 275
Wasserdarm 176
Wasserpfeffer 276
Wechselblättriges Milzkraut 356
Wegerich-Grasnelke 284
Weiche Rose 418
Weicher Frauenmantel 406
Weiden-Spierstrauch 359
Weidenblatt-Ampfer 262
Wein-Rose 419
Weiß-Klee, Kriechender 462
Weiß-Klee, Polster- 462
Weiß-Tanne 47
Weißbuche 287
Weißdorn, Eingriffeliger 365
Weißdorn, Großkelchiger 365
Weißdorn, Krummgriffeliger 365
Weißdorn, Lindmans 365
Weißdorn, Zweigriffeliger 365

# Register

Weiße Alpen-Küchenschelle 90
Weiße Lichtnelke 143
Weiße Lupine 436
Weiße Seerose 62
Weißer Fuchsschwanz 251
Weißer Gänsefuß 230
Weißer Mauerpfeffer 324
Weißer Maulbeerbaum 304
Weißer Steinklee 452
Weißes Fingerkraut 378
Weißmiere Aufrechte 186
Weißmiere Mantische 186
Wellingtonie 58
Westamerikanischer
  Fuchsschwanz 254
Westlicher Zürgelbaum 28
Weymouth-Kiefer 50
Wicke, Bastard- 500
Wicke, Behaarte 512
Wicke, Dünnblättrige 509
Wicke, Echte Futter- 504
Wicke, Einblütige 512
Wicke, Erbsen- 506
Wicke, Gelbe 500
Wicke, Gezähnte Maus- 503
Wicke, Großblütige 502
Wicke, Hecken- 506
Wicke, Heide- 508
Wicke, Herzblättrige Futter- 504
Wicke, Kaschuben- 509
Wicke, Linsen- 510
Wicke, Maus- 503
Wicke, Sand- 504
Wicke, Schmalblättrige Futter-
  504
Wicke, Ungarische 500
Wicke, Viersamige 514
Wicke, Vogel- 509
Wicke, Wald- 508
Wicke, Walderbsen- 521
Wicke, Zaun- 503
Wicke, Zierliche 514
Wicke, Zottige 510
Wiemanns Hügel-Fingerkraut
  388

Wiesen-Küchenschelle 92
Wiesen-Platterbse 515
Wiesen-Rot-Klee 470
Wiesen-Sauerampfer 266
Wiesenknopf, Bergamasker 412
Wiesenknopf, Großer 412
Wiesenknopf, Kleiner 412
Wiesenraute, Akeleiblättrige 82
Wiesenraute, Alpen- 83
Wiesenraute, Einfache 83
Wiesenraute, Gelbe 84
Wiesenraute, Glänzende 84
Wiesenraute, Hohe 84
Wiesenraute, Kleine 82
Wiesenraute, Stinkende 82
Wild-Erbse 526
Wilde Linse 498
Wilde Platterbse 516
Wilde Runkelrübe 233
Wilder Birnbaum 362
Wimper-Sandkraut 192
Wimper-Sandkraut,
  Gewöhnliches 192
Wimper-Sandkraut, Gotisches
  192
Wimper-Sandkraut,
  Vielstengeliges 192
Windenknöterich, Acker- 280
Windenknöterich, Hecken- 280
Windröschen, Busch- 96
Windröschen, Dreiblättriges 96
Windröschen, Gelbes 95
Windröschen, Großes 96
Windröschen, Narzissenblütiges
  95
Windröschen, Tiroler 98
Winterling 70
Wohlriechender Gänsefuß 221
Wohlriechender Klee 467
Wolfs-Eisenhut 77
Wolliger Hahnenfuß 119
Wunderblume 22
Wundklee, Echter 473
Wundklee, Gebirgs- 473
Wurzelnder Wald-Hahnenfuß 114

Ysopblättriger Wanzensame 248

Zarte Miere 203
Zartes Hornblatt 60
Zartes Sandkraut 192
Zaun-Wicke 503
Zeder 10
Zerr-Eiche 296
Zerschlitzter Frauenmantel 404
Zickzack-Klee 472
Zierliche Wicke 514
Zimt-Erdbeere 401
Zimt-Rose 424
Zirbel-Kiefer 50
Zottige Wicke 510
Zottiger Backenklee 490
Zottiger Spitzkiel 486
Zottiges Fingerkraut 396
Zürgelbaum, Südlicher 28
Zürgelbaum, Westlicher 28
Zungen-Hahnenfuß 108
Zurückgekrümmter
  Fuchsschwanz 251
Zweiblütige Miere 204
Zweiblütiger Steinbrech 335
Zweiblütiges Sandkraut 192
Zweigriffeliger Weißdorn 365
Zwerg-Birke 292
Zwerg-Fingerkraut 383
Zwerg-Hahnenfuß 107
Zwerg-Kirsche 432
Zwerg-Lerchensporn 130
Zwerg-Mandel 432
Zwerg-Miere 198
Zwerg-Schneckenklee 452
Zwerg-Stechginster 442
Zwergmispel, Fächer- 33
Zwergmispel, Filzige 360
Zwergmispel, Gewöhnliche 362
Zwergmispel-Eberesche 370
Zwetschge 428
Zwiebel-Steinbrech 342